聯合國相關
國際組織憲章選輯

羅致政・李明峻 編著

推薦序

林正義

台灣自一九九三年推動參與聯合國以來，至二〇〇七年一直是間接路線，先是要求聯合國大會成立「特別委員會」進行研究，一九九七、一九九八年兩度要求檢討一九七一年聯大二七五八號決議案，至二〇〇六年推動案要求聯合國「確認二千三百萬台灣人民有權獲得在聯合國系統的代表權，並邀請台灣的代表參與聯合國及其相關的會議和活動」。台灣在二〇〇七年的聯合國推動案較往年不同的是，陳水扁總統親自多次致函聯合國秘書長，提出以「台灣」名義申請加入聯合國。二〇〇七年九月十八日，總務委員會援例進行，自二〇〇五年以來的二對二辯論（支持與反對各兩國發言），以無共識封殺台灣加入聯合國議案。台灣想加入聯合國的提案雖從未被納入聯合國大會的議程，但二〇〇七年在聯大議場上卻有超過一百個國家發言，陳述他們對台灣入會案的看法。

二〇〇八年三月，民進黨「入聯公投」與國民黨「返聯公投」因選民投票人數未達五〇%，而均未獲得通過，對日後台灣推動參與聯合國形成法律拘束力。雖然有大多數民眾支持政府持續推動進入聯合國的外交政策，但是公投的結果卻使第二次政黨輪替後的馬英九政府決定，透過友邦向聯合國提案指出「需要審查中華民國（台灣）二千三百萬人民有意義參與聯合國專門機構活動的基本權利」。這避開公投的法律拘束，改以聯合國專門機構爲目標，且只要求參與該等組織的活動。然而，中國駐聯合國大使王光亞以「一個中國」原則，強調聯大二七五八號決議已解決中國在聯合國以及所屬專門機構的代表權問題，仍然封殺台灣友邦的提案。謝長廷、馬英九兩位總統候選人對「入聯公投」或「返聯公投」未通過，未多所著墨，更令人遺憾的是，選前有超過五十位退休外交資深官員，包括多位前外交部長，具名反對「入聯公投」，這與他們一生希望台灣有更大外交空間，形成一個強烈的落差。

美國、中國長期以來與台灣的對話，極少以台灣國際外交空間爲主軸，也認爲無需爲此一問題多加討論。美國關心台灣的國防安全，但無意爲台灣外交多所協助。中國只要台灣經濟依附、政治附屬，歡迎台灣加入「中國代表團」參與國際組織，共同享有中國的聲望。台灣要成爲國際組織的一員，絕無法單靠中國與美國，或中國與台灣的雙邊協商，需要有台灣主觀的強烈意願，在名義與方式上尋找台灣利益最有可能的安排。台灣長期以來遭受中國及國際孤立，國際法律地位遭受挑戰，若對聯合國及其他國際組織參與，抱持冷淡或不加以研究，只能靠北京的片面施捨。

東吳大學成立「聯合國研究中心」標誌著台灣尋求加入聯合國事一條漫長的道路。一九七一年之前，當中華民國政府仍在聯合國安理會、大會及其他專門機構時，民間對聯合國的研究是不足的。一九九三年之後，台灣開始對聯合國機制進行較深入的探討，但民間大學一直沒有成立研究中心，難以培養研究生、大學生對於國際組織的興趣。欣見東吳成立此一中心，更感佩羅致政、李明峻兩位教授，願意打下根基，由聯合國相關專門組織的憲章翻譯與介紹開始，讓國人有機會由此入門，了解聯合國及其專門組織、相關組織的憲章、公約、章程，與運作的規定。這些組織有國民黨政府列爲優先重點的「世界銀行」、「國際貨幣基金」，也有台灣自一九九七年一直尋求參與的「世界衛生組織」、「國際民航組織」。

若二〇〇八年台灣的「入聯公投」是由聯合國監督下所進行，我相信台灣的投票率一定會超過五〇%。國民黨要提出自己的版本，表明這是民眾所想要的國際尊嚴與公平的對待。「入聯公投」未過，不意味台灣應停止腳步，而必須務實地長期耕耘。這本專輯及「聯合國研究中心」正是最好的詮釋。

編者序

台灣擁有二千三百萬的人口，是世界第十八大經濟體、第十四大貿易國，更是資訊科技的生產大國，也有不少值得它國學習的發展經驗。然而，由於傳統國際政治的現實因素，使得台灣參與及貢獻國際社會的管道及方式受限，不僅政治性的國際組織拒絕台灣的參與，許多專業及功能性國際組織亦讓台灣不得其門而入。台灣被排除在國際參與及合作之外，不僅是國際社會的共同損失，對全球治理的成效造成大挑戰，更是台灣生存與發展的危機所在。更值得憂慮的是，由於我國長久以來的外交孤立，國人對於全球發展局勢與國際組織議題普遍呈現冷漠的態度，此一漠視國際事務發展的遺憾現象，也讓人憂心地出現在大專院校的教學研究內容上。

即便國際組織重要性的增加已是國際社會的共同認知與現實，但國內大專院校在這方面的研究與教學，所投注的關心與資源卻是顯得有限與不均。不論是學校單位或民間智庫，目前仍以台灣已加入的兩大經貿性國際組織「世界貿易組織」(World Trade Organization, WTO)與「亞太經合會」(Asia-Pacific Economic Cooperation, APEC)，作爲相關研究的對象與焦點。對於另一個更爲重要的國際組織——聯合國，在國內幾乎沒有任何教學課程與研究中心的設立。這對於不斷強調要加入聯合國的我國政府，或者對於不時強調要提升國際視野的台灣民眾而言，都是一個極爲諷刺且不應出現的現象。

做爲第二次世界大戰戰勝國的權力運作產物，以及東西冷戰時期的外交角力舞台，聯合國不僅沒有因爲蘇聯的瓦解與冷戰的結束而壽終正寢，更隨著全球化的日益擴大與加深，安全內涵與威脅形態的轉變，跨國議題的更爲複雜與多元，聯合國的角色與地位正在提升與強化當中。毫無疑問的，聯合國仍是當前國際社會當中，最具影響力、參與國家最多、議題範圍最廣、組織規模最爲龐大的國際組織。也因此，對於聯合國的瞭解與認識，不論是基於理論探究或者政策意涵，都有其必要性與迫切性。

在全球化趨勢之下，參與全球治理的工作不僅是台灣的權利，更是台灣的義務，而積極參與國際組織及其活動，更是體現全球治理的必要途徑。然而若不能對諸如聯合國這樣重要國際組織有全面與系統性的瞭解，實無法奢言要走進國際社會與國際組織，更遑論要提升國家的國際競爭力。

基於此，東吳大學政治系在二〇〇八年一月設立「聯合國研究中心」，希望可以彌補國內在聯合國相關議題研究與教學上的不足之處。而透過本系列叢書的出版，希望能有系統地整理並提供研究者一套方便的參考工具書，藉此來協助相關研究教學工作，並作爲開啓國人瞭解聯合國的一扇門窗。最後，本書能夠順利出版，要特別感謝東吳大學人文社會學院的經費補助。

《聯合國相關國際組織憲章選輯》導讀

聯合國是當今世界上最具規模、最具代表性的國際組織。聯合國的涵蓋層面非常廣泛，目前幾乎所有獨立國家都是聯合國會員國，且其聯合國的功能幾乎涉及人類生活各個領域的活動。聯合國肩負維護國際和平安全、促進國際合作、社會發展、保護人權和協調各國行動，以及推動人類進步的重要責任。聯合國憲章已成爲國際法的重要文件，也是國際社會的主要規範之一。

在第二次世界大戰進行中，美國、英國和蘇聯等主要反法西斯國家，即思考如何能避免世界大戰再度爆發，從而研擬創建聯合國的計畫。早在一九四一年十二月日本偷襲珍珠港以前，美國的新威爾遜主義人士，從國際聯盟的失敗汲取教訓，認爲不應再依賴人類道義輿論來維持和平，而應更依賴強大的實力，而基於集體安全的理念，開始醞釀創立新的國際組織。爲彌補國際聯盟代表性不足的弱點，美國提出美國、蘇聯、英國、中國四國的「四員警制度」，設想由這四個國家構成維護世界和平的支柱。爾後，經一九四三年莫斯科外長會議和美英蘇三國德黑蘭會議，這種想法逐漸清晰。

一九四四年十月，美英蘇中四國在華盛頓敦巴頓橡樹園召開聯合國的制憲會議（Dumbarton Oaks Conference），具體商討建立新國際組織的內容、宗旨、原則和架構等，最後終於達成戰後建立新國際組織的協議。敦巴頓橡樹園會議的結果是威爾遜理想主義與傳統現實主義大國論結合的產物，一些原則和程序方面的分歧，通常透過傳統的政治折衷方式得到解決。如蘇聯要求聯合國將其十六個加盟共和國接納爲成員，因爲大英國協的總席次以及美國擁有如保護國的拉丁美洲國家，將導致蘇聯在投票中寡不敵衆。雙方經過妥協，決定讓蘇聯擁有三個，而不是十六個席位。

另如爲安撫其他歐洲國家，羅斯福還在包括殖民地在內的問題作出一些讓步，同意建立聯合國託管理事會（U.N. Trusteeship Council）的主要機構，但英國殖民地不受聯合國託管權力的管轄。另一個重大讓步與法國有關。羅斯福雖然極不信任法國的戴高樂（Charles DeGaulle），且法國在一九四〇年向德國屈服，在二次大戰期間並非主要盟國，但在蘇聯和英國的壓力下，羅斯福最終同意讓法國擁有安理會席位。一九四五年二月，美英蘇雅爾達會議確認這個協議。

一九四五年四月二十五日，五十個國家的代表齊聚集舊金山完成憲章起草工作。經過兩個月的認眞討論，於一九四五年六月二十六日正式簽署聯合國憲章，其後提交包括五大國在內的各國立法機構批准。一九四五年十月二十四日，聯合國憲章生效，聯合國正式成立。聯合國大會決定以十月二十四日爲聯合國日。聯合國憲章迄今經過三次修正，第一次是一九六三年十二月十七日修改第二十三、第二十七和第六十一條，將安全理事會成員自十一國增至十五國，並將經濟及社會理事會的成員自十八國增至二十七國（一九六五年八月三十一日生效）。第二次是一九六五年十二月二十日修改第一百零九條，規定會員國爲審查本憲章，得以大會會員國三分二之表決，經安全理事會任何九個理事國（原先爲七個）之表決，確定日期及地點舉行全體會議（一九六八年六月十二日生效）。第三次是一九七一年十二月二十日再次修改第六十一條，將經社理事會的成員自二十七國增至五十四國（一九七三年九月二十四日生效）。目前（二〇〇八年）的修改憲章問題，主要集中於增加安理會常任理事國與刪除敵國條項等條文。

聯合國憲章是聯合國的根本章程，規定會員國的權利和義務，並確定聯合國的機關和程序。依憲章的規定，聯合國的宗旨是：維護國際和平及安全；發展國際間友好往來關係；合作解決國際間屬於經濟、社會、文化及人類福祉性質之國際問題，增進對於全體人類之人權及基本自由之尊重；並構成協調各國行動之中心，以達成共同目的。僅從聯合國將經濟及社會理事會（ECOSOC）和聯合國教科文組織（UNESCO）列爲聯合國的主要機構和專門機構，就充分顯示聯合國重視在非政治領域的作用。本書詳列憲章條文，從中可以呈現聯合國維護國際和平、安全；推動國際合作和社會發展；推動經濟發展；協調各國行動等四大功能。

狹義的聯合國是由六大機構組成：聯合國大會、安全理事會、經濟社會理事會、託管理事會、國際法院和秘書處。在六大機構之下，還有如聯合國開發計畫署、世界糧食計畫署、兒童基金會等輔助機構。同時，聯合國還制定安全理事會議事規則、聯合國大會議事規則、國際法院規程與規則和聯合國貿易開發會議章程，做爲組織運作的基本規範。此外，爲處理聯合國機構與當地國的法律關係，聯合國還與各國簽訂聯合國特權與豁免公約與各專門機構特權與豁免公約。隨著國際裁判的發展，聯合國相繼設立海洋法法院與國際刑事法院，從而制定聯合國海洋法法院規程和聯合國國際刑事法院規程。本書詳列這些相關規程與規則，俾能有助於對這些組織運作的瞭解。

聯合國大會是由全體會員國組成，是聯合國的審議機構。每年舉行一次常會，規定每年九月的第三個星期二開始，通常持續到十二月中旬，每屆常會會期一般爲三個月。如議程未討論完畢，可延至第二年春繼續，但必須在下屆常會開議前結束。大會可在會議期間決定暫時休會，並可在之後復會。大會對於重要問題的決議，須由三分之二多數通過；對於一般問題的決議，則是過半數通過即可。大會通過的決議，不具法律拘束力，但足以對會員國產生政治影響。除常會以外，應半數以上會員國或安理會要求，大會還可在十五天內召開特別會議，在二十四小時內舉行緊急特別會議。按照聯合國憲章的規定，大會有權討論憲章範圍內的任何問題，並向會員國和安理會提出建議。大會接受和審議安理會及其機構的報告；選舉安理會非常任理事國、經濟與社會理事會和託管理事會理事國；與安全理事會共同選舉國際法院法官；根據安理會推薦批准接納新會員和任命秘書長。聯合國的預算和會員國分攤的會費都需經大會討論決定。每屆常會開會時，各國往往派出外交部長或其他部長級官員率代表團出席，部分國家元首和政府首長也到會發表談話。大會設一名主席和二十一名副主席，由常會全體會議按地區分配原則選舉產生，安全理事會五個常任理事國爲大會當然副主席。

聯合國安全理事會（簡稱安理會）由美國、英國、法國、俄羅斯和中國五個常任理事國和十個非常任理事國組成。非常任理事國按地區分配原則由大會選舉產生，任期兩年，不能連選連任。依《憲章》規定，在維護國際和平及安全方面，安理會負有主要責任，其職責是：根據憲章規定作出全體會員國都有義務接受並執行的決定；調查任何國際爭端或可能引起國際摩擦或爭端的任何情況，判斷威脅和平、破壞和平或侵略的行動，並採取經濟、外交或軍事制裁行動；負責擬訂軍備管制的計畫；向大會推薦新會員國和秘書長。安理會的行動以常任理事國一致（即所謂大國一致原則）爲基礎，因此五個常任理事國在實質問題上都擁有否決權。經安理會通過的決議，對會員國具有拘束力。安理會是聯合國中唯一有權對國際和平與安全採取行動的機構，《憲章》規定其有權對國際爭端進行調查和調停，可以採取武器禁運、經濟制裁等強制性措施，還可派遣聯合國維和部隊，以協助緩和某一地區的緊張局勢。因此，聯合國安理會已經成爲公認的爲國際集體安全機制的核心。

聯合國秘書處是聯合國各機構的行政秘書事務機構。秘書長是聯合國的行政首長，擔負重大的國際政治責任。秘書長任期五年，由聯合國大會根據安理會的推薦任命。在國際事務中，秘書長以聯合國代表的身份出現，代表聯合國與會員國及其他國際組織進行聯繫，並到發生國際衝突和爭端的地區，代表聯合國進行瞭解和調停。秘書處由秘書長和聯合國工作人員組成，其職責是爲聯合國及其所屬機構服務，並負責執行這些機構所制定的政策。此外，聯合國根據需要還設立數目繁多的各種理事會、委員會或其他機構。

另外，國際法院（International Court of Justice）是聯合國的司法裁決機構，根據《國際法院規約》而於一九四六年二月成立。國際法院的主要功能是對各國提交案件做出判決，或在聯合國大會及聯合國安理會請求下提供諮詢意見。國際法院位於荷蘭海牙，共有十五名法官。法官應不論國籍，且應儘量能代表世界各大文化及主要法系，其中不得有兩名屬於同一國籍。所有決議都須取得出席法官的多數同意。只有主權國家間的爭端，才可提交國際法院裁判。

國際海洋法法庭於一九九六年十月宣告成立，總部設在德國漢堡。國際海洋法法庭是和平解決國際海洋爭端的新制度，是做爲解決《聯合國海洋法公約》解釋和適用爭端的司法程序之一，其設立的依據是《公約》附件六的《國際海洋法法庭規約》，其內容規定法庭的組織、權限、程序和爭端分庭的設立等事項，其他相關規定還散見於《公約》第十一部分「國際海底區域」和第十五部分「爭端的解決」。國際海洋法法庭由二一名獨立法官組成，法官選舉由《公約》各締約國協議的程序舉行，獲得出席且參加表決的締約國三分之二多數票者當選，但該票數須達全體締約國的過半數。

國際刑事法院（International Criminal Court, ICC）於二〇〇二年七月一日正式成立，首批法官二〇〇三年三月在荷蘭海牙宣誓就職，其設立根據是聯合國外交全權代表會議於一九九八年通過的《國際刑事法院規約》（又稱《羅馬規約》）。根據《羅馬規約》規定，國際刑事法院必須在獲得六十個國家的簽署和批准後才可成立，並對批准國、檢舉人及聯合國安理會移交的案件進行審理，但只審理二〇〇二年七月一日以後發生的案件。國際刑事法院設有經選舉產生的十八位法官、一個檢察官辦事處、一個預審庭、一個審判庭和一個上訴庭。十八位法官，任期九年，不能有兩位法官來自同一個國家。此法院有權對危害人群罪、戰爭罪、反人道罪和侵略罪進行審判，但只追究個人的刑事責任，且是在各國所屬法院不能自主審理的情況下才可介入，其最高刑罰是無期徒刑。

聯合國貿易開發會議（UNCTAD; United Nations Conference on Trade and Development）根據聯大第一九九五號　議於一九六四年成立，是聯合國大會下之永久機構，是聯合國處理有關貿易和開發問題的常設機構，總部設於瑞士日內瓦。設立的宗旨在於促進所有會員國（尤其是開發中國家）的貿易成長與經濟發展，主要有下列三項功能：政府間討論事務的論壇；政策分析、研究及資料收集；爲開發中國家的特定需求，提供量身訂做的技術協助，特別是注重低度開發國家及轉型經濟體的需求。

其次，廣義的聯合國包括世界銀行、國際貨幣基金、國際民航組織、聯合國教科文組織、萬國郵政聯盟、國際電信組織、世界氣象組織和國際勞工組織等十五個專門機構。這些專門機構與聯合國訂有專門協定，有自己獨立的組織機構、章程和體系，但他們必須接受聯合國的指導，定期向聯合國進行工作彙報。本書詳列這些專門機構的憲章（組織法），有助瞭解這些組織如何運作。

國際勞工組織根據《凡爾賽和約》於一九一九年成立，最初只是國際聯盟的一個獨立機構。在聯合國成立之後，於一九四六年即與聯合國建立關係，國際勞工組織的宗旨是「促進充分就業和提高生活水平；促進勞資雙方合作；擴大社會保障措施；保護工人生活與健康」；主張通過勞工立法來改善勞工狀況，進而「獲得世界持久和平，建立社會正義」。任何聯合國會員國接受ＩＬＯ憲章，即可成爲國際勞工組織會員國，而非聯合國會員國則要經國際勞工大會三分之二多數票通過，才能成爲國際勞工組織的會員國。國際勞工組織的特徵是三位一體。雖然國際勞工組織爲政府間機構，但其會員國代表團由政府代表兩人、勞工和雇主代表各一人組成，三方都參加各類會議而獨立表決。國際勞工組織機構設有國際勞工大會，每年六月在日內瓦舉行，是最高權力機構。國際勞工組織的主要活動是從事國際勞工立法，制訂公約和建議書，規範國際間的最低標準。

國際民用航空組織（簡稱國際民航組織）肇始於一九四四年在芝加哥召開的國際民航會議。爲解決二次世界大戰後民航事業的發展，與會各國簽訂《國際民用航空公約（即芝加哥公約）》，會後並成立「臨時國際民用航空組織」。一九四七年公約生效之後，國際民用航空組織正式成立，同年十月成爲聯合國專門機構之一。國際民用航空組織的宗旨是發展國際航行的原則和技術，並促進國際航空運輸的規劃和發展，以保證全世界國際民用航空的安全和秩序；鼓勵和平用途的航空器設計和操作技術；發展供國際民航應用的航路、航站和航行設備；滿足世界人民對安全、正常、有效和經濟的空運需要；防止因不合理競爭而造成經濟上的浪費；保證締約各國的權利充分受到尊重，每一締約國具有開闢國際航線的均等機會；避免締約國間的差別待遇；促進國際航行的安全；普遍促進國際民用航空在各方面的發展。

國際海事組織原名爲「政府間海事協商組織」。根據聯合國經社理事會的建議，各國於一九四八年二月在日內瓦召開聯合國國際海事會議，擬訂《政府間海事協商組織公約》。一九五八年八月一七日公約生效後，正式成立「政府間海事協商組織」，於一九五九年一月成爲聯合國的專門機構。一九七五年一一月，海事組織第九屆大會決定改名爲國際海事組織，並於一九八二年五月二二日起正式　用。海事組織的宗旨是在解決國際貿易的航運技術問題方面同各國進行合作；在促進海上安全，提高航行效率和防止船舶對海洋污染方面，鼓勵各國採用統一標準；處理與之有關的法律問題；負責召開有關航運問題的國際會議、起草國際海事公約或協定。海事組織活動的主要內容是：制訂和修改有關海運方面的公約和規定；交流經驗；向會員國提供海運方面的情報和科技報告；向發展中國家提供技術援助；創辦世界海運大學。

至於一般國人耳熟能詳的世界衛生組織（ＷＨＯ）成立於二次大戰之後。在一九四五年舊金山聯合國國際組織會議上，各國代表建議創辦衛生領域的專門機構。一九四六年六月，聯合國會員國在紐約舉行「國際衛生大會」，七月二二日通過《世界衛生組織憲章》，並成立臨時委員會進行籌備。該委員會同時從事原本由國際聯盟衛生組織（一九二〇年在日內瓦成立）、國際公共衛生局（一九〇七年在巴黎成立）和聯合國善後救濟總署所承擔的緊急衛生工作。一九四八年四月七日，《世界衛生組織憲章》正式生效，世界衛生組織成立，並將每年四月七日定爲世界衛生日。世界衛生組織的宗旨是「使全世界人民獲得最高可能水平的健康」。世界上所有國家都可加入該組織，聯合國會員國只需接受該憲章就可加入，其他國家需世界衛生大會以簡單多數通過才能加入。

世界氣象組織的前身是國際氣象組織（International Meteorological Organization, IMO）。國際氣象組織創建於一八七三年。一九四七年九月，國際氣象組織在華盛頓舉行第一二次局長會議，會中通過《世界氣象組織公約》，決定成立世界氣象組織。該公約於一九五〇年三月開始生效，而聯合國大會於一九五一年一二月二〇日通過決議，將該組織納爲聯合國的專門機構。《世界氣象組織公約》的成立目的爲「協調和改進世界氣象及相關活動並使之標準化，鼓勵國家間有效交換氣象和相關情報，以利於人類活動」。世界氣象組織的宗旨是：促進設置站網方面的國際合作，以進行氣象、水文及與氣象有關的地球物理觀測，促進設置和維持各種中心以提供氣象和與氣象有關方面的服務；促進建立和維持快速交換氣象及有關情況系統；促進對氣象及有關觀測的標準化，確保以統一規格出版觀測和統計資料；推進氣象學應用於航空、航海、水利、農業和人類其他活動；促進水文業務工作活動，增進氣象部門與水文部門間的密切合作；鼓勵對氣象及有關領域內的研究和培訓等。世界氣象組織的主要活動是建立和鞏固世界天氣監視網，建立相對完整的天氣觀測、電訊和資料處理體系。

國際電信聯盟的起源甚早。一八六五年，二〇個歐洲國家在巴黎簽訂《國際電報公約》，成立「國際電報聯盟」。一九〇六年，英、美等國再於柏林簽訂《國際無線電公約》。一九三二年，歐美各國決定將原有《國際電報公約》和《國際無線電公約》合併爲《國際電信公約》。一九三四年，各國更進一步將「國際電報聯盟」的名稱改爲「國際電信聯盟」。一九四七年，在美國大西洋城舉行的國際會議上，爲適應電信技術的進展，「國際電信聯盟」重新調整組織架構，並與聯合國簽訂協定，將其納爲聯合國專門機構。國際電信聯盟的主要活動是制訂國際通信技術標準和通訊法規，收集並向各國提供通信技術、業務資料，開展技術合作。

萬國郵政聯盟的宗旨是組成各國相互交換郵件的郵政組織和改進國際郵政業務，促進該領域內的國際合作，並參與提供各會員國所尋求的郵政技術援助，會員國必須以本國的最優條件為其他會員國運送郵件。一八七四年九月十五日，第一次國際郵政大會在瑞士伯恩召開，並通過第一個國際性的郵政公約——《伯恩條約》。《伯恩條約》於一八七五年七月一日生效，並根據該條約成立「郵政總聯盟」。一八七八年五月，郵政總聯盟易名為「萬國郵政聯盟」，並於一九四八年七月成為聯合國專門機構之一。基本上，萬國郵政聯盟的活動是：制定統一的國際郵件處理規則和資費標準，開展技術合作活動，組織和改善國際郵政業務。萬國郵聯的目標是：使郵政管理機關加速郵件的運送和傳遞。

聯合國糧食及農業組織（簡稱糧農組織），是各國政府討論糧食和農業問題的國際組織。一九四三年五月，美國總統羅斯福邀請盟國政府在美國召開糧食會議，會中決定成立糧食及農業組織籌委會，擬訂糧農組織憲章。一九四五年十月十六日，在加拿大魁北克簽署糧農組織憲章，正式成立糧農組織。一九四六年十二月，該組織與聯合國正式建立關係，是聯合國成立後的第一個專門機構。糧農組織的宗旨是提高營養和生活水平；提高一切糧食和農業產品的生產及分配效率；改善農村人口狀況，從而為世界經濟作出貢獻，並確保人類免於饑餓。糧農組織在世界各地的活動，占專門工作人員約三分之二的勞動，花費該組織約四/五的資金。資金主要是由聯合國開發計劃署提供，某些國家也提供一定數量的捐款。

另一個與農業有關的聯合國專門機構是國際農業發展基金（International Fund for Agriculture Development, IFAD），成立於一九七七年十一月三〇日，一九七八年一月一日開始工作。國際農業發展基金總部設在羅馬，其宗旨是籌集資金，以優惠條件向開發中會員國發放農業貸款，扶持農業發展，消除貧困與營養不良，促進農業範圍內的南北合作與南南合作。該組織的會員國分為三類：經濟合作與發展組織的已開發國家、石油輸出國組織的開發中國家和其他開發中國家。資金來源主要靠第一、二類國家按比例認捐，第三類會員國則自由認捐。

聯合國教育、科學及文化組織（聯合國教科文組織）是各國政府間討論關於教育、科學及文化問題的專門性國際組織。一九四五年十一月，中國、美國、英國、法國等四十四個國家在倫敦舉行會議，制定聯合國教科文組織憲章，並成立籌備委員會。一九四六年十一月，聯合國教科文組織在巴黎召開第一次大會，並於十一月四日正式成立，成為聯合國專門機構之一。聯合國教科文組織的宗旨是增進各國在教育、科學及文化方面的合作，以促進對正義、法治及《聯合國憲章》所確認的「世界人民不分種族、性別、語言或宗教，均得享受的人權和基本自由的普遍尊重」，以期對世界和平作出貢獻。教科文組織鼓勵民族文化價值並保護文化遺產，使其能從現代化得到最大利益，但又不會喪失其文化特性和多樣化。

世界智慧財產權組織的由來要追溯到一八八三年在伯恩締結的《國際保護文學藝術作品公約》，同年在巴黎亦訂立的《國際保護工業財產權公約》，根據這兩個公約創建「巴黎聯盟」和「伯恩聯盟」。一九六七年七月十四日，兩個公約的五一個會員國於斯德哥爾摩締約，各自成立智慧財產權組織。一八九三年，這兩個聯盟合併為一個組織，最後易名為「國際保護智慧財產權聯合局」。世界智慧財產權組織於一九七四年十二月十七日成為聯合國第一四個專門機構，是技術性最強的機構之一。世界智慧財產權組織的主要活動是鼓勵締結新的條約、召開修訂巴黎公約會議、協調各國立法、組織各種會議，並向發展中國家提供法律、技術援助，並搜集和傳播技術情報。世界智慧財產權組織的目標是透過各國間的合作，在適當情況下與其他國際組織合作，促進全世界範圍的智慧財產權保護；受各國智慧財產權聯盟的委託，管理各聯盟的行政事宜或執行有關的條約。

聯合國工業發展組織（ＵＮＩＤＯ）是個多邊技術援助的機構。一九六三年十二月二十一日，聯合國大會通過第九四〇（十八）號決議，決定成立組織來處理工業發展事務。一九六五年十二月二〇日，聯合國大會通過第二〇八九（二〇）號決議，決定設立「聯合國工業發展組織」，並於一九六七年一月一日正式成立。一九七五年三月，在開發中國家的推動下，決定將這個組織改組爲聯合國的專門機構。一九七九年四月間，聯合國大會通過聯合國工業發展組織的新憲章，並於一九八五年八月正式改爲聯合國專門機構。聯合國工業發展組織的活動，包括工業發展的宏觀經濟和微觀經濟兩方面，前者是指研究和審議有關制訂工業發展政策、規劃和計劃；後者是指在有關工業或工廠的可行性調研；投資與籌資；工藝與技術；在管理、市場、質量與研究等問題上提供援助。

國際貨幣基金（ＩＭＦ）成立於一九四五年十二月二十七日。在一九四四年七月，美、英等國爲穩定戰後的國際貨幣金融，在美國布列敦森林舉行聯合國貨幣和金融會議，通過《國際貨幣基金協定》，決定成立國際性的常設金融機構。從一九四七年三月一日開始，國際貨幣基金組織展開業務活動，同年十一月十五日起成爲聯合國專門機構。國際貨幣基金組織的宗旨是穩定國際匯兌，消除妨礙世界貿易的外匯管制，在貨幣問題上促進國際合作，並且通過提供短期貸款，解決會員國國際收支暫時不平衡時產生的外匯資金需求。國際貨幣基金組織會員國有提款權，即有權按照所繳份額的一定比例借用外匯。一九六九年，國際貨幣基金組織創設「特別提款權」，根據會員國的份額按比例分配，作爲國際流通手段的補充。會員國有義務提供經濟資料，在外匯政策和管理方面接受該組織的監督。

在前述一九四四年七月的布列敦森林會議中，各國另外還通過《國際復興開發銀行協定》，而於一九四五年十二月二十七日正式成立「國際復興開發銀行（International Bank for Reconstruction and Development—IBRD）」。該行於一九四六年六月二十五日正式開業，而在一九四七年成爲聯合國專門機構之一。世界銀行（World Bank）集團是由國際復興開發銀行（世界銀行）、國際開發協會和國際金融公司組成的集團，其目標是透過從已開發國家向開發中國家輸送資金，以協助開發中國家提高生活水平。只有參加國際貨幣基金組織的國家，才能申請參加國際復興開發銀行，該組織是世界上最大的政府間金融機構之一。

國際開發協會（International Development Association, IDA）成立於一九六〇年九月二十四日，總部設在華盛頓，是聯合國專門機構之一。世界銀行於一九五八年爲進一步補充其活動，向較後進的會員國提供條件更佳的貸款，乃通過美國提案成立「國際開發協會」的決議，作爲世界銀行的附屬機構。國際開發協會有自己的資金來源，是一個在法律上獨立的單位。凡世界銀行的會員國均可加入國際開發協會，使得該協會又稱第二世界銀行。國際開發協會是世界銀行的貸款窗口，其貸款基本上是無息的，貸款期限爲五十年，寬限期十年。

國際金融公司（International Finance Corporation, IFC）是世界上最大的金融機構之一。一九五一年三月，美國國際開發諮詢局建議在國際復興開發銀行（世界銀行）之下設立國際金融公司，專門對開發中國家的私人企業貸款或投資。一九五六年七月二十四日，國際金融公司正式成立，作爲國際復興開發銀行的附屬機構。一九五七年二月二十日成爲聯合國專門機構之一。國際金融公司的宗旨是補充世界銀行的活動，鼓勵國際私人資本流向開發中國家，以及支援當地資金市場的發展，來推動私人企業的成長，促進成員國經濟的發展。國際金融公司的主要活動是向開發中國家的私營企業，以發放貸款或入股方式進行投資。在貸款或投資時，按專案與已開發國家的商業銀行和其他金融機構以銀行團方式進行合作。

多邊投資保證機構是與世界銀行有聯繫的投資保險機構，其目標是透過向投資者提供長期政治風險保險（即承保沒收、貨幣調劑、戰爭和內亂風險），以及提供諮詢服務，協助私人投資爲生產目的流入開發中的會員國。多邊投資保證機構開展宣傳方案、傳播有關投資機會的資訊，並提供技術援助，加強各國的投資宣傳能力。自一九八八年開始以來，多邊投資保證機構已經在八五個開發中國家，發行六百五十多個保證，協助其獲得超過爲五百億美元的外國直接投資。

國際投資爭端解決中心（ＩＣＳＩＤ）是依據《解決國家與他國國民間投資爭端公約》，而建立的世界上第一個專門解決國際投資爭議的仲裁機構。國際投資爭端解決中心是一個透過調解和仲裁方式，專爲解決政府與外國私人投資者間爭端提供便利的機構。其宗旨是在國家和投資者之間培育一種相互信任的氛圍，從而促進國外投資能不斷增加。提交該中心調解和仲裁的當事者完全是出於自願。

世界旅遊組織（World Tourism Organization, UNWTO）是較少人知的聯合國專門機構，其宗旨是促進和發展旅遊事業，使其有利於經濟發展、國際間相互了解，以及和平與繁榮。總部設在西班牙馬德里。一九二五年五月四日至九日，各國在荷蘭海牙召開國際官方旅遊協會大會。一九三四年在海牙正式成立國際官方旅遊宣傳組織聯盟。一九四六年十月一日至四日，在倫敦召開首屆國家旅遊組織國際大會。一九四七年十月，在巴黎舉行第二屆國家旅遊組織國際大會，並決定正式成立國際官方旅遊聯盟，其總部設在倫敦，一九五一年遷至日內瓦。一九六九年，聯合國大會批准將其改爲政府間組織，一九七五年改爲「世界旅遊組織」，而於二〇〇三年十一月成爲聯合國專門機構。世界旅遊組織定每年九月二十七日爲世界旅遊日，爲不斷向全世界普及旅遊理念，形成良好的旅遊發展環境，促進世界旅遊業不斷發展。

最後，本書還列入三個重要國際組織，包括世界貿易組織（ＷＴＯ）、國際原子能機構（ＩＡＥＡ）和國際電氣通信衛星機構（INTELSAT）。它們都不屬於聯合國的專門機構，但其重要性絕不容忽視。

一九九四年四月十五日，在摩洛哥馬拉喀什市舉行關貿總協定烏拉圭回合部長會議時，各國決定成立更具全球性的世界貿易組織，以取代成立於一九四七年的關稅暨貿易總協定（ＧＡＴＴ）。世界貿易組織（World Trade Organization, WTO）是獨立於聯合國的永久性國際組織，於一九九五年一月一日正式開始運作，負責管理世界經濟和貿易秩序，總部設在瑞士日內瓦。一九九六年一月一日，世界貿易組織正式取代關稅暨貿易總協定臨時機構。世界貿易組織是具有法人地位的國際組織，在調解成員爭端方面具有更高的權威性。世界貿易組織涵蓋貨物貿易、服務貿易以及智慧財產權貿易，與世界銀行、國際貨幣基金組織並列，被稱爲當今世界經濟體制的「三大支柱」。目前世界貿易組織的貿易量已占世界貿易的九五％以上。

由於原子能（核能）問題亟需管理，因此聯合國大會於一九五三年十二月八日提案，準備成立一個專門致力於和平利用原子能的世界組織。一九五四年一二月四日，聯合國大會通過決議，同意成立關於管理原子能的國際機構。一九五六年十月二十三日，「國際原子能機構」憲章獲得通過。於是，國際原子能機構於一九五七年七月二十九日正式成立，其職能是「設法加速並擴大原子能對全世界和平、健康及繁榮之貢獻」，並「就其所能，確保由其本身、或經其請求、或在其監督或管制下提供之協助，不致用以推進任何軍事目的」。爲達到這個目的，任何國家不論是否爲聯合國或專門機構的會員國，經理事會推薦並由大會批准入會後，交存對原子能機構憲章的接受書，均可成爲該機構的會員國。

最後是一九六四年八月創立的國際電氣通信衛星機構（International Telecommunications Satellite Organization; INTELSAT）是目前世界上最大的衛星組織，總部設在美國華盛頓特區。該組織一直致力於通過全球商業通信衛星系統的空間維護和營運全球衛星系統，來爲國際公共電信業務服務。國際通信衛星組織的工作主要有國際電話服務、國際電視服務、國內通信服務、國際通信衛星組織商業服務、國際網路服務、ＶＩＳＴＡ服務和線路修復服務等，平等地向所有國家提供範圍更廣的電信服務。二〇〇〇年十一月，國際通信衛星組織通過私有化決議，目的是增強適應性和競爭力，並致力於網際網路服務和寬頻業務。二〇〇一年七月十八日，國際通信衛星有限公司正式成立，凡是國際電信聯盟的會員國都可加入，所有國家都可使用通信衛星組織的系統。

聯合國的成立是第二次世界大戰的產物，其後對世界各國的涉外事務，提供一個對話交流的平臺，成爲追求和平解決爭端的場所。同時，各種全球性威脅和挑戰也層出不窮，民族矛盾、領土爭端等傳統安全問題還未解決，恐怖主義、跨國犯罪、疾病肆虐等非傳統安全問題日益嚴重。各國甚至各區經濟發展不平衡的問題更加突出，南北差距進一步擴大。世界已經進入二十一世紀，國際形勢正發生嚴重和複雜的變化。人類進步的崇高事業既面臨著歷史性的機遇，也受到前所未有的挑戰。爲求有效應對各種全球性威脅和挑戰，實現人類的和平與發展，即必須不斷加強聯合國的作用和權威，堅持多邊主義和推進國際合作。

在全球化的趨勢下，跨越國界的共通事項日益增加，使得聯合國的重要性與日俱增。各國藉由聯合國的運作，共同建立國際社會的秩序，解決國際間的共通問題，並於其中爭取自國的權利，因此加入聯合國已成爲一國求生存、爭權益的重要關鍵。對聯合國及其周邊國際組織的瞭解刻不容緩，本書的出版是東吳大學聯合國研究中心的起步，從各國際組織憲章的研究，當可察知其設立目的及宗旨，進而了解其組織結構與運作方式，至於深入探討其歷史沿革與運作模式，則請參照本中心《聯合國及其專門機構解析》一書。

羅致政、李明峻

二〇〇八年初夏於外雙溪

目次

壹、聯合國

一、聯合國憲章

Charter of the United Natioans

簽署日期：一九四五年六月二十六日（舊金山）

生效日期：一九四五年十月二十四日

我聯合國人民

同茲決心

欲免後世再遭今代人類兩度身歷慘不堪言之戰禍，重伸基本人權，人格尊嚴與價值，以及男女與大小各國平等權利之信念，創造適當環境，俾克維持正義，尊重由條約與國際法其他淵源而起之義務，久而弗懈，促成大自由中之社會進步及較善之民生，並爲達此目的力行容恕，彼此以善鄰之道，和睦相處，集中力量，以維持國際和平及安全，接受原則，確立方法，以保證非爲公共利益，不得使用武力，運用國際機構，以促成全球人民經濟及社會之進展，用是發憤立志，務當同心協力，以竟厥功。爰由我各本國政府，經聚集金山市之代表各將所奉全權證書，互相校閱，均屬妥善，議定本聯合國憲章，並設立國際組織，定名聯合國。

第一章　宗旨及原則

第一條　（聯合國之宗旨）

聯合國之宗旨爲：

一、維持國際和平及安全；並爲此目的：採取有效集體辦法，以防止且消除對於和平之威脅，制止侵略行爲或其他和平之破壞；並以和平方法且依正義及國際法之原則，調整或解決足以破壞和平之國際爭端或情勢。

二、發展國際間以尊重人民平等權利及自決原則爲根據之友好關係，並採取其他適當辦法，以增強普遍和平。

三、促進國際合作，以解決國際間屬於經濟、社會、文化、及人類福利性質之國際問題，且不分種族、性別、語言、或宗教，增進並激勵對於全體人類之人權及基本自由之尊重。

四、構成一協調各國行動之中心，以達成上述共同目的。

第二條　（行動原則）

爲求實現第一條所述各宗旨起見，本組織及其會員國應遵行下列原則：

一、本組織係基於各會員國主權平等之原則。

二、各會員國應一秉善意，履行其依本憲章所擔負之義務，以保證全體會員國由加入本組織而發生之權益。

三、各會員國應以和平方法解決其國際爭端，俾免危及國際和平、安全、及正義。

四、各會員國在其國際關係上不得使用威脅或武力，或以與聯合國宗旨不符之任何其他方法，侵害任何會員國或國家之領土完整或政治獨立。

五、各會員國對於聯合國依本憲章規定而採取之行動，應盡力予以協助，聯合國對於任何國家正在採取防止或執行行動時，各會員國對該國不得給予協助。

六、本組織在維持國際和平及安全之必要範圍內，應保證非聯合國會員國遵行上述原則。

七、本憲章不得認爲授權聯合國干涉在本質上屬於任何國家國內管轄之事件，且並不要求會員國將該項事件依本憲章提請解決；但此項原則不妨礙第七章內執行辦法之適用。

第二章　會員

第三條　創始會員國凡曾經參加金山聯合國國際組織會議或前此曾簽字於一九四二年一月一日聯合國宣言之國家，簽訂本憲章，且依憲章第一百十條規定而予以批准者，均爲聯合國之創始會員國。

第四條　（加入要件與手續）

一、凡其他愛好和平之國家，接受本憲章所載之義務，經本組織認爲確能並願意履行該項義務者，得爲聯合國會員國。

二、准許上述國家爲聯合國會員國，將由大會經安全理事會之推薦以決議行之。

第五條　（權利與特權的停止）

聯合國會員國，業經安全理事會對其採取防止或執行行動者，大會經安全理事會之建議，得停止其會員權利及特權之行使。此項權利及特權之行使，得由安全理事會恢復之。

第六條　（除名）

聯合國之會員國中，有屢次違犯本憲章所載之原則者，大會經安全理事會之建議，得將其由本組織除名。

第三章　機關

第七條　（機關的種類）

一、茲設聯合國之主要機關如下：大會、安全理事會、經濟暨社會理事會、託管理事會、國際法院、及秘書處。

二、聯合國得依本憲章設立認爲必需之輔助機關。

第八條　（男女平等的資格）

聯合國對於男女均得在其主要及輔助機關在平等條件之下，充任任何職務，不得加以限制。

第四章　大會

組織

第九條　（組織）

一、大會由聯合國所有會員國組織之。

二、每一會員國在大會之代表，不得超過五人。

職權

第十條　（一般職權與任務）

大會得討論本憲章範圍內之任何問題或事項，或關於本憲章所規定任何機關之職權；並除第十二條所規定外，得向聯合國會員國或安全理事會或兼向兩者，提出對各該問題或事項之建議。

第十一條　（維持和平與安全的權限）

一、大會得考慮關於維持國際和平及安全之合作之普通原則，包括軍縮及軍備管制之原則；並得向會員國或安全理事會或兼向兩者提出對於該項原則之建議。

二、大會得討論聯合國任何會員國或安全理事會或非聯合國會員國依第三十五條第二項之規定向大會所提關於維持國際和平及安全之任何問題；除第十二條所規定外，並得向會員國或安全理事會或兼向兩者提出對於各該項問題之建議。凡對於需要行動之各該項問題，應由大會於討論前或討論後提交安全理事會。

三、大會對於足以危及國際和平與安全之情勢，得提請安全理事會注意。

四、本條所載之大會權力並不限制第十條之概括範圍。

第十二條　（與安理會的關係）

一、當安全理事會對於任何爭端或情勢，正在執行本憲章所授予該會之職務時，大會非經安全理事會請求，對於該項爭端或情勢，不得提出任何建議。

二、秘書長經安全理事會之同意，應於大會每次會議時，將安全理事會正在處理中關於維持國際和平及安全之任何事件，通知大會；於安全理事會停止處理該項事件時，亦應立即通知大會，或在大會閉會期內通知聯合國會員國。

第十三條　（國際合作的促進）

一、大會應發動研究，並作成建議：

㈠以促進政治上之國際合作，並提倡國際法之逐漸發展與編纂。

㈡以促進經濟、社會、文化、教育、及衛生各部門之國際合作，且不分種族、性別、語言、或宗教，助成全體人類之人權及基本自由之實現。

二、大會關於本條第一項㈡款所列事項之其他責任及職權，於第九章及第十章中規定之。

第十四條　（和平協調之措置）

大會對於其所認爲足以妨害國際間公共福利或友好關係之任何情勢，不論其起源如何，包括由違反本憲章所載聯合國之宗旨及原則而起之情勢，得建議和平調整辦法，但以不違背第十二條之規定爲限。

第十五條　（報告的受理與審議）

一、大會應收受並審查安全理事會所送之常年及特別報告；該項報告應載有安全理事會對於維持國際和平及安全所已決定或施行之辦法之陳述。

二、大會應收受並審查聯合國其他機關所送之報告。

第十六條　（關於託管的任務）

大會應執行第十二章及第十三章所授予關於國際託管制度之職務，包括關於非戰略防區託管協定之核准。

第十七條　（預算與財政）

一、大會應審核本組織之預算。

二、本組織之經費應由各會員國依照大會分配限額擔負之。

三、大會應審核經與第五十七條所指各種專門機關訂定之任何財政及預算辦法，並應審查該項專門機關之行政預算，以便向關係機關提出建議。

投票

第十八條　（表決方法）

一、大會之每一會員國，應有一個投票權。

二、大會對於重要問題之決議應以到會及投票之會員國三分之二多數決定之。此項問題應包括：關於維持國際和平及安全之建議，安全理事會非常任理事國之選舉，經濟暨社會理事會理事國之選舉，依第八十六條第一項㈢款所規定託管理事會理事國之選舉，對於新會員國加入聯合國之准許，會員國權利及特權之停止，會員國之除名，關於施行託管制度之問題，以及預算問題。

三、關於其他問題之決議，包括另有何種事項應以三分之二多數決定之問題，應以到會及投票之會員國過半數決定之。

第十九條　（未繳納財政款項的投票權停止）

凡拖欠本組織財政款項之會員國，其拖欠數目如等於或超過前兩年所應繳納之數目時，即喪失其在大會投票權。大會如認拖欠原因，確由於該會員國無法控制之情形者，得准許該會員國投票。

第二十條　（常會與特別會議）

大會每年應舉行常會，並於必要時，舉行特別會議。特別會議應由秘書長經安全理事會或聯合國會員國過半數之請求召集之。

第二十一條　（議事規則）

大會應自行制定其議事規則。大會應選舉每次會議之主席。

第二十二條　（輔助機關）

大會得設立其認爲於行使職務所必需之輔助機關。

第五章　安全理事會組織

第二十三條　（組織〔一九四五年約文〕）

一、安全理事會以聯合國十一會員國組織之。中華民國、法蘭西、蘇維埃社會主義共和國聯邦、大不列顛及北愛爾蘭聯合王國及美利堅合衆國應爲安全理事會常任理事國。大會應選舉聯合國其他六會員國爲安全理事會非常任理事國，選舉時首宜充分斟酌聯合國各會員國於維持國際和平與安全及本組織其餘各宗旨上之貢獻，並宜充分斟酌地域上之公勻分配。

二、安全理事會非常任理事任期定爲二年；但第一次選舉非常任理事國時，其中三者之任期應爲一年。任滿之理事國，不得即行連選。

三、安全理事會每一理事國應有代表一人。

〔一九六三年修改約文〕

一、安全理事會以聯合國十五會員國組織之。中華民國、法蘭西、蘇維埃社會主義共和國聯邦、大不列顛及北愛爾蘭聯合王國及美利堅合衆國應爲安全理事會常任理事國。大會應選舉聯合國其他十會員國爲安全理事會非常任理事國，選舉時首宜充分斟酌聯合國各會員國於維持國際和平與安全及本組織其餘各宗旨上之貢獻，並宜充分斟酌地域上之公勻分配。

二、安全理事會非常任理事國任期定爲二年。安全理事會理事國自十一國增至十五國後第一次選舉非常任理事國時，所增四國中兩國之任期應爲一年。任滿之理事國不得即行連選。

三、安全理事會每一理事國應有代表一人。

職權

第二十四條　（和平與安全的維持）

一、爲保證聯合國行動迅速有效起見，各會員國將維持國際和平及安全之主要責任，授予安全理事會，並同意安全理事會於履行此項責任下之職務時，即係代表各會員國。

二、安全理事會於履行此項職務時，應遵照聯合國之宗旨及原則。爲履行此項職務而授予安全理事會之特定權力，於本憲章第六章、第七章、第八章、及第十二章內規定之。

三、安全理事會應將常年報告，並於必要時將特別報告，提送大會審查。

第二十五條　（決議的拘束力）

聯合國會員國同意依憲章之規定接受並履行安全理事會之決議。

第二十六條　（軍備管制方案）

爲促進國際和平及安全之建立及維持，以儘量減少世界人力及經濟資源之消耗於軍備起見，安全理事會藉第四十七條所指之軍事參謀團之協助，應負責擬具方案，提交聯合國會員國，以建立軍備管制制度。

投票

第二十七條　（表決方式〔一九四五年約文〕）

一、安全理事會每一理事國應有一個投票權。

二、安全理事會關於程序事項之決議，應以七理事國之可決票表決之。

三、安全理事會對於其他一切事項之決議，應以七理事國之可決票包括全體常任理事國之同意票表決之；但對於第六章及第五十二條第三項內各事項之決議，爭端當事國不得投票。

〔一九六三年修改約文〕

一、安全理事會每一理事國應有一個投票權。

二、安全理事會關於程序事項之決議，應以九理事國之可決票表決之。

三、安全理事會對於其他一切事項之決議，應以九理事國之可決票包括全體常任理事國之同意票表決之；但對於第六章及第五十二條第三項內各事項之決議，爭端當事國不得投票。

程序

第二十八條　（常駐性組織與定期會議）

一、安全理事會之組織，應以使其能繼續不斷行使職務爲要件。爲此目的，安全理事會之各理事國應有常駐本組織會所之代表。

二、安全理事會應舉行定期會議，每一理事國認爲合宜時得派政府大員或其他特別指定之代表出席。

三、在本組織會所以外，安全理事會得在認爲最能便利其工作之其他地點舉行會議。

第二十九條　（輔助機關）

安全理事會得設立其認爲於行使職務所必需之輔助機關。

第三十條　（議事規則）

安全理事會應自行制定其議事規則，包括其推選主席之方法。

第三十一條　（利害相關之會員國的參加）

在安全理事會提出之任何問題，經其認爲對於非安全理事會理事國之聯合國任何會員國之利益有特別關係時，該會員國得參加討論，但無投票權。

第三十二條　爭端當事國的參加聯合國會員國而非爲安全理事會之理事國，或非聯合國會員國之國家，如於安全理事會考慮中之爭端爲當事國者，應被邀參加關於該項爭端之討論，但無投票權。安全理事會應規定其所認爲公平之條件，以便非聯合國會員國之國家參加。

第六章　爭端之和平解決

第三十三條　（尋求和平解決的義務）

一、任何爭端之當事國，於爭端之繼續存在足以危及國際和平與安全之維持時，應儘先以談判、調查、調停、和解、仲裁、司法解決、區域機關或區域辦法之利用、或各該國自行選擇之其他和平方法，求得解決。

二、安全理事會認爲必要時，應促請各當事國以此項方法，解決其爭端。

第三十四條　（安理會的調查）

安全理事會得調查任何爭端或可能引起國際磨擦或惹起爭端之任何情勢，以斷定該項爭端或情勢繼續存在是否足以危及國際和平與安全之維持。

第三十五條　（第三國提請注意）

一、聯合國任何會員國得將屬於第三十四條所指之性質之任何爭端或情勢，提請安全理事會或大會注意。

二、非聯合國會員國家如爲任何爭端之當事國時，經預先聲明就該爭端而言接受本憲章所規定和平解決之義務後，得將該項爭端，提請大會或安全理事會注意。

三、大會關於按照本條所提請注意事項之進行步驟，應遵守第十一條及第十二條之規定。

第三十六條　（安理會的調整程序與方法）

一、屬於第三十三條所指之性質之爭端或相似之情勢，安全理事會在任何階段，得建議適當程序或調整方法。

二、安全理事會對於當事國爲解決爭端業經採取之任何程序，理應予以考慮。

三、安全理事會按照本條作成建議時，同時理應注意凡具有法律性質之爭端，在原則上，理應由當事國依國際法院規約之規定提交國際法院。

第三十七條　（爭端的提交安理會與安理會的任務）

一、屬於第三十三條所指之性質之爭端，當事國如未能依該條所示方法解決時，應將該項爭端提交安全理事會。

二、安全理事會如認爲該項爭端之繼續存在，在事實上足以危及國際和平與安全之維持時，應決定是否當依第三十六條採取行動或建議其所認爲適當之解決條件。

第三十八條　（安理會的建議）

安全理事會如經所有爭端當事國之請求，得向各當事國作成建議，以求爭端之和平解決，但以不妨礙第三十三條至第三十七條之規定爲限。

第七章　對於和平之威脅、和平之破壞及侵略行爲之應付辦法

第三十九條　（安理會的任務）

安全理事會應斷定任何和平之威脅、和平之破壞、或侵略行爲之是否存在，並應作成建議或決定依第四十一條及第四十二條規定之辦法，以維持或恢復國際和平及安全。

第四十條　（臨時辦法）

爲防止情勢之惡化，安全理事會在依第三十九條規定作成建議或決定辦法以前，得促請關係當事國遵行安全理事會所認爲必要或合宜之臨時辦法。此項臨時辦法並不妨礙關係當事國之權利、要求、或立場。安全理事會對於不遵行此項臨時辦法之情形，應予以適當注意。

第四十一條　（非武力的辦法）

安全理事會得決定所應採武力以外之辦法，以實施其決議，並得促請聯合國會員國執行此項辦法。此項辦法得包括經濟關係、鐵路、海運、航空、郵、電、無線電、及其他交通工具之局部或全部停止，以及外交關係之斷絕。

第四十二條　（軍事行動）

安全理事會如認第四十一條所規定之辦法爲不足或已經證明爲不足時，得採取必要之空海陸軍行動，以維持或恢復國際和平及安全。此項行動得包括聯合國會員國之空海陸軍示威、封鎖及其他軍事舉動。

第四十三條　（使用兵力的特別協定）

一、聯合國各會員國爲求對於維持國際和平及安全有所貢獻起見，擔任於安全理事會發令時，並依特別協定，供給爲維持國際和平及安全所必需之軍隊、協助及包括過境權的便利。

二、此項特別協定應規定軍隊之數目及種類，其準備程度及一般駐紮地點，以及所供便利及協助之性質。

三、此項特別協定應以安全理事會之主動，儘速議訂。此項協定應由安全理事會與會員國或由安全理事會與若干會員國之集團締結之，並由簽字國各依其憲法程序批准之。

第四十四條　（非理事國之決議）

參加安全理事會決定使用武力時，於要求非安全理事會會員國依第四十三條供給軍隊以履行其義務之前，如經該會員國請求，應請其遣派代表，參加安全理事會關於使用其軍事部隊之決議。

第四十五條　（空軍部隊）

爲使聯合國能採取緊急軍事辦法起見，會員國應將其本國空軍部隊爲國際共同執行行動隨時供給調遣。此項部隊之實力與準備之程度，及其共同行動之計劃，應由安全理事會以軍事參謀團之協助，在第四十三條所指之特別協定範圍內決定之。

第四十六條　（武力行使）

計畫的決定武力使用之計劃應由安全理事會以軍事參謀團之協助決定之。

第四十七條　（軍事參謀團）

一、茲設立軍事參謀團，以便對於安全理事會維持國際和平及安全之軍事需要問題，對於受該會所支配軍隊之使用及統率問題，對於軍備之管制及可能之軍縮問題，向該會貢獻意見並予以協助。

二、軍事參謀團應由安全理事會各常任理事國之參謀總長或其代表組織之。聯合國任何會員國在該團未有常任代表者，如於該團責任之履行在效率上必需該國參加其工作時，應由該團邀請參加。

三、軍事參謀團在安全理事會權力之下，對於受該會所支配之任何軍隊，負戰略上之指揮責任；關於該項軍隊之統率問題，應待以後處理。

四、軍事參謀團，經安全理事會之授權，並與區域內有關機關商議後，得設立區域分團。

第四十八條　（會員國的履行義務）

一、執行安全理事會爲維持國際和平及安全之決議所必要之行動，應由聯合國全體會員國或由若干會員國擔任之，一依安全理事會之決定。

二、此項決議應由聯合國會員國以其直接行動，及經其加入爲會員之有關國際機關之行動履行之。

第四十九條　（會員國的合作義務）

聯合國會員國應通力合作，彼此協助，以執行安全理事會所決定之辦法。

第五十條　（解決經濟問題的會商）

安全理事會對於任何國家採取防止或執行辦法時，其他國家，不論其是否為聯合國會員國，遇有因此項辦法之執行而引起之特殊經濟問題者，應有權與安全理事會會商解決此項問題。

第五十一條　（自衛權）

聯合國任何會員國受武力攻擊時，在安全理事會採取必要辦法，以維持國際和平及安全以前，本憲章不得認為禁止行使單獨或集體自　之自然權利。會員國因行使此項自　權而採取之辦法，應立向安全理事會報告，此項辦法於任何方面不得影響該會按照本憲章隨時採取其所認為必要行動之權責，以維持或恢復國際和平及安全。

第八章　區域辦法

第五十二條　（區域辦法與地方爭端的解決）

一、本憲章不得認為排除區域辦法或區域機關、用以應付關於維持國際和平及安全而宜於區域行動之事件者；但以此項辦法或機關及其工作與聯合國之宗旨及原則符合者為限。

二、締結此項辦法或設立此項機關之聯合國會員國，將地方爭端提交安全理事會以前，應依該項區域辦法，或由該項區域機關，力求和平解決。

三、安全理事會對於依區域辦法或由區域機關而求地方爭端之和平解決，不論其係由關係國主動，或由安全理事會提交者，應鼓勵其發展。

四、本條絕不妨礙第三十四條及第三十五條之適用。

第五十三條　（區域辦法或區域機關的執行行動）

一、安全理事會對於職權內之執行行動，在適當情形下，應利用此項區域辦法或區域機關。如無安全理事會之授權，不得依區域辦法或由區域機關採取任何執行行動；但關於依第一百零七條之規定對付本條第二項所指之任何敵國之步驟，或在區域辦法內所取防備此等國家再施其侵略政策之步驟，截至本組織經各關係政府之請求，對於此等國家之再次侵略，能擔負防止責任時為止，不在此限。

二、本條第一項所稱敵國係指第二次世界大戰中為本憲章任何簽署國之敵國而言。

第五十四條　（對安理會的報告義務）

關於為維持國際和平及安全起見，依區域辦法或由區域機關所已採取或正在考慮之行動，不論何時應向安全理事會充分報告之。

第九章　國際經濟及社會合作

第五十五條　（合作之目標）

為造成國際間以尊重人民平等權利及自決原則為根據之和平友好關係所必要之安定及福利條件起見，聯合國應促進：

一、較高之生活程度，全民就業，及經濟與社會進展。

二、國際間經濟、社會、衛生、及有關問題之解決；國際間文化及教育合作。

三、全體人類之人權及基本自由之普遍尊重與遵守，不分種族、性別、語言、或宗教。

第五十六條　（會員國的合作義務）

各會員國擔允採取共同及個別行動與本組織合作，以達成第五十五條所載之宗旨。

第五十七條　（與專門機關的關係）

一、由各國政府間協定所成立之各種專門機關，依其組織約章之規定，於經濟、社會、文化、教育、　生、及其他有關部門負有廣大國際責任者，應依第六十三條之規定使與聯合國發生關係。

二、上述與聯合國發生關係之各專門機關，以下簡稱專門機關。

第五十八條　（對專門機關的建議）

本組織應作成建議，以調整各專門機關之政策及工作。

第五十九條（新專門機關的創設）

本組織應於適當情形下，發動各關係國間之談判，以創設爲達成第五十五條規定宗旨所必要之新專門機構。

第六十條（大會與經社理事會之責任履行）

本章所載本組織職務之責任，屬於大會及大會權力下之經濟暨社會理事會。爲此目的，該理事會應有第十章所載之權力。

第十章　經濟暨社會理事會

組織

第六十一條（組織〔一九四五年約文〕）

一、經濟暨社會理事會由大會選舉聯合國十八會員國組織之。

二、除第三項所規定外，經濟暨社會理事會每年選舉理事六國，任期三年；任滿之理事國得即行連選。

三、第一次選舉時，經濟暨社會理事會應選理事十八國，其中六國任期一年，另六國任期二年，一依大會所定辦法。

四、經濟暨社會理事會之每一理事國應有代表一人。

〔一九六三年修改約文〕

一、經濟暨社會理事會由大會選舉聯合國二十七會員國組織之。

二、除第三項所規定外，經濟暨社會理事會每年選舉理事九國，任期三年。任滿之理事國得即行連選。

三、經濟暨社會理事會理事國自十八國增至二十七國後第一選舉時，除選舉理事六國接替任期在該年年終屆滿之理事國外，應另增選理事九國。增選之理事九國中，三國任期一年，另三國任期二年，一依大會所定辦法。

四、經濟暨社會理事會之每一理事國應有代表一人。

職權

第六十二條（職權）

一、經濟暨社會理事會得作成或發動關於國際經濟、社會、文化、教育、衛生、及其他有關事項之研究及報告；並得向大會、聯合國會員國、及關係專門機關，提出關於此種事項之建議案。

二、本理事會爲增進全體人類之人權及基本自由之尊重及維護起見，得作成建議案。

三、本理事會得擬具關於其職權範圍內事項之協約草案，提交大會。

四、本理事會得依聯合國所定之規則召集本理事會職務範圍以內事項之國際會議。

第六十三條（與專門機關的關係）

一、經濟暨社會理事會得與第五十七條所指之任何專門機關訂立協定，訂明關係專門機關與聯合國發生關係之條件。該項協定須經大會之核准。

二、本理事會，爲調整各種專門機關之工作，得與此種機關會商並得向其提出建議，並得向大會及聯合國會員國建議。

第六十四條（報告的受理）

一、經濟暨社會理事會得取適當步驟，以取得專門機關之經常報告。本理事會得與聯合國會員國及專門機關，商定辦法俾就實施本理事會之建議及大會對於本理事會職權範圍內事項之建議所採之步驟，取得報告。

二、本理事會得將對於此項報告之意見提送大會。

第六十五條（與安理會的關係）

經濟暨社會理事會得向安全理事會供給情報，並因安全理事會之邀請，予以協助。

第六十六條（與總會的關係）

一、經濟暨社會理事會應履行其職權範圍內關於執行大會建議之職務。

二、經大會之許可，本理事會得應聯合國會員國或專門機關之請求，供其服務。

三、本理事會應履行本憲章他章所特定之其他職務，以及大會所授予之職務。

投票

第六十七條　（投票方式）

一、經濟暨社會理事會每一理事國應有一個投票權。

二、本理事會之決議，應以到會及投票之理事國過半數表決之。

程序

第六十八條　委員會的設置經濟暨社會理事會應設立經濟與社會部門及以提倡人權爲目的之各種委員會，並得設立於行使職務所必需之其他委員會。

第六十九條　關係國的參加經濟暨社會理事會應請聯合國會員國參加討論本理事會對於該國有特別關係之任何事件，但無投票權。

第七十條與　專門機關之相互參加經濟暨社會理事會得商定辦法使專門機關之代表無投票權而參加本理事會及本理事會所設各委員會之討論，或使本理事會之代表參加此項專門機關之討論。

第七十一條　與非政府組織之會商經濟暨社會理事會得採取適當辦法，俾與各種非政府組織會商有關於本理事會職權範圍內之事件。此項辦法得與國際組織商定之，並於適當情形下，經與關係聯合國會員國會商後，得與該國國內組織商定之。

第七十二條　（議事規則）

一、經濟暨社會理事會應自行制定其議事規則，包括其推選主席之方法。

二、經濟暨社會理事會得依其規則舉行必要之會議。此項規則應包括因理事國過半數之請求而召集會議之條款。

第十一章　關於非自治領土之宣言

第七十三條管理原則聯合國各會員國，於其所負有或承擔管理責任之領土，其人民尚未臻自　治之充分程度者，承認以領土居民之福利爲至上之原則，並接受在本憲章所建立之國際和平及安全制度下，以充量增進領土居民福利之義務爲神聖之信託，且爲此目的：

一、於充分尊重關係人民之文化下，保證其政治、經濟、社會、及教育之進展，予以公平待遇，且保障其不受虐待。

二、按各領土及其人民特殊之環境、及其進化之階段，發展自治；對各該人民之政治願望，予以適當之注意，並助其自由政治制度之逐漸發展。

三、促進國際和平及安全。

四、提倡建設計畫，以求進步；獎勵研究；各國彼此合作，並於適當之時間及場合與專門國際團體合作，以求本條所載社會、經濟、及科學目的之實現。

五、在不違背安全及憲法之限制下，按時將關於各會員國分別負責管理領土內之經濟、社會、及教育情形之統計及具有專門性質之情報，遞送秘書長，以供參考。本憲章第十二章及第十三章所規定之領土，不在此限。

第七十四條　（善鄰之道）

聯合國各會員國公同承諾對於本章規定之領土，一如對於本國區域，其政策必須以善鄰之道奉爲圭臬；並於社會、經濟、及商業上，對世界各國之利益及幸福，予以充分之注意。

第十二章　國際託管制度

第七十五條　（託管制度）

聯合國在其權力下，應設立國際託管制度，以管理並監督憑此後個別協定而置於該制度下之領土。此項領土以下簡稱託管領土。

第七十六條　（基本目的）

按據本憲章第一條所載聯合國之宗旨，託管制度之基本目的應爲：

促進國際和平及安全。

一、增進託管領土居民之政治、經濟、社會、及教育之進展；並以適合各領土及其人民之特殊情形及關係人民自由表示之願望爲原則，且按照各託管協定之條款，增進其趨向自治或獨立之逐漸發展。

二、不分種族、性別、語言、或宗教，提倡全體人類之人權及基本自由之尊重，並激發世界人民互相維繫之意識。

三、於社會、經濟、及商業事件上，保證聯合國全體會員國及其國民之平等待遇，及各該國民於司法裁判上之平等待遇，但以不妨礙上述目的之達成，且不違背第八十條之規定爲限。

第七十七條　（託管領土的種類）

一、託管制度適用於依託管協定所置於該制度下之下列各種類之領土：

㈠現在委任統治下之領土。

㈡因第二次世界大戰結果或將自敵國割離之領土。

㈢負管理責任之國家自願置於該制度下之領土。

二、關於上列種類中之何種領土將置於託管制度之下，及其條件，爲此後協定所當規定之事項。

第七十八條　（會員國領土的適用）

排除凡領土已成爲聯合國之會員國者，不適用託管制度；聯合國會員國間之關係，應基於尊重主權平等之原則。

第七十九條　（託管協定）

置於託管制度下之每一領土之託管條款，及其更改或修正，應由直接關係各國、包括聯合國會員國而爲委任統治地之受託國者，予以議定，其核准應依第八十三條及第八十五條之規定。

第八十條　（託管協定與現存權利的關係）

一、除依第七十七條、第七十九條、及第八十一條所訂置各領土於託管制度下之個別託管協定另有議定外，並在該項協定未經締結以前，本章任何規定絕對不得解釋爲以任何方式變更任何國家或人民之權利，或聯合國會員國個別簽訂之現有國際約章之條款。

二、本條第一項不得解釋爲對於依第七十七條之規定而訂置委任統治地或其他領土於託管制度下之協定，授以延展商訂之理由。

第八十一條　（管理條件與管理當局）

凡託管協定均應載有管理領土之條款，並指定管理託管領土之當局。該項當局，以下簡稱管理當局，得爲一個或數個國家，或爲聯合國本身。

第八十二條　（戰略防區的指定）

於任何託管協定內，得指定一個或數個戰略防區，包括該項協定下之託管領土之一部或全部，但該項協定並不妨礙依第四十三條而訂立之任何特別協定。

第八十三條　（戰略防區的職務）

一、聯合國關於戰略防區之各項職務，包括此項託管協定條款之核准。及其更改或修正，應由安全理事會行使之。

二、第七十六條所規定之基本目的，適用於每一戰略防區之人民。

三、安全理事會以不違背託管協定之規定且不妨礙安全之考慮爲限，應利用託管理事會之協助，以履行聯合國託管制度下關於戰略防區內之政治、經濟、社會、及教育事件之職務。

第八十四條　（維持和平與安全的義務）

管理當局有保證託管領土對於維持國際和平及安全盡其本分之義務。該當局爲此目的得利用託管領土之志願軍、便利、及協助，以履行該當局對於安全理事會所負關於此點之義務，並以實行地方自　，且在託管領土內維持法律與秩序。

第八十五條　（非戰略防區之職務）

一、聯合國關於一切非戰略防區託管協定之職務，包括此項託管協定條款之核准及其更改或修正，應由大會行使之。

二、託管理事會於大會權力下，應協助大會履行上述之職務。

第十三章　託管理事會

組織

第八十六條　（組織）

一、託管理事會應由下列聯合國會員國組織之：

管理託管領土之會員國。

第二十三條　所列名之國家而現非管理託管領土者。

大會選舉必要數額之其他會員國，任期三年，俾使託管理事會理事國之總數，於聯合國會員國中之管理託管領土者及不管理者之間，得以平均分配。

二、託管理事會之每一理事國應指定一特別合格之人員，以代表之。

職權

第八十七條　（大會與託管理事會的職權）

大會及在其權力下之託管理事會於履行職務時得：

一、審查管理當局所送之報告。

二、會同管理當局接受並審查請願書。

三、與管理當局商定時間，按期視察各託管領土。

四、依託管協定之條款，採取上述其他行動。

第八十八條　（問題單）

與常年報告託管理事會應擬定關於各託管領土居民之政治、經濟、社會、及教育進展之問題單；就大會職權範圍內，各託管領土之管理當局應根據該項問題單向大會提出常年報告。

投票

第八十九條　（投票方式）

一、託管理事會之每一理事國應有一個投票權。

二、託管理事會之決議應以到會及投票之理事國過半數表決之。

程序

第九十條　（議事規則）

一、託管理事會應自行制定其議事規則，包括其推選主席之方法。

二、託管理事會應依其所定規則，舉行必要之會議。此項規則應包括關於經該會理事國過半數之請求而召集會議之規定。

第九十一條　（利用其他機關之協助）

託管理事會於適當時，應利用經濟暨社會理事會之協助，並對於各關係事項，利用專門機關之協助。

第十四章　國際法院

第九十二條　（國際法院的地位）

國際法院爲聯合國之主要司法機關，應依所附規約執行其職務。該項規約係以國際常設法院之規約爲根據，並爲本憲章之構成部分。

第九十三條　（規約當事國）

一、聯合國各會員國爲國際法院規約之當然當事國。

二、非聯合國會員國之國家得爲國際法院規約當事國之條件，應由大會經安全理事會之建議就各別情形決定之。

第九十四條　（判決之履行與執行）

一、聯合國每一會員國爲任何案件之當事國者，承諾遵行國際法院之判決。

二、遇有一造不履行依法院判決應負之義務時，他造得向於安全理事會申訴。安全理事會如認爲必要時，得作成建議或決定應採辦法，以執行判決。

第九十五條（其他組織的託付）

本憲章不得認爲禁止聯合國會員國依據現有或以後締結之協定，將其爭端託付其他法院解決。

第九十六條（諮詢意見）

一、大會或安全理事會對於任何法律問題得請國際法院發表諮詢意見。

二、聯合國其他機關、及各種專門機關，對於其工作範圍內之任何法律問題，得隨時以大會之授權，請求國際法院發表諮詢意見。

第十五章　秘書處

第九十七條（組織）

秘書處置秘書長一人及本組織所需之辦事人員若干人。秘書長應由大會經安全理事會之推薦委派之。秘書長爲本組織之行政首長。

第九十八條（秘書長的職務）

秘書長在大會、安全理事會、經濟暨社會理事會、及託管理事會之一切會議，應以秘書長資格行使職務，並應執行各該機關所託付之其他職務。秘書長應向大會提送關於本組織工作之常年報告。

第九十九條（秘書長關於和平與安全的權限）

秘書長將其所認爲可能威脅國際和平及安全之任何事件，提請安全理事會注意。

第一百條（國際官員的地位）

一、秘書長及辦事人員於執行職務時，不得請求或接受本組織以外任何政府或其他當局之訓示，並應避免足以妨礙其國際官員地位之行動。秘書長及辦事人員專對本組織負責。

二、聯合國各會員國承諾尊重秘書長及辦事人員責任之專屬國際性，決不設法影響其責任之履行。

第一百零一條（辦事人員的委派）

一、辦事人員由秘書長依大會所定章程委派之。

二、適當之辦事人員應長期分配於經濟暨社會理事會、託管理事會，並於必要時，分配於聯合國其他之機關。此項辦事人員構成秘書處之一部。

三、辦事人員之僱用及其服務條件之決定，應以求達效率、才幹、及忠誠之最高標準爲首要考慮。徵聘辦事人員時，於可能範圍內，應充分注意地域上之普及。

第十六章　雜項條款

第一百零二條（條約的登記與公佈）

一、本憲章發生效力後，聯合國任何會員國所締結之一切條約及國際協定應儘速在秘書處登記，並由秘書處公佈之。

二、當事國對於未經依本條第一項規定登記之條約或國際協定，不得向聯合國任何機關援引之。

第一百零三條（憲章義務的優先）

聯合國會員國在本憲章下之義務與其依任何其他國際協定所負之義務有衝突時，其在本憲章下之義務應居優先。

第一百零四條（組織的法律行爲能力）

本組織於每一會員國之領土內，應享受於執行其職務及達成其宗旨所必需之法律行爲能力。

第一百零五條（組織的特權及豁免）

一、本組織於每一會員國之領土內，應享受於達成其宗旨所必需之特權及豁免。

二、聯合國會員國之代表及本組織之職員，亦應同樣享受於其獨立行使關於本組織之職務所必需之特權及豁免。

三、爲明定本條第一項及第二項之施行細則起見，大會得作成建議，或爲此目的向聯合國會員國提議協約。

第十七章　過渡安全辦法

第一百零六條　（過渡期）

五大國的任務在第四十三條所稱之特別協定尚未生效，因而安全理事會認爲尚不得開始履行第四十二條所規定之責任前，一九四三年十月三十日在莫斯科簽訂四國宣言之當事國及法蘭西應依該宣言第五項之規定，互相洽商，並於必要時，與聯合國其他會員國洽商，以代表本組織採取爲維持國際和平及安全宗旨所必要之聯合行動。

第一百零七條　（對敵國採取行動的效力）

本憲章並不取消或禁止負行動責任之政府對於在第二次世界大戰中本憲章任何簽署國之敵國因該次戰爭而採取或受權執行之行動。

第十八章　修正

第一百零八條　（修正）

本憲章之修正案經大會會員國三分之二表決並由聯合國會員國之三分之二，包括安全理事會全體常任理事國，各依其憲法程序批准後，對聯合國所有會員國發生效力。

第一百零九條　（再審議的全體會議）

一、聯合國會員國，爲檢討本憲章得以大會會員國三分之二之表決，經安全理事會任何七理事國之表決，確定日期及地點，舉行全體會議。聯合國每一會員國在全體會議中應有一個投票權。

二、全體會議以三分之二表決所建議對於憲章之任何更改，應經聯合國會員國三分之二，包括安全理事會全體常任理事國，各依其憲法程序批准後，發生效力。

三、如於本憲章生效後大會第十屆年會前，此項全體會議尚未舉行時，應將召集全體會議之提議列入大會該屆年會之議事日程；如得大會會員國過半數及安全理事會任何七理事國之表決，此項會議應即舉行。

第十九章　批准及簽字

第一百十條　（批准、交存、生效）

一、本憲章應由簽署國各依其憲法程序批准之。

二、批准書應交存美利堅合眾國政府。該國政府應於每一批准書交存時通知各簽署國，如本組織秘書長業經委派時，並應通知秘書長。

三、一俟美利堅合眾國政府通知已有中華民國、法蘭西、蘇維埃社會主義共和國聯邦、大不列顛及北愛爾蘭聯合王國、與美利堅合眾國、以及其他簽署國之過半數將批准書交存時，本憲章即發生效力。美利堅合眾國政府應擬就此項交存批准之議定書並將副本分送所有簽署國。

四、本憲章簽署國於憲章發生效力後批准者，應自其各將批准書交存之日起爲聯合國之創始會員國。

第一百十一條　正文本憲章應留存美利堅合眾國政府之檔庫，其中、法、俄、英及西文各本同一作準。該國政府應將正式副本分送其他簽署國政府。

爲此聯合國各會員國政府之代表謹簽字於本憲章，以昭信守。

西元一九四五年六月二十六日簽訂於金山市。

（憲章中文本）

參考（一）：國際聯盟盟約

Convant of the League of Nations

簽署日期：一九一九年六月六日（凡爾賽宮）

生效日期：一九二〇年一月十日

解散日期：一九四六年四月十九日

締約各國，為增進國際間合作並保持其和平與安全起見，特允承受不從事戰爭之義務，維持各國間公開、公正、榮譽之邦交，嚴格遵守國際公法之規定，以為今後各國政府間行為之規範，在有組織之民族間彼此關係中維持正義並恪遵條約上之一切義務，議定國際聯盟盟約如下：

第一條　（創始會員國、加入、退出）

一、國際聯盟之創始會員國應以本盟約附件內所列之各簽署國及附件內所列願意無保留加入本盟約之各國為限，此項加入應在本盟約實施後兩個月內備聲明書交存秘書處並應通知聯盟中之其他會員國。

二、凡一切國家、領地或殖民地為附款中所未列者，如經大會三分之二之同意得加入為國際聯盟會員，惟須確切保證有篤守國際義務之誠意並須承認聯盟所規定關於其海、陸、空、實力暨軍備之章程。

三、凡聯盟會員國，經兩年前預先通告後，得退出聯盟，但須於退出之時將其所有國際義務，及為本盟約所負之一切義務履行完竣。

第二條　（組織）

聯盟按照本盟約所規定之行動應經由一大會及一行政院執行之，並以一常設秘書處予以助理。

第三條　（聯盟大會）

一、大會由聯盟會員國之代表組織之。

二、大會應按照所定時期或隨時遇事機所需，在聯盟所在地或其他擇定之地點開會。

三、大會開會時處理屬於聯盟行動範圍以內或關係世界和平之任何事件。

四、大會開會時聯盟每一會員國只有一投票權且其代表不得逾三人。

第四條　（聯盟行政院）

一、行政院由主要協約及參戰各國之代表與聯盟其他四會員國之代表組織之。此聯盟四會員國由大會隨時斟酌選定。在大會第一次選定四會員國代表以前，比利時、巴西、西班牙、希臘之代表應為行政院理事。

二、行政院經大會多數核准，得指定聯盟之其他會員國，其代表應為行政院常任理事。行政院經同樣之核准，得增加大會所欲選舉為行政院理事之名額。

大會應以三分之二之多數決定關於選舉行政院非常任理事之規則，特別是決定關於非常任理事任期及被選連任條件之各項規章。

三、行政院應隨時按事機所需並至少每年一次在聯盟所在地或其他擇定之地點開會。

四、行政院開會時得處理屬於聯盟行動範圍以內或關係世界和平之任何事件。

五、凡聯盟會員未列席於行政院者，遇該院考量事件與之有特別關係時，應請其派一代表，列席該院。

六、行政院開會時聯盟每一會員列席於行政院者只有一投票權，並只有代表一人。

第五條　（大會與行政院的會議和表決方式）

一、除本盟約或本條約另有明白規定者外，凡大會或行政院開會時之決議應得聯盟出席於會議之會員國全體同意。

二、關於大會或行政院之程序問題，連指派審查特別事件之委員會在內，均由大會或行政院予以規定並由聯盟出席於會議之會員國多數決定。

三、大會第一次會議及行政院第一次會議均應由美國總統召集之。

第六條　（秘書處）

一、常設秘書處設於聯盟所在地。秘書處設秘書長一人暨應需之秘書及職員。

二、第一任秘書長以附件所載之人員充之。嗣後，秘書長應由行政院得大會多數之核准委任之。

三、秘書處之秘書及職員由秘書長得行政院之核准委任之。

四、聯盟之秘書長當然爲大會及行政院之秘書長。

五、聯盟經費應由聯盟會員國依照大會決定之比例分擔之。

第七條　（聯盟所在地、特權與豁免）

一、以日內瓦爲聯盟所在地。

二、行政院可隨時決定將聯盟所在地改移他處。

三、凡聯盟或其所屬各部門之一切職位，包括秘書處在內，無分男女，均得充任。

四、聯盟會員國之代表及其辦事人員當服務聯盟時應享有外交特權及豁免。

五、聯盟或其人員或出席會議代表所占之房屋及他項產業均不得侵犯。

第八條　（軍備縮減）

一、聯盟會員國承認爲維持和平起見，必須減縮各本國軍備至適足保衛國家安全及共同履行國際義務的最少限度。

二、行政院，應在估計每一國家之地理形勢及其特別狀況下，準備此項減縮軍備之計劃，以便由各國政府予以考慮及施行。

三、此項計劃至少每十年須重行考慮及修正一次。

四、此項計劃經各政府採用後，所定軍備之限制非得行政院同意，不得超過。

五、因私人製造軍火及戰爭器材引起重大之異議，聯盟會員國責成行政院籌適當辦法，以免流弊，惟應兼顧聯盟會員國有未能製造必需之軍火及戰爭器材以保持安全者。

六、聯盟會員國擔任將其國內關於軍備之程度，陸、海、空之計劃，以及可爲戰爭服務之工業情形互換最坦白，最完整之情報。

第九條　（常設軍事委員會）

關於第一、第八兩條各規定之實施及大概關於陸、海、空軍問題應設一常設委員會，俾向行政院陳述意見。

第十條　（領土完整及政治獨立）

聯盟會員國擔任尊重並保持所有聯盟各會員國之領土完整及現有之政治上獨立，以防禦外來之侵犯。如遇此種侵犯或有此種侵犯之任何威脅或危險之虞時，行政院應籌履行此項義務之方法。

第十一條　（戰爭與戰爭的威脅）

一、茲特聲明，凡任何戰爭或戰爭之威脅，不論其直接影響聯盟任何一會員國與否，皆爲有關聯盟全體之事。聯盟應採取適當有效之措施以保持各國間之和平。如遇此等情事，秘書長應依聯盟任何會員國之請求，立即召集行政院會議。

二、又聲明，凡影響國際關係之任何情勢，足以擾亂國際和平或危及國際和平所依之良好諒解者，聯盟任何會員國有權以友誼名義，提請大會或行政院注意。

第十二條　（爭議的和平解決）

一、聯盟會員國約定，倘聯盟會員國間發生爭議，勢將決裂者，當將此事提交仲裁或依司法解決，或交行政院審查。聯盟會員國並約定無論如何，非俟仲裁員裁決或法庭判決或行政院報告後三個月屆滿以前，不得從事戰爭。

二、本條內無論何案仲裁員之裁決或法庭之判決應於適當期間宣告，而行政院之報告應自受理爭議之日起六個月內作成。

第十三條　（裁判）

一、聯盟會員國約定，無論何時聯盟會員國間發生爭議認爲適於仲裁或司法解決，而不能在外交上圓滿解決者，將該問題完全提交仲裁或司法解決。

二、茲聲明，凡爭議有關條約之解釋或國際法中任何問題或因某項事實之實際，如其成立，足以破壞國際義務，並由於此種破壞應議補償之範圍及性質者，概應認爲在適於提交仲裁或司法解決之例。

三、爲討論此項爭議起見，受理此項爭議之法庭應爲按照第十四條所設立之國際常設法院或爲當事各方所同意或照各方間現行條約所規定之任何法庭。

四、聯盟會員國約定彼此以完全誠意執行所宣告之裁決或判決，並對於遵行裁決或判決之聯盟任何會員國，不得進行戰爭。設有未能實行此項裁決或判決者，行政院應擬辦法使生效力。

第十四條　（國際常設法院）

行政院應籌擬設立國際常設法院之計劃並交聯盟各會員國採用。凡各方提出屬於國際性質之爭議，該法院有權審理並判決之。凡有爭議或問題經行政院或大會有所諮詢，該法院亦可發表意見。

第十五條　（爭議解決程序）

一、聯盟會員國約定，如聯盟會員國間發生足以決裂之爭議而未照第十三條提交仲裁或司法解決者，應將該案提交行政院。爲此目的，各方中任何一方可將爭議通知秘書長，秘書長應採取一切措施，以便詳細調查及研究。

二、爭執各方應以案情之說明書連同相關之事實及證件從速送交秘書長。行政院可將此項案卷立即公布。

三、行政院應盡力使此項爭議得以解決。如其有效，須將關於該爭議之事實與解釋並此項解決之條文酌量公布。

四、倘爭議不能如此解決，則行政院經全體或多數之表決，應繕發報告書，說明爭議之事實及行政院所認爲公允適當之建議。

五、聯盟任何會員列席於行政院者亦得將爭議之事實及其自國之決議以說明書公布之。

六、如行政院報告書除爭執之一方或一方以上之代表外，該院理事一致贊成，則聯盟會員國約定彼此不得向遵從報告書建議之任何一方從事戰爭。

七、如行政院除爭執之一方或一方以上之代表外，不能使該院理事一致贊成其報告書，則聯盟會員國保留權利施行認爲維持正義或公道所必需之行動。

八、如爭執各方任何一方對於爭議自行聲明並爲行政院所承認，按諸國際法純屬該方國內管轄之事件，則行政院應據情報告，而不作解決該爭議之建議。

九、對於本條所規定之任何案件，行政院得將爭議移送大會。經爭執之一方請求，大會亦應受理；惟此項請求應於爭議送交行政院後十四日內提出。

十、對於提交大會之任何案件，所有本條及第十二條之規定關於行政院之行爲及職權，大會亦適用之。大會之報告書除爭執各方之代表外，如經聯盟出席於行政院會員國之代表並聯盟其他會員國多數核准，應與行政院之報告書除爭執之一造或一方以上之代表外經該院理事全體核准者同其效力。

第十六條　（制裁）

一、聯盟會員國如有不顧本盟約第十二條、第十三條或第十五條所定之規約而從事戰爭者，則據此事實應即視爲對於所有聯盟其他會員國有戰爭行爲。其他各會員國擔任立即與之斷絕各種商業上或財政上之關係，禁止其人民與破壞盟約國人民之各種往來並阻止其他任何一國，不論為聯盟會員國或非聯盟會員國之人民與該國之人民財政上、商業上或個人之往來。

二、遇此情形，行政院應負向關係各政府建議之責，俾聯盟各會員國各出陸、海、空之實力組成軍隊，以維護聯盟盟約之實行。

三、又聯盟會員國約定當按照本條適用財政上及經濟上應採之辦法時，彼此互相扶助。使因此所致之損失與困難減至最少限度。如破壞盟約國對於聯盟中之一會員國實行任何特殊措施，亦應互相扶助以抵制之，對於協同維護聯盟盟約之聯盟任何會員國之軍隊，應採取必要步驟給予假道之便利。

四、聯盟任何會員國違犯聯盟盟約內之一項者，經出席行政院之所有聯盟其他會員國之代表投票表決，即可宣告令其出會。

第十七條　（涉及非聯盟會員國的爭議）

一、若一聯盟會員國與一非聯盟會員國或兩國均非聯盟會員遇有爭議，應邀請非聯盟會員之一國或數國承受聯盟會員國之義務，俾按照行政院所認為正當之條件，以解決爭議。此項邀請如經承受，則第十二條至第十六條之規定，除行政院認為有必要之變更外，應適用之。

二、前項邀請發出後，行政院應即調查爭議之情形並建議其所認為最適當與最有效之辦法。

三、如被邀請之一國拒絕承受聯盟會員國之義務以解決爭議而向聯盟一會員從事戰爭，則對於採取此行動之國即可適用第十六條之規定。

四、如爭執之雙方被邀請後均拒絕承受聯盟會員國之義務以解決爭議，則行政院可籌一切辦法並提各種建議以防止戰事，解除紛爭。

第十八條　（條約的登記）

嗣後聯盟任何會員國所訂條約或國際協議應立送秘書處登記並由秘書處從速發表。此項條約或國際協議未經登記以前不生效力。

第十九條　（和平的調整）

大會可隨時請聯盟會員國重新考慮已經不適用之條約以及長此以往將危及世界和平之國際局勢。

第二十條　（牴觸盟約的協議）

一、聯盟會員國各自承認凡彼此間所有與本盟約條文相牴觸之義務或諒解均因本盟約而告廢止並莊嚴保證此後不得訂立類似協議。

二、如有聯盟任何一會員國未經加入聯盟以前負有與本盟約條文牴觸之義務，則應採取措施以擺脫此項義務。

第二十一條　（確保和平之約定）

國際協議如仲裁條約或區域協商類似門羅主義者，皆屬維持和平，不得視為與本盟約內任何規定有所牴觸。

第二十二條　（委任統治）

一、凡殖民地及領土於此次戰爭之後不復屬於從前統治該地之各國，而其居民尚不克自立於今世特別困難狀況之中，則應適用下列之原則，即此等人民之福利及發展成為文明之神聖任務，此項任務之履行應載入本盟約。

二、實行此項原則之最妥善方法莫如以此種人民之保佐委諸資源上、經驗上或地理上足以承擔此項責任而亦樂於接受之各先進國，該國即以受任統治之資格為聯盟施行此項保佐。

三、委任統治之性質應依該地人民發展之程度、領土之地勢、經濟之狀況及其他類似之情形而區別之。

四、前屬奧斯曼帝國之各民族其發展已達可以暫認為獨立國之程度，惟仍須由受委任國予以行政之指導及援助，至其能自立之時為止。對於該受委任國之選擇，應首先考慮各該民族之願望。

五、其他民族，尤以中非洲之民族，依其發展之程度，不得不由受委任國負地方行政之責，惟其條件為擔保其信仰及宗教之自由，而以維持公共安全及善良風俗所能准許之限制為衡，禁止各項弊端，如奴隸之販賣、軍械之貿易、烈酒之販賣並阻止建築要塞或設立海陸軍基地，除警察和國防所需外，不得以軍事教育施諸土人，並保證聯盟之其他會員國在交易上、商業上之機會均等。

六、此外土地如非洲之西南部及南太平洋之數島或因居民稀少，或因幅員不廣，或因距文明中心遙遠，或因地理上接近受委任國之領土，或因其他情形最宜受治於受委任國法律之下，作為其領土之一部分，但為土人利益計，受委任國應遵行以上所載之保障。

七、受委任國須將委任統治地之情形向行政院提出年度報告。

八、倘受委任國行使之管轄權、監督權或行政權，其程度未經聯盟會員國間訂約規定，則應由行政院予以明確規定。

九、設一常設委員會專任接收及審查各受委任國之年度報告並就關於執行委任統治之各項問題向行政院陳述意見。

第二十三條　（人道性、社會性、經濟性國際合作）

除按照現行及將來訂立之國際公約所規定外，聯盟會員國應：

一、勉力設法為男女及兒童在其本國及其工商關係所及之各國確保公平、人道之勞動條件，並為此項目的設立與維持必要之國際機構。

二、承允對委任統治地內之土人保持公平之待遇。

三、關於販賣婦女、兒童，販賣鴉片及危害藥品等各種協定之實行，概以監督之權授給聯盟。

四、軍械軍火之貿易對於某等國為公共利益計有監督之必要者，概以監督之權授給聯盟。

五、採用必要的辦法，對聯盟所有會員國確保並維持交通及過境之自由，暨商務上之公平待遇。關於此節應注意一九一四年至一九一八年戰爭期內受毀地區之特別需要。

六、努力採取措施，以便在國際範圍內預防及撲滅各種疾病。

第二十四條　（國際事務機構．國際委員會）

一、凡經公約規定而成立之有關國際事務之機關，如經締約各方之認可，均應置於聯盟管理之下。此後創設各項國際事務機構及管理國際利益事件之各項委員會統歸聯盟管理。

二、凡有關國際利益之事件，為一般公約所規定而未置於國際事務機構或委員會監督之下者，聯盟秘書處如經有關各方之請求、並行政院之許可，應徵集各種有用之消息而公布之，並予以各種必要或相需之援助。

三、凡歸聯盟管理之任何國際事務機構或委員會，其經費可由行政院決定列入秘書處經費之內。

第二十五條　（國際紅十字機關）

聯盟會員國對於獲得准許之國內志願紅十字機關，以在世界範圍內改良衛生、防止疾病、減輕痛苦為宗旨者，應鼓勵並促進其設立和合作。

第二十六條　（修正）

一、本盟約之修正，經行政院全體及聯盟大會代表多數之批准，即生效力。

二、聯盟任何會員國有自由不承認盟約之修正案，但因此即不復為聯盟會員國。

（外交部譯本）

參考（二）：加入聯合國之條件與手續

Conditions and Procedures of Admission

一九四八年五月二十八日國際法院諮詢意見

〈事實〉

關於承認聯合國加盟國地位的條件與手續，基本上已於憲章第四條中明文規定，特別是有關同意加盟的手續，是須經安理會的推薦，再由聯合國大會決定（第四條第二項）。然而，在此規定下，聯合國在成立最初的兩年間，成功加入聯合國的國家，僅佔申請國總數的極少部分，大多數國家無法獲得安理會的加盟推薦。

當時，由於東西雙方的對立，使任何一方均對屬於敵對陣營的申請國做政治性的判斷，特別是某常任理事國（蘇聯），常以特定國家的同時加盟，做爲同意某國加盟的條件。爲打開此一僵局，會員國曾提案將所有申請國一併進行加盟審查，但結果仍採個別審查的方式，使得一部分申請國無法獲得必要多數的支持，而另一些申請國的加盟則被否決權阻撓。對於安理會的此種狀態，聯合國大會爲釋明憲章第四條一項有關加盟條件的疑義，乃於一九四七年十一月七日，就下列問題向國際法院請求提出勸告意見。

亦即，依照聯合國憲章第四條規定，聯合國會員國在安全理事會或大會對一國申請加入聯合國進行投票時，在法律上是否有權主張在其投贊成票前，要求該申請國須滿足一些未經該條第一項明列之條件？㈡若申請加入聯合國之國家已符合該項各規定時，會員國仍否能添加附帶條件，以將對其投否決票爲要脅，來要求其他申請國能與申請國同時加入聯合國？

〈意見要旨〉

國際法院依其規約及規則處理本案後，於一九四八年五月二十八日，以九票對六票表決下述諮詢意見。

首先，對於國際法院對本案是否有管轄權的問題，該院指出其有權處理聯合國憲章之解釋問題，此項請求既然純屬法律問題，身爲聯合國主要司法機關之該院，理應有權接受此項請求。其次，國際法院認爲聯合國大會所作發表諮詢意見之請求，與聯合國會員之實際投票情形無關。同時，此項請求不應妨礙會員國所應享之表示意見自由。此項請求僅係關於會員國對其行使同意票所添加之條件問題，故該院於發表諮詢意見所應作之分析，只能限於該會員國所作有關投票之各項聲明。

對於此項請求中的第㈠問題，該院認爲聯合國憲章第四條第一項列舉⑴應爲國家、應愛好和平、應接受憲章所規定之義務、應有能力履行該義務、應有意願履行該義務等五項條件，乃是成爲聯合國會員國之五項充分必要條件。對滿足此等條件之申請加入國，不應另加政治考慮之條件，否則會員國若可任意添增條件，將享有過大之裁量權。無論從第四條第一項之精神或文句觀之，此五項條件以外之考量，均不應用以阻止符合此五項條件之國家成爲聯合國會員國。第四條第一項雖列舉會員國應具備之所有條件，但卻不應阻止考慮與此等條件有關的一些合理的問題。此五項條件頗具彈性，故對於有關問題甚至政治問題之考慮，亦不應完全加以排除。

此外，憲章第四條第二項則是規定安理會對申請國所應採取之行動，基本上是屬於程序性質，並非意味著第一項中未詳列國家成爲聯合國會員之全部條件。因此，憲章第四條第一項之五項條件，不僅應爲安全理事會審核加入聯合國申請之依據，同時亦構成該會行使權限之限制。基於上述理由，國際法院認爲聯合國會員國依照聯合國憲章第四條規定，對一國申請加入聯合國進行投票時，無論在安全理事會或大會均無法律上的權利，主張其於投票贊成之前，可要求該申請國須滿足一些未經該條第一項明列之條件。

在第問題方面，國際法院表示當一會員國認爲一申請加入聯合國之國家，已符合第四條第一項各規定時，能否添加附帶條件，要求以其他申請國能與該申請國同時加入聯合國，否則將對之投反對票的問題？該院認爲此種附帶條件，顯然與憲章第四條第一項的五項條件無關且屬於與該五項條件不同種類之問題。因爲此舉勢將產生作用，使一國在申請時，不以該國本身資格衡量，而取決該國以外之其他國家的情況。第四條第一項充分顯示，對於加入聯合國之申請，應按申請國本身條件分別予以審查，以判斷其是否合乎加入的條件。因此，對某國申請加入之問題，增添該國應與他國同時加入之條件，將使會員國無法依照第四條第一項的五項條件，對每一申請案享有從事判斷之完全自由，所以此附帶條件違反聯合國憲章第四條的文句與精神。

（編者摘譯）

參考（三）：會員國之代表權

UN Assembly Resolution on Representation of Member States in the Assembly

一九五〇年十二月十四日聯合國大會三九六（Ｖ）決議

聯合國大會在慮及聯合國內發生會員國有關代表權之困難事態的可能性，以及聯合國各機關做成相互矛盾之決定的危險性，並認爲當聯合國內有複數政權競相主張其爲代表某一會員國的政府時，統一應適用的手續，不但有益本機構發揮適切的機能，並可避免此問題成爲聯合國內論爭的根源。對於此種在結構上涉及機構全體機能的問題，聯合國大會是最能考慮所有會員國意見的聯合國機關。因此，聯合國大會對此提出下列建議：

一、當聯合國內有複數政權競相主張其爲代表某一會員國的政府，且此一問題成爲聯合國內爭議的根源時，應依憲章的目的、原則及個別狀況審議此問題。

二、當發生此種問題時，聯合國大會（在會期期間以外爲中間委員會）應加以審議。

三、聯合國大會或中間委員會對此問題所採的態度，聯合國其他機關及專門組織應加以考慮。

四、聯合國大會宣示：聯合國或中間委員會對此問題所採的態度，並不致影響各加盟國與該國的直接關係。

五、聯合國大會亦要求秘書長採取適切的行動，將本決議送交聯合國其他機關及專門組織。

（編者摘譯）

二、安全理事會議事規則

Provisional Rules of Procedure of the Security Council

通過日期：一九四六年一月十七日（紐約）

第一章　會議

第一條　（召開）

安全理事會會議，除第四條所指之定期會議外，由主席於其認爲必要時召開之，但兩次會議之間隔不得超過十四天。

第二條　（召開要求）

經安全理事會任一理事國之請求，主席應召開安全理事會會議。

第三條　（特別召開）

如有任何下列情形發生時，主席應召開安全理事會會議：根據憲章第三十五條或第十一條第三項之規定，任一爭端或情勢被提請安全理事會注意時；根據憲章第十一條第二項之規定，大會向安全理事會提出建議或提交任何問題時；或根據憲章第九十九條之規定，秘書長將任何事項提請安全理事會注意時。

第四條　（定期會議）

憲章第二十八條第二項所規定之安全理事會定期會議應每年召開兩次，其時間由安全理事會決定。

第五條　（聯合國所在地以外的會議）

安全理事會會議通常於聯合國會所舉行之。安全理事會任何理事國或秘書長得提議安全理事會在他處舉行會議。但如安全理事會接受任何此種建議，則應對地點及理事會在該地開會之時期作出決定。

第二章　議事日程

第六條　（審議事項的通知）

凡國家、聯合國各機構、或秘書長按照憲章規定提請安全理事會審議之任何事項的通知，秘書長應立即轉知安全理事會全體代表。

第七條　（臨時議事日程）

安全理事會每次會議之臨時議事日程由秘書長擬成，並經安全理事會主席批准。

唯有按照本規則第六條提請安全理事會各代表注意之項目、第十條範圍內之項目、或安全理事會前經決定延擱之事項，始得列入臨時議事日程。

第八條　（臨時議事日程的通知）

會議之臨時議事日程至遲於開會三日前由秘書長分送安全理事會各代表，但在緊急情況下可與開會之通知同時分送。

第九條　（議事日程的通過）

安全理事會每次會議臨時議事日程之第一項爲通過議事日程。

第十條　（議事項目的順延）

安全理事會會議議事日程中之任何項目，如在該次會議未能審議完畢，除安全理事會另有決定外，應自動列入下次會議的議事日程。

第十一條　（審議階段的說明）

秘書長每星期應將安全理事會所執有之事項及審議達到的階段做一簡要說明，分送安全理事會各代表。

第十二條　（臨時議事日程的分發）

每次定期會議的臨時議事日程至遲於開會二十一日前分發安全理事會各理事國。其後如有對臨時議事日程之任何修改或增補，至遲於開會五日前通知各理事國。然在緊急情況下，安全理事會得在定期會議期間的任何時候，對議事日程提出增補。

本規則第七條第一段及第九條之規定，同樣適用於定期會議。

第三章　代表及全權證書

第十三條　（代表的全權證書）

安全理事會會議中，每一理事國得派遣受權之代表一人。安全理事會代表之全權證書應至遲於其出席安全理事會二十四小時前送致秘書長。全權證書應由國家元首或有關政府之首長或其外交部長頒發之。安全理事會每理事國之政府首長或外交部長有權不提交全權證書而出席安全理事會。

第十四條　（非理事國之代表的全權證書）

任何非安全理事會理事國之聯合國會員國及任何非聯合國會員國國家，如被邀參加安全理事會的一次或多次會議，應提交爲此目的而委派之代表之全權證書。此種代表之全權證書應至遲在其被邀參加的第一次會議二十四小時前送致秘書長。

第十五條　（全權證書的審查）

安全理事會各代表及按照本規則第十四條所委派代表之全權證書，由秘書長審查；秘書長應向安全理事會提出報告請其批准。

第十六條　（會議的暫時出席）

安全理事會代表之全權證書未按照本規則第十五條予以批准以前，此代表仍得暫時出席，其權利與其他代表所享有者同。

第十七條　（對全權證書提出異議的效果）

安全理事會任何代表，其全權證書如在安全理事會內被提出異議，於安全理事會對此事未作決定以前，仍得繼續出席，其權利與其他代表所享有者同。

第四章　主席職位

第十八條　（主席的就任與任期）

安全理事會主席之職位由安全理事會各理事國依照其國名英文字母的排列次序輪流擔任。每位主席任職一個月份。

第十九條　（主席的權限）

主席主持安全理事會之會議，並在安全理事會之權力下，以其爲聯合國一機構的地位，代表安全理事會。

第二十條　（主席的代理）

無論何時，如安全理事會主席認爲，在審議某一與其所代表的理事國直接有關的特殊問題期間，爲使主席職責得以正確執行起見，他不應擔任安全理事會的主席時，他應將其決定告知理事會。此時爲審議該項問題，主席席位即應讓予依照英文字母排列次序的次一理事國之代表，此條規定並適用於相繼擔任安全理事會主席之各代表。本條規則不影響主席按照第十九條所有之代表資格及爲第七條所規定之職責。

第五章　秘書處

第二十一條　（秘書長的任務）

秘書長於安全理事會之一切會議中任秘書長之職。秘書長得授權一代理人在安全理事會會議中代行其職務。

第二十二條　（秘書長的陳述）

秘書長或代行其職務的代理人得對安全理事會就其審議中之任何問題發表口頭或書面聲明。

第二十三條　（秘書長的報告員指定）

根據本規則第二十八條，安全理事會得指定秘書長爲某一特定問題之報告員。

第二十四條　（辦事人員的提供）

秘書長應供給安全理事會以所需之辦事人員。此等辦事人員構成秘書處之一部分。

第二十五條　（開會的通知）

秘書長應將安全理事會及其各附屬委員會與分組委員會開會的通知交予安全理事會的代表。

第二十六條　（文件的作成與分發）

秘書長負責準備安全理事會所需之文件，並除緊急情況外，至遲在審議該文件的會議四十八小時以前，將其分發。

第六章　會務守則

第二十七條　（發言者的指名）

主席按照代表請求發言之先後，依次請其發言。

第二十八條　（委員會的設置及報告員的指定）

安全理事會得爲一特定問題，指派委員會或分組委員會，或指定報告員。

第二十九條　（報告員的優先發言權）

主席得給予安全理事會所指定之任何報告員以優先發言權。

委員會或分組委員會之主席，或委員會或分組委員會所指定提出其報告之報告員，爲解釋該項報告，得給予優先發言權。

第三十條　（程序問題的裁定及異議）

如一代表提出程序問題，主席應立即宣告其裁定。如對裁定提出異議，主席應立即將其裁定交付安全理事會表決，除非被推翻，該裁定應爲有效。

第三十一條　（提案、修正案的分發）

提案、修正案及有關實質之動議，通常應以書面交予各代表。

第三十二條　（動議、決議案的順列）

主要動議及決議案應按提出之先後而排列在先。

經任一代表之請求，除原提案人反對外，動議或決議案之各部分應分別表決之。

第三十三條　（動議的優先權）

下列動議，按照列舉次序之先後，應列於一切與會議現正審議之問題有關之主要動議及決議案之先：

一、停會；

二、延會；

三、將會議延至某日或某時；

四、將任何事項交付一委員會，交付秘書長或交付一報告員；

五、將問題的討論延至某日或無限期延擱；或

六、提出修正案。

有關停會或簡單延會之任何動議應不經辯論即付表決。

第三十四條　（動議及決議案的附議）

安全理事會代表所提之任何動議或決議案，在付諸表決前，不需有人附議。

第三十五條　（動議及決議案的撤回）

未經表決之動議或決議案，得隨時撤回之。

如該動議或決議案已有人附議，則提出附議之安全理事會代表得請求將其作爲他的動議或決議案而付諸表決，其所享之優先權與原提案人未將其撤回時同。

第三十六條　（修正案的表決順序）

對一動議或決議案如提出兩個或兩個以上之修正案時，主席應裁定交付表決之次序先後。通常，安全理事會應先就實質上與原提案相去最遠之修正案進行表決，次就實質上與原提案相去次遠之修正案進行表決，依此類推，直至所有修正案盡付表決爲止，但當一修正案對動議或決議案的文字

有所增減時，該修正案應先付表決。

第三十七條　（會員國的參加）

在下列兩種情形下，任何非安全理事會理事國之聯合國會員國得因安全理事會之決定而被邀參加安全理事會中對任何問題之討論，但無表決權：當安全理事會認爲該問題對該會員國之利益有特別關係時；或當一會員國按照憲章第三十五條第一項之規定，將一事項提請安全理事會注意時。

第三十八條　會（員國的提案及決議案提出權）

按照上條規則或援用憲章第三十二條而被邀參加安全理事會討論之任何聯合國會員國，得提出提案及決議案。但此種提案及決議案唯有經安全理事會之一代表提出請求時，始得交付表決。

第三十九條　（情報及協助的提供）

安全理事會在審查其權限以內之事項時，得邀請其認爲合格之秘書處人員或其他個人供給情報或給予其他協助。

第七章　表決

第四十條　（表決）

安全理事會中之表決應遵照憲章及國際法院規約之有關條款。

第八章　語文

第四十一條　（正式語文及應用語文）

中文、英文、法文、俄文及西班牙文同爲安全理事會正式語文，英文及法文爲應用語文。

第四十二條　（傳譯）

以一種應用語文發表之演詞應傳譯成另一種應用語文。

第四十三條　（傳譯）

以其他三種正式語文之一發表之演詞應傳譯成兩種應用語文。

第四十四條　（以其他語文發言）

代表得用正式語文以外之任何語文發表演詞，但須自備譯員，將其傳譯成一種應用語文。秘書處譯員將演詞傳譯成另一種應用語文時，得根據第一種應用語文之譯文。

第四十五條　（逐字記錄）

安全理事會會議之逐字記錄以兩種應用語文製成。經任何代表之請求，用應用語文以外之一種正式語文發表之任何演詞之逐字記錄，應按其原用語文製成。

第四十六條　（決議及文件之語文）

一切決議案及其他重要文件應立即以各種正式語文製就備用。經任何代表之請求，任何其他文件亦應以任何一種或各種正式語文製就備用。

第四十七條　（其他語文之刊行）

如經安全理事會決定，安全理事會之文件應以正式語文以外之任何語文刊行。

第九章　會議及記錄之公開

第四十八條　（會議之公開及例外）

除另有決定外，安全理事會會議應公開舉行。有關任命秘書長事向大會所作之任何推薦，應在秘密會議中討論並決定之。

第四十九條　（逐字記錄的提出）

在本規則第五十一條之規定限度內，安全理事會每次會議之逐字記錄以兩種應用語文製就，並在會議後第一個工作日上午十點鐘以前分送給安全理事會各代表及參加會議之任何其他國家之代表。按照本規則第四十五條而用任何其他正式語文製就的任何演詞的逐字記錄，如經任何上述代表之請求，亦應以同樣方式供給之。

第五十條　（逐字記錄的更正）

參加會議各國之代表應於本規則第四十九條所述時間後兩個工作日內，將其希望在逐字記錄中所作之任何更正通知秘書長。

第五十一條　（秘密會議之記錄）

安全理事會得決定秘密會議之記錄製就一份。此份紀錄由秘書長保存。參加會議各國之代表應於十日內將其希望在此記錄中所作之任何更正通知秘書長。

第五十二條　（更正的請求）

被請求作出之更正應認為已獲同意，除非主席認為該項更正甚為重要，需提交安全理事會各代表。在後一情況下，安全理事會之代表應於兩個工作日內提出意見。如在此期限內無異議提出，記錄應照請求加以更正。

第五十三條　（逐字記錄的承認）

本規則第四十九條所指之逐字記錄或第五十一條所指之記錄，如於第五十條及第五十一條分別規定之期限內並無對其作更正之請求提出，或業已按照第五十二條規定加以更正者，應認為已獲批准。該記錄應由主席簽字，並成為安全理事會之正式記錄。

第五十四條　（會議記錄的刊行）

安全理事會公開會議之正式記錄，以及所附之文件，應盡速以各種正式語文刊行。

第五十五條　（秘密會議公報）

每次秘密會議閉幕後，安全理事會應經由秘書長發表一公報。

第五十六條　（秘密會議記錄的閱讀）

參加秘密會議之聯合國各會員國之代表永久有權在秘書長辦公室內查閱該次會議之記錄。安全理事會得於任何時候准許聯合國其他會員國之受權代表閱讀此記錄。

第五十七條　（機密記錄與文件的處理）

秘書長應每年一次將至該時為止被認為機密之記錄與文件列成一表，提交安全理事會。安全理事會決定其中何者應供聯合國其他會員國使用，何者應公開，何者應繼續保持機密。

第十章　新會員國之接納

第五十八條　（加入申請書）

凡欲成為聯合國會員國之國家應向秘書長提交一項申請書。該申請書應包括正式文件之聲明，聲明該國接受憲章所載之義務。

第五十九條　（加入申請書的審查）

秘書長應立即將該入會申請書送交安全理事會各代表。除安全理事會另有決定外，申請書應由主席交付安全理事會之一委員會，在該委員會中安全理事會每一理事國均派有代表。該委員會應審查交予之任何申請，並至遲在大會常會開會三十五天以前，或如召開大會特別會議時，至遲在該會議開會十四天以前，將其結論報告理事會。

第六十條　（加入申請的決定）

安全理事會應自行判定該申請國是否為愛好和平之國家，是否有能力並願意履行憲章所載之義務，並據此是否推薦該申請國為會員國。

如安全理事會推薦該申請國為會員國，應將其推薦連同全部討論記錄送交大會。

如安全理事會不推薦該申請國為會員國或緩議該申請書時，應製成特別報告，連同全部討論記錄提交大會。

為確保接到申請書後大會之下次會期能審議其推薦起見，安全理事會應至遲在大會常會開會二十五天前或至遲在特別會議開會四天前，提出其推薦。

在特殊情況下，安全理事會得於前段所規定之時限期滿以後決定向大會提出有關入會申請之推薦。

第十一章　與其他聯合國機構之關係

第六十一條　（國際法院法官的選舉）

按照國際法院規約為選舉法院法官而舉行之任何安全理事會會議，應繼續舉行，直至在一次或多次投票中所有缺位所需數目之候選人都得到絕對多數票時為止。

（聯合國文件）

參考：關於否決權之四國聲明（摘錄）

Statement by the Sponsoring Governments on Security Council Voting

通過日期：一九四五年六月七日（舊金山）

一、依照〔頓巴敦聯合國憲章草案〕第八章〔相當於憲章第七章〕，理事會必須作成有關爭端的解決，可能引起爭端的情勢之調整，決定和平的威脅，除去和平的威脅，與鎮壓和平的破壞等，包含採取直接辦法的決議。它也必須作成不包含採取上述辦法的決議。雅爾達〔投票〕公式規定，關於後一類的決議，適用程序投票　即任何七理事國的投票。關於第一類的決議，適用限制投票　即包含常任理事國在內的七理事國的投票；但是，依照第八章A段及C段的一部〔相當於憲章第六章及第五十二條第三項〕作成的決議，爭端當事國不得投票。

二、例如，依照雅爾達公式，程序投票將適用於第六章D段全段〔相當於憲章第二十八條至第三十二條〕。此即表示理事會應以任何七理事國的投票，決定或修改其會議規則；決定選舉主席的方法；組織安理會使其能繼續不斷行使職權；選擇安理會常會與特別會的時間及地點；設立其認為於行使職務所必需的輔助機構；邀請聯合國會員國而非安理會的理事國，參與有關該國利益的討論；邀請非會員國而為安理會考慮中的爭端當事國，參與有關該項爭端的討論。

三、此外，依照第八章A段第二項〔相當於憲章第三十五條〕，將爭端或情勢，提請安理會注意時，任何理事國不得單獨阻止安理會的考慮或討論。

四、超過上述範圍時，安理會的決議或行動，可能有重要的政治後果，甚至會引起一連串的事件，結果可以使安理會需要援引第八章B段〔相當於憲章第七章〕的執行辦法。上述一連串的事件，始於安理會決定從事調查，決定促請當事國解決其糾紛，或向當事國提出建議。當安理會採取上述行動時，應適用常任理事國一致的原則；但是，須受前述爭端當事國不得投票的限制。

五、舉例說明，決定調查時，安理會必須考慮該調查可能需要報告，聽取證言，派遣諮詢委員會或其他方法　是否會加重情勢。調查之後，理事會必須決定該情勢或爭端的繼續存在，可能危及國際和平與安全。如果安理會採取上述決定後，它有義務採取更進一步的行動。

〔六至十略去〕

貳〔頭段略去〕

一、依邀請國代表團的意見，憲章草案本身已對理事會各種職權的投票方式有所指示。

二、在這情形下，將來不大可能需要對任何重要的事項，採取行動決定是否適用程序投票。不過，如果上述問題發生，關於一個事項是否程序問題的先決問題之決議，必須由包括常任理事國一致同意的七理事國多數票決定。

（聯合國中文記錄）

三、聯合國大會議事規則

The Rules of Procedure of the General Assembly

通過日期：一九四七年十一月十七日（紐約）

說明

一、本規則第四十九、八十四、八十五、八十七、一百四十五、一百四十七及一百六十二各條係轉錄憲章規定原文，茲加底線以資識別，並附註說明。其他直接依據憲章規定而非轉錄憲章原文之諸條，亦悉附註說明。

二、在有關全體會議之議事規則中所見方括弧內之數字，標注委員會會議規則中文字或意義相同各條款之號數；有關委員會會議之議事規則所見方括弧內之數字，標註全體會議之議事規則中文字或意義相同之條款。

三、本規則第一百六十三條規定：「解釋規則時無須顧及目錄中各條之標題及並諸各條之正楷題註。」

會期

常會

第一條　（會期）

大會常會自每年九月第三個星期二起舉行。

第二條　（常會期間）

大會於每次會期開始時應依據總務委員會之建議，預定會期之閉會日期。

第三條　（會議地點）

會期應於聯合國會所舉行之，但如經大會上次會期決議或過半數會員國請求，得於他處舉行之。

第四條　（聯合國會所以外的會議地點）

聯合國任何會員國得請求在聯合國會所以外之地點舉行大會會期。此項請求至遲須於所訂舉行常會日期一百二十日前爲之。秘書長應立即將此項請求連同本人建議通知聯合國其他會員國。此項請求自通知日起三十日內如獲過半數會員國贊同，該次會期即應於請求之地點舉行之。

第五條　（開會之通知）

秘書長至遲應於舉行常會六十日前通知聯合國各會員國。

第六條　（延會）

大會得於會期內決議暫行延會，訂期續開。

特別會期

第七條　（大會自行召集特別會期）

大會得自定日期，召集特別會期。

第八條　經安全理事會或會員國請求召集特別會期）

一、特別會期應於秘書長收到安全理事會，或聯合國多數會員國所提出召集特別會期之請求後，或在收到第九條所規定過半數會員國同意之通知後，十五日內舉行之。

二、依據決議案三七七A㈤而舉行之緊急特別會期，應在秘書長收到安全理事會依據任何七個理事國之可決票提出召開此種會期之請求後，或在收到聯合國過半數會員國以其在駐會委員會之可決票或以他種方式表示之請求後，或在收在第九條所規定過半數會員國同意之通知後二十四小時內召開之。

第九條　（會員國之請求）

一、聯合國任何會員國得請求秘書長召集特別會期。秘書長應立即將此項請求通知其他會員國並詢其是否同意。此項請求倘於秘書長送發通知日起三十日內獲過半數會員國同意，應由秘書長依照第八條之規定召集大會特別會期。

二、本條對任何會員國請求依據決議案三七七A召開特別緊急會期之情事亦應適用。秘書長遇此情事，應用最敏捷之通訊方法，與其他會員國接洽。

第十條　（開會之通知）

秘書長經安全理事會請求召集特別會期時，至遲應於十四日前通知聯合國各會員。經過半數會員國請求或因過半數會員國對任何會員國之請求表示同意召集特別會期時，至遲應於十日前送發開會之通知。依第八條二款召開緊急特別會期時，秘書長至遲應在該會期開會十二小時前通知聯合國各會員國。

常會及特別會期

第十一條　（通知其他機關）

每次召集大會會期，應向聯合國其他各主要機關及憲章第五十七條第二項所稱各專門機關分送開會之通知一份。

議程

常會

第十二條　（臨時議程）

常會臨時議程由秘書長擬定，至遲於開會六十日前送達各會員國。

第十三條　（臨時議程項目）

下列各項目應列入常會臨時議程：

秘書長關於本組織工作之報告；

一、安全理事會報告，

二、經濟及社會理事會報告，

三、託管理事會報告，

四、國際法院報告，

五、大會各輔助機關報告，

六、專門機關報告（倘該專門機關所訂協定規定應行提具報告）；

七、大會上次會期決定列入之項目；

八、聯合國其他主要機關提議列入之項目；

九、聯合國任何會員國提議列入之項目；

十、關於下一會計年度預算及上一會計年度收支報告之項目；

十一、秘書長認爲有提出大會必要之項目；

十二、非聯合國會員國之國家依照憲章第三十五條第二項規定提議列入之項目。

第十四條　（補充項目）

聯合國任何會員國或主要機關或秘書長得請求於議程內增列補充項目，但至遲須於所訂常會開會日期三十日前爲之。此種項目應列入補充項目表，至遲於所訂會期開會日期二十日前分送各會員國。

第十五條　（增列項目）

事屬重要而緊急之項目，其在常會開會前三十日內或在常會期間提請增列於議程者，如經出席大會及參加表決之過半數會員國之可決，得題列議程。除經出席大會及參加表決之會員國三分之二之同意另有決定外，任何增列項目之審議，非待該項目列入議程已逾七日並經委員會就有關問題提出報告後不得爲之。

特別會期

第十六條　（臨時議程）

經安全理事會請求而召集之特別會期，其臨時議程至遲應於開會十四日前分送聯合國各會員國。經過半數會員國請求或經過半數會員國對任何會員國之請求表示同意而召集之特別會期，其臨時議程至遲應於開會十日前分送聯合國各會員國。緊急特別會期臨時議程應在通知召開會期之時，一併分送聯合國各會員國。

第十七條　（審議項目）

特別會期臨時議程應以請求召集特別會期時提請審議之項目爲限。

第十八條　（補充項目）

聯合國任何會員國或主要機關或秘書長得請求於議程內增列補充項目，但至遲須於所訂特別會期開會日期四日前爲之。此種項目應列入補充項目表，儘速分送聯合國各會員國。

第十九條　（增列項目）

特別會期期間內，補充項目表所列項目及增列項目得經出席及參加表決會員國三分之二之同意列入議程。舉行特別緊急會期時，關於決議案三七七A㈤所處理事項之增列項目，得經出席及參加表決會員國三分之二之同意，列入議程。

常會及特別會期

第二十條　（說明節略）

凡提請列入議程之項目均應附具說明節略，並於可能時連同基本文件或決議案草案一併提出。

第二十一條　（議程之核定）

每次會期之臨時議程與補充項目表，以及總務委員會就該兩項所提報告，應於會期開會後儘速提由大會核定。

第二十二條　（項目之修正及刪除）

大會經出席及參加表決之會員國過半數之同意得修正或刪除議程中之項目。

第二十三條　（關於列入項目之討論）

大會討論應否將某一項目列入議程時，如該項目業經總務委員會建議將其列入，則發言贊成及發言反對列入議程者應各以三人爲限。主席得限制依本條規定發言者之發言時間。

第二十四條　（經費分配之變更）

現行有效之經費分配辦法之提案，至遲應於所訂屆會開會日期九十日前通知聯合國各會員國，否則不得列入議程。

代表團

第二十五條　（組織會員國代表團之代表名額）

以五名爲限，副代表名額亦以五名爲限。顧問、技術顧問、專家以及其他職位相當之人員，其名額由代表團各視需要自行酌定。

第二十六條　（副代表）

副代表得經代表團首席代表指定行使代表職權。

全權證書

第二十七條　（全權證書之送致）

各代表所奉全權證書及代表團團員名單應儘可能於每屆大會開會一星期前送致秘書長。全權證書應由國家元首或政府首長或外交部長頒發。

第二十八條　（全權證書審查）

委員會大會應於每次會期開始時設置全權證書審查委員會。委員會委員九人由大會經大會主席之提議委派之。委員會自行選定職員。委員會審查各代表全權證書並儘速向大會報告。

第二十九條　（暫准出席）

大會任何代表其出席大會資格如經會員國提出異議於全權證書審查委員會。未提出報告及大會未予決定以前，仍得暫時出席大會，其權利與其他代表所享有者同。

主席及副主席

第三十條　（臨時主席）

大會每次會期開始，在該次會期主席尚未選出以前，應由上次會期主席所屬代表團之首席代表執行主席職務。

第三十一條　（選舉）

大會選舉主席一人、副主席八人，任職至選舉各該職員之會期結束時爲止。副主席之選舉應於第一百零一條所稱七主要委員會主席選出後爲之，並應以確保總務委員會具有代表性爲前提。

第三十二條（代理主席）

大會主席因故不能出席某次會議或其一部分時，應就副主席中指定一人代行主席職務。

第三十三條（代理主席之職權）

副主席代理主席時，其權力職責與主席同。

第三十四條（另選主席）

主席不能行使職務時，大會另選主席，以補足未滿之任期。

第三十五條（主席之一般權力）

主席除行使本規則其他條款所賦予之權力外，應宣布會期內每次全體會議開會及散會、指導全體會議討論、確保本規則之遵行、准許發言、將問題提付表決及宣布決議。主席對程序問題應加以裁定。主席對每次會議之進行及秩序之維持有完全控制之權，但以不違反本規則各條規定爲限。主席得於大會討論某一項目時向大會提議：限制發言人之發言時間、限制每一代表就任何問題發言之次數、截止增添發言人或結束討論。主席並得提議停會或延會或將所議項目展期討論。

第三十六條（主席與大會之關係）

主席於執行職務時仍應聽命於大會。

第三十七條（主席不得參加表決）

主席或副主席行使主席職權時，不得參加表決，但應指定其本國代表團團員一人代其表決。

總務委員會

第三十八條（組織）

總務委員會應以大會主席、八副主席及七主要委員會主席爲委員，並由大會主席任其主席。總務委員會中不得有委員二人同屬一國代表團，其構成應確保其具有代表性。大會所設立於會期期間舉行會議而所有會員國均有權出席之其他委員會之主席，得列席總務委員會會議並參與討論，但無表決權。

第三十九條（代委員）

大會副主席因故不能出席總務委員會會議時，得指定其本國代表團團員一人代表出席。各主要委員會主席倘因故缺席，應指定其委員會之副主席爲其代表出席總務委員會會議，副主席之本國代表團倘另有團員任總務委員會委員，該副主席無表決權。

職務

第四十條（臨時議程）

總務委員會應於每次會期開始時審議臨時議程及補充項目表，並就所提議之項目逐項向大會提具請准列入議程、不予列入、或列入未來會期臨時議程之建議。總務委員會同樣審查關於議程增列項目之請求，並就此事向大會擬具建議。總務委員會於審議有關大會議程之事項時，不應討論任何項目之實體，如涉及該委員會應否建議將某項目列入議程、不予列入、或列入未來會期臨時議程以及已建議列入議程之項目之緩急次序等問題時，則不在此限。

第四十一條（建議項目）

總務委員會應向大會建議閉會日期。該委員會應協助大會主席及大會擬定每次全體會議議程、決定各項目緩急次序、並協調大會各委員會之工作。該委員應協助大會主席處理在其權限範圍內之大會一般事務，但不得就任何政治問題爲決定。

第四十二條（舉行會議）

總務委員會應於會期內定期舉行若干次會議，檢討大會及其各委員會工作之進度，並作成建議續求各項工作之推進。遇主席認爲必要或經任何其他委員請求時，該委員會並應於其他日期舉行會議。

第四十三條（請列議程項目會員國代表之參加）

大會會員國於總務委員會中並無代表，但曾請求於議程中列入項目者，於總務委員會討論該項請求時，應有派代表列席之權，於總務委員會討論該項目時並得參加討論，但無表決權。

第四十四條　（大會決議案形式上之修改）

總務委員會得修改大會之決議案，但以更易形式而不變更內容爲限。此項修改應提請大會審查。

秘書處

第四十五條　（秘書長之職責）

秘書長在大會、委員會及小組委員會之一切會議應以秘書長之資格行使職務。秘書長得派屬員一人在上述各種會議代行職務。

第四十六條　（辦事人員之供給）

大會或大會設立之委員會或輔助機關所需辦事人員，由秘書長負責供給並予以指導。

第四十七條　（秘書處之職責）

秘書處應收受、翻譯、印行、分送大會及其他所屬委員會、機關之各種文件、報告及決議案；於會議時傳譯發言；草擬、印行、分送每屆會期簡要紀錄；經管大會檔案庫之文件，妥爲保存；刊行會議報告；將大會文件分送聯合國各會員國，並擔任大會所需任何其他一般工作。

第四十八條　（秘書長常年報告）

秘書長應向大會提送關於本組織工作之常年報告及必要之補充報告。

秘書長至遲應於大會開會四十五日前將常年報告分送聯合國各會員國。

第四十九條　（安全理事會之同意）

憲章第十二條所規定之通知秘書長經安全理事會之同意，應於大會每次會期時，將安全理事會正在處理中關於維持國際和平及安全之任何事件通知大會；於安全理事會停止處理該項事件時，亦應立即通知大會，或在大會閉會期內通知聯合國會員國。

第五十條　（關於秘書處之條例）

大會應製定關於秘書處職員之條例。

語文

第五十一條　（正式及應用語文）

中文、英文、法文、俄文及西班牙文同爲大會暨其委員會及小組委員會之正式語文。英文、法文及西班牙文爲應用語文。

第五十二條　（自應用語文傳譯）

以一種應用語文發表之演說應譯成另二種應用語文。

第五十三條　（自正式語文傳譯）

以其他二種正式語文之一發表之演說應譯成三種應用語文。

第五十四條　（自其他語文傳譯）

代表得用正式語文以外之任何語文發表演說，但須自備傳譯員，譯成一種應用語文。秘書處傳譯員將演說詞譯成另二種應用語文時，得本於第一種應用語文之譯文。

第五十五條　（速記記錄所用語文）

速記記錄應以應用語文製成之，如經任何代表團之請求，應將速記紀錄之全部或一部譯成任何其他一種正式語文。

第五十六條　（簡要記錄所用語文）

簡要記錄應儘速以五種正式語文製就。

第五十七條　（會刊所用語文）

大會會刊應以應用語文刊行。

第五十八條　（決議案及重要文件所用語文）

決議案及其他重要文件應以各種正式語文製就。其他文件如經任何代表請求，亦應譯成一種或各種正式語文。

第五十九條　（以正式語文以外之語文刊行文件）

如經大會決定，大會、委員會及小組委員會之文件得以正式語文以外之任何語文刊行。

紀錄

第六十條（速記記錄）

全體會議速記記錄由秘書處製就經主席核定後提交大會，大會各主要委員會議事經過亦應製成速記記錄。其他委員會或小組委員會得自行決定其記錄之方式。

第六十一條（決議案）

大會通過之決議案應由秘書長於每屆會期閉會後十五日內分送聯合國各會員國。

公開及非公開會議：全體會議；委員會及小組委員會會議

第六十二條（通則）

大會及其他各主要委員會應公開舉行會議，但各該機關因情形特殊議決不公開舉行者，不在此限。其他委員會及小組委員會除另有決定外，亦應公開舉行會議。

第六十三條（非公開會議）

大會於非公開會議中所作之決議應儘早於大會公開會議中宣布之。主要委員會、其他委員會及小組委員會每次舉行非公開會議完畢，主席得經由秘書長發出公報。

默禱或默念一分鐘

第六十四條（請默禱或默念）

主席於大會每屆會期首次全體會議宣布開會以後及末次會議即將開會以前，應請各代表默禱或默念一分鐘。

全體會議

事務處理

第六十五條（緊急特別會期）

舉行緊急特別會期時，除大會另有決定外，不論其他各條規定如何，大會應僅召開全體會議，逕行討論原請舉行會期提出討論之問題，毋庸先交總務委員會或任何其他委員會審查；緊急特別會期之主席及副主席即由前次會期主席及副主席所屬各代表團之首席代表分別擔任之。

第六十六條（秘書長報告）

主張不經討論即將秘書長報告任何一部分交由主要委員會審議之提案，大會應逕就該提案加以決定，無須先發交總務委員會審議。

第六十七條（交委員會審議）

除大會另有決定外，大會對於議程各項目，於未收到各審議各項目之委員會報告以前，不得逕爲最後決定。

第六十八條（討論委員會報告）

主要委員會所提報告，如經大會全體會議中出席及參加表決會議國三分之一以上認爲有討論之必要，應由大會全體會議討論之。凡請將此類報告交付討論之提議應不經討論逕付表決。

第六十九條（法定人數）

大會須以過半數會員國之出席爲法定人數。

第七十條（發言）

代表非經主席核准，不得向大會發言。主席應照代表請求之先後，依次請其發言。發言人之言論如與討論事項無關，主席得促其遵守秩序。

第七十一條（優先權）

委員會主席及報告員爲解釋委員會所得結論起見，得有優先發言權。

第七十二條（秘書處之聲明）

秘書長或經其指定爲秘書長代表之秘書處職員得隨時就大會所審議之任何問題，向大會提出口頭或書面聲明。

第七十三條（程序問題）

代表得於討論任何事項之際，提出程序問題，主席應立即依據議事規則就該問題而爲裁定。代表得對主席之裁定提出異議，主席應立即將該項異議付表決。除經出席及參加表決之會員國過半數否決外，主席之裁定仍爲有效。代表提出程序問題時，不得就討論事項之實體發言。

第七十四條　（發言時間之限制）

大會得限制每一發言人之發言時間及每一代表就任何問題發言之次數。於有限制之討論中一代表之指定發言時間終了時，主席應立即促其遵守程序。

第七十五條　（截止增添發言人）

主席得於討論進行之際，宣布發言人名單，如經大會同意，並得宣告截止增添發言人。但在主席宣告截止增添發言人後，一方所發表之言詞宜予以答辯時，主席得准許任何會員國有答辯權。

第七十六條　（討論延期）

代表得於全體會議討論任何事項之際，動議延期討論所議項目。除原動議人外，得有代表二人發言贊成該動議，二人發言反對該動議，隨後該動議應立即付表決。主席得限制依據本條規定發言者之發言時間。

第七十七條　（討論結束）

代表得隨時動議結束關於所議項目之討論，即在其他代表業已表示欲發言之意思時，亦得爲之。主席應只准許反對結束討論者二人發言，隨後應立即將該項動議付表決。倘大會贊成結束討論，主席應宣告討論結束。主席得限制依據本條規定發言者之發言時間。

第七十八條　（停會或延會）

代表得於大會討論任何事項之際，動議停會或延會。此類動議應不經討論逕付表決。主席得限制停會或延會動議人之發言時間。

第七十九條　（程序動議之次序）

以不違反第七十二條之規定爲限，下列各項動議依其列舉次序之先後對於會議中任何其他提案或動議享有優先權：

一、停會；

二、延會；

三、延期討論所議項目；

四、結束所議項目之討論。

第八十條　（提案及修正案）

提案及修正案之提出，通常應以書面爲之，並應送達秘書長，由秘書長以謄本分送各代表團。通例，任何提案至遲應於會議前一日將其謄本分送各代表團，否則不得於大會會議中交付討論或表決。但修正案或程序動議，雖謄本尚未分送或僅於同日送出，主席亦得准許交付討論及審議。

第八十一條　（權限之決定）

以不違反本規則第七十八條之規定爲限，凡要求先行決定大會是否有權通過某項提案之任何動議，應在該提案未經表決以前先行付表決。

第八十二條　（動議之撤回）

尚未開始付表決之動議，原動議人得隨時撤回之，但以該動議未經修正爲限。經原動議人撤回之動議得由任何會員國重行提出。

第八十三條　（提案之復議）

凡經大會通過或否決之提案，不得在同一屆中復議，但大會以出席及參加表決會員國三分二多數決定復議者不在此限。主席應只准許二人就反對復議之動議發言，隨後應即將該動議付表決。

表決

第八十四條　（表決權）

大會每一會員國應有一個表決權。

第八十五條　（三分二之多數）

大會對於重要問題之決議以出席及參加表決會員國三分二之多數爲之。此項問題應包括關於維持國際和平及安全之建議、安全理事會非常任理事國之選舉、經濟暨社會理事會理事國之選舉、依憲章第八十六條第一項㈢款所規定託管理事會理事國之選舉、申請國加入聯合國之准許、會員國權利及特權之停止、會員國之除名、關於施行託管制度之問題以及預算問題。

第八十六條重要問題大會對於重要問題提案之修正以及此種提案分別付表決之各部分行其決議時，應以出席及參加表決會員國三分二之多數爲之。

第八十七條　（過半數）

大會對於第八十五條所規定以外之其他問題之決議包括另有何種事項應以三分二之多數決定之問題應以出席及參加表決會員國過半數之同意爲之。

第八十八條　（「出席及參加表決會員國」一詞之意義）

本章各條稱「出席及參加表決會員國」者，謂投可決票或否決票之會員國。會員國棄權者視爲未參加表決。

第八十九條　（表決方式）

大會表決，通常以舉手或起立爲之，但任何代表得請求採用唱名方式。唱名表決應依會員國國名英名字母排列之次序爲之，但自何國國名開始則由主席以抽籤方法定之。主席依次唱名會員國國名，由會員國代表一人答以「可」、「否」或「棄權」。表決結果應照會員國國名英文字母排列次序，載入記錄。

第九十條　（表決時應行遵守之規定）

除與表決之實際處理有關之程序問題外，任何代表不得於主席宣告表決開始後妨礙表決之進行。除無記名投票外，主席得准許會員國於表決前或表決後說明其所以如此投票之理由。主席得限制此項說明之時間。主席不得准許提案或修正案之原提案人說明對其本人之提案或修正案所以如此投票之理由。

第九十一條　（提案及修正案之分部表決）

代表得動議請將提案或修正案之各部分分別提付表決。對於此項請求如有異議，應將主張分部表決之動議提付表決。主席應只准許贊成及反對該動議者各二人發言。該動議通過後，提案或修正案中嗣經分別通過之各部分應合併整個再付表決。倘提案或修正案之全部正文均經否決，該提案或修正案應視爲整個遭否決。

第九十二條　（修正案之表決）

對於提案如有修正案提出，修正案應先付表決。對於提案如有兩個以上之修正案提出，大會應先表決內容與原提案相去最遠之修正案，次表決內容與原提案次遠之修正案，依次類推，直至所有修正案儘付表決爲止。惟遇通過一項修正案後勢須否決另一修正案時，不應將此另一修正案提付表決。一項或數項修正案如獲通過，則應再將修正後之提案付表決。凡對一提案僅作增補、刪減或部分修改之動議應視爲該提案之修正案。

第九十三條　（提案之表決）

對同一問題，如有兩個以上之提案提出，除委員會另有決定外，應依其提出之先後，依次表決。大會得在每次表決一提案後，決定應否將次一提案付表決。

第九十四條　（選舉）

一切選舉應以無記名投票法行之。不得採用提名辦法。

第九十五條　（決選方式）

選舉一人或一會員國時，倘第一次選舉結果無獲得法定過半數票數者，則應舉行第二次票選，而專就第一次票選得票最多之二候選者決選之。倘第二次選舉結果，該二候選者所得票數相同，但法定當選票數爲過半數時，由主席就該二候選者以抽籤方法定之。倘法定當選票數爲三分二多數時，則應繼續舉行票選，直至有一候選者獲得三分二之票數爲止，但第三次票選如仍無結果則以後票選可就任何合格人選或會員國選舉之。倘此項無限制之票選已舉行三次而仍無結果，則下三次之票選應就第三次無限制選舉中獲得最多之二候選者決選之。再下三次票選又應爲無限制之票選。依此規定，交替選舉，直至有一候選者當選爲止。此項規定應不妨礙第一百四十四條、第一百四十五條、第一百四十七條及第一百四十九條之適用。

第九十六條　（複數決選時）

於同一情形下，同時應實名額爲二個以上時，以第一次票選中獲得法定過半數之候選者爲當選。倘獲得過半數票數之候選者其數目較應實名額爲少時，則應再行票選，以實餘額，惟應就上次票選中獲票最多者決選之。此項候選者之數目不得逾應實餘額之一倍。第三次票選如仍無結果，則以後票選可就任何合格人選或會員國選舉之。倘此項無限制之票選舉行三次，而仍無結果，則下三次之票選應就第三次無限制選舉中獲票最多之候選者決選之，但此項候選者之數目不得逾應實餘額之一倍。再下三次之票選又應爲無限制之票選。依此規定，交替選舉，直至所有名額均經選出爲止。此項規定應不妨礙第一百四十四條、第一百四十五條、第一百四十七條及第一百四十九條之適用。

第九十七條　（可否同數）

就選舉以外之事項而爲表決時，如遇可否同數，則應於下次會議舉行第二次表決。此項會議應於第一次表決後四十八小時內舉行之，並應於議程中訂明就該事項舉行第二次表決。但第二次表決結果，可否如仍同數，該提案視爲遭否決。

委員會設立、職員及其他

第九十八條　（設立）

大會爲執行職務起見，得視需要，設置委員會。

第九十九條　（專項之類屬）

同種類之事項應交由主管該類事項之委員會審議。委員會不得自行另增新項目。

第一百條　（項目之優先次第）

各主要委員會應計及大會依據總務委員會建議所預定之閉會日期，將發交審議之各項目，自行編定優先次第，舉行必要會議，俾就各該項目完成其審議。

第一百零一條　（主要委員會）

大會主要委員會爲：

一、政治及安全委員會（包括軍備管制事項在內）（第一委員會）；
二、特設政治委員會；
三、經濟財政委員會（第二委員會）；
四、社會、人道及文化委員會（第三委員會）；
五、託管委員會（包括非自治領土事項在內）（第四委員會）；
六、行政及預算委員會（第五委員會）；
七、法律委員會（第六委員會）。

第一百零二條　（會員國代表）

會員國得各派代表一人出席各主要委員會及其他由大會設置所有會員國均有權派遣代表出席之任何委員會。會員國並得委派顧問、技術顧問、專家或其他職位相當之人員出席各該委員會。

第一百零三條　（委員會委員）

顧問、技術顧問、專家及其他職位相當之人員得經代表團首席代表指定任委員會委員。除經指定爲副代表外，上述人員不得任委員會主席、副主席或報告員或以代表資格出席大會。

第一百零四條　（小組委員會）

各委員會得設置小組委員會，其職員由小組委員會自行選舉之。

第一百零五條　（職員）

委員會自行選舉主席、副主席及報告員。選舉各該職員時應根據合理地域分配、個人經驗及能力。選舉各職員以無記名投票法行之。

第一百零六條　（主要委員會主席不得參加表決）

主要委員會主席不得參加表決，但得由其本國代表團其他代表代其表決。

第一百零七條　（職員之缺席）

主席因故未便出席某次會議及其一部分時，由副主席代行主席職務。副主席代理主席時，其權力職責與主席同。委員會任何職員不能行使職務時，應另選新職員繼任，以補足未滿之任期。

第一百零八條　（主席之職務）

委員會每次會議由主席宣布開會、散會；指導討論；確保本規則之遵行；准許發言；將問題付表決及宣布決議。主席對程序問題應加以裁定。主席對每次會議之進行及會場秩序之維持有完全控制之權，但以不違反本規則各條規定爲限。主席得於委員會討論某一項目時向委員會提議：限制發言人之發言時間、限制每一代表就任何問題發言之次數、截止增添發言人或結束討論。主席並得提議停會或延會或將所議項目展期討論。

第一百零九條　主席於執行職務時仍應聽命於委員會。

事務處理

第一百一十條　（法定人數）

委員會以委員三分一之出席爲法定人數。但表決問題時須有委員過半數之出席。

第一百一十一條　（發言）

代表非經主席准許，不得向委員會發言。主席應照代表請求之先後依次請其發言。發言人之言論如與討論事項無關，主席得促其遵守程序。

第一百一十二條　（優先權）

委員會或小組委員會主席及報告員爲解釋委員會或小組委員會所得結論起見，得有優先發言權。

第一百一十三條　（秘書處之聲明）

秘書長或經其指定爲秘書長代表之秘書處職員，得隨時就委員會或小組委員會所審議之任何問題，向委員會或小組委員會提出口頭或書面聲明。

第一百十四條　（程序問題）

代表得於討論任何事項之際，提出程序問題，主席應立即依照議事規則就該問題而爲裁定。代表得對主席之裁定提出異議，主席應立即將該項異議付表決。除經出席及參加表決之委員過半數否決外，主席之裁定仍爲有效。代表提出程序問題時不得就討論事項之實體發言。

第一百十五條　（發言時間之限制）

委員會得限制每一發言人之發言時間及每一代表就任何問題發言之次數。於有限制之討論中，一代表之指定發言時間終了時，主席應立即促其遵守程序。

第一百十六條　（截止增添發言人）

主席得於討論進行之際宣布發言人名單，如經委員會同意並得宣告截止增添發言人。但在主席宣告截止增添發言人後，一方所發表之言詞宜予答辯時，主席得准許任何委員有答辯權。

第一百十七條　（延期討論）

代表得於委員會討論任何事項之際，動議延期討論所議項目。除原動議人外，得有代表二人發言贊成該動議，二人發言反對該動議，隨後該動議應立即付表決。主席得限制依據本條規定發言者之發言時間。

第一百十八條　（討論結束）

代表得隨時動議結束關於所議項目之討論，即在其他代表業已表示欲發言之意思時，亦得爲之。主席應只准許反對結束討論者二人發言，隨後應立即將該動議付表決。倘委員會贊成結束討論，主席應宣告討論結束。主席得限制依據本條規定發言者之發言時間。

第一百十九條　（停會或延會）

代表得於委員會討論任何事項之際動議停會或延會。此類動議應不經討論逕付表決。主席得限制停會或延會動議人之發言時間。

第一百二十條　（程序動議之次序）

以不違反第一百一十四條之限定爲限，下列各項動議依其列舉次序之先後對於會議中任何其他提案或動議享有優先權：

一、停會；
二、延會；
三、延期討論所議項目；
四、結束所議項目之討論。

第一百二十一條　（提案及修正案）

提案及修正案之提出，通常應以書面爲之，並應送達秘書長，由秘書長以謄本分送各代表團。通例，任何提案至遲應於會議前一日將謄本分送各代表團，否則不得於委員會會議中交付討論或表決。但修正案或程序動議，雖謄本尚未分送或僅於同日送出，主席亦得准許交付討論及審議。

第一百二十二條　（權限之決定）

以不違反第一百二十條之規定爲限，凡要求先行決定大會或委員會是否有權通過某項提案之任何動議，應在該提案未經表決以前先行付表決。

第一百二十三條　（動議之撤回）

尚未開始付表決之動議，原動議人得隨時撤回之，但以該動議未經修正爲限。經原動議人撤回之動議得由任何委員會重行提出。

第一百二十四條　（提案之復議）

凡經委員會通過或否定之提案不得在同一會期中復議，但委員會以出席及參加表決委員三分二之同意決定復議者不在此限。主席應只准許二人就反對復議之動議發言，隨後應即將該動議付表決。

表決

第一百二十五條　（表決權）

委員會每一委員應有一個表決權。

第一百二十六條　（法定過半數）

大會各委員會之決議以出席及參加表決委員過半數之同意爲之。

第一百二十七條　（〈出席及參加表決委員〉一詞之意義）

本章各條稱〈出席及參加表決委員〉者，謂投可決票或否決票之委員。委員棄權者視爲未參加表決。

第一百二十八條　（表決方式）

委員會表決，通常以舉手或起立爲之，但任何代表得請求採用唱名方式。唱名表決應依委員國國名英文字母排列之次序爲之，但自何國國名開始則由主席以抽籤方法定之。主席依次唱名各委員國國名，由委員國代表答以〈可〉〈否〉或〈棄權〉。表決結果應照委員國國名英文字母排列次序載入紀錄。

第一百二十九條　（表決時應行遵守之規定）

除與表決之實際處理有關之程序問題外，任何代表不得於主席宣告表決開始後妨礙表決之進行。除無記名投票外，主席得准許委員於表決前或表決後說明其所以如此投票之理由。主席得限制此項說明之時間。主席不得准許提案或修正案之原提案人說明對其本人之提案或修正案所以如此投票之理由。

第一百三十條　（提案及修正案之分部表決）

代表得動議請將提案或修正案之各部分分別付表決。對於此項請求如有異議，應將主張分部表決之動議提付表決。主席應只准許贊成及反對該動議者各二人發言。該動議通過後，提案或修正案中嗣經分別通過之各部分應合併整個再付表決。倘提案或修正案之全部正文均經否決，該提案或修正案應視爲整個遭否決。

第一百三十一條　（修正案之表決）

對於提案如有修正案提出時，修正案應先付表決。對於提案如有兩個以上之修正案提出，大會應先就內容與原提案相去最遠之修正案而爲表決，次就內容與原提案次遠之修正案而爲表決，依次類推，直至所有修正案儘付表決爲止。惟遇通過一項修正案後勢須否決另一修正案時，不應將此另一修正案提付表決。一項或數項修正案如獲通過，則應再將修正後之提案付表決。凡對一提案僅作增補、刪減或部分修改之動議應視爲該提案之修正案。

第一百三十二條（提案之表決）

對同一問題如有兩個以上之提案提出，除委員會另有決定外，應依其提出之先後，依次表決。委員會得在每次表決一提案後，決定應否將次一提案付表決。

第一百三十三條（選舉）

選舉一人或一委員國時，倘第一次票選結果，無獲得法定過半數票數者，則應舉行第二次票選，而專就第一次票選得票最多之二候選者決選之。倘第二票選結果，該二候選者所得票數相同，而法定當選票數爲過半數時，由主席就該二候選者以抽籤方法定之。

第一百三十四條（可否同數）

就選舉以外之事項而爲表決時，如遇可否同數，該提案應視爲遭否決。

申請國加入聯合國之准許

第一百三十五條（申請）

凡願加入聯合國之國家應將申請書送交秘書長。該申請書應載有正式宣言，聲明該國接受憲章所載之義務。

第一百三十六條（申請之通知）

申請國入會申請書應由秘書長備具謄本，送供大會參考，如值大會閉會，應分送各會員國。

第一百三十七條（大會審查及決議）

如經安全理事會推薦申請國爲會員國，大會應先審查該申請國是否愛好和平，是否確能並願意履行憲章所載義務，再就該國入會申請而爲決議，此項決議應有出席及參加表決會員國三分二之同意。

第一百三十八條（安理會未推薦時）

如安全理事會不推薦申請國爲會員國或緩議申請書時，大會得於充分審查安全理事會特別報告後，將原申請書連同大會全部討論記錄發交安全理事會重行審議，再向大會提具建議或報告。

第一百三十九條（大會決議之通知及會員國資格開始生效日期）

秘書長應將大會決議通知申請國。入會申請如經大會核准，該申請國自大會核准入會申請之日起爲聯合國會員國。

主要機關之選舉

總則

第一百四十條（任期）

除第一百四十八條另有規定外，各理事會理事國之任期應自該理事國經大會選出後之一月一日起至其繼任理事國選出後之十二月三十一日止。

第一百四十一條（補選）

倘遇理事國於任期屆滿前出缺，大會應於下次會期另行補選理事國，以補足未滿之任期。

秘書長之選任

第一百四十二條（秘書長之選任）

大會於收到安全理事會所提關於秘書長人選之推薦後，應舉行非公開會議，審議該項推薦，並以無記名投票法表決之。

安全理事會

年選

第一百四十三條（年度選舉）

大會應於每年常會中選舉安全理事會三非常任理事國，任期二年。

第一百四十四條（理事國當選資格）

選舉安全理事會非常任理事國時，應遵照憲章第二十三條第一項之規定，首先充分注意聯合國各會員國對於維持國際和平與安全以及本組織其他宗旨之貢獻，並充分注意地域上之公勻分配。

第一百四十五條（連選資格）

安全理事會任滿之理事國不得即行連選。

經濟暨社會理事會

第一百四十六條　（年度選舉）

大會每年於常會中選舉經濟暨社會理事會六理事國，任期三年。

第一百四十七條　（連選資格）

經濟暨社會理事會任滿之理事國得即行連選。

託管理事會

第一百四十八條　（應行選舉之際會）

託管協定業經依照憲章第八十三條或第八十五條之規定核准，而聯合國會員國之一因此任託管領土管理當局時，大會應依照憲章第八十六條之規定，視需要情形，選舉託管理事會理事國一國或數國。經大會常會依照本條規定所選出之理事國，應於當選後立即就任，並應依照第一百三十八條之規定任滿任期，一如各該國理事國係於當選後之一月一日起就任者然。

第一百四十九條　（任期及連選資格）

託管理事會非管理當局理事國任期三年，連選得連任。

第一百五十條　（懸缺）

大會應於每次會期依照憲章第八十六條之規定選舉理事國以實懸缺。

國際法院

第一百五十一條　（選舉方法）

國際法院法官之選舉依照國際法院規約之規定舉行之。

第一百五十二條　（選舉之結果）

大會依據國際法院規約之規定召開會議選舉國際法院法官時，應繼續開會，直至人數與應實懸缺相等之候選人於一次或數次票選時獲得絕對多數票爲止。

行政及預算問題

第一百五十三條　（財務行政規章）

大會應制定聯合國財務行政規章。

第一百五十四條　（支出概算）

決議案之涉及支出者，非附有秘書長所擬支出概算，不得由委員會提請大會核准。決議案之有需支出業經秘書長料及者，非俟行政及預算委員會獲有機會說明該提案對於聯合國總概算可能發生之影響，不得由大會遽行表決。

第一百五十五條　（決議案所需費用之通知）

各委員會提請大會核准之決議案，其所需費用詳細概數由秘書長隨時通知各委員會。

第一百五十六條　（行政暨預算問題諮詢委員會）

大會應設置行政暨預算問題諮詢委員會（以下簡稱〈諮詢委員會〉）。委員九人，其中至少應有聲望卓著之財政專家二人。

第一百五十七條　（諮詢委員會之組織）

諮詢委員會委員之人選以能代表廣大地域並以個人資歷爲標準。委員中不得有二人屬同一國籍。委員任期三年，其起訖與聯合國財務行政規章所定會計年度之三年期間相同。委員輪流退休，連選得連任。委員中財政專家二人不得同時退休。大會應於諮詢委員會委員任期行將屆滿前之常會中委派新委員；遇委員出缺時，則於下屆常會中委派之。

第一百五十八條　（諮詢委員會之職務）

諮詢委員會負責以專門知識審查聯合國預算，並輔佐大會所屬行政及預算委員會。諮詢委員會應於每屆常會開始時就下一會計年度預算及上一會計年度收支向大會提出詳細報告。諮詢委員會並應代大會審查各專門機關之行政預算以及所有關於與各該專門機關訂立財政及預算辦法之提案。諮詢委員會執行聯合國財務行政規章賦予該委員會之其他職責。

第一百五十九條　（會費委員會）

大會應設置會費專家委員會，由委員十人組成之。

第一百六十條　（會費委員會之組織）

會費委員會委員之人選以能代表廣大地域並以個人資歷爲標準。委員中不得有二人屬同一國籍。委員任期三年，其起訖與聯合國財務行政規章所定會計年度之三年期間相同。委員輪流退休，連選得連任。大會應於會費委員會委員任期行將屆滿前之常會中委派新委員，遇委員出缺時，則於下屆常會委派之。

第一百六十一條　（會費委員會之職務）

會費委員會應就憲章第十七條第二項所規定由各會員國分擔本組織費用一事，向大會提供意見，大致視各會員國之支付能力而定其分攤額。除因支付能力之比率顯有相當變動外，會費分擔比額一經大會決定，至少三年內不作一般之修改。會費委員會並應就下列事項向大會提供意見：新會員國會費定額問題、會員國請求更改其會費定額問題、因適用憲章第十九條而採取行動之問題。

大會之輔助機關

第一百六十二條　（設立及議事規則）

大會得設立其認爲於行使職務所必需之輔助機關。除大會或輔助機關另有決定外，所有本規則內關於大會委員會議事程序之規則，以及第四十五條與第六十二條之規定，對於各輔助機關議事程序均適用之。

解釋及修正

第一百六十三條　（正楷題注）

各條之正楷題注僅供參之用，解釋規則時無須顧及目錄中各條之標題。

第一百六十四條　（修正方法）

本議事規則之修正得於審議修正案之委員會提出報告後以大會出席及參加表決會員國過半數之同意爲之。

附件一：工作方法及程序問題特設委員會提經大會核准之建議及意見（略）

附件二：大會處理法律及起草問題之方法及程序（略）

附件三：關於西南非洲領土之報告書及請願書之審查程序（略）

（聯合國大會中文記錄）

參考：聯合國大會允許國家加入聯合國的權限

Competence of the General Assembly for the Admission of a State to the United

一九五〇年三月三日國際法院諮詢意見

〈事實〉

在國際法院於一九四八年做出「加入聯合國的條件與手續」的勸告意見後，聯合國大會通過建議各會員國應依此意見行動的決議案。然而，安理會在處理加盟問題上仍無進展，使得許多申請加盟的國家，仍無法得到安理會向聯合國大會提出的推薦。因此，聯合國大會爲謀求事態的解決，乃希望對憲章第四條第二項所規定的加盟手續（特別是關於安理會的推薦機能）能有突破性的解決，乃於一九四九年十一月二十二日就下列問題，請求國際法院做成諮詢意見。亦即，若某一國申請加入聯合國，在安理會無法得到規定的票數，或遭某常任理事國反對，因而無法獲得安理會推薦時，聯合國大會可否依據憲章第四條二項，逕自允許該國加入？

聯合國秘書長於一九四九年十一月二十二日，將此項請求傳達國際法院。

〈意見要旨〉

首先，關於國際法院是否對此有權表示意見的問題，依聯合國憲章第九十六條（大會或安理會對於任何法律問題，得請國際法院發表勸告意見），以及國際法院規約第六十五條（對於任何法律問題，如有任何經聯合國憲章授權或依憲章規定之團體提出請求，法院得發表勸告意見），該院可對本案提出勸告意見。

其次，關於本案的實質問題，即是當安理會未對某國加入聯合國的申請作成交付大會的推薦時，大會可否逕行允許該國加入的問題。關於此點，聯合國憲章明白規定加入聯合國的手續爲：　安理會的推薦，　聯合國大會的決議。同時，推薦手續先於決議，即須安理會完成推薦交付大會之後，聯合國大會方能對此項申請進行決議。

此外，與憲章第四條二項有關的條文，亦有助於了解此項問題。例如憲章第五條單獨授權安理會得恢復遭停權之會員國的權利及特權；憲章第四、五、六條規定安理會與大會共同負責有關加入聯合國之申請、會員國的停權及會員國的除名等事項；憲章第七條更明白將安理會與大會並列爲聯合國的六個主要機關。由上述規定可知安理會與大會並無統屬關係，其在第四條內的權力不得被剝奪。

聯合國大會的議事規則對此亦有規定。議事規則第一二五條規定，在安理會對申請提出推薦規則第一二六條規定，若安理會否決推薦某申請國時，聯合國大會可請求安理會重新考量推薦與否。此等規定說明憲章第四條對加入申請之審理權限的規定，是在安理會對某國之加入申請作成推薦之後，聯合國大會始可對此加入申請進行決議。

若允許聯合國大會在安理會未作成推薦時仍有權同意某國加入聯合國，則安理會即僅爲加入申請案的諮詢機關，對其並無實際權限，此點顯然不符憲章第四條二項的原意。此外，若將安理會對加入申請案的否決，視爲對該申請國的不利推薦，從而仍得由大會進行議決的說法，則顯然在法理上缺乏說服力。因爲若將安理會的否決視爲不利推薦，而仍得交付大會議決的說法，亦使安理會的審議形骸化，而且憲章第四條二項所指的推薦，顯然只包括有利或同意的推薦。

因此，結論是：聯合國大會不得變更、否定安理會對加入申請的表決權限。若安理會的表決結果是不對某加入申請國作成推薦，則大會亦無權漠視安理會之該項表決，逕自進行對加入申請的議決。

（編者摘譯）

四、聯合國特權與豁免公約

Convention on the Privileges and Immunities of the United Nations.

通過日期：一九四六年二月十三日（紐約）
生效日期：一九四六年九月十七日

鑑於聯合國憲章第一百零四條規定，本組織於每一會員國之領土內，應享受於執行其職務及達成其宗旨所必需之法律行爲能力，又鑑於聯合國憲章第一百零五條規定，本組織於每一會員國之領土內，應享受於達成其宗旨所必需之特權及豁免。聯合國會員國之代表及本組織之職員，亦應同樣享受於其獨立行使關於本組織之職務所必需之特權及豁免。

因此大會於一九四六年二月十三日通過一項決議核准下列公約，並建議聯合國各會員國加入。

第一條　（法律人格）

第一節　聯合國具有法律人格。聯合國並有行爲能力：

訂立契約；

取得和處分不動產和動產；

提起訴訟。

第二條　（財產、款項和資產）

第二節　聯合國，其財產和資產，不論其位置何處，亦不論由何人持有，對於各種方式的法律程序應享有豁免，但在特定情況下，經聯合國明示拋棄其豁免時，不在此限。惟締約各國了解拋棄豁免不適用於任何強制執行措施。

第三節　聯合國的房舍不可侵犯。聯合國的財產和資產，不論其位於何處，亦不論由何人持有，應豁免搜查、徵用、沒收、徵收和其他方式的干擾，不論是由於執行行爲、行政行爲、司法行爲或立法行爲。

第四節　聯合國的檔案以及一般而論屬於聯合國或聯合國所持有的一切文件不論其置於何處，均屬不可侵犯。

第五節　在不受任何財政管制、財政條例和延期償付令的限制下，

聯合國得持有款項、黃金或任何貨幣，並得以任何貨幣運用帳款；

聯合國得自一國至他國或在一國境內自由移轉其款項、黃金或貨幣，並得將其所持有的任何貨幣換成任何其他貨幣。

第六節　聯合國於行使上述第五節的權利時，應適當顧及任何會員國政府所提的主張，但以認爲能實行此種主張而不損害聯合國的利益爲限。

第七節　聯合國，其資產、收入以及其他財產：

應免除一切直接稅；但聯合國對於事實上純爲公用事業服務費用的稅捐不得要求免除；

對於聯合國爲公務用途而運入和運出的物品，應免除關稅和進出口的禁止或限制；但這項免稅進口的物品非依照與進口國政府商定的條件不得在該國出售；

對於聯合國的出版物，應免除關稅以及進出口的禁止和限制。

第八節　聯合國雖在原則上不要求免除構成應付價格一部分的消費稅以及對出售動產和不動產課徵的稅，但如聯合國爲公務用途而購置大宗財產，已課徵或須課徵這類稅時，則會員國仍應於可能範圍內作適當的行政安排，免除或退還該項稅款。

第三條　（通訊便利）

第九節　聯合國在每個會員國領土內的公務通訊在郵件、海底電報、電報、無線電報、傳真電報、電話和其他通訊的優先權、收費率和稅捐方面，以及供給報界和無線廣播業消息的新聞電報收費率方面所享有的待遇應不次於該會員國政府給予任何他國政府包括其使館的待遇。對於聯合國的公務信件和其他公務通訊不得施行檢查。

第十節　信使、外交郵袋豁免和特權

聯合國應有使用電碼及經由信使或用郵袋收發其信件的權利，這種信使和郵袋應與外交信使和外交郵袋享有同樣的豁免和特權。

第四條　（會員國代表）

第十一節　出席聯合國各主要和輔助機關及聯合國所召開會議的各會員國代表在執行職務期間和往返開會處所的旅程中應享有下列各項特權和豁免：

其人身不受逮捕或拘禁，其私人行李不受扣押，其以代表資格發表的口頭或書面的言論及其所實施的一切行爲，豁免各種法律程序；

其一切文書和文件均屬不可侵犯；

有使用電碼及經由信使或用密封郵袋收發文書或信件的權利；

在他們爲執行職務而訪問或經過的國家，其本人及配偶免除移民限制、外僑登記、或國民服役的義務；

關於貨幣或外匯之限制，享有給予負臨時公務使命的外國政府代表的同樣便利；

其私人行李享有給予外交使節的同樣豁免和便利；以及

爲外交使節所享有而與上述各項不相衝突的其他特權、豁免和便利，但他們對於運入物品（除爲其私人行李的一部分外）無權要求免除關稅、消費稅或銷售稅。

第十二節　言論豁免

爲確保出席聯合國各主要和輔助機關及聯合國所召開會議的各會員國代表於履行其職責時言論完全自由和態度完全獨立起見，他們爲履行職責而發表的口頭或書面的言論和他們所實施的一切行爲對法律程序的豁免雖在關係人不再擔任會員國代表時仍應繼續享有。

第十三節　不視爲居留

如任何種稅捐的負擔是以居留爲條件，出席聯合國各主要和輔助機關及聯合國所召開會議的會員國代表因履行其職責而來到一國的期間，不應視爲居留期間。

第十四節　特權和豁免

並非爲會員國代表個人本身的私人利益而給予，而是爲保障他們能獨立執行其有關聯合國的職務而給予。因此遇有會員國認爲其代表的豁免有礙司法的進行，而拋棄該項豁免並不妨害給予豁免的本旨的情形，該會員國不但有權利而且有責任拋棄該項豁免。

第十五節　第十一、十二和十三各節的規定不得在代表與其隸籍國或現任或曾任其代表的國家的當局間適用。

第十六節　本條內所稱代表視爲包括各代表團全體代表、副代表、顧問、技術專家及秘書在內。

第五條　（職員）

第十七節　確定職員類別

秘書長應確定適用本條和第七條規定的職員類別，向大會提出。其後秘書長應將這些類別送達全體會員國政府。列入這些類別的職員姓名應隨時告知會員國政府。

第十八節　聯合國職員應享有下列各項特權和豁免：

其以公務資格發表的口頭或書面的言論及所實施的一切行爲豁免法律程序；

其得自聯合國的薪給和報酬免納稅捐；

豁免國民服役的義務；

其本人、連同其配偶及受扶養親屬豁免移民限制和外僑登記；

關於外匯便利，享有給予構成駐關係國政府使館一部分的相當級位官員的同樣特權；

於發生國際危機時，給予其本人、連同其配偶及受扶養親屬以給予外交使節的同樣的遣送返國便利；

於初次到達關係國就任時有免納關稅運入家具和用品的權利。

第十九節　除第十八節所規定的特權和豁免外，秘書長和各助理秘書長本人以及其配偶和未成年子女並應享有依照國際法給予外交使節、其配偶和未成年子女的特權、豁免、免除和便利。

第二十節　特權和豁免是爲聯合國的利益而給予職員，並非爲關係個人本身的私人利益而給予他們。秘書長於認爲任何職員的豁免足以妨礙司法的進行，而拋棄豁免並不損害聯合國的利益時，有權利和責任拋棄該項豁免。安全理事會有權爲秘書長拋棄豁免。

第二十一節　聯合國應隨時與會員國主管當局合作，以便利司法的適當進行，確保遵行警章並防止對本條所稱特權、豁免和便利發生任何濫用情事。

第六條　（爲聯合國執行使命的專家）

第二十二節　爲聯合國執行使命的專家（屬於第五條範圍的職員除外）在其執行使命期間，包括爲執行其使命在旅程中所費的時間內，應給予爲獨立執行其職務所必需的特權和豁免，尤應給予下列特權和豁免：

其人身不受逮捕或拘禁，其私人行李不受扣押；

其在執行使命期間發表的口頭或書面的言論和他們所實施的行爲豁免一切法律程序。

此項法律程序的豁免雖在關係人不再受雇爲聯合國執行使命時仍應繼續享有；

其一切文書及文件均屬不可侵犯；

爲與聯合國通訊使用電碼及經由信使或用密封郵袋收發文書或信件的權利；

關於貨幣或外匯限制享有給予負臨時公務使命的外國政府代表的同樣便利；

其私人行李，享有給予外交使節的同樣的豁免和便利。

第二十三節　特權和豁免並非爲專家個人本身的私人利益而給予，而是爲聯合國的利益而給予。秘書長於認爲任何專家的豁免有礙司法的進行而拋棄豁免並不損害聯合國的利益時，有權利和責任拋棄該項豁免。

第七條　（聯合國通行證）

第二十四節　聯合國得對其職員發給聯合國通行證。會員國當局應參照第二十五節的規定承認並接受聯合國通行證爲有效的旅行證件。

第二十五節　聯合國通行證持有人附有爲聯合國事務而旅行的證明書而提出的簽證（在需要簽證時）申請應儘速處理。對於此等人員並應給予旅行快捷的便利。

第二十六節　對於雖非聯合國通行證的持有人而具有爲聯合國事務而旅行的證明書的專家和其他人員亦應給予第二十五節所載明的類似便利。

第二十七節　秘書長、助理秘書長和主任等爲聯合國事務而持聯合國通行證旅行時，應給予外交使節所享有的同樣便利。

第二十八節　如依據憲章第六十三條與各專門機構所訂發生關係的協定設有此種規定時，本條的規定得適用於各專門機構的同等職員。

第八條　（爭端的解決）

第二十九節　聯合國應對下列爭端提供適當的解決方式：

由於聯合國爲當事人的契約所生的爭端或聯合國爲當事人的其他私法性質的爭端；牽涉聯合國任何職員的爭端，他們因公務地位而享有豁免，而這項豁免並未經秘書長拋棄時。

第三十節　除經當事各方商定援用另一解決方式外，本公約的解釋或適用上所發生的一切爭議應提交國際法院。如聯合國與一個會員國間發生爭議，應依照憲章第九十六條及法院規約第六十五條請法院就所牽涉的任何法律問題發表諮詢意見。當事各方應接受法院所發表的諮詢意見爲具有決定性效力。

最後條文

第三十一節　本公約將提送聯合國每個會員國請其加入。

第三十二節　加入應向聯合國秘書長交存一項文書，本公約應於每個會員國交存加入書之日起對該國發生效力。

第三十三節　秘書長應將交存每一加入書的事實通知所有會員國。

第三十四節　締約各國了解任何會員國交存加入書時，該會員國將能根據其本國法律實施本公約的各項規定。

第三十五節　本公約在聯合國與交存加入書的每個會員國間，只要該會員國仍為聯合國會員國時，或直至訂正的普遍性公約經大會核准，而該會員國成爲這項訂正的普遍性公約的當事國時爲止，應繼續有效。

第三十六節　秘書長得與任何一個或數個會員國締結補充協定，在對該會員國或該數會員國的關係上調整本公約的規定。這些補充協定每次均應提請大會核准。

（公約中文本）

五、各專門機構特權與豁免公約

Convention on the Privileges and Immunities of the Specialized Agencies of the United Nations

通過日期：一九四七年十一月二十一日（紐約）
生效日期：一九四七年十一月二十一日

案查聯合國大會曾於一九四六年二月十三日通過決議案一件，論及聯合國暨各專門機關所享特權及豁免應在可能範圍內力求統一；

複查聯合國與各專門機關業對前述決議案之實施問題進行磋商；

大會爰於一九四七年十一月二十一日通過決議案一七九（II），核准下列公約，並提請各專門機關接受，提請聯合國各會員國及各專門機關之其他會員國家一體加入。

第一條　（定義及範圍）

第一節　本公約內：

一、稱〈標準條款〉者，謂第二條至第九條之各項規定。

二、稱〈專門機關〉者謂：

㈠國際勞工組織；
㈡聯合國糧食暨農業組織；
㈢聯合國教育科學暨文化組織；
㈣國際民用航空組織；
㈤國際貨幣基金；
㈥國際復興暨開發銀行；
㈦世界衛生組織；
㈧萬國郵政聯盟；
㈨國際電訊聯盟；及
㈩遵照憲章第五十七條及第六十三條與聯合國發生關係之任何其他機關。

三、稱〈公約〉者，謂適用於某專門機關之〈標準條款〉及該機關依據第三十六及第三十八節修訂各該條文所提送之附件定本（或修訂本）。

四、第三條內〈財產及資產〉包括專門機關爲執行其組織法所規定之職掌而管轄之財產及基金。

五、第二條及第七條內〈各會員國代表〉包括各代表團之所有代表、副代表、顧問、專門委員及秘書。

六、第十三、十四、十五及二十五各條內，〈專門機關所召開之會議〉計包括下列各種：

㈠專門機關之全體大會及其行政機關（不論其名稱如何）所舉行之會議；
㈡其組織法內所規定之任何委員會之會議；
㈢其所召集之任何國際會議；及
㈣任何此等組織所屬委員會之會議。

七、稱〈行政首長〉者謂有關專門機關之主要行政長官，其職稱或爲〈幹事長〉或以其他名之者。

第二節　本公約各當事國對於業經依據第三十七節採用本公約之任何專門機關應將標準條款內所列載之特權及豁免根據各該條款內所規定之條件授予該專門機關或與該機關有關之一切事物及人員，但須不違反該機關依據第三十六或第三十八節所提送之附件定本（或修訂本）內對各該條文之修訂規定。

第二條　（法人資格）

第三節　各專門機關具有法人資格，且有下列行爲能力：一、訂結契約；二、取得及處分動產及不動產；三、從事訴訟。

第三條（財產、基金及資產）

第四節　各專門機關，其財產及資產，不論其位於何處及執管者爲何人，除在特殊情形下，經其表明拋棄各種豁免者外，均應免受各種方式之訴究。但豁免之拋棄，不得延及任何執行辦法。

第五節　各專門機關之會所應不受侵犯。各專門機關之財產及資產不論其位於何處及執管者爲何人，應免受由執行、行政、司法或立法行爲而生之搜索、徵用、沒收、徵收及其他任何方式之干涉。

第六節　各專門機關之檔案以及其所屬或所執管之任何文件，不論其在何處均應不受侵犯。

第七節　不受任何財政管制、財政條例及償付延期之約束下，

一、各專門機關得保有款項、黃金、或任何貨幣，並得以任何貨幣處理帳目；

二、各專門機關得自一國至他國或在一國內自由移轉其款項、黃金、或貨幣，並得將其所有之任何貨幣換成任何其他貨幣。

第八節　各專門機關於行使前列第七節之權利時，應顧及本公約任何當事國政府所提之主張，但以其實施不妨礙該專門機關之利益者爲限。

第九節　各專門機關、其資產、收入、以及其他財產應予：

一、免除一切直接稅；但稅捐之實爲公用事業所徵收之費用者，則各專門機關不得請求免除；

二、各專門機關爲供其公務用途而輸進或輸出之物品，應予免除關稅及進出口之禁止或限制；但免稅進口之物品除與物品輸入國政府約定者外，不得在該國出售；

三、免除其出版物之進口稅及以進出口之禁止及限制。

第十節　各專門機關於原則上不要求免除消費稅及動產與不動產之銷售稅，因其實爲貨物售價之一部份，但倘各專門機關爲公務用而購買大宗貨物，已付或須付消費稅或銷購稅時，則本公約各當事國應於可能範圍內採取行政上之必要措施，免除或返還該部份稅捐。

第四條（通訊便利）

第十一節　關於郵件、海陸電報、無線電、無線電傳眞、電話、及其他交通之優先權、收費及稅捐、以及拍發報界及廣播消息之報價；各專門機關在其公約當事國領土內所應享之公務通訊上待遇，應不次於該國政府所予任何他國政府及其外交團之待遇。

第十二節　各專門機關之官方函件及其他官方通訊應不受檢查。

各專門機關應有使用密碼及由信差或用密封郵袋收發函件之權利，其信差郵袋應享外交信差及外文郵袋之同樣豁免及特權。

本節規定不得認爲禁止本公約某當事國與某專門機關決定採取適當之安全防範辦法。

第五條（各會員國代表）

第十三節　出席專門機關所召集會議之各會員國代表，在行使職務時，及在其赴會往返途中，應享有下列特權及豁免：

一、免受逮捕或拘押，其私人行李不受扣押，其以代表資格所發表之言論及一切行爲，免受任何訴究；

二、其一切文書及文件不得侵犯；

三、有使用密碼，以及由信差或用密封郵袋收發文書或函件之權；

四、其本人及配偶於其執行公務所至或經由之處，豁免關於移民禁律、外僑登記、或國民兵役與工役之適用；

五、關於貨幣或外匯之限制，應予以負臨時使命之他國政府代表所享之同樣便利；

六、其私人行李，應予以外交使節等級相當者所享之同樣豁免及便利。

第十四節　爲使出席各專門機關所召開會議之各會員國代表執行其任務時，有絕對言論自由及行動自由起見，其於執行職務時所作一切言論行動雖在其不復執行職務後，仍應繼續免受訴究。

第十五節　稅捐之徵課以居住為條件者，各專門機關會員國代表出席各該專門機關所召開會議時，因其執行公務而居住於某會員國之期間，不得視為居住期間。

第十六節　賦予會員國代表之特權及豁免，並非為私人利益，而係保障其得自由執行有關各專門機關之公務而設。故如援用豁免有礙司法之進行，而拋棄該項豁免並不妨礙賦予豁免之原意時，則會員國不但有權且有責任拋棄其代表所享之豁免。

第十七節　第十三、十四、十五各節之規定，不得由一國人民或一國代表（或曾為代表）對其本國當局援用之。

第六條　（職員）

第十八節　各專門機關對於應適用本條及第八條各項規定之職員類別應予確定，並將其通知各該機關公約當事國政府及聯合國秘書長。各該類別內職員之人名，應隨時通知上述各會員國政府。

第十九節　各專門機關職員享受下列豁免與特權：

一、因公務而為之言論行為，免受訴究；
二、由專門機關給予之薪給及津貼免稅，此項豁免及其條件與聯合國職員所享受者同等。
三、其本人連同其配偶及受扶養親屬免受移民律限制，並不須為外僑登記；
四、享受與外交使節類似等級官員所享受之同樣外匯便利；
五、其本人連同其配偶及受扶養親屬享受外交使節於國際危機時之同樣返國便利。
六、初次赴任時，有免稅輸入家具及個人用品之權利。

第二十節　各專門機關職員應免除服役之義務，但在各職員之本國，此種豁免應限於因職務關係，其姓名列於該專門機關行政長官所編造之名單內，並經關係國核准之職員。

倘專門機關之其他職員被徵服役，關係國經專門機關請求，得視情形之需要，准許暫緩徵調此等職員，以免有礙重要工作之繼續進行。

第二十一節　除第十九節及第二十節所規定之特權及豁免外，各專門機關行政首長（包括其不在任期間之代理人）其配偶及未成年子女應獲得依據國際法所予外交使節之同樣特權、豁免、納稅與服役之免除及便利。

第二十二節　特權及豁免之賦予，原為各專門機關之利益而非為各該職員之私人便利而設。

各專門機關倘認為任何職員之豁免足以妨礙司法之執行，而拋棄是項豁免並無害於該專門機關之利益時，應有權責拋棄任何職員之豁免。

第二十三節　每一專門機關應隨時與各會員國主管當局合作，以利司法之正常執行，警章之遵守，並避免濫用本條所稱之特權、豁免及便利。

第七條　（特權之濫用）

第二十四節　倘本公約任何當事國認為本公約所賦予之特權或豁免有濫用情事發生，該當事國應與有關專門機關會商以決定有無此種濫用情事發生；如然，則應力謀保證此後不復發生。

倘會商結果，關係國及專門機關未能認為滿意，則究竟有無濫用特權或豁免情事問題應依據第三十二節提交國際法院。如國際法院斷定確有濫用情事，則受此濫用影響之本公約當事國應有權於通知關係專門機關後，停止關係專門機關繼續享受其所濫用之特權或豁免。

第二十五節

一、出席各專門機關所召集會議之各會員國代表，在其行使職權時及其赴會往返途中，以及第十八節所稱之職員，不應由其行使職權所在之國家當局因其公務上之任何行動令其離境。但如任何此種職員因公務以外之行動而在該國境內有濫用居留特權情事時，該關係國政府得依照下述情形令其離境。
二、苟非依照各國外交使節在駐在國所適用之外交程序，不得令各會員國代表，或有權依據第二十一節享受外交豁免之人員離境。

如係不能援用第二十一節之職員，則非經關係國外交部長之同意不得令其離境，且關係國外交部長須與有關專門機關行政首長會商後始可核准；倘對該職員採取驅逐出境之程序時，專門機關行政首長應有權代表被告出庭。

第八條 （通行證）

第二十六節 各專門機關職員應有權依據聯合國秘書長與各該專門機關主管當局所商訂之行政辦法使用聯合國通行證，各該專門機關並得受委託，有須發通行證之特權。聯合國秘書長應將所締訂之此種行政辦法通知本公約各當事國。

第二十七節 本公約各當事國對於發給各專門機關職員之聯合國通行證應承認其為正式有效之旅行證件。

第二十八節 凡持有聯合國通行證之各專門機關職員，請求必要之簽證時，如附有證件證明其為某專門機關因公出差者，應儘速簽發之。此外，並應予以旅行快捷之便利。

第二十九節 第二十八節所述各種便利，雖非持有聯合國通行證而持有為專門機關公務出差之證件之專家及其他人員亦應給予之。

第三十節 各專門機關行政首長，助理行政首長，各部長及與部長等級相之似其他人員為專門機關公務而持聯合國通行證出差時，應予以外交使節所享之同等便利。

第九條 （爭端之解決）

第三十一節 各專門機關應規定適當辦法，以解決：

一、各專門機關為當事人之契約爭端或其他私法爭端；

二、爭端牽涉專門機關之任何職員，其因公務地位而享有豁免權而該豁免權並未依據第二十二節規定拋棄者。

第三十二節 本公約之解釋及施行上發生爭執時，應提送國際法院，但經當事者約定另用他法解決時，不在此限。倘爭端之一造為專門機關而他造為會員國時，應依據憲章第九十六條及法院規約第六十五條之規定以及聯合國與該專門機關所訂協定內各有關條文，提請法院就所述及之法律問題表示諮詢意見。法院所發表之諮詢意見，應由爭端當事者接受為終局判決。

第十條 （公約附件及其對於各專門機關之適用問題）

第三十三節 各標準條款，適用於各專門機關時，其適用應不違反該專門機關附件定本（或修訂本）中規定之任何修正，如第三十六節及第三十八節所規定者。

第三十四節 適用於專門機關之公約規定，其解釋必須以該機關組織法所授予該機關之職權為參考。

第三十五節 附件草案一至九係向附件所指之專門機關建議，供其採用者。如係第一節中所未列舉之任何專門機關，聯合國秘書長應將經濟暨社會理事會所提之附件草案轉送該機關。

第三十六節 各附件經各關係專門機關依據其組織法程序批准後即作為附件之最後定本。各關係專門機關應將其批准之附件副本提送聯合國秘書長，即此代替第三十五節中所稱之草案。

第三十七節 各專門機關將有關之附件最後定本提送聯合國秘書長並向秘書長聲明該專門機關接受各標準條款及此項附件中之修訂條款，並擔承實施第八、十八、二十二、二十三、二十四、三十一、三十二、四十二及四十五各節（為求附件之最後定本符合專門機關組織法起見，第三十二節或須有所更改），以及附件中關於該機關義務之任何規定後，該專門機關即適用本公約。秘書長應將其依據本節所收到之一切附件正式副本及依據第三十八節所收到之修訂附件正式副本送達所有聯合國會員國及各專門機關之其他會員國。

第三十八節 倘任何專門機關於依據第三十六節提出附件定本後，旋依據其組織法程序通過任何修正案時，該專門機關應將修訂附件提送聯合國秘書長。

第三十九節　任何國家因專門機關之會所或辦事分處設於其領土內，而對該專門機關給予（或將來賦予）特權及豁免時，本公約之規定不得限制或損害之。本公約不得認爲阻止公約任何當事國與任何專門機關締結補充協定以調整本公約中之規定或對公約中所賦予之特權及豁免有所增減。

第四十節　經專門機關依據第三十六節提送聯合國秘書長之附件最後定本（或依據第三十八節提送之任何修訂附件）修改後之標準條款，須與該機關所施行之組織法之規定不相衝突，且其組織法如需有任何修正始可彼此相符時，則在提送最後（或修訂）附件之前，應先依據該專門機關之組織法程序將該種修正付諸實施。

本公約之施行，不得廢止或違反任何專門機關組織法中任何規定或該機關在其他情形下所具有、取得、或承擔之任何權利或義務。

第十一條　（最後條款）

第四十一節　聯合國會員國及（第四十二節規定之情形下）專門機關任何會員國之加入本公約，係以文書提交聯合國秘書長收存爲之，而加入文書即自交存之日起生效。

第四十二節　各關係專門機關應將本公約全文連同有關之附件通知其會員國之非聯合國會員國者，並請其加入適用於該專門機關之本公約，其方式由各該會員國將加入適用於該專門機關之本公約之文書，提交聯合國秘書長或專門機關之行政首長由其收存。

第四十三節　本公約各當事國應在其加入文書內，表明其所擔承適用本公約規定之專門機關。本公約各當事國以後得以書面通知聯合國秘書長，擔承將本公約之規定適用於其他專門機關。此項通知自秘書長收到之日起發生效力。

第四十四節　如依第三十七節某一專門機關得適用本公約，且本公約當事國業已依據第四十三節擔承對該機關適用公約之規定時，本公約對於適用於該專門機關之本公約每一當事國發生效力。

第四十五節　聯合國秘書長每逢接獲依據第四十一節所交存之加入文書及其後依據第四十三節所收到之通知，均應通告聯合國各會員國及各專門機關所有會員國以及各專門機關之行政首長。專門機關之行政首長於收存依據第四十二節提交之任何加入文書後，應通知聯合國秘書長及有關專門機關各會員國。

第四十六節　加入文書或其後之通知書經以任何國家名義交存後，該國即可依據其本國法律實施經此等加入文書或通知書中所指專門機關之任何附件最後定本所修正之本公約條款。

第四十七節

一、在不違反本節第二、第三段之規定下，本公約各當事國擔承對於其加入文書或其後之通知書中所指之專門機關，適用本公約，直至將來修訂公約或附件開始適用於該機關且經該國接受後爲止。倘遇有修訂之附件，則各國之接受應以書面通知聯合國秘書長，並自秘書長收到之日起發生效力。

二、但本公約當事國之非專門機關會員國或已不復爲專門機關會員國者，得以書面通知聯合國秘書長及有關專門機關之行政首長，聲明其意欲停止給予該專門機關本公約之利益，停止之日期應行言明，但最早須俟通知書收到三個月後，始得生效。

三、本公約各當事國對於與聯合國中止發生聯繫之任何專門機關得停止給予本公約之利益。四、聯合國秘書長應將其依本節規定所收到之任何通知書通知本公約當事國之一切會員國。

第四十八節　聯合國秘書長經本公約當事國三分之一之請求，得召集會議討論本公約之修正問題。

第四十九節　聯合國秘書長應將本公約副本分別送達各專門機關及聯合國各會員國政府。

（公約中文本）

六、國際法院

國際法院規約

Statute of the International Court of Justice

簽署日期：一九四五年六月二十六日（舊金山）
生效日期：一九四五年十月二十四日

第一條　（法院之地位）

聯合國憲章所設之國際法院爲聯合國主要司法機關，其組織及職務之行使應依本規約之下列規定。

第一章　法院之組織

第二條　（法官之資格）

法院以獨立法官若干人組織之。此項法官應不論國籍，就品格高尚並在各本國具有最高司法職位之任命資格或公認爲國際法之法學家中選舉之。

第三條　（法院組織）

一、法院以法官一五人組織之，其中不得有二人爲同一國家之國民。

二、就充任法院法官而言，一人而可視爲一個國家以上之國民者，應認爲屬於其通常行使公民及政治權利之國家或會員國之國民。

第四條　（候選法官之提名名單）

一、法院法官應由大會及安全理事會依下列規定就常設公斷法院各國團體所提出之名單內選舉之。

二、在常設公斷法院並無代表之聯合國會員國，其候選人名單應由各該國政府專爲此事而委派之團體提出；此項各國團體之委派，準用一九〇七年海牙和平解決國際紛爭條約第四十四條規定委派常設公斷法院公斷員之條件。

三、凡非聯合國會員國而已接受法院規約之國家，其參加選舉法院法官時，參加條件，如無特別協定，應由大會經安全理事會之提議規定之。

第五條　（候選法官之提名）

一、聯合國秘書長至遲應於選舉日期三個月前，用書面邀請屬於本規約當事國之常設公斷法院公斷員，及依第四條第二項所委派之各國團體，於一定期間內分別由各國團體提出能接受法官職務之人員。

二、每一團體所提人數不得超過四人，其中屬其本國國籍者不得超過二人。在任何情形下，每一團體所提候選人之人數不得超過應佔席數之一倍。

第六條　（國內機關之意見反映）

各國團體在提出上項人員以前，宜諮詢本國最高法院、大學法學院、法律學校、專研法律之國家研究院、及國際研究院在各國所設之各分院。

第七條　（候選名單之作成）

一、秘書長應依字母依序，編就上項所提人員之名單。除第十二條第二項規定外，僅此項人員有被選權。

二、秘書長應將前項名單提交大會及安全理事會。

第八條　（法官選舉）

大會及安全理事會各應獨立舉行法院法官之選舉。

第九條　（選舉人之注意事項）

每次選舉時，選舉人不獨應注意被選人必須各具必要資格，並應注意務使法官全體確能代表世界各大文化及各主要法係。

第十條　（候選人之當選）

一、候選人在大會及在安全理事會得絕對多數票者應認爲當選。

二、安全理事會之投票，或爲法官之選舉或爲第十二條所稱聯席會議人員之指派，應不論安全理事會常任理事國及非常任理事國之區別。

三、如同一國家之國民得大會及安全理事會之絕對多數票者不止一人時，其年事最高者應認爲當選。

第十一條　（選舉會）

第一次選舉會後，如有一席或一席以上尚待補選時，應舉行第二次選舉會，並於必要時舉行第三次選舉會。

第十二條　（聯席會議）

一、第三次選舉會後，如仍有一席或一席以上尚待補選時，大會或安全理事會得隨時聲請組織聯席會議，其人數爲六人，由大會及安全理事會各派三人。此項聯席會議就每一懸缺以絕對多數票選定一人提交大會及安全理事會分別請其接受。

二、具有必要資格人員，即未列入第七條所指之候選人名單，如經聯席會議全體同意，亦得列入該會議名單。

三、如聯席會議確認選舉不能有結果時，應由已選出之法官，在安全理事會所定之期間內，就曾在大會或安全理事會得有選舉票之候選人中，選定若干人補足缺額。

四、法官投票數相等時，年事最高之法官應投決定票。

第十三條　（法官之任期與辭職）

一、法官任期九年，並得連選，但第一次選舉選出之法官中，五人任期應爲三年，另五個爲六年。

二、上述初期法官，任期孰爲三年孰爲六年，應於第一次選舉完畢後立由秘書長以抽籤方法決定之。

三、法官在其後任接替前，應繼續行使其職務，雖經接替，仍應結束其已開始辦理之案件。

四、法官辭職時應將辭職書致送法院院長轉知秘書長。轉知後，該法官之一席即行出缺。

第十四條　（法官之補選）

凡遇出缺，應照第一次選舉時所定之辦法補選之，但秘書長應於法官出缺後一個月內，發出第五條規定之邀請書並由安全理事會指定選舉日期。

第十五條　（接替法官之任期）

法官被選以接替任期未滿之法官者，應任職至其前任法官任期屆滿時爲止。

第十六條　（法官之專職義務）

一、法官不得行使任何政治或行政職務，或執行任何其他職業性質之任務。

二、關於此點，如有疑義，應由法院裁決之。

第十七條　（參與案件之禁止）

一、法官對於任何案件，不得充任代理人、律師、或輔佐人。

二、法官曾以當事國一造之代理人、律師、或輔佐人、或以國內法院或國際法院或調查委員會委員、或以其他資格參加任何案件者，不得參與該案件之裁決。

三、關於此點，如有疑義，應由法院決定之。

第十八條　（法官之免職）

一、法官除由其餘法官一致認爲不復適合必要條件外，不得免職。

二、法官之免職，應由書記官長正式通知秘書長。

三、此項通知一經送達秘書長，該法院一席即行出缺。

第十九條　（法官之特權與豁免）

法官於執行法院職務時，應享受外交特權及豁免。

第二十條　（法官之宣言）

法官於就職前應在公開法庭鄭重宣言本人必當秉公竭誠行使職權。

第二十一條　（法院院長、副院長及職員）

一、法院應選舉院長及副院長，其任期各三年，並得連選。

二、法院應委派書記官長，並得酌派其他必要之職員。

第二十二條　（法院所在地）

一、法院設在海牙，但法院如認爲合宜時，得在他處開庭及行使職務。

二、院長及書記官長應駐於法院所在地。

第二十三條　（法院之開庭與休假）

一、法院除司法假期外，應常駐辦公。司法假期之日期及期間由法院定之。

二、法官得有定時假期，其日期及期間，由法院斟酌海牙與各法院住所之距離定之。

三、法院除在假期或因疾病或其他重大原由，不克視事，經向院長作適當之解釋外，應常駐備由法院分配工作。

第二十四條　（法官之迴避）

一、法官如因特別原由認爲於某案之裁判不應參與時，應通知院長。

二、院長如認某法官因特別原由不應參與某案時，應以此通知該法官。

三、遇有此種情形，法官與院長意見不同時，應由法院決定之。

第二十五條　（開庭之條件）

一、除本規約另有規定外，法院應由全體法官開庭。

二、法院規則得按情形並以輪流方法，規定准許法官一人或數人免予出席，但準備出席之法官人數不得因此減至少於十一人。

三、法官九人即足構成法院之法定人數。

第二十六條　（分庭）

一、法院得隨時設立一個或數個分庭，並得決定由法院三人或三人以上組織之。此項分庭處理特種案件，例如勞工案件及關於過境與交通案件。

二、法院爲處理某特定案件，得隨時設立分庭，組織此項分庭法官之人數，應由法院得當事國之同意定之。

三、案件經當事國之請求應由本條規定之分庭審理裁判之。

第二十七條　（分庭裁判之效力）

第二十六條及第二十九條規定之任何分庭所爲之裁判，應視爲法院之裁判。

第二十八條　（分庭之開庭地）

第二十六條及第二十九條規定之分庭，經當事國之同意，得在海牙以外地方開庭及行使職務。

第二十九條　（簡易分庭）

法院爲迅速處理事務，應於每年以法官五人組織一分庭。該分庭經當事國之請求，得用簡易程序，審理及裁判案件。法院並應選定法官二人，以備接替不能出庭之法官。

第三十條　（法院規則）

一、法院應訂立規則，以執行其職務，尤應訂定關於程序之規則。

二、法院規則得規定關於襄審官之出席法院或任何分庭，但無表決權。

第三十一條　（國籍法官、專案法官）

一、屬於訴訟當事國國籍之法官，於法院受理該訴訟案件時，保有其參與之權。

二、法院受理案件，如法官中有屬於一造當事國之國籍者，任何他造當事國得選派一人爲法官，參與該案。此項人員尤以就第四條及第五條規定所提之候選人中選充爲宜。

三、法院受理案件，如當事國均無本國國籍法官時，各當事國均得依本條第二項之規定選派法官一人。

四、本條之規定於第二十六條及第二十九條之情形適用之。在此種情形下，院長應請分庭法官一人，或於必要時二人，讓與屬於關係當事國國籍之法官，如無各當事國國籍之法官或各該法官不能出席時，應讓與各當事國特別選派之法官。

五、如數當事國具有同樣利害關係時，在上列各規定適用範圍內，只應作爲一當事國。關於此點，如有疑義，由法院裁決之。

六、依本條第二項、第三項、及第四項規定所選派之法官，應適合本規約第二條、第十七條第二項、第二十條、及第二十四條規定之條件。各該法官參與案件之裁判時，與其同事立於完全平等地位。

第三十二條　（法官與書記官之待遇）

一、法院法官應領年俸。

二、院長每年應領特別津貼。

三、副院長於代行院長職務時，應按日領特別津貼。

四、依第三十一條規定所選派之法官而非法院之法官者，於執行職務時，應按日領酬金。

五、上列俸給津貼及酬金由聯合國大會定之，在任期內，不得減少。

六、書記官長之俸給，經法院之提議由大會定之。

七、法官及書記官長支給退休金及補領旅費之條件，由大會訂立章程規定之。

八、上列俸給津貼及酬金，應免除一切稅捐。

第三十三條　（法院經費）

法院經費由聯合國擔負，其擔負方法由大會定之。

第二章　法院之管轄

第三十四條　（訴訟當事國與公共國際團體之關係）

一、在法院得為訴訟當事國者，限於國家。

二、法院得依其規則，請求公共國際團體供給關於正在審理案件之情報。該項團體自動供給之情報，法院應接受之。

三、法院於某一案件遇有公共國際團體之組織約章，或依該項約章所締結之國際協約，發生解釋問題時，書記官長應通知有關公共國際團體並向其遞送所有書面程序文件副本。

第三十五條　（法院之開放）

一、法院受理本規約各當事國之訴訟。

二、法院受理其他各國訴訟之條件，除現行條約另有特別規定外，由安全理事會定之，但無論如何，此項條件不得使當事國在法院處於不平等地位。

三、非聯合國會員國為案件之當事國時，其應擔負法院費用之數目由法院定之。如該國業已分擔法院經費之一部，本項規定不適用之。

第三十六條　（法院之管轄）

一、法院之管轄包括各當事國提交之一切案件，及聯合國憲章或現行條約及協約中所特定之一切事件。

二、本規約各當事國得隨時聲明關於具有下列性質之一法律爭端，對於接受同樣義務之任何其他國家，承認法院之管轄為當然而具有強制性，不須另訂特別協定：

㈠條約之解釋。

㈡國際法之任何問題。

㈢任何事實之存在，如經確定即屬違反國際義務者。

㈣因違反國際義務而應予賠償之性質及其範圍。

三、上述聲明，得無條件為之，或以數個或特定之國家間彼此拘束為條件，或以一定之期間為條件。

四、此項聲明應交存聯合國秘書長並由其將副本分送本規約各當事國及法院書記官長。

五、曾依常設國際法院規約第三十六條所為之聲明而現仍有效者，就本規約當事國間而言，在該項聲明期間尚未屆滿前並依其條款，應認為對於國際法院強制管轄之接受。

六、關於法院有無管轄權之爭端，由法院裁決之。

第三十七條　（常設國際法院管轄之繼承）

現行條約或協約或規定某項事件應提交國際聯合會所設之任何裁判機關或常設國際法院者，在本規約當事國間，該項事件應提交國際法院。

第三十八條　（裁判之基準）

一、法院對於陳訴各項爭端，應依國際法裁判之，裁判時應適用：

㈠不論普通或特別國際協約，確立訴訟當事國明白承認之規條者。

㈡國際習慣，作為慣例之證明而經接受為法律者。

㈢一般法律原則為文明各國所承認者。

㈣在第五十九條規定之下，司法判例及各國權威最高之公法學家學說，作為確定法律原則之補助資料者。

二、前項規定不妨礙法院經當事國同意本「公允及善良」原則裁判案件之權。

第三章　程序

第三十九條　（正式文字）

一、法院正式文字為英法兩文。如各當事國同意用法文辦理案件，其判決應以法文為之。如各當事國同意用英文辦理案件，其判決應以英文為之。

二、如未經同意應用何種文字，每一當事國於陳述中得擇用英法兩文之一，而法院之判詞應用英法兩文。法院並應同時確定以何者為準。

三、法院經任何當事國之請求，應準該當事國用英法文以外之文字。

第四十條　（訴訟之提起）

一、向法院提出訴訟案件，應按其情形將所訂特別協定通告書記官長或以請求書送達書記官長。不論用何項方法，均應敘明爭端事由及各當事國。

二、書記官長應立將請求書通知有關各方。

三、書記官長並應經由秘書長通知聯合國會員國及有權在法院出庭其他之國家。

第四十一條　（保全權利之臨時辦法）

一、法院如認情形有必要時，有權指示當事國應行遵守以促使彼此權利之臨時辦法。

二、在終局判決前，應將此項指示辦法立即通知各當事國及安全理事會。

第四十二條　（代理人、輔佐人、律師）

一、各當事國應由代理人代表之。

二、各當事國得派律師或輔佐人在法院予以協助。

三、各當事國之代理人、律師、及輔佐人應享受關於獨立行使其職務所必要之特權及豁免。

第四十三條　（書面程序、口述程序）

一、訴訟程序應分書面與口述兩部分。

二、書面程度係指以訴訟、辯訴狀、及必要時之答辯狀連同可資佐證之各種文件及公文書，送達法院及各當事國。

三、此項送達應由書記官長依法院所定次序及期限為之。

四、當事國一造所提出之一切文件應將證明無訛之抄本一份送達他造。

五、口述程序係指法院審訊證人、鑑定人、代理人、律師及輔佐人。

第四十四條　（通知之送達）

一、法院遇有對於代理人、律師、及輔佐人以外之人送達通知書，而須在某國領土內行之者，應徑向該國政府接洽。

二、為就地蒐集證據而須採取步驟時，適用前項規定。

第四十五條　（審訊之指揮）

法院之審訊應由院長指揮，院長不克出席時，由副院長指揮；院長副院長均不克出席時，由出席法官中之資深者主持。

第四十六條　（審訊之公開）

法院之審訊應公開行之，但法院另有決定或各當事國要求拒絕公眾旁聽時，不在此限。

第四十七條　（審訊記錄）

一、每次審訊應作成記錄，由書記官長及院長簽名。

二、前項記錄爲唯一可據之記錄。

第四十八條　（案件進行之措施）

法院爲進行辦理案件應頒發命令；對於當事國每造，應決定其必須終結辯論之方式及時間；對於證據之蒐集，應爲一切之措施。

第四十九條　（文件之提出）

法院在開始審訊前，亦得令代理人提出任何文件，或提供任何解釋。如經拒絕應予正式記載。

第五十條　（調查及鑑定之囑託）

法院得隨時選擇任何個人、團體、局所、委員會、或其他組織，委以調查或鑑定之責。

第五十一條　（證人、鑑定人之詰問）

審訊時得依第三十條所指法院在其程序規則中所定之條件，向證人及鑑定人提出任何切要有關之詰問。

第五十二條　（證明及證據之受理）

法院於所定期限內收到各項證明及證據後，得拒絕接受當事國一造欲提出之其他口頭或書面證據，但經他造同意者，不在此限。

第五十三條　（缺席裁判）

一、當事國一造不到法院或不辯護其主張時，他造得請求法院對自己主張爲有利之裁判。

二、法院於允準前項請求前，應查明不特依第三十六條及第三十七條法院對本案有管轄權，且請求人之主張在事實及法律上均有根據。

第五十四條　（辯論終結與判決評議）

一、代理人律師及輔佐人在法院指揮下陳述其主張已完畢時，院長應宣告辯論終結。

二、法官應退席討論判決。

三、法官之評議應秘密爲之，並永守秘密。

第五十五條　（決定方式）

一、一切問題應由出席法官之過半數決定之。

二、如投票數相等時，院長或代理院長職務之法官應投決定票。

第五十六條　（判詞之記載事項）

一、判詞應敘明理由。

二、判詞應載明參與裁判之法官姓名。

第五十七條　（個別意見）

判詞如全部或一部份不能代表法官一致之意見時，任何法官得另行宣告其個別意見。

第五十八條　（判詞之簽名與宣讀）

判詞應由院長及書記官長簽名，在法庭內公開宣讀，並應先期通知各代理人。

第五十九條　（判決之拘束）

法院之裁判除對於當事國及本案外，無拘束力。

第六十條　（判決之終極性與解釋）

法院之判決係屬確定，不得上訴。判詞之意義或範圍發生爭端時，經任何當事國之請求後，法院應予解釋。

第六十一條　（覆核）

一、聲請法院覆核判決，應根據發現具有決定性之事實，而此項事實在判決宣告時爲法院及聲請覆核之當事國所不知者，但以非因過失而不知者爲限。

二、覆核程序之開始應由法院下以裁決，載明新事實之存在，承認此項新事實具有使本案應予覆核之性質，並宣告覆核之聲請因此可予接受。

三、法院於接受覆核訴訟前得令先行覆行判決之內容。

四、聲請覆核至遲應於新事實發現後六個月內爲之。

五、聲請覆核自判決日起逾一〇年後不得爲之。

第六十二條　（訴訟參加）

一、某一國家如認爲某案件之判決可影響屬於該國具有法律性質之利益時，得向法院聲請參加。

二、此項聲請應由法院裁決之。

第六十三條　（條約解釋之參加）

一、凡協約發生解釋問題，而訴訟當事國以外尚有其他國家爲該協約之簽字國者，應立由書記官長通知各該國家。

二、受前項通知之國家有參加程序之權；但如該國行使此項權利時，判決中之解釋對該國具有同樣拘束力。

第六十四條　（費用負擔）

除法院另有裁定外，訴訟費用由各造當事國自行擔負。

第四章　諮詢意見

第六十五條　（諮詢意見）

一、法院對於任何法律問題如經任何團體由聯合國憲章授權而請求或依照聯合國憲章而請求時，得發表諮詢意見。

二、凡向法院請求諮詢意見之問題，應以聲請書送交法院。此項聲請書對於諮詢意見之問題，應有確切之敘述，並應附送足以釋明該問題之一切文件。

第六十六條　（程序）

一、書記官長應立將諮詢意見之聲請，通知凡有權在法院出庭之國家。

二、書記官長並應以特別且直接之方法通知法院（或在法院不開庭時，院長）所認爲對於諮詢問題能供給情報之有權在法院出庭之任何國家、或能供給情報之國際團體，聲明法院於院長所定之期限內準備接受關於該問題之書面陳述，或準備於本案公開審訊時聽取口頭陳述。

三、有權在法院出庭之任何國家如未接到本條第二項所指之特別通知時，該國家得表示願以書面或口頭陳述之意思，而由法院裁決之。

四、凡已經提出書面或口頭陳述或兩項陳述之國家及團體，對於其他國家或團體所提之陳述，準其依法院（或在法院不開庭時，院長）所定關於每案之方式，範圍及期限，予以評論。書記官長應於適當時間內將此項書面陳述通知已經提出此類陳述之國家及團體。

第六十七條　（諮詢意見之宣告）

法院應將其諮詢意見當庭公開宣告並先期通知秘書長、聯合國會員國、及有直接關係之其他國家及國際團體之代表。

第六十八條　（適用規定）

法院執行關於諮詢意見之職務時，並應參照本規約關於訴訟案件各條款之規定，但以法院認爲該項條款可以適用之範圍爲限。

第五章　修正

第六十九條　（修正程序）

本規約之修正準用聯合國憲章所規定關於修正憲章之程序，但大會經安全理事會之建議得制定關於本規約當事國而非聯合國會員國參加該項程序之任何規定。

第七十條　（修正提案）

法院認爲必要時得以書面向秘書長提出對於本規約之修正案，由聯合國依照第六十九條之規定，加以討論。

（規約中文本）

參考：國際法院規則

Rules of International Court of Justice

通過日期：一九四六年五月六日（舊金山）
生效日期：一九四六年五月六日
修訂日期：一九七二年五月十日
　　　　　一九七八年四月十四日
修訂生效日期：一九七二年九月一日
　　　　　　　一九七八年七月一日

序言

本法院，考慮到聯合國憲章第十四章；考慮到該憲章所附的法院規約；依照規約第三十條行事；採納下列經修訂的法院規則，本規則於一九七八年四月十四日得到核准，將於一九七八年七月一日生效，並自該日起代替本法院一九四六年五月六日採納並於一九七二年五月十日修正的規則，但一九七八年七月一日以前提交本法院的案件或這類案件的任一階段仍應遵照這一日期以前有效的規則辦理。

第一部　分法院

第一節　（法官和襄審官）

第一小節　法院成員

第一條　（法院組織）

一、法院成員是按照國際法院規約第二條至第十五條選出的法官。

二、爲審理特定案件，本法院法官得包括根據規約第三十一條選派的一人或數人，作爲專案法官參與該案。

三、在本規則中，「法院成員」一詞是指任一當選的法官；「法官」一詞是指本法院的任一成員以及任一專案法官。

第二條　（任期）

一、每三年一次選舉中當選的法院成員，其任期白其當選以補缺之年二月六日起算。

二、法院成員被選以接替任期尚未屆滿的成員者，其任期應自當選之日起算。

第三條　（成員順序）

一、法院成員在執行職務時具有同等地位，不論其年齡、當選先後或任職時間長短。

二、除本條第四款和第五款規矩外，法院成員順序應照本規則第二條規定的各自任期的開始日期依次排列。

三、任期開始日期相同的法院成員，其順序應照年事高低依次排列。

四、連選連任的法院成員應保留其原有的順序。

五、法院院長和副院長在擔任其職務時，其順序應排在法院所有其他成員之前。

六、根據上述各款，其次序僅次於院長和副院長的法院成員在本規則中稱爲「資深法官」。如該成員不能履行職務，則順序僅次於該成員而又能行使職務的法院成員即被認爲資深法官。

第四條　（成員就任宣言）

本法院各成員依照規約第二十條所應作的宣言如下：

一、「本人鄭重宣言，願秉公竭誠、必信必忠、行使本人作爲法官的職權。

二、這項宣言應於該法院成員出席的第一次公開開庭時作出。這種公開開庭應於該法院成員任期開始後儘快舉行，如有必要，應爲此目的專門開庭。

三、重新當選而非連任的法院成員應作出新宣言。

第五條　（成員辭職）

一、法院成員決定辭職時應將其決定通知法院院長，辭職應按規約第十三條第四款的規定生效。

二、如決定辭去法院職務的法院成員是法院院長，該成員應將其決定通知法院，其辭職應按規約第十三條第四款的規定生效。

第六條　（成員通知）

在考慮適用規約第十八條的任何，情況下，有關法院成員應由法院院長，或在必要時由副院長，以書面予以通知，通知中應包括其理由及任何有關的證據。該法院成員嗣後應有機會在法院專爲此目的召開的非公開會議上作出陳述，提供其所願意提供的情況或解釋並就向其提出的任何問題作出書面或口頭回答。該事項應在另一次非公開會議上進行討論，但有關法院成員不得在場；法院各成員均應發表意見，如經要求，則進行表決。

第二小節　專案法官

第七條　（專案法官之選派）

一、依照規約第三十一條爲特定案件選派的專案法官，應在本規則第十七條第二款、第三十五條、第三十六條、第三十七條、第九十一條第二款及第一百零二條第三款所指的情況下，並按這些規定的程序，出席本法院爲法官。

二、專案法官應參與其出席審理的案件，其地位與其他法官完全同等。

三、專案法官的順序應列在本法院成員之後，並依其年齡高低排列。

第八條　（法官宣言）

一、法院成員在執行職務時具有同等地位，不論其年齡、當選先後或任職時間長短，應遵照本規則第四條第一款的規矩。

二、應由該專案法官所參與的案件的公開開庭時作出。如果該案正由本法院分庭受理，則這項宣言應在該分庭以同樣方式作出。

三、法官即使在以前的案件中已經作出宣言，對於其所參與的任何案件均應作出宣言，但對同一案件的後一階段，則不必作出新宣言。

第三小節　襄審官

第九條　（襄審官之委派）

一、法官得主動地。或依照一當事國在書面程序結束以前作出的請求，決定爲某一訴訟案件或諮詢意見的請求委派襄審官出席法庭，但無表決權。

二、法院作出這項決定後，院長應採取步驟，取得一切有關選擇襄審官的情報。

三、襄審官的委派應經秘密投票並得組成該案法庭的法官的多數票。

四、規約第二十六條和第二十九條所規定的分庭及其庭長享有同樣的許可權，並得以同樣方式行使。

五、襄審官於就職前應在公開開庭時做如下宣言：

「本人鄭重宣言，願秉公竭誠、必信必忠、行使本人作爲襄審官的職責，並切實遵守法院規約和法院規則的一切規定。」

第二節　（院長職位）

第十條　（院長、副院長之任期）

一、院長和副院長的任期應自三年一次選舉中當選的法院成員按本規則第二條規定開始其任期之日起開始。

二、院長和副院長的選舉應於上述日期或其後不久舉行。前院長如仍爲法院成員，應繼續執行其職務至舉行院長選舉之時止。

第十一條

一、如在選舉院長之日院長仍爲法院成員，前院長應主持選舉。如前院長已非法院成員，或不能執行職務，則應由依照本規則第十三條第一款執行院長職務的法院成員主持。

二、選舉應在主持的法院成員宣告已有選舉所必要的可決票數日後以秘密投票方式進行，選舉前不先提名。得票占選舉時組成法院的成員的多數票者，應宣佈當選，並應立即執行職務。

三、新院長應在同一次會議上或在下次會議上主持副院長的選舉。本條第二款的規定應同樣適用於副院長的選舉。

第十二條　（院長之職務）

院長應主持法院的一項會議；院長應指揮法院工作並監督法院行政。

第十三條　（院長職位之代行）

一、院長職位出缺或院長不能執行職務時，院長職務應由副院長代行，副院長不能出席時，由資深法官代行。

二、院長由於規約或本規則的規定而不得在某一特定案件中出庭或主持某一特定案件時，除對該案外，仍應繼續執行院長的一切職務。

三、院長應採取必要措施以確保院長職務在法院址所在地繼續不斷地行使。院長如不能出席，得在不違背法院規約和本規則的範圍內作出安排，由副院長代行其職務，副院長不能時，由資深法官代行。

四、院長如決定辭去院長職位，應通過副院長，如無副院長，通過資深法官，將其臨決定以書面通知法院。副院長如決定辭職，應將其決定通知院長。

第十四條　（院長、副院長之補缺）

如院長和副院長在按法院規約第二十一條第一款和本規則第十條第一款本屆任期屆滿之日以前出缺，法院應決定所餘任期是否補缺。

第三節　（分庭）

第十五條　（簡易分庭）

一、按法院規約第二十九條於每年組成的簡易程序分庭，應由法院成員五名組成，其中包括法院院長相副院長為當然成員，以及其他三名成員按本規則第十八條款選出。此外，法院應每年選出兩名成員，以備接替。

二、本條第正款提及的選舉應於每年二月六日後儘早舉行。分庭成員應於當選執行職務，並繼續任職至下屆選舉為止；分庭成員，得連選。

三、分庭成員不論出於何種原因不能在某一特定案件中出庭時，應由兩名接替成中年長者在該案中代替出庭。

四、分庭成員辭職，或因其他原因不再是分庭成員，其位置應由兩名接替成員中年長者接替，接替人員因而即成為分庭正式成員，其原有職位則應選出另一接替成員代替。如出缺數額多於現有接替成員人數，則應就在兩名接替成員成為正式成員後有的出缺及接替成員中的出缺儘快舉行補缺選舉。

第十六條　（特種案件分庭）

一、法院決定按規約第二十六條第一款的規定設立二個或數個分庭時，應確定設每分庭所審理的特種案件、分庭成員數額、其任職期限及就任日期。

二、分庭成員應按本規則第十八條第一款從本法院成員中選出，選舉時應考慮到法院任何成員對成立該分庭所要處理的一類案件可能具有的特殊知識、專門技能及先前經驗。

三、法院得決定撤銷分庭，但不妨礙有關分庭了結懸而未結案件的責任。

第十七條　（特種案件分庭之設置）

一、按規約第二十六條第二款的規定設立分庭處理某一特種案件的請求，得在書面程序結束前任何時候提出。院長接到當事國一方提出的請求時，應查明另一方是否合同意。

二、當事國雙方同意後，院長應查明雙方關於分庭組成的意見，並將其報告法院。院長還應採取實施規約第三十出條第四款規定的必要步驟。

三、法院經雙方同意確定組成分庭的法院成員人數時，即應按本規則第十八條第的規定舉行分庭成員的選舉。分庭有出缺的情形，應遵循同樣的程序補選。

四、依據本條成立的分庭成員按規約第十三條在任期屆滿後被接替者，應繼續審理案件的一切階段，而不論該案件當時已達到何階段。

第十八條　（分庭之選舉與主持）

一、所有分庭選舉均應以秘密投票方式進行。法院成員在選舉時得法院過半數的撤多票數者，應宣佈當選。如有補缺的必要，則應進行一次以上的投票，這種投票僅限於補缺的數額。

二、分庭如在成立時包括法院院長或副院長，或同時包括法院院長相副院長，則應按情況由院長或副院長主持該分庭。在任何其他情況下，分庭應以秘密投票方式，坤以分庭成員的多數票選出庭長。依據本款於成立分庭時主持分庭的法院成員，如爲該分庭的成員，應繼續主持該分庭。

三、分庭庭長應就該分庭處理的案件行使本法院院長就本院受理的案件的一切職務。

四、如果分庭庭長不能出庭或不能行使主席職務，分庭庭長的職務應由年事最高並能行使分庭庭長職務者代行分庭庭長的職務。

第四節 （法院的工作制度）

第十九條 （內部規定）

法院的內部司法工作，除受規約和本規則各項規定的制約外，應受本法院就此問題通過的任何決議的制約。

第二十條 （會議之法定人數、法官之出席義務）

一、規約第二十五條第三款規定的法定人數，適用於本法院的一切會議。

二、法院成員依據規約第二十三條第三款應有經常準備接受法院分配工作的義務，除非因病或其他重大原因不能出席，向院長作適當解釋並由院長通知法院外，必明中席法院的一切會議。

三、專案法官同樣有義務聽從法院分配工作並出席在其所參加審理的案件中舉行的一切會議。但專案法官不應記人法定人數。

四、法院應規定司法假期的日期和期間以及根據規約第二十三條第二款給予法院成員個人假期的期間和條件，在上述兩種情況下應考慮到法院總目錄的狀況以及法院當前工作的需要。

五、除上述考慮外，法院應遵守法院開庭地習慣上遵守的公共假日。

第如有緊急情況，院長得隨時召集會議。

第二十一條 （評議）

一、法院評議應秘密進行，並永遠保密。但法院得隨時決定公佈不屬司法事項評議情況，或允許公佈其中的任何部分。

二、只有法官和襄審官（如果有的話）參加法院的司法評議，書記官長，或其代表，以及必要的書記處其他工作人員應列席。除經法院允許外，他人不得列席。

三、法院的司法評議的記錄只記載討論的問題或事項的題目和性質以及任何表決的結果，不記載討論詳情，也不記載所表達的觀點，但任何一法官有權要求將其陳述載人記錄。

第二部分　書記處

第二十二條 （書記官長之選舉與任期）

一、法院應從法院成員提出的候選人中以秘密投票的方式選出法院書記官長，任期七年，並得連選。

二、院長應將書記官長出缺或即將出缺的情況通知本法院各成員，這項通知於出缺時即行發出，或於因書記官長任期屆滿而出缺的至少三個月前發出。院長應規定候選人名單截止日期，以便有充分時間收到有關候選人的提名和情況。

三、提名應敘明候選人的有關情況，特別是其年齡、國籍、現任職業、大學教育資格、語言造詣以及法律、外交或國際工作方面的任何先前經驗。

四、候選人得選舉時組成本法院的法院成員的多數票者，應宣佈當選。

第二十三條 （副書記官長）

法院應選舉一名副書記官長：本規則第二十二條的規定應適用於副書記官長的選舉和任期。

第二十四條 （書記官長之宣言）

一、書記官長於就職前應在法院會議上作以下宣言：

「本人鄭重宣言，願忠誠謹慎執行本人作爲國際法院書記官長所應盡之職責，並切實遵守法院規約和法院規則之一切規定。」

二、副書記官長於就職前應在法院會議上作類似宣言。

第二十五條　（工作人員之任命、宣言）

一、書記官處工作人員應由法院根據書記官長的提議委派。但法院決定的職位，得由書記官長經院長同意後予以委派。

第二十六條　（書記官長職務）

一、書記官長在履行其職務時應：

㈠成爲法院來往公文的正常管道，特別應辦理規約或本規則所要求的一切公義、通知及檔的送達和傳遞，並保證公文、通知、檔收發日期得隨時查核；

㈡在院長監督下並以法院規定的方式保存一份登錄有一切案件的總目錄，按照書記官處收到提起訴訟程序或請求諮詢意見的檔的次序予以登記編目；

㈢保管非規約當事國按照安全理事會依據規約第三十五條第二款通過的決議作出的接受本法院管轄的聲明，並仟經核證的聲明副本送交法院規約各當事國，其他文存聲明的國家及聯合國秘書長；

㈣將書記官處收到的一切書狀及所附檔的副本交送各當事國；

㈤將有關依據規約及有關協定不時享有特權、豁免或便利的人的必要情況通則本法院或某一分庭開庭的國家的政府或任何其他可能有關的國家政府；

㈥親自或由其代表出席法院及各自分庭會議，並負責作威會議記錄；

㈦作出法院所需的提供或核對法院正式語言的筆譯或口譯的安排；

㈧簽署法院的一切判決、諮詢意見和命令、書狀和聲明及案件的公開庭審記錄，以及法院指示出版的其他檔；

㈨負責印刷和出版法院的判決、諮詢意見和命令、訴狀、陳述和案件的開庭審理記錄，以及法院要求直接出版的其他類似檔；

㈩負責一切行政工作，特別是遵照聯合國的財務手續負責賬目和財務行政；

(十一)處理一切有關法院及其手作的詢問；

(十二)協助保持本法院同聯合國其他機構、各專門機構及與編纂和逐漸發展國際法有關的國際機構和會議的聯繫；

(十三)保證各國政府、各國最高法院、專業和學術團體、大學法律院系以及新聞單位能得到關於本法院及其活動的情報；

(十四)保管法院的印信、法院檔案以及由法院託管的其他檔案。

二、法院得隨時委託書記官長執行其他職務。

三、書記官長執行其職務時應向法院負責。

第二十七條　（書記官職務）

一、副書記官長應協助書記官長，在書記官長不在時代行其職務，並在書記官長職位出缺時，行使書記官長的職務至新書記官長任職時爲止。

二、如果書記官長相副書記官長均不能執行書記官長的職務，院長應委派書記員在必要時間內執行書記官長相副書記官長的職務。如果該兩職位同時出處官名官缺。院長應在同法庭成員協商後委派書記官處一名官員在就該職位進行選舉前執行書記官長的職務。

第二十八條　（書記處組織）

一、書記官處應由書記官長、副書記官長和書記官長爲有效執行其職務所需的共他工作人員組成。

二、法院應規定書記官處的組織，並爲此目的，要求書記官長提出建議。

三、對書記官處的指示應由書記官長起草，經法院核准。全書記官處工作人員應遵從書記官長盡可能依照聯合國工作人員條例和細則草擬並經法院核准的工作人員條例。

第二十九條　（書記官長之免職）

一、書記官長只有經法院三分之二成員認爲已永遠喪失執行職務的能力或犯有嚴重失職行爲，得被撤去其職務。

二、在依據本條作出決定前，院長應以書面形式將打算採取的行動通知書記官長，其中包括採取行動的理由及任何有關證據。書記官長應在法院嗣後召開的不公開會議上有機會作出陳述，提供其所願意提供的情況或解釋，並對向其提出的問題作口頭或書面的回答。

三、只有根據同樣理由和按照同樣程序，得撤去副書記官長的職務。

第三部分　訴訟程序

第一節　（送交法院的公文與磋商）

第三十條　（公文之送交）

根據本規則送交法院的一切公文，除另作說明外，均應送交書記官長。當事國一方的任何請求，除在口述程序中公開開庭上提出外，也應送交書記官長。

第三十一條　（程序問題之確認）

在提交法院的每一案件中，院長應瞭解當事國雙方關於程序問題的意見。爲此目的，院長應在當事國代理人指派後盡速約見代理人，並在嗣後於必要時隨時約見。

第二節　（受理特定案件的法庭的組成）

第三十二條　（院長職務之迴避）

一、法院院長如在某一案件中爲當事國一方的國民，則在該案中不得行使其院長職務。這項規定同樣適用於被指派代行院長職務的副院長或資深法官。

二、法院開庭進行口述程序之日主持案件的法院成員，儘管新的院長或副院長的選舉正在進行，仍應繼續主持該案至該案當前階段結束。如果該成員不能視事，審理該案的院長職位應依本規則第十三條並在法院開庭進行口述程序之日的法院組成的基礎上予以決定。

第三十三條　（退任法官之出席義務）

除本規則第十七條的規定外，任期屆滿後按規約第十三條第三款被接替的法院成員仍應執行該款規定的職務，繼續出庭至法庭在其被接替之日以前已開庭進行口述程序的案件所處的階段結束。

第三十四條　（關於出席資格之爭議）

一、如果在適用規約第十七條第二款上發生疑問，或在適用規約第二十四條上出現爭議，院長應通知有權作出決定的法院成員。

二、當事國一方如果願促請法院注意其認爲可能與適用上款所提的規約規定有效但認爲尚爲法院所可能不知悉的事實，應以書面形式將這些事實如實告知院長。

第三十五條　（專案法官之選派）

一、當事國一方如果打算行使規約第三十一條所授予的選派專案法官參與某案的權力，應儘早將其意圖通知法院。如果在作此通知時未同時說明所選派的法官的姓名和國籍，當事國該方應在提出訴訟的確定期限兩個月前將所選派之人的姓名和國籍通知法院，並附其簡歷。專案法官得屬於派遣的當事國國籍以外的國籍。

二、當事國一方如果打算以當事國另一方不選派爲條件不選派專案法官，應將這樣的意圖通知法院，由法院轉告當事國另一方。如果當事國另一方嗣後通知其選派專案法官的意見，或已經選派專案法官，法院院長得對原先不選派專案法官的當事國延長期限。

三、有關選派專案法官的任何通知書副本應由書記官長送交當事國另二方，請其在院長確定的期限內提供其所願發表的意見。如果在該期限內當事國另一方不提出反對意見，而且法院也認爲沒有反對意見，這種情況應通知當事國雙方。

四、如果有任何反對意見或疑問，應由法院裁決，如有必要，則在聽取當事國雙方意見後裁決。

五、己接受委派但不能出庭的專案法官得由另人接替，但如果己經沒有專案法官參與的理由，該專案法官應停止作爲法官出庭。

第三十六條　（利害關係當事國）

一、法院如果發現兩個或兩個以上當事國具有同樣利害關係，因而只應作爲一個當事國，而在法院上沒有屬於這些當事國中任何一國的國籍的成員，應確定期限，由這些當事國在該期限內共同選派一名專案法官。

二、如果法院發現具有共同利害關係的當事國中任一當事國宣稱有其自己單獨的利害關係或提出任何其他反對意見，該事項應由法院裁決，如有必要，得在聽取各當事國意見後裁決。

第三十七條　（國籍法官與專案法官）

一、如果屬於當事國國籍的法院成員不能參與或成爲不能參與案件的任何階段，該當事國即因此有權在法院所規定，如果法院不開庭，由院長所規定的期限內進派一名專案法官。

二、如果屬於具有同樣利害關係的當事國中一國的國籍的法院成員不能參與成成爲不能參與案件的任何階段，則具有同樣利害關係的各當事國應被視爲枉法院上均無屬其國籍中任一國籍的法官。

三、屬於當事國的國籍的法院成員如果在書面程序結束以前能參與案件的鑲階段，應恢復其在該案件中的法官席位。

第三節　（法院的訴訟程序）

第一小節　起訴

第三十八條　（以請求書提訴）

一、按規約第四十條第一款的規定以提出請求書方式向法院起訴時，請求書應敘明請求當事國、被告當事國和爭端事由。

二、請求書應盡可能指明據認法院有管轄權的法律理由，並應說明訴訟請求的確切性質以及請求所依據的事實和理由的簡明陳述。

三、請求書原本應由請求當事國的代理人，或該當事國駐法院所在地國的外交代表，或其他某一經正式授權的人簽署。如果請求書是由該當事國駐法院所在地國的外交代表以外某人簽署，這項簽署應經該外交代表或請求國主管當局即外交部核證。

四、書記官長應立即將經核證的請求書副本轉送被告國。

五、當請求國提出以被告國尚未表示的同意爲法院管轄權的根據，請求書應轉交該被告國。但該請求書不應登人總目錄，也不應在程序中來取任何行動，除非並直到被告國同意法院對該案有管轄權。

第三十九條　（以特別合意提訴）

一、依照規約第四十條第一款以通知特別協定的形式向法院提出訴訟時，通知書得由各當事國共同提出，或由其中一國或數國提出。如果不是共同通知書，書記官長應立即將核證的通知書副本送交當事國他方。

二、在每一情況下，通知書應附以特別協定原文本或經核證的副本。在特別協定尚未明文規定的情形下，通知書還應敘明爭端的確切事由，並指明爭端的各當事國。

第四十條　（代理人）

一、除本規則第三十八條第五款所述的情況外，提出起訴後應由代理人代表各當事國採取一切步驟。代理人應在法院所在地有送達地址，以便一切有關該案的公文送達該地址。送達當事國代理人的公文應視爲已送達當事國本身。

二、以請求書提出訴訟時，請求書應載明請求國代理人姓名。被告國應在收到經核證的請求書副本時，或在收到後，儘快將其代理人姓名通知法院。

三、以特別協定的通知提出訴訟時，發出通知書的當事國應載明其代理人姓名。特別協定的其他任何當事國，如果還未將其代理人通知法院，應在收到書記官長送達的該通知書的經核證副本時，或在收到後，儘快將其代理人姓名通知法院。

第四十一條　（非規約當事國之提訴）

非規約當事國但已依據規約第三十五條第二款以依照安理會依據規約該條通過的決議作出聲明的方式接受本法院管轄的國家，除以前已向書記官長交存聲明外，應在提出訴訟時同時交存該聲明。對這類聲明的合法性或效力的任何問題，均由法院裁決。

第四十二條　（請求書之送交）

書記官長應將向法庭提出訴訟的請求書或特別協定通知書的副本送交：(a)聯合國秘書長；(b)聯合國各會員國；(c)其他有權在法院出庭的國家。

第四十三條　（公約解釋問題之送交）在規約第六十條第一款的意義內，對案件的當事國以外其他國家爲締約國的公約發生解釋問題時，法院應考慮向書記官長發出對該問題如何處理的指示。

第二小節　書面程序

第四十四條　（訴訟書狀之提交）

一、法院應參照院長依據本規則第三十一條得到的情況頒發必要的命令，除其他事項外，確定訴訟書狀的份數和提交的順序以及提交的期限。

二、依據本條第一款頒發命令時，應考慮到不引起不合理拖延的當事國雙方協議。

三、法院在有關當事國請求下，如果認爲這項請求有充分的理由，得延長期限，或裁定所規定的期限屆滿後採取的步驟應屬有效。在上述任何一種情況下，當事國另一方應有陳述意見的機會。

四、如果法院不開庭，本條規定的法院職權應由院長行使，但不妨礙法院嗣後的任何裁決。如果本規則第三十一條所指的磋商表明當事國雙方對於本規則第四十五條第二款或第四十六條第二款的適用爭持不下，法院應開會，對該問題作出決定。

第四十五條　（以請求書提訴之書狀順序）

一、以請求書提起訴訟時，應按下列順序提出書狀：請求國的訴狀；被告國的辯訴狀。

二、如果當事國雙方同意，或者法院自動地或經當事國一方請求作出裁決認爲有必要，法院得授權或指示請求國提出答辯狀和被告國提出複辯狀。

第四十六條　（以特別合意提訴之書狀順序）

一、以特別協定通知書提起訴狀時，除法院查明當事國雙方意見後另有裁定外，書狀的份數及順序應按該協定規定辦理。

二、如果特別協定未作規定，而當事國雙方嗣後又未就書狀的份數和順序達成協議，當事國雙方應在同樣期限內分別提出訴狀和辯訴狀。法院除認爲有必要外，不應授權提出答辯狀。

第四十七條　（案件之合併）

法院得隨時指示將一案或數案的程序予以合併。法院並得指示書面程序或口述程序（包括證人的傳喚）共同進行；或者法院得在不影響正式聯合訴訟的情況下，在這些方面的任一方面採取共同行動。

第四十八條　（各步驟終了期限之確定）

完成訴訟程序步驟的期限得以指定具體期限的方式予以確定，但都應指明確切日期。這種期限應按案件性質盡可能地縮短。

第四十九條　（書狀之記載事項）

一、訴狀應包括有關事實的陳述、關於法律的陳述和訴訟主張。

二、辯訴狀應包括：對訴訟中所述事實的承認或否認；必要時，所提出的補充奏實；對訴訟中關於法律陳述的意見；答辯的法律陳述；訴訟主張。

三、經法院授權的答辯狀和複辯狀不應僅重複當事國各方的論點，而應提出各個仍然意見不同的爭論。

四、每一份書狀都應在案件的有關階段說明該方的訴訟主張與以前所提出論點不同，或者進一步確認以前所說明的訴訟主張。

第五十條　（附屬書狀）

一、每一書狀的原本都應附有可資佐證書狀中論點的一切有關文件的經核證的副本。

二、如果只有部分有關，則只需附以佐證該書狀所需的節錄。整個文件的副本應交存書記官處，但已經出版並為公眾所能得到的除外。

三、書狀所附的一切檔的目錄應於提交書狀時提供。

第五十一條　（書狀之用語）

一、如果當事國雙方同意全部書面程序完全以法院兩種正式語言之一進行。書狀應只使用該種語言。如果當事國雙方未有協定，書狀或書狀的任何部分均應以法文或英文提交。

二、如果按照規約第三十九條第三款的規定使用法文或英文以外的語言，每一書狀的原文本應附有經該提出書狀的當事國核證為正確的法文譯本或英文譯本。

三、書狀所附檔不使用法院正式語言時，該書狀應附有經提交書狀的當事國格證為正確的英文譯本或法文譯本。譯本可以只譯附件的一部分或附件的節錄，但在這種情況下必須附有解釋性說明，敘明所譯的兒段。但法院得要求提供較廣泛而詳盡的譯本或全譯本。

第五十二條　（有關提交之其他規則）

一、每一書狀的原本應由代理人簽署並提交書記官處。該原本應附以經核正的書狀副本一份、所附文件及任何譯本，以便按照規約第四十三條第四款送交當事國另一方，並附以按書記官處要求的另外若干副本，但不妨礙以後遇有需要時增加其份數。

二、所有書狀應署名日期。當某一書狀應在某依日期前提交時，法院應以書記官處收到該書狀的日期為實質日期。

三、如果書記官長根據當事國一方的請求安排書狀的印刷，書狀文本必須及早提供，以便使印就的書狀能在該文本適用的期限屆滿前提交書記官處。印刷吽有關當事國負責進行。

四、提交的文件如有錯漏，經當事國他方同意或經院長允許後得隨時更正。任何這樣作出的更正都應按照與該更正有關書狀的同樣方式通知當事國他方。

第五十三條　（書狀之公開）

一、法院，或在法院不開庭時，院長得在查明當事國雙方意見後隨時裁決：書狀和所附文件的副本應使有權出席而且要求提供這些副本的國家可以得到。

二、法院在查明當事國的意見後得作出裁決，使公眾在口述程序開始時或其後可以看到書狀和所附文件的副本。

第三小節　口述程序

第五十四條　（口述程序之開始）

一、書面程序結束時，案件即得進行審訊。口述程序開始的日期，應由法院確定。遇有必要，法院也得裁決延長開始口述程序日期或推遲口述程序的繼續進行。

二、在確定或推遲開始口述程序日期時，法院應考慮到本規則第七十四條所要求的優先次序和任何其他特殊狀況，包括某一特定案件的緊迫性。

三、法院不開庭時，本條規定的法院職權應由院長行使。

第五十五條　（所在地以外之開庭）

法院如認為何宜，得按照第二十二條第一款決定某一案件的全部或部分下一步程序改於法院所在地的地方進行。在決定前，法院應查明各當事國的意見。

第五十六條　（書面程序終結後之文件提出）

一、書面程序終結後，除經當事國另一方同意或遵照本條第二款的規定外，當事國任何一方均不得再向法院提出文件。希望提出新文件的當事國應將原本或其經核証的副本一份連同書記官處所要求的副本送交書記官處，書記官處應負責將文件送交當事國另一方並通知法院。當事國另一方對該文件的提出如不表示反對意見，應視爲同意。

二、在未表示同意的情形下，法院在聽取當事國雙方意見後如認爲該以文件爲必要，得授權提出該文件。

三、如果依據本條第一款或第二款提出新檔，當事國他方應有機會對該文件表示意見，並提出艾持其意見的文件。

四、口述程序過程中不得提及不按規約第四十三條或本條提出任何檔的內容。除非該檔是公眾易於得到的某出版物的一部分。

五、本條各項規定的適用本身不應構成拖延口述程序開始或進行的理由。

第五十七條　（證人、證據等之通知）

在不妨礙本規則關於提出檔的規定情況下，當事國各方應在口述程序開始前的足夠時間內將關於其擬提出證據或請求法院搜集的證據的情況通知書記官長「進項遇知應包括該當事國擬傳喚的證人相鑒定人的姓名、國籍、情況和住址，並簡要說明其證據將證明的問題。同時，應提供這項通知的副本一份，以便送交當事國另一方」。

第五十八條　（辯論方式之決定）

一、法院應確定當事國應否在提出證據前或其後進行辯論；但當事國應保留對攝出的證據發表意見的權利。

二、聽取當事國的次序、處理證據和審查證人和鑒定人的方法和代表每：當事國進行口頭陳述的律師和輔佐人的數目，應由法院依照本規則第三十一條查明當事成雙方意見後決定。

第五十九條　（審訊之公開）

法院審訊應公開進行，但法院另有裁決或各當事國要求不允許公眾旁聽時不按此限。這項裁決或要求得涉及整個審訊或其一部分，並得在任何時候作出或提出。

第六十條　（辯論之範圍、最後陳述）

一、代表每一當事國所作的口頭陳述應盡可能簡明，以在審訊中充分陳述該當事國的論點所需者爲限。因此，口頭陳述應針對當事國雙方仍有分歧意見的爭議。而不應包括書狀中已包括的全部理由，或僅重複書狀中已包括的事實和論據。

二、當事國一方在審訊中所作的最後一次陳述結束時，其代理人在不重述其論據的情況下應宣讀該當事國的最後訴訟主張。由該代理人簽署的該最後訴訟主張的書面文本的副本應送交法院並轉交當事國他方。

第六十一條　（辯論之指示、質問）

一、法院得在審訊前或在審訊時的任何時候指出法院要當事國雙方專門加以論述或法院認爲已作充分辯論的任何要點或爭議。

二、法院審訊時得向代理人、律師和輔佐人提出問題並請其解釋。

三、每一法官有提出問題的同樣權利，但在行使這項權利前，應將其意圖告知依據規約第四十五條負責指揮審訊的院長。

四、代理人、律師和輔佐人得立即或在院長規定的期限內回答。

第六十二條　（證據之提出要求）

一、爲了闡明爭執事項的任一方面，法院得隨時要求當事國雙方提出法院認定必爲要的證據或作出法院認爲必要的解釋，或法院爲此目的自已搜求其他情報。

二、法院在必要時得安排證人或鑒定人在程序中出席。

第六十三條　（證人、鑑定人之傳喚）

一、當事國得傳喚按本規則第五十七條送交法院的名單上的任何證人或鑒定人如果在審訊中的任何時候當事國一方要傳喚的證人或鑒定人不在該名單上，該當事國應通知法院和當事國另一方，並應提供第五十七條所要求的情報。如果當事國另一方不表示反對，或法院認爲該證人或鑒定人的證詞可能證明爲有關，得傳喚該證人或該鑒定人。

二、法院，或在法院不開庭時，院長應根據當事國一方的請求或主動地採取必要的步驟，以便不在法院本身面前訊問證人。

第六十四條　（證人、鑑定人之宣言）

除法院基於特殊情況決定採用不同格式的措辭外，

㈠每位證人在作證以前應作以下的宣言：

「我以自己的榮譽和良心爲保證鄭重宣言，我將完全據實陳述，既不隱瞞也不增添」

㈡每位鑑定人在作陳述以前應作以下的宣言：

「我以自己的榮譽和良心爲保證鄭重宣言，我將完全據實陳述，既不隱瞞也不增添，我的陳述和我的眞誠信念是一致的。」

第六十五條　（證人、鑑定人之訊問）

證人和鑑定人應由當事國各方的代理人、律師或輔佐人在院長指揮下予以提問。院長和法官得向其提出問題。證人在作證前應留在法庭外。

第六十六條　（決定搜證之職務）

法院得主動地或根據當事國一方的請求隨時決定執行其在與案件有關的地點或場所搜集證據的職務，但須遵從法院在查明當事國雙方意見後所決定的條件。必要的安排應按照規約第四十四條作出。

第六十七條　（鑑定意見）

一、法院如果認爲有必要作出安排，進行調查或取得鑑定意見，應在聽取當事國意見後，頒發這種決定的命令，確定調查或鑑定意見的事由，說明進行調查的人或鑑定人的數目和任命方式，並規定應該遵守的程序。法院應於適宜時要求被任命進行調查或提出鑑定意見的人作鄭重宣言。

二、每一調查報告或記錄及每一鑑定意見均應送交當事國各力當事國各方應有機會就上述文件發表意見。

第六十八條　（證人、鑑定人之報酬）

依據本規則第六十二條第二款由法院提名出庭的證人和鑑定人，和依據本規則第六十七條第一款被任命進行調查或提出鑑定意見的人，其報酬應於適宜時在經費中開支。

第六十九條　（公共國際團體之情報）

一、在口述程序終結前的任何時候，法院得主動地或根據當事國一方按照本規則第五十七條規定提出的請求，要求一公共國際團體依據規約第三十四條審理中的案件有關的情報。法院在同該有關團體的行政首長磋商後應決定以口述或以書面方式向其提出，並決定提出這項情報的期限。

二、公共國際團體認爲宜於主動提供與法院審理中的案件有關的情報時，應以書面程序終結前以訴訟的方式向書記官處提出。法院應保有權利，要求以口述或書簡方式答復法院認爲宜於提出的任何問題，以補充該情報，並應授權當事國雙方對這樣供給的情報提出口頭或書面意見。

三、遇有規約第三十四條第三款所考慮的情況，書記官長應根據法院，或在法院不開庭時，院長的指示依照該款規定辦理。法院，或在法院不開庭時，院長得在與有關的公共國際團體的行政首長磋商後規定該公共國際團體向法院提交書面意見的期限，該期限白書記官長送達書面程序檔副本之日起計算。這些意見應送交各當事國，並得由各當事國和該團體代表在口述程序中加以討論。

四、在上述各款，「公共國際團體」一詞是指各國組成的國際組織。

第七十條　（辯論之翻譯）

一、在法院沒有作出相反的決定時，在審訊中以法院正式語言之一所作的舊發言和陳述以及所提供的證詞均應譯爲另一正式語言。如果所作的發言和陳述以及所提供的證詞是用任何其他語言的，則應譯成法院的兩種正式語言。

二、按照規約第三十九條第三款使用法文或英文以外的一種語言時，有關當事國應作出必要的安排譯成正式語言之一；但書記官長應作出安排，查核當事國一方挺供的爲該方而作的證詞的翻譯。在證人或鑑定人由法庭提名出庭的情況下，則應由書記官處作出翻譯的安排。

三、如果爲當事國一方而作的發言或陳述或提出的證詞是用法院正式語言以外語言，該當事國應在充分時間內通知書記官長，以便書記官長作出必要的安排。

四、當事國一方提供翻譯人員，在該案中進行第一次翻譯前，應在法庭內公開作以下的宣言：

「我以自己的榮譽和良心爲保證鄭重宣言，我的翻譯是忠實的、完全的。」

第七十一條　（逐字記錄）

一、書記官長應將每次審訊以所用的法院正式語言作成逐字記錄。在所用語言不是法院兩種正式語言之一時，逐字記錄應以法院正式語言之一作成。

二、發言和陳述不用法院正式語言之一而用其他某種語言時，爲其發言或陳述的當事國應預先向書記官處提供以正式語言之一作成的該發言或陳述的文本，該文本應構成逐字記錄的有關部分。

三、逐字記錄的抄本應冠以出席的法官的姓名以及各當事國代理人律師和輔佐人的姓名。抄本的副本應分送審理該案的法官和各當事國。

四、各當事國得在法院監督下爲其所作的發言和陳述的抄本，但這種更正絕不得影響發言和陳述的意思和含義，法官亦得對抄本中法官所說的話進行更正。

五、抄本中與證人和鑑定人所提出的證詞和所作的陳述有關的部分應交其過目，證人和鑑定人與當事國一樣得對抄本的有關部分進行更正。

六、經最後更正的抄本的一份經院長和書記官長簽署並經核證無誤的副本，即第四十七條所要求的唯一可據的庭審記錄。公開審訊的記錄應由法院印刷出版。

第七十二條　（意見之送交與發表）

法院在口述程序終結後收到的當事國一方對依據本規則第六十一條所提問題的任何書面回答，或當事國一方依據本規則第六十二條提出的證詞或解釋，應送交當事國另一方，當事國另一方應有機會發表意見。如有必要，得爲此目的重開口述程序。

第四節　（附帶程序）

第一小節　臨時保全

第七十三條　（請求）

一、在與所提有關案件的訴訟過程中，當事國一方得在任何時候提出指示臨時措施的書面請求。

二、這項請求應指明請求的理由。這項請求不予同意時可能發生的後果以及要求採取的措施。書記官長應立即將經核證的副本轉與當事國另一方。

第七十四條　（臨時措施之優先性）

一、指示臨時措施的請求應較一切其他案件優先處理。

二、如果在提出這項請求時法院不開庭，法院應立即開庭，作爲緊急事項，對這項要求作出裁定。

三、法院，或在法院不開庭時，院長應確定審訊日期，提供當事國雙方派人出席的機會。法院應聽取和考慮在口述程序終結前向其提問的任何意見。

四、在法院開庭前，院長得要求當事國雙方以適當的方式行事，使法院對這項指示臨時措施的請求所頒發的命令能具有適當的效果。

第七十五條　（依職權之指示）

一、法院得隨時決定主動地審查該案情況是否需要指示當事國任何一方或所有各方所應採取或遵守的臨時措施。

二、在請求臨時措施後，法院得指示全部或部分不同於所請求的措施，或自己請求的當事國應採取或遵從的措施。

三、拒絕關於指示臨時措施的請求，並不阻礙提出請求的當事國根據新的事實對同一案件提出新的請求。

第七十六條　（臨時措施之撤銷、修改）

一、在當事國一方的請求下，法院如果認為由於情況的某種變化而有撤銷或修改的理由，得在該案終局判決前的任何時候撤銷或修改關於臨時措施的任何裁定。

二、當事國一方建議這項撤銷或修改的任何申請，應指明被認為有關的情況的變化。

三、法院在依據本條第一款作出任何裁定前，應給予當事國各方以對此表示意見的機會。

第七十七條　（送交安理會）

法院依據本規則第七十三條和第七十四條所指示的措施和法院依據本規則第七十六條第一款作出的任何裁定，應立即送交聯合國秘書長，以便按照規約第四十一條第二款轉送安全理事會。

第七十八條　（有關履行之情報要求）

法院得要求當事國各方提供與施行法院所指示的臨時措施有關的任何事項的情報。

第二小節　初步反對主張

第七十九條　（初步反對主張之提起、本案停止、署理程序）

一、被告對法院的管轄或申請的接受的任何反對主張，或對實質問題的任何下一步程序進行前要求作出的裁定的反對主張，應在為送交辯訴狀所規定期限內以書面形式提出。被告國以外的當事國提出的任何這種反對主張，應在為該當事國第一次提交書狀所規定的期限內提出。

二、初步反對主張應列舉反對主張的事實和法律、其訴訟主張以及可資佐證的文件的目錄；並應指明當事國擬提出的任何證據。證件的副本應隨文送致。

三、在當書記官處接得初步反對主張時，關於實質問題的程序應暫時停止，法院，或在法院不開庭時，院長應確定當事國他方得提出其意見和訴訟主張的書面陳述的期限；可以佐證的檔應隨文送致，並應指明擬提出的任何證據。

四、除法院另有裁定外，下一步程序應是口述程序。

五、本條第二款和第三款所指的書狀中關於事實和法律的陳述和第四款所規定審訊中的陳述和證詞，應限於與反對主張有關的事項。

六、為了使法院能在程序初步階段確定其管轄，法院於必要時得要求當事國雙方辯論所有與爭端有關的法律和事實問題，並提出所有與爭端有關的證據。

七、法院在聽取當事國雙方意見後，應以判決書形式予以裁定，而通過該判決文持該反對主張，或駁回該反對主張，或宣告該反對主張在該案情中不具有完全初步的性質。法院如果駁回反對主張或宣告該反對主張不具有完全初步的性質，應規定下一步程序的期限。

八、當事國雙方關於依據本條第一款提出的反對主張應併入實質問題中審理和判決的任何協議，應由法院予以執行。

第三小節　反訴

第八十條　（反訴之提出）

一、反訴可以提出，但以與當事國另一方的權利要求的標的直接有關並屬於法院管轄範圍之內為限。

二、反訴應在提出辯訴狀的當事國的辯訴狀中提出，並應作為該當事國的訴訟主張的一部分。

三、遇有以反訴方式提出的問題和當事國另一方的權利要求的標的之間的關係有懷疑時，法院在聽取當事國雙方意見後，應裁定是否將所提的問題並入本案的原來程序之中。

第四小節

第八十一條　（利害關係國之參加請求）

一、依據規約第六十二條的規定提出並按本規則第三十八條第三款的規定簽署的關於允許參加的請求書應盡速提出，並不得遲於書面程序的終結。但在特殊情況下，可以接受在稍後階段提出的請求書。

二、請求書應敘明代理人姓名，指明請求書所涉的案件，並載明：

(一)請求參加的國家認為可能受該案裁決的影響的具有法律性質的利益；

(二)參加的明確目的；

(三)所稱存在於該請求參加的國家和該案各當事國之間的管轄的根據。

三、請求書應包括可以佐證的檔目錄，這類檔應隨文送致。

第八十二條　（條約解釋之參加程序）

一、希望行使規約第六十三條所授予的參加權利的國家應提出這種意思的聲明，按照本規則第三十條第三款規定的方式加以簽署。這一聲明應盡速提出，並不得遲於為開始口述程序所規定的日期。在特殊情況下，可以接受較遲階段提出的聲明。

二、聲明應敘明代理人姓名，指明其所涉及的案件和專約，並應包括：

(一)聲明的國家自認作為該專約的締約國的詳細根據；

(二)指出其認為發生解釋問題的專約的具體條款；

(三)關於其所爭論的條款的解釋的陳述；

(四)可資佐證的檔目錄，這類檔應隨文送致。

三、自認作為屬於發生解釋問題的專約的締約國但尚未收到規約第六十三條所指的通知的國家，得提出這種聲明。

第八十三條　（將參加請求送交各當事國）

一、依據規約第六十二條的規定提出允許參加的請求書的經核證的副本，或依據規約第六十三條的規定提出的關於參加的聲明的經核證的副本，應立即送交案件的各當事國，請其在法院，如法院不開庭時，院長確定的期限內提出書面意見。

二、書記官長還應將副本送交：(a)聯合國秘書長；(b)聯合國各會員國；(c)其他有權在法院出庭的國家；(d)其他得到依據規約第六十三條發出的通知的國家。

第八十四條　（參加請求之處理）

一、法院應決定依據規約第六十二條提出的允許參加的請求應否作為優先事項予以同意，和依據規約第六十三條請求的參加是否可以作為優先事項予以接受，但法院鑒於案件的情況而另作裁定者不在此限。

二、如果在依據本規則第三條確定的期限內對允許參加的請求或對關於增加的聲明的接受提出反對主張，法院在作出裁定前應聽取請求參加的國家和各當事國的意見。

第八十五條　（准許利害關係國之參加）

一、如果依據規約第六十二條提出允許參加的請求得到准許，參加國應獲得書狀及所附檔的副本，並應有權在法院確定的期限內提出書面陳述。同時，還應確定另外期限，以便各當事國如果認為適宜，得在該期限內而在口述程序前對這項陳述提出書面意見。如果法院不開庭，這些期限應由院長確定。

二、按照前款確定的期限應盡可能與對案件中各書狀所已確定的期限相同。

三、參加國應有權在口述程序中提出有關參加的標的的意見。

第八十六條　（條約解釋時之參加許可）

一、如果依據規約第六十三條的參加被接受，參加國應獲得書狀及所附檔的副本，並有權在法院，如果法院不開庭，院長確定的期限內提出有關參加的標的的書面意見。

二、這些意見應送交當事國和任何其他被准許參加的國家。該參加國應有權在口述程序中提出有關參加的標的的意見。

第五小節　向法院的特別提交

第八十七條　（其他國際機構審理案件之提交）

一、當按照現行條約或專約將關於曾由其他某國際機構審理的事項的訴訟案件提交本法院時，規約和本規則關於訴訟案件的規定應予適用。

二、起訴請求書應指明有關國際機構的裁決和其他行爲並附其副本一份，起訴訪求書應包括對有關裁決和行爲所引起的問題的確切陳述，而這些問題即構成提交法院的爭端的事由。

第六小節　停止

第八十八條　（訴訟之停止、和解）

一、如果在對實質的終局判決前的任何時間內各當事國共同或分別以書面形式通知法院其巳達成協定停止訴訟，法院應頒發命令，記錄訴訟的停止，並指示將該案件從案件目錄中登出。

二、如果各當事國由於已達成爭端的解決而同意停止訴訟，而且如果各當事國願意停止，法院應將此事記錄在責成將該案件從案件目錄中登出的命令中，或在該命令中指明解決條件，或將解決條件作爲該命令的附件。

三、如果法院不開庭，依據本條頒發的任何命令得由院長頒發。

第八十九條　（原告停止訴訟）

一、如果在以請求書提起訴訟中，請求國以書面通知法院該國不再繼續訴訟，而如果在書記官處收到該項通知之日，被告國對訴訟尚未採取任何步驟，法院應發佈命令，正式記錄訴訟的停止，並指示將該案件從案件目錄中登出。該項命令的副本一份應由書記官長送交被告國。

二、如果在接到停止的通知時被告國對訴訟己經採取某些步驟，法院應確定期限，在這期限內，被告國得說明是否反對訴訟的停止。如果在期限屆滿以前，對停止提出反對意見，則將推定爲默認，並由法院頒發命令，正式記錄訴訟的停止，並指示將該案件從案件目錄中登出。如果提出反對意見，訴訟應繼續進行。

三、在法院不開庭時，本條規定的法院權力得由院長行使。

第五節　（分庭訴訟程序）

第九十條　（分庭適用之規定）

規約第二十六條和第二十九條提及的分庭訴訟程序，除受規約和本規則特別關於分庭的規定的限制外，應按本規則第一章至第三章適用於本法院審理訴訟案件的規定辦理。

第九十一條　（分庭之審理請求）

一、如果希望案件由依照規約第二十六條第一款或第二十九條而設立的分庭之一審理，這項請求應在提起訴訟的文件中提出，或隨同該項文件提出。如果各當事國意見一致，該項請求將予准許。

二、在書記官處收到這項請求後，法院院長應將這項請求通知有關分庭各成員。法院院長應採取必要之步驟，以實行規約第三十一條第四款的規定。

三、法院院長應在符合訴訟程序要求的最早日期召開該分庭。

第九十二條　（分庭之書面程序、口述程序）

一、分庭審理案件的書面程序應由當事國各方提出的單下的書狀構成。以請求的方式開始訴訟時，書狀應在連續期限內提出。以特別協定的通知的方式開始訴訟時，書狀應在同一期限內提出，但當事國各方已同意連續提出其書狀者不在此限。本款所指的期限由法院確定，或在法院不開庭時，由院長確定，如有關分庭己經設立，則與該有關分庭協商後確定。

二、如果各當事國同意進一步提出其他書狀，或者如果分庭主動地或在當事國一方要求下裁定有進一步提出其他書狀的必要，分庭得授權或指示提出這種書狀。

三、除當事國同意取消口述程序並得到分庭同意外，應進行口述程序。即便不進行口述程序，分庭仍得要求各當事國提供口頭情報或作出口頭解釋。

第九十三條 （分庭判決之宣讀）分庭所做的判決應在該分庭公開庭上宣讀。

第六節 （判決、解釋和復核）

第一小節 判決

第九十四條 （判詞之宣讀及拘束力）

一、法院結束討論並通過判詞時，應將宣讀判詞的日期通知各當事國。

二、判詞應在法院的公開庭上宣讀，並自宣讀之日起對各當事國發生約束力。

第九十五條 （判詞記載事項、個別意見）

一、判詞應載明判決是由法院或由分庭作出，並應包括：

(一)宣讀判詞的日期；
(二)參加判決的法官的姓名；
(三)各當事國的名稱；
(四)各當事國代理人、律師和輔佐人的姓名；
(五)訴訟程序的概述；
(六)各當事國的訴訟主張；
(七)事實的陳述；
(八)法律上的理由；
(九)判決中可交付實施的規定；
(十)有關訴訟費用的裁決，如果有這種裁決；
(十一)構成多數的法官的人數和姓名；
(十二)關於該權威性判詞文本的聲明。

二、任何法官不論是否同意多數意見，如果願意，得將其個別意見附於判決之後願意將其同意或不同意記錄在案而又不陳述其理由的法官，得以聲明的方式作出表示。本款也適用於法院頒發的命令。

三、判詞一份應予正式簽字蓋章，並應歸存法院檔案，以另一份分給當事國各方。

判詞副本應由書記官長送交：(a) 聯合國秘書長；(b) 聯合國會員國；(C) 有權在法院出庭的其他國家。

第九十六條 （判詞正文之指定）

如果由於當事國雙方達成的協定，書面程序和口述程序是以法院兩種正式語言之出進行的，並依照規約第三十九條第一款，判詞是用這種語言作出的，則用這種語文寫出的判詞文本應是權威文本。

第九十七條 （訴訟費用）

法院如果依照規約第六十四條裁定當事國一個的訴訟費用全部或一部分應由當事另一方支付，應頒發爲了執行這項裁定的命令。

第二小節 解釋或復核判決的請求

第九十八條 （解釋之請求程序）

一、對判詞的意義或範圍發生爭端時，任何當事國均得請求解釋，而不論原來訴訟是由請求書的提出開始，還是由特別協定的通知開始的。

二、對判決的解釋，得以請求書或以各當事國締結的特別協定的通知書提出請求；關於判決的意義或範圍所爭議之點，應予指明。

三、如果解釋的請求是用請求書方式提出的，請求國的論點應在請求書中載明，而當事國另一方應有權在法院，或在法院不開庭時，院長確定的期限內對這些論點提出書面意見。

四、不論請求是用請求書或特別協定的通知提出的，法院在必要時得對各當事國提供進一步的書面或口頭解釋的機會。

第九十九條 （覆核之請求程序）

一、覆核判決的請求應以請求書提出，其中包括表明規約第六十一條所規定的條件取得滿足的必要的詳細說明。可資佐證的任何文件應附於請求書內。

二、當事國另一方應有權在法院，或在法院不開庭時，院長確定的期限內對請求的接受提出書面意見。這些意見應送交提出請求的當事國。

三、法院在對請求的接受作出裁判以前，得再次對當事國雙方提供對請求的接受提出意見的機會。

四、法院如果認為該項請求可以接受，得在查明當事國雙方意見後為其認為審理該項請求的實質問題所必要的下一步程序確定期限。

五、法院如果裁定覆核訴訟的接受須以先履行判決為條件，應發佈相應的命令。

第一百條　（處理覆核、解釋之法庭）

一、如果要覆核或解釋的判決是由法官作出的，覆核或解釋的請求應由法院處理。如果該判決是由分庭作出的，覆核或解釋的請求應由該分庭處理。

二、法院或分庭對請求解釋或覆核判決的裁定應以判決方式作出。

第七節　（當事國雙方建議的修改）

第一百零一條　（本規則之例外）

案件當事國雙方得對本章所載的規則（除第九十三條至第九十七條外）聯合建議作特殊的修改或增添，而法院或分庭如果認為該修改或增添部分適合於該案件的情況，得予以適用。

第四部分　諮詢程序

第一百零二條　（諮詢程序之適用規則）

一、法院在依據規約第六十五條執行其諮詢職務時，除憲章第九十六條和規約第四章的規定以外，應適用本規則本章的規定。

二、法院也應遵照規約和本規則適用於訴訟案件的規定，但以法院認為該規定可以適用的範圍為限。為此目的，法院應首先考慮諮詢意見的請求是否與兩個或兩個以上國家間實際上懸而未決的法律問題有關。

三、如果諮詢意見的請求是就兩個或兩個以上國家間實際上懸而未決的法律問題提出的，規約第三十一條以及本規則有關適用該條的規定應予適用。

第一百零三條　（迅速作答之措施）

當聯合國憲章授權或遵照聯合國憲章而授權請求諮詢意見的團體通知法院，其請求必須迅速作答，或法院認為需要早日給予答復時，法院應採取一切必要的步驟。加速這項程序，並應儘早開庭，以便對請求進行審訊和評議。

第一百零四條　（諮詢意見之請求程序）

一切諮詢意見的請求均應由聯合國秘書長，或根據具體情況，由經授權提出請求的團體的行政首長轉交法院。規約第六十五條第二款所指的檔應與該項請求同時轉交法院，或在提出請求後盡速轉交法院，副本份數按書記官處的要求提供。

第一百零五條　（書面陳述之受理、口述程序之決定）

一、提交法院的書面陳述應由書記官處送交曾經提出這種陳述的國家和團體。

二、法院，或在法院不開庭時，院長應：

㈠確定接收依據規約第六十六條第四段所准許的評論的方式及範圍，並確定以書面形式提出這種評論的期限；

㈡裁定是否進行口述程序，以便依據規約第六十六條的規定向法院提出陳述和評論，並確定開始這種口述程序的日期。

第一百零六條　（書面陳述之公開）

法院，或在法院不開庭時，院長得決定書面陳述和所附檔白口述程序開始後使公眾能夠查閱。如果諮詢意見的請求是就兩個或兩個以上國家之間實際上懸而未決的法律問題提出的，則應首先查明這些國家的意見。

第一百零七條　（意見宣讀、記載事項、個別意見）

一、法院完成其評議並通過其諮詢意見後，該意見應在法院公開庭上宣讀。

二、諮詢意見應包括：
㈠發表諮詢意見的日期；
㈡參加法官的姓名；
㈢訴訟程序的概述；
㈣事實的敘述；
㈤法律上的理由；
㈥對向法院提出的問題的答復；
㈦構成多數的法官的人數和姓名；
㈧關於該諮詢意見的權威性文本的聲明。

三、任何法官不論是否同意多數的意見，如果願意，得將其個別意見附於法院的諮詢意見之後，願意將其同意或不同意記錄在案而又不說明其理由的法官，得以聲明的方式作出表示。

第一百零八條　（宣讀日期之通知）

書記官長應將確定宣讀意見的公開開庭日期和時間通知聯合國秘書長，並於適宜時通知請求諮詢意見的團體的行政首長。書記官長還應通知聯合國各會員國的代表以及直接有關的其他國家、專門機構和公共國際組織的代表。

第一百零九條　（諮詢意見之送交）

正式簽名蓋章的諮詢意見一份應歸存法院檔案，另一份應送交聯合國秘書處，並於適宜時，第三份送交請求法院發表意見的團體的行政首長。副本應由書記官長送交聯合國各會員國及直接有關的其他國家、專門機構和公共國際組織。

（規則中文本）

七、聯合國海洋法法庭

聯合國海洋法法庭規約

United Nations Convention on the Law of the Sea

通過日期：一九八二年四月二十日（紐約）
簽署日期：一九八二年十二月十日（牙買加）
生效日期：一九九四年十一月十六日

第一條　（一般規定）

一、國際海洋法法庭應按照本公約和本規約的規定組成並執行職務。

二、法庭的所在地應爲德意志聯邦共和國漢堡自由漢薩城。

三、法庭於認爲合宜時可在其他地方開庭並執行職務。

四、將爭端提交法庭應遵守第　和第ＸＶ部分的規定。

第一節　法庭的組織

第二條　（組成）

一、法庭應由獨立法官二十一人組成，從享有公平和正直的最高聲譽，在海洋法領域內具有公認資格的人士中選出。

二、法庭作爲一個整體，應確保其能代表世界各主要法係和公平地區分配。

第三條　（法官）

一、法庭法官中不得有二人爲同一國家的國民。爲擔任法庭法官的目的，一人而可視爲一個以上國家的國民者，應視爲其通常行使公民及政治權利的國家的國民。

二、聯合國大會所確定的每一地理區域集團應有法官至少三人。

第四條　（提名和選舉）

一、每一締約國可提名不超過二名具有本附件第二條所規定的資格的候選人，法庭法官應從這樣提名的人選名單中選出。

二、第一次選舉應由聯合國秘書長，以後各次選舉應由法庭書記官長，至少在選舉之日前三個月，書面邀請各締約國在兩個月內提名法庭法官的候選人。秘書長或書記官長應依字母次序編制所提出的候選人名單，載明提名的締約國，並應在每次選舉之日前最後一個月的第七天以前將其提交各締約國。

三、第一次選舉應於本公約生效之日起六個月內舉行。

四、法庭法官的選舉應以無記名投票進行。第一次選舉應由聯合國秘書長召開締約國會議舉行，以後的選舉應按各締約國協議的程序舉行。在該會議上，締約國的三分之二應構成法定人數。得票最多獲得出席並參加表決的締約國三分之二多數票的候選人應當選爲法庭法官，但須這項多數包括締約國的過半數。

第五條　（任期）

一、法庭法官任期九年，連選可連任；但須第一次選舉選出的法官中，七人任期應爲三年，另七人爲六年。

二、第一次選舉選出的法庭法官中，誰任期三年，誰任期六年，應於該次選舉完畢後由聯合國秘書長立即以抽簽方法選定。

三、法庭法官在其職位被接替前，應繼續執行其職責。法庭法官雖經接替，仍應完成在接替前已開始的任何程序。

四、法庭法官辭職時應將辭職書致送法庭庭長。收到辭職書後，該席位即行出缺。

第六條　（出缺）

一、法官出缺，應按照第一次選舉時所定的辦法進行補缺，但須遵行下列規定：書記官長應於法官出缺後一個月內，發出本附件第四條規定的邀請書，選舉日期應由法庭庭長在與各締約國協商後指定。

二、法庭法官當選接替任期未滿的法官者，應任職至其前任法官任期屆滿時爲止。

第七條　（不適合的活動）

一、法庭法官不得執行任何政治或行政職務，或對任何與勘探和開發海洋或海底資源或與海洋或海底的其他商業用途有關的任何企業的任何業務有積極聯係或有財務利益。

二、法庭法官不得充任任何案件的代理人、律師或辯護人。

三、關於上述各點的任何疑義，應由出席的法庭其他法官以過半數裁定解決。

第八條　（關於法官參與特定案件的條件）

一、任何過去曾作爲某一案件當事一方的代理人、律師或辯護人，或曾作爲國內或國際法院或法庭的法官，或以任何其他資格參加該案件的法庭法官，不得參與該案件的裁判。

二、如果法庭的某一法官因某種特殊理由認爲不應參與某一特定案件的裁判，該法官應將此情形通知法庭庭長。

三、如果法庭庭長認爲法庭某一法官因某種特殊理由不應參與審理某一特定案件，庭長應將此情形通知該法官。

四、關於上述各點的任何疑義，應由出席的法庭其他法官以過半數裁定解決。

第九條　（不再適合必需的條件的後果）

如果法庭的其他法官一致認爲某一法官已不再適合必需的條件，法庭庭長應宣布該席位出缺。

第一〇條　（特權和豁免）

法庭法官於執行法庭職務時，應享有外交特權和豁免。

第一一條　（法官的鄭重宣告）

海庭每一法官在就職前，應在公開法庭上鄭重宣告其將秉公竭誠行使職權。

第一二條　庭長、副庭長和書記官長

一、法庭應選舉庭長和副庭長，任期三年，連選可連任。

二、法庭應任命書記官長，並可爲任命其他必要的工作人員作出規定。

三、庭長和書記官長應駐在法庭所在地。

第一三條　（法定人數）

一、所有可以出庭的法庭法官均應出庭，但須有選任法官十一人才構成法庭的法定人數。

二、在本附件第一七條限制下，法庭應確定哪些法官可以出庭組成審理某一特定爭端的法庭，同時顧及本附件第一四和第一五條所規定的分庭有效執行其職務。

三、除非適用本附件第一四條，或當事各方請求應按照本附件第一五條處理，提交法庭的一切爭端和申請，均應由法庭審訊和裁判。

第一四條　（海底爭端分庭）

海底爭端分庭應按照本附件第四節設立。分庭的管轄權、權力和職務，應如第　部分第五節所規定。

第一五條　（特別分庭）

一、法庭可設立其認爲必要的分庭，由其選任法官三人或三人以上組成，以處理特定種類的爭端。

二、法庭如經當事各方請求，應設立分庭，以處理提交法庭的某一特定爭端。這種分庭的組成，應由法庭在徵得當事各方同意後決定。

三、爲了迅速處理事務，法庭每年應設立以其選任法官五人組成的分庭，該分庭以簡易程序審訊和裁判爭端。法庭應選出兩名候補法官，以接替不能參與某一特定案件的法官。

四、如經當事各方請求，爭端應由本條所規定的分庭審訊和裁判。

五、本條和本附件第一四條所規定的任何分庭作出的判決，應視為法庭作出的判決。

第一六條　（法庭的規則）

法庭應制訂執行其職務的規則。法庭應特別訂立關於其程序的規則。

第一七條　（法官的國籍）

一、屬於爭端任何一方國籍的法庭法官，應保有其作為法庭法官參與的權利。

二、如果在受理一項爭端時，法庭上有屬於當事一方國籍的法官，爭端任何一方可選派一人為法庭法官參與。

三、如果在審理一項爭端時，法庭上沒有屬於當事各方國籍的法官，當事每一方均可選派一人為法庭法官參與。

四、本條適用於本附件第一四和第一五條所指的分庭。在這種情形下，庭長應與當事各方協商後，要求組成分庭的法官中必要數目的法官將席位讓給屬於有關當事各方國籍的法官，如果不能作到這一點，或這些法官不能出庭，則讓給當事各方特別選派的法官。

五、如果當事若幹方利害關係相同，則為以上各項規定的目的，該若幹方應視為當事一方。關於這一點的任何疑義，應由法庭以裁定解決。

六、按照本條第二、第三和第四款選派的法官，應符合本附件第二、第八和第一一條規定的條件。它們應在與其同事完全平等的條件下參與裁判。

第一八條　（法官的報酬）

一、法庭每一選任法官均應領取年度津貼，並於執行職務時按日領取特別津貼，但任何一年付給任一法官的特別津貼總額不應超過年度津貼的數額。

二、庭長應領取特別年度津貼。

三、副庭長於代行庭長職務時，應按日領取特別津貼。

四、根據本附件第一七條在法庭選任法官以外選派的法官，應於執行職務時，按日領取酬金。

五、薪給、津貼和酬金應由各締約國隨時開會決定，同時考慮到法庭的工作量。薪給、津貼和酬金在任期內不得減少。

六、書記官長的薪給，應由各締約國根據法庭的提議開會決定。

七、法庭法官和書記官長支領退休金的條件，以及法庭法官和書記官長補領旅費的條件，均應由各締約國開會制訂規章加以確定。

八、薪給、津貼和酬金，應免除一切稅捐。

第一九條　（法庭的開支）

一、法庭的開支應由各締約國和管理局負擔，其負擔的條件和方式由各締約國開會決定。

二、當既非締約國亦非管理局的一個實體為提交法庭的案件的當事一方時，法庭應確定該方對法庭的開支應繳的款額。

第二節　權限

第二〇條　（向法庭申訴的機會）

一、法庭應對各締約國開放。

二、對於第　部分明文規定的任何案件，或按照案件當事所有各方接受的將管轄權授予法庭的任何其他協定提交的任何案件，法庭應對締約國以外的實體開放。

第二一條　（管轄權）

法庭的管轄權包括按照本公約向其提交的一切爭端和申請，和將管轄權授予法庭的任何其他國際協定中具體規定的一切申請。

第二二條　（其他協定範圍內的爭端的提交）

如果同本公約所包括的主題事項有關的現行有效條約或公約的所有締約國同意，則有關這種條約或公約的解釋或適用的任何爭端，可按照這種協定提交法庭。

第二三條　（可適用的法律）

法庭應按照第二九三條裁判一切爭端和申請。

第三節　程序

第二四條　（程序的提起）

一、爭端可根據情況可將特別協定通知書記官長或以將申請書送達書記官長的方式提交法庭。兩種方式均應載明爭端事由和爭端各方。

二、書記官長應立即將特別協定或申請書通知有關各方。

三、書記官長也應通知所有締約國。

第二五條　（臨時措施）

一、按照第二九〇條，法庭及其海底爭端分庭應有權規定臨時措施。

二、如果法庭不開庭，或沒有足夠數目的法官構成法定人數，臨時措施應由根據本附件第一三條第三款設立的簡易程序分庭加以規定。雖有本附件第一五條第四款的規定，在爭端任何一方請求下，仍可採取這種臨時措施。臨時措施應由法庭加以審查和修訂。

第二六條　（審訊）

一、審訊應由庭長主持，庭長不能主持時，應由副庭長主持。庭長副庭長如均不能主持，應由出庭法官中資深者主持。

二、除非法庭另有決定或當事各方要求拒絕公眾旁聽，審訊應公開進行。

第二七條　（案件的審理）

法庭爲審理案件，應發布命令，決定當事每一方須終結辯論的方式和時間，並作出有關收受證據的一切安排。

第二八條　（不到案）

當事一方不出庭或對其案件不進行辯護時，他方可請求法庭繼續進行程序並作出裁判。當事一方缺席或對其案件不進行辯護，應不妨礙程序的進行。法庭在作出裁判前，必須不但查明對該爭端確有管轄權，而且查明所提要求在事實上和法律上均確有根據。

第二九條　（過半數決定）

一、一切問題應由出庭的法官的過半數決定。

二、如果票數相等，庭長或代理庭長職務的法庭法官應投決定票。

第三〇條　（判決書）

一、判決書應敘明其所根據的理由。

二、判決書應載明參與判決的法庭法官姓名。

三、如果判決書全部或一部不能代表法庭法官的一致意見，任何法官均有權發表個別意見。

四、判決書應由庭長和書記官長簽名。判決書在正式通知爭端各方後，應在法庭上公開宣讀。

第三一條　（參加的請求）

一、一個締約國如認爲任何爭端的裁判可能影響該締約國的法律性質的利益，可向法庭請求准許參加。

二、此項請求應由法庭裁定。

三、如果請求參加獲准，法庭對該爭端的裁判，應在與該締約國參加事項有關的範圍內，對參加的締約國有拘束力。

第三二條　（對解釋或適用案件的參加權利）

一、無論何時，如對本公約的解釋或適用發生疑問，書記官長應立即通知所有締約國。

二、無論何時，如依照本附件第二一或第二二條對一項國際協定的解釋或適用發生疑問，書記官長應通知該協定的所有締約方。

三、第一和第二款所指的每一方均有參加程序的權利；如該方行使此項權利，判決書中所作解釋即對該方同樣地有拘束力。

第三三條　（裁判的確定性和拘束力）

一、法庭的裁判是有確定性的，爭端所有各方均應遵行。

二、裁判除在當事各方之間及對該特定爭端外，應無拘束力*。

＊編者注：按英文文本意為「除對特定爭端的當事各方之間外，裁判應無拘束力」。

三、對裁判的意義或範圍發生爭端時，經當事任何一方的請求，法庭應予解釋。

第三四條　（費用）

除法庭另有裁定外，費用應由當事各方自行負擔。

第四節　海底爭端分庭

第三五條　（組成）

一、本附件第一四條所指的海底爭端分庭，應由海洋法法庭法官以過半數從法庭選任法官中選派法官十一人組成。

二、在選出分庭法官時，應確保能代表世界各主要法係和公平地區分配。管理局大會可就這種代表性和分配提出一般性的建議。

三、分庭法官應每三年改選一次，連選可連任一次。

四、分庭應從其法官中選出庭長，庭長應在分庭當選的任期內執行職務。

五、如果選出分庭的任何三年任期終了時仍有案件尚在進行，該分庭應按原來的組成完成該案件。

六、如果分庭法官出缺，法庭應從其選任法官中選派繼任法官，繼任法官應任職至其前任法官任期屆滿時爲止。

七、法庭選任法官七人應爲組成分庭所需的法定人數。

第三六條　（專案分庭）

一、海底爭端分庭爲處理按照第一八八條第一款（b）項向其提出的特定爭端，應成立專案分庭，由其法官三人組成。這種分庭的組成，應由海底爭端分庭在得到當事各方同意後決定。

二、如果爭端各方不同意專案分庭的組成，爭端每一方應指派法官一人，第三名法官則應由雙方協議指派。如果雙方不能達成協議，或如任何一方未能作出這種指派，海底爭端分庭庭長應於同爭端各方協商後，迅速從海底爭端分庭法官中作出這種指派。

三、專案分庭的法官必須不屬爭端任何一方的工作人員，或其國民。

第三七條　（申訴機會）

分庭應對各締約國、管理局和第　部分第五節所指的實體開放。

第三八條　（可適用的法律）

除第一九三條的規定以外，分庭應：

一、適用按照本公約制訂的管理局的規則、規章和程序；和

二、對有關「區域」內活動的合同的事項，適用這種合同的條款。

第三九條　（分庭裁判的執行）

分庭的裁判應以需要在其境內執行的締約國最高級法院判決或命令的同樣執行方式，在該締約國領土內執行。

第四〇條　（本附件其他各節的適用）

一、本附件中與本節不相抵觸的其他各節的規定，適用於分庭。

二、分庭在執行其有關咨詢意見的職務時，應在其認爲可以適用的範圍內，受本附件中關於法庭程序的規定的指導。

第五節　修正案

第四一條　（修正案）

一、對本附件的修正案，除對其第四節的修正案外，只可按照第三一三條或在按照本公約召開的一次會議上，以協商一致方式通過。

二、對本附件第四節的修正案，只可按照第三一四條通過。

三、法庭可向締約國發出書面通知，對本規約提出其認爲必要的修正案，以便依照第一和第二款加以審議。

（公約中文本）

八、聯合國刑事法院（ＩＣＣ）

聯合國刑事法院規程

Rome Statute of the International Criminal Court

通過日期：一九九八年七月七日（羅馬）

生效日期：二〇〇二年七月一日

序言

本規約締約國，意識到各國人民唇齒相依，休戚與共，他們的文化拼合組成人類共同財產，但是擔心這種並不牢固的拼合隨時可能分裂瓦解；注意到在本世紀內，難以想像的暴行殘害了無數兒童、婦女和男子的生命，使全人類的良知深受震動；認識到這種嚴重犯罪危及世界的和平、安全與福祉，申明對於整個國際社會關注的最嚴重犯罪，絕不能聽之任之不予處罰，爲有效懲治罪犯，必須通過國家一級採取措施並加強國際合作，決心使上述犯罪的罪犯不再逍遙法外，從而有助於預防這種犯罪，憶及各國有義務對犯有國際罪行的人行使刑事管轄權，重申《聯合國憲章》的宗旨及原則，特別是各國不得以武力相威脅或使用武力，或以與聯合國宗旨不符的任何其他方法，侵犯任何國家的領土完整或政治獨立。強調本規約的任何規定不得解釋爲允許任何締約國插手他國的武裝衝突或內政。決心爲此目的並爲了今世後代設立一個獨立的常設國際刑事法院，與聯合國系統建立關係，對整個國際社會關注的最嚴重犯罪具有管轄權。強調根據本規約設立的國際刑事法院對國內刑事管轄權起補充作用。決心保證永遠尊重並執行國際正義，議定如下：

第一編　法院的設立

第一條　（法院）

茲設立國際刑事法院（本法院）。本法院爲常設機構，有權就本規約所提到的、受到國際關注的最嚴重犯罪對個人行使其管轄權，並對國家刑事管轄權起補充作用。本法院的管轄權和運作由本規約的條款加以規定。

第二條　法院與聯合國的關係

本法院應當以本規約締約國大會批准後，由院長代表本法院締結的協定與聯合國建立關係。

第三條　（法院所在地）

一、本法院設在荷蘭（「東道國」）海牙。

二、本法院應當在締約國大會批准後，由院長代表本法院與東道國締結總部協定。

三、本法院根據本規約規定，在其認爲適宜時，可以在其他地方開庭。

第四條　（法院的法律地位和權力）

一、本法院具有國際法律人格，並享有爲行使其職能和實現其宗旨所必需的法律行爲能力。

二、本法院根據本規約規定，可以在任何締約國境內，或以特別協定在任何其他國家境內，行使其職能和權力。

第二編　管轄權、可受理性和適用的法律

第五條　（法院管轄權內的犯罪）

一、本法院的管轄權限於整個國際社會關注的最嚴重犯罪。本法院根據本規約，對下列犯罪具有管轄權：

(一)滅絕種族罪；

(二)危害人類罪；

(三)戰爭罪；

(四)侵略罪。

二、在依照第一百二十一條和第一百二十三條制定條款，界定侵略罪的定義，及規定本法院對這一犯罪行使管轄權的條件後，本法院即對侵略罪行使管轄權。這一條款應符合《聯合國憲章》有關規定。

第六條　（滅絕種族罪）

為了本規約的目的，「滅絕種族罪」是指蓄意全部或局部消滅某一民族、族裔、種族或宗教團體而實施的下列任何一種行為：

一、殺害該團體的成員；

二、致使該團體的成員在身體上或精神上遭受嚴重傷害；

三、故意使該團體處於某種生活狀況下，毀滅其全部或局部的生命；

四、強制施行辦法，意圖防止該團體內的生育；

五、強迫轉移該團體的兒童至另一團體。

第七條　（危害人類罪）

一、為了本規約的目的，「危害人類罪」是指在廣泛或有系統地針對任何平民人口進行的攻擊中，在明知這一攻擊的情況下，作為攻擊的一部分而實施的下列任何一種行為：

(一)謀殺；

(二)滅絕；

(三)奴役；

(四)驅逐出境或強行遷移人口；

(五)違反國際法基本規則，監禁或以其他方式嚴重剝奪人身自由；

(六)酷刑；

(七)強奸、性奴役、強迫賣淫、強迫懷孕、強迫絕育或嚴重程度相當的任何其他形式的性暴力；

(八)基於政治、種族、民族、族裔、文化、宗教、第三款所界定的性別，或根據公認為國際法不容的其他理由，對任何可以識別的團體或集體進行迫害，而且與任何一種本款提及的行為或任何一種本法院管轄權內的犯罪結合發生；

(九)強迫人員失　；

(十)種族隔離罪；

(十一)故意造成重大痛苦，或對人體或身心健康造成嚴重傷害的其他性質相同的不人道行為。

二、為了第一款的目的：

(一)「針對任何平民人口進行的攻擊」是指根據國家或組織攻擊平民人口的政策，或為了推行這種政策，針對任何平民人口多次實施第一款所述行為的行為過程；

(二)「滅絕」包括故意施加某種生活狀況，如斷絕糧食和藥品來源，目的是毀滅部分的人口；

(三)「奴役」是指對一人行使附屬於所有權的任何或一切權力，包括在販賣人口，特別是販賣婦女和兒童的過程中行使這種權力；

(四)「驅逐出境或強行遷移人口」是指在缺乏國際法容許的理由的情況下，以驅逐或其他脅迫行為，強迫有關的人遷離其合法留在的地區；

(五)「酷刑」是指故意致使在被告人羈押或控制下的人的身體或精神遭受重大痛苦；但酷刑不應包括純因合法制裁而引起的，或這種制裁所固有或附帶的痛苦；

(六)「強迫懷孕」是指以影響任何人口的族裔構成的目的，或以進行其他嚴重違反國際法的行為的目的，非法禁閉被強迫懷孕的婦女。本定義不得以任何方式解釋為影響國內關於妊娠的法律；

(七)「迫害」是指違反國際法規定，針對某一團體或集體的特性，故意和嚴重地剝奪基本權利；

(八)「種族隔離罪」是指一個種族團體對任何其他一個或多個種族團體，

在一個有計劃地實行壓迫和統治的體制化制度下，實施性質與第一款所述行爲相同的不人道行爲，目的是維持該制度的存在；

（九）「強迫人員失　」是指國家或政治組織直接地，或在其同意、支持或默許下，逮捕、羈押或綁架人員，繼而拒絕承認這種剝奪自由的行爲，或拒絕透露有關人員的命運或下落，目的是將其長期置於法律保護之外。

三、爲了本規約的目的，「性別」一詞應被理解爲是指社會上的男女兩性。「性別」一詞僅反映上述意思。

第八條　（戰爭罪）

一、本法院對戰爭罪具有管轄權，特別是對於作爲一項計劃或政策的一部分所實施的行爲，或作爲在大規模實施這些犯罪中所實施的行爲。

二、爲了本規約的目的，「戰爭罪」是指：

（一）嚴重破壞一九四九年八月十二日《日內瓦公約》的行爲，即對有關的《日內瓦公約》規定保護的人或財產實施下列任何一種行爲：

(a)故意殺害；

(b)酷刑或不人道待遇，包括生物學實驗；

(c)故意使身體或健康遭受重大痛苦或嚴重傷害；

(d)無軍事上的必要，非法和恣意地廣泛破壞和侵占財產；

(e)強迫戰俘或其他被保護人在敵國部隊中服役；

(f)故意剝奪戰俘或其他被保護人應享的公允及合法審判的權利；

(g)非法驅逐出境或遷移或非法禁閉；

(h)劫持人質。

（二）嚴重違反國際法既定範圍內適用於國際武裝衝突的法規和慣例的其他行爲，即下列任何一種行爲：

(a)故意指令攻擊平民人口本身或未直接參加敵對行動的個別平民；

(b)故意指令攻擊民用物體，即非軍事目標的物體；

(c)故意指令攻擊依照《聯合國憲章》執行的人道主義援助或維持和平行動的所涉人員、設施、物資、單位或車輛，如果這些人員和物體有權得到武裝衝突國際法規給予平民和民用物體的保護；

(d)故意發動攻擊，明知這種攻擊將附帶造成平民傷亡或破壞民用物體或致使自然環境遭受廣泛、長期和嚴重的破壞，其程度與預期得到的具體和直接的整體軍事利益相比顯然是過分的；

(e)以任何手段攻擊或轟擊非軍事目標的不設防城鎮、村莊、住所或建築物；

(f)殺、傷已經放下武器或喪失自衛能力並已無條件投降的戰鬥員；

(g)不當使用休戰旗、敵方或聯合國旗幟或軍事標志和制服，以及《日內瓦公約》所訂特殊標志，致使人員死亡或重傷；

(h)占領國將部分本國平民人口間接或直接遷移到其占領的領土，或將被占領領土的全部或部分人口驅逐或遷移到被占領領土內或外的地方；

(i)故意指令攻擊專用於宗教、教育、藝術、科學或慈善事業的建築物、歷史紀念物、醫院和傷病人員收容所，除非這些地方是軍事目標；

(j)致使在敵方權力下的人員肢體遭受殘傷，或對其進行任何種類的醫學或科學實驗，而這些實驗既不具有醫學、牙醫學或住院治療有關人員的理由，也不是爲了該人員的利益而進行的，並且導致這些人員死亡或嚴重危及其健康；

(k)以背信棄義的方式殺、傷屬於敵國或敵軍的人員；

(l)宣告決不納降；

(m)摧毀或沒收敵方財產，除非是基於戰爭的必要；

(n)宣布取消、停止敵方國民的權利和訴訟權，或在法院中不予執行；

(o)強迫敵方國民參加反對他們本國的作戰行動，即使這些人在戰爭開始前，已爲該交戰國服役；

(p)搶劫即使是突擊攻下的城鎮或地方；

(q)使用毒物或有毒武器；

(r)使用窒息性、有毒或其他氣體，以及所有類似的液體、物質或器件；

(s)使用在人體內易於膨脹或變扁的子彈，如外殼堅硬而不完全包裹彈芯或外殼經切穿的子彈；

(t)違反武裝衝突國際法規，使用具有造成過分傷害或不必要痛苦的性質，或基本上爲濫殺濫傷的武器、射彈、裝備和作戰方法，但這些武器、射彈、裝備和作戰方法應當已被全面禁止，並已依照第一百二十一條和第一百二十三條的有關規定以一項修正案的形式列入本規約的一項附件內；

(u)損害個人尊嚴，特別是侮辱性和有辱人格的待遇；

(v)強奸、性奴役、強迫賣淫、第七條第二款第六項所界定的強迫懷孕、強迫絕育或構成嚴重破壞《日內瓦公約》的任何其他形式的性暴力；

(w)將平民或其他被保護人置於某些地點、地區或軍事部隊，利用其存在使該地點、地區或軍事部隊免受軍事攻擊；

(x)故意指令攻擊依照國際法使用《日內瓦公約》所訂特殊標志的建築物、裝備、醫療單位和運輸工具及人員；

(y)故意以斷絕平民糧食作爲戰爭方法，使平民無法取得其生存所必需的物品，包括故意阻礙根據《日內瓦公約》規定提供救濟物品；

(z)徵募不滿十五歲的兒童加入國家武裝部隊，或利用他們積極參與敵對行動。

(三)在非國際性武裝衝突中，嚴重違反一九四九年八月一二日四項《日內瓦公約》共同第三條的行爲，即對不實際參加敵對行動的人，包括已經放下武器的武裝部隊人員，及因病、傷、拘留或任何其他原因而失去戰鬥力的人員，實施下列任何一種行爲：

(a)對生命與人身施以暴力，特別是各種謀殺、殘傷肢體、虐待及酷刑；

(b)損害個人尊嚴，特別是侮辱性和有辱人格的待遇；

(c)劫持人質；

(d)未經具有公認爲必需的司法保障的正規組織的法庭宣判，徑行判罪和處決。

(四)第二款第三項適用於非國際性武裝衝突，因此不適用於內部動亂和緊張局勢，如暴動、孤立和零星的暴力行爲或其他性質相同的行爲。

(五)嚴重違反國際法既定範圍內適用於非國際性武裝衝突的法規和慣例的其他行爲，即下列任何一種行爲：

(a)故意指令攻擊平民人口本身或未直接參加敵對行動的個別平民；

(b)故意指令攻擊按照國際法使用《日內瓦公約》所訂特殊標志的建築物、裝備、醫療單位和運輸工具及人員；

(c)故意指令攻擊依照《聯合國憲章》執行的人道主義援助或維持和平行動的所涉人員、設施、物資、單位或車輛，如果這些人員和物體有權得到武裝衝突國際法規給予平民和民用物體的保護；

(d)故意指令攻擊專用於宗教、教育、藝術、科學或慈善事業的建築物、歷史紀念物、醫院和傷病人員收容所，除非這些地方是軍事目標；

(e)搶劫即使是突擊攻下的城鎮或地方；

(f)強奸、性奴役、強迫賣淫、第七條第二款第六項所界定的強迫懷孕、強迫絕育以及構成嚴重違反四項《日內瓦公約》共同第三條的任何其他形式的性暴力；

(g)徵募不滿十五歲的兒童加入武裝部隊或集團，或利用他們積極參加敵對行動；

(h)基於與衝突有關的理由下令平民人口遷移，但因所涉平民的安全或因迫切的軍事理由而有需要的除外；

(i)以背信棄義的方式殺、傷屬敵對方戰鬥員；

(j)宣告決不納降；

(k)致使在衝突另一方權力下的人員肢體遭受殘傷，或對其進行任何種類的醫學或科學實驗，而這些實驗既不具有醫學、牙醫學或住院治療有關人員的理由，也不是爲了該人員的利益而進行的，並且導致這些人員死亡或嚴重危及其健康；

⑴摧毀或沒收敵對方的財產，除非是基於衝突的必要；

㈥第二款第五項適用於非國際性武裝衝突，因此不適用於內部動亂和緊張局勢，如暴動、孤立和零星的暴力行爲或其他性質相同的行爲。該項規定適用於在一國境內發生的武裝衝突，如果政府當局與有組織武裝集團之間，或這種集團相互之間長期進行武裝衝突。

三、第二款第三項和第五項的任何規定，均不影響一國政府以一切合法手段維持或恢復國內法律和秩序，或保衛國家統一和領土完整的責任。

第九條　（犯罪要件）

一、本法院在解釋和適用第六條、第七條和第八條時，應由《犯罪要件》輔助。《犯罪要件》應由締約國大會成員三分之二多數通過。

二、下列各方可以對《犯罪要件》提出修正案：

㈠任何締約國；

㈡以絕對多數行事的法官；

㈢檢察官。

修正案應由締約國大會成員三分之二多數通過。

三、《犯罪要件》及其修正應符合本規約。

第十條　除爲了本規約的目的以外，本編的任何規定不得解釋爲限制或損害現有或發展中的國際法規則。

第十一條　（屬時管轄權）

一、本法院僅對本規約生效後實施的犯罪具有管轄權。

二、對於在本規約生效後成爲締約國的國家，本法院只能對在本規約對該國生效後實施的犯罪行使管轄權，除非該國已根據第十二條第三款提交聲明。

第十二條　（行使管轄權的先決條件）

一、一國成爲本規約締約國，即接受本法院對第五條所述犯罪的管轄權。

二、對於第十三條第一項或第三項的情況，如果下列一個或多個國家是本規約締約國或依照第三款接受了本法院管轄權，本法院即可以行使管轄權：

㈠有關行爲在其境內發生的國家；如果犯罪發生在船舶或飛行器上，該船舶或飛行器的注　國；

㈡犯罪被告人的國籍國。

三、如果根據第二款的規定，需要得到一個非本規約締約國的國家接受本法院的管轄權，該國可以向書記官長提交聲明，接受本法院對有關犯罪行使管轄權。該接受國應依照本規約第九編規定，不拖延並無例外地與本法院合作。

第十三條　（行使管轄權）

在下列情況下，本法院可以依照本規約的規定，就第五條所述犯罪行使管轄權：

一、締約國依照第十四條規定，向檢察官提交顯示一項或多項犯罪已經發生的情勢；

二、安全理事會根據《聯合國憲章》第七章行事，向檢察官提交顯示一項或多項犯罪已經發生的情勢；或

三、檢察官依照第十五條開始調查一項犯罪。

第十四條　（締約國提交情勢）

一、締約國可以向檢察官提交顯示一項或多項本法院管轄權內的犯罪已經發生的情勢，請檢察官調查該情勢，以便確定是否應指控某個人或某些人實施了這些犯罪。

二、提交情勢時，應盡可能具體說明相關情節，並附上提交情勢的國家所掌握的任何輔助文件。

第十五條　（檢察官）

一、檢察官可以自行根據有關本法院管轄權內的犯罪的資料開始調查。

二、檢察官應分析所收到的資料的嚴肅性。爲此目的，檢察官可以要求國家、聯合國機構、政府間組織或非政府組織，或檢察官認爲適當的其他可靠來源提供進一步資料，並可以在本法院所在地接受書面或口頭證言。

三、檢察官如果認爲有合理根據進行調查，應請求預審分庭授權調查，並附上收集到的任何輔助材料。被害人可以依照《程序和證據規則》向預審分庭作出陳述。

四、預審分庭在審查請求及輔助材料後，如果認爲有合理根據進行調查，並認爲案件顯然屬於本法院管轄權內的案件，應授權開始調查。這並不妨礙本法院其後就案件的管轄權和可受理性問題作出斷定。

五、預審分庭拒絕授權調查，並不排除檢察官以後根據新的事實或證據就同一情勢再次提出請求。

六、檢察官在進行了第一款和第二款所述的初步審查後，如果認爲所提供的資料不構成進行調查的合理根據，即應通知提供資料的人。這並不排除檢察官審查根據新的事實或證據，就同一情勢提交的進一步資料。

第十六條　（推遲調查或起訴）

如果安全理事會根據《聯合國憲章》第七章通過決議，向本法院提出要求，在其後十二個月內，本法院不得根據本規約開始或進行調查或起訴；安全理事會可以根據同樣條件延長該項請求。

第十七條　（可受理性問題）

一、考慮到序言第十段及第一條，在下列情況下，本法院應斷定案件不可受理：

㈠對案件具有管轄權的國家正在對該案件進行調查或起訴，除非該國不願意或不能夠切實進行調查或起訴；

㈡對案件具有管轄權的國家已經對該案進行調查，而且該國已決定不對有關的人進行起訴，除非作出這項決定是由於該國不願意或不能夠切實進行起訴；

㈢有關的人已經由於作爲控告理由的行爲受到審判，根據第二十條第三款，本法院不得進行審判；

㈣案件缺乏足夠的嚴重程度，本法院無採取進一步行動的充分理由。

二、爲了確定某一案件中是否有不願意的問題，本法院應根據國際法承認的正當程序原則，酌情考慮是否存在下列一種或多種情況：

㈠已經或正在進行的訴訟程序，或一國所作出的決定，是爲了包庇有關的人，使其免負第五條所述的本法院管轄權內的犯罪的刑事責任；

㈡訴訟程序發生不當延誤，而根據實際情況，這種延誤不符合將有關的人繩之以法的目的；

㈢已經或正在進行的訴訟程序，沒有以獨立或公正的方式進行，而根據實際情況，采用的方式不符合將有關的人繩之以法的目的。

三、爲了確定某一案件中是否有不能夠的問題，本法院應考慮，一國是否由於本國司法系統完全瓦解，或實際上瓦解或者並不存在，因而無法拘捕被告人或取得必要的證據和證言，或在其他方面不能進行本國的訴訟程序。

第十八條　（關於可受理性的初步裁定）

一、在一項情勢已依照第十三條第一項提交本法院，而且檢察官認爲有合理根據開始調查時，或在檢察官根據第十三條第三項和第十五條開始調查時，檢察官應通報所有締約國，及通報根據所得到的資料考慮，通常對有關犯罪行使管轄權的國家。檢察官可以在保密的基礎上通報上述國家。如果檢察官認爲有必要保護個人、防止毀滅證據或防止潛逃，可以限制向國家提供的資料的範圍。

二、在收到上述通報一個月內，有關國家可以通知本法院，對於可能構成第五條所述犯罪，而且與國家通報所提供的資料有關的犯罪行爲，該國正在或已經對本國國民或在其管轄權內的其他人進行調查。根據該國的要求，檢察官應等候該國對有關的人的調查，除非預審分庭根據檢察官的申請，決定授權進行調查。

三、檢察官等候一國調查的決定，在決定等候之日起六個月後，或在由於該國不願意或不能夠切實進行調查，情況發生重大變化的任何時候，可以由檢察官復議。

四、對預審分庭作出的裁定，有關國家或檢察官可以根據第八十二條向上訴分庭提出上訴。上訴得予從速審理。

五、如果檢察官根據第二款等候調查，檢察官可以要求有關國家定期向檢察官通報其調查的進展和其後的任何起訴。締約國應無不當拖延地對這方面的要求作出答復。

六、在預審分庭作出裁定以前，或在檢察官根據本條等候調查後的任何時間，如果出現取得重要證據的獨特機會，或者面對證據日後極可能無法獲得的情況，檢察官可以請預審分庭作爲例外，授權採取必要調查步驟，保全這種證據。

七、質疑預審分庭根據本條作出的裁定的國家，可以根據第十九條，以掌握進一步的重要事實或情況發生重大變化的理由，對案件的可受理性提出質疑。

第十九條　（質疑法院的管轄權或案件的可受理性）

一、本法院應確定對收到的任何案件具有管轄權。本法院可以依照第十七條，自行斷定案件的可受理性。

二、下列各方可以根據第十七條所述理由，對案件的可受理性提出質疑，也可以對本法院的管轄權提出質疑：

㈠被告人或根據第五十八條已對其發出逮捕證或出庭傳票的人；

㈡對案件具有管轄權的國家，以正在或已經調查或起訴該案件爲理由提出質疑；或

㈢根據第十二條需要其接受本法院管轄權的國家。

三、檢察官可以請本法院就管轄權或可受理性問題作出裁定。在關於管轄權或可受理性問題的程序中，根據第十三條提交情勢的各方及被害人均可以向本法院提出意見。

四、第二款所述任何人或國家，只可以對某一案件的可受理性或本法院的管轄權提出一次質疑。這項質疑應在審判開始前或開始時提出。在特殊情況下，本法院可以允許多次提出質疑，或在審判開始後提出質疑。在審判開始時，或經本法院同意，在其後對某一案件的可受理性提出的質疑，只可以根據第十七條第一款第三項提出。

五、第二款第二項和第三項所述國家應儘早提出質疑。

六、在確認指控以前，對某一案件的可受理性的質疑或對本法院管轄權的質疑，應提交預審分庭。在確認指控以後，應提交審判分庭。對於就管轄權或可受理性問題作出的裁判，可以依照第八十二條向上訴分庭提出上訴。

七、如果質疑系由第二款第二項或第三項所述國家提出，在本法院依照第十七條作出斷定以前，檢察官應暫停調查。

八、在本法院作出裁定以前，檢察官可以請求本法院授權：

㈠採取第十八條第六款所述一類的必要調查步驟；

㈡錄取證人的陳述或證言，或完成在質疑提出前已開始的證據收集和審查工作；和

㈢與有關各國合作，防止已被檢察官根據第五十八條請求對其發出逮捕證的人潛逃。

九、提出質疑不影響檢察官在此以前採取的任何行動，或本法院在此以前發出的任何命令或逮捕證的有效性。

十、如果本法院根據第十七條決定某一案件不可受理，檢察官在確信發現的新事實否定原來根據第十七條認定案件不可受理的依據時，可以請

求復議上述決定。

十一、如果檢察官考慮到第十七條所述的事項，等候一項調查，檢察官可以請有關國家向其提供關於調查程序的資料。根據有關國家的請求，這些資料應予保密。檢察官其後決定進行調查時，應通知檢察官曾等候其調查的國家。

第二十條　（一罪不二審）

一、除本規約規定的情況外，本法院不得就本法院已經據以判定某人有罪或無罪的行爲審判該人。

二、對於第五條所述犯罪，已經被本法院判定有罪或無罪的人，不得因該犯罪再由另一法院審判。

三、對於第六條、第七條或第八條所列的行爲，已經由另一法院審判的人，不得因同一行爲受本法院審判，除非該另一法院的訴訟程序有下列情形之一：

㈠是爲了包庇有關的人，使其免負本法院管轄權內的犯罪的刑事責任；或

㈡沒有依照國際法承認的正當程序原則，以獨立或公正的方式進行，而且根據實際情況，采用的方式不符合將有關的人繩之以法的目的。

第二十一條　（適用的法律）

一、本法院應適用的法律依次爲：

㈠首先，適用本規約、《犯罪要件》和本法院的《程序和證據規則》；

㈡其次，視情況適用可予適用的條約及國際法原則和規則，包括武裝衝突國際法規確定的原則；

㈢無法適用上述法律時，適用本法院從世界各法系的國內法，包括適當時從通常對該犯罪行使管轄權的國家的國內法中得出的一般法律原則，但這些原則不得違反本規約、國際法和國際承認的規範和標準。

二、本法院可以適用其以前的裁判所闡釋的法律原則和規則。

三、依照本條適用和解釋法律，必須符合國際承認的人權，而且不得根據第七條第三款所界定的性別、年齡、種族、膚色、語言、宗教或信仰、政見或其它見解、民族本源、族裔、社會出身、財富、出生或其他身份等作出任何不利區別。

第三編　刑法的一般原則

第二十二條　（法無明文不爲罪）

一、只有當某人的有關行爲在發生時構成本法院管轄權內的犯罪，該人才根據本規約負刑事責任。

二、犯罪定義應予以嚴格解釋，不得類推延伸。涵義不明時，對定義作出的解釋應有利於被調查、被起訴或被定罪的人。

三、本條不影響依照本規約以外的國際法將任何行爲定性爲犯罪行爲。

第二十三條　（法無明文者不罰）

被本法院定罪的人，只可以依照本規約受處罰。

第二十四條　（對人不溯及既往）

一、個人不對本規約生效以前發生的行爲負本規約規定的刑事責任。

二、如果在最終判決以前，適用於某一案件的法律發生改變，應當適用對被調查、被起訴或被定罪的人較爲有利的法律。

第二十五條　（個人刑事責任）

一、本法院根據本規約對自然人具有管轄權。

二、實施本法院管轄權內的犯罪的人，應依照本規約的規定負個人責任，並受到處罰。

三、有下列情形之一的人，應依照本規約的規定，對一項本法院管轄權內的犯罪負刑事責任，並受到處罰：

㈠單獨、夥同他人、通過不論是否負刑事責任的另一人，實施這一犯罪；

㈡命令、唆使、引誘實施這一犯罪，而該犯罪事實上是既遂或未遂的；

㈢爲了便利實施這一犯罪，幫助、教唆或以其他方式協助實施或企圖實施這一犯罪，包括提供犯罪手段；

㈣以任何其他方式支助以共同目的行事的團夥實施或企圖實施這一犯罪。這種支助應當是故意的，並且符合下列情況之一：

(a)是爲了促進這一團夥的犯罪活動或犯罪目的，而這種活動或目的涉及實施本法院管轄權內的犯罪；

(b)明知這一團夥實施該犯罪的意圖；

㈤就滅絕種族罪而言，直接公然煽動他人滅絕種族；

㈥已經以實際步驟著手採取行動，意圖實施犯罪，但由於其意志以外的情況，犯罪沒有發生。但放棄實施犯罪或防止犯罪完成的人，如果完全和自願地放棄其犯罪目的，不按犯罪未遂根據本規約受處罰。

四、本規約關於個人刑事責任的任何規定，不影響國家依照國際法所負的責任。

第二十六條　（對不滿十八周歲的人不具有管轄權）

對於實施被控告犯罪時不滿十八周歲的人，本法院不具有管轄權。

第二十七條　（官方身份的無關性）

一、本規約對任何人一律平等適用，不得因官方身份而差別適用。特別是作爲國家元首或政府首腦、政府成員或議會議員、選任代表或政府官員的官方身份，在任何情況下都不得免除個人根據本規約所負的刑事責任，其本身也不得構成減輕刑罰的理由。

二、根據國內法或國際法可能賦予某人官方身份的豁免或特別程序規則，不妨礙本法院對該人行使管轄權。

第二十八條　（指揮官和其他上級的責任）

除根據本規約規定須對本法院管轄權內的犯罪負刑事責任的其他理由以外：

一、軍事指揮官或以軍事指揮官身份有效行事的人，如果未對在其有效指揮和控制下的部隊，或在其有效管轄和控制下的部隊適當行使控制，在下列情況下，應對這些部隊實施的本法院管轄權內的犯罪負刑事責任：

㈠該軍事指揮官或該人知道，或者由於當時的情況理應知道，部隊正在實施或即將實施這些犯罪；和

㈡該軍事指揮官或該人未採取在其權力範圍內的一切必要而合理的措施，防止或制止這些犯罪的實施，或報請主管當局就此事進行調查和起訴。

二、對於第一項未述及的上下級關係，上級人員如果未對在其有效管轄或控制下的下級人員適當行使控制，在下列情況下，應對這些下級人員實施的本法院管轄權內的犯罪負刑事責任：

㈠該上級人員知道下級人員正在實施或即將實施這些犯罪，或故意不理會明確反映這一情況的情報；

㈡犯罪涉及該上級人員有效負責和控制的活動；和

㈢該上級人員未採取在其權力範圍內的一切必要而合理的措施，防止或制止這些犯罪的實施，或報請主管當局就此事進行調查和起訴。

第二十九條　（不適用時效）

本法院管轄權內的犯罪不適用任何時效。

第三十條　（心理要件）

一、除另有規定外，只有當某人在故意和明知的情況下實施犯罪的物質要件，該人才對本法院管轄權內的犯罪負刑事責任，並受到處罰。

二、爲了本條的目的，有下列情形之一的，即可以認定某人具有故意：

㈠就行爲而言，該人有意從事該行爲；

㈡就結果而言，該人有意造成該結果，或者意識到事態的一般發展會產生該結果。

三、爲了本條的目的，「明知」是指意識到存在某種情況，或者事態的一般發展會產生某種結果。「知道」和「明知地」應當作相應的解釋。

第三十一條　（排除刑事責任的理由）

一、除本規約規定的其他排除刑事責任的理由外，實施行爲時處於下列狀況的人不負刑事責任：

㈠該人患有精神病或精神不健全，因而喪失判斷其行爲的不法性或性質的能力，或控制其行爲以符合法律規定的能力；

㈡該人處於醉態，因而喪失判斷其行爲的不法性或性質的能力，或控制其行爲以符合法律規定的能力，除非該人在某種情況下有意識地進入醉態，明知自己進入醉態後，有可能從事構成本法院管轄權內的犯罪的行爲，或者該人不顧可能發生這種情形的危險；

㈢該人以合理行爲防衛本人或他人，或者在戰爭罪方面，防衛本人或他人生存所必需的財產，或防衛完成一項軍事任務所必需的財產，以避免即將不法使用的武力，而且采用的防衛方式與被保護的本人或他人或財產所面對的危險程度是相稱的。該人參與部隊進行的防禦行動的事實，本身並不構成本項規定的排除刑事責任的理由；

㈣被控告構成本法院管轄權內的犯罪的行爲是該人或他人面臨即將死亡的威脅或面臨繼續或即將遭受嚴重人身傷害的威脅而被迫實施的，該人爲避免這一威脅採取必要而合理的行動，但必須無意造成比設法避免的傷害更爲嚴重的傷害。上述威脅可以是：

(a)他人造成的；或

(b)該人無法控制的其他情況所構成的。

二、對於審理中的案件，本法院應確定本規約規定的排除刑事責任的理由的可適用性。

三、審判時，除可以考慮第一款所列的排除刑事責任的理由外，本法院還可以考慮其他排除刑事責任的理由，但這些理由必須以第二十一條規定的適用的法律爲依據。《程序和證據規則》應規定考慮這種理由的程序。

第三十二條　（事實錯誤或法律錯誤）

一、事實錯誤只在否定構成犯罪所需的心理要件時，才可以作爲排除刑事責任的理由。

二、關於某一類行爲是否屬於本法院管轄權內的犯罪的法律錯誤，不得作爲排除刑事責任的理由。法律錯誤如果否定構成犯罪所需的心理要件，或根據第三十三條的規定，可以作爲排除刑事責任的理由。

第三十三條　（上級命令和法律規定）

一、某人奉政府命令或軍職或文職上級命令行事而實施本法院管轄權內的犯罪的事實，並不免除該人的刑事責任，但下列情況除外：

㈠該人有服從有關政府或上級命令的法律義務；

㈡該人不知道命令爲不法的；和

㈢命令的不法性不明顯。

二、爲了本條的目的，實施滅絕種族罪或危害人類罪的命令是明顯不法的。

第四編　法院的組成和行政管理

第三十四條　（法院的機關）

本法院由下列機關組成：

一、院長會議；

二、上訴庭、審判庭和預審庭；

三、檢察官辦公室；

四、書記官處。

第三十五條　（法官的任職）

一、全體法官應選舉產生，擔任本法院的全時專職法官，並應能夠自任期開始時全時任職。

二、組成院長會議的法官一經當選，即應全時任職。

三、院長會議不時可以根據本法院的工作量，與本法院成員磋商，決定在何種程度上需要其他法官全時任職。任何這種安排不得妨礙第四十條的規定。

四、不必全時任職的法官的薪酬，應依照第四十九條確定。

第三十六條　（法官的資格、提名和選舉）

一、除第二款規定外，本法院應有法官十八名。

二、

㈠院長會議可以代表本法院，提議增加第一款規定的法官人數，並說明其認爲這一提議爲必要和適當的理由。書記官長應從速將任何這種提案分送所有締約國。

㈡任何這種提案應在依照第一百一十二條召開的締約國大會會議上審議。提案如果在會議上得到締約國大會成員三分之二多數贊成，即應視爲通過，並應自締約國大會決定的日期生效。

㈢

(a)增加法官人數的提案依照第二項獲得通過後，即應在下一屆締約國大會上根據第三款至第八款及第三十七條第二款增選法官；

(b)增加法官人數的提案依照第二項和第三項第一目獲得通過並予以實施後，院長會議在以後的任何時候，可以根據本法院的工作量提議減少法官人數，但法官人數不得減至第一款規定的人數以下。提案應依照第一項和第二項規定的程序處理。如果提案獲得通過，法官的人數應隨著在職法官的任期屆滿而逐步減少，直至達到所需的人數爲止。

三、

㈠本法院法官應選自品格高尚、清正廉明，具有本國最高司法職位的任命資格的人。

㈡參加本法院選舉的每一候選人應具有下列資格：

(a)在刑法和刑事訴訟領域具有公認能力，並因曾擔任法官、檢察官、律師或其他同類職務，而具有刑事訴訟方面的必要相關經驗；或

(b)在相關的國際法領域，例如國際人道主義法和人權法等領域，具有公認能力，並且具有與本法院司法工作相關的豐富法律專業經驗；

㈢參加本法院選舉的每一候選人應精通並能流暢使用本法院的至少一種工作語文。

四、

㈠本規約締約國均可以提名候選人參加本法院的選舉。提名應根據下列程序之一進行：

(a)有關國家最高司法職位候選人的提名程序；或

(b)《國際法院規約》規定的國際法院法官候選人的提名程序。

提名應附必要的詳細資料，說明候選人的資格符合第三款的要求。

㈡每一締約國可以爲任何一次選舉提名候選人一人，該候選人不必爲該國國民，但必須爲締約國國民。

㈢締約國大會可以酌情決定成立提名咨詢委員會。在這種情況下，該委員會的組成和職權由締約國大會確定。

五、爲了選舉的目的，應擬定兩份候選人名單：

㈠名單A所列候選人須具有第三款第二項第一目所述資格；

㈡名單B所列候選人須具有第三款第二項第二目所述資格。

候選人如果具備充分資格，足以同時列入上述兩份名單，可以選擇列入任何一份名單。本法院的第一次選舉，應從名單A中選出至少九名法官，從名單B中選出至少五名法官。其後的選舉應適當安排，使有資格列入上述兩份名單的法官在本法院中保持相當的比例。

六、

㈠應在根據第一百一十二條爲選舉召開的締約國大會會議上，以無記名投票選舉法官。在第七款限制下，得到出席並參加表決的締約國三分之二多數票的十八名票數最高的候選人，當選爲本法院法官。

㈡第一輪投票沒有選出足夠數目的法官時，應依照第一項規定的程序連續進行投票，直至補足餘缺爲止。

七、不得有二名法官爲同一國家的國民。就充任本法院法官而言，可視爲一個國家以上國民的人，應被視爲其通常行使公民及政治權利所在國家的國民。

八、

㈠締約國在推選法官時，應考慮到本法院法官的組成需具有：

(a)世界各主要法系的代表性；

(b)公平地域代表性；和

(c)適當數目的男女法官。

㈡締約國還應考慮到必須包括對具體問題，如對婦女的暴力或對兒童的暴力等問題具有專門知識的法官。

九、

㈠除第二項規定外，法官任期九年，而且除第三項和第三十七條第二款規定的情況外，法官不得連選。

㈡第一次選舉時，在當選的法官中，應抽籤決定，三分之一任期三年，三分之一任期六年，其餘任期九年。

㈢根據第二項抽籤決定，任期三年的法官，可以連選連任一次，任期九年。

十、雖有第九款規定，依照第三十九條被指派到審判分庭或上訴分庭的法官應繼續任職，以完成有關分庭已經開始聽訊的任何審判或上訴。

第三十七條　（法官職位的出缺）

一、出現空缺時，應依照第三十六條進行選舉，以補出缺。

二、當選補缺的法官應完成其前任的剩餘任期，剩餘任期三年或不滿三年的，可以根據第三十六條連選連任一次，任期九年。

第三十八條　（院長會議）

一、院長和第一及第二副院長由法官絕對多數選出，各人任期三年，或者直至其法官任期屆滿爲止，並以較早到期者爲准。他們可以連選一次。

二、院長不在或者回避時，由第一副院長代行院長職務。院長和第一副院長都不在或者回避時，由第二副院長代行院長職務。

三、院長會議由院長和第一及第二副院長組成，其職能如下：

㈠適當管理本法院除檢察官辦公室以外的工作；和

㈡履行依照本規約賦予院長會議的其他職能。

四、院長會議根據第三款第一項履行職能時，應就一切共同關注的事項與檢察官進行協調，尋求一致。

第三十九條　（分庭）

一、本法院應在選舉法官後，儘快組建第三十四條第二項所規定的三個庭。上訴庭由院長和四名其他法官組成，審判庭由至少六名法官組成，預審庭也應由至少六名法官組成。指派各庭的法官時，應以各庭所需履行的職能的性質，以及本法院當選法官的資格和經驗爲根據，使各庭在刑法和刑事訴訟以及在國際法方面的專長的搭配得當。審判庭和預審庭應主要由具有刑事審判經驗的法官組成。

二、

㈠本法院的司法職能由各庭的分庭履行。

㈡

(a)上訴分庭由上訴庭全體法官組成；

(b)審判分庭的職能由審判庭三名法官履行；

(c)預審分庭的職能應依照本規約和《程序和證據規則》的規定，由預審庭的三名法官履行或由該庭的一名法官單獨履行。

㈢爲有效處理本法院的工作，本款不排除在必要時同時組成多個審判分庭或預審分庭。

三、

㈠被指派到審判庭或預審庭的法官在各庭的任期三年，或在有關法庭已開始某一案件的聽訊時，留任至案件審結爲止。

㈡被指派到上訴庭的法官，任期內應一直在該庭任職。

四、被指派到上訴庭的法官，只應在上訴庭任職。但本條不排除審判庭和預審庭之間，在院長會議認爲必要的時候，互相暫時借調法官，以有效處理本法院的工作，但參與某一案件的預審階段的法官，無論如何不得在審判分庭參與審理同一案件。

第四十條　（法官的獨立性）

一、法官應獨立履行職責。

二、法官不得從事任何可能妨礙其司法職責，或者使其獨立性受到懷疑的活動。

三、需要在本法院所在地全時任職的法官不得從事任何其他專業性職業。

四、關於適用第二款和第三款的任何問題，應當由法官絕對多數決定。任何這類問題涉及個別法官時，該法官不得參與作出決定。

第四十一條　（法官職責的免除和回避）

一、院長會議可以依照《程序和證據規則》，根據某一法官的請求，准其不履行本規約規定的某項職責。

二、

㈠法官不得參加審理其公正性可能因任何理由而受到合理懷疑的案件。如果法官除其他外，過去曾以任何身份參與本法院審理中的某一案件，或在國家一級參與涉及被調查或被起訴的人的相關刑事案件，該法官應依照本款規定，回避該案件的審理。法官也應當因《程序和證據規則》規定的其他理由而回避案件的審理。

㈡檢察官或被調查或被起訴的人可以根據本款要求法官回避。

㈢關於法官回避的任何問題，應當由法官絕對多數決定。受到質疑的法官有權就該事項作出評論，但不得參與作出決定。

第四十二條　（檢察官辦公室）

一、檢察官辦公室應作爲本法院的一個單獨機關獨立行事，負責接受和審查提交的情勢以及關於本法院管轄權內的犯罪的任何有事實根據的資料，進行調查並在本法院進行起訴。檢察官辦公室成員不得尋求任何外來指示，或按任何外來指示行事。

二、檢察官辦公室由檢察官領導。檢察官全權負責檢察官辦公室，包括辦公室工作人員、設施及其他資源的管理和行政事務。檢察官應由一名或多名副檢察官協助，副檢察官有權採取本規約規定檢察官應採取的任何行動。檢察官和副檢察官的國籍應當不同。他們應全時任職。

三、檢察官和副檢察官應爲品格高尙，在刑事案件的起訴或審判方面具有卓越能力和豐富實際經驗的人。他們應精通並能流暢使用本法院的至少一種工作語文。

四、檢察官應由締約國大會成員進行無記名投票，以絕對多數選出。副檢察官應以同樣方式，從檢察官提出的候選人名單中選出。檢察官應爲每一個待補的副檢察官職位提名三名候選人。除非選舉時另行確定較短任期，檢察官和副檢察官任期九年，不得連選。

五、檢察官和副檢察官不得從事任何可能妨礙其檢察職責，或者使其獨立性受到懷疑的活動，也不得從事任何其他專業性職業。

六、檢察官或副檢察官可以向院長會議提出請求，准其不參與處理某一案件。

七、檢察官和副檢察官不得參加處理其公正性可能因任何理由而受到合理懷疑的事項。除其他外，過去曾以任何身份參與本法院審理中的某一案件，或在國家一級參與涉及被調查或被起訴的人的相關刑事案件的檢察官和副檢察官，應當該依照本款規定，回避該案件的處理。

八、檢察官或副檢察官的回避問題，應當由上訴分庭決定。

㈠被調查或被起訴的人可以在任何時候根據本條規定的理由，要求檢察官或副檢察官迴避；

㈡檢察官或副檢察官本人有權就該事項作出評論。

九、檢察官應任命若干對具體問題，如性暴力、性別暴力和對兒童的暴力等問題具有法律專門知識的顧問。

第四十三條　（書記官處）

一、在不妨礙第四十二條規定的檢察官職責和權力的情況下，書記官處負責本法院非司法方面的行政管理和服務。

二、書記官長爲本法院主要行政官員，領導書記官處的工作。書記官長在本法院院長的權力下行事。

三、書記官長和副書記官長應爲品格高尚，能力卓越的人，且精通並能流暢使用本法院的至少一種工作語文。

四、法官應參考締約國大會的任何建議，進行無記名投票，以絕對多數選出書記官長。在必要的時候，經書記官長建議，法官得以同樣方式選出副書記官長一名。

五、書記官長任期五年，可以連選一次，並應全時任職。副書記官長任期五年，或可能由法官絕對多數另行決定的較短任期。可以按在需要時到任服務的條件選舉副書記官長。

六、書記官長應在書記官處內成立被害人和證人股。該股應與檢察官辦公室協商，向證人、出庭作證的被害人，以及由於這些證人作證而面臨危險的其他人提供保護辦法和安全措施、輔導咨詢和其他適當援助。該股應有專於精神創傷，包括與性暴力犯罪有關的精神創傷方面的專業工作人員。

第四十四條　（工作人員）

一、檢察官和書記官長應視需要，任命其處、室的合格工作人員。就檢察官而言，這包括調查員的任命。

二、檢察官和書記官長在雇用工作人員時，應確保效率、才幹和忠誠達到最高標準，並應適當顧及第三十六條第八款所定的標準。

三、書記官長應在院長會議和檢察官同意下，擬定《工作人員條例》，規定本法院工作人員的任用、薪酬和解雇等條件。《工作人員條例》應由締約國大會批准。

四、在特殊情況下，本法院可以利用締約國、政府間組織或非政府組織免費提供的人員的專門知識，協助本法院任何機關的工作。檢察官可以接受向檢察官辦公室提供的這些協助。應依照締約國大會制定的準則任用免費提供的人員。

第四十五條　（宣誓）

法官、檢察官、副檢察官、書記官長和副書記官長在根據本規約就職前，應逐一在公開庭上宣誓，保證秉公竭誠履行各自的職責。

第四十六條　（免職）

一、法官、檢察官、副檢察官、書記官長或副書記官長，有下列情形之一的，應在依照第二款作出決定後予以免職：

㈠經查明有《程序和證據規則》所指的嚴重不當行爲，或嚴重違反本規約的瀆職行爲；或

㈡無法履行本規約規定的職責。

二、根據第一款免除法官、檢察官或副檢察官職務的決定，由締約國大會以下列無記名投票方式作出：

㈠關於法官的決定，根據本法院其他法官三分之二多數通過的建議，由締約國三分之二多數作出；

㈡關於檢察官的決定，由締約國絕對多數作出；

㈢關於副檢察官的決定，根據檢察官的建議，由締約國絕對多數作出。

三、關於書記官長或副書記官長的免職決定，由法官絕對多數作出。

四、法官、檢察官、副檢察官、書記官長或副書記官長，其行爲或履行本規約所規定職責的能力根據本條受到質疑的，應有充分機會依照《程

序和證據規則》提出證據、獲告知證據和作出陳述。有關的人不得以其他方式參與審議問題。

第四十七條　（紀律措施）

法官、檢察官、副檢察官、書記官長或副書記官長，如果有不當行爲，其嚴重程度輕於第四十六條第一款所述的，應依照《程序和證據規則》給予紀律處分。

第四十八條　（特權和豁免）

一、本法院在每一締約國境內，應享有爲實現其宗旨所需的特權和豁免。

二、法官、檢察官、副檢察官、書記官長在執行本法院職務時，或在其涉及本法院的職務方面，應享受外交使團團長所享有的同樣特權和豁免，而且在其任期結束後，應繼續享有豁免，與其執行公務有關的言論、文書和行爲，不受任何形式的法律訴訟。

三、副書記官長、檢察官辦公室工作人員和書記官處工作人員，應根據本法院的特權和豁免協定，享有履行其職責所需的特權、豁免和便利。

四、律師、鑒定人、證人或被要求到本法院所在地的任何其他人，應根據本法院的特權和豁免協定，獲得本法院正常運作所需的待遇。

五、特權和豁免的放棄方式如下：

㈠法官或檢察官的特權和豁免，可以由法官絕對多數放棄；

㈡書記官長的特權和豁免，可以由院長會議放棄；

㈢副檢察官和檢察官辦公室工作人員的特權和豁免，可以由檢察官放棄；

㈣副書記官長和書記官處工作人員的特權和豁免，可以由書記官長放棄。

第四十九條　（薪金、津貼和費用）

法官、檢察官、副檢察官、書記官長和副書記官長領取締約國大會所確定的薪金、津貼和費用。薪金和津貼在各人任期內不得減少。

第五十條　（正式語文和工作語文）

一、本法院的正式語文爲阿拉伯文、中文、英文、法文、俄文和西班牙文。本法院的判決以及爲解決本法院審理的重大問題而作出的其他裁判，應以正式語文公布。院長會議應依照《程序和證據規則》所定標準，確定爲本款的目的，可以視爲解決重大問題的裁判。

二、本法院的工作語文爲英文和法文。《程序和證據規則》應規定在何種情況下可以采用其他正式語文作爲工作語文。

三、本法院應訴訟當事方或獲准參與訴訟的國家的請求，如果認爲所提理由充分，應准許該當事方或國家使用英文或法文以外的一種語文。

第五十一條　（程序和證據規則）

一、《程序和證據規則》在締約國大會成員三分之二多數通過後生效。

二、下列各方可以提出《程序和證據規則》的修正案：

㈠任何締約國；

㈡以絕對多數行事的法官；或

㈢檢察官。

修正案在締約國大會成員三分之二多數通過後立即生效。

三、在《程序和證據規則》通過後，遇《規則》未對本法院面對的具體情況作出規定的緊急情況，法官得以三分之二多數制定暫行規則，在締約國大會下一次常會或特別會議通過、修正或否決該規則以前暫予適用。

四、《程序和證據規則》、其修正案和任何暫行規則，應與本規約保持一致。《程序和證據規則》的修正案及暫行規則，不應追溯適用，損及被調查、被起訴或已被定罪的人。

五、本規約與《程序和證據規則》衝突之處，以本規約爲准。

第五十二條　（法院條例）

一、法官應依照本規約和《程序和證據規則》，爲本法院日常運作的需要，以絕對多數制定《法院條例》。

二、擬訂該《條例》及其任何修正案時，應咨詢檢察官和書記官長的意見。

三、該《條例》及其任何修正案應一經通過，立即生效，法官另有決定的，不在此列。這些文書通過後，應立即分送締約國徵求意見，六個月內沒有過半數締約國提出异議的，繼續有效。

第五編　調查和起訴

第五十三條　（開始調查）

一、檢察官在評估向其提供的資料後，即應開始調查，除非其本人確定沒有依照本規約進行調查的合理根據。在決定是否開始調查時，檢察官應考慮下列各點：

㈠檢察官掌握的資料是否提供了合理根據，可據以認爲有人已經實施或正在實施本法院管轄權內的犯罪；

㈡根據第十七條，該案件是否爲可予受理或將可予受理的；和

㈢考慮到犯罪的嚴重程度和被害人的利益，是否仍有實質理由認爲調查無助於實現公正。

如果檢察官確定沒有進行調查的合理根據，而且其決定是完全基於上述第三項作出的，則應通知預審分庭。

二、檢察官進行調查後，可以根據下列理由斷定沒有進行起訴的充分根據：

㈠沒有充分的法律或事實根據，可據以依照第五十八條請求發出逮捕證或傳票；

㈡該案件根據第十七條不可受理；或

㈢考慮到所有情況，包括犯罪的嚴重程度、被害人的利益、被控告的行爲人的年齡或疾患，及其在被控告的犯罪中的作用，起訴無助於實現公正；

在這種情況下，檢察官應將作出的結論及其理由通知預審分庭，及根據第十四條提交情勢的國家，或根據第十三條第二項提交情勢的安全理事會。

三、

㈠如果根據第十四條提交情勢的國家或根據第十三條第二項提交情勢的安全理事會提出請求，預審分庭可以復核檢察官根據第一款或第二款作出的不起訴決定，並可以要求檢察官復議該決定。

㈡此外，如果檢察官的不調查或不起訴決定是完全基於第一款第三項或第二款第三項作出的，預審分庭可以主動復核該決定。在這種情況下，檢察官的決定必須得到預審分庭的確認方爲有效。

四、檢察官可以隨時根據新的事實或資料，復議就是否開始調查或進行起訴所作的決定。

第五十四條　（檢察官在調查方面的義務和權力）

一、檢察官應當：

㈠爲查明眞相，調查一切有關的事實和證據，以評估是否存在本規約規定的刑事責任。進行調查時，應同等地調查證明有罪和證明無罪的情節；

㈡採取適當措施，確保有效地對本法院管轄權內的犯罪進行調查和起訴。進行調查時，應尊重被害人和證人的利益和個人情況，包括年齡、第七條第三款所界定的性別、健康狀況，並應考慮犯罪的性質，特別是在涉及性暴力、性別暴力或對兒童的暴力的犯罪方面；和

㈢充分尊重本規約規定的個人權利。

二、檢察官可以根據下列規定，在一國境內進行調查：

㈠第九編的規定；或

㈡第五十七條第三款第四項的規定，由預審分庭授權進行調查。

三、檢察官可以：

㈠收集和審查證據；

㈡要求被調查的人、被害人和證人到庭，並對其進行訊問；

㈢請求任何國家合作，或請求政府間組織或安排依照各自的職權和(或)任務規定給予合作；

㈣達成有利於國家、政府間組織或個人提供合作的必要安排或協議，但這種安排或協議不得與本規約相抵觸；

㈤同意不在訴訟的任何階段披露檢察官在保密條件下取得的、只用於產生新證據的文件或資料，除非提供這些資料的一方同意予以披露；和

㈥採取必要措施，或要求採取必要措施，以確保資料的機密性、保護人員或保全證據。

第五十五條　（調查期間的個人權利）

一、根據本規約進行調查時，個人享有下列權利：

㈠不被強迫證明自己有罪或認罪；

㈡不受任何形式的強迫、脅迫或威脅，不受酷刑，或任何其他形式的殘忍、不人道或有辱人格的待遇或處罰；

㈢在訊問語言不是該人所通曉和使用的語言時，免費獲得合格口譯員的協助，以及爲求公正而需要的文件譯本；和

㈣不得被任意逮捕或羈押，也不得基於本規約規定以外的理由和根據其規定以外的程序被剝奪自由。

二、如果有理由相信某人實施了本法院管轄權內的犯罪，在該人行將被檢察官進行訊問，或行將被國家當局根據按第九編提出的請求進行訊問時，該人還享有下列各項權利，並應在進行訊問前被告知這些權利：

㈠被訊問以前，被告知有理由相信他或她實施了本法院管轄權內的犯罪；

㈡保持沉默，而且這種沉默不作爲判定有罪或無罪的考慮因素；

㈢獲得該人選擇的法律援助，或在其沒有法律援助的情況下，爲了實現公正而有必要時，爲其指定法律援助，如果無力支付，則免費提供；和

㈣被訊問時律師在場，除非該人自願放棄獲得律師協助的權利。

第五十六條　（預審分庭在獨特調查機會方面的作用）

一、

㈠如果檢察官認爲，就審判而言，進行某項調查，以錄取證人證言或陳述，審查、收集或檢驗證據，可能是日後無法獲得的獨特機會，檢察官應將這一情形通知預審分庭。

㈡在這種情況下，預審分庭可以應檢察官的請求，採取必要措施，確保程序的效率及完整性，特別是保障辯護方的權利。

㈢除預審分庭另有決定外，檢察官還應向因爲第一項所述的調查而被逮捕或被傳喚到庭的人提供相關資料，使該人可以就此事提出意見。

二、第一款第二項所述的措施可以包括：

㈠作出關於應遵循的程序的建議或命令；

㈡指示爲該程序製作記錄；

㈢指派鑑定人協助；

㈣授權被逮捕人或被傳喚到庭的人的律師參與，或在尚未逮捕、到庭、指定律師時，指派另一名律師到場代表辯護方的利益；

㈤指派一名預審分庭法官，或必要時指派另一名可予調遣的預審庭或審判庭法官，監督證據的收集和保全及對人員的訊問，並就此作出建議或命令；

㈥採取其他可能必要的行動，以收集或保全證據。

三、

㈠如果檢察官未依本條要求採取措施，但預審分庭認爲需要採取這些措施，以保全其認爲審判中對辯護方具有重大意義的證據，則應向檢察官瞭解，檢察官未要求採取上述措施是否有充分理由。經瞭解後，如

果預審分庭判斷，檢察官沒有理由不要求採取上述措施，則預審分庭可以自行採取這些措施。

㈡對於預審分庭依照本款自行採取行動的決定，檢察官可以提出上訴。上訴應予從速審理。

四、根據本條爲審判而保全或收集的證據或其記錄，在審判中，應根據第六十九條決定其可采性，並由審判分庭確定其證明力。

第五十七條　（預審分庭的職能和權力）

一、除本規約另有規定外，預審分庭應依照本條規定行使職能。

二、㈠預審分庭根據第十五條、第十八條、第十九條、第五十四條第二款、第六十一條第七款和第七十二條發出的命令或作出的裁定，必須得到預審分庭法官過半數的同意。

㈡在所有其他情況下，預審分庭的一名法官可以單獨行使本規約規定的職能，但《程序和證據規則》另有規定，或者預審分庭法官過半數另有決定的除外。

三、除本規約規定的其他職能以外，預審分庭還具有下列權力：

㈠應檢察官請求，發出進行調查所需的命令和授權令；

㈡應根據第五十八條被逮捕或被傳喚到庭的人的請求，發出必要的命令，包括採取第五十六條所述的措施，或依照第九編尋求必要的合作，以協助該人準備辯護；

㈢在必要的時候，下令保護被害人和證人及其隱私，保全證據，保護被逮捕或被傳喚到庭的人，及保護國家安全資料；

㈣如果預審分庭在盡可能考慮到有關締約國的意見後根據情況斷定，該締約國不存在有權執行第九編規定的合作請求的任何當局或司法體制中的任何部門，顯然無法執行合作請求，則可以授權檢察官在未根據第九編取得該國合作的情況下，在該國境內採取特定調查步驟；

㈤如果已根據第五十八條發出逮捕證或傳票，在根據本規約及《程序和證據規則》的規定，適當考慮到證據的證明力和有關當事方的權利的情況下，根據第九十三條第一款第一一項尋求國家合作，要求爲沒收財物，特別是爲了被害人的最終利益，採取保護性措施。

第五十八條　（預審分庭發出逮捕證或出庭傳票）

一、調查開始後，根據檢察官的申請，預審分庭在審查檢察官提交的申請書和證據或其他資料後，如果認爲存在下列情況，應對某人發出逮捕證：

㈠有合理理由相信該人實施了本法院管轄權內的犯罪；和

㈡爲了下列理由，顯然有必要將該人逮捕：

(a)確保該人在審判時到庭；

(b)確保該人不妨礙或危害調查工作或法庭訴訟程序；或

(c)在必要的時候，爲了防止該人繼續實施該犯罪或實施本法院管轄權內產生於同一情況的有關犯罪。

二、檢察官的申請書應包括下列內容：

㈠該人的姓名及有關其身份的任何其他資料；

㈡該人被控告實施的本法院管轄權內的犯罪的具體說明；

㈢被控告構成這些犯罪的事實的摘要；

㈣證據和任何其他資料的摘要，這些證據和資料構成合理理由，足以相信該人實施了這些犯罪；和

㈤檢察官認爲必須逮捕該人的理由。

三、逮捕證應包括下列內容：

㈠該人的姓名及有關其身份的任何其他資料；

㈡要求據以逮捕該人的本法院管轄權內的犯罪的具體說明；和

㈢被控告構成這些犯罪的事實的摘要。

四、在本法院另有決定以前，逮捕證一直有效。

五、本法院可以根據逮捕證，請求依照第九編的規定，臨時逮捕或逮捕並移交該人。

六、檢察官可以請求預審分庭修改逮捕證，變更或增加其中所列的犯罪。如果預審分庭認爲，有合理理由相信該人實施了經變更或增列的犯罪，則應照此修改逮捕證。

七、檢察官除可以請求發出逮捕證外，也可以申請預審分庭發出傳票，傳喚該人出庭。如果預審分庭認爲，有合理理由相信該人實施了被控告的犯罪，而且傳票足以確保該人出庭，則應發出傳票，按國內法規定附帶或不附帶限制自由（羈押除外）的條件，傳喚該人出庭。傳票應包括下列內容：

㈠該人的姓名及有關其身份的任何其他資料；

㈡指定該人出庭的日期；

㈢該人被控告實施的本法院管轄權內的犯罪的具體說明；和

㈣被控告構成這些犯罪的事實的摘要。

傳票應送達該人。

第五十九條　（羈押國內的逮捕程序）

一、締約國在接到臨時逮捕或逮捕並移交的請求時，應依照本國法律和第九編規定，立即採取措施逮捕有關的人。

二、應將被逮捕的人迅速提送羈押國的主管司法當局。該主管司法當局應依照本國法律確定：

㈠逮捕證適用於該人；

㈡該人是依照適當程序被逮捕的；和

㈢該人的權利得到尊重。

三、被逮捕的人有權向羈押國主管當局申請在移交前暫時釋放。

四、在對任何上述申請作出決定以前，羈押國主管當局應考慮，鑒於被控告的犯罪的嚴重程度，是否存在暫時釋放的迫切及特殊情況，以及是否已有必要的防範措施，確保羈押國能夠履行其向本法院移交該人的義務。羈押國主管當局無權審議逮捕證是否依照第五十八條第一款第一項和第二項適當發出的問題。

五、應將任何暫時釋放的請求通知預審分庭，預審分庭應就此向羈押國主管當局提出建議。羈押國主管當局在作出決定前應充分考慮這些建議，包括任何關於防止該人逃脫的措施的建議。

六、如果該人獲得暫時釋放，預審分庭可以要求定期報告暫時釋放的情況。

七、在羈押國命令移交該人後，應儘快向本法院遞解該人。

第六十條　（在法院提起的初步程序）

一、在向本法院移交該人，或在該人自願或被傳喚到庭後，預審分庭應查明該人已被告知其被控告實施的犯罪，及其根據本規約所享有的權利，包括申請在候審期間暫時釋放的權利。

二、根據逮捕證被逮捕的人可以申請在候審期間暫時釋放。預審分庭認爲存在第五十八條第一款所述的情況時，應繼續羈押該人。認爲不存在這些情況時，預審分庭應有條件或無條件地釋放該人。

三、預審分庭應定期復議其有關釋放或羈押該人的裁定，並可以隨時根據檢察官或該人的請求進行復議。經復議後，預審分庭如果確認情況有變，可以酌情修改其羈押、釋放或釋放條件的裁定。

四、預審分庭應確保任何人不因檢察官無端拖延，在審判前受到不合理的長期羈押。發生這種拖延時，本法院應考慮有條件或無條件地釋放該人。

五、在必要的時候，預審分庭可以發出逮捕證，確保被釋放的人到案。

第六十一條　審判前確認指控

一、除第二款規定外，在某人被移交或自動到本法院出庭後的一段合理時間內，預審分庭應舉行聽訊，確認檢察官準備提請審判的指控。聽訊應在檢察官和被指控的人及其律師在場的情況下舉行。

二、有下列情形之一的，預審分庭可以根據檢察官的請求或自行決定，在被指控的人不在場的情況下舉行聽訊，確認檢察官準備提請審判的指控：

㈠該人已放棄出庭權利；或

㈡該人已逃逸或下落不明，而且已採取一切合理步驟使其出庭，將指控通知該人，並使其知道即將舉行聽訊確認指控。

在這種情況下，如果預審分庭認爲有助於實現公正，被告人應由律師代理。

三、在聽訊前的一段合理期間內，該人應：

㈠收到載有檢察官準備將該人交付審判所依據的指控的文件副本；和

㈡被告知檢察官在聽訊時準備采用的證據。

預審分庭可以爲聽訊的目的發出披露資料的命令。

四、聽訊前，檢察官可以繼續進行調查，並可以修改或撤銷任何指控。指控的任何修改或撤銷，應在聽訊前合理地通知該人。撤銷指控時，檢察官應將撤銷理由通知預審分庭。

五、聽訊時，檢察官應就每一項指控提出充足證據，證明有實質理由相信該人實施了所指控的犯罪。檢察官可以采用書面證據或證據摘要，而無需傳喚預期在審判時作證的證人。

六、聽訊時，該人可以：

㈠對指控提出异議；

㈡質疑檢察官提出的證據；和

㈢提出證據。

七、預審分庭應根據聽訊，確定是否有充足證據，證明有實質理由相信該人實施了各項被指控的犯罪。預審分庭應根據其確定的情況：

㈠確認預審分庭認爲證據充足的各項指控，並將該人交付審判分庭，按經確認的指控進行審判；

㈡拒絕確認預審分庭認爲證據不足的各項指控；

㈢暫停聽訊並要求檢察官考慮：

⒜就某項指控提出進一步證據或作進一步調查；或

⒝修改一項指控，因爲所提出的證據顯然構成另一項本法院管轄權內的犯罪。

八、預審分庭拒絕確認一項指控，不排除檢察官以後在有其他證據支持的情況下再次要求確認該項指控。

九、在指控經確認後，但在審判開始前，經預審分庭同意，在通知被告人後，檢察官可以修改指控。如果檢察官要求追加指控或代之以較嚴重的指控，則必須根據本條規定舉行聽訊確認這些指控。審判開始後，經審判分庭同意，檢察官可以撤銷指控。

十、對於預審分庭未予確認或檢察官撤銷的任何指控，先前發出的任何逮捕證停止生效。

十一、根據本條確認指控後，院長會議即應組成審判分庭，在第八款和第六十四條第四款的限制下，負責進行以後的訴訟程序，並可以行使任何相關的和適用於這些訴訟程序的預審分庭職能。

第六編　審判

第六十二條　（審判地點）

除另有決定外，審判地點爲本法院所在地。

第六十三條　（被告人出席審判）

一、審判時被告人應當在場。

二、如果在本法院出庭的被告人不斷擾亂審判，審判分庭可以將被告人帶出法庭，安排被告人從庭外觀看審判和指示律師，並在必要時爲此利用通訊技術。只應在情況特殊，其他合理措施不足以解決問題的情況下，在確有必要的時間內，才採取這種措施。

第六十四條　（審判分庭的職能和權力）

一、審判分庭應依照本規約和《程序和證據規則》行使本條所列的職能和權力。

二、審判分庭應確保審判公平從速進行，充分尊重被告人的權利，並適當顧及對被害人和證人的保護。

三、在根據本規約將案件交付審判後，被指定審理案件的審判分庭應當：

㈠與當事各方商議，採取必要程序，以利訴訟公平從速進行；

㈡確定審判使用的一種或多種語文；並

㈢根據本規約任何其他有關規定，指令在審判開始以前及早披露此前未曾披露的文件或資料，以便可以爲審判作出充分的準備。

四、爲了有效和公平行使其職能，審判分庭可以在必要時將初步問題送交預審分庭，或在必要時送交另一名可予調遣的預審庭法官。

五、在通知當事各方後，審判分庭可以酌情指示合並審理或分開審理對多名被告人提出的指控。

六、在審判前或審判期間，審判分庭可以酌情爲行使其職能採取下列行動：

㈠行使第六十一條第十一款所述的任何一種預審分庭職能；

㈡傳喚證人到庭和作證，及要求提供文件和其他證據，必要時根據本規約的規定取得各國協助；

㈢指令保護機密資料；

㈣命令提供除當事各方已經在審判前收集，或在審判期間提出的證據以外的其他證據；

㈤指令保護被告人、證人和被害人；並

㈥裁定任何其他有關事項。

七、審判應公開進行。但審判分庭可以確定，因情況特殊，爲了第六十八條所述的目的，或爲了保護作爲證據提供的機密或敏感資料，某些訴訟程序不公開進行。

八、

㈠審判開始時，應在審判分庭上向被告人宣讀業經預審分庭確認的指控書。審判分庭應確定被告人明白指控的性質，並應給被告人根據第六十五條表示認罪，或表示不認罪的機會。

㈡審判時，庭長可以就訴訟的進行作出指示，包括爲了確保以公平和公正的方式進行訴訟而作出指示。在不違反庭長的任何指示的情況下，當事各方可以依照本規約的規定提出證據。

九、審判分庭除其他外，有權應當事一方的請求或自行決定：

㈠裁定證據的可采性或相關性；並

㈡在審理過程中採取一切必要措施維持秩序。

十、審判分庭應確保製作如實反映訴訟過程的完整審判記錄，並由書記官長備有和保存。

第六十五條　（關於認罪的程序）

一、如果被告人根據第六十四條第八款第一項認罪，審判分庭應確定以下各點：

㈠被告人明白認罪的性質和後果；

㈡被告人是在充分咨詢辯護律師後自願認罪的；和

㈢承認的犯罪爲案件事實所證實，這些事實載於：

(a)檢察官提出並爲被告人承認的指控；

(b)檢察官連同指控提出並爲被告人接受的任何補充材料；和

(c)檢察官或被告人提出的任何其他證據，如證人證言。

二、如果審判分庭認爲第一款所述事項經予確定，審判分庭應將認罪連同提出的任何進一步證據，視爲已確定構成所認之罪成立所需的全部基本事實，並可以判定被告人犯下該罪。

三、如果審判分庭認爲第一款所述事項未能予以確定，審判分庭應按未認罪處理，在這種情況下，審判分庭應命令依照本規約所規定的普通審判程序繼續進行審判，並可以將案件移交另一審判分庭審理。

四、如果審判分庭認爲爲了實現公正，特別是爲了被害人的利益，應當更全面地查明案情，審判分庭可以採取下列行動之一：

㈠要求檢察官提出進一步證據，包括證人證言；或

㈡命令依照本規約所規定的普通審判程序繼續進行審判，在這種情況下，應按未認罪處理，並可以將案件移交另一審判分庭審理。

五、檢察官和辯護方之間就修改指控、認罪或判刑所進行的任何商議，對本法院不具任何約束力。

第六十六條　（無罪推定）

一、任何人在本法院被依照適用的法律證明有罪以前，應推定無罪。

二、證明被告人有罪是檢察官的責任。

三、判定被告人有罪，本法院必須確信被告人有罪已無合理疑問。

第六十七條　（被告人的權利）

一、在確定任何指控時，被告人有權獲得符合本規約各項規定的公開審訊，獲得公正進行的公平審訊，及在人人平等的基礎上獲得下列最低限度的保證：

㈠以被告人通曉和使用的語文，迅速被詳細告知指控的性質、原因和內容；

㈡有充分時間和便利準備答辯，並在保密情況下自由地同被告人所選擇的律師聯繫；

㈢沒有不當拖延地受到審判；

㈣除第六十三條第二款規定外，審判時本人在場，親自進行辯護或者通過被告人所選擇的法律援助進行辯護，在被告人沒有法律援助時，獲告知這一權利，並在爲了實現公正而有必要的時候，由本法院指定法律援助，如果無力支付，則免費提供；

㈤訊問或者請他人代爲訊問對方證人，並根據對方傳訊證人的相同條件要求傳訊被告人的證人。被告人還應有權進行答辯和提出根據本規約可予采納的其他證據；

㈥如果本法院的任何訴訟程序或者提交本法院的任何文件所用的語文，不是被告人所通曉和使用的語文，免費獲得合格的口譯員的協助，以及爲求公正而需要的文件的譯本；

㈦不被強迫作證或認罪，保持沉默，而且這種沉默不作爲判定有罪或無罪的考慮因素；

㈧作出未經宣誓的口頭或書面陳述爲自己辯護；和

㈨不承擔任何反置的舉證責任或任何反駁責任。

二、除依照本規約規定披露任何其他資料以外，如果檢察官認爲其掌握或控制的證據表明或趨於表明被告人無罪，或可能減輕被告人罪責，或可能影響控告方證據可信性，檢察官應在實際可行時，儘快向辯護方披露這些證據。適用本款遇有疑義，應由本法院作出裁判。

第六十八條　（被害人和證人的保護及參與訴訟）

一、本法院應採取適當措施，保護被害人和證人的安全、身心健康、尊嚴和隱私。在採取這些措施時，本法院應考慮一切有關因素，包括年齡、第七條第三款所界定的性別、健康狀況，及犯罪性質，特別是在涉及性暴力或性別暴力或對兒童的暴力等犯罪方面。在對這種犯罪進行調查和起訴期間，檢察官尤應採取這種措施。這些措施不應損害或違反被告人的權利和公平公正審判原則。

二、作爲第六十七條所規定的公開審訊原則的例外，爲了保護被害人和證人或被告人，本法院的分庭可以不公開任何部分的訴訟程序，或者允許以電子方式或其他特別方式提出證據。涉及性暴力被害人或兒童作爲被害人或證人時尤應執行這些措施，除非本法院在考慮所有情節，

特別是被害人和證人的意見後，作出其他決定。

三、本法院應當准許被害人在其個人利益受到影響時，在本法院認爲適當的訴訟階段提出其意見和關注供審議。被害人提出意見和關注的方式不得損害或違反被告人的權利和公平公正審判原則。在本法院認爲適當的情況下，被害人的法律代理人可以依照《程序和證據規則》提出上述意見和關注。

四、被害人和證人股可以就第四十三條第六款所述的適當保護辦法、安全措施、輔導咨詢和援助向檢察官和本法院提出咨詢意見。

五、對於在審判開始前進行的任何訴訟程序，如果依照本規約規定披露證據或資料，可能使證人或其家屬的安全受到嚴重威脅，檢察官可以不公開這種證據或資料，而提交這些證據或資料的摘要。採取上述措施不應損害或違反被告人的權利和公平公正審判原則。

六、一國可以爲保護其公務人員或代表和保護機密和敏感資料申請採取必要措施。

第六十九條　（證據）

一、每一證人在作證前，均應依照《程序和證據規則》宣誓，保證其將提供的證據的眞實性。

二、審判時證人應親自出庭作證，但第六十八條或《程序和證據規則》所規定的措施除外。本法院也可以根據本規約和依照《程序和證據規則》的規定，准許借助音像技術提供證人的口頭或錄音證言，以及提出文件或筆錄。這些措施不應損害或違反被告人的權利。

三、當事各方可以依照第六十四條提交與案件相關的證據。本法院有權要求提交一切其認爲必要的證據以查明眞相。

四、本法院可以依照《程序和證據規則》，考慮各項因素，包括證據的證明價值，以及這種證據對公平審判或公平評估證人證言可能造成的任何不利影響，裁定證據的相關性或可采性。

五、本法院應尊重和遵守《程序和證據規則》規定的保密特權。

六、本法院不應要求對人所共知的事實提出證明，但可以對這些事實作出司法認知。

七、在下列情況下，以違反本規約或國際公認人權的手段獲得的證據應不予采納：

(一)違反的情節顯示該證據的可靠性極爲可疑；或

(二)如果准予采納該證據將違反和嚴重損害程序的完整性。

八、本法院在裁判一國所收集的證據的相關性或可采性時，不得裁斷該國國內法的適用情況。

第七十條　（妨害司法罪）

一、本法院對故意實施的下列妨害司法罪具有管轄權：

(一)在依照第六十九條第一款承擔說明眞相的義務時提供僞證；

(二)提出自己明知是不實的或僞造的證據；

(三)不當影響證人，阻礙或干擾證人出庭或作證，對作證的證人進行報復，或毀滅、僞造證據或干擾證據的收集；

(四)妨礙、恐嚇或不當影響本法院官員，以強迫或誘使該官員不執行或不正當地執行其職務；

(五)因本法院一名或另一名官員執行職務而對該一名官員進行報復；

(六)作爲本法院的官員，利用其職權索取或收受賄賂。

二、本法院對本條所述的不法行爲行使管轄權的原則和程序，應在《程序和證據規則》中加以規定。就有關本條的訴訟程序向本法院提供國際合作的條件，以被請求國的國內法爲依據。

三、被判有罪的，本法院可以判處五年以下有期徒刑，或根據《程序和證據規則》單處罰金，或並處罰金。

四、

(一)對於本條所述的妨害司法罪，如果犯罪在一締約國境內發生或爲其國民所實施，該締約國應將本國處罰破壞國內調查或司法程序完整性的不法行爲的刑事法規擴展適用於這些犯罪；

㈡根據本法院的請求，締約國在其認爲適當時，應將有關案件提交本國主管當局，以便進行起訴。有關當局應認眞處理這些案件，並提供充分資源，以便能夠作出有效的處理。

第七十一條　（對在法院的不當行爲的制裁）

一、對在本法院出庭的人所實施的不當行爲，包括破壞本法院的訴訟程序，或故意拒不遵守本法院的指令，本法院可以通過監禁以外的行政措施，如暫時或永久地逐出法庭、罰金或《程序和證據規則》所規定的其他類似措施，予以處罰。

二、第一款所定措施，應依照《程序和證據規則》規定的程序執行。

第七十二條　（保護國家安全資料）

一、本條適用於一國認爲披露該國的資料或文件將損害其國家安全利益的任何情況，包括涉及下列各條款的情況：第五十六條第二款和第三款、第六十一條第三款、第六十四條第三款、第六十七條第二款、第六十八條第六款、第八十七條第六款和第九十三條，以及在訴訟任何其他階段因發生這種披露問題而產生的情況。

二、如果某人以披露會損害某一國家的國家安全利益爲由，拒絕根據要求提供資料或證據，或將此事提交國家，而且有關國家證實，該國認爲這種披露會損害其國家安全利益，本條規定也應予適用。

三、本條的規定不妨礙根據第五十四條第三款第五項和第六項適用的保密要求，也不妨礙第七十三條的適用。

四、如果一國知悉該國的資料或文件在訴訟的某個階段正在被披露或可能被披露，而該國認爲這種披露會損害其國家安全利益，該國應有權進行干預，依照本條解決問題。

五、如果一國認爲披露資料會損害該國的國家安全利益，該國應酌情會同檢察官、辯護方、預審分庭或審判分庭，採取一切合理步驟，尋求通過合作的方式解決問題。這些步驟可以包括：

㈠修改或澄清有關請求；

㈡由本法院斷定要求提供的資料或證據的相關性，或對於相關的證據，斷定是否可以或已經從被請求國以外的來源獲得；

㈢從其他來源或以其他形式獲得資料或證據；或

㈣議定提供協助的條件，除其他外，包括提供摘要或節錄，限制披露範圍，采用不公開或訴訟單一方參與的程序，或采用本規約和《程序和取證規則》允許的其他保護性措施。

六、在採取了一切合理步驟，尋求通過合作方式解決問題後，如果該國認爲沒有任何辦法或條件，可以使資料或文件的提供或披露不致損害其國家安全利益，該國應將這一情況及其作出的決定的具體理由通知檢察官或本法院，除非具體說明這些理由也必然導致損害該國的國家安全利益。

七、此後，如果本法院斷定證據是相關的，而且是確定被告人有罪或無罪所必需的，本法院可以採取下列行動：

㈠如果披露該資料或文件的要求系根據第九編的合作請求提出，或因第二款所述情況而提出，且該國援引了第九十三條第四款所列的拒絕理由：

(a)本法院可以在作出第七款第一項第二目所述任何結論以前，請求進一步協商，聽取有關國家的意見，包括在適當時進行不公開和訴訟單一方參與的聽訊；

(b)如果本法院斷定，根據實際情況，被請求國援引第九十三條第四款所列拒絕理由，即未履行本規約規定的義務，本法院可以根據第八十七條第七款提交該事項，並說明其結論所依據的理由；和

(c)本法院可以在對被告人的審判中酌情推定某一事實存在或不存

在；或

㈡在所有其他情況下：

(a)命令披露；或

(b)如果不命令披露，可以在對被告人的審判中酌情推定某一事實存在或不存在。

第七十三條　（第三方的資料或文件）

如果本法院請求一締約國提供某一國家、政府間組織或國際組織在保密基礎上向其披露，現處於其保管、據有或控制之下的文件或資料，該締約國應就披露該文件或資料徵求其來源方的同意。如果來源方為締約國，則來源方應同意披露該資料或文件，或著手根據第七十二條的規定與本法院解決披露問題。如果來源方不是締約國，而且拒絕同意披露，被請求國應通知本法院，說明該國事前已對來源方承擔保密義務，因此無法提供有關文件或資料。

第七十四條　（作出裁判的條件）

一、審判分庭的全體法官應出席審判的每一階段，並出席整個評議過程。院長會議可以在逐案的基礎上，從可予調遣的法官中指定一位或多位候補法官，出席審判的每一階段，並在審判分庭的任何法官無法繼續出席時替代該法官。

二、審判分庭的裁判應以審判分庭對證據和整個訴訟程序的評估為基礎。裁判不應超出指控或其任何修正所述的事實和情節的範圍。本法院作出裁判的唯一根據，是在審判中向其提出並經過辯論的證據。

三、法官應設法作出一致裁判，如果無法達成一致意見，應由法官的過半數作出裁判。

四、審判分庭的評議應永予保密。

五、裁判應書面作出，並應　明理由，充分說明審判分庭對證據作出的裁定及其結論。審判分庭應只作出一項裁判。在不能取得一致意見的情況下，審判分庭的裁判應包括多數意見和少數意見。裁判或其摘要應在公開庭上宣布。

第七十五條　（對被害人的賠償）

一、本法院應當制定賠償被害人或賠償被害人方面的原則。賠償包括歸還、補償和恢復原狀。在這個基礎上，本法院可以應請求，或在特殊情況下自行決定，在裁判中確定被害人或被害人方面所受的損害、損失和傷害的範圍和程度，並說明其所依據的原則。

二、本法院可以直接向被定罪人發布命令，具體列明應向被害人或向被害人方面作出的適當賠償，包括歸還、補償和恢復原狀。本法院可以酌情命令向第七十九條所規定的信托基金交付判定的賠償金。

三、本法院根據本條發出命令前，可以徵求並應當考慮被定罪人、被害人、其他利害關係人或利害關係國或上述各方的代表的意見。

四、本法院行使本條規定的權力時，可以在判定某人實施本法院管轄權內的犯罪後，確定為了執行其可能根據本條發出的任何命令，是否有必要請求採取第九十三條第一款規定的措施。

五、締約國應執行依照本條作出的裁判，視第一百零九條的規定適用於本條。

六、對本條的解釋，不得損害被害人根據國內法或國際法享有的權利。

第七十六條　（判刑）

一、審判分庭作出有罪判決時，應當考慮在審判期間提出的與判刑相關的證據和意見，議定應判處的適當刑罰。

二、除適用第六十五條的情況以外，審判結束前，審判分庭可以自行決定，並應在檢察官或被告人提出請求時，依照《程序和證據規則》再次舉行聽訊，聽取與判刑相關的任何進一步證據或意見。

三、在第二款適用的情況下，應在根據第二款再次舉行聽訊時，及在任何必要的進一步聽訊上，聽取根據第七十五條提出的任何陳述。

四、刑罰應公開並盡可能在被告人在場的情況下宣告。

第七編　刑罰

第七十七條　（適用的刑罰）

一、除第一百一十條規定外，對於被判實施本規約第五條所述某項犯罪的人，本法院可以判處下列刑罰之一：

㈠有期徒刑，最高刑期不能超過三十年；或

㈡無期徒刑，以犯罪極爲嚴重和被定罪人的個人情況而證明有此必要的情形爲限。

二、除監禁外，本法院還可以命令：

㈠處以罰金，處罰標準由《程序和證據規則》規定；

㈡沒收直接或間接通過該犯罪行爲得到的收益、財產和資產，但不妨害善意第三方的權利。

第七十八條　（量刑）

一、量刑時，本法院應依照《程序和證據規則》，考慮犯罪的嚴重程度和被定罪人的個人情況等因素。

二、判處徒刑時，本法院應扣減先前依照本法院的命令受到羈押的任何時間。本法院可以扣減因構成該犯罪的行爲而受到羈押的任何其他時間。

三、一人被判犯數罪時，本法院應宣告每一項犯罪的刑期，再宣告合並執行的總刑期。總刑期應在數刑中最高刑期以上，但不能超過三十年，或根據第七十七條第一款第二項判處的無期徒刑。

第七十九條　（信託基金）

一、應根據締約國大會的決定，設立一個信託基金，用於援助本法院管轄權內的犯罪的被害人及其家屬。

二、本法院可以命令，根據本法院的指令將通過罰金或沒收取得的財物轉入信託基金。

三、信託基金應根據締約國大會決定的標準進行管理。

第八十條　（不妨礙國家適用刑罰和國內法）

本編的規定不影響國家適用其國內法規定的刑罰，也不影響未規定本編所定刑罰的國家的法律。

第八編　上訴和改判

第八十一條　（對無罪或有罪判決或判刑的上訴）

一、對根據第七十四條作出的裁判，可以依照《程序和證據規則》提出上訴：

㈠檢察官可以基於下列任何一種理由提出上訴：

(a)程序錯誤；

(b)認定事實錯誤；或

(c)適用法律錯誤；

㈡被定罪人或檢察官代表被定罪人，可以基於下列任何一種理由提出上訴：

(a)程序錯誤；

(b)認定事實錯誤；

(c)適用法律錯誤，或

(d)影響到訴訟程序或裁判的公正性或可靠性的任何其他理由。

二、

㈠檢察官或被定罪人可以依照《程序和證據規則》，以罪刑不相稱爲由對判刑提出上訴。

㈡對於就判刑提出的上訴，如果本法院認爲有理由撤銷全部或部分有罪判決，本法院可以請檢察官和被定罪人根據第八十一條第一款第一項或第二項提出理由，並可以依照第八十三條對定罪作出裁判。

㈢對於只是就定罪提出的上訴，如果本法院認爲根據第二款第一項有理由減輕刑罰時，應當適用同樣的程序。

三、

㈠除審判分庭另有決定外，上訴期間應繼續羈押被定罪人。

㈡羈押期超過刑期時，應釋放被定罪人，但如果檢察官同時正在提出上訴，則被定罪人的釋放應受下列第三項的條件約束。

㈢被判無罪時，應立即釋放被告人，但是：

(a)在特殊情況下，考慮到潛逃的實際可能性、被指控犯罪的嚴重程度以及上訴的成功機會等因素，審判分庭應檢察官的要求，可以在上訴期間繼續羈押該人；

(b)可以依照《程序和證據規則》對審判分庭根據第三項第一目作出的裁判提出上訴。

(c)除第三款第一項和第二項規定外，在上訴受理期間和上訴審理期間，裁判或刑罰應暫停執行。

第八十二條　（對其他裁判的上訴）

一、當事雙方均可以依照《程序和證據規則》對下列裁判提出上訴：

㈠關於管轄權或可受理性的裁判；

㈡准許或拒絕釋放被調查或被起訴的人的裁判；

㈢預審分庭根據第五十六條第三款自行採取行動的決定；

㈣涉及嚴重影響訴訟的公正和從速進行或審判結果的問題的裁判，而且預審分庭或審判分庭認爲，上訴分庭立即解決這一問題可能大大推進訴訟的進行。

二、預審分庭根據第五十七條第三款第四項作出的裁判，經預審分庭同意，有關國家或檢察官可以提出上訴。上訴應予從速審理。

三、上訴本身無中止效力，除非上訴分庭應要求根據《程序和證據規則》作出這種決定。

四、被害人的法律代理人、被定罪人或因一項有關第七十五條的命令而受到不利影響的財產善意所有人，可以根據《程序和證據規則》，對賠償命令提出上訴。

第八十三條　（上訴的審理程序）

一、爲了第八十一條和本條規定的審理程序的目的，上訴分庭具有審判分庭的全部權力。

二、如果上訴分庭認定上訴所針對的審判程序有失公正，影響到裁判或判刑的可靠性，或者上訴所針對的裁判或判刑因爲有認定事實錯誤、適用法律錯誤或程序錯誤而受到重大影響，上訴分庭可以：

㈠推翻或修改有關的裁判或判刑；或

㈡命令由另一審判分庭重新審判。

爲了上述目的，上訴分庭可以將事實問題發回原審判分庭重新認定，由該分庭向其提出報告，上訴分庭也可以自行提取證據以認定該問題。如果該項裁判或判刑僅由被定罪人或由檢察官代該人提出上訴，則不能作出對該人不利的改判。

三、對於不服判刑的上訴，如果上訴分庭認定罪刑不相稱，可以依照第七編變更判刑。

四、上訴分庭的判決應由法官的過半數作出，在公開庭上宣告。判決書應說明根據的理由。在不能取得一致意見的情況下，上訴分庭的判決書應包括多數意見和少數意見，但法官可以就法律問題發表個別意見或反對意見。

五、上訴分庭可以在被判無罪的人或被定罪的人缺席的情況下宣告判決。

第八十四條　（變更定罪判決或判刑）

一、被定罪人，或在其亡故後，其配偶、子女、父母或被告人死亡時在生並獲被告人書面明確指示爲其提出這種請求的人，或檢察官代表被定罪人，可以基於下列理由，向上訴分庭申請變更最終定罪判決或判刑：

㈠發現新證據，該新證據：

(a)是審判時無法得到的，而且無法得到該證據的責任不應全部或部分歸咎於提出申請的當事方；而且

(b)是足夠重要的，如果在審判時獲得證明，很可能導致不同的判決；

㈡在審判期間被采納並作爲定罪根據的決定性證據，在最近被發現是不實的、僞造的或虛假的；

㈢參與定罪或確認指控的一名或多名法官在該案中有嚴重不當行爲或嚴重瀆職行爲，其嚴重程度足以根據第四十六條將有關法官免職。

二、上訴分庭如果認爲申請理由不成立，應將申請駁回。上訴分庭如果確定申請是有理由的，可以根據情況：

㈠重組原審判分庭；

㈡組成新的審判分庭；或

㈢保留對此事的管轄權，以期在依照《程序和證據規則》所規定的方式聽取當事各方的陳述後，確定是否應變更判決。

第八十五條　（對被逮捕人或被定罪人的賠償）

一、任何遭受非法逮捕或羈押的人，應有可以執行的得到賠償的權利。

二、經最後裁判被判犯下刑事犯罪的人，如果對其作出的有罪判決其後因新事實或新發現的事實決定性地證明存在司法失當情況而被推翻，則該因有罪判決而受到處罰的人應依法獲得賠償，除非可以證明，未及時披露該項未爲人知的事實的責任可以全部或部分歸咎於該人。

三、在特殊情況下，如果本法院發現決定性事實，證明存在嚴重、明顯的司法失當情事，本法院可以酌情根據《程序和證據規則》規定的標準，裁定賠償已經因最後被判無罪，或因上述理由終止訴訟而獲釋放的人。

第九編　國際合作和司法協助

第八十六條　（一般合作義務）

締約國應依照本規約的規定，在本法院調查和起訴本法院管轄權內的犯罪方面同本法院充分合作。

第八十七條　（合作請求：一般規定）

一、

㈠本法院有權向締約國提出合作請求。請求書應通過外交途徑或各締約國在批准、接受、核准或加入時可能指定的任何其他適當途徑轉遞。各締約國其後更改這種指定，應依照《程序和證據規則》作出。

㈡在不妨礙第一項規定的情況下，適當時也可以通過國際刑事警察組織或任何適當的區域組織轉遞請求書。

二、根據被請求國在批准、接受、核准或加入時作出的選擇，合作請求書及其輔助文件應以被請求國的一種法定語文製作，或附上這種語文的譯本，也得以本法院工作語文之一製作。其後更改這一選擇，應依照《程序和證據規則》作出。

三、被請求國應對合作請求書及其輔助文件保密，但爲執行請求而必須披露的除外。

四、對於根據本編提出的任何協助請求，本法院可以採取必要措施，包括保護資料方面的措施，以確保任何被害人、可能證人及其家屬的安全及身心健康。對於根據本編提供的任何資料，本法院可以要求其提供和處理方式務必保護被害人、可能證人及其家屬的安全及身心健康。

五、

㈠本法院可以邀請任何非本規約締約國的國家，根據特別安排、與該國達成的協議或任何其他適當的基礎，按本編規定提供協助。

㈡如果非本規約締約國的國家已同本法院達成特別安排或協議，但沒有對根據任何這種安排或協議提出的請求給予合作，本法院可以通知締約國大會，或在有關情勢系由安全理事會提交本法院的情況下，通知安全理事會。

六、本法院可以請求任何政府間組織提供資料或文件。本法院也可以請求

有關組織依照本法院與其達成的協議，按其主管或職權範圍提供其他形式的合作和協助。

七、如果締約國未按本規約的規定行事，不執行本法院的合作請求，致使本法院無法行使本規約規定的職能和權力，本法院可以在認定存在這一情況後將此事項提交締約國大會，或在有關情勢系由安全理事會提交本法院的情況下，提交安全理事會。

第八十八條　（國內法中可供采用的程序）

締約國應確保其國內法中已有可供采用的程序，以執行本編規定的各種形式的合作。

第八十九條　（向法院移交有關的人）

一、本法院可以將逮捕並移交某人的請求書，連同第九十一條所列的請求書輔助材料，遞交給該人可能在其境內的任何國家，請求該國合作，逮捕並移交該人。締約國應依照本編規定及其國內法所定程序，執行逮捕並移交的請求。

二、如果被要求移交的人依照第二十條規定，根據一罪不二審原則向國內法院提出質疑，被請求國應立即與本法院協商，以確定本法院是否已就可受理性問題作出相關裁定。案件可予受理的，被請求國應著手執行請求。可受理性問題尚未裁定的，被請求國可以推遲執行移交該人的請求，直至本法院就可受理性問題作出斷定。

三、

㈠締約國應根據國內程序法，批准另一國通過其國境遞解被移交給本法院的人，除非從該國過境將妨礙或延緩移交；

㈡本法院的過境請求書應依照第八十七條的規定轉遞。過境請求書應包括下列內容：

(a)說明所遞解的人的身份；

(b)簡述案件的事實及這些事實的法律性質；並

(c)附上逮捕並移交授權令；

㈢被遞解的人在過境期間應受羈押；

㈣如果使用空中交通工具遞解該人，而且未計劃在過境國境內降落，則無需申請批准。

㈤如果在過境國境內發生計劃外的降落，該國可以要求依照第二項規定提出過境請求。過境國應羈押被遞解的人，直至收到過境請求書並完成過境爲止，但與本項有關的羈押，從計劃外降落起計算，不得超過九十六小時，除非在這一時限內收到請求書。

四、如果被要求移交的人，因本法院要求移交所依據的某項犯罪以外的另一項犯罪在被請求國內被起訴或服刑，被請求國在決定准予移交後應與本法院協商。

第九十條　（競合請求）

一、締約國在接到本法院根據第八十九條提出的關於移交某人的請求時，如果另外接到任何其他國家的請求，針對構成本法院要求移交該人所依據的犯罪之基礎的同一行爲要求引渡同一人，該締約國應將此情況通知本法院和請求國。

二、如果請求國是締約國，在下列情況下，被請求國應優先考慮本法院的請求：

㈠本法院依照第十八條或第十九條斷定，移交請求所涉及的案件可予受理，而且這一斷定考慮到請求國已就其引渡請求進行的調查或起訴；或

㈡本法院接到被請求國依照第一款發出的通知後作出第一項所述的斷定。

三、如果未有第二款第一項所述的斷定，在等候本法院根據第二款第二項作出斷定以前，被請求國可以酌情著手處理請求國提出的引渡請求，但在本法院斷定案件不可受理以前，不得引渡該人。本法院應從速作

出斷定。

四、如果請求國是非本規約締約國的國家，被請求國又沒有向請求國引渡該人的國際義務，則在本法院斷定案件可予受理的情況下，被請求國應優先考慮本法院提出的移交請求。

五、如果本法院斷定第四款所述的案件不可受理，被請求國可以酌情著手處理請求國提出的引渡請求。

六、在適用第四款的情況下，如果被請求國有向非本規約締約國的請求國引渡該人的現行國際義務，被請求國應決定向本法院移交該人，還是向請求國引渡該人。作出決定時，被請求國應考慮所有相關因素，除其他外，包括：

(一)各項請求的日期；

(二)請求國的權益，根據情況包括犯罪是否在其境內實施、被害人的國籍和被要求引渡的人的國籍；和

(三)本法院與請求國此後相互移交該人的可能性。

七、締約國接到本法院的移交請求時，如果另外接到任何其他國家的請求，針對構成本法院要求移交該人所依據的犯罪之基礎的行爲以外的其他行爲要求引渡同一人：

(一)在被請求國沒有向請求國引渡該人的現行國際義務時，被請求國應優先考慮本法院的請求；

(二)在被請求國有向請求國引渡該人的現行國際義務時，被請求國應決定向本法院移交該人，還是向請求國引渡該人。作出決定時，被請求國應考慮所有相關因素，除其他外，包括第六款列明的各項因素，但應特別考慮所涉行爲的相對性質和嚴重程度。

八、如果本法院接到本條所指的通知後斷定某案件不可受理，向請求國引渡的請求隨後又被拒絕，被請求國應將此決定通知本法院。

第九十一條　(逮捕並移交的請求的內容)

一、逮捕並移交的請求應以書面形式提出。在緊急情況下，請求可以通過任何能夠發送書面記錄的方式提出，但其後應通過第八十七條第一款第一項規定的途徑予以確認。

二、爲了請求逮捕並移交預審分庭根據第五十八條對其發出逮捕證的人，請求書應載有或附有下列資料：

(一)足以確定被要求的人的身份的資料，以及關於該人的可能下落的資料；

(二)逮捕證副本；和

(三)被請求國的移交程序所要求的一切必要文件、聲明或資料，但這些要求不得比該國根據同其他國家訂立的條約或安排而適用於引渡請求的條件更爲苛刻，而且考慮到本法院的特殊性質，應在可能的情況下減少這些要求。

三、爲了請求逮捕並移交已被定罪的人，請求書應載有或附有下列資料：

(一)要求逮捕該人的逮捕證副本；

(二)有罪判決書副本；

(三)證明被要求的人是有罪判決書所指的人的資料；和

(四)在被要求的人已被判刑的情況下，提供判刑書副本，如果判刑爲徒刑，應說明已服刑期和剩餘刑期。

四、經本法院請求，締約國應就根據第二款第三項可能適用的國內法的要求，同本法院進行一般性協商，或對具體事項進行協商。協商過程中，締約國應將其國內法的具體要求告知本法院。

第九十二條　(臨時逮捕)

一、在緊急情況下，本法院可以在依照第九十一條規定提出移交請求書及其輔助文件以前，請求臨時逮捕被要求的人。

二、臨時逮捕的請求應以任何能夠發送書面記錄的方式發出，並應載有下列資料：

㈠足以確定被要求的人的身份的資料，以及關於該人的可能下落的資料；

㈡關於要求據以逮捕該人的犯罪的簡要說明，以及被控告構成這些犯罪的事實的簡要說明，並盡可能包括犯罪的時間和地點；

㈢已對被要求的人發出逮捕證或作出有罪判決的聲明；和

㈣移交被要求的人的請求書將隨後送交的聲明。

三、如果被請求國未在《程序和證據規則》規定的時限內收到第九十一條規定的移交請求書及其輔助文件，可以釋放在押的被臨時逮捕的人。但在被請求國法律允許的情況下，在這一期間屆滿前，該人可以同意被移交。在這種情況下，被請求國應儘快著手將該人移交給本法院。

四、如果移交請求書及其輔助文件在較後日期送交，已根據第三款釋放在押的被要求的人的事實，不妨礙在其後逮捕並移交該人。

第九十三條　（其他形式的合作）

一、締約國應依照本編及其國內法程序的規定，執行本法院的請求，在調查和起訴方面提供下列協助：

㈠查明某人的身份和下落或物品的所在地；

㈡取證，包括宣誓證言，及提供證據，包括本法院需要的鑑定意見和報告；

㈢訊問任何被調查或被起訴的人；

㈣送達文書，包括司法文書；

㈤爲有關人員作爲證人或鑑定人自願到本法院出庭提供便利；

㈥根據第七款規定臨時移送人員；

㈦勘驗有關地點或場所，包括掘屍檢驗和檢查墓穴；

㈧執行搜查和扣押；

㈨提供記錄和文件，包括官方記錄和文件；

㈩保護被害人和證人，及保全證據；

⑪查明、追尋和凍結或扣押犯罪收益、財產和資產及犯罪工具，以便最終予以沒收，但不損害善意第三方的權利；和

⑫被請求國法律不禁止的其他形式的協助，以便利調查和起訴本法院管轄權內的犯罪。

二、本法院有權向在本法院出庭的證人或鑑定人作出保證，該人不會因爲其在離開被請求國以前的任何作爲或不作爲，在本法院受到起訴、羈押或對其人身自由的任何限制。

三、對於根據第一款提出的請求，如果基於一項普遍適用的現行基本法律原則，被請求國不能執行請求中詳述的一項協助措施，被請求國應從速與本法院協商，力求解決問題。協商過程中，應考慮是否能以其他方式或有條件地提供協助。如果協商後仍然無法解決問題，本法院應視需要修改請求。

四、根據第七十二條規定，只有在要求提供的文件或披露的證據涉及其國家安全的情況下，締約國才可以全部或部分拒絕協助請求。

五、在拒絕一項根據第一款第一二項提出的協助請求以前，被請求國應考慮是否可以在特定條件下提供協助，或是否可以延後或以其他方式提供協助。如果本法院或檢察官接受了有條件的協助，本法院或檢察官必須遵守這些條件。

六、被請求的締約國如果拒絕協助請求，應從速將拒絕理由通知本法院或檢察官。

七、

㈠本法院可以請求臨時移送被羈押的人，以便進行辨認、錄取證言或獲得其他協助。移送該人須滿足下列條件：

ⓐ（該人在被告知後自願表示同意被移送；和

ⓑ被請求國根據該國與本法院可能商定的條件，同意移送該人。

㈡被移送的人應繼續受到羈押。在移送的目的完成後，本法院應儘快將

該人交回被請求國。

八、

(一)除請求書所述的調查或訴訟程序所需要的以外，本法院應確保文件和資料的機密性。

(二)被請求國在必要時，可以在保密的基礎上將文件或資料遞送檢察官。檢察官其後只可以將其用於收集新證據的目的。

(三)被請求國其後可以自行決定或應檢察官的請求，同意披露這些文件或資料。經披露後，可以根據第五編和第六編及依照《程序和證據規則》的規定，利用這些文件和資料作爲證據。

九、

(一)

(a)如果一締約國收到本法院和與之有國際義務的另一國提出的移交或引渡以外的競合請求，該締約國應與本法院和該另一國協商，設法同時滿足雙方請求，必要時可以推遲執行其中一項請求或對請求附加條件。

(b)無法如上解決問題時，應依照第九十條所定原則解決競合請求。

(二)如果本法院的請求涉及因一項國際協定而在第三國或一國際組織控制下的資料、財產或人員，被請求國應將此情況告知本法院，由本法院向該第三國或國際組織提出請求。

十、

(一)如果一締約國正在就構成本法院管轄權內的犯罪的行爲，或就構成其國內法定爲嚴重犯罪的行爲進行調查或審判，本法院可以根據該締約國的請求，同該國合作，提供協助。

(二)

(a)根據第一項提供的協助除其他外，應包括：

(i)遞送本法院在調查或審判期間獲得的陳述、文件或其他種類的證據；和

(ii)訊問本法院下令羈押的人；

(b)對於根據第二項第一目第一分目提供的協助：

(i)如果文件或其他種類的證據是在一國協助下獲得的，這種遞送須得到該國的同意；

(ii)如果陳述、文件或其他種類的證據是由證人或鑒定人提供的，這種遞送受第六十八條限制。

(三)本法院可以根據本款規定的條件，同意非本規約締約國的國家根據本款提出的協助請求。

第九十四條　（因進行中的調查或起訴而推遲執行請求）

一、如果立即執行請求會妨礙正在對請求所涉案件以外的案件進行的調查或起訴，被請求國可以在同本法院商定的期限內推遲執行請求。但推遲的期限不應超出被請求國完成有關調查或起訴所必需的時間。在決定推遲執行請求以前，被請求國應當考慮是否可以依照某些條件立即提供協助。

二、如果被請求國根據第一款作出推遲執行請求的決定，檢察官可以根據第九十三條第一款第十項請求保全證據。

第九十五條　（因可受理性的質疑而推遲執行請求）

如果本法院正在根據第十八條或第十九條審理關於可受理性的質疑，被請求國可以在本法院作出斷定以前，推遲執行根據本編提出的請求，除非本法院明確下令檢察官可以根據第十八條或第十九條收集證據。

第九十六條　（第九十三條規定的其他形式協助的請求的內容）

一、第九十三條所指的其他形式協助的請求應以書面形式提出。在緊急情況下，請求可以通過任何能夠發送書面記錄的方式提出，但其後應通過第八十七條第一款第一項規定的途徑予以確認。

二、根據具體情況，請求書應載有或附有下列資料：

㈠關於請求的目的和要求得到的協助，包括請求的法律根據和理由的簡要說明；
㈡關於爲提供所要求的協助而必須找到或查明的任何人物或地點的所在或特徵的盡可能詳細的資料；
㈢與請求有關的基本事實的簡要說明；
㈣須遵行任何程序或要求的理由及其細節；
㈤根據被請求國法律的要求，須爲執行請求提供的資料；
㈥提供要求得到的協助所需的任何其他資料。

三、經本法院請求，締約國應就根據第二款第五項可能適用的國內法的要求，同本法院進行一般性協商，或對具體事項進行協商。協商過程中，締約國應將其國內法的具體要求告知本法院。

四、本條的規定也比照適用於向本法院提出的協助請求。

第九十七條　（磋商）

締約國收到根據本編提出的請求，但發現請求中存在問題，可能妨礙或阻止請求的執行，應立即與本法院磋商，解決問題。除其他外，這些問題可以包括：

一、執行請求所需的資料不足；

二、在請求移交的情況下，儘管作出了最大努力，仍然無法找到要求移交的人，或進行的調查確定，在被請求國的有關個人顯然不是逮捕證所指的人；或

三、執行目前形式的請求，將使被請求國違反已對另一國承擔的條約義務。

第九十八條　（在放棄豁免權和同意移交方面的合作）

一、如果被請求國執行本法院的一項移交或協助請求，該國將違背對第三國的個人或財產的國家或外交豁免權所承擔的國際法義務，則本法院不得提出該項請求，除非本法院能夠首先取得該第三國的合作，由該第三國放棄豁免權。

二、如果被請求國執行本法院的一項移交請求，該國將違背依國際協定承擔的義務，而根據這些義務，向本法院移交人員須得到該人派遣國的同意，則本法院不得提出該項移交請求，除非本法院能夠首先取得該人派遣國的合作，由該派遣國同意移交。

第九十九條　（根據第九十三條和第九十六條提出的請求的執行）

一、提供協助的請求，應依照被請求國的法律所規定的有關程序，在該國法律不禁止的情況下，以請求書指明的方式執行，包括按照請求書列出的任何程序執行，或允許請求書所指定的人在執行程序中到場並提供協助。

二、遇緊急請求，經本法院要求，答復的文件或證據應緊急發送。

三、被請求國的答復應以其原始語文和格式轉遞。

四、在不妨礙本編其他條款的情況下，爲了順利執行一項無需採取任何強制性措施即可以執行的請求，尤其是在自願基礎上與某人面談或向該人取證，包括爲執行請求而確有必要時，在被請求締約國當局不在場的情況下進行上述活動，以及爲了在未經變動的條件下檢查公共現場或其他公共場所，檢察官在必要時可以依照下列規定直接在一國境內執行這種請求：
㈠如果被請求締約國是被控告的犯罪在其境內發生的國家，而且已有根據第十八條或第十九條作出的可予受理斷定，檢察官可以在與被請求締約國進行了一切可能的協商後直接執行這種請求；
㈡在其他情況下，檢察官可以在與被請求締約國協商後，按照該締約國提出的任何合理條件或關注執行這種請求。如果被請求締約國發現根據本項規定執行請求存在問題，該締約國應立即與本法院磋商，解決問題。

五、根據第七十二條規定在本法院出庭作證或接受訊問的人爲防止披露與國家安全有關的機密資料而可以援引的各項限制條件，也適用於執

行本條所指的協助請求。

第一百條　（費用）

一、在被請求國境內執行請求的一般費用由該國承擔，但下列各項費用由本法院承擔：

㈠與證人和鑒定人的旅費和安全有關的費用，或與根據第九十三條移送被羈押人有關的費用；

㈡筆譯、口譯和筆錄費用；

㈢法官、檢察官、副檢察官、書記官長、副書記官長及本法院任何機關的工作人員的旅費和生活津貼；

㈣本法院要求的任何鑒定意見或報告的費用；

㈤與羈押國向本法院遞解被移交的人有關的費用；和

㈥經協商確定的任何與執行請求有關的特殊費用。

二、第一款的規定應比照適用於締約國向本法院提出的請求。在這種情況下，本法院承擔執行請求的一般費用。

第一百零一條　（特定規則）

一、根據本規約移交給本法院的人，不得因移交以前實施的、構成移交該人所依據的犯罪之基礎的行爲以外的任何其他行爲或行爲過程而受追訴、處罰或羈押。

二、本法院可以請求向本法院移交人員的國家放棄第一款規定的要求，並應在必要時依照第九十一條提供補充資料。締約國有權並應努力向本法院表示放棄。

第一百零二條　（用語）

爲了本規約的目的：

一、「移交」是指一國依照本規約向本法院遞解人員；

二、「引渡」是指一國根據條約、公約或國內立法向另一國遞解人員。

第十編　執行

第一百零三條　（國家在執行徒刑方面的作用）

一、

㈠本法院應當從向本法院表示願意接受被判刑人的國家名單中指定一個國家，在該國執行徒刑。

㈡一國宣布願意接受被判刑人時，可以對這種接受附加本法院同意並符合本編規定的條件。

㈢具體指定的國家應從速就其是否接受本法院的指定通知本法院。

二、

㈠執行國應將可能嚴重影響徒刑執行條件或程度的任何情況，包括根據第一款商定的任何條件的實施，通知本法院。本法院應至少提前四十五天得到任何這種已知或預知情況的通知。在此期間，執行國不得採取任何可能違反該國根據第一百一十條所承擔的義務的行動。

㈡如果本法院不同意第一項所述的情況，則應通知執行國，並依照第一百零四條第一款的規定處理。

三、本法院在依照第一款行使指定國家的酌定權時，應考慮下列因素：

㈠締約國分擔執行徒刑責任的原則，即締約國應依照《程序和證據規則》的規定，根據公平分配原則分擔這一責任；

㈡適用囚犯待遇方面廣爲接受的國際條約標準；

㈢被判刑人的意見；

㈣被判刑人的國籍；

㈤指定執行國時應酌情考慮的其他因素，包括有關犯罪情節、被判刑人情況，或判刑的有效執行的因素。

四、如果沒有根據第一款指定任何國家，應依照第三條第二款所述的《總部協定》規定的條件，在東道國提供的監獄設施執行徒刑。在這種情況下，本法院應承擔執行徒刑所需的費用。

第一百零四條　（改變指定的執行國）

一、本法院可以隨時決定將被判刑人轉移到另一國的監獄。

二、被判刑人可以隨時申請本法院將其轉移出執行國。

第一百零五條　（判刑的執行）

一、除一國可能根據第一百零三條第一款第二項附加的條件外，徒刑判決對締約國具有約束力，締約國不得作任何修改。

二、只有本法院有權對上訴和改判的任何申請作出裁判。執行國不得阻礙被判刑人提出任何這種申請。

第一百零六條　（執行判刑的監督和監禁的條件）

一、徒刑的執行應受本法院的監督，並應符合囚犯待遇方面廣為接受的國際條約標準。

二、監禁條件由執行國的法律規定，並應符合囚犯待遇方面廣為接受的國際條約標準，但條件的寬嚴不得有別於執行國同類犯罪囚犯的監禁條件。

三、被判刑人與本法院之間的通訊應不受阻礙，並應予保密。

第一百零七條　（服刑人在刑期滿後的移送）

一、非執行國國民的人在刑期滿後，除非執行國准許該人留在該國境內，根據執行國法律，該人可以被移送到有義務接受該人的國家，或被移送到同意接受該人的另一國家，但應考慮該人是否願意被移送到該國。

二、根據第一款將該人移送到另一國所需的費用，如果沒有任何國家承擔，應由本法院承擔。

三、在不違反第一百零八條的規定的情況下，執行國也可以依照本國國內法，將該人引渡或移交給為了審判或執行一項判刑而要求引渡或移交該人的一個國家。

第一百零八條　（對因其他犯罪被起訴或受處罰的限制）

一、在執行國受到羈押的被判刑人，不得因該人在被移送到執行國以前實施的任何行為而被起訴或受處罰或被引渡給第三國，除非本法院應執行國的請求，同意這種起訴、處罰或引渡。

二、本法院應在聽取被判刑人的意見後就此事作出決定。

三、如果被判刑人在本法院所判刑期全部執行後，自願留在執行國境內超過三十天，或在離境後又返回執行國境內，第一款不再適用。

第一百零九條　（罰金和沒收措施的執行）

一、締約國應根據其國內法程序，執行本法院根據第七編命令的罰金或沒收，但不應損害善意第三方的權利。

二、締約國無法執行沒收命令時，應採取措施，收繳價值相當於本法院命令沒收的收益、財產或資產的財物，但不應損害善意第三方的權利。

三、締約國因執行本法院的判決而獲得的財產，或出售執行所得的不動產的收益，或酌情出售其他執行所得的財產的收益，應轉交本法院。

第一百一十條　（法院對減刑的復查）

一、在本法院宣判的刑期屆滿以前，執行國不得釋放被判刑人。

二、只有本法院有權作出減刑決定，並應在聽取了該人的意見後就此事作出裁定。

三、對於已執行刑期三分之二的人，或被判處無期徒刑但已服刑二十五年的人，本法院應當對其判刑進行復查，以確定是否應當減刑。這種復查不得在上述時間之前進行。

四、本法院在依照第三款進行復查時，如果認為存在下列一個或多個因素，可以減刑：

㈠該人較早而且一直願意在本法院的調查和起訴方面同本法院合作；

㈡該人在其他方面自願提供協助，使本法院得以執行判決和命令，尤其是協助查明與罰金、沒收或賠償命令有關的，可以用於被害人利益的

資產的下落；或

㈢根據《程序和證據規則》的規定，其他因素證明，情況發生明顯、重大的變化，足以構成減刑的理由。

五、如果本法院在依照第三款進行初次復查後斷定不宜減刑，其後應根據《程序和證據規則》規定的的時間間隔和適用標準，對減刑問題進行復查。

第一百一十一條　（越獄）

如果被定罪人越獄並逃離執行國，該國可以在同本法院協商後，請求該人所在的國家依照現行雙邊或多邊協議移交該人，或者請求本法院依照第九編要求移交該人。本法院可以指示將該人遞解原服刑地國家或本法院指定的另一國家。

第十一編　締約國大會

第一百一十二條　（締約國大會）

一、茲設立本規約締約國大會。每一締約國在大會中應有一名代表，並可以有若干名副代表和顧問。本規約或《最後文件》的其他簽署國可以作爲大會觀察員。

二、大會應：

㈠審議和酌情通過預備委員會的建議；

㈡向院長會議、檢察官和書記官長提供關於本法院行政工作的管理監督；

㈢審議第三款所設的主席團的報告和活動，並就此採取適當行動；

㈣審議和決定本法院的預算；

㈤決定應否依照第三十六條調整法官人數；

㈥依照第八十七條第五款和第七款審議任何不合作問題；

㈦履行符合本規約和《程序和證據規則》的任何其他職能。

三、

㈠大會應設主席團，由大會選舉一名主席、二名副主席和十八名成員組成，任期三年。

㈡主席團應具有代表性，特別應顧及公平地域分配原則，及充分代表世界各主要法系。

㈢主席團視需要隨時召開會議，但至少應每年開會一次。主席團協助大會履行其職責。

四、大會還可以視需要設立附屬機關，包括設立一個負責檢查、評價和調查本法院的獨立監督機制，以提高本法院的工作效率和節省開支。

五、本法院院長、檢察官和書記官長或其代表適當時可以參加大會或主席團的會議。

六、大會應在本法院所在地或在聯合國總部每年舉行一次會議，並根據情況需要舉行特別會議。除本規約具體規定的情況外，特別會議應由主席團自行決定或根據締約國三分之一要求召開。

七、每一締約國應有一票表決權。大會及主席團應盡力以協商一致作出決定。無法達成協商一致時，除非本規約另有規定，應以下列方式作出決定：

㈠有關實質性事項的決定，必須由出席並參加表決的締約國三分之二多數通過，但進行表決的法定人數，必須是締約國的絕對多數；

㈡有關程序事項的決定，應由出席並參加表決的締約國簡單多數作出。

八、任何締約國如果拖欠對本法院費用的攤款，其拖欠數額相當於或超過其以往整兩年的應繳攤款時，將喪失在大會和主席團的表決權。如果大會認爲拖欠是該締約國所無法控制的情況所致，大會仍可以允許該締約國參加大會和主席團的表決。

九、大會應自行制定議事規則。

十、大會以聯合國大會的正式語文和工作語文爲其正式語文和工作語文。

第十二編　財務事項

第一百一十三條　（財務條例）

除另有具體規定外，本法院和締約國大會的會議，包括其主席團和附屬機構的會議的一切有關財務事項，均應依照本規約和締約國大會通過的《財務條例和細則》的規定處理。

第一百一十四條　（費用的支付方式）

本法院和締約國大會，包括其主席團和附屬機構的費用，由本法院的經費支付。

第一百一十五條　（法院和締約國大會的經費）

締約國大會確定的預算編列本法院和締約國大會，包括其主席團和附屬機構所需經費，由下列來源提供：

一、締約國的攤款；

二、聯合國經大會核准提供的經費，尤其是安全理事會提交情勢所涉的費用。

第一百一十六條　（自願捐助）

在不妨礙第一百一十五條的情況下，本法院可以依照締約國大會通過的有關標準，作爲額外經費，接受和利用各國政府、國際組織、個人、企業和其他實體的自願捐助。

第一百一十七條　（攤款）

應依照議定的分攤比額表攤派締約國的繳款。該比額表應以聯合國爲其經常預算制定的比額表爲基礎，並依照該比額表所采用的原則予以調整。

第一百一十八條　（年度審核）

本法院的記錄、帳　和帳目，包括其年度財務報表，每年由獨立審計員審核。

第十三編　最後條款

第一百一十九條　（爭端的解決）

一、關於本法院司法職能的任何爭端，由本法院的決定解決。

二、兩個或兩個以上締約國之間有關本規約的解釋或適用的任何其他爭端，未能通過談判在談判開始後三個月內解決的，應提交締約國大會。大會可以自行設法解決爭端，也可以建議其他辦法解決爭端，包括依照《國際法院規約》將爭端提交國際法院。

第一百二十條　（保留）

不得對本規約作出保留。

第一百二十一條　（修正）

一、本規約生效七年後，任何締約國均可以對本規約提出修正案。任何提議修正案的案文應提交聯合國秘書長，由秘書長從速將其分送所有締約國。

二、在通知之日起三個月後任何時間舉行的締約國大會下一次會議，應由出席並參加表決的締約國過半數決定是否處理這一提案。大會可以直接處理該提案，或者根據所涉問題視需要召開審查會議。

三、修正案不能在締約國大會會議，或者在審查會議上取得協商一致的，必須由締約國三分之二多數通過。

四、除第五款規定外，修正案在締約國八分之七向聯合國秘書長交存批准書或接受書一年後，對所有締約國生效。

五、本規約第五條、第六條、第七條和第八條的任何修正案，在接受該修正案的締約國交存批准書或接受書一年後對其生效。對於未接受修正案的締約國，本法院對該締約國國民實施的或在其境內實施的修正案所述犯罪，不得行使管轄權。

六、如果修正案根據第四款獲得締約國八分之七接受，未接受修正案的任何締約國可以在該修正案生效後一年內發出通知，退出本規約，立即生效，不受第一百二十七條第一款限制，但須依照第一百二十七條第二款規定行事。

七、聯合國秘書長應將締約國大會會議或審查會議通過的修正案分送所有締約國。

第一百二十二條　（對體制性規定的修正）

一、雖有第一百二十一條第一款規定，任何締約國隨時可以對本規約中僅涉及體制問題的規定提出修正案。這些規定爲第三十五條、第三十六條第八款和第九款、第三十七條、第三十八條、第三十九條第一款（首二句）及第二款和第四款、第四十二條第四款至第九款、第四十三條第二款和第三款、第四十四條、第四十六條、第四十七條和第四十九條。提議修正案的案文應提交聯合國秘書長或締約國大會指定的其他人，由其從速分送所有締約國和參加大會的其他各方。

二、根據本條提出的修正案，不能取得協商一致的，必須由締約國大會或審查會議以締約國三分之二多數通過。這種修正案在大會或審查會議通過六個月後，對所有締約國生效。

第一百二十三條　（規約的審查）

一、本規約生效七年後，聯合國秘書長應召開一次審查會議，審查對本規約的任何修正案。審查範圍除其他外，可以包括第五條所列的犯罪清單。會議應任由參加締約國大會的國家按同一條件參加。

二、其後任何時間，應一締約國要求，爲了第一款所述的目的，經締約國過半數贊成，聯合國秘書長應召開審查會議。

三、審查會議審議的任何本規約修正案，其通過和生效辦法，應適用第一百二十一條第三款至第七款的規定。

第一百二十四條　（過渡條款）

雖有第十二條第一款和第二款規定，一國成爲本規約締約國時可以聲明，在本規約對該國生效後七年內，如果其國民被指控實施一項犯罪，或者有人被指控在其境內實施一項犯罪，該國不接受本法院對第八條所述一類犯罪的管轄權。根據本條作出的聲明可以隨時撤回。依照第一百二十三條第一款召開的審查會，應審查本條規定。

第一百二十五條　（簽署、批准、接受、核准或加入）

一、本規約於一九九八年七月一七日在羅馬聯合國糧食及農業組織總部開放供所有國家簽署。此後，本規約在羅馬意大利外交部繼續開放供簽署，直至一九九八年十月一七日爲止。其後，本規約在紐約聯合國總部繼續開放供簽署，直至二〇〇〇年一二月三一日爲止。

二、本規約須經簽署國批准、接受或核准。批准書、接受書或核准書應交存聯合國秘書長。

三、本規約應對所有國家開放供加入。加入書應交存聯合國秘書長。

第一百二十六條　（生效）

一、本規約應在第六十份批准書、接受書、核准書或加入書交存聯合國秘書長之日起六十天后的第一個月份第一天開始生效。

二、對於在第六十份批准書、接受書、核准書或加入書交存後批准、接受、核准或加入本規約的每一個國家，本規約應在該國交存其批准書、接受書、核准書或加入書之日起六十天后的第一個月份第一天對該國開始生效。

第一百二十七條　（退約）

一、締約國得以書面通知聯合國秘書長退出本規約。退約在通知收到之日起一年後生效，除非通知指明另一較晚日期。

二、一國在作爲本規約締約國期間根據本規約所承擔的義務，包括可能承擔的任何財政義務，不因退約而解除。退約不影響退約國原有的合作義務，就退約生效之日以前開始的刑事調查與訴訟同本法院進行合作，也不妨礙本法院繼續審理退約生效之日以前，本法院已在審理中的任何事項。

第一百二十八條　（作準文本）

本規約正本交存聯合國秘書長，其阿拉伯文、中文、英文、法文、俄文和西班牙文文本同等作準。聯合國秘書長應將本規約經證明無誤的副本分送所有國家。

下列簽署人經各自政府正式授權在本規約上簽字，以昭信守。

一九九八年七月一七日訂於羅馬。

（規約中文本）

九、聯合國貿易開發會議

the United States Conference on Trade and Development as an organ of the General Assembly

一九六四年聯合國大會第一九九五號決議（紐約）

聯合國貿易及發展會議設為大會機關

大會，深信必須不斷努力，設法提高各國生活程度，加速發展中國家之經濟增長，鑒於國際貿易為經濟發展之重要工具，認為聯合國貿易及發展會議實為對於貿易問題及貿易對經濟發展之關係問題，特別是與發展中國家有關之此類問題作通盤檢討之難得機會，深信如欲藉擬訂及實行必要之政策，順利實現國際貿易對於發展中國家加速經濟增長之充分貢獻，則妥善而且運用有效之組織安排實屬必需，鑒於聯合國貿易及發展會議曾檢討現有國際機構之工作情形，並承認其在處理所有貿易問題及有關之發展問題中之貢獻及限制，相信參加聯合國貿易及發展會議各國政府對其原已加入或可能加入之機構與安排應作最有效之利用，同時並深信對於目前及擬行採用之制度安排均應根據其工作與活動之經驗，作進一步檢討，

察悉發展中國家普遍希望有一綜合性之貿易組織，承認為繼續此次會議所開始之工作，實施其建議與結論，實有另作其他制度安排之必要，

壹、茲將聯合國貿易及發展會議依照下文第貳節規定設為大會機關；

貳、

一、國貿易及發展會議（以下稱為會議）之會員國應為加入聯合國各專門機關或國際原子能總署為會員國之國家。

二、會議每隔三年至少召開一次。大會應參酌會議或下文第四段規定設置之貿易及發展理事會之建議，決定會議之開會日期與地點。

三、會議之主要職務為

㈠促進國際貿易，其目的特別在於加速經濟發展，尤其注重發展階段不同各國間之貿易，發展中國家間之貿易以及經濟社會組織體系不同各國間之貿易，同時顧及現有國際組織所履行之職務；

㈡就國際貿易及有關經濟發展問題擬定原則與政策；

㈢提議如何實施上述原則與政策並在其權限內採取與此目的有關之其他步驟，同時顧及經濟制度與發展階段之不同；

㈣一般地檢討並促進聯合國系統內其他機關在國際貿易及有關經濟發展問題方面所從事各項活動之協調，且在此方面與大會及經濟暨社會理事會合作，助其履行憲章所載之協調責任；

㈤在適當情形下，會同聯合國主管機關採取行動，以便在貿易方面進行談判並通過多邊法律文書，同時妥為顧及現有談判機關之適當便利而不使其工作重疊。

㈥依照憲章第一條之規定，作為一個中心，協調各政府與各區域經濟集團組織之貿易與有關發展政策；

㈦處理其權限內之任何其他事項。

貿易及發展理事會

組織

四、會議應設置常設機關，貿易及發展理事會（以下稱為理事會），作為聯合國經濟機構之一部份。

五、理事會應由會議自其會員國中選出五十五國組成之。會議選舉理事國時應充分顧及公允之地域分配及主要貿易國家經常宜有代表，因此應照下列席位分配：

㈠本決議案附件A所列國家二十二席；

㈡附件B所列國家十八席；

(三)附件C所列國家九席；

(四)附件D所列國家六席。

六、附件所載國家名單應由會議根據議會員國之變動情形及其他因素定期覆核。

七、理事會理事國應於會議每屆常會選舉之。理事會理事國應任職至其繼任國選出時爲止。

八、卸任理事國連選得連任。

九、理事會每一理事國應有代表一人及所需副代表與顧問若干人。

一〇、理事會應交請會議任何會員國參加討論對於該會員國有特別關係之任何事件，但無投票權。

一一、理事會得爲下文第十八段第十九段所稱政府間機關之代表安排參加理事會及其所設輔助機關與工作小組之討論，但無投票權。對於與貿易問題及貿易與發展之關係問題有關之非政府組織亦可請其參加此種討論。

一二、理事會應自行訂定議事規則。

一三、理事會應視需要並依照規則舉行會議。理事會通常每年開會兩次。

職務

一四、會議不舉行屆會時，理事會應行使屬於會議職權範圍之職務。

一五、理事會對於會議之建議、宣言、決議案及其他決定之實施情形，尤須隨時檢討並就其職權範圍採取適當行動，確保其工作連續不斷。

一六、理事會得作成或發動關於貿易及有關發展問題之研究及報告。

一七、理事會得請聯合國秘書長編製其認爲適當之報告、研究或其他文件。

一八、理事會應按需要作成安排，取得工作與其職務有關之政府間機關之報告並與之建立聯繫。爲避免重複起見，理事會應儘可能利用向經濟暨社會理事會及其他聯合國機關提送之有關報告。

一九、理事會應與聯合國各區域經濟委員會建立密切之經常聯繫，並得與其他有關區域政府間機關建立此種聯繫。

二〇、對於聯合國系統內各機關，理事會之行動應符合經濟暨社會理事會在憲章規定下所負之責任，特別是關於協調之責任，以及與關係機關所訂建立關係之協定。

二一、理事會爲會議未來屆會之籌備委員會。爲此目的，理事會應負責文件之編製，包括臨時議程，以備會議審議，並建議召開會議之適當日期及地點。

二二、理事會應向會議提送報告，並應每年經由經濟暨社會理事會向大會提送工作報告。經社理事會得就此種報告向大會提出其認爲必要之意見。

二三、理事會應設置有效行使職務所必要之輔助機關。理事會尤須設置下列委員會：

(一)商品委員會——除其他職務外，行使現由國際商品貿易委員會及國際商品辦法過渡協調委員會擔任之職務。商品協委會繼續設立，作爲理事會之諮詢機關；

(二)製造品委員會；

(三)無形項目及貿易資金問題委員會。理事會應特別考慮處理航運問題之適當機構辦法並計及會議蒇事文件附件AIV.二一及AIV.二二所建之建議。

關於(二)(三)兩輔助機關及理事會所設任何其他輔助機關之任務規定，應俟與聯合國主管機關商談後訂定，並應充分顧及允宜避免職責之重疊。理事會於確定輔助機關之規模及選舉其成員寺，應妥爲顧及此等機關之成員中宜有對其所處理事項有特殊利害關係之會員國。會議之任何會員國不論其在理事會內有無代表均得包括在內。

理事會應確定其輔助機關之任務規定及議事規則。

表決

二四、出席會議之每一國家應有一個表決權。會議對於實體問題之決議以出席及參加表決代表三分二多數之同意爲之。會議對於程序問題之決議以出席及參加表決代表過半數之同意爲之。理事會之決議以出席及參加表決代表過半數之同意爲之。

程序

二五、本段所載之程序旨在規定表決前進行和解之辦法，並提供適當基礎，俾就主張採取對特定國家經濟或金融利益大有影響之行動之特殊提案通過建議。

㈠和解階層

本段所稱之和解辦法得依照規定之條件會議、理事會或理事會委員會內提案適用之，就理事會委員會而言，和解辦法祇適用於委員會業經授權提出採取行動之建議而無須另經核准之事項。

㈡和解之請求

請求本段所稱之和解依下列規定爲之：

(a)對於會議內之提案，至少須由會議十個會員國提出；

(b)對於理事會內之提案，至少須由會議五個會員國提出，而不論其是否爲理事會理事國；

(c)對於理事會委員會內之提案，須由委員會三個委員國提出。

依本段所作和解請求應視情形向會議主席或理事會主席提出。倘所提請求關涉理事會委員會內之提案，關係委員會主席應將請求轉送理事會主席。

依本段所作和解請求應視情形向會議主席或理事會主席提出。倘所提請求關涉理事會委員會內之提案，關係委員會主席應將請求轉送理事會主席。

㈢會議主席、理事會或委員會主席發起和解

會議主席、理事會主席或關係委員會主席倘認爲已有上述㈡項所規定數目之國家贊成本段所稱之和解辦法，亦得隨時發起。和解辦法倘係在委員會階層發起，關係委員會主席應將此事提送理事會主席，以便依照下列㈥項規定採取行動。

㈣請求或發起和解之時間

請求和解（或由會議主席、理事會主席或委員會主席發起和解）僅得於關係機關辯論提案已經結束而尚未表決前爲之。就本項規定而言，關係機關主席應於任何提案辯論結束將該提案交付表決前留出相當時間，以備提出和解請求。如遇請求或發起和解，應停止表決該提案並適用下文規定之程序。

㈤適於和解或不適用和解辦法之問題

在上述㈡㈢兩項所稱情形下，和解程序應自動開始。下列(a)(b)兩分項所列類別應作爲取決之標準。

(a)適於和解之提案應爲下列各方面主張採取對特定國家經濟或金融利益大有影響之行動之特殊提案：

經濟計劃或方案或經濟或社會之重行調整；

貿易、貨幣或關稅政策或國際收支；

經濟協助或資源移轉之政策；

就業、所得、歲入或投資水平；

在國際協定或條約下之權利或義務。

(b)下列各方面之提案無須和解：

任何程序事項；

關於研究或調查之任何提案，包括涉及草擬貿易方面法律文書之提案；

設立理事會職權範圍內之輔助機關；

不要求採取特定行動之一般性建議與宣言；

依照會議一致通過之建議所提採取行動之提案。

㈥和解委員會之提名

和解一經請求或發起，關係機關之主席應立即通知該機關。會議主席或理事會主席與關係機關會員國相商後應儘速提名和解委員會之人選，並將名單送請會議或理事會核定。

㈦和解委員會之人數與組成

和解委員會通常應由少數人組成。其成員中應有對於發動和解之問題有特殊利害關係之國家並應依照公允地域分配原則遴選。

㈧和解委員會內之程序及其報告書之提送

和解委員會應儘速開始工作並應努力於會議或理事會同一屆會期間達成協議。和解委員會不舉行表決。倘和解委員會不能於會議或理事會同一屆會期間結束工作或達成協議，則應向理事會下一屆會或會議下一屆會提送報告書，視何者會期較早而定。但會議得命令其所指派之和解委員會，倘未能於會議同一屆會結束工作或達成協議，應向會議下一屆會提送報告書。

㈨和解委員會任務之展延

提議和解委員會於規定提送報告書之屆會以後繼續工作，應以過半數之同意決定之。

㈩和解委員會之報告書

和解委員會之報告書應載明曾否達成協議以及是否建議延長和解期間。委員會之報告書應分送會議會員國。

(十一)對和解委員會報告書採取之行動

和解委員會之報告書應於報告書所提送機關之議程上享有優先地位。倘該機關就和解委員會報告書所討論之提案通過決議案，應酌用下列格式於決議案內明白提及和解委員會之報告書及該委員會所獲之結論：

「備悉（日期）所設和解委員會之報告書（文件號碼），」

「並悉和解委員會〔業已達成協議〕〔建議延長和解期間〕〔未能達成協議〕，」

(十二)理事會及會議之報告書

理事會提送會議與大會之報告書及會議提送大會之報告書內應包括：

(a)理事會或會議於報告書所論期間通過之一切建議，決議案及宣言全文；

(b)對於經由和解辦法而通過之建議及決議案，並應附入各項建議或決議案之表決紀錄及關係和解委員會報告書之全文。在報告書內，表決紀錄及報告書全文通常應跟隨有關之決議案。

(十三)會議秘書長之斡旋

進行和解辦法應儘可能充分利用會議秘書長之斡旋。

(十四)涉及改變本決議案根本規定之提案

對於建議大會改變本決議案根本規定之任何提案，亦應依照上文規定之條件適用和解辦法。關於某一規定應否認爲本項所稱根本規定之問題應由會議或理事會以過半數之同意決定之。

秘書處

二六、依照憲章第一百零一條規定從事部署，以便立即在聯合國秘書處內經常設置一全時工作之適當秘書處，對會議、貿易及發展理事會及其輔助機關提供適當服務。

二七、秘書處以聯合國秘書長任命並經大會認可之會議秘書長爲首長。

二八、聯合國秘書長應作適當安排，俾便會議秘書處與經濟暨社會事務部，包括各區域經濟委員會秘書處，聯合國秘書處內其他有關單位以及各專門機關秘書處在內，密切合作與協調。

經費安排

二九、會議與其輔助機關及秘書處之費用應由聯合國經常預算負擔，在預算內爲此費用專列一款。對於參加會議而非聯合國會員國之國家應按照聯合國對類似情形之慣例規定攤額。

未來機構方面之安排

三〇、會議應根據經驗、檢討制度安排之實效及以後演變，以期建議必要之變動與改進。

三一、爲此目的，會議應研究一切有關問題，包括設置以聯合國系統內各組織全體成員國爲基礎負責處理貿易及貿易與發展關係之綜合組織問題。

三二、大會表示願在改變本決議案之根本規定前，徵求會議之意見。

一九六四年十二月三十日，
第一三一四次全體會議。

（聯大中文記錄）

貳、聯合國專門機關

一、國際勞工組織（ＩＬＯ）憲章

Statue of International Labor Organization (ILO)

通過日期：一九四六年十月九日（蒙特婁）

生效日期：一九四八年四月二十日

序言

鑒於只有以社會正義爲基礎，才能建立世界持久和平；

鑒於現有的勞動條件使大量的人遭受不公正、苦難和貧困，以致產生如此巨大的不安，竟使世界和平與和諧遭受危害；改善此種條件是當務之急：例如，調整工時，包括制定最大限度工作日和工作周，調節勞動力供應，防止失業，規定足夠維持生活的工資，對工人因工患病和因工負傷予以防護，保護兒童、青年和婦女，規定養老金和殘廢撫恤金，保證工人在外國受雇時的利益，承認同工同酬的原則，承認結社自由的原則，組織職業教育和技術教育，及其他措施；

鑒於任何一國不採用合乎人道的勞動條件，會成爲其他國家願改善其本國狀況者的障礙；

各締約國出於正義和人道的感情，以及謀求世界永久和平的願望，並爲實現本序言所提出的各項目標，贊同下列國際勞工組織章程：

第一章　組織

第一條　（建立）

1.爲促進實現本章程序言所提出的各項目標和一九四四年五月十日在費城通過的關於國際勞工組織的目的與宗旨的宗言（全文附後）所闡明的各項目標，因此建立一個永久性組織。

（成員資格）

2.國際勞工組織成員國，應爲在一九四五年十一月一日已是本組織成員國的國家，以及按本條第3.第四款的規定而得以成爲成員國的其他國家。

3.凡聯合國創始成員國和經聯合國大會依照其憲章規定接納爲聯合國成員國的任何國家，在其函告國際勞工局局長正式接受國際勞工組織章程所載義務後，可成爲國際勞工組織成員國。

4.國際勞工組織的大會經三分之二到會代表，其中包括三分之二到會並參加投票政府代表贊成，也可接納本組織的成員國。這類入會須在新成員國政府函告國際勞工局局長正式接受國際勞工組織章程所載義務後生效。

（退出）

5.國際勞工組織成員國未將其退出意圖通知國際勞工局局長不得退出本組織。此項通知須在局長收到之日起兩年後生效，而且，該成員國屆時必須已經履行其成員國的全部財務義務。如該成員國曾批准某項國際勞工公約，其退出組織不應影響在公約規定期限內公約本身的及有關的義務繼續有效。

（重新加入機構）

6.凡已停止爲本組織成員國的國家，如重新加入爲成員國應按本條第3.第四款的規定辦理。

第二條　（永久性組織）

應包括：

1.成員國代表大會；

2.根據第七條組織的理事會；和

3.在理事會管轄下的國際勞工局。

第三條　（大會會議和代表）

1.成員國

代表大會應在必要時隨時召開會議，每年至少一次。大會應由成員國各派四名代表組成，其中二人應爲政府代表，另二人分別代表各該國的雇主和工人。

（顧問）

2.每一代表可隨帶顧問，其人數就會議議程每一項目而言不得超過二人。在大會準備審議同婦女特別有關的問題時，顧問中至少須有一名婦女。

（來自本部領土的顧問）

3.凡負責非本部領土對外關係的成員國，可給它的每個代表委派附加的顧問：

(a)由它指定的在有關任何此種領土自治權力內的事項方面代表領土的人員；和

(b)由它指定的在有關非自治領土事項方面備其代表諮詢的人員。

4.如爲兩個或兩個以上成員國共管的領土，可指派人員備這類成員國代表諮詢。

（指派政府代表）

5.各成員國保證指派非政府代表和顧問，如各該成員國記憶體在最有代表性的雇主或工人的產業團體，其人選應徵得它們的同意。

（顧問的地位）

6.顧問需經他所陪同代表的請求，並經大會主席特許，始有發言權，但無表決權。

7.代表可用書面通知主席，委派其顧問之一爲其代理人。該顧問按此行事時，應有發言權和表決權。

8.代表及其顧問的姓名，由各成員國政府通知國際勞工局。證書表決權

9.代表及其顧問的證書應受大會審查。大會經到會代表的三分之二多數票通過，可拒絕接受它認爲未按本條規定指派的任何代表或顧問。

第四條

1.每名代表對於大會所審議的一切事項，享有單獨表決的權利。

2.如一成員國在它所應派的非政府代表中少派一人時，其另一非政府代表可出席大會並發言，但無表決權。

3.如按照第三條的規定，大會拒絕一成員國的某一代表參加，則實施本條各項規定時，應視該代表爲未經委派。

第五條　（大會會議的地點）

除上屆大會已作決定者外，大會會議應在理事會決定的地點舉行。

第六條　（國際勞工局局址）

國際勞工局局址的變動，應由大會經出席代表的三分之二多數票通過予以決定。

第七條　（理事會構成）

1.理事會由五十六人組成：

代表政府的二十八人，

代表雇主的十四人，

代表工人的十四人。

（政府代表）

2.代表政府的二十八人中，十人應由主要工業成員國委派，十八人不應包括上述十個成員國的出席大會的政府代表所選定的成員國委派。

（主要工業成員國）

3.理事會應在必要時決定哪些國家爲本組織的主要工業成員國，並應制定規章，以保證有關選定主要工業成員國的一切問題在理事會作出決定前，先由一公平的委員會加以審議。成員國對理事會宣告哪些國家爲主要工業成員國一事所提出的任何申訴應由大會裁決。但在大會裁決前，提交大會的申訴不得中止上述宣告的實施。

（雇主和工人代表）

4.代表雇主和代表工人的理事應由出席大會的雇主代表和工人代表分別選出。

（任期）

5.理事會任期三年。如由於某種原因，理事會的選舉未能在任期屆滿時舉行，理事會應留任到進行此種選舉時爲止。

（缺額、代理人等）

6.補充缺額和委派代理人的方法及其他類似問題，可由理事會決定，但須經大會批准。

（負責人）

7.理事會應從理事中選舉一位主席，兩位副主席。此三人中應有一人代表某一政府，一人代表雇主，一人代表工人。

（程序）

8.理事會應自行規定其議事程序和決定其開會日期。如經十六名以上理事書面請求，應召集特別會議。

第八條　（局長）

1.國際勞工局應設局長一人，由理事會任命。局長遵照理事會的指示，應負責有效地領導國際勞工局和其他交辦事項。

2.局長或其代表應出席理事會的一切會議。

第九條　（職員委派）

1.國際勞工局的職員由局長依據理事會批准的規則委派。

2.局長在對國際勞工局工作效率予以應有照顧的情況下，應盡可能選用不同國籍的人員。

3.這些人員中應有一定人數的婦女。

（職責的國際性質）

4.局長和全體職員的職責應純屬國際性質。在執行任務時，局長和全體職員不應謀求或接受任何政府或本組織以外的任何其他當局的指示。作爲只對本組織負責的國際官員，他們不應採取任何可能妨害這一身份的行爲。

5.本組織各成員國保證尊重局長和全體職員所負職責的純國際性質，不在他們行使職責時設法對他們施加影響。

第十條　（勞工局的職能）

1.國際勞工局的職能應包括搜集和傳播有關勞工條件和勞動制度的國際規定方面的一切資訊，特別應研究爲了制定國際公約而擬交大會討論的各種問題，並應進行大會或理事會所指定的特別調查。

2.勞工局遵守理事會可能給予的上述指示，應從事：

(a)爲大會議程的各項議題準備檔；

(b)應各國政府請求，在力所能及的範圍內，就制訂以大會決定爲根據的規章法令及改進行政措施與檢查制度方面，向各國政府提供一切適宜的幫助；

(c)行使本章程所規定要求國際勞工局在切實遵守公約方面應盡的職責；

(d)用理事會認爲需要的語種編輯和發行國際上所關心的有關工業和就業問題的出版物。

(e)該局一般應具有大會或理事會可能授予的其他權力和職責。

第十一條　（與政府之間的關係）

任何成員國主管產業和就業問題的政府部門均可通過該國參加國際勞工局理事會的政府理事，如無政府理事時，則可通過該國政府爲此指派的其他合格官員，直接同局長聯繫。

第十二條　（與國際組織之間的關係）

1.國際勞工組織在本章程規定的範圍內，應同任何負責協調具有專業職責的國際公共組織的活動的綜合性國際組織合作，在有關領域中應同具有專業職責的國際公共組織合作。

2.國際勞工組織可作出適當安排，使各國公共組織的代表得以參加其討論，但無表決權。

3.國際勞工組織可作出適當安排，在它認爲需要同時公認的非政府國際組織，包括雇主、工人、農民和合作社社員的國際組織進行協商。

第十三條　（財務和預算安排）

1.國際勞工組織可以和聯合國共同作出有關財務和預算的適當安排。

2.在上述安排未確定或未實施前：

(a)各成員國將支付其派往大會的代表及顧問以及出席理事會會議的理事的旅費和生活費；

(b)國際勞工局和大會或理事會會議的其他一切費用，應由國際勞工局局長從國際勞工組織總經費中撥付；

(c)關於國際勞工組織預算的核准、分攤和徵收的各項安排，應由大會經出席代表的三分之二多數票通過決定。此項安排應規定，預算和本組織各成員國分攤經費的辦法，須經政府代表組成的委員會核准。

(d)國際勞工組織的經費應由各成員國按照本條第1款或第2款所作的安排負擔。

（欠交會費）

(e)成員國欠交本組織的會費，如等於或超過它前兩個全年應交會費全額時，該成員國在大會、理事會、各種委員會中或選舉理事會理事時，不得參加投票；除非大會確信上述欠交會費是由於當事國無法控制的原因造成的，經出席大會代表的三分之二多數票通過，可准許該成員國參加投票。局長的財務職責

(f)對於國際勞工組織經費的正當開支，國際勞工局局長應向理事會負責。

第二章　程序

第十四條　（大會議程）

1.大會一切會議的議程均由理事會決定。任何成員國政府或按第三條的意圖所承認的任何代表性團體或任何國際公共組織對議程有任何建議時，理事會均應加以考慮。

（大會的籌備）

2.理事會應制訂規章，以保證在大會通過公約或建議書前，利用預備會議或其他方式，作詳盡的技術準備，並同主要有關各成員國作充分的協商。

第十五條　（大會議程和報告的傳送）

1.局長應任大會秘書長，並應在大會開會四個月之前將議程送達各成員國，在非政府代表派定後再經由各該成員國送達這些代表。

2.議程中各項議題的報告應及時寄達各成員國，使它們在大會會議前能作充分考慮。理事會應訂立規則實施此項規定。

第十六條　（議程的反對意見）

1.任何成員國政府均可正式反對把某一項目或某些項目列入議程。反對的理由應在送交局長的聲明書中說明，局長應將聲明書分送本組織各成員國。

2.凡被反對的專案，如經出席大會代表投票表決，有三分之二多數票贊成審議時，不得被排除於議程之外。

（大會列入新項目）

3.如經出席大會代表的三分之二多數票贊成，決定某問題（屬前款情況以外者）應由大會審議，該問題應列入下次會議議程。

第十七條　（大會負責人、程序及委員會）

1.大會應選舉主席一人，副主席三人。副主席中，一人應爲政府代表，一人應爲雇主代表，一人應爲工人代表。大會應規定本身的會議程序，並可成立各種委員會審議任何事項和提出報告。

（表決）

2.除本章程或任何公約或授予大會權力的其他檔或根據第十三條所通過

關於財務和預算安排的條款已另作明確規定者外，一切事項均應經出席代表投票以簡單多數票作出決定。

（法定人數）

3. 除非投票總數等於出席大會代表的半數，否則表決無效。

第十八條　（技術專家）

大會可給它所任命的任何委員會增添無表決權的技術專家。

第十九條　（公約和建議書—大會的決定）

1. 如大會已決定採納關於議程中某一專案的建議時，大會需決定這些建議應採用的形式：

(a)國際公約，或(b)建議書，以適應所涉及的事項，或其一個方面當時不適於制定公約的情況。

（要求的票數）

2. 無論公約或建議書，大會在進行最後表決時，都必須經出席代表的三分之二多數票通過。

（針對當地特殊條件的變通辦法）

3. 大會在草擬普遍適用的公約或建議書時，應適當考慮到，在某些國家中，因氣候條件、產業組織發展不完善或其他特殊情況而使產業條件有很大差異，並應提出它認爲需要的變通辦法，以適應此類國家情況。

（正式文本）

4. 公約或建議書應各有兩份由大會主席和局長簽字確證，其中一份存國際勞工局檔案，另一份送聯合國秘書長備案。局長應將簽署過的公約或建議書副本一份送交每一成員國。成員國在公約方面的義務

5. 關於公約：

(a)公約應送交各成員國以備批准；

(b)各成員國保證至遲在大會閉幕後一年內，或因特殊情況不能在一年內辦理的，則應儘早但無論如何不得遲於大會閉幕十八個月內，將公約提交主管機關，以便制定法律或採取其他行動；

(c)成員國應將它依照本條將公約提交上述主管機關方面所採取的措施，隨同有關主管機關本身及其所採取行動的詳細情況，通知國際勞工局長

(d)成員國如獲得主管機關同意，應將公約的正式批准書送交局長，並採取必要行動，使該公約各條款發生效力；

(e)成員國如未能獲得主管機關同意，則不再負有義務，但應按理事會的要求，每隔適當時期，向國際勞工局局長報告該國與公約所訂事項有關的法律及實際情況，說明通過立法、行政措施、集體合同或其他方法，使公約的任何條款得到實施或打算付諸實施的程度，並申述有何困難阻礙或推遲該公約的批准。

（成員國在建議書方面的義務）

6. 關於建議書：

(a)建議書應送交各成員國考慮，以便通過國家立法或其他方法予以實施；

(b)各成員國保證至遲在大會閉幕後一年內，或因特殊情況不能在一年內辦理的，則應儘早但無論如何不得遲於大會閉幕十八個月內，將建議書提交主管機關，以便制定法律或採取其他行動；

(c)成員國應通知國際勞工局局長它已依照本條規定採取任何措施，將該建議書提交上述主管機關，並將有關主管機關本身及其所採取行動的詳細情況隨同上報；

(d)除將建議書送交主管機關外，成員國不再負有其他義務，但應按理事會的要求，每隔適當時期，向國際勞工局局長報告該國與建議書所訂事項有關的法律及實際情況，說明建議書各條款已經實施或打算付諸實施的程度，以及在採納或實施此種規定方面已發現或可能發現有必要進行的修改。

（聯邦國家的義務）

7. 關於聯邦國，應適用下列規定：

(a) 如聯邦政府認爲，根據其憲法制度，公約和建議書宜由聯邦採取行動的，則聯邦國成員的義務和非聯邦國成員的相同；

(b) 如聯邦政府認爲，根據其憲法制度，公約和建議書的全部或部分宜由其組成的各邦、各省或各州採取行動，而不由聯邦採取行動，則聯邦政府應：

(i) 至遲在大會閉幕後十八個月內，根據聯邦憲法和有關邦、省或州的憲法作出有效安排，將該公約和建議書送交聯邦或邦、省、州的適當的機關，以便制定法律或採取其他行動；

(ii) 在取得有關邦、省或州政府同意的情況下，安排聯邦同邦、省或州主管機關之間的定期協商，以便在聯邦之內促進協調行動，使該公約及建議書各條款生效；

(iii) 通知國際勞工局局長它已依照本條規定採取何種措施，將該公約和建議書提交聯邦、邦、省或州的適當的機關，並將有關主管機關及其所採取行動的詳細情況隨同上報；

(iv) 關於未經聯邦批准的每一公約，應按理事會的要求，每隔適當時期，將聯邦及其所屬各邦、省或州有關該公約的法律和實際情況報告國際勞工局局長，說明通過立法、行政措施、集體協議或其他方法，使公約的任何條款得到實施或打算付諸實施的程度；

(v) 對於此類每種建議書，應按理事會所要求的每隔適當時期，將聯邦及其所屬各邦、省或州有關該建議書的法律和實際情況報告國際勞工局局長，說明該建議書中各項規定已經實施或打算付諸實施的程度，以及在採納或實施此種規定方面已發現或可能發現有必要進行的修改。

（公約的建議書對更爲優越的現行規定的影響）

8. 無論如何不得認爲大會制定任何公約或建議書，或任何成員國批准任何公約，可以影響保證有關工人享受較公約或建議書所規定更爲優越的條件的任何法律、裁決書、慣例或協定。

第二十條

在聯合國登記如此批准的任何公約，應由國際勞工局局長送交聯合國秘書長按照聯合國憲章第一〇二條的規定登記，但它只對批准公約的各個成員國有約束力。

第二十一條　（大會未通過的公約）

1. 提交大會作最後審議的公約如未能獲出席代表三分之二票數的支持，本組織的任何成員國仍有權彼此商訂該公約。

2. 如此商訂的任何公約，應由各有關政府送交國際勞工局局長和聯合國秘書長按照聯合國憲章第一〇二條的規定登記。

第二十二條　（關於已批准公約的年度報告）

各成員國同意就其參加的公約中各項規定的實施所採取的措施向國際勞工局提出年度報告。此種報告應按理事會要求的格式和具體專案編寫。

第二十三條　（報告的審查的送交）

1. 局長應將各成員國按第十九條和第二十二條規定送交他的資料和報告摘要提交下屆大會。

2. 每一成員國應將按第十九條和第二十二條規定送交局長的資料和報告的副本送交按第三條的宗旨所承認的代表性組織。

第二十四條　（未遵守公約的申訴）

凡有雇主或工人的產業團體向國際勞工局提出申訴，聲稱某一成員國在其許可權範圍內不論在哪一方面未曾切實遵守它所參加的任何公約時，理事會可將此項申訴送交被申訴的政府，並可請該政府對此事作出它認爲適當的聲明。

第二十五條　（申訴的公佈）

如理事會在適當時期內未接到被申訴的政府的聲明，或接到聲明後認爲不滿意，則理事會有權公佈申訴和公佈答復該申訴的聲明。

第二十六條　（對不遵守公約的控訴）

1.任何成員國認爲任何其他成員國未曾切實遵守雙方均已按以上條款批准的任何公約時，有權向國際勞工局提出控訴。

2.理事會如認爲適當，可在將該項控訴提交下文所規定的調查委員會之前，按照第二十四條所述辦法，通知被申訴的政府。

3.如理事會認爲不需要將該項控訴通知被申訴的政府，或經通知而在適當時期內未收到理事會認爲滿意的答復時，理事會可設立一調查委員會來審議該項控訴並提出報告。

4.理事會可自行或在收到大會某一代表的控訴時，採用上述同一程序。

5.理事會在審議起因於第二十五條或第二十六條的任何事項時，被申訴的政府在理事會中如無代表，有權派遣一名代表在審議該事項時參加理事會的會議。該事項的審議日期應在事前及早通知被申訴的政府。

第二十七條　（與調查委員會合作）

成員國同意，如按第二十六條將控訴交付調查委員會時，各成員國無論與該案有無直接關係，應將其所有與該案事項有關的一切資料提供委員會使用。

第二十八條　（調查委員會的報告）

調查委員會在充分審議該控訴案後，應提出報告，其中包括它對於與確定各方爭執有關的一切事實問題的裁決，並包括該委員會認爲適宜的關於處理該案應採取的步驟及採取這些步驟的期限的建議。

第二十九條　（對調查委員會的報告採取行動）

1.國際勞工局局長應將調查委員會的報告送交理事會和同控訴案有關的各國政府，並應使之公佈。

2.各有關政府應在三個月內通知國際勞工局局長，它是否接受該委員會報告中的建議；如不接受，是否擬將該案提交國際法院。

第三十條　（未能將公約或建議書提交主管機關）

任何成員國如未按第十九條第五款(b)、6款(b)或7款(b)(i)關於公約或建議書的要求採取行動，任何其他成員國應有權將此事提交理事會。理事會如查明此事屬實，應向大會報告。

第三十一條　（國際法院的決定）

國際法院對於按第二十九條向它提出的控訴或事項所作決定應爲最後判決。

第三十二條

國際法院可以確認、更改或撤銷調查委員會的任何裁決或建議。

第三十三條　（未能執行調查委員會或國際法院的建議）

如有任何成員國在指定時間內不執行調查委員會報告或國際法院判決中的建議，理事會可提請大會採取其認爲明智和適宜的行動，以保證上述建議得到履行。

第三十四條　（履行調查委員會或國際法院的建議）

違約政府如已採取必要的步驟履行調查委員會的建議或國際法院判決中的建議，可隨時通知理事會，並可請求理事會組織一個調查委員會加以證實。遇此情況，應引用第二十七、二十八、二十九、三十一及三十二條的規定。如調查委員會的報告或國際法院的判決支持違約政府，理事會應立即提請停止按第三十三條採取的任何行動。

第三章　一般規定

第三十五條　（對非本部領土實施公約）

1.對成員國保證將該國按照本章程規定已經批准的公約實施於由該國負責對外關係的非本部領土，包括該國爲行政當局的各託管地，但公約所訂事項屬於該領土自治權力範圍者，或公約因當地情況而不能實施者，或公約需作適應當地情況的變通才能實施者除外。

2.每一成員國在批准一個公約後，應儘快向國際勞工局局長送交聲明，說明在下列第4與第5兩款所述以外的各領土內，該成員國保證將實施該公約各條款的程度，並提供公約所規定事項的詳細情況。

3.已按前款送交聲明的每一成員國，可以隨時依照該公約的規定送交新的聲明，以修改前此任何一個聲明的詞語，申明有關該領土的現狀。

4.如事項屬於非本部領土自治權力範圍，負責該領土對外關係的成員國，應儘快將該公約送交該領土的政府，以便由該政府制定法律或採取其他行動。然後，該成員國在征得該領土政府同意後，可以向國際勞工局局長送交聲明，代表該領土接受公約的義務。

5.接受公約義務的聲明可按下列方式送交國際勞工局局長：

(a)由本組織兩個或兩個以上成員國聯合管轄的領土，由它們送交；

(b)按聯合國憲章或其他條文由國際權力機構負責行政的領土，由該機構送交。

6.按第4或第5兩款接受公約義務，包括代表有關領土接受該公約條款所規定的各項義務，和接受本組織章程所規定的適用於已批准公約的各項義務。接受公約的聲明可說明爲使公約適合地方情況而需對其條款作出的修改。

7.按本條第4和第5兩款送交聲明的成員國或國際權力機構，可以隨時依照該公約的規定送交新的聲明，以修改前此任何一個聲明的詞語，或代表有關領土解除接受公約的義務。

8.有關成員國或國際權力機構如未代表本條第4或第5兩款所述的領土接受公約義務，則應將該領土內與該公約所訂事項有關的法律與實際情況報告國際勞工局局長，報告應說明通過立法、行政措施、集體協議或其他方法使公約的任何條款得到實施或打算付諸實施的程度，並申述有何困難阻礙或推遲該公約的批准。

第三十六條　（章程修正案）

經出席大會代表的三分之二多數票通過的本章程修正案，如經本組織全體成員國三分之二，其中包括按本章程第七條第3款的規定參加理事會的十個主要工業國中的五國批准或接受，即行生效。

第三十七條　（對章程和公約的解釋）

1.對本章程或對各成員國隨後依照本章程的規定所制定的任何公約在解釋上發生的任何問題或爭執，應提交國際法院判決。

2.儘管有本條第一款的規定，理事會仍可制訂下列規則並提請大會核准，即成立裁判機構以迅速判決由理事會或按公約規定向該裁判機構提出的關於解釋公約方面所存在的任何糾紛和問題。凡國際法院的可適用的判決或諮詢意見，對於按本款成立的裁判機構應有約束力。這種裁判機構所作的判決書應分送本組織各成員國，各成員國對該判決書如有意見可提交大會。

第三十八條　（區域會議）

1.國際勞工組織可根據需要召開區域會議和設立區域性機構，以促進實現本組織的目標與宗旨。

2.區域會議的權力、職能和程序，應由理事會擬訂規則加以規定，並提請大會確認。

第四章　雜項規定

第三十九條　（國際勞工組織的法律地位）

國際勞工組織應具有完全的法人，特別具有下列資格：

(a)訂立契約；

(b)獲得和處置不動產和動產；

(c)提起訴訟。

第四十條　（特權與豁免）

1.國際勞工組織在其成員國領土內應享受爲達成其宗旨所必要的特權及

豁免待遇。

2.出席大會的代表、理事會理事、國際勞工局局長和官員也應享受爲獨立執行其與本組織有關的職務所必要的此種特權及豁免待遇。

3.爲取得各成員國的同意，此類特權和豁免待遇應由國際勞工組織另擬協定予以規定。

（憲章中文本）

二、國際貨幣基金（IMF）協定

Agreement of the International Monetary Fund

簽署日期：一九四五年十二月二十七日（華盛頓）
生效日期：一九四五年十二月二十七日

簽署本協定之各國政府，議定條款如下：

引文

國際貨幣基金之建立與操作，應依照本協定最初通過之條款及其後修訂之條款執行之。

爲使基金能執行其業務及交易，基金應設立一般部門及特別提款權部門。凡基金會員國均享有參加特別提款權部門之權利。

經本協定所授權之業務及交易，應透過一般部門，即依本協定有關規定，經由一般資源帳戶、特別撥款帳戶及投資帳戶爲之，但涉及特別提款權之業務與交易，應透過特別提款權部門爲之。

第一條　（宗旨）

國際貨幣基金之宗旨爲：

透過此一對國際貨幣問題能提供商討及合作之永久性機構，以促進國際貨幣之合作。

便利國際貿易之擴大及平均發展，藉以提高並維持高水準之就業量與實質所得，並開發各會員國之生產資源，作爲經濟政策之主要目標。

促進國際匯率之穩定，維持各會員國間有秩序之匯兌安排，並避免貶值競爭。

協助各會員國建立經常交易有關之多邊支付制度，並取消有礙世界貿易成長之各項匯兌限制。

在適度保障下，以基金之一般資源暫時供應會員國，給予會員國以信心，俾有機會調整國際收支之失衡，而不採取其他足以破壞國內或國際繁榮之措施。

依照上述各項，縮短各會員國國際收支失衡之期間，並減輕其失衡之程度。

基金之一切政策及決定，均應以本條所列舉各項之宗旨爲指導原則。

第二條　（會員）

第一款　（基本會員）

凡參加聯合國貨幣金融會議之國家，其政府在一九四五年十二月三十一日前接受爲會員者，均爲基金之基本會員。

第二款　（其他會員）

其他國家得依照基金理事會規定之日期與條件參加爲基金之會員。上稱條件，包括會員國認繳額之條件，其訂定應以原有會員國家所適用之原則爲依據。

第三條　（攤額與認繳額）

第一款　（攤額與認繳額之繳付）

每一會員國均派定一以特別提款權表示之攤額。凡參加聯合國貨幣金融會議，而在一九四五年十二月三十一日以前取得基金會員資格之各國，其攤額載明於附錄一。其他會員國之攤額，由基金理事會決定。每一會員國之認繳額應與其攤額相等，且應在適當之寄存處，全數繳付基金。

第二款　（攤額之調整）

第一項：理事會每在不超過五年之期間，應對各會員國之攤額進行一次一般性檢討，如認爲有必要時，得提議調整之。同時對於特定會員所請求之任何個別攤額之調整，如理事會認爲適當，亦得在任何其他時間考慮予以調整。

第二項：基金得於任何時間提議對一九七五年八月三十一日已爲會員之會員國，依其於該日之攤額比例增加其攤額，但累積數不得超過依第五條第十二款第六、九、十項之規定，自特別撥款帳戶移轉至一般資源帳戶之金額。

第三項：任何攤額之變更，應經總投票權百分之八十五之多數票決。

第四項：會員國之攤額，非經該會員國之同意並已爲繳付，不得變更之，但依照本條第三款第二項規定視爲已繳付者，不在此限。

第三款　（攤額變更時之繳付方式）

第一項：每一會員國依照本條第二款第一項之規定同意增加其攤額時，應於基金規定之期限內，就其增額之百分之二十五以特別提款權繳付基金，惟理事會得規定，在所有會員國一致適用之基礎上，增額之全部或一部，得以基金特定之會員國通貨（並經其同意）繳付，或以其本國通貨繳付。非參加國應按參加國以特別提款權繳付其增額之比例，以基金特定之會員國通貨（並經其同意）繳付。其餘額則應以其本國通貨繳付。基金持有任一會員國之通貨，不得因其他會員國依本款規定繳付，而增至超過依第五條第八款第二項㈡之規定酌收費用之水準。

第二項：每一會員國，如依本條第二款第二項規定同意增加其攤額時，應被視爲已按新增攤額向基金繳付認繳額。

第三項：當會員國同意減少其攤額時，基金應於六十日內按所減少數額付還該會員國。但付還該會員國之通貨，及特別提款權或基金特定之會員國通貨（並經其同意）之數額，務須使基金持有該會員國之通貨額不致低於其新攤額，惟於特殊情況下，基金得付還該會員國通貨而使其持有該會員國之通貨額低於其新攤額。

第四項：除期限之決定與通貨之指定外，任何有關前述第一項之決議均應獲得總投票權之百分之七十之多數票決。

第四款　（以證券代替通貨之繳付）

在基金判斷下，若會員國在基金一般資源帳戶內之本國通貨對基金之業務及交易不需要時，基金應接受會員國或依本協定第十三條第二款規定由會員國指定之寄存處所發行之票券，或其他債務憑證以爲替代。此種票券或憑證必須爲不可流通、無息，且在請求兌付時即照票面價值存入指定寄存處之基金帳戶者，本款不但適用於會員國認繳之通貨，並適用於因其他原因欠於基金或基金獲得而置於一般資源帳戶之任何其他通貨。

第四條　（匯兌安排之義務）

第一款　（會員國之一般義務）

基於確認國際貨幣制度之主要宗旨，乃提供一套制度以便利國際間商品、勞務、資本之交易，並維持經濟之健全成長，並以金融與經濟穩定所必須之良好基礎的繼續發展爲主要目標之一，每一會員國應與基金及其他會員國通力合作，以確保有秩序之匯兌安排，並促進匯率制度之穩定。每一會員國尤應：

在適合其國情之情況下，致力於經濟、金融政策之釐定，藉以達成在合理的物價穩定下助長有秩序的經濟成長目標；

培育有秩序之基層的經濟與金融情況，以及不致於產生劇烈波動之貨幣制度，以促進穩定；

避免操縱外匯匯率或國際貨幣制度，以防止有礙國際收支之有效調整，或自其他會員國獲致不公平之競爭利益；以及

採行與本款規定相配合之其他外匯政策。

第二款　（一般匯兌安排）

第一項：每一會員國應自本協定第二次修正日起三十天內，將其爲履行本條第一款規定之義務所作之匯兌安排通知基金，其安排如有任何變更時，並應即通知基金。

第二項：在一九七六年元月一日實施之國際貨幣制度下，匯兌安排得包括

㈠會員國將其通貨之價值與特別提款權或經其選用之其他通貨單位，惟黃金除外，維持關係，或

(二)經由合作安排，部份會員國將其通貨之價值與某一會員國或數個會員國之通貨維持關係，或

(三)會員國所選擇之其他匯兌安排。

第三項：基金爲配合國際貨幣制度之發展，經總投票權之百分之八十五之多數票決，得作成一般匯兌安排之規定，該規定對於會員國在符合基金宗旨及本條第一款各項義務下所作的匯兌安排之選擇權並不加以限制。

第三款　（匯兌安排之監督）

第一項：基金應爲確保有效操作，監督國際貨幣制度，並督促各會員國遵循本條第一款有關義務之規定。

第二項：爲達成上項功能，基金應嚴密監督各會員國之匯率政策，並應針對此類政策，爲所有會員國訂定指導原則。每一會員國應向基金提供執行監督時所需之必要資料，且於基金請求時，應與之磋商其匯率政策。基金之指導原則應與部份會員國爲將其通貨之價值與某一會員國或數個會員國之通貨維持關係所作之合作安排相符，亦應與會員國在符合基金宗旨及本條第一款之規定下所選擇之匯兌安排相符。此項指導原則，應尊重會員國國內之社會與政治政策，而在引用時，應對會員國之經濟情況予以適當關注。

第四款　（平價）

基金經總投票權百分之八十五之多數票決，得就國際經濟情況之可行，據以決定採行一種廣泛之外匯安排制度，而以穩定但可調整之平價爲基礎。基金作此一決定時，並應著眼於世界經濟之穩定，而爲此一目的，基金應考慮各會員國之物價變動與經濟擴張率。上述決定，應配合國際貨幣制度之演變，尤應兼顧流動性資源，同時爲確保平價制度之有效操作，使國際收支盈絀之會員國能相互立即作有效之調整，以及對收支失衡之干預與處理等之安排。此項決定作成後，基金應即通知會員國附錄三之規定將被適用。

第五款　（會員國領土內之分立通貨）

第一項：會員國未事前聲明其行動限於本國之主要通貨，或僅適用於一種或一種以上之特定分立通貨，或適用於主要通貨及一種或一種以上之特定分立通貨，會員國依本條規定對其通貨採取行動時，應被視爲適用於其所有領土內之分立通貨。此間所謂〈所有領土〉，僅係指會員國依本協定第三十一條第二款第七項之規定已適用於本協定者而言。

第二項：除另有聲明者外，基金依本條所採之措施，應被視爲與上述第一項中所指之會員國之所有通貨有關。

第五條　（基金之業務與交易）

第一款　（與基金交易之機構）

會員國與基金之交易，只能經由其本國之財政部、中央銀行、平準基金或其他類似金融機構，而基金亦只能直接與上述機構交易，或經由此等機構交易。

第二款　（基金業務與交易之限制）

第一項：除本協定另有規定外，基金之交易，僅限於在會員國之請求下，由基金將特別提款權或存於基金一般資源帳戶內之其他會員國之通貨，供給願意買入該項特別提款權或通貨之會員國，以與該會員國之通貨交換。

第二項：如有會員國提出請求，基金得在符合基金宗旨的情況下，決定對該會員國提供金融性與技術性之服務，包括對會員國所提供之資源之管理。在從事涉及金融性服務之業務時，不得以基金本身之帳項爲之。基金依本項規定所提供之服務，如未經會員國之同意，該會員國並無任何應承受之義務。

第三款　（使用基金一般資源之條件）

第一項：基金應就其一般資源之使用，採行包括預約借款或類似安排之政策，並得就特殊國際收支問題，採行特殊政策，以協助會員國以符合本協定規定之措施，解決其國際收支問題，並適度保障基金之一般資源僅供短

期之使用。

第二項：每一會員國在下列條件下，得以其同額之本國通貨向基金購買其他會員國之通貨：會員國使用基金之一般資源，須遵照本協定規定及據此所訂定之政策；

會員國表示係基於其國際收支、準備部位或準備部位之趨向，而有購匯之需要；

擬議之購匯，爲準備部份之購匯，或不致使基金所持有之購匯國之通貨因此超過該國攤額之百分之二百以上；

基金未曾依據本條第五款、第六條第一款或第二十六條第二款第一項之規定事先聲明該欲購匯之會員國業已喪失其使用基金一般資源之資格。

第三項：基金應審查會員國購匯之請求，以決定此項擬議之購匯是否與協定及根據本協定所釐訂之政策規定相符；惟對準備部份購匯，不應有所異議。

第四項：基金應採行政策及程序，以憑選擇供出售之通貨，考慮會員國之國際收支與準備部位，以及外匯市場之發展與促進其基金部位在長期間能平衡發展之意圖。惟若會員國表示該國擬購買另一會員國之通貨，係擬用以向該另一會員國購買其所提供之等額之本國通貨時，除非基金根據第七條第三款之規定，已通告基金之該項通貨之持有額已告稀少，否則應准其所請。

第五項：每一會員國應保證其他會員國購自基金之該國通貨係可自由使用，或於其他會員國向基金購買時，能依其選擇兌成可自由使用之通貨，而兩種通貨之兌換率應與第十九條第一項所規定者相等。

每一會員國，其通貨被其他會員國自基金購買或自基金取得以交換其自基金購買之通貨時，應與基金及其他會員國合作，以使其通貨於被購買時，能兌成其他會員國之可自由使用之通貨。

依本項上述㈠之規定，不能自由使用通貨之兌換應由其通貨被購買之會員國爲之，除非該會員國與購買之會員國同意採行其他方式。

會員國自基金購得另一會員國可自由使用之通貨，並希望於購買時以之交換另一種可自由使用之通貨，如有其他會員國請求，則應與該其他會員國進行交換。對其他會員國所選擇之可自由使用通貨之交換，應按上述㈠規定之匯率進行兌換。

第六項：基金依其應採之政策與程序，得同意對向基金購買之參加國依本款之規定以特別提款權替代其他會員國通貨售予該會員國。

第四款　（條件之放寬）

基金在其本身利益有保障之條件下，得放寬本條第三款第二項㈢與㈣所規定之任一項限制，而尤以對已往曾避免大量或繼續使用基金一般資源之各會員國爲然。當放寬條件時，基金應考慮請求放寬條件會員國之需要爲週期性的抑例外的。此外會員國如經提出可接受之資產以爲擔保品，且其價值，基金認爲足以保障其利益者，則亦應予以考慮，基金並得向其要求提供此類擔保品，以爲放寬限制之條件。

第五款　（使用基金一般資源資格之喪失）

無論何時，當基金認爲某會員國使用基金一般資源之情形係違背基金之目的者，則基金應將其意見報告該會員國，並請其於規定之適當時間內答覆。當此報告提出後，基金可以限制該會員國使用基金之一般資源。若於規定時間內，基金尚未接到該會員國對報告之答覆，或其答覆基金認爲不滿意，則基金可以繼續限制該會員國使用基金一般資源，或經由合理之通知後，可逕行宣佈該會員國已喪失使用基金一般資源之資格。

第六款　（基金對特別提款權之其他買賣）

第一項：基金得接受參加國以其特別提款權換購同額之其他會員國之通貨。

第二項：基金得循參加國之請求，向參加國提供特別提款權以交換同額之其他會員國之通貨。惟基金所持有之任一會員國通貨，不得因上述交易而超適依本條第八款第二項㈡之規定須收取費用之水準。

第三項：基金根據本款規定所提供或收受之通貨，應依本條第三款第四項或第七款第九項之原則考慮，加以選擇。在本款規定下，基金提供或收受通貨，必須經該通貨之會員國同意該通貨之使用時，方可爲之。

第七款　（會員國向基金購回其本國通貨）

第一項：會員國隨時均可向基金購回其所持有之該國通貨，該項持有額依本條第八款第二項之規定，會員國須支付費用。

第二項：按本條第三款之規定，曾向基金購買通貨之會員國，當其國際收支暨外匯準備部位獲得改善時，通常即須向基金購回因先前購買及依本條第八款第二項之規定應支付費用之該國通貨。依基金所釐訂之購回政策，且經基金與該會員國商議後，若基金向該會員國表示因其國際收支暨外匯準備部位已獲改善而應向基金購回時，則該會員國應購回基金所持有之此等通貨。

第三項：在本條第三款下，向基金購買通貨之會員國，應向基金購回其因購買而持有，並依本條第八款第二項之規定支付費用之該國通貨，惟須自購買日起五年內爲之。基金得規定，自購買日起第三年開始至第五年終了期間，會員國可以分次購回。基金並得經總投票權百分之八十五之多數票決，更改本項規定之購回期間，且其一經採用，即應適用於所有會員國。

第四項：除上述第三項適用於所有會員國之購回期限之規定外，基金對依使用基金一般資源之政策而持有之會員國通貨，其購回期限，經總投票權百分之八十五之多數票決，基金得另訂之。

第五項：會員國應遵照基金依總投票權百分之七十多數票決所釐訂之政策，購回基金並非因購買而取得，且依本條第八款第二項㈡規定應支付費用之該國通貨。

第六項：依據上述第三項或第四項規定之購回期限，應較基於一般資源使用政策所決定者爲短，此項決定應僅適用於該決定生效日後基金所持有之通貨部份。

第七項：基金應會員國之要求，得延長履行購回義務之期限，但不得超過依上述第三項或第四項，或依上述第五項由基金釐訂政策所規定之最長期限。惟基金若經由總投票權百分之七十多數票決，鑑於到期執行將導致該會員國重大之困擾，則可決定較長之購回期限，惟該期限仍須符合基金一般資源之短期利用原則。

第八項：基金依本條第三款第四項所釐訂之政策，可以其他政策補其不足。基金在與會員國協商後，得依本條第三款第二規定出售其所持有之會員國通貨，此項通貨乃未依本條第七款之規定予以購回者，惟基金出售該會員國之通貨，並不損及基金在本協定其他規定下經授權得採取之任何其他措施之權利。

第九項：在本款規定下所有之購回，應以特別提款權或基金所指定之其他會員國通貨爲之。基金對會員國用以購回之通貨應訂定有關政策暨程序，該項政策及程序將考慮及本條第三款第四項之原則。用於購回之會員國通貨，基金持有額不得因此次購回增至依本條第八款第二項規定收取手續費之水準。

第十項：在上述第九項規定下，基金所指定之會員國通貨，若非可自由使用之通貨，則發行該通貨之會員國應保證，凡用該種貨幣作爲購回本國通貨之用而取得該種貨幣之會員國，得將該貨幣與另一種經發行指定通貨之會員國選定的可自由使用之通貨交換。在本項規定之下，此二種通貨彼此之兌換率應與基於第十九條第七款第一項所規定者相同。

由基金指定作爲購回通貨之每一會員國，應與基金及其他會員國通力合作，使從事購回之會員國於購回時能取得指定之通貨，以與其他會員國可自由使用之通貨交換。

在上述第十項㈠規定下所爲之通貨交換，應與被指定通貨之會員國爲之，但如該會員國與購回通貨之會員國同意以其他程序行之，不在此限。

若購回通貨之會員國於購回時，欲獲得上述第九項規定下由基金指定之其他會員國之可自由使用之通貨，惟於該國請求下，應自該國取得該可自由使用之通貨，其兌換率則應參照上述第十項㈠之規定。基金並得對用於交換之可自由使用之通貨予以規定。

第八款　（費用）

第一項：會員國以其本國通貨向基金購買特別提款權或一般資源帳戶下之其他會員國通貨，基金應酌收手續費，惟對準備部份之購買，基金得收取較其他性質之購買爲低之手續費。準備部份之購買，其手續費不得超過百分之零點五。

基金得對預約借款或類似安排收取費用。基金得決定將對此安排所收取之費用，充抵在此安排下之購買依上述㈠之規定所收取之手續費。

第二項：基金應在下列範圍內，就其一般資源帳戶中所持有的會員國通貨之每日平均餘額，加以徵收費用：

由於第三十條第三項規定之剔除項目之交易而取得者，或

剔除上述㈠規定之款額後，超過該會員國攤額之部份。

費用率應於基金持有會員國通貨款額期間，逐期酌予提高。

第三項：會員國如未能履行本條第七款規定購回其本國通貨，基金經與該會員國商議減少持有該國通貨後，得就應由該國購回部份，酌收適當之費用。

第四項：基金依上述第一項、第二項及第三項之規定決定對會員國收取費用時，其費率須經總投票權百分之七十之多數票決；惟就上述第一項及第二項所作成之決定，對所有會員國一視同仁。

第五項：會員國應以特別提款權支付費用：惟於特殊情況下，基金經與其他會員國協商後，得准會員國以基金指定之其他會員國通貨支付，或以其本國通貨支付。但基金持有之某一會員國通貨，不得因其他會員國依本項規定支付而使其增至上述第二項㈡規定，應收取費用之水準。

第九款　（報酬）

第一項：基金對於根據下述第二項或第三項規定之攤額之百分比超過基金於一般資源帳戶持有之會員國通貨之每日平均餘額（惟因第三十條第三項規定之剔除項目之交易而取得之會員國之通貨不予計入）之部份，應付予報酬。基金支付之報酬率，應由基金總投票權百分之七十之多數票決，且對所有會員國均應一致。而不得超過或低於第二十條第三款規定利率之五分之四。基金於釐訂報酬率時，並應考慮第五條第八款第二項所規定之費用率。

第二項：計算上述第一項報酬時，所引用之攤額百分比，應爲：

任何會員國如於本協定第二次修訂前即爲會員國者，其攤額百分比應相當於本協定第二次修訂日其攤額之百分之七十五；如於本協定第二次修訂後方始爲會員國者，其攤額百分比係以該國成爲會員國之日，其他各會員國按其個別之攤額百分比計算之總數，除以同日其他各會員國之攤額之總數計算；加上

根據第三條第三款第一項規定，自上述第二項㈠會員國入會之日起，已向基金支付之通貨或特別提款權之數額；減去

根據第三條第三款第三項規定，自上述第二項㈠會員國入會之日起，已從基金收受之通貨或特別提款權之數額。

第三項：基金爲達成上述第一項目的，經由總投票權百分之七十之多數票決，得提高各會員國最近之攤額百分比：

未超過百分之百者，應就所有會員國相同之標準，決定各會員國之百分比，或

所有會員國之百分比均爲百分之百。

第四項：報酬應以特別提款權支付，惟基金或該會員國得決定對該會員國之支付，應以其本國通貨爲之。

第十款　（計算）

第一項：基金一般部門帳戶持有之資產價值，應以特別提款權表示。

第二項：凡引用本協定之規定，所有有關各會員國通貨之計算，除第四條及附錄三外，均應按照本條第十一款之規定，以基金對此類通貨所使用之比

率為準。

第三項：凡引用本協定之規定，決定有關攤額之通貨數額之計算，不應包括在特別撥款帳戶或在投資帳戶所持有之通貨。

第十一款　（價值之維持）

第一項：基金一般資源帳戶持有之會員國通貨之價值，應按第十九條第七款第一項之匯率以特別提款權表示之。

第二項：基金依本款規定對所持會員國通貨之調整，應僅在基金與其他會員國間使用該通貨進行業務或交易時為之；此項調整在基金決定或會員國請求時亦得為之。因調整而對基金或由基金所為之支付，應在調整日後基金決定之合理時間內，或該會員國所請求之任何其他時間予以完成。

第十二款　（其他業務與交易）

第一項：基金於本款規定下，所訂之各項政策及決定，應以第八條第七款所定之目標及避免於黃金市場管理或建立固定之黃金價格之目標為指針。

第二項：基金在下述第三、四及五項下，對從事業務或交易之決定，應有總投票權百分之八十五之多數票決。

第三項：基金在與會員國協商後，得出售黃金以易取該會員國之通貨，惟基金一般資源帳戶持有之該會員國通貨若未經該會員國同意，不得因黃金之出售而增至依本條第八款第二項㈡規定須收取費用之水準；至若應會員國之請求，基金於出售黃金時應將所收該通貨之一部份交換為其他會員國之通貨，以防止此一增加。以一項通貨交換其他會員國通貨，應在與該國協商後為之，且不得使基金持有該會員國之通貨增至依本條第八款第二項㈡規定收取費用之水準。基金應根據本條第七款第九項所適用之原則，就通貨交換行為採取政策與步驟。按本規定對某一會員國所出售之黃金，應以市場價格為基礎，逐筆依約定之價格成交。

第四項：基金依本協定進行之任何業務或交易，得自會員國收受黃金以替代特別提款權或通貨。依本項規定對基金之支付，應就每一業務或交易，按市場價格為基礎，由雙方決定成交價格。

第五項：基金得於本協定第二次修訂之日，將其持有之黃金，按該日攤額之比例，售給在一九七五年八月三十一日即已為會員國而同意購買黃金之會員國。基金如為下述第六項㈡之目的，擬按上述第三項規定出售黃金，且若按上述第三項規定出售黃金，將產生超額收入而可按下述第六項㈢規定分配給各開發中會員國，則基金得將一部份黃金售予同意購買之各開發中會員國。基金依本規定對某一會員國出售之黃金，若該會員國乃依本條第五款規定被宣佈喪失使用基金一般資源者，則除非基金決定提前出售黃金，否則應在喪失資格之原因消失時，基金方可出售黃金予該會員國。依本款第五項規定，出售黃金予某一會員國，應以之交換該會員國之通貨，出售時其價格按純金，每○・八八八六七一公克值一單位特別提款權計算。

第六項：當基金依上述第三項之規定，出售其於本協定第二次修訂日所持有之黃金時，按純金每○・八八八六七一公克值一單位特別提款權計算之等值收入，應存入一般資源帳戶。同時除非基金另依下述第七項之規定有所決定，否則任何超額收入應存入特別撥款帳戶。特別撥款帳戶所持有之資產，應與一般部門之其他帳戶分立，且可隨時用於下列情況：

轉入一般資源帳戶，以立即用於本協定除本款以外之規定所許可之業務與交易。

供本協定之其他條款，惟與基金宗旨相符之業務與交易之用。根據本第六項㈡之規定，基金可對困境中之開發中會員國，以特別條件提供國際收支之援助，為達此目的，基金應考慮該會員國之每人所得水準。

供基金為達成上述㈡項目之目的，對一九七五年八月三十一日已成為會員國之開發中會員國，按當日各該國攤額之比例分配基金資產之用，分配之資產數項相當於分配日開發中會員國之攤額佔全體會員國總攤額之比例；惟依本規定對會員國之分配，若該會員國依本條第五款之規定喪失使用基金一般資源之資格，除非基金決定提前分配，否則須俟該會員國喪失資格之原因消失後，始分配之。

依照上述之規定，對使用資產之決定，應經總投票權百分之七十之多數票決。至依上述㈡及所為之決定則應有百分之八十五之多數票決。

第七項：基金經總投票權百分之八十五之多數票決，得決定將上述第六項所述及之利潤之一部份移轉至投資帳戶，以作第十二條第六款第六項規定之用途。

第八項：未依上述第六項特定用途使用之前，基金得將其特別撥款帳戶所持有之會員國通貨，投資於該會員國易售性債券，或國際金融機構之易售性債券。依上述第六項㈡規定所獲之投資所得與利息收入，應存入特別撥款帳戶。凡未徵得會員國之同意，基金不得以其通貨為任何投資。基金應僅投資於以特別提款權計價之債券，或投資於以供投資之用之通貨計價之債券。

第九項：一般資源帳戶應隨時予以補足，俾其為特別撥款帳戶支付管理費用；補足之方式乃就此類費用作合理匡估，由特別撥款帳戶轉帳補足之。

第十項：特別撥款帳戶應於基金清理時結清，並得在清理前經總投票權百分之七十之多數票決而結清。如因基金清算而結清，則此帳戶內之任何資產，應依附錄十一之規定予以分配。如在基金清算前結清，則此帳戶內之任何資產，應移轉至一般資源帳戶，俾立即供業務與交易之用。基金經總投票權百分之七十之多數票決，應釐訂規定與規則以管理特別撥款帳戶。

第六條　（資本之移轉）

第一款　（使用基金一般資源之資本移轉）

第一項：除本條第二款規定外，會員國不得使用基金一般資源，以應付其大量或持續之資本外流，基金得要求會員國施行管制，以阻止基金一般資源使用於此項用途。若經接到此項要求後，該會員國仍未施行適當之管制時，基金得宣佈該會員國喪失其使用基金一般資源之資格。

第二項：本款之規定不得視為：

阻止使用基金一般資源從事合理數額之資本交易，以應擴大出口或應付通常貿易、銀行業務或其他商業業務之需；或

影響會員國以其本身所有之資源所為之資本移轉，但會員國須保證此項資本移轉係與基金之宗旨相符。

第二款　（資本移轉之特別規定）

會員國有權從事準備部份之購匯，以應資本移轉之需要。

第三款　（資本移轉之管制）

會員國得採行為管理國際資本移動所必需之管制，但除第七條第三款第二項及第十四條第二款之規定外，其管制不得限制經常交易項目之支付，或過度延遲清算資金之移轉。

第七條　（補充與稀少通貨）

第一款　（基金持有通貨之補充措施）

基金如認為適當，得同時採用下列兩種步驟，或任擇其一，以補充一般資源帳戶中任何會員國通貨之不足：

在基金與會員國雙方同意之條件下，基金得建議會員國，以其通貨貸放予基金，或經該會員國之同意，基金得向在該會員國之國境以內或以外之其他來源借取該國通貨，但會員國並無任何必須對基金貸款，或必須同意基金自其他來源借取該國通貨之義務。

如會員國為參加國，基金得要求該會員國依第十九條第四款規定，向基金出售其通貨，以易取一般資源帳戶中之特別提款權。特別提款權之補充，基金應適切注意第十九條第五款規定之指定原則。

第二款　（通貨之普遍稀少）

若基金發現某一種通貨有普遍稀少現象時，應通知各會員國，並發表一報告說明其稀少之原因，並建議改進之方法，關係會員國之代表並應參加此項報告之草擬。

第三款　（基金持有通貨額之稀少）

第一項：當某種通貨之需要顯使基金陷於窮於應付之狀態時，基金不論曾否

依據本條第二款之規定發表報告，應即正式聲明該種通貨爲稀少者，嗣後並應就現有及以後增加之該種稀少通貨額，適當斟酌各會員國之相對需要、一般國際經濟情況以及其他有關事項，酌量分配與各需要會員國。關於此事，基金並應發表一報告。

第二項：依照上述第一項規定而爲之正式聲明，其作用無異授權會員國，經與基金商議後，得暫時限制稀少通貨之自由交易。在第四條及附錄三規定之條件下，會員國對於此種限制匯兌交易之性質，有完全自決之權，但此項限制只以使對稀少通貨之需要不超出該會員國現有或其後增加之供給爲度；若環境允許，則應隨即放寬或解除之。

第三項：基金正式聲明該種通貨不再稀少時，則根據上述第二項所爲之授權當即失效。

第四款　（限制匯兌之實施）

任何會員國如依據本條第三款第二項規定，對其他會員國之通貨加以限制時，則其他會員國關於此項限制之施行如有任何表示，應予以同情之考慮。

第五款　（其他國際協定對於限制之影響）

會員國同意其在本協定簽訂前與其他會員國所訂之協約，其義務之履行，務須不妨礙本條規定之運用。

第八條　（會員國之一般義務）

第一款　（導言）

除本協定其他條文規定之義務外，每一會員國應負本條所列之義務。

第二款　（經常帳項支付限制之避免）

第一項：除依第七條第三款第二項及第十四條第二款之規定外，如未經基金批准，會員國不得對經常國際交易帳項之支付及移轉，加以限制。

第二項：涉及任何一會員國通貨之匯兌契約，如與該會員國依本協定之精神，所施行之匯兌管制法規相抵觸，則該項匯兌契約在任何會員國境內不發生效力。此外，各會員國在互相同意下，亦得彼此合作，使匯兌管制之法規在各該會員國內更爲有效，但此項管制辦法與法規，必須與本協定之精神一致。

第三款　（差別性通貨措施之避免）

除本協定授權及基金批准者外，不論有無逾越第四條所列平價之限額及附錄三列舉之規定範圍，會員國不得實施任何有差別待遇之通貨措施，或實行多種通貨之辦法。本協定第五條第一款所述之金融機構，各會員國亦不得准許其爲同樣之措施。若此類措施及辦法之採用適在本協定發生效力之日，則除此類措施及辦法之維持係依照第十四條第二款規定者外（在此情形下，應適用第三款之規定），有關會員國應與基金商討逐漸解除之方法。

第四款　（外國持有本國通貨餘額之兌回）

第一項：每一會員國如經另一會員國之請求，應買回後者所持有該會員國之通貨餘額，惟請求購買者須說明：

該項餘額係由經常交易之結果而獲得者；或

該項餘額之折兌乃爲支付經常交易之所必需者。

承購會員國可自由決定依第十九條第四款之規定以特別提款權，或以請求之會員國之通貨支付。

第二項：上列第一項規定之義務，不適用於下列情形；

當餘額之兌回係早經依本條第二款或第六條第三款之規定而予以限制者。

此項餘額之集積，係在會員國解除限制前由於交易而產生者，而前項限制，又係根據第十四條第二款之規定而維持或採用者。

此項餘額之獲得係違反被請求購買之會員國之匯兌法規者。

請求購買之會員國之通貨，業經基金依據本協定第七條第三款第一項聲明爲稀少者。

被請求購買之會員國，由於任何其他理由，無權用其通貨向基金購買其他會員國之通貨者。

第五款　（資料之提供）

第一項：基金得視其業務之需要，請求會員國提供資料。爲實現基金之使命，此項資料至少須包括下列各種全國性之資料：

官方在國內外持有之（甲）黃金、（乙）外匯數額。

除官方機構外，其他銀行及金融機構在國內外所持有之（甲）黃金、（乙）外匯數額。

黃金生產量。

依國別分列之黃金輸出入額。

用本國通貨計算，依國別分列之商品總輸出入額。

國際收支統計，包含（甲）商品與勞務之交易，（乙）黃金交易，（丙）已知之資本交易，及（丁）其他項目。

國際投資情形，應盡可能提供外人在本國之投資及本國人在外國之投資之資料。

國民所得。

物價指數，即商品躉售及零售市場之物價指數及進出口物品之價格指數。

外匯管制，即成爲基金會員時之匯兌管制及其後變革之詳細陳述。

外匯之買賣率。

若有官方清算協定者，有關商業及金融交易尚待清算之詳細數字，及對結額存在時間之長短之詳情。

第二項：當基金請求會員國供給資料時，須考慮各會員國供給是項資料能力之不同。會員國並無供給個人及企業組織資料之義務。但其所供給之資料須力求詳盡與精確，一切估計數均應避免。

第三項：基金在會員國同意下，可約定會員國供給更多之資料。基金應作爲搜集及交換有關貨幣金融問題資料之中心，由是可便利研究，以協助會員國發展促進基金宗旨達成之政策。

第六款　（會員國間對於現存國際協定之磋商）

當依本協定所特舉之特殊及暫時情況，基金授權會員國得維持及建立對匯兌交易之限制，同時在本協定成立以前，會員國又有與前述匯兌交易限制衝突之締約存在時，則締約雙方應互相商討一彼此均能接受之必須之調整辦法。惟本條條文規定之內容，不得妨害本協定第七條第五款之應用。

第七款　（有關準備資產政策上合作之義務）

每一會員國應與基金及其他會員國合作，以保證其有關準備資產之政策，與促進國際貨幣流動性之更佳監督，及促使特別提款權成爲國際貨幣制度中主要準備資產等目標相符合。

第九條　（法定地位、豁免權及特權）

第一款　（本條文之目的）

爲使賦予基金之職權，能充分實現起見，各會員國在其境內，應給予基金以本條所規定之地位、豁免權及特權。

第二款　（基金之法定地位）

基金應具有充分之法人資格，特別應具有下列能力：

簽訂契約之權。

取得與處分不動產與動產。

提起法律訴訟。

第三款　（司法程序之豁免）

除在某種限度內，基金爲程序目的或契約條件關係，而明白放棄其豁免權外，基金本身及其財產與其資產，不論係置於何處或爲何人所持有，應享受任何形式司法程序之豁免權。

第四款　（其他行爲之豁免）

基金之財產與資產，不論置放於何處或爲何人所持有，均應免除行政上或立法上之搜檢、徵用、充公、沒收或任何其他方式之攫取。

第五款　（檔案之不可侵犯權）

基金之各種檔案應不受侵犯。

第六款　（資產限制之免除）

爲實現本協定規定之基金業務，在必需範圍內，基金之所有財產與資產應免除任何性質之限制、管理、管制與延期償付。

第七款　（通訊之特權）

會員國對於基金之各種公務通訊，應給予與其他會員國各種公務通訊同樣之待遇。

第八款　（官員及職員之豁免權與特權）

基金之所有理事、執行董事、副理事、副執行董事、各委員會之委員、依據第十二條第三款第十項所任命之代表人、與前述人員之顧問、以及基金之官員與職員：

除非基金放棄此種豁免權，對於其職務上之行動，應豁免法律訴訟程序。

如非本國之國民，則關於移民限制、外僑登記及國民服務義務等之豁免權，應給予與其他會員國同等階級之代表、官員與職員者相同之待遇，而關於匯兌限制方面亦應給予同等之方便。關於旅行方便之待遇，應與會員國給予其他會員國同等階級之代表、官員與職員者相同。

第九款　（稅捐之豁免）

第一項：基金本身及其資產、財產、所得及本協定所准許之業務與交易，應免除所有稅捐及關稅之課征。基金並應免負任何稅捐之代收或交付之責。

第二項：基金給予執行董事、副執行董事、官員及職員之薪俸與津貼應豁免課稅，但此等人員係以非本國國民、本國臣民及其他本國國民爲限。

第三項：會員國對於基金所發行之任何債券或證券，包含紅利及利息在內，不問其爲何人所持有：

不得純由於其來源，而課征歧視該項債券或證券之任何稅捐；或

不得僅基於發行債券之地點及款額收付所用之通貨，或僅基於基金局址與其業務機關之所在地，而課征任何稅捐。

第十款　（本條款之實施）

每一會員國爲實現本條款所規定之原則，應在其國境內，就本國法律採取必要之措施，並應將其所採措施詳情通知基金。

第十條　（與其他國際機構之關係）

在本協定規定範圍內，基金應與任何一般國際機構，及對本協定有關方面負有特別責任之國際機構合作。任何在合作方面所爲之安排，如涉及修改本協定之任何條文，應依據第二十八條之程序修改本協定後，方得爲之。

第十一條　（與非會員國之關係）

第一款　（與非會員國關係上應負之責任）

每一會員國應：

不與非會員國及該國境內之人民，從事任何違反本協定條文或基金宗旨之交易，同時亦不准許第五條第一款所提及之本國金融機構爲同類之行爲；

不與非會員國或其國境內之人民從事違反本協定條文或基金宗旨之合作；及

與基金合作，在其國境內採取適當措置，防止與非會員國或其國境內之人民，爲違反本協定條文及基金宗旨之交易。

第二款　（與非會員國交易之限制）

除有礙會員國之利益及違反基金宗旨者外，對於會員國加於與非會員國或其國境內之人民所爲匯兌交易之限制，不能援引本協定干預之。

第十二條　（組織與管理）

第一款　（基金之組織）

基金應設置理事會、執行董事會、總經理及其他職員。倘經理事會總投票權百分之八十五之多數票決應設立委員會，惟應適用附錄四之條款。

第二款　（理事會）

第一項：本協定之全部權力，若未直接賦予理事會、執行董事會或總經理者，皆應歸屬理事會。理事會由每一會員國自行指派理事及副理事各一人組成之。理事及副理事之任期至新任者產生爲止。副理事除理事缺席外，無投票權。理事會須就理事中選舉一人爲主席。

第二項：理事會得委任執行董事會執行理事會之任何權力，但本協定直接賦予理事會執行者除外。

第三項：理事會議由理事會依規定召開，必要時得應執行董事會之請而召開。經十五個會員國或佔有總投票權四分之一以上之會員國之請求，應即召開理事會議。

第四項：理事會議議決之法定人數，爲代表三分之二以上表決權之理事人數之過半數。

第五項：每一理事得投之票數，爲依照本條第五款分配與任命該理事之會員國之票數。

第六項：理事會得依據規章制定程序，使執行董事會認爲其行動符合基金最大利益時，得據此程序從各理事處獲得對某項特殊問題之投票，而不必召開理事會議。

第七項：理事會及執行董事會，在理事會之授權範圍內，得制定指導基金業務所需要之一切章則與規程。

第八項：理事及副理事應爲無給職，但基金得支付參加會議之一切合理開支。

第九項：理事會須決定酬予執行董事及副執行董事之俸給，及決定總經理之俸給與其服務契約之條件。

第十項：理事會及執行董事會認爲適當時，得設置委員會；委員會之委員不必限於理事、執行董事或副理事、副執行董事。

第三款　（執行董事會）

第一項：執行董事會應負指導基金業務之責，爲達此目的，應行使理事會所委任之一切權力。第二項：執行董事會應由執行董事組成，並以總經理爲其主席。執行董事之中：

五人係由攤額最大之五會員國指派之；及十五人係由其他會員國選舉之。

本項㈡執行董事之名額，於每次定期選舉時，得經理事會總投票權百分之八十五多數票決增減之。除非理事會總投票權百分之八十五多數決定，認爲名額之減少有礙執行董事會或執行董事之有效執行其職務，或將對該執行董事會之平衡構成威脅，否則依下述第三項規定派任之執行董事，在依上述㈡規定之執行董事名額中，應酌情減少一人或二人。

第三項：於第二次及其後之執行董事定期選舉中，如依上述第二項㈠有權指派執行董事之會員國，未包括基金一般資源帳戶中，基金持有之會員國通貨，按特別提款權計算，其過去二年之平均數，已低於其攤額，而其低於攤額之絕對數之最大之二會員國，則此二會員國之一或二者，得酌情各指派一名執行董事。

第四項：選任執行董事之選舉，應依照附錄五規定及基金認爲適當之增訂辦法，每二年舉行一次。對每次執行董事之定期選舉，理事會得頒佈條例，以改變依附錄五規定選舉執行董事所需票數之比例。

第五項：每一執行董事應指定一副執行董事，俾於其缺席時有代表其行使職務之全權。當該執行董事出席時，副執行董事得參加會議，但無表決權。

第六項：在執行董事之繼任人被指派或選出以前，前任執行董事應繼續在職。若選任執行董事在任滿期前出缺，而其日期離任期屆滿超過九十天以上，則曾選舉該選任執行董事之會員國，應另選一執行董事繼任其未滿任之任期。選舉時須得多數之票決。在新執行董事未選出職位尚空懸前，前任執行董事之副執行董事須代其行使職權，惟不能另派副執行董事。

第七項：執行董事會應常川駐在基金總局辦公，並應基金業務上之需要隨時集會。

第八項：執行董事會議之法定人數，應爲代表總投票權二分之一以上之執行董事人數之過半數。

第九項：每一指派之執行董事得投之票數，爲依本條第五款規定分配給予指派該執行董事會員國之票數。

如分配予按上述第三項規定指派執行董事之會員國之票數，連同由於上次執行董事之定期選舉分配予部份其他會員國之票數，於過去一併由一執行董事投票，該會員國得與其他各會員國協議，將分配予該會員國之票數由其指派之執行董事投票。作此協議之會員國不得參加執行董事之選舉。每一選任之執行董事得投之票數爲其被選之票數。

當本條第五款第二項實施時，執行董事原本能投之票數，當隨之而增減。所有執行董事得投票數，應作一個整體，不得分散。

第十項：理事會得制定章程使依照上述第二項規定不得指派執行董事之會員國，當討論其請求或與其有關事務時，得派代表參加執行董事會議。

第四款　（總經理及職員）

第一項：執行董事會得選聘一總經理，總經理不得爲理事或執行董事。總經理爲執行董事會之主席，主席除雙方表決票數相等時可有決定表決權外，無投票權。總經理得參加理事會議，但無投票權。總經理當執行董事會決定停止其行使職權時，應即解職。

第二項：總經理爲基金業務職員之首長，遵照執行董事會之指示，指導基金一般業務。在執行董事會一般監督下，總經理有權組織、指派、解雇基金之職員。

第三項：總經理及基金職員，行使職務，係純對基金負責。基金之每一會員國，均應尊重此項職務之國際性質，不得採用任何企圖影響職員之執行其職務。

第四項：總經理之任用職員，除特別著重能獲得最高工作效能及具最高工作技術外，應適當考慮盡可能擴大其選用之地理範圍。

第五款　（票決）

每一項：每一會員國有表決權二百五十票，此外，其基金攤額每增加十萬特別提款權可多增一票。

第二項：如在第五條第四款或第五款規定下，需要票決時，每一會員國之表決票數，除上述第一項規定者外。

至表決日止，基金一般資源帳戶內該會員國通貨之淨售額，每增加四十萬特別提款權等值之該國通貨，則增加一票。

至表決日止，該會員國依第五條第三款第二項及第六項規定之淨購匯額，每增加四十萬特別提款權等值之該國通貨，則減少一票。

上項通貨買賣之淨額，無論何時，均係假定其爲不超過該會員國之攤額者。

第三項：除另有特別規定外，基金所有之決定，應以所投票之過半數表決之。

第六款　（準備金與淨所得之分配及投資）

第一項：基金應每年一次決定其淨所得中，何者應提歸一般準備或特別準備，以及何者應提供分配。

第二項：除分配外，基金得爲其一般準備得動用之任何用途而動用其特別準備。

第三項：如就任何一年之淨所得進行任何分配時，應依所有會員國之攤額比例分配之。

第四項：基金得在任何時間依總投票權百分之七十多數票決，分配一般準備之任何部份。此項分配應依各會員國攤額之比例分配之。

第五項：依上述第三項及第四項所爲之分配，除基金或各會員國決定以各該會員國之本國通貨支付外，則應以特別提款權支付之。

第六項：基金爲本（第六）項之目的，得設置投資帳戶。投資帳戶之資產應與一般部門之其他帳戶分開記載。

基金得決定依照第五條第十二款第七項規定將出售黃金所得之一部份轉入投資帳戶；且依照總投票權百分之七十多數票決，基金並得決定將一般資源帳戶之通貨轉入投資帳戶，俾立即投資。此兩項轉帳總額不得超過作此決定時一般準備與特別準備之總和。

基金得將投資帳戶所持有某一會員國之通貨，投資於該會員國或國際金融機構發行之易售債券。但通貨被用於投資之會員國如未表示贊同，則不得投資。基金應僅投資於以特別提款權或以用於投資之通貨表示之債券。

投資收益得依本第六項規定爲再投資。若收益未再投資，則應留存於投資帳戶，或得用爲支應基金執行業務之經費。

基金得使用投資帳戶所保有之會員國通貨，以獲得爲支應基金執行業務之經費所需之通貨。基金清理時，投資帳戶應予結清，在基金清理前投資帳戶亦可依總投票權百分之七十多數表決予以結清或減少其投資額。基金應依總投票權百分之七十多數票決，制訂有關管理投資帳戶規則，此類規則應與下述(七)(八)(九)各點規定相符。

因基金清理而結清投資帳戶時，該帳戶之任何資產應依附錄十一之規定予以分配，惟此項資產相當於依第五條第十二款第七項轉入本帳戶之資產佔轉入本帳戶資產總額比例之部份，應視爲特別撥款帳戶之資產，並應依附錄十一第二款第一項分配之。

在基金清理前結清投資帳戶時，該帳戶資產相當於依第五條第十二款第七項轉入之資產佔轉入該帳戶資產總額之比例部份，在特別撥款帳戶尚未結清，應轉入該帳戶內；投資帳戶之其餘資產，應轉入一般資源帳戶，以供基金業務與交易急需之用。

當基金減少投資數額時，減少數額中相當於依第五條第十二款第七項轉入投資帳戶之資產佔轉入該帳戶資產總額之比例部份，在特別撥款帳戶尚未結清時，應轉入該帳戶。減少之餘額部份，則應轉入一般資源帳戶，以供基金業務與交易急需之用。

第七款　（報告之發表）

第一項：基金應發表年報，刊載基金帳目之審核報告，並按每三月或少於三個月，發表簡要報告一次，刊載基金業務及交易情形，以及其持有之特別提款權、黃金及會員國通貨等資料。第二項：基金爲達成其目的，認爲有必要時，得發表其他報告。

第八款　基金對會員國通知意見之方式

基金應有權在任何時間對任何事項向會員國非正式表示其意見。對於某一會員國之貨幣及經濟情形，如覺其足以直接使其他會員國之國際收支發生嚴重的不均衡狀態時，則基金得經總投票權百分之七十多數票決發表致該國之報告。如該會員國係不能指派執行董事者，得依照本條第三款第十項規定選派代表。但基金不得發表有關會員國經濟組織基本結構變動之報告。

第十三條　（辦公官署與款項寄存處）

第一款　（辦公處所）

基金主要辦公處所應設在擁有最大攤額會員國之領土內，其分支機構得設於其他會員國之領土內。

第二款　（款項寄存處）

第一項：每一會員國應指定其中央銀行爲基金持有該國通貨之寄存處。如無中央銀行者，則應指定其他可爲基金接受之金融機構。

第二項：基金可將其他資產，包括黃金在內，寄存在擁有攤額最大之五會員國所指定之寄存處內或其他基金自行選定之寄存處內。最初，基金至少應將其保有資產之半數存放基金總局所在地會員國所指定之寄存處，並至少有百分之四十存放在上述其餘四個會員國指定之寄存處內。基金對所有黃金之調撥，須適當考慮其運輸成本及其預期之需要。當遇情勢緊迫之際，執行董事會得將其持有黃金之全部或一部遷移至任何有安全保障之地點。

第三款　（基金資產之保證）

每一會員國應保證所有基金之資產，不因其指定寄存處之倒閉或慫付而受損失。

第十四條　（過渡辦法）

第一款　（對基金之通知）

每一會員國應通知基金，是否有意利用本條第二款規定之過渡辦法，或是否準備逕行承受第八條第二、三、四各款規定之義務。利用過渡辦法之會員國，嗣後當其準備承受上述義務時，應儘速通知基金。

第二款　（匯兌限制）

已經通知基金有意利用本條款所規定過渡辦法之會員國，不論本協定其他條文之規定如何，對變動之環境，得維持並採行其入會時舊有之對經常國際交易之收支及移轉所設之限制。但無論如何，會員國應不斷注意其本國外匯政策，使與基金之宗旨一致；且一俟環境容許，應採取所有可能之方法以發展與其他會員國之商業與金融關係，俾便利國際收支及促進匯率制度之穩定。尤其當會員國確信一旦解除此類限制，亦能清償其國際收支差額而不致過份妨礙其利用基金之一般資源時，會員國更應從速撤銷依據本款而繼續維持之匯兌限制。

第三款　（基金對於限制之行動）

基金根據本條第二款每年應就實施之限制作成報告，任何會員國施行與第八條第二、三、四各款規定不一致之限制措施者，每年應與基金商討此等限制之沿用事宜。如基金認爲在某特殊環境下有此需要時，得向會員國表示，環境已利於其撤銷與本協定其他條文規定不一致之某特種限制或放棄其全部限制。對於此項表示，會員國應有適當之時間以作答覆。如基金發覺會員國依然繼續施行與本基金宗旨不一致之限制時，則該會員國將受第二十六條第二款第一項之處分。

第十五條　（特別提款權）

第一款　（分配特別提款權之權力）

爲適時因應補充現存準備資產之需要，授權基金對參加特別提款權部門之會員國分配特別提款權。

第二款　（特別提款權之評價）

特別提款權評價方法之決定，須經基金總投票權百分之七十多數票決，但評價原則之變更或原則應用上之基本變更應經總投票權百分之八十五多票決始予通過。

第十六條　（一般部門與特別提款權部門）

第一款　（業務與交易之劃分）

凡涉及特別提款權之一切業務與交易，均應透過特別提款權部門爲之。基金經本協定授權或依照本協定而進行之一切其他業務與交易，均應透過一般部門。依照協定第十七條第二款進行之業務與交易，應同樣透過一般部門及特別提款權部門。

第二款　（資產與財產之劃分）

除依照本協定第五條第二款第二項規定管理之資源外，基金之一切資產與財產均應由一般部門持有，惟依本協定第二十條第二款、第二十四條、第二十五條、附錄八及附錄九而取得之資產與財產，應由特別提款權部門持有。由任一部門持有之任何資產或財產，不得用以償還或彌補基金因執行另一部門之業務與交易所發生之債務或損失；惟基金因經管特別提款權部門所生之費用應由一般部門支付，並應依據第二十條第四款之規定對此項費用在合理估計基礎上隨時收取特別提款權部門之收益費歸墊。

第三款　（紀錄與資料）

特別提款權持有額之一切變更，僅以紀錄於基金特別提款權部門者爲有效。參加國應將其使用特別提款權所依據本協定之各條款告知基金。基金得要求參加國提供基金認爲與執行其職能有必要之其他資料。

第十七條　（特別提款權之參加國及其他持有人）

第一款　（參加國）

基金之任一會員國，如以正式文件交存基金，表示其將依照本國法律承擔特別提款權部門參加國之一切義務，且已採取一切必要步驟使其足以履行一切義務者，應自交存文件之日起，成爲特別提款權部門之參加國；惟在僅對特別提款權部門有關之本協定條款生效前，以及依照本款交存文件之會員國尚未達攤額總數百分之七十五前，則任一會員國均不能成爲參加國。

第二款　（基金作爲持有人）

基金得於一般資源帳戶持有特別提款權，且基金經由一般資源帳戶依本協定之規定與參加國，或依本條第三款之條件和情況與規定持有人，進行業務與交易時，得接受及使用特別提款權。

第三款　（其他持有人）

基金得規定：

非會員國、非參加之會員國、對一個以上會員國擔任中央銀行任務之機構，以及其他官方機構爲持有人；

規定之持有人得持有特別提款權，及其與參加國和其他規定之持有人間辦理業務及交易時得接受及運用特別提款權之條件與情況；以及

參加國和基金透過一般資源帳戶與規定之持有人以特別提款權辦理業務與交易時之條件與情況。

上述之規定，應經總投票權百分之八十五多數票決始予通過。基金所定之條件與情況，應符合本協定條款之規定以及特別提款權部門實際執行上之要求。

第十八條　（特別提款權之分配及取消）

第一款　（有關分配與取消之原則及考慮）

第一項：凡基金關於特別提款權之分配與取消之一切決定，應力求適時因應補充現有準備資產之全球性長期需求，其方式應足以促進基金目的之達成，並避免世界發生經濟停滯及通貨收縮，以及過量需求及通貨膨脹。

第二項：在首次決定特別提款權之分配時，應特別考慮一項集體判斷：是否確有補充準備之全球性需求；並應顧及將來能否達成國際收支上之更佳平衡，以及能否導致調整過程之更佳運行。

第二款　（分配與取消）

第一項：基金有關特別提款權之分配與取消之決定，應按基本期間爲之；各基本期間彼此連續，每期五年。第一基本期間應自第一次決定分配提款權之日，或自該決定所指定之較後日開始。分配或取消，均應以一年一次爲之。

第二項：分配之比率應以每次決定分配日當日攤額之百分比表示。特別提款權之取消比率，則應以每次決定取消日當日特別提款權累積分配淨額之百分比表示。上項百分比對所有參加國均應一致。

第三項：不拘以上第一項及第二項之規定，基金對任何基本期間作成決定時，得規定：

基本期間之期限應不必爲五年；或

分配或取消應不必一年一次爲之；或

分配及取消額之基準，應爲決定分配之日或取消之日以外某一日之攤額或累積分配淨額。

第四項：會員國爲在一基本期間開始後始成爲參加國時，應自其成爲參加國後之次一分配基本期間開始接受分配；除非基金決定新參加國於成爲參加國後，許可於下次分配開始時接受分配。如基金決定在基本期間中成爲參加國之國家可在該基本期間其餘時間內接受分配，而該參加國在上述第二項或第三項所定日期尚非會員國時，基金應決定對該參加國予以分配時所適用之基準。

第五項：參加國應依任何分配決定而接受特別提款權，除非：

參加國之理事對該項決議未投贊成票；及

在依照該項決定進行之第一次特別提款權分配前，參加國以書面通知基金謂其不願依照該決定分得特別提款權。基金應參加國之請求，得對以後各期特別提款權之分配終止該項通知之效力。

第六項：在任何取消生效之日，參加國持有特別提款權之數額如低於其在所取消特別提款權中應佔之數額時，參加國應在其準備部位所許可之程度內，儘速消滅其負值，並爲此目的繼續與基金協商。參加國在取消生效所取得之特別提款權，應用以抵銷其負值。

第三款　（意外重大發展）

如因意外重大發展基金認有採取行動之必要時，得在任一基本期間之剩餘

第四款　（提供通貨之義務）

第一項：由基金依據本條第五款指定之參加國，應對依本條第二款第一項規定使用其特別提款權之參加國，隨時提供可自由使用之通貨。參加國提供通貨之義務，應僅以其持有特別提款權超過其累積分配淨額之部份等於其累積分配淨額之二倍爲限，或以參加國與基金商定之較高限度爲限。

第二項：參加國得超過其義務限度或任何商定之較高限度而提供通貨。

第五款　（提供通貨之參加國之指定）

第一項：基金應爲本條第二款第一項與第四款之目的，指定參加國按特定金額之特別提款權而提供通貨，以保證參加國之得使用特別提款權。此項指定應根據下列各項一般原則，以及基金隨時採用之其他補充原則：

如參加國之國際收支與總準備部位甚爲堅強，應接受指定提供通貨，但此項規定，對於準備部位堅強而當時國際收支微有赤字之參加國，並不排除其接受指定提供通貨之可能性。參加國提供通貨之指定，應妥爲安排，使各參加國持有之特別提款權趨於平衡之分配。

參加國應按下述原因接受指定：爲促進本條六款第一項所定之特別提款權重建者；爲減少所持有特別提款權之負差者；或爲抵銷未能實現本條第三款第一項期望之影響者。

在指定參加國時，基金通常應對需要取得特別提款權以符合上述㈡指定目標之國家，予以優先。

第二項：爲促進上述第一項㈠所定特別提款權趨於平衡分配，基金應引用附錄六所定有關指定之規則，或依照下述第三項而制訂之規則。

第三項：指定之規則得隨時檢討，並得於必要時制訂新規則。除非已制訂新規則，檢討時有效之規則應繼續適用。

第六款　（重建）

第一項：使用其特別提款權之參加國，應依照附錄七所定之重建規則，或依照下述第二項可能制定之規則，重建其特別提款權之持有。

第二項：有關重建之規則得隨時予以檢討，且在必要時應制訂新規則。除非已制訂新規則，或通過廢止重建規則之決議，檢討期間有效之規則應繼續適用。有關重建規則之制訂、修改或廢止之決定，須經總投票權百分之七十多數通過。

第七款　（匯率）

第一項：除下列第二項之規定外，參加國間依本條第二款第一、二項辦理交易時所適用之匯率，應如下述：不論提供之通貨爲何，亦不論此類通貨係由何國提供，使用特別提款權之參加國應收到相同之價值；基金應制訂規則，以實現此一原則。

第二項：基金經總投票權百分之八十五多數通過，得制定各種政策，根據這些政策，基金在特別情況下，經總投票權百分之七十多數通過，得授權依本條第二款第二項從事交易之參加國，另行協議適用上述第一項所訂以外之匯率。

第三項：基金對決定某一參加國通貨匯率之程序，應諮詢該參加國。

第四項：就此項規定之目的言，參加國一詞包括正在退出中之參加國。

第二十條　（特別提款權部門之利息與費用）

第一款　（利息）

基金應對每一持有者依其特別提款權之金額，按相同利率付與利息。無論所收費用是否足以應付利息支出，基金對每一持有者應付以應得之利息。

第二款　（費用）

所有參加國，應按照其特別提款權之累積分配淨額，加任何負差或未繳之費用，按同一費率對基金繳付費用。

第三款　（利率與費用率）

基金應依總投票權百分之七十多數通過決定利率。費用率應等於利率。

第四款　（受益費）

當依照第十六條第二款決定應歸墊費用時，基金應爲此目的，根據各參加國之累積分配淨額，按同一比率收取受益費。

第五款　（利息、費用及受益費之支付）

利息、費用及受益費應以特別提款權支付之。參加國之需要以特別提款權繳付任何費用或受益費者，應有義務及權利以基金接受之通貨，透過一般資源帳戶與基金辦理交易而取得之。如依此方式不能取得足夠之特別提款權時，參加國應有義務及權利以可自由使用之通貨向基金指定之另一參加國取得之。參加國在支付日期後取得之特別提款權，應用以抵消其未繳之費用。

第二十一條　（一般部門與特別提款權部門之管理）

第一項：一般部門與特別提款權部門應按第十二條之規定管理，但受下列各項規定之約束：

理事會就僅涉及特別提款權部門事宜召開會議與進行決定時，應僅以參加國指派之理事之請求，或出席及投票權爲計算基礎而召集會議，並確定出席之法定投票權之是否足額以及決議是否按規定多數通過。

執行董事會就僅涉及特別提款權部門事宜決議時，僅有參加國指派之執行董事或至少由一參加國選出之執行董事，享有投票權。上述每一執行董事有權依照指派其爲執行董事之參加國之票數投票，或依照選舉其爲執行董事之參加國之票數投票。在決定出席法定人數是否足夠及決議之是否按規定多數通過，應僅計算參加國所指派或選出之執行董事之出席人數，以及分予各該參加國之票數。就此項規定之目的，參加國依照第十二條第三款㈠、㈡之規定達成協議，指派之執行董事即有權投票並依照參加國之票數投票。

有關基金之一般管理問題，包括第十六條第二款之歸墊問題，以及某一事件之是否涉及兩個部門或僅涉及特別提款權部門之任何問題，其決定應與僅涉及一般部門之決定相同。有關特別提款權之評價方法，及一般部門一般資源帳戶對特別提款權之接受、持有與使用之決定，以及對經由一般部門一般資源帳戶與特別提款權部門二者辦理之業務與交易具有影響之其他決定，應皆按僅涉及各該部門事宜所需之多數票數予以決定。涉及特別提款權部門事宜之決定，亦應如此。

第二項：除本協定第九條規定之特權及豁免權外，對於特別提款權或涉及特別提款權之業務或交易，不得征收任何種類之租稅。

第三項：應僅由參加國之請求，始可根據第二十九條第一項之規定，將本協定中僅涉及特別提款權部門之條文解釋問題，提出於執行董事會。執行董事會對於僅涉及特別提款權部門之解釋問題一旦有所決定，應僅有參加國得要求依照第二十九條第二項之規定將該問題移送理事會。關於非參加國所派理事在討論僅涉及特別提款權部門問題之解釋委員會中是否有權投票一節，應由理事會決定之。

第四項：在基金與已結束參加特別提款權部門之參加國間，或基金與任何參加國間，在清算特別提款權部門過程中，對於僅因參加特別提款權部門所涉及之事件彼此發生歧見時，應依照第二十九條第三項之程序，將此項歧見提交仲裁。

第二十二條　（參加國之一般義務）

每一參加國除依本協定其他條款之規定，承擔有關特別提款權之義務外，應與基金及其他參加國相互合作，俾依照本協定及促使特別提款權在國際貨幣體系中成爲主要準備資產之目標，發揮特別提款權部門之有效功能，並便利特別提款權之正當使用。

第二十三條　（特別提款權之業務與交易之暫停）

第一款　（緊急條款）

如遇緊急事件或不可預測情況之發展，足以威脅基金有關特別提款權部門活動時，執行董事會經總投票權百分之八十五多數票決，得暫停有關特別提款權業務及交易之任何條款之運用，其期間不得超過一年；暫停後應適用本協定第二十七條第一款第二、三及四項之規定。

第二款　（義務之未能履行）

第一項：如基金發現某一參加國未能履行第十九條第四款規定之義務，則除非基金另有決定，該參加國使用特別提款權之權利應予暫停。

第二項：如基金發現某一參加國未能履行有關特別提款權之任何其他義務，得暫停該參加國使用其暫停後所取得之特別提款權之權利。

第三項：基金應制定章則，以保證在對參加國採取第一、二兩項行動前，應將對該國不滿之點即時通知該參加國，並予適當機會使後者得以口頭及書面說明其立場。有關本款第一項之不滿通知該參加國後，而在不滿之點尚未解決前，該參加國不應使用特別提款權。

第四項：按上列第一或第二兩項所為之暫停或按第三項所為之限制，不影響參加國按第十九條第四款規定提供通貨之義務。

第五項：基金得隨時終止依上列第一、二兩項規定所為暫停特別提款權之決定，惟參加國如因不能履行第十九條第六款第一項義務而由基金依上列第二項規定予以暫停者，在其開始遵循有關重建規則之年曆第一季末後一百八十天內，不得終止此項暫停。

第六項：參加國如因第五條第五款、第六條第一款或第二十六條第二款第一項規定而不合使用基金一般資源之資格者，其使用特別提款權之權利不應予以暫停。第二十六條第二款之規定，不適用於未能履行有關特別提款權義務之參加國。

第二十四條　（參加之終止）

第一款　（終止參加之權利）

第一項：任何參加國均得隨時以書面通知基金總局而終止參加特別提款權部門。該項終止，應於基金接獲通知之日即告生效。

第二項：參加國退出基金之會籍者，應視為同時終止參加特別提款權部門。

第二款　（終止之結算）

第一項：參加國終止參加特別提款權部門時，應即停止有關特別提款權之一切業務與交易；惟為便利結算而依下列第三項達成之協定所允許者，或符合本條第三、五、六諸款者，或依錄八之規定者除外。終止日之應付利息及手續費，以及該日前已徵而尚未繳納之受益費，均應以特別提款權繳付。

第二項：基金對終止參加國持之所有特別提款權，應有兌付之義務；終止參加國則應有將其累積分配淨額，以及因參加特別提款權部門而產生之任何其他到期應付款付與基金之義務。此等債務關係應予互抵，而終止參加國所持有並用於抵償對基金債務部份之特別提款權，應予取消。

第三項：經過上列第二項之互抵後，應按終止國與基金協議之合理期間，清結雙方之債權債務。如清結之協議未能迅速達成，則應適用附錄八之規定。

第三款　（利息與費用）

在終止日後，基金對於終止參加國所持有之特別提款權之任何餘額，應支付利息；終止參加國則應就其對基金所負之任何未清債務繳付費用，其時間與費率，應概按第二十條之規定。此等繳付應以特別提款權為之。終止參加國有權以可自由使用之通貨，與基金指定之參加國辦理交易，或透過協議與其他持有者辦理交易，以取得特別提款權，繳付費用或受益費；或將其由利息收入而來之特別提款權售予任何依第十九條第五款規定之指定參加國，或透過協議售予任何持有者。

第四款　（對基金債務之結算）

基金由終止參加國取得之通貨，應用以兌回各參加國持有之特別提款權；按基金收到通貨時，每一參加國持有特別提款權超過其累積分配淨額之數額，予以比例分配。由此兌回之特別提款權，以及終止參加國為應付結算協定下之分期償還款或依附錄八用於分期償還之款額，而依本協定取得之特別提款權，均應予以註銷。

第五款　（對終止參加國債務之結算）

當基金需兌付終止參加國持有之特別提款權時，應以基金指定之參加國所提供之通貨為之。此等指定之參加國應按第十九條第五款所定之原則指定之。每一被指定之參加國得選擇以終止參加國之通貨，或可自由使用之通貨，提供基金，並取得等額之特別提款權。但終止參加國如經基金許可，得使用其特別提款權向任何持有國換取其本國通貨、可自由使用之通貨，或任何其他資產。

第六款　（一般資源帳戶之交易）

為便利與終止參加國結算，基金得決定終止參加國應：

第一項：使用按本條第二款第二項抵銷後所持有之任何特別提款權，於其行將兌換時，通過一般資源帳戶與基金進行交易，依照基金之選擇以取得其本國通貨或可自由使用之通貨；或

第二項：以基金願接受之通貨，透過一般資源帳戶與基金交易而取得特別提款權，以繳付依照協議或附錄八規定之任何費用或分期償還款。

第二十五條　（特別提款權部門之清理）

第一項：非經理事會之決議，特別提款權部門不得交付清理。在緊急情況下，若執行董事會認為有將特別提款權部門交付清理之必要，得在理事會決議前，暫停特別提款權之分配或取消，及所有特別提款權之業務與交易。理事會有關清理基金之決議，應視為同時將一般部門及特別提款權部門交付清理之決議。

第二項：如理事會決議清理特別提款權部門，除循序解除參加國與基金涉及特別提款權債務之活動外，有關特別提款權之一切分配或取消，及其一切業務與交易，以及基金有關特別提款權部門之活動應即停止；除本條、第二十條、第二十一條第四款、第二十四條、第二十九條第三款及附錄八之規定，或依據第二十四條，且在附錄八第四款及附錄九規定下所達成之協議外，基金與參加國依本協定所發生有關特別提款權之一切義務，亦告終止。

第三項：特別提款權部門一經交付清理，則截至交付清理日止之應付利息及費用，以及在清算日前業已課徵而尚未繳付之受益費，均應以特別提款權支付。基金對持有者持有之一切特別提款權應負有兌付之義務；每一參加國則應負有以等於特別提款權累積分配淨額之金額，以及因其參加特別提款權部門而發生之到期應付款，與預付基金之義務。

第四項：特別提款權部門之清理，應按附錄九之規定辦理。

第二十六條　（退會）

第一款　（會員國退會之權利）

任何會員國在任何時期均得以書面通知基金總局，請求退會，自基金接得該項通知之日起，退會即發生效力。

第二款　（強迫退會）

第一項：若某一會員國不能履行本協定之任何義務時，基金得宣布該會員國喪失利用基金一般資源之資格；惟本款條文並不限制第五條第五款或第六條第一款各規定之適用。

第二項：若經過一合理之時期以後，會員國仍不能履行本協定之任何義務時，基金得經由理事會全體票決權百分之八十五之多數理事通過，要求該會員國退出基金。

第三項：基金應制定章則，保證在對會員國採取上述第一項或第二項行動前，將基金所不滿之點，適時通知該會員國，並給予適當機會使其得以口頭及書面說明其情形。

第三款　（對退會會員國帳目之結算）

當會員國退出基金時，基金對該會員國通貨之正常業務與交易應即停止，會員國與基金間，一切帳目之結算，應由雙方協議從速結束，若不能迅速達成協議時，可援用附錄十之規定清結帳目。

第二十七條　（緊急條款）

第一款　（暫時停止）

第一項：如遇緊急事件或不可預測情況之發展，致威脅基金之活動時，執行董事會得經總投票權百分之八十五之多數通過，停止下列條款之運用，但

爲期不得超過一年：

第五條第二、第三、第七諸款及第八款第一項㈠與第五項。

第六條第二款。

第十一條第一款。

附錄三第五款。

第二項：執行董事會不得展延上述第一項停止運用之期間超過一年，但若理事會發現上述第一項所述之緊急事件或不可預測情況繼續存在，經總投票權百分之八十五之多數通過，得再展延停止運用之期間，惟不得超過二年。

第三項：執行董事會在任何時間，如經總投票權過半數通過，得終止此項停止之效力。

第四項：在條款停止運用期間，基金得就有關條款之主要事項制定規則。

第二款　（基金之清理）

第一項：非經理事會之決定，基金不得交付清理。如遇緊急情勢執行董事會認爲有清理基金之必要時，得在理事會決定前，暫時停止一切業務與交易。

第二項：如理事會決定清理基金時，則除經常之收支及與清理基金資產與結算基金債務有關之業務外，其他一切活動應即停止；而本協定所載各會員國之一切義務，除本條、第二十九條第三項、附錄十第七款及附錄十一所規定者外，均應予解除。

第三項：基金清理之執行，需依照附錄十一之規定。

第二十八條　（條文之修改）

第一項：任何修改本協定之提案，不論其係由會員國、理事，抑係執行董事會提出，必須通知理事會主席，以便其向理事會提出。如理事會通過是項修正，基金應以通函或電報，詢問各會員國是否同意此項修正。當五分之三的會員國且擁有總投票權百分之八十五同意此項修改時，基金應以正式照會送達各會員國以證明此事實。

第二項：雖有上述第一項之規定，但對下列各款之修改，必須得全體會員國之同意：

退出基金之權（第二十六條第一款）；

未經會員國本身之同意，不得改變其攤額之條文（第三條第二款第四項）；

以及除由會員國之提議外，不得改變該會員國通貨平價之條文（附錄三第六款）。

第三項：除通函或電報另有較短期間之規定外，修正案對各會員國在正式照會三個月後，即發生效力。

第二十九條　（條文之解釋）

第一項：會員國間或會員國與基金間，對於解釋本協定條文之爭執，應送執行董事會決定。若爭執係特別與不能指派執行董事之會員國有關者，則該國得依照第十二條第三款第十項規定選派代表。

第二項：若執行董事會依照上述第一項規定有所決定時，任一會員國在決定日後三個月內，得要求將此問題移送理事會，而該會之決定爲最後之決定。移送理事會之任何問題，應由該會之解釋委員會予以考慮。委員會之每一委員應有一表決權。理事會應規定該委員會之會員資格、議事程序、與決議應有之多數票。委員會之決定，除理事會以總投票權百分之八十五多數另作決議外，即爲理事會之決定。在理事會未決定前，基金認有必要，可依照執行董事會之決定辦理。

第三項：如基金與已退會之會員國間，或當基金清理期間，基金與會員國間發生爭議時，此項爭議應送交由三位仲裁人組成之法庭裁決，此三位仲裁人中，一人由基金指派，一人由會員國或已退會之會員國指派，另一人爲公正人。公正人除非雙方另有議定外，由國際法庭主席或由基金法規規定之其他權威機關指派之。雙方關於程序問題之爭議，公正人有解決之全權。

第三十條　（用詞之說明）

當解釋本協定之條文時，基金及其會員國應依下列之規定：

第一項：基金在一般資源帳戶中持有之會員國通貨，應包括第三條第四款基金接受之證券在內。

第二項：預約協定，係指會員國可按決議之條件，在特定期間內，從一般資源帳戶中購匯至某一特定金額之基金決議。

第三項：準備部份之購匯，係指會員國以其本國通貨交換特別提款權或另一會員國之通貨，而不致使基金在一般資源帳戶內持有該會員國之通貨超過該會員國之攤額。但於上述計算時，基金對基於下列政策之購匯與持有，得不予計入：

其使用一般資源對於出口波動所爲之補償性融通政策。

其使用一般資源對於初級產品之國際緩衝性存貨所爲之融通政策。

其他經由基金總投票權百分之八十五多數通過，而決定不予計入之一般資源使用政策。

第四項：經常交易之收支，係指不以轉移資本爲目的之收支，包含不受限制之下列各項：

與國際貿易及其他經常業務有關之收支，包含勞務及正常的短期銀行與信用業務。

貸款利息及其他投資淨所得之收支。

貸款分期償還或直接投資折舊適當數額之收支。

贍家費用適當數額之匯款。

基金經與有關會員國商妥後，得決定某種交易究爲經常交易抑爲資本交易。

第五項：特別提款權之累積分配淨額，係指分配予一參加國之特別提款權總數，減去根據第十八條第二款第一項對該國所取消之特別提款權部份。

第六項：可自由使用之通貨，係指由基金決定係　實際上被廣泛使用於國際間交易之收付，且在主要外匯市場中被廣泛交易之會員國通貨。

第七項：一九七五年八月三十一日之會員國應視爲包括該日以前經理事會決議通過而於該日以後接受會籍之國家。

第八項：基金之交易，係指基金以貨幣資產交換其他貨幣資產。基金之業務，係指其他之基金之貨幣資產之使用或收受。

第九項：特別提款權之交易，係指以特別提款權交換其他貨幣資產。特別提款權之業務，係指其他之特別提款權之使用。

第三十一條　（最終條款）

第一款　（生效日期）

本協定經附錄一所列擁有基金總攤額百分之六十五之國家簽字，且本條第二款第一項所言之證明文件亦經各國政府交存後，即發生效力。但其日期不得早於一九四五年五月一日。

第二款　（簽署）

第一項：每一經其代表簽署於本協定之政府，應交存美國政府一文件，說明已依照其本國法律接受本協定，並已採取各種必要步驟，使其得以履行本協定中之一切義務。

第二項：各國自其代表將上述第一項所述之文件交存之日起，即正式成爲基金之會員；惟依本條第一款規定本協定發生效力以前，無一國得爲會員。

第三項：美國政府應將本協定所有之簽署，及所有上述第一項所述文件之交存，通知附錄一所列各國之政府，及依照第二條第二款規定已獲准爲會員之各國政府。

第四項：當各國政府代表簽字於本協定時，各該國政府應將其基金認繳額萬分之一以黃金或美元繳予美國政府，以便基金支付行政費用。美國政府應用一特別存款帳戶保存該項基金，並於創立會召集後，將上項基金繳交基金理事會。若在一九四五年十二月三十一日本協定尚未發生效力，則美國政府應將各國政府所繳之基金退還。

第五項：在一九四五年十二月三十一日以前，凡附錄一所列之各國政府，皆得在華盛頓簽字加入本協定。

第六項：在一九四五年十二月三十一日以前，凡根據第二條第二款規定獲准爲會員之國家，其政府可簽字加入本協定。

第七項：各國政府經簽字於本協定即代表各該國本國、殖民地、海外領土、在其保護下、宗主權下、或權力下之一切土地及其他委任統治地，均已接受本協定。

第八項：上述第四項條文，對各簽字國政府，自其簽字之日起，即發生效力。

（下述簽字及交存條款，在原協定係列於第二十條本文之後者）

本協定訂於華盛頓，正文一本將存美國政府之檔案，美國政府應將已校對之副本送附錄一所列國家之政府，及依照第二條第二款規定獲准爲會員之各國政府。

附錄一　（攤額（省略））

附錄二　（有關購回、額外認繳額之支付、黃金與部份業務事項之過渡性條款（省略））

附錄三　（平價）

第一款：基金應根據第四條第一、三、四及五款與本附錄三之規定，通知各會員國，得依本協定之宗旨，以特別提款權或基金規定之其他共同基準建立其通貨平價。此共同基準不得爲黃金或某一種通貨。

第二款：會員國如欲建立其通貨平價，應於接獲上述第一款之通知後，在合理期間內向基金提出其通貨之平價。

第三款：任何不欲依照上述第一款規定建立其通貨之平價之會員國，應與基金諮商並保證其外匯措施與基金宗旨一致，並足以履行第四條第一款之義務。

第四款：基金於接獲各會員國提出通貨平價後之合理期間內，應作同意或反對之表示。依本協定之宗旨，若基金反對時，提出之通貨平價將不發生效力，而該會員國即應遵守上述第三款之規定。基金不得以會員國國內社會或政治政策爲由，而反對其所提出之通貨平價。

第五款：任何建立通貨平價之會員國，應採取符合本協定之適當措施，保證該國通貨與其他維持平價之會員國通貨在其本國境內之即期外匯交易之最高與最低匯率，不得超過或低於平價百分之四點五或經基金投票總數百分之八十五多數通過之其他上下界限。

第六款：除係爲矯正或防止基本不均衡之發生外，各會員國不得提議改變其通貨之平價。通貨平價之改變必須由該會員國提議，並經與基金磋商後，方得爲之。

第七款：當會員國提議改變通貨平價時，基金應於接獲提議後之合理期間內對提出之平價予以同意或反對之表示。基金若認爲通貨平價之改變係爲矯正或防基本不均衡之發生所必須者，即應予同意。基金不得以提議改變通貨平價之會員國國內社會或政治政策爲由，而反對其提議。依本協定之宗旨會員國提議改變之通貨平價爲基金反對者，將不發生效力。若會員國無視基金之反對而擅自改變其通貨平價，則該會員國應適用第二十六條第二款之規定。基金應阻止各會員國維持不眞實的通貨平價。

第八款：若會員國通知基金欲終止其通貨之平價，則依照本協定所建立之通貨平價，應終止其作爲符合本協定宗旨之平價。基金得依照投票總數百分之八十五多數通過之決定，反對該會員國終止其通貨之平價。若會員國無視基金之反對而終止其通貨之平價，則該會員國應適用第二十六條第二款之規定。若會員國不遵從基金之決定而擅自終止其通貨平價，或基金發現會員國大部份外匯交易之匯率未能依照上述第五款之規定（但除非基金和會員國諮商並將基金考慮是否認定此發現之意以六十天爲期通知會員國，基金不得認定此發現），則依本協定建立之通貨平價，應終止其作爲符合本協定宗旨之平價。

第九款：若會員國通貨之平價依上述第八款之規定而廢止，則該會員國應與基金磋商並保證其外匯措施與基金之宗旨相符，並足以履行第四條第一款之義務。

第十款：依照上述第八款廢止其通貨平價之會員國，得於任何期間內提出其通貨之新平價。

第十一款：縱有上述第六款之規定，若通貨平價以特別提款權爲共同基準，且平價之調整不致影響特別提款權之價值，基金經總投票權百分之七十多數通過，得對通貨平價作同一比例之調整。但如某一會員國在基金行動後七天內通知基金不願其通貨之平價因此次決定而變更時，則該會員國之通貨平價不因此項行動而變更。

附錄四　審（議委員會）

第一款：

每一可指派一名執行董事之會員國與每一由一名選定之執行董事代表其行使所分配投票權之會員國集團，應指派一名審議委員會審議委員，此人應爲理事會理事、會員國政府部長或與其有同等階級之人，並得指派七人以下之助理審議委員。理事會依照投票總數百分之八十五多數通過得變更得指派之助理審議委員之人數。審議委員或助理審議委員之任期，以下述兩件事之一發生而止，即以新的指派或下一次定期執行董事之選舉孰先產生而終止。

除非審議委員會決定召開一有所限定之會議，執行董事或執行董事缺席時其代理者與助理審議委員有權參加審議委員會會議。每一可指派一名審議委員之會員國及會員國集團，應指派一代理者，該代理者於審議委員缺席時，有權參加審議委員會會議，且全權代理審議委員。

第二款：

審議委員會將監督國際貨幣制度之營運與修訂，包括經常性的調整過程與國際流動能力動向，並檢討與此有關之眞實資源移轉至開發中國家之情況。

審議委員會應考慮根據第二十八條第一項之規定提出之修改本協定條款之建議案。

第三款：

除本協定直接授與理事會之權限外，理事會得授權審議委員會行使理事會之權力。

每一審議委員有權就依第十二條第五款之規定分配予指派其爲審議委員之會員國集團或會員國之投票數，行使投票。會員國集團指派之審議委員得分別就分配予集團中每一會員國之投票數行使投票。如果分配予一會員國之投票數不能由執行董事行使投票時，會員國得就行使分配予其之投票權與審議委員達成協議。

審議委員會不得依據理事會授與之權力，採取任何與理事會所採任何行動不一致之行動，而執行董事會不得依據理事會授與之權力，採取任何與理事會或審議委員會所採行動不一致之行動。

第四款：審議委員會應選舉一審議委員爲主席，應制定行使其功能所需或適當之規章，並應決定各項程序。審議委員會應召開諸如由其本身所提出或由執行董事會所召集之會議。

第五款：

審議委員會具有相當於執行董事會依下述條款所賦與之權力：第十二條第二款第三、六、七與十項；第十八條第四款第一項與同款第三項㈣；第二十三條第一款；與第二十七條第一款第一項。

審議委員會關於僅涉及特別提款權部門事宜之決定，只有本身爲參加國之會員國或其中至少有一會員國爲參加國之會員國集團所指派之審議委員有投票權。每一審議委員應有權行使分配予指派其爲審議委員之本身爲參加國之會員國或指派其爲審議委員之會員國集團中爲參加國之會員國之投票權，並得行使分配予依上述第三款㈡最後一文句規定與其達成協議之參加國之投票權。

審議委員會得依章則建立程序，俾便當執行董事會基於其判斷，認爲審議委員會應採取一不拖延至下一次審議委員會會議且無須因此召集特別會議之行動時，得在特定問題上毋須經審議委員會會議而能獲得審議委員之決議。

審議委員及其代理者、助理審議委員及任何有權參加審議委員會會議之其他人，適用第九條第八款之規定。

爲符合上述㈡與第三款㈡之規定，依第十二條第三款第九項㈡之規定，由一會員國或本身爲參加國之會員國達成之協議，應使審議委員有權行使分配予該會員國之投票權。

第六款：第十二條第二款第一項第一句應視爲包括適用於審議委員會。

附錄五　（執行董事之選舉）

第一款：選任執行董事之選舉，係由具有投票資格之理事投票選舉之。

第二款：在投票選舉執行董事時，每一具有投票資格之理事應將其本人依第十二條第五款第一項規定所有之票數共投於一人。獲得最多票數之十五人，應即當選爲執行董事，但如獲得票數少於全體所投合法票數總額百分之四者，則不能認爲當選。

第三款：若第一次票選時未能選出十五人者，可以舉行第二次票選，在此次票選中，只有下列理事可以參加投票：㈠在第一次票選中，其所投票選舉之人未能當選，㈡在第一次票選中，其所投票選舉之人已當選，但依下述第四款規定，認爲其投票使該當選人所獲票數超出合法票數百分之九以上者。如果在第二次票選中，參加競選人數多於應選出之執行董事人數時，則第一次票選中得票最少之人即失去被選舉之資格。

第四款：決定某一理事所投票數是否使某人所獲票數超出合法票數百分之九以上時，此百分之九應包括：第一、對此人投票最多之理事之票數，第二、對此人投票次多之理事之票數，如是繼續直至達到百分之九爲止。

第五款：任何理事所投票數之一部，如必須計入，以便任何人所獲票數能超過總投票額百分之四時，則可視作該理事之全部票數均投與此人，即使此人所獲票數因此超出百分之九以上者，亦所不問。

第六款：若第二次票選之後，仍未能選出十五人時，則應依同一原則繼續票選，直到十五人均已選出爲止。但若其中十四人已經選出，則第十五人之選舉只需獲得所餘票數之過半數即可當選，並視爲係由此所餘票權之全體選出者。

附錄六　（指定（省略））

附錄七　（重建（省略））

附錄八　（參加之終止（省略））

附錄九　（特別提款權部門清理之執行（省略））

附錄十　（對退會國帳目之結算（省略））

附錄十一　（清理之執行（省略））

（中央銀行經濟研究處譯本）

三、世界銀行集團

㈠國際復興開發銀行協定

Agreement of International Bank for Reconstruction and Development

簽署日期：一九四五年十二月二十七日（華盛頓）
生效日期：一九四五年十二月二十七日

一九四五年十二月二十七日訂於華盛頓，同日生效簽字於本協定之政府同意如下：

引文

國際復興開發銀行依照下列條文成立及經營之：

第一條　（任務）

銀行之任務為：

一、促進用於生產事業之投資以協助會員國境內之復興與建設，包括恢復蒙受戰爭損害之經濟，使戰時生產復原於平時生產，以及鼓勵較不發達國家內生產機構與資源之開發。

二、利用擔保或參加私人借款及其他私人投資之方式以提倡私人國外投資。如私人資本不能在合理條件下獲得，則在適當條件下，運用本身資本，或籌募之資金，及其他資源供給生產事業周轉之用，以輔私人投資之不足。

三、用鼓勵國際投資發展會員生產資源之方式提倡長期間國際貿易之平衡進展及國際收支平衡之維持，以助長生產能力，提高會員國境內人民生活水平與改善勞動條件。

四、處理本身承借或擔保之借款與其他國際借款取得協調俾最有用最緊要之計劃，不論大小，先予進行。

五、執行業務時注意國際投資對於各會員國境內工商業狀況之影響，並在戰後最近數年內，輔助戰時經濟平穩過渡至平時經濟。

銀行一切決定均應以本條所述之各項任務為指標。

第二條　（會員國資格及銀行資本）

第一節　（會員國資格）

一、銀行原始會員國應為國際貨幣基金之會員國在本協定第十一條第二節㈤款所規定日期以前正式參加銀行者。

二、基金之其他會員國得依照銀行所規定的時間及條件參加銀行。

第二節　（法定資本）

一、銀行法定資本應為一　　、　　、　　、　　美元，以一九四四年七月一日美元所用重量及成色為準，並應分為一　　、　　股每股票面為一　　、　　美元，只限會員國認購。

二、銀行認為有利時得以總投票權四分之三之表決增加資本。

第三節　（股份之認繳）

一、各會員國應認繳銀行資本之股份。原始會員國所應認繳之股份其最低限度應為甲表所載者。其他會員國所應認繳之最低限度股份應由銀行決定之。銀行應保留其資本股份一部分供此種會員國認繳之用。

二、銀行應設立章程規定會員國在認繳最低限度股份以外，認繳銀行資本股份之條件。

三、如銀行法定資本增加，各會員國在銀行指定之條件下應有合理之機會認繳所增加資本之一部分並應按照以前所認繳之股份對於銀行全部資本之比例認繳之。但會員國並無必須認繳增加資本任何部份之義務。

第四節　（股份之發行價格）

原始會員國在最低限度下認繳之股份應照票面價格發行，其他股份除非銀行以過半數之總投票權決定在特殊情形下以其他條件發行外，亦應照票面價格發行。

第五節　（認繳資本之劃分及催繳）

各會員國認繳的資本分爲兩部如下：

一、百分之二十，在銀行經營需要時應即繳納，或經銀行在本條第七節一項下催繳時繳納之。

二、其餘百分之八十，僅於銀行在第四條第一節㈠款二項及三項規定下必須用以履行義務，經銀行催繳時繳納之。

未繳部分之催繳對於各股份應一律。

第六節　（負債之限制）

股份之負債應限於股份發行價格之未付部份。

第七節　（認繳股份之付款辦法）

認繳股份應用黃金或美元或會員國貨幣繳納如下：

一、在本條第五節一項下，每股價格百分之二應用黃金或美元繳納，其餘百分之十八經銀行催繳時應用會員國貨幣繳納之。

二、在本條第五節二項下催繳時，會員國得用黃金或美元或銀行履行與催繳有關之義務所需之貨幣繳納之。

三、一會員國在上述一項及二項繳款時，所繳之價值無論用何種貨幣皆應等於該會員國在催繳下所應繳之數額。此項數額應爲本條第二節所規定該會員國認繳資本之某一比例部份。

第八節　（認繳資本付款之時間）

一、在本條第七節一項下應用黃金或美元支付之每股百分之二應在銀行開業後六十日內繳納之，但任何原非會員國其本國領土於此次戰爭中爲敵人所侵占或蒙受戰爭損失者，應有遲付千分之五之權利，至銀行開業後五年爲止；任何原始會員國如其黃金準備因戰爭關係被奪或被凍結而尚未恢復其所有者，得延期繳納至銀行決定之日期爲止。

二、本條第七節一項下應付每股價格之剩餘部份應於銀行催繳時繳納之，但銀行在開業一年內除一款所述之百分之二外，應催繳不少於百分之八之股價；在任何三個月時期內催繳之數額不應超過股價百分之五。

第九節　（銀行所持有某種貨幣價值之維持）

一、凡一會員國貨幣之法定幣值有所縮減時，或㈡一會員國之外匯價值經銀行認爲業在其境內跌落至顯著程度時，該會員國在一合理時間內應加付銀行若干其本國貨幣藉以維持銀行所持有該會員國貨幣數額之價值，有如首次繳股時之價值。此項貨幣或爲該會員國在第二條第七節二項所付予銀行之貨幣，或爲在第四條第二節二款所述之貨幣，更或爲按本節條款加繳之貨幣而未曾爲該會員國用黃金或銀行可以接受之貨幣所買回者。

二、凡一會員國之法定幣值有所增加時，銀行應在一合理時間內退還該會員國若干本國之貨幣，等於在一款所述該種貨幣數額增加之價值。

三、如國際貨幣基金將各會員國之法定幣值按比例整個更改時，前節所規定者得由銀行自行放棄。

第十節　（處分股份之限制）

銀行股份不應用任何方式抵押或使其負債而只能轉讓於銀行。

第三條　（關於放款及保證之通則）

第一節　（資源之運用）

一、銀行一切資源及便利應專用於爲會員國謀福利，復興與建設計劃二者應平衡考慮。

二、關於其國土曾爲戰事或被敵人侵占而大受摧殘之會員國，銀行爲恢復及建設該會員國之經濟，於決定放款與該會員國之條件時應特別注意減輕其財政負擔，並加速此等恢復及建設工作之完成。

第二節　（銀行與會員國之往來）

各會員國應只由其財政部、中央銀行、平準基金會或其他相似財政機關與銀行往來，銀行亦只由此等機關與會員國往來。

第三節　（銀行擔保及放款之限制）

銀行所承做之擔保及參加之放款與直接放款之總負欠額，在任何時間內如再增加將超過銀行未損耗之認繳資本以及公積金與餘款之百分之一百，即不得增加。

第四節　（銀行擔保及放款之條件）

銀行得擔保、參加、或承做對於任何會員國或其任何政治部份及其境內工商農企業之放款，惟須按下列條件：

一、如借款計劃在一會員國境內而該會員國並非借款人，該會員國或其中央銀行或其他相等機關之爲銀行可以承認者須完全擔保借款本息及其他借款上費用之償還。

二、銀行認爲按當時市場情形借款者無法在銀行認爲合理之條件下自他處借得款項。

三、如第五條第七節所規定之專家委員會對於借款之計劃業經精密研究其優點，出具書面報告予以推薦。

四、銀行認爲利率及其他費用均屬合理且此等利率費用及還本辦法與計劃亦相適合。

五、在承做或擔保放款時，銀行應充分注意借款人，如借款人並非會員國，則其擔保人能否履行對於借款之義務並應顧及計劃所在地會員國及全體會員國之利益妥慎辦理。

六、銀行擔保其他投資人之放款時，應收取相當報酬以補償所冒風險。

七、除有特殊情形之銀行之放款或擔保應用於指定的復興或建設計劃。

第五節　（銀行擔保、參加、或承做之借款之運用）

一、銀行不得施加條件指定借款應在某會員國境內支用。

二、銀行應設法使借款項下之款項僅供借款目的之用並應注意經濟及效率，不應注意政治及其他非經濟之影響或考慮。

三、銀行借出款項時應在銀行中用借款人名稱開立帳戶，將借款所用之貨幣存入並只允借款人支付借款計劃下確已發生之有關費用。

第四條　（經營）

第一節　承做或協助放款之方法

一、銀行得用下列滿足第三條所述一般條件之任何一種方法承做或協助放款：

㈠用本身資金承做或參加直接放款，此項本身資金應等於其未損耗之已付資本與公積，以及在本條第六節規定下之各種準備金。

㈡用在一會員國市場上籌得或由銀行以其他方法借得之資金承做或參加直接放款。

㈢全部或局部擔保通常私人投資性之放款。

二、銀行在一款㈡項下借款或項下擔保私人放款，在某會員國之市場上或用某會員國貨幣單位皆需得各該有關會員國之准許，並必須各該會員國同意借款下之貨幣可無任何限制調換其他會員國貨幣，方得進行。

第二節　（貨幣之可能供給及其調換能力）

一、一會員國在依照第二條第七節㈠項付與銀行之本國貨幣銀行借出時須得該會員國之同意，但如銀行之認繳股份業已完全收足，必要時此項貨幣得不受該發行會員國之限制加以動用，或調換其他會員國貨幣以供支付銀行本身之借款本息，或應付銀行擔保放款項下付款責任之用。

二、借款人或被擔保人償付一款所述借出款項本金而付與銀行之貨幣如調換其他會員國之貨幣或再行借出須得各有關會員國之同意，但如銀行之認繳股份業已完全收足，此項貨幣得不受該發行會員國之限制加以動用，或調換其他會員國貨幣以供支付銀行本身之借款本息，或應付銀行擔保放款下付款責任之用。

三、借款人或被擔保人將在本條第一節一款㈡項下承做之直接借款本金付還銀行時，銀行所收貨幣應不受有關會員國之限制留作分期償還或預先償還，或贖回一部份或全部份銀行本身債務之用。

四、銀行可以獲得之其他貨幣，包括在市場上籌借而得、在本條第一節一款㈡項借入、出售黃金所得、在本條第一節一款㈠及㈡項直接放款下所得利息及其他費用以及本條第一節一款項下所得佣金及其他費用，凡此各項所得貨幣得不受各發行會員國之限制加以動用，或調換銀行經營上所需之其他會員國貨幣或黃金。

五、借款人在會員國市場上籌借之貨幣其借款爲在本條第一節一款項下由銀行擔保者，應不受該有關會員國之限制加以動用或調換其他貨幣。

第三節　直接放款之貨幣條款

下列條文適用於本條第一節一款㈠項及㈡項之直接放款：

一、銀行應供給借款人以計劃所在地會員國以外之其他會員國貨幣而爲借款人於執行借款任務時須在此等會員國境內支付者。

二、在特殊情形下如放款任務下需要之本地貨幣不能在合理條件下爲借款人籌得，銀行得以適當數額之該項貨幣供給借款人作爲放款之一部。

三、如上項借款計劃間接增加放款計劃所在地會員國對於外匯之需要，銀行得在特殊情形下供給一適當部份之黃金或外匯作爲放款之一部，但不得超過借款人在當地與放款任務有關之支付。

四、在特殊情形下，一部份之放款在一會員國境內使用時銀行得接受該會員國之請求，用黃金或外匯買回所使用之該會員國貨幣，但買回之數額不得超過足以使該會員國境內因放款之使用而增加外匯需要之數量。

第四節　（直接放款之償還條款）

在本條第一節一款㈠或㈡項之放款契約應遵照下列償還辦法。

一、各種放款之利息條件，還本方法，放款期限，償款日期等均應由銀行決定。銀行亦應決定在放款方面應徵收之佣金率及其條件等。

在第一節一款㈡項下承做之放款在銀行開業後十年內，其佣金應不小於每年百分之一，不大於每年百分之一·五，並應就放款未償還部份徵收。十年以後，對於屆時放款未還額及將來放款所徵取之佣金，如銀行認爲在本條第六節所積存之儲備足夠充分而有減低佣金之理由時，得酌量減低之。但對於將來之放款如依照過去經驗有增加佣金之理由，銀行亦得增加佣金超過上述之限制。

二、各項放款契約均應註明在契約下償還銀行所用之貨幣，但借款人得選擇用黃金或銀行所同意而不在契約內規定之貨幣償還。

凡在本條第一節一款㈠項下承做之放款，其放款契約上應規定還本付息、償付其他費用應即用出借之貨幣，但經發行出借貨幣之會員國同意，得以其他指定貨幣償付。此等償付之款項除適用第二條第九節三款之規定外，以銀行總投票權之四分之三多數通過之指定貨幣計算時，其價值應等於放款契約成立時此種償付之價值。

關於在本條第一節一款㈡項下承做之放款，應償還對銀行欠款所用之任何一種貨幣總數，在任何時間內皆不應超過銀行在第一節一款㈡項下借入及應用該項貨幣償還之總數。

三、如一會員國匯兌異常緊促，不能依照規定償付其向銀行借入或在該會員國或其一代理機構擔保下借入之款項本息，該有關會員國得請求銀行放寬償付條件。如銀行認爲酌量放寬條件對於該有關會員國、銀行業務及會員國全體均有裨益時，得對於每年償付借款之辦法之全部或局部，依照下列一項或二項之規定辦理：

㈠銀行得斟酌情形與有關會員國確定辦法接受以該會員國之貨幣償付其借款分期本息，但不得超過三年，並另行設立動用該項貨幣、維持其外匯價值、及買回該項貨幣之適當條件。

㈡銀行得修改還本條件或延長放款期限或兩者並施。

第五節　（擔保）

一、銀行擔保通常投資市場上之放款時應徵收一種擔保佣金，按期根據借款負欠額，依照銀行所決定之費率徵收。在銀行開業最初十年內，該項佣金率應不小於每年百分之一，不大於每年百分之一．五。十年以後，對於屆時擔保放款欠額及將來放款所徵收之佣金，如銀行認為在本條第六節所積存之儲備足夠充份，有減低佣金之理由時，得酌量減低之。但對於將來之放款，如依照過去經驗有增加佣金之理由時，銀行得增加佣金超過上述限制。

二、擔保佣金應由借款人直接付予銀行。

三、銀行之擔保應規定如當借款人或其擔保人不能付息時，銀行表示願依照票面價值及累積至指定日期止之利息，出資收買此項債券或所擔保之其他義務，對於此後利息銀行即可不負責任。

四、銀行有權決定擔保之其他條件。

第六節　（特別儲備）

在本條第四節第五節下銀行所收取之佣金應另行存放作為銀行之特別儲備，依照本條第七節之規定，供應付銀行負債之用。此項特別儲備應由執行董事決定以本協定所許可之流動方式存放。

第七節　（發生壞帳時銀行應付負債之方法）

銀行承做、參加、或擔保之放款發生壞帳時：

一、銀行應在可能範圍內設立調整該項借款義務之方法，包括本條第四節三款所規定或其相似之方法。

二、銀行在結清本條第一節一款㈡及項下借款或擔保所有之負債時，其支付方法是：首先，動用本條第六節所規定之特別儲備。然後，得斟酌情形動用銀行可有之其他儲備、公債、及資本至必要之限度。

三、銀行為支付銀行本身借款下之利息，其他費用，及按期攤還之本金，或為應付其對於擔保放款項下同等付款所負之責任計，得依照第二條第五節及第七節之規定，催繳會員已認未繳股份之適當部分。又如銀行認為一項壞帳將有長久之懸欠時間，得在每年不超過會員國認繳總額百分之一之限度內，加額催繳未付股份，以供下列目的之用：在未到期前贖回或以其他方法結清銀行所擔保債款人拖欠過期之借款本金全部或一部，買回或結清銀行本身借款之一部或全部。

第八節　（其他業務）

除本協定在他處規定之業務外銀行應有權：

一、買賣銀行所發行之證券，買賣銀行所擔保或投資之證券，但須經買賣證券所在地會員國之同意，擔保銀行所投資之證券，藉以便利其出售。

二、經一會員國之同意借入該會員國貨幣。

三、經執行董事總投票權四分之三多數之表決認為正當，得買賣其他證券，供本條第六節下特別儲備全部或局部投資之用。

四、銀行於執行本節所賦予之權力時，得與任何會員國境內任何個人、合夥、會社、公司、及其他法人來往。

第九節　（證券上之警告）

凡銀行所發行或擔保之證券應在其票面顯著書明，除在證券上特別載明者外，該項證券並非為任何政府之負債。

第十節　（政治活動之禁止）

銀行及其職員不得干預任何會員國之政治事務或聽會員國之政治性質影響其決定。一切決定應只與經濟考慮有關，而此項考慮應公平估計以期達到第一條所載之目的。

第五條　（管理與組織）

第一節　（銀行之機構）

銀行應有一理事會、執行董事、一行長、和其它職員及工作人員以執行銀行所決定之職責。

第二節　（理事會）

一、銀行一切權利均付託予理事會，理事會由每一會員國按其自行決定之方法任命理事一人，候補理事一人組成。每一理事及候補理事任期五年，由任命他之會員國支配，並得連任。候補理事除其代表之理事不在時不得投票。理事會選舉理事一人為理事長。

二、理事會可將其權力委託執行董事執行，但下列權力不得委託：

㈠准許新會員國之加入及決定其加入條件；

㈡增加或減少銀行之資本；

㈢停止一會員資格；

㈣裁定對於執行董事解釋協定條文時所生之異議；

㈤與其它國際機關訂立合作辦法（暫時性和行政性的非正式辦法除外）；

㈥決定永遠停止銀行業務及其資產之處分；

㈦決定銀行淨收益之分配。

三、理事會每年開常會一次，其它會議由理事會規定或由執行董事召集。理事會經五個會員國或經持有四分之一總投票權之會員國請求應由執行董事召集開會。

四、理事會會議法定人數應為過半數理事並持有不少於三分之二之總投票權。

五、理事會得以章程設立一種程序，俾執行董事遇有一項特殊問題，認為係在顧全銀行利益之下應請示理事會時，可不須召集理事會會議，由各理事分別投票以資表決。

六、理事會及執行董事在被授權之範圍內得採用銀行業務進行時所必須或適合之各種規則及章程。

七、銀行對理事及候補理事之服務不給與報酬，但銀行應支付因出席會議而發生之合理費用。

八、理事會應決定執行董事之報酬及行長之薪給與其服務契約。

第三節　（投票）

一、每一會員國應有二百五十票，每持有股份一股增加一票。

二、除另有特別規定外，凡銀行待決之事務均以過半數投票數決定之。

第四節　（執行董事）

一、執行董事對於銀行通常業務負有全責，執行理事會所付託之一切權力。

二、執行董事應為十二人，並不須為理事，內：

㈠五人應由持有最多股份之五會員國任命，每會員國任命一人。

㈡七人應依照乙表在下列㈠項所指由五會員國任命者以外之理事選舉之。

㈢本節所稱會員國係指甲表所載國家之政府而言，不論其為原始會員國，或為依照本協定第二條第一節二項參加銀行者。如其它國家之政府參加銀行時，理事會得以五分之四總投票權之表決增加應選舉之董事人數，以增加董事全體人數。

㈣執行董事應每二年任命或選舉一次。

三、每一董事應指派一候補董事，於其不在時全權代行其職權。如指派候補董事之董事出席時，候補董事可參加會議，但不得投票。

四、董事應繼續服務至其繼任人被選派或被選出為止。如被選董事之位置在其任期終了前虛懸過九十日以上時，應由選舉前任董事之理事另選一董事在其未了任期中服務。當選之票數應為投票之過半數。董事位置出缺時，由前任董事之候補董事代行其職權，但不得再派候補董事。

五、執行董事應經常在銀行總辦事處辦公，並應按銀行事務之需要經常集會。

六、執行董事開會之法定人數應為過半數董事並持有不少於半數之總投票權。

七、每一被任命之董事應依照本條第三節所分配於任命該董事的會員國之票數投票。每一被選之董事應依照其當選時所得之票數投票。凡一董事可投之票數均作為一個單位投票。

八、理事會應制定章程，俾不能在乙款下任命董事之會員國，遇有考慮該會員國請求之事或與該會員國有特殊影響之事時，得派遣一代表出席執行董事之會議。

九、執行董事得斟酌情形設立各委員會。委員會之委員不必限於理事、董事或其候補。

第五節　（總行長及其工作人員）

一、執行董事應在理事、執行董事或二者之候補人以外選任一行長。行長應為執行董事會之主席，除遇票數相同時投一決定票外，不得投票，得參加理事會議但亦不得投票。執行董事有權辭退行長。

二、行長為銀行營業人員之首腦，應在執行董事指導之下處理銀行日常業務，並在執行董事總的控制下，負責銀行職員及工作人員之組織、委派及辭退。

三、行長、職員及工作人員在執行其職務時完全對銀行負責，不對其它機關負責。各會員國應尊重此種職守之國際性，避免影響任何工作人員執行其職務之各種企圖。

行長選派職員及工作人員時，最重要的應注意達到最高之效能與技術標準，並應適當注意在可能範圍內從最廣大之地理區域內錄用人員。

第六節　（顧問委員會）

一、銀行應設一不少於七人之顧問委員會，其人選由理事會選擇，應包括代表金融、商業、工業、勞工及農業之利益者，並應代表最可能廣大之區域。凡在某種職業內有專門國際機關存在者，在委員會代表此種職業之委員應與該機關協商選擇之。該委員會應向銀行提供對於政策方面之意見。委員會每年開會一次，並在銀行要求時開會。

二、委員任期二年，得連派連任，並應給予因銀行事務而發生之合理費用。

第七節　（放款委員會）

負責報告根據本協定第三條第四節規定之放款的委員會，應由銀行指派之。每一委員會應包括由借款計劃所在地會員國之理事選擇的專家一人，以及銀行技術部門所派之一名或更多的人員。

第八節　（與其它國際組織之關係）

一、在本協定規定內，銀行應與一般國際機關及在相關活動範圍內負有專門使命之公共國際組織合作。凡此種合作之方法如須變更本協定中任何條款之規定，須依照第八條規定修改本協定後方得施行。

二、在決定放款或擔保時如其有關之事項係在上節所述任何國際機關權能之內，且此國際機關之參加者主要為銀行各會員國，銀行對於此等機關之意見及建議應予考慮。

第九節　（辦事處地點）

一、銀行總辦事處應在持有最多股份之會員國境內。

二、銀行得在任何會員國境內設立代理處或分行。

第十節　（區域辦事處及區域顧問委員會）

一、銀行得設立區域辦事處，並決定區域辦事處之地點及其所包括之區域。

二、每一區域辦事處設一區域顧問委員會，代表全區向銀行提供意見，其人選由銀行決定之。

第十一節　（存款機關）

一、各會員國應指定其中央銀行為存放銀行所持有之各該本國貨幣之機關，如並無中央銀行，應指定一銀行可以接受之機關。

二、銀行得將其他資產，包括黃金在內，存於持有銀行股份最多之五個會員國所指定之存款機關以及銀行所選擇之其它存款機關。最初成立時銀行所有黃金存額至少應有半數存於辦事處所在地之會員國指定之存款機關內，又至少有百分之四十存於上述其餘四個會員國所指定之各存款機關，而其每一存款機關首次存入之數額不得少於該會員國在認繳股份中所付之黃金數額。但銀行遷移黃金時應注意運輸費用並預計銀行之需要。遇有非常事變，執行董事得遷移黃金之全部或一部至任何可有適當保障之地點。

第十二節　（貨幣存款之形式）

凡在本協定第二條第七節㈠項下所付入銀行之會員國貨幣，或用以在借款下還本之該項貨幣，其任何部分如經銀行認爲在業務上尚不需要時，應接受該會員國或其指定之存款機關所出之票據或相似之負債證據以替代之。該項票據應不能轉，無利息，見票即依照票面付款，在該指定之存款機關收入銀行戶內。

第十三節　（報告之公布及消息之供給）

一、銀行應出版一種年報，載有已經審查之會計報告，並應每隔三個月或更短的時間向會員國發出一種報告銀行金融狀況及經營盈虧之簡報。

二、銀行認爲有益於執行其任務時得發行其他報告。

三、在本節下之各種報告表單及出版品應分發予會員國。

第十四節　（淨收益之分配）

一、理事會應每年決定銀行基金淨收益在提出儲備以後，以何部分作爲公積，如尚有餘款以何部分用於分配。

二、如分配淨收益，每年所分配首先應爲按各會員國根據第四條第一節一款項下所放出之放款在過去一年內之平均未償還額，位照其認繳股份中所繳付之貨幣，分配利息至多二厘，不付時不得累計積至下年付給。如二厘付出後尚有餘款，應依照會員國之股份比例分配之。付款給各會員國時，應用其本國貨幣，如該項貨幣缺乏，應用該會員國可以接受之其他會員國貨幣。如此項付款用其它會員國之貨幣，收受該項貨幣之會員國移轉及使用該項貨幣時應不受各會員國之限制。

第六條　（會員國之退出及停止資格，營業之停止）

第一節　（會員國退出之權利）

任可會員國得隨時以書面通知銀行總辦事處退出銀行，銀行接到該項通知時即應生效。

第二節　（會員國資格之停止）

如一會員國不履行對於銀行之義務，銀行得以過半數理事持有過半數總投票權之表決停止其會員國資格，該國停止會員國資格一年後，除非以同意表決恢復其資格外，即不復爲會員國。

在停止資格之時，該會員國除有權退出外不得執行在本協定下之任何權利，但退出時仍負有對銀行之一切義務。

第三節　（國際貨幣基金參加資格之喪失）

凡退出國際貨幣基金之會員國，三個月後亦自動喪失其參加銀行之資格，除非經銀行四分之三總投票權表決仍准其爲會員國。

第四節　（與退出銀行之會員國清理帳目之辦法）

一、一政府停止爲會員國時，對於銀行借款或擔保上所負之直接及間接債務，凡在該會員國未退出以前所訂而仍負欠者，繼續負有責任，惟對於以後銀行所訂立之借款及擔保不負責任，亦不分攤以後銀行之收益或費用。

二、一政府停止爲會員國時，銀行應依照下述三及四款之規定買回其股份，作爲與該政府清算帳目之一部。其買回股份之價格應爲該政府停止爲會員國時銀行帳目上所示之價格。

三、在本節下銀行買回股份時之支付方法應依照下列條件：

㈠凡欠該政府之股價，在該政府或其他中央銀行或其他機關因借款或擔保關係對於銀行仍然負有責任，而此種股價得由銀行斟酌情形用以應付到期之該項債務時，銀行應予扣存，但不得因在第二條第五節㈡項下與認繳股份有關之該政府負債而予以扣存。不論如何情形，欠該政府之股價應自該政府停止爲會員國之日起六個月後方可付還。

㈡如在二款下應付之買回股票價格超過在三款㈠項下擔保及放款下負債之總數，其超過之部份銀行得於該政府將股票交還時，陸續付款以至該政府完全收到買回價格爲止。

㈢付款應用收款國家之貨幣或由銀行選擇用黃金支付。

㈣如銀行於該政府停止爲會員國時在擔保或參加借款，或未收之放款方面有所損失，而該項損失超過該政府停止爲會員國時銀行用以抵補損失之準備，該政府一經要求即應交回其股價依照該項損失應予扣減之數額。除此以外該政府對於在第二條第五節㈡項下未付股份之催繳，在決定買回股價時因資本損失而應催繳之範圍內仍然負有義務。

四、如銀行依照本條第五節二款之規定永遠停止營業，在一政府停止爲會員國之日期後六個月內，該政府之權利應依照本條第五節之規定決定之。

第五節　（營業之停止及債務之清算）

一、在一非常時期內執行董事得暫時停止新放款及新擔保之業務以待理事會有重新考慮及進行之機會。

二、銀行得以過半數理事持有過半數總投票權之表決永遠停止新放款新擔保之業務。停止此項營業後，銀行應即停止一切活動，惟與變賣、保存及保管銀行資產與清算債務有關者除外。

三、各會員國對於銀行資本未催繳部分之負債以及其貨幣價值之下跌仍然負有責任，直至銀行各債權人之直接及間接債權均已完全清算爲止。

四、各債權人之直接債權應先自銀行資產中付還再由銀行催繳之未付資本部分付還。在付款與直接債權人前，執行董事認爲必要時，應訂立辦法以保證間接債權得按其與直接債權之比例攤還。

五、會員國所繳之銀行資本不得攤還，除非：對於債權人之各種負債均已了結者及過半數之理事持有過半數之總投票權者業已決定該項分攤。

六、按五款決定攤還會員國股款後，執行董事得以三分之二多數之表決將銀行資產陸續分攤給會員國以至各項資產分攤完畢爲止，但應先扣算銀行以前對於每一會員國所有之債權。

七、在未執行資產分攤前，執行董事應依照每一會員國執有之股份對於銀行現存股份總數之比例，決定每一會員國分攤之比例。

八、執行董事對於應分攤之資產應以分攤之日期作爲估價之日期，並應依照下列方式舉行分攤：用每一會員國本身之負債證據或其境內公家機關之負債證據可供分攤之用者，依照每一會員國在分攤總額中應得之比例償付之。在項下償付後尚應付予一會員國之餘額，應用銀行所有之該本國貨幣償付之，以達到該項餘額之價值爲止。在和項下償付後尚應付與一會員國之餘額，應用銀行所持有黃金或該會員國可以接受之貨幣償付之，以達到該項餘額之價值爲止。項償付後，銀行持有之剩餘資產應按比例分攤予各會員國。

九、凡依照八款收受銀行分攤資產之會員國享受此項資產之權利應與銀行在未分攤前所享受者相同。

第七條　（法律地位豁免事項及特權）

第一節　（本條之目的）

爲使銀行貫徹其被付託之任務計，應准許銀行在各會員國境內享受本條所載之法律地位豁免事項及特權。

第二節　（銀行之法律地位）

銀行應有完全法律人格，尤應有

一、訂立契約之能力；

二、取得及處分動產不動產之能力；

三、進行訴訟之能力。

第三節　（銀行在法律程序中之地位）

向銀行提出訴訟必須在一會員國境內之有受理能力之法庭而在該境內銀行設有辦事處或派有接受訴訟通知之代理者或業已發行或擔保證券者。但會員國或代理會員國之人或自會員國獲得要求之人不得訴告銀行。銀行之財產及資產不論在何地或爲何人所管，除爲法庭最後宣判外，應豁免任何方式之占奪、封鎖和執行。

第四節　（資產免除扣押）

銀行之財產及資產不論在何地或爲何人所保管，應豁免由行政或立法行爲之搜索、徵收、沒收、徵用及其他任何方式之扣押。

第五節　（檔案之豁免）

銀行之檔案不受侵犯。

第六節　（資產限制之免除）

在執行本協定所規定及遵照本協定條件之業務所必需之範圍內，銀行之財產及資產應免除各種限制、節制、管制及各種停止付款之辦法。

第七節　（交通之特權）

各會員國對於銀行之公文郵電應與其他會員國之公文郵電一律看待。

第八節　（銀行職員及雇員之豁免事項與特權）

銀行各理事、執行董事、其候補，各職員及雇員：

一、對於公務上的行爲應豁免法律程序，惟銀行放棄此項豁免權益時不在此限。

二、非本國人民應豁免當地之移民限制、外國人登記辦法及兵役義務，其在匯兌限制方面之便利應與其他會員國之代表、官員及同等階級之雇員同樣待遇。

三、在旅行方面之待遇應與其他會員國之代表、官員及同級之雇員相同。

第九節　（豁免捐稅事項）

一、銀行及其資產財產所得與一切本協定所准許之經營交易等等，應豁免一切捐稅及關稅。銀行對於任何捐稅關稅之收取或交納均豁免任何責任。

二、銀行之執行董事、代理人、職員、雇員並非本國公民或人民或其他本地民族者，對銀行付給他們的薪水及報酬不得徵收任何捐稅。

三、銀行所發行之負債證據或證據（包括股利及債息在內）不論爲何人持有不得被徵收：僅因該項證券爲銀行發行而加之不公平捐稅，或僅以證券發行與付款之地點及貨幣或銀行所設辦事處或營業之所在地爲徵稅根據之捐稅。

四、銀行所擔保之負債證據或證券（包括股利及債息在內）不論爲何人持有，不得被徵收：

(一)僅因該項證券爲銀行擔保而發生不公平捐稅，或

(二)僅以銀行所設辦事處或營業所在地點爲徵稅根據之捐稅。

第十節　（本條之施行）

各會員國應在其境內採取必要行動，使本條文所載之原則得在其本國法律內生效，並應將已採取之具體行動通知銀行。

第八條　（修正條文辦法）

一、任何修正條文之建議，不論爲會員國、理事或執行董事所提出，應送交理事會主席由其提交理事會討論。如修正建議經理事會通過，銀行應用書面或電報徵詢各會員國是否接受該項修正案。如有五分之三之會員國並持有五分之四之總投票權接受此項修正建議，銀行應即正式行文致各會員國，證明修正案之成立。

二、不論一款規定如何，凡修正下列條文之議案，必須獲得全體會員國之接受：

(一)本協定第六條第一節所規定退出銀行之權利；

(二)本協定第二條第二節三款所規定之權利；

(三)修正案應俟銀行正式行文與各會員國後三個月，方能生效，除非在徵詢意見之公函或電報內規定較短的時間。

第九條　（解釋辦法）

一、銀行與任何會員國間或各會員國間對於本協定條文之解釋如有異議，應就決於執行董事。如該項異議足以影響不得指派執行董事之會員國時，該會員國得依照第五條第四節二款之規定，派遣代表出席執行董事討論說項異議之會議。

二、如執行董事業已依照一款規定裁決，任何會員國得要求該項異議提交理事會作最後裁決。在理事會尚未裁決以前，銀行得在其認爲必要之

範圍內根據執行董事之裁決行事。

三、如銀行與停止爲會員國之政府間或銀行在永久停業時與任何會員國間有所異議，該項異議應由一仲裁委員會裁決之，該委員會應有三仲裁員，一人由銀行指派，一人由有關政府指派，另有公正人一人，除有關方面另有協定外，應由國際常設法庭庭長或銀行依照章程另行指定之當局指派之。公正人在任何情況下應有全權解決異議上一切程序問題。

第十條　（默認）

銀行任何行事如須先得任何會員國之核准，除本協定第八條所規定外，經銀行將提議之事通知各會員國後，除非會員國在銀行所確定之合理時間內表示反對，應即認爲業已得到核准。

第十一條　（最後條款）

第一節　（生效時間）

本協定經甲表所載持有銀行認購股份總額百分之六十五各政府分別簽字，並經交存本條第二節一款所規定的文件後即開始生效，但其生效日期不得在一九四五年五月一日以前。

第二節　簽字

一、各簽字政府應將正式文件交存美國政府聲明業已依照本國法律接受本協定，並已採取必要步驟俾能履行本協定下之各種義務。

二、各政府自將一款所述之文件交存之日起即爲銀行之會員國，惟本協定未按本條第一節生效以前，各政府均不能爲會員國。

三、美國政府應將本協定之一切簽字情況及一款所述各國文件之交存情況通知甲表所列各國之政府，及根據本協定第二條第一節一款下被核准參加銀行之政府。

四、各政府在本協定簽字時應將其每股價格萬分之一用黃金或美元交與美國政府作爲銀行之行政費用。此項付款應收入依照本協定第二條第八節一款所規定應付款項之帳內。美國政府將此款專戶存儲，於依照本條第三節召開第一次理事會時送交理事會。如本協定在一九四五年十二月三十一日尚未生效，美國政府應將此款分別退還各交款政府。

五、至一九四五年十二月三十一日爲止，甲表所列各國政府隨時可在華盛頓簽字於本協定。

六、自一九四五年十二月三十一日以後，凡依照本協定第二條第一節二款所通過加入銀行爲會員國之政府可簽字於本協定。

七、各政府簽字時代表其本身，並代表其殖民地、海外領土、在該國保護，統治及代管下之領土接受本協定。

八、如會員國政府之國土被敵人侵占，一款所述文件之交存得延遲至其國土解放以後一百八十日爲止。但如經過此項時期後，並不將文件交存，該政府之簽字應作無效，其在四款所交納之認繳部分應予退還。

九、四及八款對於每一簽字政府自其簽字日起即發生效力。

第三節　（銀行之開業）

一、本協定依照本條第一節之規定生效時，各會員國應即任命理事一人，在甲表持有最大股份分配額之會員國應即召開第一次理事會。

二、理事會舉行第一次會議時應即制訂辦法選派臨時執行董事。在甲表載明派有最多股份之五國政府應任命臨時執行董事。如此等政府尚有未正式參加爲會員國者，其應有之執行董事位置應保留至該政府正式參加之時，或至一九四六年一月一日，視何項日期爲先。臨時執行董事七人應依照乙表所規定選舉之，其任期至第一次正式選舉執行董事爲止。該項選舉應在一九四六年一月以後迅速舉行。

三、除不能付託予執行董事之權力外，理事會可將任何權力付託於臨時執行董事。

四、銀行準備開業時應通知各會員國。

本協定在華盛頓簽訂，正本一分，保存於美國政府檔案庫內，美國政府應將經認證之副本分送甲表內載明及依照第二條第一節二款加入銀行之各政府。

（各國代表簽名略）

甲表銀行股份認繳額（略）

乙表執行董事之選舉

一、執行董事須以選舉方法產生者，應由在本協定第五條第四節二款項下有權投票之理事投票選舉之。

二、有權投票之各理事於投票選舉執行董事時，應將任命他的會員國在本協定第五條第三節規定下應有之票數全部投給一人。凡獲得最多票數之七人應即當選，但如有人所得票數少於可投票數（有效票數）總數百分之十四，不得視爲當選。

三、如在第一次投票時未有七人當選，應即舉行第二次投票，第一次投票時得票最少之人不得再候選。投票者應限於㈠第一次投票時投選未當選董事之各理事及㈡投選一當選董事之票數依照下列四款所規定，被認爲已將該當選董事之票數增加至有效票數百分之十五以上之各理事。

四、在決定一理事所投之票是否已將一人之票數增加至有效票數百分之十五以上，此百分之十五應先包括對該人投出最多票數之理事之票數，再加上投出次多票數之理事之票數，照此遞加，直至達到百分之十五。

五、任何理事所投之票數，其一部份應作爲增加一人之票數至總票數百分之十四以上者，其全部票數雖足以使該人所得之票數超過百分之十五，亦應皆作爲投選該人。

六、如第二次投票後，仍未有七人當選，應依照此項原則再行投票，至七人選出時爲止。但如六人業已當選，其第七人可憑其餘票數之過半數選出並即作爲其餘票數全體所選出。

（聯合國條約集中文本）

㈢國際金融公司（IFC）協定

International Finance Corporation

簽署日期：一九五五年四月十一日（華盛頓）
生效日期：一九五六年七月二十日
修訂日期：一九六一年九月二十一日、一九六五年九月一日及一九八〇年二月十八日

本協定簽字國政府同意如下：

引文

國際金融公司（以下簡稱「公司」）應按下列條款建立並經營業務：

第一條 （宗旨）

國際金融公司的宗旨是通過鼓勵會員國，特別是欠發達地區會員國的生產性私營企業的增長，來促進經濟發展，並以此補充國際復興開發銀行（以下簡稱「銀行」）的各項活動。爲實現這一宗旨，公司應：

㈠同私人投資者聯合，幫助那些能通過投資，對會員國的經濟發展做出貢獻的生產性私人企業，在其不能以合理條件取得足夠私人資本的情況下，對其建立、改進及擴大提供資金，而無須有關會員國政府擔保償還；

㈡設法尋求並使投資機會、國內外私人資本、以及有經驗的管理技術結合；

㈢設法鼓勵，並爲此創造有利的條件，使國內外私人資本向會員國進行生產性投資。

公司的一切決定，應受本條款各項規定的制約。

第二條 （會員國資格和資本）

第一節 會員國資格

一、公司的創始會員國應是附錄A所列的那些世界銀行的會員國，並在第九條第二節第三款規定的日期或在此日期以前同意成爲公司會員國者。

二、銀行的其他會員國，得按照公司規定的時間和條件，成爲本公司會員國。

第二節 資本總額

一、本公司的法定資本總額應爲一億美元。

二、法定資本總額分爲十萬股，每股面值一千美元。未被創始會員國首次認購的任何股份，按本條第三節(d)款規定，可以被繼續認購。

三、任何時候法定的資本總額均可由理事會按照下述條件增加：

㈠經投票的過半數決定，如此種增加是爲了使創始會員國以外的會員國能首次認股而有必要增加股份發行量的話。但是，按本款規定增加的任何法定資本，其總額均不得超過一萬股。

四、如按上述第三款第㈡項規定增加法定資本，則每個會員國，在公司決定的條件下，均應有合理的機會認購一定數額的所增股本，其比例應相當於該會員國至那時爲止在公司資本總額內的認股比例。但是，會員國並無必須認購所增股本的任何部分的義務。

五、凡非首次認股或按上述本節第四款規定認股而發行股份，需經總投票權的四分之三的多數通過。

六、公司的股份只能由會員國認購，並只能對會員國發行。

第三節 認購股份

一、每個創始會員國應認購的股份數，列在附表A會員國名下。其他會員國認購的股份數，應由本公司決定。

二、創始會員國首次認購的股份應按面值發行。

三、創始會員國的首次認股應按本條款第九條第三節第三款規定，在公司

開始營業之日後三十天內，或者在創始會員國成爲會員國之日後三十天內全部繳清，依兩者中較晚的日期爲準；或在公司決定的此後某個日期繳清。在公司催繳後，應按公司規定的（一或幾個）繳付地點，以黃金或美元繳付。

四、創始會員國首次認股以外供認購的股份，其價格和條件，應由公司決定。

第四節　責任的限度

會員國不因其爲會員國而對公司的債務承擔責任。

第五節　股份轉移和抵押的限制

公司股份不得以任何方式抵押或使之負擔任何形式的債務，它只能轉讓給公司。

第三條　（業務經營）

第一節　提供資金的業務

公司可以其資金對會員國領土上的生產性私營企業進行投資。該企業內有政府或其他公共機構的利益，並不排除公司在那裡進行投資。

第二節　提供資金的形式

公司可根據情況，用它認爲適當的（一種或幾種）形式，用其資金進行投資。

第三節　業務經營原則

公司的業務經營應按以下原則進行：

一、公司不得對它認爲能在合理條件下獲得足夠的私人資本的地方進行資助；

二、公司不應資助任何一個會員國領土內的企業，如果這個會員國反對這種資助；

三、公司不應強加條件，規定它所資助的款項必須在特定國家的領土內使用；

四、公司對它所投資的企業不得承擔經營管理的責任，也不得爲此目的或爲了在它看來是正當地屬於經營管理範圍內的其他目的而行使投票權。

五、公司在考慮了企業的需要、公司承擔的風險，以及正常情況下，私人投資者因提供類似資助而取得的條件後，可以它認爲適當的條件進行投資；

六、公司得在任何適宜的時候，以令人滿意的條件，採取將投資售給私人投資者的辦法，設法使資金循環週轉；

七、公司應設法保持其投資合理多樣化。

第四節　利益的保護

公司的任何投資萬一發生實際的或可能的拖欠，或公司所投資的企業確定或可能無力償清債務時，或發生公司認爲有可能危及此種投資的其他情況時，本協定不得阻止公司採取它認爲必要的行動，行使必要的權力，以保護其利益。

第五節　某些外匯限制規定的應用

公司在任何會員國領土內，根據本條第一節規定進行投資而由公司收入或應付給公司的資金，不能單因本協定任何規定而不執行該會員國領土內普遍實施的外匯限制、規定和管理辦法。

第六節　其他業務

除本協定另有規定的業務外，公司還有權：

一、借入資金及因此而提供它所決定的附屬擔保或其他擔保。但在會員國市場上公開出售其有價證券以前，公司應獲得該會員國及證券以其貨幣計價發行的會員國的批准；如果銀行貸款給公司或銀行爲公司擔保，則公司未償還的或由公司擔保的借款總金額，如當時或其結果，將使公司從任何方面借入而未償還的債務（包括所擔保的債務）總額超過其足值的認股資本和公積金的四倍時，即不得再有增加；

二、將貸款業務所不需要的資金，按公司的決定投資購買債券，並將公司爲退休金或類似目的而持有的資金投資於可以買賣的有價證券，而不受本條其他各節的限制。

三、擔保公司已經投資的有價證券，以利其銷售；

四、買賣它所發行或擔保的或它所投資的有價證券；

五、行使隨其業務而產生的，爲了進一步實現其目的所需要或可行的權力。

第七節　貨幣的估價

當根據本協定，有必要用另一種貨幣來估量任何一種貨幣價值時，這種估計工作應在和國際貨幣基金組織磋商後，由公司合理加以確定。

第八節　證券上的說明

凡公司發行或擔保的證券均應在其票面上顯著書明，該項證券並非銀行的債務，或者除非在證券上明確書明，也不是任何政府的債務。

第九節　禁止政治活動

公司及其官員不應幹預任何會員國的政治事務；他們的一切決定，也不應受有關會員國的政治性質的影響。他們的決定只應依經濟方面的考慮而定，此種考慮應公平權衡，以期達成本協議所闡明的宗旨。

第四條　（組織與管理）

第一節　公司的機構

公司應有一理事會、一董事會、董事會主席一人、總經理一人以及其他官員和工作人員以執行公司所規定的職責。

第二節　理事會

一、公司一切權力都歸理事會。

二、凡銀行會員國又是公司會員國者，其指派的銀行理事和副理事，依其職權，同時應是公司的理事和副理事。副理事除在理事缺席外無投票權。理事會應選一理事爲理事會主席。如果其會員國已停止爲公司的會員國，則其所任命的理事和副理事亦應停止其職務。

三、理事會可授權董事會，行使其任何權力，但下述權力除外：

㈠接納新會員國和決定接納其入會的條件；

㈡增減股本；

㈢暫停一會員國資格；

㈣裁決因董事會對本協定所作解釋而產生的異議；

㈤和其他國際組織訂立合作辦法（臨時性和行政性的非正式安排除外）；

㈥決定永遠停止公司業務和分配其資產；

㈦宣布紅利；

㈧修改本協定。

四、理事會應每年舉行年會一次，經理事會規定，或董事會召集，亦可召開其它會議。

五、理事會年會應和銀行理事會的年會結合舉行。

六、理事會開會的法定人數爲過半數理事，並持有不少於三分之二的總投票權。

七、公司可決定建立一種程序，使董事會對某一特定問題可採取不召開理事會的方式而獲得理事的投票。

八、理事會和董事會在授權範圍內，爲執行公司的業務，可制定必要和適當的規章制度。

九、公司的理事副理事擔任職務均無報酬。

第三節　投票

一、每一會員國應享有二百五十票，另按每持有一股增加一票投票權。

二、除另有明確規定者外，公司一切事務均由過半數投票決定。

第四節　董事會

一、董事會負責處理公司的日常業務，爲此目的，董事會應行使本協定授予或由理事會委託的一切權力。

二、公司的董事會依其職權應由銀行的執行董事組成。他們應是㈠由兼爲公司會員國的銀行會員國指派；或㈡至少有一個兼爲公司會員國的銀行會員國在選舉中投票使之當選，每個銀行執行董事的副職依其職權也是公司的副董事。如果指派董事的會員國或投票使他得以當選的所有會員國已停止爲公司會員國，此董事應即停止其職務。

三、凡系銀行的派任執行董事的公司董事，享有任命他的會員國在公司內應有的投票權。凡系銀行選任執行董事的公司董事，應享有在銀行選舉中使之得以當選的（一個或幾個）協定會員國在協會中應有的投票權。每一董事應有的投票權應作爲一個單位投票。

四、董事缺席時，由其指派的副董事全權代行其全部職權。當董事出席時，副董事可參加會議，但無投票權。

五、董事會會議的法定人數應是過半數，並行使至少二分之一總投票權的董事。

六、理事會會議應按公司業務需要，適時召集。

七、理事會應制定章程，使無權指派銀行執行董事的公司會員國能派出代表，在討論該會員國的請求或與該會員國有特殊影響的事項時，出席公司董事會的任何會議。

第五節　主席、總經理和職員

一、銀行的行長依其職權也是本公司董事會的主席，但是，除非雙方票數相等時有權投決定票外，他沒有投票權。他可以參加理事會會議，但在此種會議上無投票權。

二、公司的總經理應經理事會主席推薦，由董事會任命。總經理是公司業務經營人員的主管。他在執行董事會指導下和在理事會主席總的監督下，管理公司的日常業務，並在他們的總的控制下，負責組織、任命和辭退公司的官員和工作人員。總經理可參加執行董事會議，但在會上無投票權。當董事會作出決定，經理事會主席同意，總經理應停止其職務。

三、本公司的總經理、官員和工作人員，在履行職務時，完全對公司而不對其他當局負責。公司各會員國應尊重此種職責的國際性，在他們履行職務時，不應試圖影響他們中的任何人。

四、在任命公司的官員和工作人員時，最重要的，應視其是否能達到最高工作效率和技術能力的標準而定，並應注意盡可能按最廣泛的地域範圍錄用人員的重要性。

第六節　與銀行的關系

一、公司和銀行應是分開的不同的實體，公司的資金和銀行的資金也應分別保存。本節的規定，並不阻止公司和銀行就有關設施、人員和提供服務方面的事項，以及一方組織代表另一方組織墊付的行政費用的償付事項作出安排。

二、本協定不得使公司對銀行的行動和債務承擔責任，或使銀行對本公司的行動和債務承擔責任。

第七節　和其他國際組織的關系

公司應通過銀行，與聯合國作出正式的安排，並可與在有關領域內負有專門責任的其他公共國際組織作出此種安排。

第八節　公司所在地

公司的總辦事處應和銀行的總辦事處設在同一地點。公司也可在會員國的領土內設立其他辦事處。

第九節　存款機構

各會員國應指定其中央銀行作爲公司保存該會員國的貨幣和公司其他資產的存款機構。如會員國無中央銀行，則應爲此目的指定公司所同意的其他機構作爲存款機構。

第十節　通訊渠道

各會員國應指定一適當權力機構，以便公司可就與本協定有關的事項與之聯系。

第十一節　報告的公布和資料的提供

一、公司應出版一種年報，載明已經審核的決算報告，並應每隔適當時間向會員國發布一種說明公司財務情況簡報和表示公司業務經營結果的損益計算書。

二、公司認爲對其執行任務有利時，得發表其他這類報告。

三、本節所述各種報告、報表和出版物，均分發給各會員國。

第十二節　紅利

一、理事會應隨時確定，在適當補充儲備金後，那一部分公司的淨收益和盈餘應作紅利分配給會員國。

二、紅利應按會員國持有的股金按比例分配給會員國。

三、紅利應按公司決定的辦法，用一種或幾種貨幣分配給會員國。

第五條　（會員國退出；暫停會員國資格；停止營業）

第一節　會員國退出

任何會員國得隨時以書面通知公司總辦事處退出公司。公司在收到通知之日起，退出應即生效。

第二節　暫停會員國資格

一、如果一會員國不履行任何對公司的義務，公司經過半數理事並持有過半數總投票權的表決，暫停其會員國資格。該國自暫停會員國資格之日起一年後，除非以同樣的過半數表決恢復其會員國資格外，即應自動停止爲本公司會員國。

二、在暫停會員國資格期內，會員國除有退出權外，不再享有本協定規定的任何權利，但仍應對全部債務負責。

第三節　暫停和終止銀行會員國資格

任何暫停或終止銀行會員國資格的會員國，應分別自動暫停或終止在公司內的會員國資格。

第四節　已停止爲會員國的政府之權利和責任

一、當一國政府停止會員國時，它對所欠公司的債款仍然承擔責任。公司應按本節規定，安排購回該政府的股份資本，作爲清理其帳目的一部分。但是，除本節和第八條第三款規定者外，該政府不再享有本協定規定的其他權利。

二、公司和該政府可在與當時情況適宜的條件下，協商購回該政府的股份資本，而不必考慮以下第三款規定。該項協議除解決別的事項外，可爲該政府所欠公司的全部債務進行最後清算。

三、如在該政府停止爲會員國後六個月，或公司和政府商定的其他時間內，還未達成此種協議，則該政府股份資本的購回價格應按該政府停止爲會員國之日在公司帳面上所表現的價值計算。購回股份資金應遵從以下條件：

㈠根據該會員國政府交出其股份的時間，並考慮到公司的財務狀況，由公司隨時支付購回的股款，至於如何分期，何時支付，及用哪（幾）種貨幣，由公司合理決定；

㈡只要該會員國政府或其任何代理機構對公司負有一定金額的債務尚未償清，公司可扣留應付該會員國政府而未付的股份金額。此項金額，可以按由公司決定，待其到期應付時，用作抵銷該會員國政府欠付公司的金額；

㈢如果公司按第三條第一節進行，並在該會員國政府停止爲會員國之日還擁有的投資遭到了淨虧損，且虧損總額超過那天備有的準備金總額，則該政府在接到要求時，應即付還一筆金額，如果決定購回價格時已把此項虧損考慮在內，則應從該政府股金的購回價格中減去該筆金額。

四、按本節規定，爲購回會員國股金而應付給會員國政府的任何金額，均不得在該政府停止爲會員國之日後六個月內支付。如該政府停止爲會員國之日後六個月內，公司根據本條第五節停止業務，則該會員國政府的一切權利應按該第五節規定確定，該會員國政府除無投票權外，按第五節規定的目的，仍應被視爲公司的一個會員國。

第五節　停止營業和清理債務

一、公司可經過半數並持有過半數總投票權的理事表決，可永遠停止業務。公司停止業務後應立即停止其一切活動，但與有秩序地變賣、保存和保管公司資產及與清理債務有關者除外。在上述債務清理和資產分配最後完畢以前，公司應繼續存在，公司與會員國相互之間根據本協定產生的一切權利和義務應繼續有效。但會員國不得被暫停會籍或退出；公司資產除按本節規定外，不得分配給會員國。

二、在對債權人的所有債務都已償清或作好償清準備，且理事會已以過半數並持有過半數總投票權的理事表決進行分配以前，不得將公司資產因其認購公司股份而分配給會員國。

三、公司應執行前款規定，將公司資產按會員國持有的股金所佔比例分配給會員國；就任一會員國來說，首先應清理公司對該會員國所有未收回的債權。至於資產何時分配，用哪種貨幣，用現金或用其他資產，均應按公司認爲公平的辦法確定。分配給各會員國的資產類型或所用貨幣種類，不必一致。

四、按本節規定，接受公司分配資產的任何會員國，就該項資產而言，應享受與公司在分配前所享受的同等權利。

第六條　（法律地位、豁免權和特權）

第一節　本條目的

爲使公司履行其被託付的職責，應準許公司在每個會員國境內享有本條規定的法律地位、豁免權和特權。

第二節　公司的法律地位

公司應有完全的法人地位，特別是有權：

一、簽訂合同；

二、取得並處理動產和不動產；

三、進行法律訴訟。

第三節　公司在司法程序中的地位

只有在公司設有辦事處，指定可收受傳票或訴訟通知書的代理機構，或業已在該地發行或擔保證券的會員國境內有權受理的法院，始得受理對公司提出的訴訟。但會員國及代表會員國或承受會員國權利的個人，皆不得提出訴訟。公司的財產和資產，不論在何處，爲何人所保管，在對公司最後審判未作出前，均免受任何形式的扣押、查封或執行。

第四節　資產免受扣押

公司的財產和資產，不論在何處，由何人所保管，均應免受搜查、征用、沒收、征收，或其他行政或立法行爲的任何形式的扣押。

第五節　檔案的豁免

公司的檔案不受侵犯。

第六節　資產免受限制

公司的一切財產和資產，在執行本協定所規定及根據本協定第三條第五節及本協定其他規定而經營的業務，在所需的範圍內，應免受任何性質的限制、管制、控制以及延緩償付辦法之限。

第七節　通訊特許權

各會員國對公司的公文函電應與處理其他會員國的公文函電同等對待。

第八節　官員和雇員的豁免權和特權

公司所有理事、董事、副董事、官員及雇員：

一、在執行公務中，應豁免法律訴訟；

二、倘非當地本國公民，則所享受的移民限制、外國人登記辦法和兵役義務豁免權，以及在外匯限制方面享有的便利，應與會員國所給予其他會員國同等級別的代表、官員和雇員者相同；

三、在旅遊方面的便利，應與會員國給予其他會員國同等級別的代表、官員和雇員者相同。

第九節　豁免稅收

一、公司及其資產、財產、收益及本協定授權其經營的業務活動和交易，均應豁免一切捐稅和關稅。公司對於任何捐稅或關稅的征收或交納，均應豁免任何責任。

二、公司的董事、副董事、官員和雇員，如非本國公民、人民或其他性質的國民，其自公司所得的薪金及報酬，均應免納稅。

三、對公司發行的債務憑證和證券（包括紅利與利息），不論爲何人所持有，均不得課征：

㈠僅因該項債務憑證或債券爲公司所發行而課征之歧視性捐稅；或

㈡僅以其發行，可以支付或付款的地點或貨幣，或公司辦事處或營業處的地點爲法律根據而課稅的捐稅。

四、對於公司擔保的任何債務或證券（包括紅利與利息）不論爲何人所持有，均不應課征：

㈠僅因該項債務或證券爲公司所擔保而課征之歧視性捐稅；

㈡僅以公司辦事處或營業處所在的地點爲法律根據而課征的捐稅。

第十節　本條的施行

各會員國應在其境內採取必要行動，使本條文規定的原則能在其本國法律內生效；並應將已採取的具體行動通知公司。

第十一節　棄權

公司可斟酌情況，在它所決定的某種程度和某些條件下，放棄本條所給予的任何特許權或豁免權。

第七條　（本協定修訂辦法）

一、本協定可以由五分之三的理事並持有五分之四的總投票權表決，加以修訂。

二、雖有上述第一款規定，但有關下列事項的修正案，須經全體理事同意：

㈠第五條第一節所規定的退出公司的權利；

㈡按第二條第二節第四款規定而取得的先買權；

㈢第二條第四節規定的責任的限度。

三、任何修訂本協定的建議，不論其爲會員國、理事或董事會所提出，均應先通知理事會主席，由他提交理事會。當修正案被及時通過後，公司應正式通知全體會員國加以確認。修訂案應在正式通知發出之日後三個月對全體會員國生效，但理事會另規定較短期限者不在此限。

第八條　（本協定的解釋與仲裁）

一、凡任一會員國與公司間，或公司的會員國之間，對本協定規定條款的解釋發生爭議時，應即提交董事會裁決。如該爭議與某一無權指派銀行執行董事的會員國有特殊影響時，該國得按第四條第四節第七款規定，派遣代表出席。

二、如董事會已按上述第一款規定裁決，任何會員國仍可要求將該爭議提請理事會作最後裁決。在理事會未裁決前，公司認爲必要時得先按董事會的裁決執行。

三、當公司與已停止爲會員國的國家間，或公司在永久停止營業期間與會員國間發生爭議時，該項爭議應提交由三名仲裁人組成的法庭仲裁，其中一人由公司指派，另一人由有關國家指派，還有裁決人一人，除雙方另有協議外，應由國際法院院長或由公司制定的規章所規定的其他權力機關任命。裁決人在任何情況下有全權處理有關雙方爭議的程序性問題。

第九條　（最後條款）

第一節　生效時間

本協定經持有不少於附錄一所列的認股總金額的百分之七十五，並不少於三十個國家的政府簽署，並按本條第二節第一款規定交存證書後，應即生效。但生效日期不得早於一九五五年十月一日。

第二節　簽字

一、簽署本協定的各國政府，應將正式證書交存銀行，說明業已依據本國法律，無保留地接受本協定，並已採取一切必要措施，以便履行本協定規定的義務。

二、各國政府自按上述第一款交存證書之日起，即爲公司會員國，但在本協定按本條第一節規定生效之前，各國政府均不得成爲會員國。

三、凡附錄一所列各國政府，在一九五六年十二月三十一日營業時間結束以前，可隨時在銀行總辦事處簽署本協定。

四、本協定生效後，凡按第二條第一節第二款規定，經批準取得會員國資格的各國政府，均可簽署本協定。

第三節　公司的開業

一、當本協定按本條第一節規定生效時，董事會主席應即召開董事會會議。

二、公司在該會召開之日開始營業。

三、在第一次理事會召開以前，除按本協定規定應保留給理事會者外，董事會可行使理事會的全部權力。

本協定在華盛頓簽訂。正本一份，保存於國際復興開發銀行檔案庫內，銀行在其協議下方簽字說明，由其存放本協定；並將本協定按第九條第一節規定生效日期，通知附錄一所列各國政府。

㈡國際開發協會（ＩＤＡ）協定

International Development Association

簽署日期：一九六〇年一月二十六日（華盛頓）

生效日期：一九六〇年九月二十四日

本協定簽字國政府，考慮到：

爲了建設性的經濟目的、世界經濟健康發展和國際貿易均衡增長而進行的相互合作，有助於促進對維護和平和世界繁榮有利的國際關系；

速經濟發展，以提高欠發達國家的生活水平、經濟和社會進步，不僅符合這些國家的利益，而且也符合整個國際社會的利益；

實現這些目標，需要增加國際公私資本的流通，以幫助欠發達國家開發其資源，爲此同意如下：

國際開發協會（以下簡稱協會）按下列規定建立和經營業務：

第一條　（宗旨）

本協會的宗旨是爲了幫助世界上欠發達地區的協會會員國促進經濟發展，提高生產力，從而提高生活水平，特別是以比通常貸款更爲靈活、在國際收支方面負擔較輕的條件提供資金，以解決它們在重要的發展方面的需要，從而進一步發展國際復興開發銀行（以下簡稱銀行）的開發目標並補充其活動。

協會的一切決定，均應以本條規定爲準則。

第二條　（會員國資格；首次認股）

第一節　會員國資格

(a) 協會的創始會員國應是目前列入附錄Ａ中的銀行會員國，並在本協定第十一條第二節(c)款規定日期，或在此日期以前接受協會會員國資格者。

(b) 銀行的其他會員國，可按照協會規定的時間和條件，加入協會爲會員國。

第二節　首次認股

(a) 每個會員國在接受會員國資格時，應按分配給他的數額認繳股金。這種認股以下稱爲首次認股。

(b) 分配給每個創始會員國的首次認股金額，載明於附錄Ａ中會員國名下，以美元表示，此項美元以一九六〇年一月一日美元的含金量和成色爲準。

(c) 每個創始會員國首次認股的10％部分，應按下列辦法以黃金或可自由兌換的貨幣繳付：其中50％在按第十一條第四節規定的協會開業日期後三十天內，或者在創始會員國成爲協會會員國之日繳付，兩者中以較晚的日期爲準；12.5％在協會開業一年後繳付；以後每隔一年繳付12.5％，直至繳足首次認股額的10％部分爲止。

(d) 每個創始會員國首次認股的其餘90％部分，如系列入附錄Ａ第一部分的會員國，則應以黃金或可自由兌換的貨幣繳付。列入附錄Ａ第二部分的會員國，則可用認股會員國的本國貨幣繳付。創始會員國首次認股的90％部分應依照以下安排，分五期逐年繳付：第一期在協會按照第十一條第四節規定的日期開業後三十天內，或者在創始會員國成爲協會會員國之日繳付，兩者中以較晚的日期爲準；第二期應在協會開業一年後繳付，以後每隔一年繳付一期，直至繳足首次認股額的90％部分爲止。

(e) 協會對任何會員國根據前述(d)款或根據第四條第二節規定繳付或應繳的本國貨幣，在本協會業務上不需要時，應接受該會員國政府，或其指定的存款機構所發行的票據或類似的債券以代替該會員國貨幣的任何部分。此種債券不得轉讓、不計利息、並按票面價值見票即付，在指定的存款機構存入協會的帳戶內。

(f) 爲了執行本協定，協會將下列貨幣視爲「可自由兌換的貨幣」：

(i) 一個會員國的貨幣，經與國際貨幣基金組織磋商後，協會確定可以充分兌換成其他會員國貨幣供協會業務需要者；或

(ii) 一個會員國的貨幣，經該會員國同意，可在協會滿意的條件下，兌換成其他會員國貨幣供協會業務需要者。

(g) 除協會另外同意，附錄A第一部分的每個會員國，對其按本節(d)款作爲可自由兌換的貨幣而繳付的貨幣，應保持其在繳付時同樣的可兌換性。

(h) 創始會員國以外的會員國，其首次認股的條件、金額以及相應的繳款辦法，由協會按本條第一節(b)款規定確定。

第三節　責任的限度

會員國不因其爲協會的會員，而對協會債務承擔責任。

第三條　（增加資金）

第一節　追加認股

(a) 協會根據創始會員國首次認股繳款的完成情況，在它認爲適當的時候，以及在其後大約每隔五年，應對其資金是否充足進行檢查，如認爲有必要時，可批准普遍增加認股額。但是雖有以上規定，協會仍可在任何時候批准普遍地或個別地增加認股。唯個別增加認股，只有在有關會員國申請時才予考慮。按本節規定所作的認股以下簡稱爲追加認股。

(b) 按下列(c)款規定，當追加認股獲得批准時，批准認股的金額，以及有關認股的規定和條件，應由協會確定。

(c) 追加認股一經批准，各會員國在協會合理確定的條件下，有機會認購一定數額的股份，使其能保持相應的投票權。但會員國並無必須認股的義務。

(d) 本節一切規定，需經總投票權三分之二多數通過。

第二節　會員國以另一會員國的貨幣提供補充資金

(a) 協會在符合本協定規定所達成的協議條件下，可以作出安排接受任何一個會員國以其他會員國的貨幣作爲其應付的首次認股或追加認股以外增加的補充資金，但是，除非協會確知其貨幣所涉及的會員國同意使用其貨幣作爲補充資金，並同意其使用的條件，否則，協會不得作出任何此類安排。接受任何這類資金的安排，可包括有關資金收益的處理規定，以及提供資金的會員國停止其會籍或在本協會永遠停止業務的情況下處理該項資金的規定。

(b) 協會應授予貢獻資金的會員國一張「特別發展證書」，載明所貢獻的資金的金額和貨幣類別，以及有關此項資金安排的條件。「特別發展證書」不帶有任何選舉權，並且只能轉讓給協會。

(c) 本節所述各點不應排除協會按協議的條件接受會員國以其本國貨幣提供的資金。

第四條　（貨幣）

第一節　貨幣的使用

(a) 列入附錄A第二部分的任何會員國的貨幣，不論其是否可以自由兌換，凡屬按第二條第二節(d)款規定以該會員國貨幣繳付其應繳的90％部分而爲協會所接受；以及由該款衍生作爲本金、利息和其他費用而得到的該國貨幣，協會可將其用於支付在該會員國領土上所需的協會行政費用；並且，只要符合妥善的貨幣政策，也可用於支付在該會員國領土上所生產的、並爲在該會員國領土內由協會資助的項目所需要的物資和勞務。此外，當有關會員國的經濟和金融狀況，按該會員國與協會間的協議認定，已達到可靠程度時，該會員國貨幣應可自由兌換，或者可用於該會員國領土外由協會資助的項目。

(b) 協會接受的除創始會員國首次認股以外的認股而繳付的貨幣，以及由該款衍生，作爲本金、利息和其他費用而得到的貨幣，其使用辦法應受批准該認股時所規定的條件限制。

(c) 作爲認股以外由協會接受的補充資金，以及由該款衍生，作爲本金、利息和其他費用而得到的貨幣，其使用辦法應以接受此項貨幣時的安排所

規定的條件限制。

(d)協會接受的所有其他貨幣，協會均可自由使用或兌換，不受其貨幣被使用或兌換的會員國的任何限制。但以上規定並不排除協會與協會提供資金的項目所在地會員國進行任何安排，限制協會使用與該項資助有關，作爲本金、利息或其他費用而收到的該會員國的貨幣。

(e)協會應採取適當步驟，保證由附錄A第一部分所列會員國按第二條第二節(d)款規定所繳付的部分股金，在合理的分段間隔時間內，協會應大致按比例地加以運用。但是，以黃金或認股會員國以本國貨幣以外的其他貨幣繳付的那部分認股款，可更加迅速地加以運用。

第二節　維持所持有貨幣的價值

(a)當某一會員國的貨幣票面價值降低，或協會認爲，某一會員國貨幣的外匯價值在其國境內已大爲貶值時，則該會員國應在合理時間內，向協會增繳一筆本國貨幣，以便保持該會員國在認股時按第二條第二節(d)款規定應繳付給協會的該國貨幣以及按本款規定所提供的貨幣數量的足夠價值，不論所持有的這種貨幣是否是按第二條第二節(e)款規定以票據的形式爲協會所接受。但上述規定只限適用於該項貨幣還從未被支付過或兌換成另一會員國貨幣的那一部分。

(b)當某一會員國的貨幣票面價值增值，或者協會認爲，某一會員國的貨幣的外匯價值在該國境內已升高至可觀程度時，協會應在合理時間內，退還給該會員國一筆該國貨幣，其數額等於本節(a)款規定所適用的這種貨幣額增長的價值。

(c)當國際貨幣基金組織對所有會員國貨幣票面價值作普遍按比例調整時，協會得放棄上述規定。

(d)按本節(a)款規定，爲維持任何一種貨幣價值而加繳的金額，其可兌換和使用程度應與該項貨幣一樣。

第五條　（業務經營）

第一節　資金的運用和提供資金的條件

(a)協會應提供資金以促進在協會會員國範圍內世界上欠發達地區的發展。

(b)協會提供的資金，應用於協會根據有關地區需要情況，認爲符合應予優先發展之目的。並且，除非有特殊情況，應用於具體項目。

(c)如果協會認爲，受款人可以合理條件從私人來源獲得該項資金，或者可以由世界銀行貸款方式提供時，協會即不應提供資助。

(d)除非經一合格的委員會，對貸款申請的優點仔細審核，提出推薦外，協會不應提供資助。每一合格的委員會，均應由協會指定，其中包括代表審議中項目所在地（一或幾個）會員國的（一或幾個）理事提名的人員一人，以及協會的技術人員一或數人。要求委員會包括理事提名的人員這一點不適用於向公共的國際或區域性組織提供資金的情況。

(e)如果項目所在地的會員國反對此項資助，則協會不應對該項目提供資金，但如系對公共的國際或區域性組織提供資助則協會沒有必要弄清是否有個別會員國反對貸款。

(f)協會不得提出條件，限定貸款應在某一或某些特定會員國國境內使用。但上述規定不排除協會按本協定的條款規定，而對資金使用所加的任何限制，包括根據協會與提供資金者之間商定的對補充資金所加的限制。

(g)協會應規定辦法使任何貸款只用於提供貸款所定的目的，並應充分注意節約、效率和競爭性的國際貿易，而不得涉及政治的或其他非經濟的影響或考慮。

(h)任何貸款業務所提供的資金，只有在支付因資助項目而確實發生的有關費用時，始得向受款人提供。

第二節　資助的方式和條件

(a)協會資助應採取貸款方式。但協會也可提供其他資助。其方式有二：

(i)從第三條第一節規定認繳的資金，及由該款衍生的作爲本金、利息或其他費用而得到的資金中提供，如果批準此種認股時，明確規定可用

作此種資助之用者；或

(ii)在特殊情況下，由提供給協會的補充資金中，及由該款衍生的作爲本金、利息或其他費用而得來的資金中提供，如果提供此種資金所規定的辦法，明確授權可進行此種資助者。

(b)根據上述規定，在注意到有關地區的經濟狀況和發展前景，以及資助項目的性質和要求後，協會可按其認爲適當的方式和條件提供資助。

(c)協會可對會員國，包括在協會會員國內某一地區的政府，上述任何政府的下屬政治部門，(一或幾個)會員國領土內的公私實體，或對公共的國際或區域性組織提供資助。

(d)在對一個實體而非對會員國貸款時，協會可斟酌情況，要求適當的政府擔保或其他擔保。

(e)在特殊情況下，協會可提供外匯供當地開支之用。

第三節　資助條件的修訂

協會可在它認爲適當的時候和範圍內，根據一切有關情況，包括有關會員國的金融和經濟情況及其發展前景，並按其確定的條件，同意放寬或另行修訂其所已提供的資助條件。

第四節　與提供發展援助的其他國際組織及會員國之間的合作

協會應與那些對世界上欠發達地區提供財政和技術援助的公共國際組織及會員國進行合作。

第五節　其他業務

在本協定其他地方所規定的業務以外，協會也可：

(i)經以該國貨幣計算貸款的會員國同意，借入資金；

(ii)對協會投資的證券提供擔保，以利證券的銷售；

(iii)買賣協會所發行、擔保、或投資的證券；

(iv)在特殊情況下，對用途與本協定規定並無不符的其他來源的貸款進行擔保；

(v)提供會員國請求的技術援助和咨詢服務；

(vi)行使爲促進協會宗旨所必要或可行的業務，而涉及的其他權力。

第六節　禁止政治性活動

協會及其官員不得幹涉任何會員國的政治事務；他們的一切決定也不應受有關會員國政治性質的影響。他們的決定只應依經濟方面的考慮而定，權衡此種考慮時應無所偏頗，以期達到本協定所闡明的宗旨。

第六條　（組織與管理）

第一節　協會的機構

協會應有一理事會、若幹執行董事、一名會長以及其他官員和工作人員，以執行協會所規定的職責。

第二節　理事會

(a)協會一切權力都歸理事會。

(b)凡銀行會員國又是協會會員國者，其指派的銀行理事和副理事，依其職權，同時也應是協會的理事和副理事。副理事除在理事缺席外，無投票權。除非銀行理事會主席代表的國家非協會會員國，因此理事會應在理事中另選一人爲理事會主席外，銀行理事會主席依其職權同時也應是協會理事會主席。如果某會員國已停止爲協會的會員國，則其所任命的理事和副理事亦應停止其職務。

(c)理事會得委託執行董事會行使其任何權力，但下述權力除外：

(i)接納新會員和決定接納其入會的條件；

(ii)批準追加認股和決定有關的規定和條件；

(iii)暫時停止一會員國資格；

(iv)裁決因執行董事會對本協會條文所作解釋而產生的異議；

(v)按本條第七節規定與其他國際組織訂立合作辦法（臨時性和行政性的非正式安排除外）；

(vi)決定永遠停止協會業務和分配其資產；

(vii)按本條第十二節規定，決定協會淨收益的分配；

(viii)批準本協定的修正案。

(d)理事會每年應召開年會一次，經理事會決定或執行董事會召集，也得召開其他會議。

(e)協會的理事會年會應和銀行理事會的年會結合舉行。

(f)理事會開會的法定人數應爲過半數理事，並持有不少於三分之二的總投票權。

(g)協會可規定建立一種程序，使執行董事會對某一具體問題可採取不召開理事會的方式而得到理事的投票表決。

(h)理事會和執行董事會在受權範圍內，爲執行協會的業務可制定必要和適當的規章制度。

(i)協會理事和副理事擔任職務均無報酬。

第三節　投票

(a)每一創始會員國應享有五百票，另按其首次認繳額每五千美元增加一票。除創始會員國首次認股以外的認股部分所應享有的投票權，應由理事會視情況按第二條第一節(b)款或第三條第一節(b)和(c)款規定決定之。除第二條第一節(b)款規定認繳的股金，和按第三條第一節規定追加認股部分以外，額外增加的資金，均不應享有投票權。

(b)除另有特殊規定外，協會一切事務均由投票的過半數決定

第四節　執行董事

(a)執行董事會負責處理協會的日常業務。爲此目的，執行董事會應行使本協定授予或由理事會委託的一切權力。

(b)協會執行董事會，依其職權，由銀行的執行董事組成，他們應：(i)由兼爲協會會員國的銀行會員國指派；或(ii)至少有一個兼爲協會會員國的銀行會員國在選舉中投票使之當選。每個銀行執行董事的副職，依其職權也是協會的副董事。如果指派董事的會員國或投票使他得以當選的所有會員國已停止爲協會會員國，該董事即應停止其職務。

(c)凡系銀行的派任執行董事的協會董事，應享有任命他的會員國在協會內所應有的投票權。凡系銀行的選任執行董事的協會董事，應享有在銀行選舉中使之得以當選的（一或幾個）協會會員國在協會中應有的投票權。每一董事應有的投票權應作爲一個單位投票。

(d)董事缺席時，由其指派的副董事全權代行其全部職權。當董事出席時，副董事可參加會議，但無投票權。

(e)執行董事會議的法定人數，應是過半數並行使至少二分之一總投票權的董事。

(f)執行董事應按協會業務需要，時時集會。

(g)理事會應制定章程，使無權指派執行董事的協會會員國，能派出代表，在討論該會員國的請求或與該會員國有特殊影響的事項時，參加協會執行董事會的任何會議。

第五節　會長和職員

(a)銀行的行長，依其職權，同時也是協會會長。會長又應是協會執行董事會主席。但是，除非雙方票數相等時有權投決定票外，他沒有權投票。他可以參加理事會會議，但在此種會議上無權投票。

(b)會長應是協會業務經營人員的主管。他在執行董事會的指導下，處理協會的日常業務，並在他們總的管理下，負責組織、任命和辭退官員和工作人員。銀行的官員和工作人員，在可行範圍內，應兼任協會的官員和工作人員。

(c)協會的會長、官員和工作人員在履行職務時，完全對協會而不對其他當局負責。協會各會員國應尊重此種責任的國際性；在他們履行職務時，不得試圖影響他們中的任何人。

(d)會長在任命官員和工作人員時，最重要的應視其是否能達到最高工作效率和技術能力的標準而定，並應注意盡可能按最廣泛的地域範圍錄用人

員的重要性。

第六節　協會與銀行的關系

(a)協會和銀行應是分開的和不同的實體，協會的資金與銀行的資金也應分別保存。協會不得向銀行借入資金，也不得借給銀行資金。但不排除協會將協會貸款業務所不需要的資金，投資於銀行所發行的債券。

(b)協會可就設施、人員和提供服務等方面的事項，以及一方組織代表另一方先付的行政費用的墊付款償付事項同銀行作出安排。

(c)本協定不得使協會對銀行的行動或債務承擔責任，或使銀行對協會的行動或債務承擔責任。

第七節　與其他國際組織的關系

協會應和聯合國作出正式的安排，並可與在有關領域內負有專門責任的其他公共國際組織作出此種安排。

第八節　協會所在地

協會總辦事處所在地，即應是銀行總辦事處所在地。協會也可在任何會員國領土內設立其他辦事處。

第九節　存款機構

各會員國應指定其中央銀行作爲協會保存該會員國貨幣或協會其他資產的存款機構。如會員國無中央銀行，則應爲此目的指定協會所同意的其他機構。如未另有指定，則爲銀行而指定的存款機構應即是協會的存款機構。

第十節　通訊渠道

各會員國應指定一適當的權力機構，以便協會可就與本協定有關的事項與之聯系。如果未另有指定，則爲銀行而指定的通訊渠道，應即爲協會的通訊渠道。

第十一節　報告的公布和資料的提供

(a)協會應出版一種年報，載明已經審計的決算報告，並應每隔適當時間，向會員國發布一種說明協會財務情況和業務經營結果的簡報。

(b)協會認爲對其執行任務有利時，得發表其他此類報告。

(c)本節所述各種報告、報表和出版物，均應分發給會員國。

第十二節　淨收益的處理

理事會應時時確定協會淨收益的處理辦法，應恰當地注意提供準備金及預防意外事件所需。

第七條　（會員國退出及暫停會員國資格；停止業務）

第一節　會員國的退出

任何會員國得隨時以書面通知協會總辦事處退出協會。協會收到該項通知之日起，退出應即生效。

第二節　暫停會員國資格

(a)如果一會員國不履行任何對協會的義務，協會得經過半數理事並持有過半數總投票權的表決，暫停其會員國資格。該國自暫停會員國資格之日起一年後，除非以同樣的過半數表決恢復其會員國資格外，即自動終止爲會員國。

(b)在暫停會員國資格期內，會員國除有退出權外，不再享有本協定規定的任何權利，但仍應對全部債務負責。

第三節　暫停或終止銀行會員國資格

任何暫停或終止銀行會員國資格的會員國，應視情況，自動暫停或終止其在協會內的會員國資格。

第四節　已停止爲會員國的政府之權利和責任

(a)當一國政府停止爲會員國時，除本節和第十條(c)款規定者外，不再享有本協定規定的權利；但除本節另有規定者外，無論作爲一個會員國、借款人、擔保人或其他，它仍應爲它對協會的所有財務方面的義務負責。

(b)當一國政府停止爲會員國時，協會和該政府應結清帳目。作爲結清帳務的一部分，協會和該政府之間可協商需退還給該政府所認繳股款的數目，以及退還的時間和支付的貨幣。當使用「認繳股款」一詞涉及任何會員國政府時，爲了本條目的，應指包括該會員國首次認股數和追加認股數兩部分。

(c) 倘自該政府停止爲會員國之日起六個月或協會與該政府商定的其他期限內，還未就上述問題達成協議，則應適用下列條款：

(i) 該會員國政府應即免除此後進一步發生的因其認股而對協會所負的任何責任。但該政府應向協會立即交付該政府停止爲會員國之日已到期而尚未交付，且協會認爲，爲了償付至該日爲止，協會因經營貸款活動而承擔義務所必需的金額。

(ii) 協會應退還會員國政府至其停止爲會員國日止還在協會手中的，因認股而繳付的資金，或因借出該款而作爲本金償還的資金；但協會認爲，爲了償付至該日止協會因經營貸款活動而承擔義務所需要的那部分除外。

(iii) 自會員國政府停止爲會員國之日以後，協會收到的根據以前契約規定借出的貸款所償還的本金，協會應按比例份額支付給該停止爲會員國的政府；但由根據特殊清償權利規定安排而提供給協會的補充資金所貸出者除外。該項份額應是在該貸款全部本金金額中，該政府因認股所繳全部金額而尚未按上述(ii)款退還部分，與全體會員國因認股而繳的全部金額相比而應佔的比例部分；此項金額系爲了至該會員國政府停止爲會員國之日，協會因貸款活動承擔義務而已被用掉或協會認爲需要使用者。此項支付應在協會收回這部分償還的本金時分期付給，但不得超過每年一次。分期付出的款項應以協會所收進的貨幣支付，但協會也可酌情以有關國家的貨幣支付。

(iv) 由於認股原因而應付該會員國政府的任何金額，只要該政府或包括在該政府會籍內的任何地方政府，或上述任何政府的下屬政府部門或機構，作爲借款人或保證人，仍對協會負有債務的話，協會可將該金額扣留，由協會斟酌，用以在債務到期時抵付債務。

(v) 停止會員國資格的政府按本節(c)款規定應收回的資金總額不得超過以下兩數中之較小者：(a)因爲認股而由該政府繳付的資金總額，或(b)在該政府停止會員國資格之日協會帳面資產淨額中，該會員國認繳股款佔所有會員國認繳股款總額中按比例應佔部分。

(vi) 今後進行的一切計算，都必須根據協會的合理確定辦法進行。

(d) 根據本節規定，應付給會員國政府的任何金額，均不得在該政府停止爲會員國之日後六個月內支付。如果該政府停止會員國資格後六個月內，協會根據本條第五節停止業務，則該會員國政府的一切權利應按該第五節規定確定；該政府除無投票權外，按第五節規定的目的，仍應被視爲協會的一個會員國。

第五節　停止業務和清理債務

(a) 協會可通過過半數理事行使過半數總投票權的表決永遠停止業務。協會停止業務後，應立即停止其一切活動，但與有秩序的變賣、保存和保管協會資產及與清理債務有關者除外。在上述債務清理和資產的分配最後完畢以前，協會應繼續存在，協會與會員國相互間根據本協定規定的一切權利和義務繼續有效；但會員國不得被暫停會籍或退出，協會資產除按本節規定外不得進行分配。

(b) 在對債權人的所有債務都已償清或作好償清準備，且理事會已以過半數理事行使過半數總投票權表決進行分配以前，不得將協會資產因認股關系分配給會員國。

(c) 協會應執行前款規定以及向協會提供補充資金時商定的有關處理該補充資金的特殊安排的規定，按會員國已繳認股金額的比例將協會資產分配給會員國。按照本節(c)款前述規定而分配任何資產時，就任何會員國來說，應先解決協會對該會員國的所有未償還的債權。此種資產分配何時進行，所用的貨幣，用現金或用其他資產，應按協會認爲公平的辦法確定。分配給不同會員國的資產類型或所用貨幣種類，不必一致。

(d) 任何按本節或第四節規定接受協會所分配資產的會員國，就該項資產而言，應享受與協會在分配前所享受的同等權利。

第八條 （法律地位、豁免權和特權）

第一節 本條目的

爲使協會履行其被託付的職能，應準許協會在每個會員國境內享有本條規定的法律地位、豁免權和特權。

第二節 協會的法律地位

協會應有完全的法人地位，特別是有權：

(i) 簽訂合同；

(ii) 取得並處理不動產和動產；

(iii) 進行法律訴訟。

第三節 協會在司法程序中的地位

只有在協會設有辦事處、指定可接受傳票或訴訟通知書的代理機構、或業已在該地發行或擔保證券的會員國境內有權受理的法院，始能受理對協會提出的訴訟。但會員國及代表會員國或承受會員國權利的個人，皆不得提出訴訟。協會財產和資產，不論在何處，爲何人所保管，在對協會最後宣判前，均免受任何形式的扣押、查封和執行。

第四節 資產免受扣押

協會的財產和資產，不論在何處由何人所保管，均應免受搜查、征用、沒收、征收或其他行政或立法行爲的任何形式的扣押。

第五節 檔案的豁免

協會的檔案不受侵犯。

第六節 資產免受限制

協會的一切財產和資產，在執行本協定所規定及根據本協定條款而經營之業務所必需的範圍內，應免受任何性質的限制、管制、控制以及延緩償付辦法之限。

第七節 通訊特權

各會員國對於協會的公文函電應與其他會員國的公文函電同等對待。

第八節 官員和雇員的豁免權和特權

協會的所有理事、執行董事、副董事、官員及雇員；

(i) 在執行公務中，應豁免法律訴訟。但協會放棄此項豁免權時不在此限；

(ii) 倘非當地本國國民，則所享受的移民限制、外國人登記法和兵役義務豁免權，其在匯兌限制方面享有的便利，應與會員國所給予其他會員國同等級的代表、官員及雇員者相同；

(iii) 在旅行方面，應享有與會員國給予其他會員國同等級的代表、官員及雇員相同的便利。

第九節 豁免稅收

(a) 協會及其資產、財產、收益及本協定授權其經營的業務活動和交易，應豁免一切稅收和關稅。協會對於任何稅收或關稅的征收或交納，均豁免任何責任。

(b) 協會的執行董事、副董事、官員和雇員如非當地本國公民、人民或其他性質的國民，其自協會所得的薪金和報酬，均應免納稅。

(c) 對協會發行的債務憑證和證券（包括紅利與利息），不論爲何人所持有，均不得課征：

(i) 僅因該項債務憑證或證券爲協會所發行課征之歧視性稅收；或

(ii) 僅以其發行，可以支付或付款的地點或貨幣或協會辦事處或營業處的地點爲法律根據而征收的稅收。

(d) 對於協會擔保的任何債務或證券（包括紅利與利息），不論爲何人所持有，均不得課征：

(i) 僅因該項債務或證券爲協會所擔保的而課征之歧視性稅收；或

(ii) 僅以協會辦事處或營業處所在的地點爲法律根據而征收的稅收。

第十節 本條的施行

各會員國應在其境內採取必要行動，使本條文規定的原則能在其本國法律範圍內生效，並應將已採取的具體行動通知協會。

第九條　（本協定修訂辦法）

(a) 任何修訂本協定的建議，不論其爲會員國、理事或執行董事所提出，均應先通知理事會主席，然後由他提交理事會。如修訂建議經理事會通過，協會應用公函或電報征詢各會員國是否接受該修訂案。如果有五分之三會員國並持有五分之四總投票權接受此修訂案，協會應將此一事實正式通知各會員國。

(b) 雖有上列(a)款規定，但有關下列事項的修訂案，須經全體會員的同意：

(i) 第七條第一節所規定的退出協會的權利；

(ii) 第三條第一節(c)款所規定的權利；

(iii) 第二條第三節所規定的責任的限度。

(c) 修訂案應於正式通知全體會員國之日起三個月後生效，但公函或電報中另行規定較短期限者不在此限。

第十條　（本協定的解釋與仲裁）

(a) 凡任一會員國與協會間，或協會的會員國之間，對本協定規定條款的解釋發生爭議時，應即提交執行董事會裁決。如該爭議與某一無權指派銀行執行董事的會員國有特殊影響時，該國得按第六條第四節(g)款規定，派遣代表出席。

(b) 如執行董事會已按上述(a)款規定作出裁決，任何會員國仍可要求將該爭議提請理事會作出最後裁決。在理事會未裁決前，協會認爲必要時得先按執行董事會的裁決執行。

(c) 當協會與已停止爲會員國之國家間，或協會在永久停止營業期間與會員國間發生爭議時，該項爭議應提交由三個仲裁人組成的法庭仲裁。其中一人由協會指派，另一人由有關國家指派；另有裁決人一人，除雙方另有協議外，應由國際法院院長或由協會制定的規章所規定的其他權力機關指派。裁決人在任何情況下有全權處理雙方爭議的程序性問題。

第十一條　（最後條款）

第一節　生效時間

本協定經持有認購股份總額至少65%的會員國政府代表（如附錄A所載）簽署，並按本條第二節(a)款規定交存證書後，應即生效。但生效日期不得早於一九六〇年九月十五日。

第二節　簽字

(a) 簽署本協定的各國政府，應將正式證書交存銀行，說明業已依照本國法律接受此協定，並已採取一切必要措施，以便履行本協定規定的義務。

(b) 各國政府自按上述(a)款交存證書之日起即爲協會會員國。但在本協定按本條第一節生效之前，各國政府均不得成爲會員國。

(c) 凡附錄A所列各國政府，在一九六〇年十二月三十一日營業時間結束以前，可隨時在銀行的總辦事處簽署本協定。但如本協定至該日還未生效，則銀行的執行董事會可以延長簽署本協定的期限，但不得超過六個月。

(d) 本協定生效後，凡按第二條第一節(d)款規定，經批準取得會員國資格的各國政府，均可簽署本協定。

第三節　地區性的應用

各國政府在本協定上簽字後即代表其本身及由該政府負責其國際關系的所有領土接受本協定。但該政府書面通知協會，說明不包括在內的地區除外。

第四節　協會的開業

(a) 當本協定按本條第一節規定生效時，會長即應召開執行董事會議。

(b) 協會在該會召開之日開始營業。

(c) 在第一次理事會召開以前，除按本協定規定應保留給理事會者外，執行董事會可行使理事會的全部權力。

第五節　註冊

銀行受權按照聯合國憲章第一百零二條和聯合國大會據此制定的規定，將本協定向聯合國秘書處註冊。

本協定在華盛頓簽訂。正本一份，保存於國際復興開發銀行檔案庫內；銀行在其協定下方簽字說明，由其存放本協定，將本協定向聯合國秘書處註冊，並將本協定按第十一條第一節規定生效的日子，通知附錄A所列各國政府。

（協定中文本）

四、聯合國教育、科學及文化組織（UNESCO）憲章

Constitution of the United Nations Educational Scientific and Culture Organization

簽署日期：一九四五年十一月十六日（倫敦）

生效日期：一九四六年十一月四日

本憲章之各簽約國政府茲代表其人民宣告：

戰爭起源於人之思想，故務需於人之思想中築起保衛和平之屏障；

人類自有史以來，對彼此習俗和生活缺乏了解始終爲世界各民族間猜疑與互不信任之普遍原因，而此種猜疑與互不信任又往往使彼此間之分歧最終爆發爲戰爭；

現已告結束之此次大規模恐怖戰爭其所以發生，既因人類尊嚴、平等與相互尊重等民主原則之遭摒棄，亦因人類與種族之不平等主義得以取而代之，借無知與偏見而散布；

文化之廣泛傳播以及爲爭取正義、自由與和平對人類進行之教育爲維護人類尊嚴不可缺少之舉措，亦爲一切國家本關切互助之精神，必須履行之神聖義務；

和平若全然以政府間之政治、經濟措施爲基礎則不能確保世界人民對其一致、持久而又眞誠之支持，爲使其免遭失敗，和平尚必須奠基於人類理性與道德上之團結，爲此，本組織法之各簽約國秉人皆享有充分與平等受教育機會之信念，秉不受限制地尋求客觀眞理以及自由交流思想與知識之信念，特同意並決心發展及增進各國人民之間交往手段，並借此種手段之運用促成相互了解，達到對彼此之生活有一更眞實、更全面認識之目的；

有鑑於此，各簽約國特創建聯合國教育、科學及文化組織，通過世界各國人民間教育、科學及文化聯繫，促進實現聯合國據以建立並爲其憲章所宣告之國際和平與人類共同福利之宗旨。

第一條　（宗旨與職能）

一、本組織之宗旨在於通過教育、科學及文化來企進各國間之合作，對和平與安全作出貢獻，以增進對正義、法治及聯合國憲章所確認之世界人民不分種族、性別、語言或宗教均享人權與基本自由之普遍尊重。

二、爲實現此宗旨，本組織將：

通過各種群衆性交流工具，爲增進各國人民間之相互認識與了解而協力工作，並爲達此目的，建議訂立必要之國際協定，以便於運用文字與形象促進思想之自由交流；

通過下列辦法給教育之普及與文化之傳播以新的推動，應會員之請求，與之協作開展各種教育活動；

建立國家間之協作以促進實現不分種族、性別及任何經濟或社會區別均享有平等的受教育機會之理想；

推薦最適合於培育世界兒童擔負自由責任之教育方法；

通過下列辦法維護、增進及傳播知識：

保證對圖書、藝術作品及歷史和科學文物等世界文化遺產之保存與維護，並建議有關國家訂立必要之國際公約；

鼓勵國家間在文化活動各個部門進行合作，包括國際間交換在教育、科學及文化領域中積極從事活動之人士，交換出版物、藝術及科學珍品及其他情報資料；

提出各種國際合作辦法以利於各國人民獲得其他國家之印刷品與出版物。

三、爲維護本組織各會員國文化及教育制度之獨立、完整及豐富的差異性起見，本組織不得干涉本質上屬於各國國內管轄之事項。

第二條　（會員）

一、凡聯合國組織之會員均當然有權成爲聯合國教育、科學及文化組織之

會員。

二、至於非聯合國會員國，凡符合按本組織法第十條批准的本組織與聯合國組織之間之協定中所列之條件者，經執行局推薦、大會三分之二表決通過，可被接納爲本組織之會員。

三、凡對其國際關係不自行承擔責任之領土或領土群，由對該領土或領土群之國際關係承擔責任之會員國或其他當局代爲申請，經出席大會並參加表決之會員國三分之二多數通過，可被大會接納爲準會員。準會員權利與義務之性質與範圍由大會決定。

四、凡本組織之會員，經聯合國中止其在該組織內之會員權利與特權時，在聯合國組織請求下，本組織亦應中止其在本組織內之權利與特權。

五、凡經聯合國組織開除之會員即當然終止其在本組織之會員資格。

六、本組織任何會員國或準會員，經通知總幹事後，可退出本組織。此項通知在發出後次年十二月三十一日生效。該項退出不應影響其截至退出生效之日對本組織所負之財政義務。準會員之退出通知應由對其國際關係承擔責任之會員國或其他當局代爲提出。

第三條　（機關）

本組織設大會、執行局和秘書處。

第四條　（大會）

一、組成

㈠大會由本組織各會員國之代表組成。每一會員國政府最多指派五名代表。人選之確定應事先徵詢已建立之全國委員會或教育、科學及文化團體之意見。

二、職能

㈡大會決定本組織之政策及工作方針；並就執行局提交大會之工作計劃作出決定。

大會認爲必要時，得按其制訂之章程，召集關於教育、科學、人文學科及知識傳播之國家級國際會議；大會或執行局可依該章程召集上述科目之非政府性會議。

大會在通過提交各會員國之提案時，應區分建議案與提交各會員國批准之國際公約。前者過半數即可通過，後者須三分之二多數通過。每一會員國應於通過該項建議案或公約之大會閉幕後一年內將該項建議案或公約送交本國主管部門。

除第五條第一段規定的情況之外，大會應向聯合國組織就與之有關的教育、科學與文化方面之事項，按兩組織之主管部門商訂之條件與程序提出建議。

大會應接受並研究各會員國就落實以上第四段之建議案及公約向本組織提交之報告；如大會決定提交報告的分析性概要，則亦可提交概要。

大會選舉執行局委員，並經執行局推薦任命總幹事。

三、表決

每一會員國在大會應有一個表決權。除按本組織法之條款或大會議事規則規定需三分之二多數通過之決議外，其他決議簡單多數即可通過。多數應指出席並參加表決的會員之多數。

凡會員國拖欠會費之總數超過其在當年及前一歷年所應繳納之會費總數時，該會員國即喪失其在大會之表決權。

大會如認爲拖欠確由於該會員國無法控制之情況，得准許該會員國投票。

四、程序

大會每兩年舉行一次常會。特別屆會由大會自行決定，亦可由執行局或應至少三分之一會員國請求召集之。

大會每屆會議開會時應規定下屆常會之會址。特別屆會如係大會召集其會址應由大會決定，否則由執行局決定。

大會應自行通過其議事規則。大會每屆開會時應選出一名主席及其他官員。

大會應設立各特別及技術委員會並設立按大會宗旨所需之其他附屬機構。

大會應採取措施使公眾按制定之規則進入會場旁聽。

五、觀察員

大會根據其議事規則，經執行局建議及三分之二多數通過，可邀請第十一條第四段所述之國際組織之代表以觀察員身份參加大會或其專門委員會之某些會議。

非政府國際組織或半政府國際組織按第十一條第四段規定，凡經執行局批准又同本組織建立諮詢關係者，應被邀派觀察員參加大會及其委員會之屆會。

六、過渡性規定

儘管本條第二段有規定，大會將在它的第二十一屆會議之後的第三年中召開第二十二屆會議。

第五條　（執行局）

一、組成

執行局應由大會自各會員國指派之代表中選舉五十一人組成。每名代表應係該國國民，代表該國政府。大會主席則按其職務以顧問身份參加執行局。

大會選舉執行局委員時，應力求備集擅長藝術、人文、科學、教育及傳播思想之人士，其經驗與能力足以勝任執行局之各項行政與執行職責。大會並應照顧文化之多樣性與地理分配之均衡。執行局委員不得同時有兩人屬於同一會員國國籍。但大會主席不在此限。

執行局委員之任職期應自其被推選之應屆大會閉幕之日起至選舉後第二屆常會閉幕時止，不得連任。大會應在每屆常會選出足數之委員填補本屆常會結束時空缺席位。

執行局委員遇有死亡或辭職時，執行局應依前委員所代表之國家政府之提名，任命接替人繼任其未滿任期。該提名之政府及執行局均應考慮本條第二段中所述之因素。當出現特殊情況，所代表之國家認爲必須更換其代表時，儘管該代表未提出辭職，亦應按以上分段之規定採取措施。

二、職能

執行局應爲大會準備議事日程，審查總幹事根據第六條第三段提出之本組織工作計劃及相應之預算概算，連同其認爲必要之建議，提交大會。

執行局根據大會授權，負責執行大會通過之工作計劃。執行局應根據大會決定，並注意到兩屆常會間出現之情況，採取一切必要措施，保證總幹事有效、合理地執行工作計劃。

執行局可在大會兩屆常會之間對聯合國履行第四條第五段規定之諮詢職能，若聯合國組織向本組織諮詢之問題已經大會作原則上之處理或其解決辦法已包含在大會之決議中。

執行局得向大會推薦接納新會員。

執行局經大會決定得通過其自己的議事規則，並應在其委員中選舉官員。

執行局每年應至少舉行兩次常會，經執行局主席本人倡議或應執行局六名委員之請求，可召開特別屆會。

執行局主席應代表執行局向大會每屆常會提出由總幹事按第六條規定所準備之關於本組織各項活動的報告，提出報告時可加注或不加注意見。

執行局應採取一切必要措施，就其職責範圍內之問題與各有關國際組織代表或有關之有資格人士進行磋商。

執行局可在大會兩屆會議之間就本組織活動範圍內發生之法律問題向國際法院徵詢意見。

執行局委員雖爲各該國政府之代表，然應代表全體大會行使大會授與之權力。

三、過渡性規定

儘管有本條第三段之規定：

大會第十七屆會議之前選出之執行局委員應任職至期滿。

大會第十七屆會議之前由執行局根據本條第四段規定爲接替任期未滿四年之委員而委派之執行局委員，有資格於次屆連續當選，再任四年。

第六條　（秘書處）

秘書處由秘書長一人及所需工作人員組成。

秘書長應由執行局提名，由大會根據大會同意之條件任命，任期六年，並可連任。

秘書長爲本組織之行政首長。

秘書長或其指定之代表，應參加大會、執行局及本組織所屬各委員會之一切會議（但無表決權），並應由其提出各項建議供大會及執行局考慮採取適當之行動，以及向執行局提出本組織之工作計劃草案與相應之預算概算。

秘書長應擬訂並向各會員國及執行局送交關於本組織活動之定期報告。大會應規定此類報告所包括之時期。

秘書長應按大會批准之工作人員條例任用秘書處工作人員。任用人員時應首先考慮保證其在忠誠、效率及業務能力方面達到最高標準，並力求地理分配之廣泛性。

秘書長及工作人員之責任，應純屬國際性質。執行職務時，不得尋求或接受任何政府或本組織外其他當局之指示，並應避免任何可能妨礙其國際官員地位之行爲。本組織之各會員國承擔責任，尊重秘書長及工作人員所負職務之國際性質，不在其履行職責時設法施加影響。

本條各項規定概不限制本組織在聯合國組織內就共同公務與任用、交換職員方面訂定有關協定。

過渡性規定

儘管本條第二段有規定，將於一九八二年經執行局提名並由大會任命的祕書長將任期七年。

第七條　（各國國內合作機構）

各會員國應採取適合該國具體情況之措施，使其本國有關教育、科學及文化事業之各主要機構與本組織之工作建立聯繫，並以設立一廣泛代表其政府及此類主要機構之全國委員會最爲適宜。

各國全國委員會或國內合作機構成立後，應對其政府及其出席本組織大會之代表團就涉及本組織有關事項起顧問作用，同時在與本組織有關之一切事項中充當聯絡機構。

本組織應某一會員國之請求可委派一名秘書處成員臨時或常駐該會員國全國委員會，以協助開展工作。

第八條　（會員國提出報告）

各會員國應按大會規定之日期及方式，就其教育、科學、文化機構及活動方面之法律、規章及統計數字，以及實施第四條第四段所述之建議案與公約所採取之行動等，向本組織提出報告。

第九條　（預算）

一、預算應由本組織掌握管理。

二、大會最後批准預算，並分配本組織各會員國應承擔之財政責任，但須根據本組織與聯合國組織按第十條規定訂立之協定中可能作出的安排。

三、祕書長經執行局同意，可直接接受政府、公立和私立機構、協會及個人之捐贈、遺贈及補助金。

第十條　（與聯合國組織之關係）

本組織爲聯合國憲章第五十七條所述之專門機構之一，應盡早與聯合國組織建立關係。此種關係應按憲章第六十三條，由本組織與聯合國組織訂立一項協議建立之，該協議須經本組織大會批准。協議應規定兩組織在實現共同宗旨中進行有效之合作，同時承認本組織在本組織法中規定之權限範圍內的自主權。此項協議除規定其他事項外，得規定聯合國大會批准本組織之預算，並爲之提供撥款的辦法。

第十一條　（與其他國際專門組織及機構之關係）

本組織可與其業務及活動與本組織之宗旨有關的其他政府間專門組織及機構進行合作。爲此目的，祕書長在執行局之總授權下，可與此類組織及機構建立有效之工作關係，並成立爲保證有效合作所必需之聯合委員會。本組織與此類組織或機構間所達成之一切正式協議均應經執行局批准。

當本組織大會與其宗旨及職責屬於本組織權限範圍內之任何其他政府間專門組織或機構之主管當局認爲有必要將其財源及活動移交本組織時，祕書長經大會同意，可爲此作出雙方均可接受之安排。

本組織可與其他政府間組織規定適當辦法以便雙方派代表出席對方之會議。

聯合國教育、科學及文化組織在處理其權限範圍內之事項時，可與有關之非政府國際組織建立適當的諮詢與合作關係，並可邀請此類組織承擔一定任務。此項合作包括邀請其派代表適當參加大會設立之各種顧問委員會。

第十二條　（本組織之法律地位）

聯合國組織憲章第一百零四、第一百零五條有關聯合國法律地位及其特權與豁免之規定，亦適用於本組織。

第十三條　（修正）

本憲章之修正案，經大會三分之二多數通過，即可生效。但涉及對本組織宗旨之根本性改變或增加會員國義務之修正案，則須再經三分之二會員國接受後方能生效。

祕書長應在修正案草案提交大會討論前至少六個月將其送交各會員國。

大會爲執行本條之各項規定，有權以三分之二多數通過其議事規則。

第十四條　（解釋）

本憲章之英文本及法文本具有同等效力。

任何有關本憲章解釋之問題或爭議應由大會按議事規則決定提交國際法院或仲裁法庭裁決。

第十五條　（生效）

本憲章需經接受程序。各會員國接受書應交存聯合王國政府。

本組法存放於聯合王國政府檔案館，隨時接受簽字。簽字可於遞交接受書之前或其後進行。任何未履行簽字手續之接受書，應爲無效。

本憲章由二十個簽字國接受後即行生效。其後之接受應立即生效。

聯合王國政府得將接受書之收受情形以及本憲章按前項規定開始生效之日期通知聯合國所有會員國。

爲此，簽字人依法受權簽字於具有同等效力之英、法文本憲章，以昭信守。

公元一九四五年十一月十六日於倫敦，簽訂英、法文原件各一份，其正式副本將由聯合王國政府分送所有聯合國會員國政府。

（譯自憲章英文本）

五、聯合國糧食及農業組織（ＦＡＯ）憲章

Constitution of the Food and Agriculture Organization

簽署日期：一九四五年十月十六日（魁北克）
生效日期：一九四五年十月十六日
一九四五年十月十六日訂於渥太華

序言

接受本章程的國家爲了下述目的：

提高他們各自管轄下的人民的營養水平和生活標準；

保證改進一切糧農業產品的生產和分配效率；

改善農村人口的狀況；

從而有助於一個發展中的世界經濟和保證人類免於飢餓；

通過加強他們分別的和集體的行動，決心提高共同福利，因此建立聯合國糧食及農業組織（以下簡稱〈本組織〉）。各成員應通過本組織彼此報告在上述行動範圍內所採取的措施和取得的進展。

第一條　（組織的職能）

一、本組織將收集、分析、闡明和傳播關於營養、糧食和農業的情況。本章程中所用〈農業〉一詞及其衍生詞包括漁業、海洋產品、林業和林業初級產品。

二、本組織應促進並在適當的地方推薦國家的和國際的下列行動：

(一)研究與營養、糧食和農業有關的科學、技術、社會和經濟；

(二)改進與營養、糧食和農業有關的教育和行政，傳播營養和農業的科學和實踐的公共知識；

(三)保存自然資源並採用農業生產的改進方法；

(四)改進糧農產品的加工、銷售和分配；

(五)採納提供國家的和國際的適當農業信貸政策；

(六)採納關於農業商品安排的國際政策。

三、組織的職能還有：

(一)提供政府可能請求的技術援助；

(二)與有關政府合作，組織所需要的使團幫助政府履行因接受聯合國糧農會議的推薦以及接受本章程後而引起的義務；普遍地採取一切必要的和適當的行動以完成本組織序言中所述目的。

第二條　（成員和準成員）

一、依照第二十一條的各款，本組織的創始成員國應是在附件一中所列舉的那些接受本章程的國家。

二、大會在本組織大多數成員國出席下，可根據三分之二多數票決定接納已提出加入組織的申請，並在正式文件中宣布其將在被接納生效時接受本章程的義務的任何國家做爲本組織的新成員。

三、大會在上述第二段規定的所需多數票和開會法定人數的相同條件下，可以決定接納對其國際關係行爲不承擔責任的任何地區或地區集團爲本組織的準成員，在成員國或爲其國際關係負責的權威代表其提出申請，並在該成員國或代表它的權威提交的正式文件中宣布：它所代表申請的準會員將在接納生效時，接受本章程的義務，並將爲保證遵守本章程中關於準成員第八條第四段、第十六條第一、二段和第十八條第二、三段的各款承擔責任。

四、準成員的權利和義務的性質和範圍均在本章程有關條款和本組織規則和條例中加以明確。

五、成員和準成員資格應在大會通過申請之日起生效。

第三條　（大會）

一、本組織應設有大會，每個成員國和準成員將應各派一名代表參加。準成員應有權參加大會的審議，但不任職，也無投票權。

二、每個成員國和準成員可以爲其代表指派副代表、準代表和顧問。大會可以在其程序上確定副代表、準代表或顧問參加的條件。除在一位副代表、準代表或顧問以代表的地位參加大會的情況外，任何這種參加者應無權投票。

三、代表不能代表多於一個成員國或準成員。

四、每個成員國只應有一個投票權，拖欠繳納會費等於或超過以前兩年應繳數額的成員國應無大會投票權。如果確信是由於超出該成員國控制之外的條件而不能繳納時，大會仍可以准許這樣的成員國投票。

五、大會可以邀請與糧農組織有聯繫責任的任何國際組織參加會議。這種組織的代表無權投票。

六、大會每二年召開例會一次，大會可以召開特別會議：

㈠如大會在任何例會中經多數票同意時可以決定次年開會。

㈡如理事會指示總幹事或至少有三分之一的成員國要求時可以召開。

七、大會將選出自己的官員。

八、除本章程明確規定或大會制訂的規則外，大會一切決議均應經多數票同意後而被採用。

第四條　（大會的職能）

一、大會應確定本組織的政策和通過預算，以及行使本章程所授與它的其他權力。

二、大會應採納本組織的程序法和財政條例。

三、大會根據三分之二的多數票可以作出關於糧食和農業問題的推薦，提交成員國和準成員考慮，期望靠國家的行動予以實施。

四、大會可以向任何公共國際組織推薦屬於組織目的的任何事項。

五、大會可以審查理事會、大會或理事會下的委員會或委員會下的任何附屬機構所採納的任何決議。

第五條　（本組織的理事會）

一、大會應選出包括三十四個成員國的本組織的理事會，理事會的每個成員國只應有一個代表並將只有一個投票權。理事會的每個成員國可以爲其代表指派副代表、準代表和顧問。理事會可以在其程序上確定副代表、準代表和顧問的參加條件。除在一位副代表、準代表或顧問以代表地位參加的情況外，任何這種參加者應無權投票。任何代表不得代表多於一個理事會成員國。理事會成員的任期和其他工作條件應遵從大會制訂的規則。

二、大會應另行指派一個獨立的理事會主席。

三、理事會應享有大會可能委託它的權力。但大會不應委託本章程第二條第二、三段、第四條、第七條第一段、第十二條、第十三條第四段、第十四條第一、六段和第二十條中所述的權力。

四、理事會應依據大會某些決議，指派除主席之外的官員，並採納它自己的程序法。

五、除本章程明確規定、或大會和理事會制訂的規則外，理事會的一切決議均應由多數票同意後而被採用。

六、爲了協助理事會執行其職能，理事會應指派一個計劃委員會、一個財政委員會、一個章程及法律事務委員會、一個商品問題委員會、一個漁業委員會、一個林業委員會以及一個農業委員會。這些委員會應向理事會作出報告，它們的組成和權限應爲大會採納的規則所決定。

第六條　（委員會、會議、工作組和磋商）

一、大會或理事會可以設立委員會（commission），一切成員國和準成員均可參加；或設立區域委員會，全部或部分領土位於一個或二個區域的一切成員國和準成員均可參加，在制訂和執行政策方面提供意見以及協調政策的執行。大會或理事會還可會同其他政府間組織設立聯合委員會，本組織和其他有關組織的一切成員國和準成員均可參加；或設立聯合地區委員會，本組織和其他有關組織的全部或部分領土位於該區域的成員國和準成員均可參加。

二、大會、理事會、或經大會或理事會授權的總幹事可以設立委員會（committee）和工作組，研究和報告屬於本組織目的的事項。該會（組）由被挑選的成員國和準成員、或因特別技能而以私人資格被指派的個人所組成。大會、理事會、或經大會或理事會授權的總幹事還可會同其他政府間組織設立聯合委員會和工作組，由被挑選的本組織和其他有關組織的成員國和準成員、或以私人資格被指派的個人所組成。本組織中被挑選的成員國和準成員應經大會或理事會指定，或經大會或理事會決定由總幹事指定。本組織中以私人資格而指派的個人應經大會、理事會、被挑選的成員國或準成員指定，或經大會或理事會決定由總幹事指定。

三、大會、理事會、或經大會或理事會授權的總幹事應對大會、理事會或可能是總幹事所設立的委員會（Commission，Committee）、工作組的權限和報告程序加以適當確定。這種委員會可以適當採納自己的程序法和修正案，但需經大會或理事會確認、總幹事批准時才能生效。會同其他政府間組織設立的聯合委員會（Commission，Committee）和工作組的權限和報告程序應與其他有關組織磋商確定。

四、爲了在本組織活動的各個方面開展與主要技術人員磋商，總幹事經與成員國、準成員和國家糧農組織委員會磋商，可以設立專家小組。總幹事可以召集部分或全部專家開會磋商特定的主題。

五、大會、理事會、或經大會或理事會授權的總幹事可以召集全會、地區會、技術會或其他會議、或成員國和準成員的工作組或磋商，擬定其權限和報告程序，並按他們可以確定的方式規定參加這些會議、工作組和磋商的與營養、糧農有關的國家和國際團體。

六、當準成員確信需要緊急行動時，他可以設立上述第二、五段規定的委員會和工作組以及召集會議、工作組和磋商。這種行動將由準成員通知成員國和準成員並向理事會下次會議報告。

七、上述第一、二、五段涉及的委員會或工作組成員中的準成員、或出席這些會議、工作組或磋商的準成員，應有權參加這些委員會、會議、工作組或磋商的審議工作，但無權任職，也無權投票。

第七條　（總幹事）

一、本組織應設一名總幹事，他應由大會指派，任期六年，其後不應再任。

二、根據本條指派總幹事時應按大會確定的程序和條款進行。

三、如在上述任期中，總幹事職位出現空缺，大會應在其下屆例會或依照本章程第三條第六段召開的特別會議上，依照本條第一、二段的各項規定指派一名總幹事。但特別會議所指派的總幹事的任期應在其被指派日期之後大會第三次例會的年底期滿。

四、總幹事在大會和理事會的一般監督下，應有充分權力和權威指導本組織的工作。

五、總幹事或經總幹事指定的代表應參加大會和理事會的一切會議，但無投票權，並應對面臨有關事項制訂適當行動的建議供大會和理事會考慮。

第八條　（工作人員）

一、本組織的工作人員應由總幹事依照大會制訂的規則中所確定的程序加以指派。

二、本組織的工作人員應對總幹事負責。工作人員的職責應是唯一國際性質的。他們不應尋求或接受本組織之外任何權威而來的爲其履行職責的指示。成員國和準成員充分保證尊重工作人員職責的國際性質，而不尋求影響其在履行這種職責中的任何國民。

三、總幹事在指派工作人員時將必須保證最高標準的效率和技能的無比重要性，並應對選用人員在盡可能廣泛的地理基礎上招聘的重要性給予應有的注意。

四、每個成員國和準成員在其法律程序的可能範圍內，保證給予總幹事和高級工作人員外交特權和豁免，並給予其他工作人員與外交使團中的非外交人員同樣的一切便利和豁免，或保證給予其他工作人員可能此後給予其他公共國際組織中相同工作人員的各種豁免和便利。

第九條　（席位）

本組織的席位應由大會確定。

第十條　（區域和聯絡辦公室）

一、經大會批准，總幹事可以決定設立區域辦公室和次區域辦公室。

二、經有關政府同意，總幹事可以指派與有關國家和地區聯絡的官員。

第十一條　（成員國和準成員的報告）

一、一切成員國和準成員應常規地向總幹事遞交總幹事認爲對本組織目的有用、而且屬於本組織權能內事項、並供公布的法律和條例文件。

二、對此同一事項，一切成員國和準成員也應常規地向總幹事遞交政府出版或發布或立即可用的統計、技術和其他情況。總幹事可以時時指出對本組織最有用的情況的性質和提供情況所需的格式。

三、成員國和準成員可被請求按大會、理事會或總幹事所指出的時間和格式提供屬於本組織權能內事項的其他情況、報告或文獻，其中包括根據大會決議或推薦而採取的行動方面的報告。

第十二條　（與聯合國的關係）

一、本組織應在聯合國憲章第五十七條意義內作爲一個專門機構與聯合國保持關係。

二、明確本組織和聯合國之間關係的協定必須經大會批准。

第十三條　（與其他組織和人員的合作關係）

一、爲了本組織和其他有聯繫責任的國際組織之間的密切合作，大會可以和這些組織的主管權威締結明確責任劃分和合作方法的協議。

二、總幹事遵從大會的任何決議，可以和其他政府間組織就維護共同工作和關於招聘、訓練、工作條件和其他有關事項的共同安排以及交換人員而締結協定。

三、大會與有關組織的主管權威商妥條件後，可以批准把從事糧農問題的其他國際組織置於本組織的一般權威之下的協議。

四、大會應制訂所要遵守的程序法，以保證就本組織與國家機構或個人之間的關係問題與政府適當磋商。

第十四條　（公約和協定）

一、大會根據三分之二的多數票和按照大會所採納的規則，可以通過關於糧農問題的公約和協定並提交成員國。

二、理事會根據大會所採納的規則，經其成員至少三分之二的多數票同意，可以通過並提交成員國下列公約和協定：

㈠協定中指定地區的成員國特別關心的、並爲該地區專用而擬定的有關糧農問題的協定；

㈡爲執行根據本條第一段或第二段第一項已生效的任何公約和協定所擬定的補充公約和協定。

三、公約、協定以及補充公約和協定：

㈠應通過總幹事代表一個協助草擬公約或協定、並建議提交有關成員國接受的、由成員國組成的技術會和會議，提交大會或理事會。

㈡應包括關於本組織成員國和可成爲（公約、協定）當事國的非本組織成員國（但是聯合國成員）的條款，以及爲使這種公約、協定、補充公約或協定生效所必需的接受（公約、協定）成員國數目的條款。這樣才能保證眞正有助於達到其目的。在公約、協定、補充公約和協定設立委員會的情況下，非本組織成員國（但是聯合國成員）的參加問題還需事先經這種委員會成員至少三分之二通過。

㈢對未參加的成員國除按本章程第十八條第二段規定向組織交納會費外，不需要承擔任何財政義務。

四、經大會或理事會通過提交成員國的任何公約、協定、補充公約或協定，應對公約、協定、補充公約和協定所規定的每個締約國生效。

五、至於準成員，應將公約、協定、補充公約和協定提交爲其國際關係負責的權威。

六、大會應制訂要遵守的程序法，以保證大會或理事會在考慮擬議中的公約、協定、補充公約和協定之前，與政府適當磋商並作適當技術準備。

七、大會或理事會通過的任何公約、協定、補充公約和協定的認證語文或幾種語文的兩分文本應由大會或理事會主席和總幹事加以證明。其中一份由本組織的檔案室保管。一旦公約、協定、補充公約和協定按本條實施生效時，另一份應提交聯合國秘書長登記。此外，總幹事應證明這些公約、協定、補充公約或協定的文本，並送交本組織每個成員國一份和那些可能成爲該公約、協定、補充公約或協定的當事國的非本組織成員國各一份。

第十五條　（本組織和成員國間的協定）

一、大會可以授權總幹事就設立從事糧農問題的國際機構事宜與成員國簽訂協定。

二、總幹事爲實施大會根據三分之二多數票而採用的決議，可以遵從本條第三段的規定與成員國談判並簽訂協定。

三、由總幹事簽署的這些協定必須在事先得到大會三分之二的多數票通過。在特殊情況下，大會可將批准權委託給理事會，要求由理事會成員至少三分之二的票數贊成。

第十六條　（法律地位）

一、本組織應享有一個法人的權能，以履行適合其目的的任何法律行爲，但不能超出本章所賦予的權力。

二、每個成員國和準成員在其法律程序下盡可能地給予本組織與外交使團同樣的一切豁免和便利，包括住所和檔案的不可侵犯，訴訟豁免及稅免。

第十七條　（對章程的解釋和法律問題的解決）

一、關於對本章程解釋的任何問題或爭議，如大會不能解決，應按照國際法院的法規交付國際法院或大會可以確定的其他機構。

二、本組織對其活動範圍內引起的法律問題徵求國際法院諮詢性意見時，應依照本組織與聯合國間的任何協定。

三、本條中所提到的任何問題或事議，或對諮詢性意見的任何徵求應遵從大會所規定的程序。

第十八條　（預算和會費）

一、總幹事應提請大會的每次例會通過組織的預算。

二、每個成員國和準成員每年應向本組織繳納大會在預算中分配它的份額。當確定成員國和準成員應交的會費時，大會應注意到成員國和準成員之間的不同地位。

三、每個成員國和準成員在其申請得到通過時應繳納由大會所確定的現財政週期預算中比例數額作爲第一次會費。

四、除大會另行確定外，本組織的財政週期應是大會例會的通常日期之後的兩個曆年。

五、關於預算水平的決定應由三分之二的多數票通過。

第十九條　（退出）

任何成員國在接受本章程之日起四年期滿後的任何時候，可以提出退出本組織的通知。準成員的退出通知應由成員國或爲其國際關係負責的權威提出。這種通知應在其向本組織總幹事遞交通知之日起一年後生效。已提出退出通知的成員國或代表其提出退出通知的準成員的財政義務應包括通知生效的整個曆年。

第二十條　（章程的修正）

一、大會經過投票的三分之二多數通過（如果這種多數超過本組織成員國的半數），可以修改本章程。

二、一項修正案不涉及成員國和準成員的新的義務時，除非所採納的決議另有規定外，應立即生效。修正案涉及新的義務時，應在本組織三分之二的成員國接受時，對接受修正案的每個成員國和準成員生效，以後對其餘的每個成員國和準成員在接受時生效。至於準成員，接受涉及新義務的修正案應由代表它的成員國或對它國際關係負責的權威提出。

三、對章程修正的建議可由理事會或成員國通知總幹事。總幹事應把一切修正建議立即通知全體成員國和準成員。

四、除非總幹事在會議開幕的一百二十天以前向成員國和準成員發出通知，修正章程的建議不應列入大會任何會議的議程。

第二十一條　（章程生效）

一、附件一中所列國家均可接受本章程。

二、每個政府應向聯合國糧農組織籌備委員會遞交接受（章程）文件，籌備委員會應向附件一中所列國家的政府通知收到（文件）。通過一個外交代表可通知籌備委員會接受章程，在這種情況下，隨後必須盡快地將接受章程的文件遞交籌備委員會。

三、籌備委員會在收到二十份接受（章程）通知書時，應安排那些已通知接受章程的國家正式授權的外交代表在一份文件上簽署本章程。當附件一中所列國家的代表簽署不少於二十個時，本章程立即生效。

四、在本章程生效之後收到接受章程通知書時，接受應在籌備委員會或本組織收到時生效。

第二十二條　（章程的認證文本）

本章程的阿拉伯、英、法和西班牙文本應具有同等效力。

（聯合國條約集中文本）

六、國際農業發展基金（ＩＦＡＤ）協定

Agreement of International Fund for Agriculture Development

簽署日期：一九七六年六月十三日（羅馬）

生效日期：一九七七年十一月三十日

認識到世界持續存在的糧食問題正在使發展中國家一大部分人遭受痛苦，同時也危害著關係到人類尊嚴和生存權利的最基本的原則和標準；

考慮到需要改善發展中國家的生活條件，並在發展中國家的優先次序和目標範圍內促進其社會經濟發展，同時，對經濟和社會利益也給予應有的注意；

銘記在聯合國系統內聯合國糧食及農業組織協助發展中國家努力增加糧食及農業生產的責任以及糧農組織在這個領域內的技術專長和經驗；

意識到聯合國第二個發展十年國際發展戰略的目的和目標，尤其是把援助的利益擴大到所有人們的必要性；

銘記關於建立新的國際經濟秩序的行動綱領的聯大第三二〇二（S-VI）號決議中第一節第二部分（「糧食」）的第六段；

還銘記為了發展糧食和農業需要實現技術轉讓以及關於發展和國際經濟合作的聯大第三三六二（S-VII）號決議第五部分（「糧食和農業」），特別是其中有關建立國際農業發展基金的第六段；

憶及聯大第三三四八（XXIX）號決議的第一三段和世界糧食會議關於糧食生產的目標與戰略以及關於農業和農村發展的優先地位的第一號和第二號決議；

憶及世界糧食會議第十三號決議，該決議認識到：

一、需要大大增加對農業的投資以便增加發展中國家的糧食和農業生產；

二、提供充足的糧食供應並恰當地使用糧食，是國際社會所有成員的共同責任；

三、世界糧食形勢的前景要求所有國家採取緊急而協調的措施；該決議還決定：

㈠應立即建立一個國際農業發展基金，對發展中國家的農業發展項目提供資金，主要用於糧食生產；

㈡締約各方同意建立國際農業發展基金，該基金應遵循以下規定：

第一條　定義

就本協定而言，下列名詞具有如下含義，但按其上下文另有解釋者除外。

一、「基金」系指國際農業發展基金；

二、「糧食生產」系指包括發展漁業和畜牧業在內的糧食生產；

三、「國家」系指任何國家或根據第三條第一節第二項而有資格成為基金成員的任何國家集團；

四、「自由兌換貨幣」系指：

㈠本基金經與國際貨幣基金磋商後，決定可以為了基金的活動充分兌換成其他成員國貨幣的某一成員國貨幣；

㈡經某一成員國同意，可以為了基金的活動，或按照基金認為滿意的條件兌換成其他成員國貨幣的該國貨幣。

如成員國是一國家集團，則「成員國貨幣」系指該國家集團的任一國的貨幣。

五、「理事」系指某一成員國委派出席管理理事會會議的主要代表；

六、「投票」系指投贊成票和反對票。

第二條　（宗旨和職能）

基金的宗旨在於籌集更多的資金，以優惠條件用於發展中成員國的農業發展。在實現本宗旨的過程中，基金主要應為那些在本國的優先安排和戰略範圍內，專為採用、擴大或改進糧食生產體系並為加強有關政策和機構的項目和計畫，提供資金，其中應考慮到：在最貧窮的缺糧國家內增加糧食

生產的必要性，在其他發展中國家增加糧食生產的潛力，以及提高發展中國家最貧窮人民的營養水準和生活條件的重要意義。

第三條　（成員）

第一節　（取得成員資格的條件）

一、聯合國、聯合國任何專門機構或國際原子能機構的任何成員國均可成爲基金的成員。

二、如果任何國家集團的成員把屬於基金職能內各領域的權力授予該集團，同時該集團又能履行基金成員的全部義務，此類國家集團亦可成爲基金的成員。

第二節　（創始成員和非創始成員）

一、基金的創始成員系指那些列在表一內並根據第十三條第一節第二項規定成爲本協定締約國的國家；該表一爲本協定的不可分割的一部分。

二、基金的非創始成員系指那些經管理理事會批准加入後，根據第十三條第一節第三項的規定成爲本協定的締約國的其他國家。

第三節　（成員的分類）

一、創始成員應劃歸本協定表一中所列的第一、二、三類中的一類。非創始成員應在獲准加入時由管理理事會經總票數三分之二的多數票通過並經這些成員同意，而加以分類。

二、管理理事會在總票數三分之二多數票通過並得到某一成員的同意後，可以改變該成員的類別。

第四節　（責任的限制）

任何成員將不因其爲基金的成員而對基金的行動或債務承擔責任。

第四條　（資金）

第一節　（基金的資金）

基金的資金包括：

一、創辦捐款；

二、後續捐款；

三、非成員國和其他來源的特別捐款；

四、由於基金的活動或其他原因而爲基金獲得的資金。

第二節　（創辦捐款）

一、第一或第二類的每個創始成員均應用該國根據第十三條第一節第二項交存的批准書、接受書、核准書或加入書中規定的貨幣，將其認捐數額繳給基金的創辦資金。第三類的任何創始成員也可以這樣做。

二、第一或第二類的每個非創始成員應把管理理事會批准其爲成員時與其商妥的款額捐贈給基金的創辦資金，第三類的任何非創始成員也可以這樣做。

三、每個成員的創辦捐款，應按照本條第五節第二、三項規定的方式，一次繳清，或按成員的選擇，一年支付一次、每次數量相等、分三年繳清。一次繳清的款額或第一筆年度付款應在本協定對該成員生效後的第三十天繳付，第二筆和第三筆付款應在第一筆付款的應付日期的第一周年和第二周年時繳付。

第三節　（後續捐款）

爲了保證基金能持續活動，管理理事會應在它認爲恰當的時候，定期對基金可以動用的資金是否充足進行審議；第一次審議應不遲於基金開始活動後的第三年。經這樣的審議後，如管理理事會認爲必要或可取的話，它可以要求成員根據與本條第五節相符的條款和條件，對基金的資金提供後續捐款。有關本節的決定應由總票數三分之二的多數票作出。

第四節　（增加捐款）

管理理事會在任何時候均可核准某一成員增加其任何捐款的數額。

第五節　（關於捐款的條件）

一、提供捐款不應限制其用途，並只有根據第九條第四節的規定，才能將捐款歸還捐贈的成員。

二、捐款應以自由兌換貨幣提供，但第三類成員國可用本國貨幣提供捐款，不論其貨幣是否可以自由兌換。

三、捐款應以現金支付，但當基金在其活動中尚不立即需用某一部分捐款時，該部分可以用不可轉讓、不能撤銷、無息的期票，或以索兌即付的證券支付。爲了資助其活動，基金應按下列情況使用所有捐款（不論其支付方式如何）：

㈠經過由執行局確定的一段合理的時間，在按比例的基礎上使用捐款；

㈡在捐款的一部分是由現金支付的情況下，這部分捐款應根據第一目規定在捐款的其他部分之前用掉。除上述用去的現金以外，捐款的其餘部分可由基金存入銀行或進行投資以便得到收入，用來補貼其行政和其他方面的開支；

㈢所有創辦捐款及其增加數額，應在任何後續捐款之前用去。本規定也適用於進一步的後續捐款。

第六節　（特別捐款）

可以用得自非成員或其他來源的特別捐款來增加本基金的資金，但提供此種特別捐款的條款和條件需經管理理事會根據執行局的建議予以批准，並需符合本條第五節的規定。

第五條　（貨幣）

第一節　（貨幣的使用）

一、成員國對本基金持有或使用自由兌換貨幣，不得堅持或強加任何限制。

二、第三類成員國作爲其創辦捐款或後續捐款付給基金的該國貨幣，經本基金與該成員國磋商後，可以用來支付基金在該成員國領土內的行政開支和其他費用；或經該成員國同意，也可用於支付在其領土內生產的貨物或服務費用，以滿足基金在其他國家內資助的活動的需要。

第二節　（貨幣的定值）

一、基金的記帳單位爲國際貨幣基金的特別提款權。

二、就本協定而言，某一貨幣對特別提款權的比值，應按國際貨幣基金使用的定值方法予以計算，但是：

㈠在國際貨幣基金的某一成員的貨幣當前沒有這類定值的情況下，其幣值應與國際貨幣基金磋商後予以確定；

㈡就國際貨幣基金非成員國的貨幣來說，該貨幣對特別提款權的比值，應由本基金根據該貨幣與國際貨幣基金一個成員的貨幣之間的適當兌換率予以計算，而後者的幣值則按前述方法計算。

第六條　（組織和管理）

第一節　（基金的結構）

基金應設立：

㈠一個管理理事會；

㈡一個執行局；

㈢主席一人以及爲履行基金的職能所需要的工作人員。

第二節　（管理理事會）

一、每個成員都應參加管理理事會並指派一位理事和一位候補理事。候補理事只有當理事本人缺席時，方可投票。

二、基金的全部權力歸於管理理事會。

三、管理理事會可將其任何權力授予執行局，但下列權力除外：

㈠通過本協定的修正案；

㈡批准成員資格和決定成員的類別及重新分類；

㈢暫停成員資格；

㈣結束基金的活動並分配其資產；

㈤就執行局關於本協定的解釋或應用方面所作決定提出的申訴作出決定；

㈥確定主席的報酬。

四、管理理事會每年召開一屆年會、並按管理理事會的決定，或按至少占理事會總票數四分之一的成員的要求，或按執行局三分之二多數票的請求，召開特別會議。

五、管理理事會可以根據規章制定一個程序，以便執行局可以按照該程序不經召開理事會會議而獲得理事會關於某一具體問題的表決結果。

六、管理理事會可經總票數三分之二多數票同意，通過與本協定不相抵觸的適當的規章和附則，來指導基金的業務。

七、管理理事會任何會議的法定人數應由行使其所有成員總票數三分之二表決權的理事構成，但必須有第一、二、三類每類中行使該類成員總票數半數表決權的理事出席。

第三節　（管理理事會的表決）

一、管理理事會的總票數爲一千八百，平均分配給第一、二、三類。每一類的投票權應根據表二中爲該類規定的公式，在其成員中加以分配，該表二構成本協定的一個不可分割的部分。

二、管理理事會的決定應由總投票數的簡單多數作出，除非本協定另有規定。

第四節　（管理理事會主席）

管理理事會應從其理事中選出一名主席，任期兩年。

第五節　（執行局）

一、執行局應由基金中十八位成員組成，在管理理事會的年會上選出。每一類成員的理事應根據表二中爲該類規定的程序，從本類成員中選出執行局的六名委員，並同樣選出（在第一類的情況下則爲指派）六名候補委員，後者僅在執行局委員缺席時方可投票。

二、執行局的委員任期三年。但是除非表二中另有規定或根據表二，在第一次選舉時，每一類各有兩位委員任期一年，另有兩位委員任期兩年。

三、執行局將負責主持基金的一般活動，並爲此目的行使本協定授予它的或管理理事會授予它的權力。

四、每當基金的業務有需要時，執行局應召開會議。

五、執行局委員或候補委員的代表參加工作，不從基金領取報酬。但管理理事會可以決定發給每個委員和候補委員各一名代表適當數量的差旅費和生活津貼的標準。

六、執行局任何會議的法定人數應由行使其所有成員總投票數三分之二表決權的委員構成，但必須有第一、二、三類每類中行使其成員總投票數半數表決權的委員出席。

第六節　（執行局的表決）

一、執行局的總票數爲一千八百，平均分配給第一、二、三類。每一類的投票權應根據表二中爲該類規定的公式，在其成員中加以分配。

二、除非本協定另有規定，執行局的決定應由投票數的五分之三多數通過作出，但這個多數必須超過執行局全體委員總投票數的一半以上。

第七節　（執行局主任）

執行局主任由基金的主席擔任並參加執行局的會議，但無表決權。

第八節　（主席和工作人員）

一、管理理事會應以總票數三分之二的多數任命其主席，任期三年，只可連任一期。主席的任命可由管理理事會以總投票數的三分之二多數予以撤銷。

二、主席可以任命副主席一名，以執行主席委派給他的任務。

三、主席應領導其工作人員，並在管理理事會和執行局的控制監督和指導下，負責主持基金的業務。主席應按照執行局通過的規章組織和任免工作人員。

四、在聘用工作人員和決定供職條件時，應考慮到必須具備最高標準的效率、才能和品德，並重視遵循地區分配公平的原則。

五、主席及其工作人員在履行他們的職責中，僅僅對基金負責，不得尋求或接受基金以外任何當局的指示。基金的每個成員應尊重這種職務的國際性質並不得試圖對他們在執行任務時施加任何影響。

六、主席及其工作人員不得干涉任何成員的政治事務。他們的決定應僅涉及有關發展政策的考慮，而這些考慮應不偏不倚地予以權衡，以便實現建立本基金的宗旨。

七、主席應為基金的法定代表。

八、主席或主席指定的一位代表可以參加管理理事會的所有會議，但無表決權。

第九節　（基金的所在地）

管理理事會應以總票數三分之二多數決定基金的永久所在地。基金的臨時所在地為羅馬。

第十節　（行政預算）

主席應編制年度行政預算，並將其提交執行局批轉管理理事會，由後者以總票數三分之二多數予以批准。

第一一節　（報告的發表和情況的發佈）

基金應發表包括帳目審計書在內的年度報告，並在適當時期發表有關其財務狀況和活動結果的概要說明。這類報告、說明及其他有關出版物均應分發給所有成員。

第七條　（活動）

第一節　（資金的使用和提供資金的條件）

一、基金的資金應用來實現第二條中規定的宗旨。

二、基金的資金僅提供給基金成員的發展中國家或這些成員參加的政府間組織。基金在貸款給政府間組織時，可以要求取得適當的政府保證或其他擔保。

三、基金應作出安排，以保證其資助活動的任何收入僅用於提供資金的目的，並對節約、效率和社會公正等方面的考慮給予應有的注意。

四、基金於分配資金時，應遵照下列優先次序：

(一)增加最貧窮的缺糧國家的糧食生產和提高其最貧窮居民的營養水準的必要性；

(二)其他發展中國家增加糧食生產的潛力。同樣，應將重點放在提高這些國家的最貧窮居民的營養水準和改善他們的生活條件上。

在上述優先目的範圍內，取得援助的資格應以客觀的經濟和社會標準為基礎，其中應特別重視低收入國家的需要以及它們增加糧食生產的潛力，並應在使用這些資金時適當照顧到區域間的公平分配。

五、在符合本協定各條款的前提下，基金提供資金應以管理理事會隨時經總票數三分之二多數予以確定的總的政策、準則和規章為指導。

第二節　（提供資金的方式和條件）

一、基金應按照它認為適當的條件，並考慮到成員國的經濟情況和前景以及有關活動的性質和要求，採用貸款和贈款的方式，提供資金。

二、基金的資金在每個財政年度以上述第一項中提到的兩種形式之一用於資助各項活動的比例，應由執行局隨時作出決定，其中應適當注意基金需長期維持下去及其活動需要持續進行。贈款所占的比例，一般不應超過每個財政年度允付資金的八分之一。很大部分貸款應以十分優惠的條件提供。

三、主席應將項目和計畫提交執行局考慮和批准。

四、執行局應作出關於選定及批准項目和計畫的決定。這些決定應根據管理理事會制定的總的政策、準則和規章而作出。

五、基金通常應利用國際機構的服務對提交給基金要求資助的專案和計畫進行評審；在適當的地方，也可以利用專長於該領域的其他有能力的機構的服務。這些機構應由執行局與有關受援國磋商後選定；並在執行評審工作中對基金直接負責。

六、基金和受援國應就每筆貸款簽訂一項協定，由受援國負責執行有關項目或計畫。

七、基金應將管理貸款的工作委託給主管的國際機構，以支付貸款的金額並監督有關項目和計畫的執行。這類機構應是世界性或區域性的，每次均應經受援國同意後予以選定。基金在把貸款提交執行局批准前，應先明確：受託執行監督任務的機構同意有關項目或計畫的評審結果。這應在基金和負責評審的機構以及受託執行監督任務的機構之間予以安排。

八、上述第六、七項內提到的「貸款」，系包括「贈款」在內。

九、基金可向國家開發機構提供一系列的信貸，供其按貸款協定的條件並在基金同意的範圍內，提供並管理對項目和計畫的轉手貸款。在執行局批准這類信貸之前，應根據第五項的規定，對有關國家開發機構及其計畫進行評審。該計畫的執行，應受根據第七項的規定而選定的機構的監督。

十、執行局應爲取得用基金的資金支付的貨物和服務制訂適當的條例。在一般情況下，這類條例應符合國際上競爭性投標的原則，並應對來自發展中國家的專家、技術人員和供應物品給予適當的優先照顧。

第三節　（其他活動）

除在本協定別處已有規定的活動以外，基金還可從事爲實現其宗旨所必要的輔助性活動，並行使爲其活動所不能需要的其他權力。

第八條　（與聯合國及其它組織和機構的關係）

第一節　（與聯合國的關係）

基金應與聯合國進行談判以便締結一個協定，使其成爲聯合國憲章第五十七條所指的聯合國專門機構之一。按照憲章第六十三條締結的任何協定，需經管理理事會根據執行局的建議，以總票數三分之二的多數予以批准。

第二節　（與其他組織和機構的關係）

基金應與聯合國糧食及農業組織和聯合國系統其他組織密切合作。它也應與其他同農業發展有關的政府間組織、國際金融機構，非政府組織和政府機構密切合作。爲此目的，基金應在其活動中尋求聯合國糧食及農業組織和上述其他機構的合作，並可經執行局決定，與這些機構締結協定或建立工作安排。

第九條　（成員的退出、暫停成員資格、活動的結束）

第一節　（退出）

一、除本條第四節第一項規定的情況外，一個成員可以把一份宣佈退出本協定的通知書交存保管者而退出基金。

二、一個成員的退出，應自宣佈退出本協定的通知書中載明的日期起生效，但在任何情況下，都不得早於交存通知書的六個月以後。

第二節　（暫停成員資格）

一、如果一個成員未能履行其對基金的義務，管理理事會經總票數四分之三多數通過，可以暫停其成員資格。被暫停成員資格的成員，自暫停之日起一年之後自動地不再是基金的成員，除非理事會以同樣的多數票恢復該成員的正式地位。

二、在暫停成員資格期間，該成員除享有退出的權利外，不得行使本協定中的任何權利，但仍應受其承擔的所有義務的約束。

第三節　（不再是基金成員的國家的權利和義務）

一個國家，不論是自行退出或由於執行本條第二節而不再是成員時，除本節或第十一條第二節規定的以外，不再享有本協定中的任何權利，但它仍應承擔對本基金所負的一切財政義務，不管這些義務是它作爲成員還是借款者，還是作爲其他身份而擔負的。

第四節　（結束活動和分配資產）

一、管理理事會可以經總票數的四分之三多數票通過，而結束本基金的業務活動。在結束業務活動之後，除了那些爲了有條不紊地變賣和保存其資產並爲了清算其債務而進行的活動以外，基金應立即停止所有活動。直到上述債務最後清算完畢並把上述資產作了分配以前，基金應依然存在；此時除了不得暫停成員資格、成員也不得退出基金外，基金及其成員在本協定中的全部權利和義務均仍繼續存在。

二、直至償還了對債權人負的所有債務或已爲其清償提供了資財時爲止，任何資產均不得分發給成員國。基金應按照各成員國對基金捐款的比例把資產分發給捐贈國。這類分配應由管理理事會以總票數四分之三的多數票作出決定，並按管理理事會認爲公平合理的時間、貨幣或其他資產來進行。

第十條　（法律地位、特權及豁免權）

第一節　（法律地位）

基金應享有國際法人地位。

第二節　（特權及豁免權）

一、基金在其每個成員國的領土內，享有爲履行其職能和實現其宗旨所必要的特權及豁免權。基金成員的代表、基金的主席和工作人員享有爲獨立地履行其有關基金的職能所必要的特權及豁免權。

二、關於第一項內提到的特權及豁免權作如下規定：

㈠在已就本基金加入關於專門機構特權及豁免權公約的任何成員國領土內，上述特權及豁免應如該公約的標準條款所規定，但可由管理理事會批准的該公約附件加以修改；

㈡在已就其他機構而未就本基金加入關於專門機構特權及豁免權公約的任何成員國領土內，上述特權及豁免應符合該公約的標準條款的規定，除非該成員國通知保管者這類條款不適用於基金或只有按其通知中的規定經過修改後才適用；

㈢上述特權及豁免還應符合基金加入的其他協議的規定。

三、當一個成員國爲一個國家集團時，該成員應保證本條內所提到的特權及豁免權適用於該集團所有成員國的領土內。

第十一條　（解釋和仲裁）

第一節　（解釋）

一、任何成員和基金之間或基金成員之間發生的關於本協定條款的解釋或應用方面的任何問題，應提交執行局作出決定。如果該問題特別影響到沒有參加執行局的基金任何成員時，該成員應有權根據管理理事會通過的規章派出代表。

二、當執行局根據第一項作出決定時，任何成員可以要求把該問題提交管理理事會，由管理理事會作出最後決定。在管理理事會作出決定前，如基金認爲必要，可以根據執行局的決定行事。

第二節　（仲裁）

如果基金和不再是其成員的國家之間，或在基金結束活動時，基金與任何成員之間發生糾紛，這類糾紛應提交由三位仲裁人組成的特別法庭予以仲裁。其中一位仲裁人由基金指派，另一位由有關的成員或過去的成員指派，擔任主席的第三位仲裁人則由雙方共同指派。如果在收到仲裁要求的四十五天內，任何一方都未指派仲裁人，或在兩位仲裁人已經指派後的三十天內尚未指派第三位仲裁人，任何一方均可要求國際法院院長或由管理理事會通過的條例所規定的其他當局指派一位仲裁人。仲裁的程序應由仲裁人規定，但如對程序問題有不同意見時，主席有全權處理所有程序方面的問題。仲裁人的多數票即足以作出決定，而這個決定應是最後的決定，並對各方都具有約束力。

第十二條　（修正）

一、除有關表二的情況外：

㈠由某一成員或執行局提出的對本協定進行修正的任何提案，應通知主席，由主席轉告所有成員。主席應把由某一成員國提出的對本協定進行修正的提案提交執行局，執行局應把它對該提案的建議提交管理理事會。

㈡修正案應由管理理事會以總票數五分之四的多數票通過。除管理理事會另有規定外，修正案自通過之日起三個月後生效，但有關修改以下幾方面的修正案應待主席收到所有成員對這類修正的書面同意後，方能生效。這幾方面是：

(a)退出基金的權利；

(b)本協定規定的爲表決所必需的多數票；

(c)第三條第四節規定的責任限制；

(d)修正本協定的程序；

二、有關表二中的各部分，提出和通過修正案應按照這些部分中的規定。

三、主席應把已通過的修正案以及任何這類修正案的生效日期，立即通知所有成員和保管者。

第十三條　（最後條款）

第一節　（簽字、批准、接受、同意和加入）

一、在聯合國關於籌建本基金的會議上，可代表本協定表一所列各國草簽本協定，並俟表一所指的以自由兌換貨幣支付的創辦捐款至少達到十億美元的價值時（按一九七六年六月十日的美元價值計算），即可由該表所列各國在紐約聯合國總部正式簽字。如到一九七六年九月三〇日，上述要求仍未達到，由籌建會議設立的籌備委員會將於一九七七年一月三一日召開表一所列各國的會議，經每類成員三分之二多數同意，可以把上述規定的款額減少，也可以確定其他條件以便使本協定開放簽字。

二、簽字國可通過交存批准書、接受書或核准書的方式成爲締約國；表一所列的非簽字國可通過交存加入書成爲締約國。第一類或第二類各國的批准書、接受書、核准書和加入書應載明該國承諾的創辦捐款數額。本協定生效後一年內，上述國家仍可在本協定上簽字並交存批准書、接受書、核准書或加入書。

三、表一所列的國家如在本協定生效後一年內尚未成爲本協定締約國，以及該表未列入的國家，經管理理事會批准它們加入後，仍可通過交存加入書的方式成爲締約國。

第二節

一、聯合國秘書長爲本協定的保管者。

二、保管者應把有關本協定的情況：

(一)在本協定生效後一年之內通知本協定表一所列各國，並在協定生效後，通知本協定的所有締約國以及經管理理事會批准加入的那些國家；

(二)通知聯合國關於籌建本基金的會議所設立的籌備委員會，直至其解散爲止，此後，則通知主席。

第三節　（生效）

一、本協定應於保管者至少收到第一類的六個國家，第二類的六個國家和第三類的二十四個國家交存的批准書、接受書、核准書或加入書後，方能生效，但第一類和第二類國家交存的這類批准書中所規定的創辦捐款總額至少要達到七億五千萬美元的價值（按一九七六年六月十日的美元價值計算），而且上述要求必須在本協定開放簽字日期的十八個月或更晚一些的日期以內完成，這一更晚日期可由在十八個月限期內交存此類檔的國家，經每類國家三分之二多數同意後，予以決定並通知保管者。

二、對於在本協定生效後交存批准書、接受書、核准書或加入書的國家，本協定應在交存上述檔之日起生效。

第四節　（保留）

對本協定的保留僅限於第十一條第二節

第五節　正式文本

本協定的阿拉伯文本、英文本、法文本和西班牙文本具有同等效力。

下列代表經正式授權，在本協定的阿拉伯文、英文、法文和西班牙文的唯一原始文本上簽字，以資證明。

（協定中文本）

七、世界衛生組織（WHO）憲章

Constitution of the World Health Organization

簽署日期：一九四六年七月二十二日（紐約）

生效日期：一九四八年四月七日

本憲章的簽字國以聯合國憲章爲依據，宣告下列各項原則爲各國人民幸福、和睦與安全的基礎。

健康是身體、精神與社會的全部的美滿狀態，不僅是免病或殘弱。

享受可能獲得的最高健康標準是每個人的基本權利之一，不因種族、宗教政治信仰、經濟及社會條件而有區別。

全世界人民的健康爲謀求和平與安全的基礎是有賴於個人的與國家的充分合作。

任何國家在增進和維護健康方面的成就都是對全人類有價値的。

各國在增進健康及控制疾病特別是傳染病方面的不平衡發展是一種共同的危害。

兒童的健全發育是爲基本重要；在不斷變化的總環境中具有融洽生活的能力，是這種發育所不可缺少的。

在全世界人民中推廣醫學、心理學及其有關知識，對於充分獲得健康是必要的。

群眾的正確意見與積極合作對於增進人民的健康至關重要。

各國政府對人民健康負有一定的責任，唯有採取充分的衛生。

各簽字國接受上述原則，並爲達成相互間與其他機構的合作，以增進和維護各國人民的健康起見，同意本組織法，並依照聯合國憲章第五十七條，作爲一個專門機構，成立世界衛生組織。

第一章　目的

第一條　目的世界衛生組織（以下簡稱〈本組織〉）的目的是使全世界人民獲得可能達到的最高的健康水平。

第二章　任務

第二條　任務爲達到其目的，本組織的任務應爲：

擔任國際衛生工作的指導與協調主權。

與聯合國、專門機構、各國政府衛生行政主管，各學術或職業團體、及其所認爲適當的其他組織建立並維持有效的關係。

根據申請，協助各國政府加強衛生業務。

根據各國政府申請，或願予接受的情況下，提供適當的技術援助，並在緊急情況下給予必要的救濟。

根據聯合國申請，對特殊組合，例如聯合國託管區人民，提供或協助提供衛生業務與設備。

在需要時，設置並維持行政與技術業務，包括流行病學及統計業務。

促成並推進消滅流行病、地方病、及其他疾病的工作。

必要時，與其他專門機構合作，加強防止意外創傷事故。

必要時，與其他專門機構合作，促成增進營養、住宅建設、環境衛生、文娛、經濟或工作的條件，以及其他環境方面的保健工作。

促成致力於增進健康的科學與職業團體間的合作。

提議國際公約、協定與規章的簽訂及對其他國際衛生事態，提出建議並執行由此授予與本組織目的相一致的各項任務。

促進婦幼衛生及福利，並培育其在不斷變化的總環境中具有融洽衛生的能力。

促進在精神生活方面的活動，特別是影響人類的和睦關係的活動。

促進並執行衛生研究工作。

促進醫學、衛生及其有關專業方面的教學與培訓標準的改進。

從預防與治療的觀點出發，必要時同其他專門機構合作，對各項足以影響公共衛生與醫療保健的行政管理及社會設施的技術，包括醫院業務及社會安全方面進行研究並提出報告。

提供衛生領域的情報，諮詢及協助。

協助培養各國人民對於衛生問題的正確輿論。

根據需要，制定並修訂有關疾病、死因、及公共衛生實施方面的國際定名。

按需要，規定診斷程序標準。

發展、建立、並促進食品、生物製品、藥物、及其他類似製品的國際標準。

總之，採取各種必要措施，達到本組織的目的。

第三章　會員與準成員

第三條　（會員國）

所有國家均有資格參加本組織爲會員。

第四條　（聯合國會員國之加入）

聯合國各會員，按本組織第十九章規定，並依照各該國立法程序簽署或以其他方式接受本組織法者，均得爲本組織會員。

第五條　（國際衛生會議觀察員國之加入）

應邀派遣觀察員出席一九四六年在紐約召開的國際衛生會議的各國政府，在本組織首屆衛生大會召開前根據本組織法第十九章規定並依各該國程序簽署或以其他方式接受本組織法者，均得爲本組織會員。

第六條　（前二條以外國家之加入）

在不違背本組織根據組織法第十六章規定與聯合國所達成的任何協議的情況下，凡未能依照本組織法第四、五兩條規定參加爲會員者，均可申請爲會員，經衛生大會以過半數通過即可爲本組織會員。

第七條　（表決權與受益權）

會員不能履行承擔本組織會費的義務或有其他特殊情況時，衛生大會在其認爲適當的情況下，可停止該會員的表決權及會員所應得的受益與權利。但衛生大會也有權恢復該會員的表決權與受益權。

第八條　（準會員國）

不能自行負責處理國際關係的領土或領土群，經負責對該領土或領土群國際關係的會員國或政府當代爲申請，並經衛生大會通過，得爲本組織準會員。出席衛生大會的準會員代表，應具有衛生技術方面的能力，並應由該領土或領土群的本地人中選出代表。準會員權利與義務的性質及其範圍由衛生大會決定。

第四章　機構

第九條　（機構）

本組織的工作由下列機構執行：

一、世界衛生大會（以下簡稱衛生大會）；

二、執行委員會（以下簡稱執委會）；

三、秘書處。

第五章　世界衛生大會

第十條　（構成）

衛生大會由各會員的代表組成。

第十一條　（會員國代表）

各會員的代表最多不得超過三人。其中一人應由會員指定爲首席代表。這些代表應就衛生領域內技術能力最強的人員中選拔，並以能代表該會員國的國家衛生行政部門爲合宜。

第十二條　（副代表）

副代表及顧問可隨同代表出席。

第十三條　（會議之召開）

衛生大會每年舉行一次例會，必要時得召開特別會議。特別會議應在執委會或多數會員的要求下召開。

第十四條　（召開地點）

衛生大會在每年例會中應選定下屆例會在某一國家或地區舉行。，具體開會地點由執委會最後決定。每次特別會議的召開地點亦由執委會決定。

第十五條　（召開日期）

執委會經與聯合國秘書長商洽後，決定每屆年度例會及特別會議的召開日期。

第十六條　（主席及職員）

衛生大會於每屆年度例會開始時應選出主席及其他職員，其任期至繼任人被選出時爲止。

第十七條　（議事規則）

衛生大會應自行制定議事規程。

第十八條　（任務）

衛生大會的任務如下：

決定本組織的政策。

選定派遣代表參加執委會的會員。

任命秘書長。

審查執委會與秘書長的工作報告及業務活動，並指示執委會關於應需採取行動、調查研究或報告的事項。

設置本組織工作所必需的各種委員會。

監督本組織的財務政策，並審查和通過預算。

指示執委會及秘書長，就衛生大會認爲適當的任何衛生事項，提請各會員、各政府或非政府的國際組織給予注意。

邀請與本組織職責有關的任何國際的或全國性的組織，政府的或非政府的組織派遣代表，在衛生大會所指定的條件下，參加衛生大會、委員會、或由衛生大會召開的會議，但無表決權。至於全國性的組織，須經有關政府同意後始得邀請。

考慮聯合國大會、經濟及社會理事會、安全理事會或託管理事會所提出的有關衛生問題的建議，並向其報告本組織就上項建議所採取的步驟。

根據本組織與聯合國的協定，向經濟及社會理事會提出報告。

提倡並指導本組織工作人員進行有關衛生的研究工作。自行設立研究機構，或經會員國政府同意與其官方或非官方的機構合作進行。

設置其他必要的機構。

採取其他適當的行動以進一步實現本組織的目的。

第十九條　（公約協定之通）

過衛生大會有權通過有關本組織職權範圍內的任何公約或協定。通過此項公約或協定，須經衛生大會三分之二的多數票決。經各個會員依照各該國立法程序予以接受後，此項公約或協定即可生效。

第二十條　（公約、協定之承諾）

各會員在上述公約或協定通過後十八個月內，應採取步驟，決定是否接受，並通知秘書長。如於規定期限內不接受此項公約或協定，應書面聲述其不接受的理由。如已接受，會員應同意按照第十四章的規定，向秘書長提出年度報告。

第二十一條　（衛生規章之通過）

衛生大會有權通過關於下列各項規章：

防止國際間疾病蔓延的環境衛生及檢疫方面的要求和其他程序。

疾病、死因及公共衛生設施的定名。

可供國際通用的診斷程序標準。

在國際貿易中交流的生物製品、藥品及其他類似製品的安全、純度與效能的標準。

在國際貿易中交流的生物製品、藥品及其他類似製品的廣告與標籤。

第二十二條　(衛生規章之效力)

依照第二十一條通過的規章，經它們在衛生大會通過的相應通知轉送各會員後，即屬生效。在上項通知所規定的期限內向秘書長提出保留或拒絕接受的會員，不在此例。

第二十三條　(建議)

衛生大會有權就本組織職責內的任何有關事項向會員提出建議。

第六章　執行委員會

第二十四條　(組成)

執委會由二十四個會員指定同樣人數組成。衛生大會應考慮到地區的適當分配，選出有權指派人員參加執委會的會員。當選的會員應委派一名具有衛生專業資歷的人員參加執委會，並可指派後補人員及顧問隨同參加。

第二十五條　(任期)

執委會成員的任期爲三年，連選得連任。但在本組織法經修改後決議執委會由十八名成員增至二十四名成員的規定生效以後的第一屆衛生大會中選出的二十個會員中，其中兩名任期爲一年，兩名爲二年，均以抽籤方式決定之。

第二十六條　(會議之召開)

執委會每年至少召開會議兩次，會議地點自行決定。

第二十七條　(主席及議事規則)

執委會由其成員中推選主席一人，並自行制定其議事規程。

第二十八條　(任務)

執委會的任務爲：

執行衛生大會的決議與方針。

充任衛生大會的執行機構。

執行衛生大會所委託的其他任務。

就衛生大會向它提出的問題及由於公約、協定和規章的規定由本組織負責的事項，向衛生大會提出意見。

主動向衛生大會提出意見或建議。

擬訂衛生大會議程。

擬訂定期一般衛生規劃綱要，提請衛生大會考核。

研討其權限內的一切問題。

在本組織任務及財源範圍內，採取緊急措施，以應付必須採取立即行動的事件。在特殊情況下，執委會可授權總幹事採取必要步驟，撲滅流行病，參加組織受災難民的衛生救濟工作，並對任何會員或總幹事提請執委會注意的緊急事態，進行調查研究。

第二十九條　(代行委託)

事資執委會應代表衛生大會行使大會所委託的各項職權。

第七章　秘書處

第三十條　(組成秘書處)

由秘書長及本組織所必要的技術與行政人員所組成。

第三十一條　(秘書長)

秘書長由衛生大會根據執委會提名任命之，其任用條件由衛生大會決定。

秘書長在執委會授權下，爲本組織的技術及行政首長。

第三十二條　(秘書長之職務)

秘書長應爲衛生大會、執委會、本組織所有理事會委員會、以及由本組織召開的各種會議的當然秘書。秘書長得指定其他職員代行其職務。

第三十三條　(與各國或國際組織之關係)

秘書長或其代表得通過與各會員成立協定，建立辦事程序，使他爲完成其職責，能直接與各國有關部門、尤其是與各會員國衛生行政部門以及全國性的政府的或非政府的衛生機構建立關係。他並得與本組織職權有關的國際組織建立直接關係。其涉及各區域的有關事項，秘書長應通知各有關的區辦事處。

第三十四條　（報告與預算出年之提出）

秘書長應負責編制並每向執委會提出本組織財務報告及預算。

第三十五條　（職員之任用）

秘書長應根據衛生大會制定人事條例任用秘書處的職員。任用職員的最重要的考慮是保證秘書處的工作效率、正直廉潔及國際代表性的品質能保持在最高水平。並應適當顧及從廣泛地區選聘人員的重要性。

第三十六條　（職員服務條件）

本組織職員的服務條件應力求與聯合國其他機構的條件取得一致。

第三十七條　（職務獨立性）

秘書長及職員在執行其職務時不應尋求或接受本組織以外的任何政府或當局的指示，並應避免任何損及國際公務員身份的行爲。本組織的每個會員國應承諾尊重秘書長及職員的國際獨特性，不對他們施加影響。

第八章　委員會

第三十八條　（其他委員會）

執委會應根據衛生大會指示，設置各種委員會，並主動建議或依照秘書長的建議，設置在本組織職權範圍內所需要的其他委員會。

第三十九條　（委員會存否之審查）

執委會應隨時或至少每年一次審議各委員有無繼續存在的必要。

第四十條　（委員會之參加）

執委會可與其他機構建立或由本組織參加的聯合委員會或混合委員會，並可代表本組織參加由其他機構所成立的各種委員會。

第九章　會議

第四十一條　（會議之參加㈠）

衛生大會或執委會可召開地方性的、綜合性的、技術性的、或其他特別會議，商討本組織權限內的任何問題，並可派代表參加國際機構召開的上述各項會議，並在有關政府同意下，參加國家召開的政府的與非政府的上述各種全國性會議。派遣代表的方式應由衛生大會或執委會決定。

第四十二條　（會議之參加㈡）

執委會可規定本組織的代表參加其認爲對本組織有利的各種會議。

第十章　總部

第四十三條　（所在地）

本組織總部的所在地由本組織與聯合國商洽後確定。

第十一章　區域安排

第四十四條　（地區組織之設立）

一、衛生大會應隨時劃定地理區域，按需要設立區組織。

二、衛生大會可就其所劃分的每個區域內多數會員的同意，設立區組織，以適應該區的特殊需要。每個區域只應設一個區組織。

第四十五條　（區域組織之地位）

依據本組織法，每個區組織應是本組織整體組成的一個部份。

第四十六條　（地區組織之組成）

每個區組織應包括區委員會（以下簡稱區委會）和區辦事處。

第四十七條　（非會員之領土或領土）

區委會應由該區域內的會員和準會員的代表組成。區內不能負責處理國際關係而同時又不是準會員的領土或領土群，亦應有代表權，並得參加區委會。上述領土或領土群在區委會內的權利及義務的性質與範圍應由衛生大會與對上述領土或領土　負責國際關係的會員或其他當局以及在該區內的會員國磋商後確定之。

第四十八條　（地區組織之會議）

區委會應視需要隨時召開會議，每次會議地點自行決定。

第四十九條　（議事規則）

區委會應自行制定其議事規程。

第五十條　（地區組織之任務）

區委會的任務如下：

制定純屬區域性問題的管理方針。

監督區辦事處的業務活動。

建議區辦事處召開技術性會議及其他衛生業務方面的工作或調查。這類工作按區委會的意見能在這區域內促進本組織的目的。

與聯合國的各有關區委會，其他專門機構的區委會、以及其他與本組織有共同利益的區域性國際組織進行合作。

通過秘書長，向本組織提出對於比區域性具有更廣泛意義的國際衛生問題的意見。

如本組織總部所撥的區預算經費不足以執行該區任務時，建議有關區域內各會員國政府追加撥款。

其他由衛生大會、執委會、或秘書長可能授予的任務。

第五十一條　（地區辦事處）

依照本組織秘書長的一般性職權，區辦事處應爲區委會的行政機關。此外區辦事處應就本區範圍內執行衛生大會與執委會的決議。

第五十二條　（地區主任之聘任）

區辦事處的主管應爲區主任，由執委會商經區委會同意後聘任之。

第五十三　（職員之聘任）

區辦事處職員應由區主任與秘書長商定辦法聘任之。

第五十四條　（其他地區衛生組織之合併）

由泛美衛生局及泛美衛生會議所代的泛美衛生組織以及在本組織法簽署前即已存在的所有其他政府間的區域性衛生組織，均應在適當時機與本組織合併。此項合併應在有關主管當局通過各有關組織表示相互同意的基礎上，採取共同行動，儘早在可行時實現。

第十二章　預算及開支

第五十五條　（預算編列與審查）

秘書長應編擬並向執委會提出本組織的年度經費預算。執委會應對此項預算進行審查，並連同其認爲適當的任何建議，一併轉送衛生大會。

第五十六條　（預算之分擔）

遵照本組織與聯合國所簽訂協議的原則下，衛生大會應審查並批准預算，並應按照衛生大會所定的比例準則分配由各會員分別承擔經費開支。

第五十七條　（捐贈或遺產之接受）

衛生大會、或由執委會代表衛生大會，可接受並處理送給本組織的捐贈或遺產。但此項捐贈或遺產的附帶條件必須爲衛生大會或執委會所能接受並符合本組織的目的與政策。

第五十八條　（特別基金）

爲應付緊急事項及偶然事故，應設立一項特別基金由執委會酌情使用。

第十三章　表決

第五十九條　（投票權）

每會員在衛生大會中有一票表決權。

第六十條　（表決）

衛生大會對於重要問題的決議須有出席及投票會員的三分之二多數的表

決。此類重要的問題包括：批准公約或協定；依照本組織法第六十九、七十、及七十二條的規定，批准本組織與聯合國及與政府間的組織或機構發生關係的協定；以及本組織法的修改問題。

對於其他問題的決議，包括須經三分之二多數通過的其他各項問題，須經出席及投票的會員半數以上表決通過。

執委會與本組織各委員會對於與上項類似問題的表決，應遵照本條上述兩段執行。

第十四章　各國提交的報告

第六十一條　（年度報告㈠）

每個會員應就其增進本國人民健康所採取的措施與所得的成就向本組織提出年度報告。

第六十二條　（年度報告㈡）

每個會員應就秘書長向其提出的建議以及執行各種公約、協定與規章所採取的措施提出年度報告。

第六十三條　（衛生資訊之提供）

每個會員應就其本國已發表的有關衛生方面的重要法律、規章、官方報告與統計，及時送交本組織。

第六十四條　（統計與流行病學之報告）

每個會員應根據衛生大會所制定的格式，提出有關統計與流行病學的報告。

第六十五條　（其他情報之提供）

在執委會要求下每個會員，應儘可能提供有關衛生的其他情報。

第十五章　法律地位、優惠權、豁免權

第六十六條　（特殊地位）

本組織爲實現其目的與行使其職權，在各個會員國領土內應享有其所必需的法律地位。

第六十七條　（優惠權豁免權）

本組織爲實現其目的與行使其職權，在各個會員國領土內應享有其所必需的優惠權及豁免權。

會員代表、執委會成員以及本組織的技術與行政人員，應同樣享有爲獨立執行本組織的任務所必需的優惠權與豁免權。

第六十八條　（特殊地位等之協議）

此種法律地位、優惠權與豁免權應在經本組織與聯合國秘書長商洽後擬訂，並經各會員間議定的專項協定中明確規定。

第十六章　與其他組織的關係

第六十九條　（與聯合國之關係）

本組織應與聯合國建立關係，成爲聯合國憲章第五十七條中所指的專門機構之一。

本組織與聯合國建立關係的一種或多種協定，應由衛生大會三分之二多數票決通過。

第七十條　（與其他政府組織）

本組織認爲必要時，應與其他政府間的組織建立有效關係，並與其密切合作。與上述組織達成的正式協定必須經衛生大會以三分之二多數票決通過。

第七十一條　（與非政府組織之合作）

本組織可就其職權內的事項採取適當辦法，同非政府的國際組織進行磋商與合作；並經有關政府同意後，亦可與該國的政府的或非政府的全國性組織進行磋商與合作。

第七十二條　（其他國際組織之接收）

經衛生大會三分之二多數票決批准，本組織可接收其目的與業務活動屬於本組織職權範圍內的任何其他國際組織或機構的任務、資源及義務，此項

接收係通過國際協定或經有關雙方當局達成相互可接受的辦法實行之。

第十七章　修正

第七十三條（修正）

對本組織法修正案的全文應由秘書長在衛生大會審議前至少六個月送達各會員。此項修正案經衛生大會以三分之二多數票決通過並由三分之二多數會員依照其各國立法程序批准後，即應生效。

第十八章　解釋

第七十四條（各文本之效力）

本組織法的中文本、英文本、法文本、俄文本及西班牙文本具有同等效力。

第七十五條（問題或爭端之解決）

有關本組織法的解釋或引用而發生的未能通過談判或衛生大會解決的任何問題或爭端，除當事國同意用其他方式解決外，應轉交國際法庭遵照該法庭的法規解決。

第七十六條（諮詢性意見）

經聯合國大會認爲，或經本組織聯合國之間的協定認可，本組織可就其職權範圍內所產生的任何法律問題，請國際法庭提諮詢性意見。

第七十七條（秘書長之代表出席）

由於上述申請諮詢性意見的需要，秘書長可代表本組織出席國際法庭。秘書長並應設法申訴案情，包括對本問題爭執的不同意見。

第十九章　生效

第七十八條（簽署）

依照第三章規定，本組織法應向所有國家公開徵求簽署或接受。

第七十九條（簽署或接受）

一、各國，通過下述方式，可成爲本組織法的成員：

㈠簽署，無保留地接受；

㈡簽署，但須經批准後接受；

㈢接受。

二、本組織法的接受應用正式文件遞交聯合國秘書長存檔後，始能生效。

第八十條（生效日）

本組織法自二十六個聯合國會員國依據第七十九條規定成爲本組織法成員國之日起生效。

第八十一條（登記備案）

依照聯合國憲章第一百零二條聯合國秘書長應將本組織法登記備案，當有一個國家無保留地接受本組織法或有第一個正式接受文件遞交到聯合國。

第八十二條（生效日之通知）

聯合國秘書長將本組織法生效日期通知本組織法的簽訂國。其他國家如成爲本組織法簽訂國時，聯合國秘書長亦將其簽訂日期通知各簽訂國。

下署各國代表，在各該國授權簽署之下，在本組織法上簽字，以照信守。

一九四六年七月二十二日於紐約。中文、英文、法文、俄文、西班牙文各文本組織法各一本，具有同等效力。各正本保存於聯合國檔案庫，副本由聯合國秘書長送交出席大會的各國政府一份。

一九六七年對世界衛生組織組織法第二十四條和二十五條的修正案

一九六七年五月二十三日世界衛生大會通過

一九六七年第二十屆世界衛生大會通過的三十六號決議關於修改組織法案。

第二十四條原文中〈二十四個會員〉改爲三十個會員，其餘照舊。第二十四條修改後的全文如下：

執委會由三十個會員指定的同樣人數組成。衛生大會應考慮到地區的適當分配，選出有權指派人員參加執委會的會員。當選的會員應委派一名具有衛生專業資歷的人員參加執委會，並可指派後補人員及顧問隨同參加。

第二十五條原文〈由十八名成員〉改爲〈二十四名成員〉、〈二十四名成員〉改爲〈三十名成員〉、〈二十個會員〉改爲〈十四個會員〉，其餘照舊。第二十五條修改全文如下：

執委會成員的任期爲三年，連選得連任。但在本組織法經修改後決議執委會由二十四名成員增至三十名成員的規定生效以後的第一屆衛生大會中選出的十四個會員中，其中兩名任期爲一年，兩名爲兩年，均以抽籤方式決定之。

一九七三年對世界衛生組織憲章第三十四條和五十五條的修正案

一九七三年五月二十二日世界衛生大會通過

第三十四條秘書長應編制並向執委會提出本組織財政收支報告及概算。

第三十五條秘書長應編擬並向執委會提出本組織的預算和概算。執委會應對此項預算和概算進行審查，並附上建議，一併提交衛生大會。

一九七六年對世界衛生組織憲章第二十四條和二十五條的修正案

一九七六年五月十七日世界衛生大會通過

第二十九屆世界衛生大會關於憲章第二十四和二十五條修正案的第三十八號決議。

第二十九屆世界衛生大會

一、通過憲章二十四和二十五條下列修正案，中文、英文、法文、俄文和西班牙文的文本具有同等效力：

第二十四條　執委會由三十一個會員國指派的相同數目的人員組成。衛生大會應考慮到均衡的地理分配，選出有權指派一人參加執委會的會員國，但根據第四十四條設立的區域組織各自應至少有三個會員國當選。這些會員國應各指派一名具有衛生專業資歷的人員參加執委會，該人員可由副代表及顧問隨同參加。

第二十五條　這些會員國當選任期爲三年，並可連選連任，但在執委會名額由三十名增至三十一名的組織法生效後舉行的第一次衛生大會上選出的十一名成員中，所增選的一名會員在必要時，其任期將有所縮短，以使各區域組織每年至少有一個會員國當選。

二、決定本決議一式兩份當由第二十九屆世界衛生大會主席世界衛生組織秘書長簽署確證，其中一份當轉給憲章保管人聯合國秘書長，另一份存世界衛生組織檔案庫；

三、決定，會員國根據憲章第七十三條規定通知接受這些修正案，應按憲章第七十九條第二款接受憲章所要求的向聯合國秘書長寄存正式文件方能生效。

（憲章中文本）

八、國際民用航空組織（ICAO）公約

簽署日期：一九四四年十二月七日（芝加哥）
生效日期：一九四七年四月四日

前言

鑒於國際民用航空的未來發展對創造和保持世界各國和人民間的友誼和諒解大有幫助，但其濫用足以威脅普遍安全。

又鑒於有需要避免各國和人民間的摩擦並促進其合作，世界和平有賴於此。

下列簽字各國政府爲此協議若干原則和辦法，使國際民用航空按照安全和有秩序的方式發展，並使國際航空運輸業務能夠建立在機會均等的基礎上，健全地和經濟地經營。

爲此目的締結本公約。

第一部分　空中航行

第一章　公約的一般原則和適用

第一條　（主權）

締約各國承認每一國家對其領土上空具有完全的和排他的主權。

第二條　（領土）

本公約所指一國的領土，應認爲是在該國主權、宗主權、保護或委任統治下的陸地區域及與其鄰接的領水。

第三條　（民用航空器和國家航空器）

一、本公約僅適用於民用航空器，不適用於國家航空器。

二、用於軍事、海關和警察部門的航空器，應認爲國家航空器。

三、一締約國的國家航空器，未經特別協定或其他方式的許可並遵照其規定，不得在另一締約國領土上空飛行或在此領土上降落。

四、締約各國約定在發布關於國家航空器的規章時，對民用航空器的航行安全予以適當的注意。

第四條　（民用航空的濫用）

締約各國同意不使用民用航空於和本公約的宗旨不相符的任何目的。

第二章　在締約國領土上空飛行

第五條　（非航班飛行的權利）

締約各國同意其他締約國一切不從事國際航班飛行的航空器，在遵守本公約規定的條件下，不需事先獲准，有權飛入或飛經其領土而不降停，或作非運輸業務性降停，但飛經國有權令其降落。爲了飛行安全，當航空器所欲飛經的地區不得進入或缺乏適當航行設備時，締約各國保留令其遵照規定航路或獲得特准後方許飛行的權利。

此項航空器如爲取酬或出租而載運客、貨、郵件但非從事國際航班飛行，在遵守第七條規定的情況下，亦有裝卸客、貨或郵件的特權，但裝卸地點所在國家有權規定其認爲需要的規章、條件或限制。

第六條　（航班飛行）

國際航班飛行，非經一締約國特准或給予其他許可並遵守此項特准或許可的條件，不得在該國領土上空飛行或飛入該國領土。

第七條　（國內載運權）

締約各國有權拒絕准許其他締約國的航空器爲取酬或出租在其領土內裝載前往其領土內另一地點的乘客、郵件和貨物。締約各國承允不締結任何協議在排他的基礎上特准任何其他國家或任何其他國家的空運企業享有

任何此項特權，也不向任何其他國家取得任何此項排他的特權。

第八條　（無人駕駛航空器）

無人駕駛而能飛行的航空器，未經一締約國特准並遵守此項特准的規定，不得無人駕駛而在該國領土上空飛行。締約各國承允對此項無人駕駛的航空器在向民用航空器開放的地區內飛行時，一定加以管制，以免危及民用航空器。

第九條　（禁區）

一、締約各國由於軍事需要或公共安全的理由，可以一律限制或禁止其他國家的航空器在其領土內的某些地區上空飛行，但對該領土所屬國從事國際航班飛行的航空器和其他締約國從事同樣飛行的航空器，在這一點上不得有所差別。此種禁區的範圍和位置應當合理，以免空中航行受到不必要的阻礙。一締約國領土內此種禁區的說明及其隨後的任何變更，應儘速通知其他各締約國及國際民用航空組織。

二、在非常情況下，或在緊急時期內，或為了公共安全，締約各國也保留暫時限制或禁止航空器在其全部或部分領土上空飛行的權利並立即生效，但此種限制或禁止應不分國籍一律適用於所有其他國家的航空器。

三、締約各國可以依照其制定的規章，令進入上述第一款或第二款所指地區的任何航空器儘速在其領土內一指定的航站降落。

第十條　（在設關航站降停）

除按照本公約的條款或經特許，航空器可以通過一締約國領土不降停外，每一航空器進入一締約國領土，如該國規章有規定時，應在該國指定的航站降停，以便進行海關和其他檢查。當離開一締約國領土時，此種航空器應從同樣指定的設關航站離去。所有指定的設關航站的詳細情形，應由該國公布，並送交根據本公約第二部分設立的國際民用航空組織，以便通知所有其他各締約國。

第十一條　（空中規章的適用）

在不違反本公約各規定的條件下，一締約國關於從事國際飛行的航空器進入或離開其領土或關於此種航空器在其領土內操作或航行的法律和規章，應不分國籍，適用於所有締約國的航空器，此種航空器在進入或離開該國領土或在其領土內，都應該遵守此項法律和規章。

第十二條　（空中規則）

締約各國承允採取措施以保証在其領土上空飛行或在其領土內運轉的每一航空器及具有其國籍標誌的每一航空器，不論在何地，應遵守當地關於航空器飛行和運轉的現行規章。締約各國約定關於這方面的本國規章，在最大可能範圍內，應與根據本公約隨時制定的規章相一致。在公海上根據本公約制定的規則即為有效的規則。締約各國承允對違反適用規章的一切人員起訴。

第十三條　（入境及放行規章）

一締約國關於航空器的乘客、空勤人員或貨物的入境或離境的法律和規章，如關於入境、放行、移民、護照、海關及檢疫的規章，應由此種乘客、空勤人員或貨物在進入、離開或在該國領土內時遵照執行或由其代表遵照執行。

第十四條　（防止疾病傳播）

締約各國同意採取有效措施防止經由空中航行傳播霍亂、斑疹傷寒（流行性）、天花、黃熱病、鼠疫、以及締約各國隨時規定的其他傳染病。為此，締約各國將與管理航空器？生措施國際規章的有關機構保持密切磋商。此種磋商應不妨礙締約各國所參加的有關此事的任何現行國際公約的適用。

第十五條　（航站費用和類似費用）

締約國對其本國航空器開放的公用航站，在遵守第六十八條規定的情形下，應按統一的條件對所有其他締約國的航空器開放。締約各國航空器使用一切航行設備，包括為飛行安全和便利而可能提供公用的無線電和氣象服務，均應適用此種統一的條件。

一締約國對任何其他締約國的航空器使用此種航站及航行設備可以徵收或准許徵收的任何費率：

一、對不從事國際航班飛行的航空器，應不高於從事同樣飛行的本國同級航空器所繳納的費率。

二、對從事國際航班飛行的航空器，應不高於從事同樣國際航班飛行的本國航空器所繳納的費率。

所有此類費率應予公布，並通知國際民用航空組織，但如一有關締約國提出意見，此項使用航站及其他設備的收費率應由理事會審查。理事會應就此提出報告和建議，供有關的一國或幾國考慮。任何締約國對另一締約國的任何航空器或航空器上所載人員或財物不得僅因給予通過或進入或離去其領土的權利而徵收任何費用、稅款或其他費率。

第十六條　（對航空器的搜查）

締約各國的有關當局有權對其他締約國的航空器在降停或飛離時進行搜查，並查驗本公約規定的証件和其他文件，但應避免不合理的延誤。

第三章　航空器的國籍

第十七條　（航空器的國籍）

航空器具有其登記的國家的國籍。

第十八條　（雙重登記）

航空器在一個以上國家登記不得認爲有效，但其登記可由一國轉移至另一國。

第十九條　（管理登記的國家法律）

航空器在任何締約國登記或轉移登記，應按該國的法律和規章辦理。

第二十條　（標誌的展示）

從事國際飛行的每一航空器應帶有適當的國籍標誌和登記標誌。

第二十一條　（登記的報告）

締約各國承允，如經要求，應將關於在該國登記的任何個別航空器的登記及所有權情況提供給任何另一締約國或國際民用航空組織。此外，締約各國應按照國際民用航空組織制定的規章向該組織報告有關在該國登記的經常從事國際飛行的航空器所有權和控制權的可以提供的適當資料。如經其他締約國要求，國際民用航空組織應將所得到的資料供給其他締約國。

第四章　便利空中航行的措施

第二十二條　（簡化手續）

締約各國同意採取一切可行的措施，通過發布特別規章或其他方法，以便利航空器在締約各國領土間的航行，特別是在執行關於移民、檢疫、海關、放行等法律時防止對航空器、空勤人員、乘客和貨物造成不必要的延誤。

第二十三條　（海關和移民程序）

締約各國承允在可行的情況下，根據本公約隨時制定或建議的措施，訂定有關國際飛行的海關和移民程序。本公約的任何規定不應解釋爲妨礙豁免關稅的航站的設置。

第二十四條　（關稅）

一、航空器到達、離開或飛越另一締約國領土時，如不違反該國海關規章，應准予暫時免納關稅。一締約國的航空器在到達另一締約國領土時所載的燃料、潤滑油、備換零件、正常設備及航空供應品，在該航空器離開該國領土時，如仍留置航空器上，應免納關稅、檢驗費或類似的國家或地方稅款和費用。此種豁免不應適用於卸下的任何數量或物品，但按照該國海關規章須受海關監管的不在此例。

二、運入一締約國領土的備換零件和設備，如爲裝配從事國際飛行的另一締約國的航空器或供其應用，應准予免納關稅，但須遵守有關國家的規章，此種規章可以規定上項物品應受海關監督和管制。

第二十五條　（航空器遇險）

締約各國承允對在其領土內遇險的航空器，在其認爲可行的情況下，採取援助措施，並在本國當局管制下准許該航空器所有人或該航空器登記國的當局採取情況所需的援助措施。締約各國搜尋失蹤的航空器時，應在按照本公約隨時建議的各種協同措施方面進行合作。

第二十六條　（失事調查）

一締約國的航空器如在另一締約國的領土內失事，致有死亡或嚴重傷害或表明航空器或航行設備上有重大技術缺陷時，失事所在地國家應在該國法律許可的範圍內，依照國際民用航空組織建議的程序，著手調查失事情形。航空器登記國應有機會指派觀察員在調查時到場，而主持調查的國家，應將關於此事的報告及判斷，通知航空器登記國。

第二十七條　（不因專利權要求而扣押航空器）

一、一締約國從事國際飛行的航空器，被准許進入或通過另一締約國領土時，不論降停與否，另一締約國，不得以該國名義或以該國任何人的名義，基於航空器的構造、機制、部件、附件或操作有侵犯航空器進入國依法發給或登記的任何專利權、設計或模型的情形，而扣押或扣留該航空器，或對該航空器的所有人或經營人提出任何賠償要求，或進行任何其他干涉。締約各國並同意在任何情況下，航空器進入國對航空器的免予扣押或扣留不需繳付保証金。

二、本條第一款的規定，也適用於一締約國在另一締約國領土內航空器備換部件和備換設備的存儲，以及使用並裝置此項部件和設備以修理航空器的權利，但此項存儲的任何專利零件或設備，不得在航空器進入國國內出售或散發，也不得作爲商品輸出該國。

三、本條的權益只適用於參加本公約並具有下列條件之一的國家：㈠已參加國際保護工業專利權公約及其任何修改案；㈡已經制定專利法，對本公約其他參加國國民的發明予以承認並給予適當保護。

第二十八條　（航行設備和標准制度）

締約各國承允在它認爲可行的情況下：

一、根據本公約隨時建議或制定的標准和措施，在其領土內提供航站、無線電服務、氣象服務及其他航行設備，以便利國際空中航行。

二、採取和實施根據本公約隨時建議或制定的有關通信程序、簡碼、標誌、信號、燈光的標准制度，及其他操作規程和規則。

三、從事國際合作，以便航空地圖、航行圖能按照本公約隨時建議或制定的標准出版。

第五章　航空器應履行的事項

第二十九條　（航空器應備文件）

締約國的每一航空器在從事國際航行時，應按照本公約規定的條件攜帶下列文件：

一、航空器登記証。

二、航空器適航証。

三、每一空勤人員的適當的執照。

四、航空器航行記錄簿。

五、航空器如裝有無線電設備，應攜帶航空器無線台許可証。

六、航空器如載運乘客，應攜帶列有乘客姓名及其登機地與目的地的清單。

七、航空器如載運貨物，應攜帶貨物艙單和詳細的申報單。

第三十條　（航空器無線電設備）

一、各締約國航空器在其他締約國領土內或在其領土上空時，只有在具備該航空器登記國主管當局發給的設置及使用無線電發射設備的許可証時，才可以攜帶此項設備。在一締約國領土上空飛行使用無線電發射設備，應遵守該國所制定的規章。

二、無線電發射設備只准飛行人員中持有航空器登記國主管當局爲此發給的專門執照的人員使用。

第三十一條　（適航証）

凡從事國際航行的每一航空器，應備有該航空器登記國發給或核准的適航証。

第三十二條　（人員執照）

一、從事國際航行的每一航空器駕駛員及空勤組其他成員，應備有該航空器登記國發給或核准的合格証書和執照。

二、每一締約國對其任何國民爲在其領土上空飛行而由另一締約國發給的合格証書和執照，保留拒絕承認的權利。

第三十三條　（承認証書及執照）

登記航空器的締約國發給或核准的適航証和合格証書及執照，其他締約國應認爲有效。但發給或核准此項証書或執照的要求，須相等或高於根據本公約隨時制定的最低標准。

第三十四條　（航行記錄簿）

從事國際航行的每一航空器，應保持一份航行記錄簿，根據本公約隨時規定的格式，記載航空器、空勤人員及每次航行的詳情。

第三十五條　（貨物限制）

一、從事國際航行的航空器，非經一國許可，在該國領土內或在該領土上空時不得載運軍火或作戰武器。至於本條所指軍火或作戰武器的含意，各國應以規章自行確定，但爲求得一致起見，應適當考慮國際民用航空組織隨時所作的建議。

二、締約各國爲了公共秩序和安全，除第一款所列物品外，保留管制或禁止在其領土內或其領土上空載運其他物品的權利。但在這方面，對從事國際航行的本國航空器和從事同樣航行的其他國家的航空器，不得有所差別，也不得對在航空器上爲航空器操作或航行所必要的或爲空勤人員或乘客的安全而必須攜帶和使用的器械施加任何限制。

第三十六條　（照像機）

締約各國可以禁止或管制在其領土上空在航空器內使用照相機。

第六章　國際標准及建議施

第三十七條　（國際標准及程序的採用）

締約各國承允在對航空器、人員、航路及各種輔助服務制定規章、標准、程序及工作組織時，進行合作，凡採用統一辦法而能便利、改進空中航行的事項，盡力求得最高程度的一致。

爲此，國際民用航空組織應就以下項目制定出國際標准及建議措施和程序並按需要隨時修訂：

一、通信系統和助航設備，包括地面標誌。

二、航站和降落地區的特徵。

三、空中規則和空中交通管制辦法。

四、飛行和機務人員執照的發給。

五、航空器的適航性。

六、航空器的登記和識別。

七、氣象資料的收集和交換。

八、航行記錄簿。

九、航空地圖及圖表。

十、海關和移民手續。

十一、航空器遇險和失事調查。

以及隨時認爲適當的有關空中航行安全、正常性及效率的其他事項。

第三十八條　（背離國際標准和程序）

任何國家如認爲對任何上述國際標准和程序，不能在一切方面遵行，或任何國際標准和程序一經修改後，不能使其本國的規章和措施完全符合此項國際標准和程序，或該國認爲有必要在某方面採用不同於國際標准所制定的規章和措施時，應立即將其本國的措施和國際標准所制定的措施之間的差別，通知國際民用航空組織。任何國家如在國際標准修改以後，對其本國規章或措施不作相應修改，應於國際標准修改案通過後六十天內通知理事會，或表明它擬採取的行動。在上述情況下，理事會應立即將國際標准和該國措施間在一項或幾項上存在的差別通知所有其他各國。

第三十九條　（証書及執照的簽注）

一、任何航空器和航空器的部件，在發給証書時，如與現行有關適航或性能方面的國際標准在某個方面有所不符，應在其適航証上簽注或加一附件列舉其不符各點的詳情。

二、任何持有執照的人員如不完全符合所持執照或証書等級的國際標准所規定的條件，應在其執照上簽注或加一附件列舉其不符此項條件的詳情。

第四十條　（簽注証書和執照的效力）

備有此種經簽注的証書或執照的航空器或人員，非經航空器進入國准許，不得參加國際航行，任何此項航空器或任何此項有証書的航空器部件，如在其原發証國以外的其他國家登記或使用，應由輸入此項航空器或航空器部件的國家自行決定能否予以登記或使用。

第四十一條　（現行適航標准的承認）

對於航空器和航空器設備，如其原型在其國際適航標准採用之日起屆滿三年以前的日期送交國家有關機關申請發給証書的，不適用本章的規定。

第四十二條　（合格人員現行標准的承認）

對於人員，如其執照是在此項人員資格的國際標准最初採用之日起滿一年以前的日期發給的，不適用本章的規定，但對於從此項國際標准採用之日起，其執照繼續有效五年的人員，本章的規定都應適用。

第二部分　國際民用航空組織

第七章　組織

第四十三條　（名稱和組成）

根據本公約成立一個定名爲「國際民用航空組織」的組織。該組織由大會、理事會和其他必要的各種機構組成。

第四十四條　（目的）

國際民用航空組織的宗旨和目的在於發展國際航行的原則和技術，並促進國際航空運輸的規劃和發展，以：

一、保証全世界國際民用航空的安全和有秩序的增長。

二、鼓勵爲和平用途的航空器的設計和操作藝術。

三、鼓勵發展供國際民航應用的航路、航站和航行設備。

四、滿足世界人民對安全、正常、有效和經濟的空運的需要。

五、防止因不合理的競爭而造成經濟上的浪費。

六、保証締約各國的權利充分受到尊重，每一締約國具有?航國際航線的均等機會。

七、避免締約各國之間的差別待遇。

八、促進國際航行的安全。

九、普遍促進國際民用航空在各方面的發展。

第四十五條　（永久地址）

本組織的永久地址應由一九四四年十二月七日在芝加哥簽字的國際民用航空臨時協定所設立的臨時國際民用航空組織臨時大會最後一次會議確定。本組織的地址經理事會決議得暫遷他處。

第四十六條　（大會第一次會議）

大會第一次會議應由上述臨時組織的臨時理事會在本公約生效後立即召集。會議的時間和地點由臨時理事會決定。

第四十七條　（法律權力）

本組織在締約各國領土內應享有爲執行其任務所必需的法律權力。凡與有關國家的憲法和法律不相抵觸的，都應承認其完全的法人資格。

第八章　大會

第四十八條　（大會會議和表決）

一、大會由理事會在適當時間和地點每年召開一次。如經理事會召集或經任何十個締約國向秘書長提出要求，可以隨時舉行大會非常會議。

二、所有締約國在大會會議上都有同等的代表權，每一締約國有一票的表決權，締約各國代表可以由技術顧問人員輔助，此項人員可以參加會議，但無表決權。

三、大會會議必須有過半數的締約國構成法定人數。除本公約另有規定外，大會決議應以所投票數的過半數票通過。

第四十九條　（大會的權力和職責）

大會的權力和職責為：

一、在每次會議上選舉大會主席和其他職員。

二、按照第九章的規定，選舉參加理事會的締約國。

三、審查理事會各項報告，對報告採取適當行動，並就理事會向大會提出的任何事項作出決定。

四、決定大會本身的議事規則，並設立其認為必要的或適宜的各種附屬委員會。

五、按照第十二章的規定，表決組織的年度預算，並決定組織的財務安排。

六、審查組織的支出費用，並批准組織的帳目。

七、根據自己的決定，將其職權範圍內的任何事項交給理事會、附屬委員會或任何其他機構處理。

八、賦與理事會為行使本組織職務所必需的或適宜的權力和職權，並隨時撤銷或變更所賦與的職權。

九、執行第十三章的各項有關規定。

十、審議有關變更或修改本公約條款的提案。如大會通過此項提案，則按照第二十一章的規定，將此項提案向各締約國建議。

十一、處理在本組織職權範圍內未經明確指定歸理事會處理的任何事項。

第九章　理事會

第五十條　（理事會的組成和選舉）

一、理事會是向大會負責的常設機構，由大會選出的二十一個締約國組成。大會第一次會議應進行此項選舉，此後每三年選舉一次，當選的理事任職至下屆選舉時為止。

二、大會選舉理事時，應給予下列國家以適當代表：㈠在航空運輸方面占主要地位的各國；㈡未為其他規定所包括但對提供國際民航航行設備作最大貢獻的各國；及㈢未為其他規定所包括但其當選可保証所有世界主要地理區域在理事會中獲得代表的各國。理事會中一有出缺，應由大會儘速補充；如此當選理事的締約國，其任期應為其前任所未屆滿的任期。

三、締約國擔任理事的代表不得同時參與國際航班的經營，或和此項航班發生經濟利害關係。

第五十一條　（理事會主席）

理事會應選舉主席一人，任期三年，連選可以連任。理事會主席無表決權。理事會應從其理事中選舉副主席一人或數人。副主席代理主席時，仍保留其表決權。主席不一定由理事會成員國代表中選出，但如有一名代表當選，其理事席位即認為出缺，應由其所代表的國家另派代表。主席的職責如下：

一、召集理事會、航空運輸委員會及航空技術委員會的會議。

二、充任理事會的代表。

三、以理事會的名義執行理事會委派給他的任務。

第五十二條　（理事會的表決）

理事會的決議應有過半數理事的同意。理事會對任一特定事項可以授權由其理事組成一委員會處理。對理事會任何委員會的決議，有關締約國可以向理事會上訴。

第五十三條　（無表決權參加會議）

任何締約國在理事會及其委員會和專門委員會考慮特別影響該國利益的任何問題時，可以參加會議，但無表決權。理事會成員國在理事會考慮一項爭端而其身爲爭端的一方時，不得參加表決。

第五十四條　（理事會必須履行的職務）

理事會應：

一、向大會提出年度報告。

二、執行大會的指示和履行本公約所加予的任務和職責。

三、決定其組織和議事規則。

四、在理事會各成員國代表中選擇任命一對理事會負責的航空運輸委員會，並規定其職責。

五、按照第十章的規定設立一航空技術委員會。

六、按照第十二章和第十五章的規定管理本組織的財務。

七、決定理事會主席的酬金。

八、按照第十一章的規定，任命一主要行政官員，稱爲秘書長，並規定對其他必要工作人員的任用辦法。

九、徵求、搜集、審查並出版關於空中航行的發展和國際航班經營的資料，包括經營的成本，及以公款給予空運企業補貼等詳細情形的資料。

十、向各締約國報告關於違反本公約及不執行理事會建議或決定的任何情況。

十一、向大會報告關於一締約國違反本公約而經通知後在一合理的期限內仍未採取適當行動的任何情況。

十二、按照本公約第六章的規定，制定國際標准及建議措施；並為便利起見，將此項標准和措施稱爲本公約的附件；並將已經採取的行動通知所有締約國。

十三、考慮航空技術委員會有關修改附件的建議，並按照第二十章的規定採取行動。

十四、考慮任何締約國向理事會提出關於本公約的任何事項。

第五十五條　（理事會可以行使的職務）

理事會可以：

一、在適當的情況下並根據經驗認爲需要的時候，在區域或其他基礎上，設立附屬的航空運輸委員會，並劃分國家或空運企業的組別，以便理事會與之處理有關促進本公約宗旨的實施事項。

二、賦與航空技術委員會以本公約規定以外的職責，並隨時撤銷或變更這種職責。

三、對具有國際意義的航空運輸和航空技術一切方面進行研究，將研究結果通知各締約國，並促進締約國間交換有關航空運輸和航空技術的資料。

四、研究有關國際航空運輸的組織和經營的任何問題，包括在於線上對國際航班採用國際合資和國際合營的問題，並將有關計劃提交大會。

五、根據任何一個締約國的要求，調查對國際航行的發展可能出現本可避免的障礙的任何情況，並在調查後發布其認爲適宜的報告。

第十章　航空技術委員會

第五十六條　（委員會的提名和任命）

航空技術委員會由理事會在締約國提名的人員中任命委員十二人組成。此等人員對航空的科學知識和實踐應具有合適的資格和經驗。理事會應要求所有締約國提名。航空技術委員會的主席由理事會任命。

第五十七條　（委員會的職責）

航空技術委員會應：

一、考慮並向理事會建議本公約附件的制定和修改。

二、成立技術小組委員會，任何締約國如願意參加，都可指派代表。

三、在收集和向各締約國交流其認爲對改進航空技術有必要和有用的一切資料方面，向理事會提供意見。

第十一章　人事

第五十八條（人員的任免）

在符合大會制訂的一切規則和本公約條款的情況下，理事會決定秘書長及本組織其他職員的任免辦法、訓練、薪金、津貼及服務條件，並得雇佣或使用任一締約國國民。

第五十九條（人員的國際性）

理事會主席、秘書長以及其他職員對於履行自己的職務，不得徵求或接受本組織以外任何當局的指示。締約各國承允充分尊重此等人員職務的國際性，並不謀求對其任一國民在執行此項職務時施加影響。

第六十條（人員的豁免和特權）

締約各國承允在其憲法程序允許的範圍內，對本組織理事會主席、秘書長和其他人員，給以其他國際公共組織相當人員所享受的豁免和特權。如對國際公務人員的豁免和特權達成普遍性國際協定時，則給予本組織理事會主席、秘書長及其他職員的豁免和特權，應即爲該項普遍性國際協定所給予的豁免和特權。

第十二章　財政

第六十一條（預算和開支分攤）

理事會應將全部收支的年度預算，年度決算和概算提交大會。大會應對預算連同其認爲應作的修改案進行表決，開除按第十五章規定徵收各國同意繳納的款項外，應將本組織的開支按照隨時決定的分攤辦法在各締約國間分攤。

第六十二條（中止表決權）

任何締約國如在合理期限內，不向本組織履行其財政上的義務時，大會可以中止其在大會和理事會的表決權。

第六十三條（代表團及其他代表的費用）

締約各國應負擔其出席大會的本國代表團的開支，以及由其任命在理事會工作的任何人員及其出席本組織任何附屬委員會或小組委員會的指定人員或代表的報酬、旅費及其他費用。

第十三章　其他國際協議

第六十四條（有關安全的協議）

本組織對於在其權限範圍之內直接影響世界安全的航空事宜，經由大會表決後，可以與世界各國爲保持和平而成立的任何普遍性組織締結適當的協議。

第六十五條（與其他國際機構訂立協議）

理事會可以代表本組織同其他國際機構締結關於合用服務和有關人事的共同安排的協議，並經大會核准後，可以締結其他爲便利本組織工作的協議。

第六十六條（對其他協定的職責）

一、本組織並應根據一九四四年十二月七日在芝加哥訂立的國際航班過境協定和國際航空運輸協定所規定的條款和條件，履行該兩項協定賦予本組織的職責。

二、凡大會和理事會成員國未接受一九四四年十二月七日在芝加哥訂立的國際航班過境協定或國際航空運輸協定的，對根據此項有關協定的條款而提交大會或理事會的任何問題，沒有表決權。

第三部分　國際航空運輸

第十四章　資料和報告

第六十七條（向理事會送交報告）

締約各國約定，各該國的國際空運企業按照理事會規定的要求，向理事會送交運輸報告、成本統計，以及包括說明一切收入及其來源的財務報告。

第十五章　航站及其他航行設備

第六十八條　（航路、航站的指定）

締約各國在不違反本公約的規定下，可以指定任何國際航班在其領土內應遵循的航路和可以使用的航站。

第六十九條　（航行設備的改進）

理事會如認爲某一締約國的航站或其他航行設備，包括無線電及氣象服務，對在現在或籌劃中的國際航班的安全、正常、有效和經濟的經營尚不夠完善時，應與直接有關的國家和影響所及的其他國家磋商，以尋求補救辦法，並得對此提出建議。締約國如不履行此項建議時，並不作違反本公約論。

第七十條　（提供航行設備費用）

一締約國在第六十九條規定所引起的情況下，可以與理事會達成協議，以實施該項建議。該國可以自願擔負任何此項協議所必需的一切費用。該國如不願擔負時，則理事會應該國的請求，可以同意供給全部或一部分費用。

第七十一條　（理事會對設備的供給和維護）

如經一締約國請求，理事會可以同意供給、維護和管理在該國領土內爲其他締約國國際航班安全、正常、有效和經濟的經營所需的任何或所有航站及其他航行設備，並提供所需的人員，此項設備包括無線電和氣象服務。理事會可以規定使用此項設備的公平和合理的費用。

第七十二條　（土地的取得或使用）

經締約國請求由理事會全部或部分提供費用的設備，如需用土地時，該國應自行供給，如願意時可保留此項土地的產權，或根據該國法律，按照公平合理的條件，對理事會使用此項土地給予便利。

第七十三條　（開支和經費的分攤）

理事會在大會根據第十二章撥給理事會使用的經費範圍內，可以從本組織的總經費中爲本章的目的支付經常費用。爲本章的目的所需的基本投資，由理事會按預先同意的比例在一合理期間內，向使用此項設備的空運企業所屬的並同意承擔的締約國徵收。理事會也可以向同意承擔的國家徵收任何必需的周轉金。

第七十四條　（技術援助和收入的利用）

理事會經一締約國的要求爲其墊款、全部或部分供給航站或其他設備時，經該國同意，可以在協議中規定在航站及其他設備的管理和運轉方面予以技術援助；並規定從航站及其他設備的收入中，支付航站及其他設備的業務開支、利息及分期償還費用。

第七十五條　（從理事會接收設備）

締約國可以隨時解除其按照第七十條所擔負的任何義務，償付理事會按情況認爲合理的款額，以接收理事會根據第七十一條和七十二條規定在其領土內設置的航站和其他設備，如該國認爲理事會所定的數額不合理時，可以對理事會的決定向大會上訴，大會可以確認或修改理事會的決定。

第七十六條　（款項的退還）

理事會根據第七十五條收回的款項及根據第七十四條所得的利息和皆期償還款項，如原款是按照第七十三條由各國墊付，應由理事會決定按照各該國原墊款的比例退還各該國。

第十六章　聯營組織和合營航班

第七十七條　（允許聯合經營組織）

本公約不妨礙兩個或兩個以上豐締約國組成航空運輸的聯營組織或國際性的經營機構，以及在任何航線或地區合營航班。但此項組織或機構和合營航班，應遵守本公約的一切規定，包括關於將協定向理事會登記的規定。理事會應決定本公約關於航空器國籍的規定以何種方式適用於國際經營機構所用的航空器。

第七十八條　（理事會的職責）

在任何航線或任何地區理事會可以建議有關締約各國建立聯合組織經營航班。

第七十九條　（參加經營組織）

一國可以通過其政府或由其政府所指定的一家或幾家空運企業，參加聯營組織或合營安排。此種企業可以是國營、部分國營或私營，完全由有關國家自行決定。

第四部分　最後條款

第十七章　其他航空協定和協議

第八十條　（巴黎公約和哈瓦那公約）

締約各國承允，如該國是一九一九年十月十三日在巴黎簽訂的航空公約或一九二八年二月二十日在哈瓦那簽訂的商業航空公約的締約國，則在本公約生效時，立即聲明退出上述公約。在各締約國間，本公約即代替上述巴黎公約和哈瓦那公約。

第八十一條　（現行協定的登記）

本公約生效時，一締約國和任何其他國家間，或一締約國空運企業和任何其他國家或其他國家空運企業間的一切現行航空協定，應立即向理事會登記。

第八十二條　（廢止與本公約抵觸的協議）

締約各國承認本公約，即廢止彼此間所有與本公約條款相抵觸的義務和諒解，並約定不再承擔任何此類義務和達成任何此類諒解。一締約國在成為本組織的成員國以前，曾對某一非締約國或某一締約國的國民或非締約國的國民，承擔了與本公約的條款相抵觸的任何義務，應立即採取步驟，解除其義務。任何締約國的空運企業如已經承擔了任何此類與本公約相抵觸的義務，該空運企業所屬國應以最大努力立即終止該項義務，但無論如何，應在本公約一經生效可以採取合法行動時，終止此種義務。

第八十三條　（新協議的登記）

任何締約國在不違反前條的規定下，可以訂立與本公約各規定不相抵觸的協議，任何此種協議，應立即向理事會登記，理事會應儘速予以公布。

第十八章　爭端和違約

第八十四條　（爭端的解決）

如兩個或兩個以上締約國對本公約及其附件的解釋或引用發生爭議，而不能協商解決時，經任何與爭議有關的一國申請，由理事會裁決。理事會成員國如為爭端的一方，在理事會討論時，不得參加表決。任何締約國可以按照第八十五條，對理事會的裁決向爭端他方同意的專案仲裁法庭或向國際常設法院上訴。在接獲理事會裁決通知後六十天內，應將任何此項上訴通知理事會。

第八十五條　（仲裁程序）

對理事會的裁決上訴時，如爭端任何一方的締約國，未接受國際常設法院的規約，而爭端各方的締約國又不能在仲裁法庭的人選方面達成協議，爭端各方締約國應各指定一仲裁人，再由仲裁人指定一公正人。如爭端任何一方的締約國從上訴之日起三個月內未能指定一仲裁人，理事會主席應代替該國從理事會所記錄的合格和現有的人員名單中，指定一仲裁人。如各仲裁人在三十天內對公証人不能達成協議，理事會主席應從上述名單中，指定一公証人。各仲裁人和該公証人應即聯合組成一仲裁法庭。根據本條或前條組成的任何仲裁法庭，應決定其自已的辦事程序，並以多數票作出裁決。但理事會如認為有任何過分延遲的情形，可以對程序問題作出決定。

第八十六條　（上訴）

除非理事會另有決定，理事會對一國際空運企業的經營是否符合本公約規定的任何裁決，未經上訴撤銷，應仍保持有效。關於任何其他事件，理事會的裁決一經上訴，在上訴裁決以前應暫停生效。國際常設法院和仲裁法庭的裁決，應爲最終的裁決並具有約束力。

第八十七條　（對空運企業不遵守規求的處罰）

締約各國承允，如理事會認爲一締約國的空運企業未遵守根據前條所作的最終裁決時，即不准該空運企業在其領土上空飛行。

第八十八條　（對締約國不遵守規定的處罰）

大會對違反本章規定的任何締約國，應暫停其在大會和理事會的表決權。

第十九章　戰爭

第八十九條　（戰爭和緊急狀態）

如遇戰爭，本公約的規定不妨礙受戰爭影響的任一締約國的行動自由，無論其爲交戰國或中立國。如遇任何締約國宣布其處於緊急狀態，並將此事通知理事會，本原則同樣適用。

第二十章　附件

第九十條　（附件的制定和修改）

一、理事會制定第五十四條第十二款所述附件，應經由爲此目的而召開的理事會會議三分之二的票數通過，然後由理事會將此項附件分送締約各國。任何此種附件或任何附件的修改案，應在分送締約各國後三個月內，或在理事會所規定的較長時期終了時生效，除非在此期間有半數以上締約國向理事會表示反對，則不在此例。

二、理事會應將任何附件或其修改案的生效，立即通知所有締約國。

第二十一章　批准、加入、修改和退出

第九十一條　（公約的批准）

一、本公約應由各簽字國批准。批准書應交存美利堅合眾國政府檔案，該國政府應將交存日期通知各簽字國和加入國。

二、本公約一經二十六個國家批准或加入後，在第二十六件批准書交存以後第三十天起即在各該國間生效。以後每一國家批准本公約，在其批准書交存後第三十天起對該國生效。

三、美利堅合眾國政府應負責將本公約的生效日期通知各簽字國和加入國。

第九十二條　（公約的加入）

一、本公約應對聯合國成員國及與它們聯合的國家以及在此次世界戰爭中保持中立的國家開放，听任加入。

二、加入本公約應以通知書送交美利堅合眾國政府，並從美利堅合眾國政府收到通知書後第三十天起生效，美利堅合眾國政府並應通知締約各國。

第九十三條　（准許其他國家參加）

第九十一條和第九十二條第一款規定以外的國家，在世界各國爲保持和平所設立的任何普遍性國際組織的許可之下，經大會五分之四的票數通過並在大會可能規定的各種條件下，准許參加本公約；但每一請求加入的國家，應以取得在此次戰爭中被其侵入或受其攻擊的國家的同意爲必要條件。

第九十四條　（公約的修改）

一、對本公約所建議的任何修改案，必須經大會三分之二票數通過，並在大會規定的一定數目的締約國批准後，對已經批准的國家開始生效。規定的國家數目應不少於締約國總數的三分之二。

二、如大會由於修改案的性質認爲必要時，可以在其通過的決議案中規定，任何國家在該修改案生效後一定時期內未予批准，即喪失其爲本組織成員國及公約參加國的資格。

第九十五條　（退出公約）

一、任何締約國在公約生效後三年，可以用通知書通知美利堅合眾國政府

退出本公約，美利堅合眾國政府應立即通知各締約國。

二、退出公約從收到通知書之日起一年後生效，並僅對宣告退出的國家生效。

第二十二章　定義

第九十六條　（本公約用語）

一、「航班」指以航空器從事乘客、郵件或貨物的公共運輸的任何定期航班。

二、「國際航班」指經過一個以上國家領土上空的航班。

三、「空運企業」指提供或經營國際航班的任何航空運輸企業。

四、「非運輸業務性停留」指任何目的不在於上下乘客、貨物或郵件的降停。

公約的簽字

下列全權代表經依法授權，各代表其本國政府簽字於本公約，簽字日期列於簽字後。

本公約以英文於一九四四年十二月七日訂於芝加哥。一份以英文、法文、西班牙文三種文字寫成、各種文字具有同等效力的文本，應在華盛頓開放簽字。兩個文本都存放於美利堅合眾國政府檔案，由該政府將經過認証的副本分送簽字於或加入本公約的各國政府。

（公約中文本）

九、國際海事組織（ＩＭＯ）憲章

Convention on the International Maritime Organization

簽署日期：一九四八年三月六日（日內瓦）

生效日期：一九一九五八年三月十七日

第一章　本組織宗旨

第一條　（目的）

本組織的宗旨爲：

一、在與從事國際貿易的航運的各種技術問題有關的政府規章和慣例方面，爲各國政府提供合作機構；並在與海上安全、航行效率和防止及控制船隻對海上污染有關的問題，鼓勵各國普遍採用最高可行的標準；並處理與本條所規定的宗旨有關的行政與法律問題。

二、鼓勵各國政府取消其對從事國際貿易的航運的歧視行爲和不必要的限制，以便在沒有歧視的基礎上增進航運事業對世界貿易的效用；一國政府爲發展本國航運事業並爲安全目的而給予航運業的幫助和鼓勵，如非基於旨在限制其他國家航運業自由參加國際貿易的措施，並不構成歧視行爲；

三、將有關航運業所採取的不正當的限制措施問題，根據第二章規定提交本組織研究；

四、將聯合國的任何機構或專門機構可能委託的有關航運和航運對海洋環境影響的任何問題，提交本組織研究；

五、爲各國政府交流有關本組織所研究的問題的情報。

本公約於一九五八年三月十七日生效。後經一九六四年、一九六五年、一九七四年、一九七五年、一九七七年和一九七九年六次修訂。根據一九七五年修正案的規定，政府間海事協商組織於一九八二年五月二十二日改稱國際海事組織。本公約文本爲六次修訂後的文本。

第二章　職權

第二條　（任務）

爲達到第一章所列各種目的，現將本組織的職權規定如下：

一、對於會員、聯合國的任何機構或專門機構，或其他政府間的組織向本組織提出的第一條一、二、三各款內的問題，或第一條第四款內的問題，除適用第三條的規定外，本組織加以研究，並提出意見；

二、負責公約、協議或其他文件的起草工作，並向各國政府和政府間的組織推薦這些公約、協議或文件；必要時，並召集會議進行討論；

三、爲會員之間進行協商，並爲各國政府交流情報提供機構；

四、履行與本條一、二及三款有關的職權，尤其應履行有海事問題的國際文件所賦予的職權。五、根據需要並按第十章規定，促進本組織宗旨範圍內的合作。

第三條　對於本組織認爲可能通過國際航運業的正常手續處理的問題，本組織將建議按照正常手續處理。當本組織認爲與某些航運業所採取不正當的限制措施有關的任何問題，不可能或者事實已經證明不可能通過國際航運業的正常手續處理，經其中一個會員提出要求，本組織應對此問題加以研究，但須先由有關會員進行直接談判。

第三章　會員資格

第四條　（會員）

根據本公約第三章的規定，一切國家都可取得本組織會員資格。

第五條　（聯合國會員國）

聯合國會員國得按照本公約第七十一條規定，參加本公約，成爲本組織會員。

第六條　（非聯合國會員國）

非聯合國會員國如曾應邀派遣代表出席一九四八年二月十九日在日內瓦召開的聯合國國際海運會議，可根據第七十一條規定參加本公約，成爲本組織會員。

第七條　（前二條以外國家之加入）

根據第五條或第六條不能成爲本組織會員的任何國家，可向本組織秘書長申請加入，其申請經理事會提出建議，並獲得三分之二（不包括聯系會員在內）的會員同意後，可根據第七十一條規定，參加本公約，而被接受爲會員。

第八條　（準會員國）

任何領土或若干領土，如對其國際關係負責的會員或聯合國使其能根據第七十二條規定適用本公約，經該會員或聯合國以書面通知聯合國秘書長後，可成爲本組織聯系會員。

第九條　（準會員國之權利義務）

準會員應享有根據本公約規定會員所享有的權利與義務，惟無表決權，亦無當選爲理事的資格；此外，本公約中〈會員〉一詞，除文中另有規定外，應認爲包括準會員在內。

第十條　（與聯合國大會決議之關係）

任何國家或領土，不得違反聯合國大會決議，成爲或繼續作爲本組織會員。

第四章　組織機構

第十一條　（組成）

本組織設有大會、理事會、海上安全委員會、法律委員會、海上環境保護委員會、技術合作委員會和本組織隨時認爲必須設立的附屬機構，此外，還設有一個秘書處。

第五章　大會

第十二條　（組成）

大會由本組織全體會員組成。

第十三條　（會期）

大會常會每兩年召開一次，臨時會在有三分之一的會員通知秘書長要求召開時，於通知送達六十天後召開；或在理事會認爲必要時，於通知送達六十天後召開。

第十四條　（法定人數）

會員（準會員除外）的大多數構成大會的法定人數。

第十五條　（任務）

大會職權是：

一、在每屆常會召開期間，從會員中（準會員除外）選舉主席一人，副主席二人；主席、副主席的任期至下屆常會召開時爲止；

二、除本公約中另有規定外，決定大會本身的議事規則；

三、必要時，設立任何臨時性附屬機構，或根據理事會建議，設立永久性附屬機構；

四、根據第十七條的規定，選舉理事會理事；

五、接受並審議理事會的報告，並對理事會提出的問題作出決定；

六、批准本組織的工作計劃；

七、根據第十二章規定，通過本組織預算，並對其財務上的安排作出決定；

八、審查本組織開支，並通過帳目；

九、行使本組織的職權，但發生與第二條一、二兩款有關的問題時，大會須將此類問題提交理事會，由理事會提出建議或文件；理事會向大會提出並未被大會接受的建議或文件，須退還理事會，附以大會可能提供的意見，以便理事會重新研究。

十、建議各會員採用有關海上安全，防止及控制船隻對海上污染和出或按國際文件所分配給本組織的有關海洋環境的航行效率的其它問題的規則和準則，或其修正案。

十一、按照第二條五款規定，考慮到發展中國家的特別需要，為促進技術合作，採取其認為合適的任何行動。

十二、對召開任何國際會議，或為通過國際公約或任何國際公約的修正案所應遵循的任何其它適當程序問題作出決定，這些公約和修正案已為海上安全委員會、法律委員會、海上環境保護委員會、技術合作委員會或本組織的其它機構所發展。

十三、將本組織範圍內的任何問題提交理事會研究或作出決定，但本條十款所作出建議的職權，不得賦予理事會。

第六章　理事會

第十六條　（組成）

理事會由大會選出的三十二個理事國組成。

第十七條　（理事之選出）

選舉理事會理事時，大會應遵守以下原則：

一、八個為在提供國際航運服務方面具有最大利關係的國家；

二、八個為在國際海上貿易方面具有最大利害關係的其他國家；

三、十六個不是根據上述一或二款選出的國家，它們在海運和航海方面具有特別利害關係，選它們進入理事會將保證世界所有主要地理地區有代表參加。

第十八條　（任期）

按照第十六條選入理事會的理事，任期到下屆大會常會結束時為止。理事連選得連任。

第十九條　（議事規則）

一、除在公約內另有規定外，理事會選可自主席，並可採用自己的議事規則。

二、理事會的法定人數為二十一人。

三、為了有效地盡其職責，理事會經主席召集或不少於四個理事國提出要求，應隨時通知到達一個月後召開會議。會議地點須視何處便利而定。

第二十條　（任務）

理事會討論對某一會員有特殊關係問題時，應邀請該會員參加，但該會員無表決權。

第二十一條

一、理事會須審議秘書長按海上安全委員會、法律委員會、海上環境保護委員會、技術合作委員會及本組織其它機構的建議而準備的工作計劃草案及預算。理事會據此並顧及本組織總體利益及優先次序，作出本組織的工作計劃和預算，並將他們提交給大會。

二、理事會須接受海上安全委員會、法律委員會、海上環境保護委員會、技術合作委員會和本組織其它機構的報告、提案和建議案，並轉達大會；在大會休會期間，則將這些報告、提案和建議案連同理事會所提意見和建議一交併送交會員參考。

三、對於第二十八、三十三、三十八和四十三條規定範圍以內的問題，理事會只可在聽取海上安全委員會、法律委員會、海上環境保護委員會或技術合作委員會的意見以後，視恰當與否加以研究。

第二十二條　（秘書長之任命）

經大會批准，理事會可任命秘書長。理事會亦可對其他必要人員的任命作出規定，並可決定秘書長及其他人員的任用條件和條款，這種條件和條款應儘量符合聯合國及其專門機構的規定。

第二十三條　對總會之報告

在每屆大會的常會上，理事會須將本組織自前屆常會以來進行的工作向大會提出報告。

第二十四條　財務報告

理事會應將本組織預算草案和財務報表，連同理事會的意見和建議，送交大會。

第二十五條　與其他機關之關係

一、根據本公約第十五章規定，理事會可與其它組織達成有關本組織與其它組織的關係的協議，或作出安排。這種協議或安排須經大會批准。

二、考慮到第十五章的規定以及各委員會依據第二十八、三十三、三十八和四十三條規定與其它組織所保持的關係，理事會在大會休會期間應負責與其它組織進行聯繫。

第二十六條　大會休會中之任務

在大會休會期間，除第十五條十款規定的提出建議的職權外，理事會可行使本組織的一切職權，尤其應協調本組織各機構的活動以及在極爲必要時調整工作計劃以保證本組織有效的運作。

第七章　海上安全委員會

第二十七條　組成

海上安全委員會由所有會員國組成。

第二十八條　任務

一、海上安全委員會應研究本組織範圍內有關助航設備、船舶建造和設備、從安全觀點出發的船員配備、避碰規則、危險貨物操作、海上安全措施和要求、航道測量報告、航海日誌和航行紀錄、海難調查、救助和救生，以及其他對海上安全有直接影響的事宜。

二、海上安全委員會應設立機構，執行本公約、大會或理事會或任何其他國際文件所分配的或應履行的，並爲本組織所接受的，在本條範圍以內的任務。

三、參照第二十五條規定，海上安全委員會可應大會和理事會之請或出於有利於自身工作的考慮，可與其它組織保持密切聯繫，以便進一步促進本組織宗旨的兌現。

第二十九條　（與委員會之關係）

海上安全委員會應向理事會提交：

一、本委員會草擬的有關海上安全的規則或修正海上安全規則的建議；

二、本委員會草擬的建議案或準則；

三、自上屆理事會以來本委員會的工作報告。

第三十條　（委員會之運作）

海上安全委員會每年至少召開一次會議。本委員會每年選舉它的官員，並採用自己的議事規則。

第三十一條　（與本條約抵觸時）

海上安全委員會在執行任何國際公約或其它文件的義務，或根據公約或文件執行其義務時，應符合該公約或文件的有關規定，特別應遵循有關的議事規則，即使該公約或文件與本公約有所違背，但受第二十七條規定的約束。

第八章　法律委員會

第三十二條　（組成）

法律委員會應由所有會員組成。

第三十三條　（任務）

一、法律委員會應審議本組織範圍內的任何法律問題；

二、法律委員會應採取一切必要措施執行本公約、大會或理事會所分配的任務，或任何其它國際文件所賦予的，或是根據該國際文件規定，爲本組織所接受的且在本條規定範圍以內的任務；

三、參照第二十五條規定，法律委員會可應大會和理事會之請，或出於有利於自身工作的考慮，與其它組織保持密切的聯繫，以便進一步促進本組織宗旨的兌現。

第三十四條　（與理事會之關係）

法律委員會應向理事會提交：

一、國際公約草案及本委員會發展的國際公約修正案；

二、自上屆理事會會議以來本委員會的工作報告。

第三十五條　（會期、議事規則）

法律委員會每年至少應舉行一次例會，每年選舉一次官員並採用自己的議事規則。

第三十六條　（執行任務之依據）

法律委員會在行使任何國際公約或文件賦予其職權或根據任何國際公約或文件行使職權時應符合該公約或文件的有關規定，尤其應遵守有關的議事規則，即使該公約或文件與本公約有所違背，但受第三十二條規定的約束。

第九章　海上環境保護委員會

第三十七條　（組成）

海上環境保護委員會應由所有會員組成。

第三十八條　（任務）

海上環境保護委員會應審議本組織範圍內的、有關防止和控制船舶對海上污染的任何事宜，尤其應：

一、行使國際公約賦予或可能賦予本組織、或本組織按照或可能按照國際公約規定的關於防止和控制船舶對海上污染的職權，特別是如這類公約所規定的有關通過和修改規則或其它規定的職權；

二、審議促使上述一款所述公約實施的相應措施；

三、向各國，尤其是發展中國家提供有關防止和控制船舶對海上污染的科學技術及任何其它實用資料，並可適當提出建議以及擬定指導原則；

四、參照第二十五條規定，促進與有關防止和控制船舶對海上污染的區域性組織的合作；

五、參照第二十五條規定，就本組織範圍、任何其它有關有利於防止和控削船舶對海上的污染的問題進行審議並採取適當行動，包括就環境問題和其它國際組織進行合作。

第三十九條　（與理事會之關係）

海上環境保護委員會應向理事會提交：

一、關於防止和控制船舶對海上污染的規定的建議及本委員會所草擬的對這些規定的修正案；

二、本委員會所草擬的建議案和準則；

三、自上屆理事會會議以來本委員會的工作報告。

第四十條　（會期、議事規則）

海上環境保護委員會每年至少舉行一次例會，每年選舉一次官員，並採用自己的議事規則。

第四十一條　（任務執行之依據）

海上環境保護委員會在行使任何國際公約或其它文件賦予的職權或根據任何國際公約或其它文件行使職權時，應符合該公約或文件的有關規定，尤其應遵循有關的議事規則，即使公約或文件與本公約有所違背，但應受本公約第三十七條的約束。

第十章　技術合作委員會

第四十二條　（組成）

技術合作委員會應由所有會員組成。

第四十三條　（任務）

一、技術合作委員會在認爲合適時，應審議本組織宗旨範圍內關於由聯合國有關計劃署資助的，本組織作爲執行或協調機構的任何技術合作項目，或以自願提供給本組織的信用資金資助的任何技術合作項目以及在技術合作領域內與本組織活動有關的事務。

二、技術合作委員會應經常審查秘書處有關技術合作方面的工作。

三、技術合作委員會應執行公約、大會或理事會所分配的任務，或任何其它國際文件所賦予的，或是根據該國際文件規定，爲本組織所接受的且在本條規定範圍以內的任務。

四、參照第二十五條規定，技術合作委員會應大會和理事會之請求，或出於有利於自身工作的考慮，與其它組織保持密切的聯繫，以便進一步促進本組織宗旨的兌現。

第四十四條　（與理事會之關係）

技術合作委員會應向理事會提交。

一、本委員會草擬的建議案；

二、自理事會上屆會議以來本委員會的工作報告。

第四十五條　（會期、議事規則）

技術合作委員會每年至少應召開一次會議，每年選舉一次官員並採用自己的議事規則。

第四十六條　（任務執行之依據）

技術合作委員會在履行由或根據任何國際公約或其它文件賦予的職能時，應符合該公約或文件的有關規定，尤其應遵循有關的議事規則，即使與本是所有公約違背，但應受第四十二條規定的約束。

第十一章　秘書處

第四十七條　（組成）

秘書處由秘書長及本組織認爲必要的人員組成。秘書長爲本組織的行政負責人，並應根據第二十二條規定任命上述人員。

第四十八條　（任務）

秘書處應保存一切爲有效執行本組織任務所必需的紀錄，並應準備、收集、散發本組織的工作所需紀錄、文件、議事日程、議事紀錄和報告。

第四十九條　（與理事會之關係）

秘書處長應準備並向理事會提交每年的財務報表和兩年的預算草案，後者應分別列出每一年的預算。

第五十條　（與會員之關係）

秘書長應將本組織的活動情況隨時於通知各會員。每一會員可指派一名或多名代表與秘書長保持聯繫。

第五十條　（任務之獨立性）

秘書長和秘書處工作人員在執行任務時，不得徵求或接受本組織以外任何政府或政權機關的指示。對於任何有損其國際組織工作人員地位的行動，應予避免。每會員則應對秘書長和秘書處工作人員職務的國際性，予以尊重，並不得在他們執行任務時，企圖施加影響。

第五十二條　（其他任務）

秘書長應承擔本公約、大會或理事會所賦予的任何其他職責。

第十二章　財務

第五十三條　（代表之費用負擔）

每一會員都應負擔其派往本組織召開的會議的代表團的薪金、旅費或和其它費用。

第五十四條　（預算之提交）

理事會應對秘書長提出的財務報表和預算案加以研究，然後連同有關意見和建議一併提交大會。

第五十五條　（大會之預算審查）

一、除適用本組織與聯合國達成的協議外，大會應審查並通過預算案。

二、大會在研究理事會關於分攤費用的建議後，應按其規定比例，將費用分攤於各會員。

第五十六條　（表決權之剝奪）

任何會員，如在應付款之日以後一年內，不履行其對本組織應負的財務義務，則在大會、理事會、海上安全委員會、法律委員會、海上環境保護委員會或技術合作委員會無表決權，除非大會願意放棄此項規定。

第十三章　表決

第五十七條　（表決）

除非本公約或賦予大會、理事會、海上安全委員會、法律委員會、海上環境保護委員會或技術合作委員會職權的任何國際協定中另有規定，下列各項規定應在這些機構進行表決時適用：

一、每一會員有一票。

二、決議需有到會並投票的會員的多數票通過；如決議須由三分之二多數通過，則須由到會會員的三分之二多數通過。

三、在本公約中，「到會並投票的會員」一語意爲「到會並投贊成票或反對票的會員」，放棄投票權的會員被認爲是未投票的會員。

第十四章　總　部

第五十八條　（總部所在）

一、本組織的總部設於倫敦。

二、必要時，經三分之二的多數票通過，大會可以遷移總部地址。

三、如理事會認爲必要，大會可在總部以外的任何地方召開。

第十五章　與聯合國和其他機構的關係

第五十九條　（與聯合國之關係）

根據聯合國憲章第五十七條規定，本組織作爲航運及有關海洋環境的航行效率方面的專門機構，應與聯合國發生關係。這種關係應根據聯合國憲章第六十三條與聯合國達成協議後建立，該協議應根據本公約第二十五條簽訂。

第六十條　（與聯合國專門構之關係）

本組織應與聯合國的任何專門機構在共同關心的問題上進行合作，對這類問題加以研究，並與該專門機構採取一致行動。

第六十一條　（與其他政府間之關係）

本組織在其職權範圍內的問題上，可與其他政府間的組織進行合作。這種組織不是聯合國的專門機構，但其利益和活動與本組織的宗旨有關。

第六十二條　（與非政府性國際組織之關係）

本組織在其職權範圍以內的問題上，可與非政府性的國際組織作出適當的安排，以便進行適當的協商與合作。

第六十三條　（接收、代管）

在得到大會中三分之二的多數票同意後，本組織可根據國際協定或各組織的領導機構間商訂的雙方同意的辦法，接收任何其他政府間或非政府性的國際組織移交本組織的屬於本組織職權範圍內的職權、資源和義務。同樣，本組織可以接收在其職權範圍以內並已按照國際文件的條款委託某一政府代管的任何行政職權。

第十六章　法律地位、特權和豁免

第六十四條　（法律地位、特權、豁免）

賦予本組織或與本組織有關的法律地位、特權和豁免，須根據一九四七年十一月二十一日聯合國大會通過的專門機構的特權與豁免公約產生，並受其約束，但須加以本組織按照總約第三十六款和第三十八款所通過的最後（或修正）附件中的修正。

第五十六條　（未加入上述公約前之關係）
未加入上述公約之前，在與本組織的關係方面，各會員同意採用本公約附件㈡的各項規定。

第十七章　修正案

第六十六條　（修正）
對本公約提出的修正案原文，至少須在提交大會研究前六個月由秘書長送達各會員。修正案須經大會三分之二多數投票贊成，方能通過。每項修正案在本組織三分之二的會員（聯系會員除外）接受十二個月之後，應對所有會員生效。如在此十二個月期間的開頭六十天內，因該修正案而聲明退出本組織，儘管公約第七十三條有規定。這種退出應於該修正案生效之日生效。

第六十七條　（修正案之通知）
根據第六十六條通過的修正案，應由聯合國秘書長保存，並由其將修正案副本立即分送所有會員。

第六十八條　（退出及生效日之通知）
根據第六十六條的聲明或接受，應以正式文件送秘書長交聯合國秘書長保存，秘書長應將收到該項文件一事和修正的生效日期通知各會員。

第十八章　解釋

第六十九條　（解釋及爭端之解決）
在本公約的解釋和運用上，如有任何問題或爭端發生，應提交大會解決，或以爭端各方同意的其他辦法解決。本條規定不得妨礙本組織任何機構解決其行使職權時可能發生的任何問題或爭端。

第七十條　（對國際法院之意見徵詢）
任何不能通過第六十九條規定解決的法律問題，應由本組織按照聯合國憲章第九十六條規定，向國際法院徵詢意見。

第十九章　雜項規定

第七十一條　（簽署簽字和接受）
除適用第三章規定外，本公約應予開放，以便簽字或接受，任何國家都可以按照下列簽字或接受方式成爲本公約締約國：
一、簽字，並對接受無保留；
二、簽字，並對接受作出保留，隨後予以接受；
三、接受。
對本公約的接受，須以文件送交聯合國秘書長保存，方爲有效。

第七十二條　（領土）
一、會員可在任何時間內聲明，他們與在國際關係上由其負責的全部、若干或某一領土共同加入本公約。
二、除已由有關會員國按照本條第一款規定代爲聲明外，本公約不得適用於在國際關係上由該會員負責的領土。
三、根據本條第一款規定所作的聲明，應送交聯合國秘書長，其副本應由聯合國秘書長分送所有應邀出席聯合國海運會議和已成爲會員的其他國家。
四、在根據託管協定聯合國成爲其管理當局的情況下，聯合國可按第七十一條規定的程序代表其代管的某一、若干或全部領土接受本公約。

第七十三條　（退出）
一、任何會員都可書面通知聯合國秘書長，聲明退出本組織，聯合國秘書長接到通知後，應立即通知本組織其他會員和秘書長。退出通知可在本公約生效十二個月後任何時間內提出，在聯合國秘書長收到書面通知後十二個月屆滿時生效。
二、根據第七十二條規定本公約對某一領土或若干領土的適用，可在任何時期由對其國際關係負責的會員以書面通知聯合國秘書長而告終。如果是由聯合國管理的託管領土，則此書面通知應由聯合國提出。聯合國秘書長接到此通知後，應立即通知本組織所有會員和秘書長。在聯合國秘書長收到上述通知後十二個月屆滿時生效。

第二十章　生效

第七十四條　（生效條件）

本公約自有二十一個國家按照第七十一條規定成爲本公約締約國之日起生效。在這二十一國之中，須有七個各擁有不少於一百萬總噸海船。

第七十五條　（生效日之通知）

聯合國秘書長應將每個國家成爲本公約締約國的日期和公約開始生效的日期，通知應邀出席聯合國海運會議的國家，和可能已成爲會員的其他國家。

第七十六條　（文本之分送）

本公約由聯合國秘書長保存。其英文、法文和西班牙文原本具有同等效力，聯合國秘書長應將核證無誤的副本分送應邀出席聯合國海運會議的每一個國家，和可能已成爲會員的其他國家。

第七十七條　（登記）

本公約一經生效，聯合國即有權予以登記。

下列具名的各國政府代表，經正式授權，特簽訂本公約，以昭信守。

（聯合國條約集中文本）

十、世界氣象組織（WMO）公約

Convention on the World Meterological Organization

簽署日期：一九四七年十月十一日（華盛頓）

生效日期：一九五〇年三月二十三日

為了協調、統一和改進世界氣象活動及有關活動，鼓勵各國間有效地交流氣象和有關的情報，用以協助人類各種活動，締約國同意本下列條款：

第一章　設立

第一條　茲設立世界氣象組織（以下稱「本組織」）。

第二章　宗旨

第二條　（目的）

本組織宗旨是：

促進設置站網方面的國際合作，以進行氣象、水文以及與氣象有關的地球物理觀測，促進設置和維持各種中心以提供氣象和與氣象有關的服務；

促進建立和維持氣象及有關情報快速交換系統；

促進氣象及有關觀測的標準化，確保以統一的規格出版觀測和統計資料；

推進氣象學應用於航空、航海、水利、農業和人類其他活動；

促進水文學業務工作活動，增進氣象部門與水文部門間密切合作；

鼓勵氣象及有關領域內的研究和培訓，幫助協調研究和培訓中的國際性問題。

第三章　會員資格

第三條　（會員）

凡符合本公約下列規定者，可成為本組織會員：

凡本公約附件一所列的出席一九四七年九月二二日在華盛頓召開的國際氣象組織局長大會，在本公約上簽字並按第三二條規定批准本公約的國家，或按第三十三條規定加入本公約的國家；

凡設有氣象機構並按第三十三條規定加入本公約的聯合國成員；

完全負責本國國際關係並設有氣象機構的國家，但非本公約附件一所列的國家，又不是聯合國成員，向本組織秘書處申請入會並經本條款規定的三分之二會員同意，按第三十三條規定加入本公約者：

凡設有氣象機構並列入本公約附件二的領地或領地群，按第三十四條　款規定，由負責其國際關係的一國或數國代為援用本公約者，但這些國家須是附件一所列的出席一九四七年九月二二日在華盛頓召開的國際氣象組織局長大會的國家；

凡設有氣象機構而未列入附件二，也不負責其國際關係的領地或領地群，按第三十四條款規定，由負責其國際關係的國家代為援用本公約，並經本條款規定之三分之二會員同意者；

設有氣象機構並受聯合國管理的託管地或託管地群，由聯合國按本公約第三十四條規定援用本公約。

入會申請均須說明根據本條何款申請會員資格。

第四章　機構

第四條　（機關）

本組織組成為：

世界氣象大會（以下稱「大會」）；

執行委員會；

區域氣象協會（以下稱「區協」）；

技術委員會；

秘書處。

本組織設主席一名、副主席三名，分別兼任大會和執行委員會主席和副主席。

第五條　（活動及業務之處理）

本組織活動及事務指導均由本組織會員決定。

通常由大會的屆會作出決定。

但是，在大會休會期間，除本公約規定那些留待大會處理的事項外，如需採取緊急行動時，可由會員以通信投票方式作出決定。此種表決須在秘書長收到多數會員的要求，或執行委員會作出決定後舉行。按本公約第十一、十二條及總規則（下稱〈總則〉）規定進行此種表決。第五章本組織官員及執行委員會委員

第六條　（本組織幹部及執委會委員）

爲本公約之宗旨，只有會員按總則規定委任爲其氣象局局長或水文氣象局局長者，方有資格被選爲本組織主席、副主席、區協主席或按本公約第十三條款⑵項規定，被選爲執行委員會委員。

本組織官員和執行委員會委員，履行職責時，須作爲本組織代表而不得作爲某會員的代表。

第六章　世界氣象大會

第七條　（組成）

大會是會員代表的總集會。因此，它是本組織的最高權力機構。

會員須指派其代表團中一人爲首席代表。此人應是氣象局局長或水文氣象局局長。

爲獲得儘可能廣泛的技術代表性，按總則規定，主席可以邀請氣象局局長或水文氣象局局長或其他人員出席大會並參加討論。

第八條　（任務）

除本公約規定的任務外，大會的表要任務是：

確定總政策以實現第二條規定的本組織宗旨；

就本組織宗旨範圍內事項，向會員提出建議；

向本組織所屬機構提交公約規定的並屬該機構執行的各種事項；

制定本組織各機構的程序條例，特別是本組織的總則、技術規範、財務條例、人事條例；

審議執行委員會的報告和活動，並就此採取適當的行動；

按本公約第十八條規定，設立區域協會，確定其地理界限，協調其活動，審議其建議；

按第十九條規定，設立技術委員會，確定其職責、協調其活動、審議其建議；

設立大會認爲必要的機構；

確定本組織秘書處的地點；

選舉本組織主席、副主席以及除區協主席外的執行委員會委員。大會亦可對與本組織有關的事項採取適當行動。

第九條　（大會決定的執行）

會員須盡力貫徹大會的決定。

會員如無力實施大會通過的技術決議中某些要求時，它須通知秘書長，說明其不能實施是暫時的還是長久的，並陳述其理由。

第十條　（常會）

通常盡可能四年召開一次大會，其地點和日期由執行委員會確定。

執行委員會可以決定召開臨時會。

秘書長收到本組織三分之一會員提出召開臨時會的要求，須進行通信投票。如有簡單多數會員答覆同意，即可召開臨時會。

第十一條　（表決）

在大會每次表決中，每個會員僅有一個投票權。但對下列問題，僅本組織國家會員（下稱〈會員國〉）有權投票和作出決定：

本公約的修改、解釋或訂立新公約的提案：

入會申請；

與聯合國及其它政府間組織的關係；

選舉本組織主席、副主席及區協主席以外的執行委員會委員。

除選舉個人擔任本組織某項職務只需簡單多數票通過外，各項決定須由贊成票和反對票的三分之二多數通過。本款不適用於第三條、第十條　款、第二十五條、第二十六條和第二十八條所作出的決定。

第十二條　（法定人數）

每次會議須有會員代表之半數出席方構成會議的法定人數。在決定第十一條款所列事項時，須有會員國代表之半數出席方構成法定人數。

第七章　執行委員會

第十三條　（組成）

執行委員會包括：

本組織的主席和副主席；

區協主席，當他不能與會時，可按總則規定由其代理人代替與會；

本組織十九個會員的氣象局局長或水文氣象局局長，當他們不能與會時，可由其代理人代替與會，但：

代理人應合乎總則規定；

每一區域在執行委員會中占有的席位，不得多於七個，也不得少於二個，其中包括本組織主席、副主席、區協主席和十九名當選的局長，各區域的執行委員會委員須按總則規定逐一確定。

第十四條　（任務）

執行委員會是本組織的執行機構，就本組織計劃的協調和按大會決定使用預算資財等事向大會負責。

除本公約規定的職能外，執行委員會的主要任務是：

貫徹執行大會的決定或會員以通信方式作出的決定，並根據決定精神指導本組織活動；

審核秘書長編制的下一財務時期的計劃和預算概算，並就此，向大會提出意見和建議；

審議區協和技術委員會的決議和建議，並按照總則規定的程序，代表本組織就上述決議和建議採取行動；

提供本組織活動領域內的技術情報、諮詢和幫助；

研究有關國際氣象和本組織活動的問題，並提出建議；

擬定大會的議程、指導區協和技術委員會擬定其議程；

向大會屆會報告其活動；

按本公約第十一章的規定，管理財務。

執行委員會也可以履行大會或會員集體授予的其它任務。

第十五條　（會期）

執行委員會通常每年至少須召開一屆會議，時間和地點由本組織主席與其他委員磋商後確定。

秘書長收到半數委員提出的要求後，按總則規定之程序，召開執行委員會臨時會。本組織主席和三位副主席同意，亦可召開臨時會。

第十六條　（表決）

執行委員會的決定須由贊成票和反對票三分之二多數通過。每名委員，即使擔任一個以上的職務，也只有一個投票權。

休會期間，執行委員會可用通信方式表決。此種投票須按本公約第十六條款和第十七條之規定進行。

第十七條　（法定人數）

須有三分之二的委員與會方構成執行委員會各次會議的法定人數。

第八章　區域協會

第十八條　（區域協會）

區域協會須由其站網位於或延伸入該區域的本組織會員組成。

本組織會員有權出席其所屬區域以外的區協會議，參加討論並就有關其氣象局或水文氣象局的問題發言，但無表決權。

區協視需召開會議。時間和地點由區協主席徵得本組織主席同意後確定之。

區協職能是：

促進大會和執行委員會決議在本區域內之實施；

審議執行委員會提請注意的事項；

討論具有廣泛利益的事項，協調本區內氣象及有關活動；

就本組織宗旨範圍內的事項，向大會和執行委員會提出建議；

履行大會授予的其它職能。

區協須選出其主席和副主席。

第九章　技術委員會

第十九條　（技術委員會）

大會可以設立若干由技術專家組成的委員會，研究本組織宗旨範圍內的問題，並向大會和執行委員會提出建議；

本組織會員有權派代表參加技術委員會。

各技術委員會須選出其主席和副主席。

技術委員會主席可出席大會和執行委員會的會議，但無表決權。

第十章　秘書處

第二十條　（組成）

秘書長和本組織工作所需的技術和辦事人員組成本組織常設秘書處。

第二十一條　秘書長及人員之任命

大會按其批准之條件任命秘書長。

經執行委員會批准後，秘書長按大會制定之條例規定任命秘書處工作人員。

第二十二條　（任務之獨立性）

秘書長就秘書處的技術和行政工作向本組織主席負責。

秘書長和工作人員在履行其職責時，不得尋求或接受本組織以外任何當局的指示。

他們須禁戒與國際官員身份不相容之行動。本組織會員須尊重秘書長和工作人員職責的專屬國際性，不得影響他們爲本組織履行其職責。

第十一章　財務

第二十三條　（經費）

經執行委員會預先審核並提出建議後，大會在秘書長提出的預算基礎上確定本組織經費最高額。

大會須授權執行委員會在大會確定的範圍內批准本組織年度經費。

第二十四條　（經費分擔）

本組織之經費由大會確定之比例分擔之。

第十二章　與聯合國的關係

第二十五條　（與聯合國之關係）

本組織按聯合國憲章第五十七條規定，與聯合國建立關係。凡屬此種關係之協議須經三分之二會員國批准。

第十三章　與其他組織的關係

第二十六條　（與其他組織之關係）

本組織須與適宜的政府間組織建立有效的關係並緊密合作。與這類組織建立正式協議須由執行委員會決定並由大會或通信方式獲得三分之二會員國的批准。

本組織可與非政府的國際組織，或經有關政府允許，與該國政府的或非政府的組織作出適當安排就本組織宗旨範圍內事項進行磋商和合作。

經三分之二會員國批准，通過各自組織主管當局簽訂國際協定或作出雙方可以接受的安排，本組織可以接受符合本組織宗旨但屬於其它國際組織或機構的宗旨和活動，以及由此轉移過來的職能、資財和義務。

第十四章　法律地位、特權和豁免權

第二十七條　（法律地位，特權及豁免權）

本組織在會員領土上須享有爲實現其宗旨和履行其職能所需的法律權利。

在本公約適用的各會員領土上，本組織須享有爲實現其宗旨和履行其職能所需的特權和豁免權。

本組織會員代表、官員、職員和執行委員會委員須享有同等特權和豁免權，以便獨立地履行其與本組織有關的任務。

在已加入一九四七年十二月二十一日聯合國大會通過的〈專門機構特權和豁免權公約〉的會員國領土上，此種法律權利、特權和豁免權須是該公約所規定的那些法律權利、特權和豁免權。

第十五章　修正

第二十八條　（修正）

秘書長須於大會審議前至少六個月，將本公約修正案文本通知本組織會員。

凡產生新義務的修正案，按本公約第十一條規定，由大會三分之二會員表決批准，並在三分之二會員國表示接受後，方對這些會員國生效。此後，其餘會員國表示接受此修正案時，則對它生效。對於不負責自己國際關係的會員，由負責其國際關係的會員代爲表示接受後，方能對它生效。

其它修正案，須經三分之二會員批准後，方能生效。

第十六章　解釋和爭端

第二十九條　（解釋與爭端解決）

有關本公約解釋和援用的問題和爭端，不能通過協商或大會所解決者，除當事者同意採取其它方式解決外，須提交國際法院院長委派的獨立仲裁員解決。

第十七章　退出

第三十條　（退出）

任何會員得於書面通知本組織秘書長十二個月後退出本組織。秘書長須將此通知立即通告全體會員。

本組織任何不負責自己國際關係的會員得由負責其國際關係之會員或其它當局向本組織秘書長提出書面通知十二個月後退出本組織。秘書長須立即將退出通知書通告全體會員。

第十八章　中止會員資格

第三十一條　（義務之履行）

任何會員如未能對本組織履行其費用分擔義務或本公約規定其它義務，大會可作出決議中止該會員行使和享受作爲本組織會員的權利和特權，直至其履行費用分擔義務和其它義務爲止。

第十九章　批准及加入

第三十二條　（批准）

本公約須由簽字國批准，批准書交存美利堅合眾國政府。該政府應將交存之日期通知各簽字國和加入國。

第三十三條　（加入）

按本公約第三條規定外，加入本公約須將加入書交存美利堅合眾國政府，並於美利堅合眾國政府收到之日起生效。該政府應通知本組織各會員。

第三十四條　（適用領域之宣告）

按本公約第三條條款：

任何締約國均可宣告其對本公約之批准或加入是包括它代負國際關係責任的領地或領地群在內。

會員可以書面通知美利堅合眾國政府宣告本公約可適用於其領地和領地群，並於美利堅合眾國政府收到通知之日起生效。該政府應通知各簽字國和加入國。

聯合國可將本公約適用於其管理的託管地或託管地群。美利堅合眾國政府應將此適用通知全體簽字國和加入國。

第二十章　生效

第三十五條　（生效）

本公約於第三十份批准書或加入書交存後之第三十日起生效。本公約於每一國之批准書或加入書交存後第三十日起對該國生效。

本公約須記載開始簽字之日期，並准許於其後一百二十天內繼續簽字。下列簽字人經各該政府正式授權謹在本公約上簽字以資證明。

一九四七年十月十一日簽字於華盛頓，以英文及法文書就，兩種文本具有同等效力。

本公約之正本存於美利堅合眾國政府之檔案庫。美利堅合眾國應將副本分送全體簽字國和加入國。

簽字國

本公約於一九四七年十月十一日起在華盛頓開始簽字，並准於此後一百二十天內繼續簽字。本公約已由下述各國代表簽字：（簽字代表略）

（聯合國條約集中文本）

十一、國際電信聯盟（ＩＴＵ）公約

Convention on International Telecommunication Union

簽署日期：一九八二年十一月六日（奈洛比）
生效日期：一九八四年一月九日

第一部分　基本條款

序言

爲了以有效的電信業務促進各國人民之間的和平關係、國際合作和經濟、社會的發展，各締約國政府的全權代表在充分承認每個國家均有主權管制其電信和注意到電信對維護各國的和平和社會、經濟發展起著越來越重要作用的同時，同意制訂本公約，作爲國際電信聯盟的基本法規。

第一章　電信聯盟的組成、宗旨和結構

第一條　（電信聯盟的組成）

考慮到普遍性原則地加入電信聯盟的益處，組成國際電信聯盟的會員應是：

附件一所列的任何國家而簽署、批准或加入本公約者；

附件一未列入的任何國家而已成爲聯合國會員並按第四十六條規定加入本公約者；既未列入附件一，又非聯合國會員的主權國家而申請爲電信聯盟會員並在取得三分之二電信聯盟會員同意後按第四十六條規定加入本公約者。

對於第五款的規定，如在兩屆全權代表大會之間有通過外交途徑並經由電信聯盟所在國提出入會申請者時，秘書長應徵詢各電信聯盟會員的意見。如會員在徵詢提出後四個月內未予答覆，應作棄權論。

第二條　（會員的權利和義務）

電信聯盟會員應享有公約所規定的權利，並應履行公約所規定的義務。

在參加電信聯盟的大會、會議和徵詢方面，會員的權利是：

所有會員均有權參加電信聯盟的大會，有資格被選入行政理事會，並有權爲任何常設機構的選任官員提名候選人；

根據第一一七和一七九款的規定，每一會員在電信聯盟的所有大會上，在國際諮詢委員會的所有會議上，以及如屬行政理事國時，在該理事會的各屆會議上，均享有一個表決權；根據第一一七和一七九款的規定，每一會員在所有以通信方式進行的徵詢中，也享有一個表決權。

第三條　（電信聯盟的會址）

電信聯盟的會址設在日內瓦。

第四條　（電信聯盟的宗旨）

電信聯盟的宗旨是：

維護和擴大所有電信聯盟會員之間的國際合作，以改進和合理使用各種電信，以及在電信領域內促進並提供對發展中國家的技術援助。

促進技術設施的發展及其最有效的運營，以提高電信業務的效率，擴大技術設施的用途並盡量使之爲公眾普遍利用；

協調各國的行動，以達上述目的。

爲此，電信聯盟具體地應：

施實無線電頻譜的分配和無線電頻率指配的登記，以防止各國無線電台之間的有害干擾；

協調各種努力，以消除各國無線電台之間的有害干擾和改進無線電頻譜的利用；

借助其所掌握的一切手段，包括通過其參加聯合國的有關計劃和必要時使用本身的資金，鼓勵國際合作，向發展中國家提供技術援助和在發展中國家建立、發展和改進電信設備和網路；協調各種努力，使各種電信設施，

尤其是採用空間技術的電信設施得以和諧地發展，以便充分利用其提供的各種可能性；

促進會員之間的合作，以便制訂盡可能低廉的費率，但在制訂費率時還需注意提供高質量的服務，並使電信的財政保持在獨立和堅實的基礎上；

通過電信業務的合作，促進採取各種保證生命安全的措施；

對各種電信問題進行研究，制訂規則，通過決議，編擬建議和意見，以及收集、出版與電信有關的資料。

第五條　（電信聯盟的結構）

電信聯盟由下列機構組成：

電信聯盟最高權力機構全權代表大會；

各種行政大會；

行政理事會；

電信聯盟的各常設機構，即：

總秘書處；

國際頻率登記委員會（頻登會）；

國際無線電諮詢委員會（無線電諮委會）；

國際電報電話諮詢委員會（報話諮委會）。

第六條　（全權代表大會）

全權代表大會由代表會員國的代表團組成。該大會通常五年召開一次，在任何情況下，兩屆連續的全權代表大會的間隔不得超過六年。

全權代表大會應：

確定電信聯盟應當遵循的總政策，以履行本公約第四條所規定的宗旨；

審議行政理事會關於自上屆全權代表大會以來電信聯盟各機構活動的報告；

在審議下屆全權代表大會召開以前電信聯盟工作的一切有關問題，包括大會和會議計劃以及行政理事會提交的任何中期計劃以後，制訂電信聯盟預算基準和確定電信聯盟經費開支的財務限額；

擬訂有關電信聯盟職員編制的一般指示，必要時制定電信聯盟全體職員的底薪，薪給標準，津貼制度和養恤金制度；

審查電信聯盟帳目，必要時予以最後核准；

選舉組成行政理事會的電信聯盟會員；

選舉秘書長和副秘書長，並確定其就職日期；

選舉國際頻率登記委員會的委員，並確定其就職日期；

選舉各國際諮詢委員會的主任，並確定其就職日期；

在其認爲必要時對公約進行修訂；

必要時締結或修訂電信聯盟與其他國際組織的協定，審查行政理事會代表電信聯盟與這類國際組織所締結的臨時協定，並對之採取其認爲適當的措施；

處理必需處理的任何其他電信問題。

第七條　（行政大會）

電信聯盟的行政大會包括：

世界性行政大會；

區域性行政大會；

行政大會通常應爲審議特種電信問題而召開，只可討論列入議程的問題，其決定必須在所有情況下符合公約的規定。行政大會在通過決議和決定時應考慮到可以預知的財務影響，並應設法避免通過那些可能引起開支超過全權代表大會規定的經費最高限額的決議和決定。

世界性行政大會的議程可以包括：

第六四三款所述各種行政規則的部份修訂；

一種或多種行政規則在特殊情況下的全部修訂；

大會權限內任何其他世界性問題。

區域性行政大會的議程僅限於區域性的特種電信問題，包括向國際頻率登記委員會頒發的關於其在該區域活動而與其他區域的利益不相抵觸的指示在內。此外，這種大會的決定必須在所有情況下符合各種行政規則的規定。

第八條　（行政理事會）

行政理事會由全權代表大會選出的四十一個電信聯盟會員組成，選舉時需適當注意世界所有區域公平分配理事會的席位。除遇有一般規則所述的出缺外，選入行政理事會的電信聯盟會員應任職到全權代表大會選出新的行政理事會之日爲止，並有連選連任的資格。

理事會的每一理事國應指派一人出席理事會，此人可由一名或幾名顧問協助。

行政理事會應採用自行制訂的議事規則。

在兩屆全權代表大會之間，行政理事會在全權代表大會所授予的權限內代行其職權。

行政理事會應採取一切步驟，促進各會員履行公約和各種行政規則的規定以及全權代表大會的決定，並在必要時，促進其履行電信聯盟其他大會和會議的決定；行政理事會應執行全權代表大會所指派的任務。

行政理事會應根據電信聯盟的宗旨每年確定技術援助政策。

行政理事會應確保對電信聯盟工作進行有效的協調，並對電信聯盟各常設機構進行有效的財政監督。

行政理事會應借助其掌握的一切手段，特別是通過電信聯盟參加聯合國的有關計劃，並根據電信聯盟的宗旨（其中一條宗旨是以一切可能的手段促進電信的發展），促進旨在向發展中國家提供技術合作的國際合作。

第九條　（秘書處）

秘書處由秘書長領導，秘書長由一名副秘書長協助。

秘書長和副秘書長在當選時所確定的日期就職，通常任職到下屆全權代表大會所確定的日期爲止。秘書長和副秘書長只有一次連選連任的資格。

秘書長應採取一切必要措施，以確保電信聯盟資金的節省使用。他應對行政理事會負責電信聯盟在行政和財務方面的全部活動。副秘書長應對秘書長負責。

如果秘書長的職位出缺，應由副秘書長接替並任職到下屆全權代表大會所確定的日期爲止。根據第六六款規定，該副秘書長有當選秘書長的資格。在副秘書長接替秘書長的情況下，副秘書長的職位應從接替之日起視爲出缺並應按第六九款的規定辦理。

如果在距下屆全權代表大會召開日期的一百八十天以前遇有副秘書長的職位出缺，行政理事會應任命一名接替人在剩餘的任期內任職。

如果秘書長和副秘書長的職位同時出缺，則由任期最長的選任官員在不超過九十天的時期內履行秘書長的職責；行政理事會應任命一名秘書長。如果這一出缺是距下屆全權代表大會召開日期的一百八十天以前發生的，則還應任命一名副秘書長。由行政理事會任命的官員在其前任官員的剩餘任期內任職，他們在全權代表大會上有當選爲秘書長和（或）副秘書長的資格。

秘書長是電信聯盟的合法代表。

副秘書長應協助秘書長履行職責並執行秘書長交辦的特別任務。在秘書長缺席時，副秘書長履行秘書長的職責。

第十條　（國際頻率登記委員會）

國際頻率登記委員會（頻登會）由全權代表大會選舉的五名具有獨立性的委員組成。這些委員應從電信聯盟會員國提名的候選人中選出，選舉的方式須保證全世界各區域公平分配名額。每一電信聯盟會員只能提名本國國民一人作爲候選人。

國際頻率登記委員會委員應在當選時所確定的日期就職並任職到下屆全權代表大會所確定的日期爲止。

國際頻率登記委員會委員不應代表各自國家或某一區域，而應以國際公共託管物的管理人身份進行工作。

國際頻率登記委員會的基本職責是：

按照無線電規則規定的程序和電信聯盟相關大會可能作出的決定有秩序地紀錄和登

記各國的頻率指配，以保證其得到國際間的正式承認；

按同樣的條件和為同樣的目的，有秩序地紀錄各國指配給地球同步衛星的位置；

向會員提出諮詢意見，以便在可能發生有害干擾的頻帶內開放盡可能多的無線電路和公平、有效、經濟地何用地球同步衛星軌道，在考慮某些國家的特殊地理情況的同時也要考慮那些要求協助的會員的需要和發展中國家的特殊需要；

執行有關頻率的指配和利用以及地球同步衛星軌道的公平利用的任何附加任務，這種任務是按照無線電規則所規定的程序，由電信聯盟相關大會或由行政理事會在獲得電信聯盟會員同意後為籌備這種大會或貫徹其決定而規定的；

在籌備和組織無線電大會的工作中以諮詢方式給予技術性幫助，必要時應與電信聯盟其他常設機構進行合作；在籌備無線電大會時應考慮行政理事會的有關指示。頻登會還應向籌備這種大會的發展中國家提供幫助；

保持與其履行職責有關的重要紀錄。

第十一條　（國際諮詢委員會）

國際無線電諮詢委員會（無線電諮委會）的職責是研究專屬沒有頻率範圍限制的無線電通信的技術和操作問題，並就這類問題印發建議；一般而言，此種研究不應涉及經濟問題，但在比較各種技術方案時，可以考慮經濟因素。

國際電報電話諮詢委員會（報話諮委會）的職責是研究電信業務的技術、操作和資費問題，並就這類問題印發建議；但根據第八三款屬無線電諮委會職權範圍的有關無線電通信的技術或操作問題除外。

每一諮委會在進行研究時，應適當注意研究與發展中國家在區域及國際範圍內建立、發展和促進電信直接有關的問題和編寫這方面的建議。

國際諮詢委員會的成員如下：

所有電信聯盟會員的主管部門（係當然會員）；

經認可的私營電信機構而表示願意參加這些委員會的工作並經認可它的會員核准者。

每一國際諮詢委員會通過下列各項開展工作：

它的全體會議；

它所設立的研究組；

由全權代表大會選舉並根據第三二三款的規定任命的主任。

應設立一個世界性計劃委員會及若干個由各國際諮詢委員會的全體會議聯合批准區域性計劃委員會。這些計劃委員會應擬訂一項國際電信網路總計劃，以利國際電信業務的協調發展，並應將各項與發展中國家有特殊關係且屬各諮詢委員會研究範圍內的問題提交各國際諮詢委員會研究。

區域性計劃委員會可與希望合作的區域性組織進行密切合作。

國際諮詢委員會的工作細則載明在一般規則內。

第十二條　（協調委員會）

協調委員會由秘書長、副秘書長、國際諮詢委員會主任和國際頻率登記委員會主席、副主席組成。協調委員會由秘書長主持，在秘書長缺席時，由副秘書長主持。

協調委員會在涉及一個以上常設機構的行政、財務、技術合作事宜和對外關係及新聞宣傳方面向秘書長提出諮詢意見並給予實際協助。協調委員會在審議時須時時充分考慮到公約的規定、行政理事會的決定和電信聯盟的整體利益。

協調委員會還應審議根據公約委託審議的其他事項和行政理事會向其提出的任何事項，並在審議後通過秘書長向行政理事會提出報告。

第十三條　（電信聯盟的選任官員和職員）

電信聯盟的選任官員和職員在履行職責時，不得尋求或接受任何政府或電信聯盟以外任何其他當局的指示，並應杜絕與其國際官員身份不符的任何行爲。

每一會員應尊重電信聯盟選任官員和職員的絕對國際性，不得設法影響其工作的執行。

電信聯盟的選任官員或任何職員，除作爲其職責外，不得以任何方式參加與電信有關的企業，或享有其他任何財務權益。然而，〈財務權益〉一詞不得解釋爲繼續享受由先前的受雇或服務所產生的離職後的福利。

爲保證電信聯盟有效的工作，任何有本國國民當選爲秘書長、副秘書長、頻率登記委員會的委員或某一國際諮詢委員會的主任的會員國應盡可能避免在兩屆全權代表大會之間召回該人員。

秘書長、副秘書長、國際諮詢委員會的主任和國際頻率登記委員會的委員都應是電信聯盟不同會員國的國民。在選舉時應適當考慮第一 四款所述的原則和世界各區域的按地域公平分配。

在招聘職員和確定服務條件時，應首先考慮使電信聯盟在工作效率、能力、道德諸方面獲得具有最高標準的人員，並應適當注意在盡可能廣泛的地域內招聘職員的重要性。

第十四條　（大會和其他會議工作的安排和討論的進行）

大會以及國際諮詢委員會的全體會議和一般會議在涉及其工作的安排和討論的進行時應採用一般規則內所載的議事規則。

大會、行政理事會和國際諮詢委員會的全體會議及一般會議可以採用其認爲必需的議事規則以外的規則。但是，這種附加議事規則必須與公約相一致，全體會議和研究組所通過的附加議事規則應以決議的形式刊布在全體會議的文件內。

第十五條　（電信聯盟的財務）

電信聯盟的經費開支包括：

行政理事會和電信聯盟各常設機構的費用；

全權代表大會和世界性行政大會的費用；

向發展中國家提供的技術合作和援助的費用。

電信聯盟的經費開支應由其會員所繳納的會費支付。每一會員須繳付一筆與其在下表中所選會費等級的單位數目成比例的金額：

四十單位等級　四單位等級

三五單位等級　三單位等級

三十單位等級　二單位等級

二五單位等級　一又二分之一單位等級

二十單位等級　一單位等級

十八單位等級　二分之一單位等級

十五單位等級　四分之一單位等級

十三單位等級　八分之一單位等級（只適用於聯合國所列的最不發達國家和行政理事會所確定的其他國家）

十單位等級

八單位等級

五單位等級

除第一一一款所列的會費等級以外，任何會員可以選擇高於四十的會費單位數。會員可以自由選擇其攤付電信聯盟經費開支的會費等級。

在本公約有效期內，按照公約選擇的會費等級不得降低。但是，如遇發生自然災害而必須實施國際援助計劃這類特殊情況時，行政理事會在某一會員提出申請並證明不能保持其原來選擇等級的會費時，可以核准該會員降低會費單位等級。

第五十款所述區域性行政大會的費用應由有關區域所有會員，以及必要時由參加大會的其他區域的會員，根據各自認擔的會費單位等級攤付。

會員應預付根據行政理事會所核准的預算算出的每年應攤會費。

對電信聯盟欠款的會員在其欠款額等於或大於其兩個年度應付會費的總額時，應喪失其按第十、十一兩款所規定的表決權。

關於經認可的私營電信機構、科學或工業組織和國際組織認擔會費的規定，載明在一般規則內。

第十六條　（語言）

電信聯盟的正式語文是中文、西班牙文、阿拉伯文、英文、法文和俄文。

電信聯盟的工作語言是西班牙文、英文和法文。

如遇爭議，應以法本文爲準。

全權代表大會和行政大會的各種最後定稿的文件、最後法規、議定書、決議和意見應以電信聯盟的各種正式語言擬具，各種語文本的形式和內容應當相同。

上述大會的所有其他文件應以電信聯盟的工作語言印發。

行政規則所規定的電信聯盟正式公務文件應以六種正式語言印發。

以任何正式語言書寫的向大會和國際諮詢委員會會議提交的提案和文稿應用電信聯盟的工作語印轉達給各會員。

秘書長在履行職責過程中所編制的供普遍分發的所有其他文件應以三種工作語言擬具。

在電信聯盟大會、國際諮詢委員會全體會議、由全體會議核准並列入工作計劃的所有研究組會議和行政理事會會議上，應使用六種正式語言之間互相傳譯的有效系統。

在國際諮詢委員會的其他會議上，應用工作語言進行討論，但要求將某一種工作語言傳譯的會員應至少在九十天前通知他們將參加會議。

如果大會或會議的全體與會者一致同意，則可用少於上文所提到的語言進行討論。

第十七條　（電信聯盟的法律權能）

電信聯盟在其每一會員的領土上享有爲行使其職責和實現其宗旨所必需的法律權能。

第二章　關於電信的一般條款

第十八條　（公眾使用國際電信業務的權利）

各會員承認公眾有使用國際公眾通信業務進行通信的權利。各類通信的服務、資費和保障對於所有用戶均應相同，不得有任何優先或優待。

第十九條　（電信的停止傳遞）

各會員對於可能危及國家安全、違反國家法律、妨害公共治安或有傷風化的私務電報保留停止傳遞的權利，但須立即將停止傳遞這類電報或這類電報一部份的情況通知原發報局。如這種通知可能危及國家安全，則不在此限。

各會員對於可能危及國家安全、違反國家法律、妨害公共治安或有傷風化的任何其他私務電信，也保留予以截斷的權利。

第二十條　（業務的中止）

每一會員保留無限期地中止國際電信業務的權利，或則中止全部業務，或則僅中止某些通信聯絡和（或）某幾種通信的發送，接收或經轉；但必須立即將這類行動通過秘書長通知每一其他會員。

第二十條　（責任）

各會員對國際電信業務的用戶，尤其在賠償損失的要求方面，不承擔任何責任。

第二十二條　（電信的保密）

各會員同意採取與其所使用的電信系統相適應的一切可能措施，以確保國際通信的機密。

但是，各會員保留將這種國際間的通信通知有關當局的權利，以保證其國內法律的實施或其所締結的國際公約的履行。

第二十三條　（電信設備和電路的建立、操作和保護）

各會員應採取必要步驟，保證在最優良的技術條件下建立爲迅速和不間斷地交換國際電信所必需的電路和設備。

對於這些電路和設備，必須盡可能用經實際操作經驗證明屬於最好的方法和程序進行操作，必須經常保持其正常的工作狀態並使之隨著科學技術的進展而得到改進。

各會員應在其管轄權限內保護這些電路和設備。

除另有專門協議制定其他規定外，每一會員應採取必要步驟，以保證維護其所控制的那部分國際電信電路。

第二十四條　（違反規定的通知）

爲便於實施本公約第四十四條的規定，各會員應保證互相通知違反本公約和行政規則及其各種附屬規則規定的事例。

第二十五條　（有關生命安全電信的優先權）

國際電信業務對於有關海上、陸上、空中或外層空間生命安全的一切電信以及世界衛生組織非常緊急的疫情電信，必須給予絕對優先權。

第二十六條　（政務電報和政務電話的優先權）

如發報人要求優先權時，政務電報可在不違反本公約第二十五和三十六條規定的情況下，享有先於其他電報的優先權。政務電話如經特別要求時，也可在可行範圍內給予先於其他電話的優先權。

第二十七條　（密語）

政務電報和公務公電在所有通信聯絡中均可用密語書寫。

在所有國家之間均可受理密語私務電報；但是，預先經由秘書長通知不受理密語私務電報的國家不在此例。

凡不受理發自或發往其本國境內的密語私務電報的會員必須准許密語私務電報過境，但遇有第二十條所規定的業務中止情況時除外。

第二十八條　（費用和免費業務）

有關電信費用和准用免費業務的各種情況的規定載明在本公約各種附屬行政規則內。

第二十九條　（帳目的造送和結算）

國際帳目的結算應視爲經常性事務；在有關各國政府業已就此締結協議時，應按照各有關國家所承擔的現行國際義務辦理；如未締結這種協議且未按第三十一條規定訂立特別協定時，則按照行政規則進行結算。

第三十條　（貨幣單位）

在各會員間沒有訂立特別協議時，用以構成國際電信業務費用和編造國際帳目的貨幣單位爲：

國際貨幣基金組織的貨幣單位，或金法郎，這兩種貨幣單位在行政規則內已有說明，其適用規定載明在電報電話規則附件一內。

第三十一條　（特別協議）

各會員爲本身、爲經其認可的私營電信機構以及其他經正式核准的電信機構保留可以訂立不涉及一般會員的電信事務的特別協議的權利。但是，這種協議在涉及因它的實施而可能對其他國家無線電業務造成有害干擾時，不得與本公約或其各種附屬行政規則的條款相抵觸。

第三十二條　（區域性大會、協議和組織）

爲解決可在區域範圍內處理的電信問題，各會員保留可以召開區域性大會、訂立區域性協議和成立區域性組織的權利。但是，這種協議不得與本公約相抵觸。

第三章　關於無線電的專門條款

第三十三條　（無線電頻道和地球同步衛星軌道的合理使用）

各會員應努力將所使用的頻率數目和頻道寬度限制到爲足以滿意地開放必要業務所需的最低限度；爲此，須盡早採用最新的技術發展成果。

在使用空間無線電的頻道時，各會員應注意，無線電頻率和地球同步衛星軌道是有限的自然資源，必須有效而節省地予以使用，以使各國或國家集團可以依照無線電規則的規定並考慮到發展中國家和個別國家的地理位置的特殊需要，公平地使用無線電頻率和地球同步衛星軌道。

第三十四條　（相互間的通信）

在移動業務中開放無線電通信的電台，在其正常工作範圍內，不論其採用何種無線電系統，均應負有互相交換無線電通信的業務。

然而，為不至阻礙科學進展起見，第一五五款的規定不應阻止使用不能同其他系統進行通信的無線電系統，但是這種系統之所以不能同其他系統進行通信必須是由於其特性所致，而不是因為採用了專用於阻礙相互間通信的裝置的結果。

雖有第一五五款的規定，但仍可根據這種業務的用途或與所採用的系統無關的其他情況，指定某一電台開放有限制的國際電信業務。

第三十五條　（有害干擾）

所有電台，不論其用途如何，在建立和使用時均不得對其他會員，或對經認可的私營電信機構，或對其他經正式核准開辦無線電業務並按照無線電規則經營的電信機構的無線電業務或通信造成有害干擾。

每一會員應負責要求經其認可的私營電信機構和其他經正式核准開辦無線電業務的電信機構遵守第一五八款的規定。

此外，各會員公認，宜應採取一切實際可行的步驟使各種電氣裝置和設備的運轉不致對第一五八款所述的無線電業務或通信造成有害干擾。

第三十六條　（遇險呼叫和通信）

無線電台對於遇險呼叫和通信，不論其發自何處，均有義務絕對優先地予以接收和答覆，並立即採取必要的行動。

第三十七條　（虛假的或欺騙性的遇險信號、緊急信號、安全信號或識別信號）

各會員同意採取必要的步驟，以阻止發送或轉發虛假的或欺騙性的遇險信號、緊急信號、安全信號或識別信號，並共同協助作從各自國家尋找和查明發送這種信號的電台。

第三十八條　（國防業務使用的設備）

各會員對於本國陸、海、空軍的軍用無線電設備保留其完全的自由權。

但是，這種設備必須按照其業務性質，盡可能遵守有關遇險時給予援助和採取防止有害干擾的措施的法定條款以及行政規則內關於應使用的發射方式和頻率的條款。

此外，如果這種軍用設備參加公眾通信業務或本公約各種附屬行政規則所規定的其他業務，則通常必須遵守這類業務所適用的管制性條款。

第四章　與聯合國和國際組織的關係

第三十九條　（與聯合國的關係）

聯合國與國際電信聯盟之間的關係在這兩個組織締結的協定中有明文規定，該協定的文本載於本公約附件三內。

根據上述協定第十六條規定，聯合國辦理電信業務的部門享有本公約及其各種附屬行政規則所規定的權利並承擔其所規定的義務。因而，上述部門有權以顧問身份參加電信聯盟的一切大會，包括國際諮詢委員會的會議。

第四十條　（與各國際組織的關係）

為促進國際間電信事務的全面協調，電信聯盟應與在利益上、活動上有聯繫的各國際組織進行合作。

第五章　公約和規則的實施

第四十一條　（基本條款和一般規則）

如公約第一部分（基本條款，第一至一九四款）與公約第二部分（一般規則，第二　一至六四三款）的條款有矛盾之處時，應以前者為準。

第四十二條　（行政規則）

公約的條款係由管制電信的使用並對全體會員均有約束力的各種行政規則加以補充。

按照第四十五條規定批准本公約或按照第四十六條規定加入本公約意味

著必然接受在批准或加入時有效的各種行政規則。

各會員應將其核准相關行政大會對這類規則所作的修訂通知秘書長，再由秘書長將收到此種核准通知書的情況立即轉告各會員。

如公約與行政規則的條款有矛盾之處時，應以公約為準。

第四十三條　（現行行政規則的有效性）

第一七款所述的行政規則係在本公約簽署時有效的各種行政規則。這類行政規則應視為附屬於本公約的，即使按照第五三款規定對之進行部分修訂，仍應繼續有效，直到相關的世界性行政大會制訂的新規則生效並作為本公約附件予以取代時為止。

第四十四條　（公約和規則的執行）

各會員在其所建立或經營的、參與國際業務或可能對其他國家無線電業務造成有害干擾的所有電信局和電台內，均有義務遵守本公約和各種行政規則的規定，但是，根據第三十八條規定免除這項義務的業務除外。

各會員還有義務採取必要的步驟，責令所有經其批准而建立和經營電信、並參與國際業務或經營可能對其他國家無線電業務造成有害干擾的電台的私營電信機構遵守本公約和各種行政規則的規定。

第四十五條　（公約的批准）

本公約應由各簽字國政府根據各該國家的現行憲法條例予以批准。批准書應當盡快地通過外交途徑並經由電信聯盟所在國政府轉交秘書長收存。秘書長須將每份批准書的交存通知各會員。

自本公約生效之日起兩年內，簽字國政府即使沒有按照第一七七款規定交存批准書，仍可享有第八至十一款所賦予電信聯盟會員的權力。

自本公約生效之日起滿兩年後，簽字國政府如尚未按照第一七七款規定交存批准書，則在其交存該項批准書之前，在電信聯盟的任何大會，行政理事會和電信聯盟各常設機構的任何會議上，或在根據公約的規定進行通信徵詢時，均無權參加表決；但表決權以外的其他權利不受影響。

在本公約按照第五十二條規定生效後，每份批准書自交存秘書長之日起生效。

本公約並不因為一個或幾個簽字國政府不予批准而對業已批准的各國政府減少效力。

第四十六條　（公約的加入）

非本公約簽字國的政府可以隨時按照第一條規定加入本公約。

加入證書應當通過外交途徑並經由電信聯盟所在國政府轉交秘書長收存。除在證書內另有說明外，證書應自交存之日起生效。秘書長須在收到每份加入證書後通知各會員，並將該加入證書的證明無誤的副本送交每一會員一份。

第四十七條　（公約的宣告廢除）

每一業已批准或加入本公約的會員有權宣告廢除本公約。廢除公約的通知書應通知書應當通過外交途徑並經由電信聯盟所在國政府轉交秘書長。秘書長須將這種情況通知其他會員。

廢除公約應自秘書長收到廢除公約通知書之日起屆滿一年後生效。

第四十八條　（一九七三年國際電信公約的廢止）

在各締約國政府之間的關係方面，本公約廢止並取代一九七三年國際電信公約。

第四十九條　（與非締約國的關係）

每一會員為其本身和為經認可的私營電信機構保留其可以與非本公約締約國訂定關於受理來往電信業務的條件的權利。如果從非締約國領土發出的電信業務為某一會員所接受，該會員必須予以傳遞；並且只要該電信業務在某一會員的電信電路上傳遞，則應適用本公約和各種行政規則內必須遵行的條款以及通常的費用。

第五十條　（爭議的解決）

各會員可以通過外交途徑，或按照它們之間為解決國際爭端所訂立的雙邊或多邊條約內規定的程序，或用相互商定的任何其他方法解決它們之間關於本公約或第四十二條所述各種規則的解釋和執行問題的爭議。

如果不採用上述解決方法中的任何一種，則作爲爭端一方的任何會員可以根據情況將該項爭議按照一般規則或任選附加議定書所規定的程序提付仲裁。

第六章　定義

第五十一條　（定義）

在本公約內，除因上下文另有解釋外：

本公約中附件二內所解釋的名詞具有該附件所指定的意義；

第四十二條所述各種規則內所解釋的其他名詞具有各該規則所指定的意義。

第七章　最後條款

第五十二條　（公約的生效日期和登記）

本公約自一九八四年一月一日起，在業已於該日前交存批准書或加入證書的各會員之間生效。

根據聯合國憲章第一百零二條的規定，電信聯盟秘書長應將本公約向聯合國秘書處登記。

第二部份　一般規則

第八章　電信聯盟職能的行使

第五十三條　（全權代表大會）

全權代表大會按照第三四款的規定召開。

如屬可能，全權代表大會的日期和地點由上屆全權代表大會確定；如不可能，則由行政理事會在徵得多數電信聯盟會員同意後予以確定。

在下列情況下，可以變更下屆全權代表大會的日期和地點或二者之一：

在至少有四分之一電信聯盟會員向秘書長個別建議變更時，或者在行政理事會提議時。

在以上任何一種情況下，新日期和新地點或二者之一均須在徵得多數電信聯盟會員同意後方能確定。

第五十四條　（行政大會）

行政大會的議程，如屬世界性行政大會，須徵得多數電信聯盟會員同意，如屬區域性行政大會，須徵得有關區域的多數電信聯盟會員同意，然後由行政理事會予以擬訂，但須符合第二二九款的規定。

這種議程應包括全權代表大會指定列入議程的任何問題。

處理無線電通信的世界性行政大會還可在其議程內列入一項關於向國際頻率登記委員會頒發有關該委員會活動和檢查這類活動的指示的議題。世界性行政大會必要時可在其決定中列入對常設機構的指示和要求。

世界性行政大會的召開應由：

全權代表大會決定（開會的日期和地點也可由其確定）；

上屆世界性行政大會建議並經行政理事會核准；

至少四分之一的電信聯盟會員向秘書長個別要求；或者行政理事會提議。

在第二一二、二一三和二一四各款以及必要時在第二一一款所規定的情況下，開會的日期和地點由行政理事會在徵得多數電信聯盟會員同意後予以確定，但須符合第二二九款的規定。

區域性行政大會的召開應由：

全權代表大會決定；

上屆世界性或區域性行政大會建議並經行政理事會核准；

有關區域內至少四分之一的電信聯盟會員向秘書長個別要求；或者行政理事會提議。

在二一八、二一九和二二一　各款所規定的情況下以及必要時在第二一七款所規定的情況下，開會的日期和地點由行政理事會在徵得有關區域內多數電信聯盟會員同意後予以確定，但須符合第二二五款的規定。

在下列情況下，可以變更行政大會的議程、日期或地點：

如屬世界性行政大會，在至少有四分之一電信聯盟會員提出要求時；如屬區域性行政大會，在有關區域內至少有四分之一電信聯盟會員提出要求時。各會員的要求須向秘書長個別提出，再由秘書長提交行政理事會核准；或者在行政理事會提議時。

在第二二三和二二四款所規定的情況下提出的變更，如屬世界性行政大會，須徵得多數電信聯盟會員同意，方能最後通過，但須符合第二二九款的規定。

全權代表大會或行政理事會可以認爲，在行政大會的主要會議之前宜應召開一期預備會議，以便就大會工作的技術基礎草擬並提交一份報告。

這種預備會議的召開及其議程，如屬世界性行政大會，須徵得多數電信聯盟會員同意；如屬區域性行政大會，須徵得有關區域內多數電信聯盟會員同意，但須符合第二二九的規定。

除行政大會預備會議的全會另有規定外，該全會最後通過的各種文件應收集在一項報告內，此項報告也應由該全會通過並經主席簽署。

電信聯盟會員如在行政理事會規定的期限內尚未答覆第二　七、二二五、二二一、二二五和二二七各款所述的徵詢，則應視爲不參加該徵詢，因而在計算多數時不予計及。

如果答覆的數目未超過被徵詢會員的半數，則需再次進行徵詢，但在第二次徵詢時，無論投票數目多少，其結果具有決定性。

如全權代表大會、行政理事會或以後某一次行政大會草擬和提交技術基礎報的行政大會提出要求，同時行政理事會又在預算方面作了安排，國際無線電諮詢委員會可以在該行政大會之前召開一次行政大會的預備會議。該預備會議的報告應作爲大會的工作文件由無線電諮委會主任通過秘書長提交。

第五十五條　（行政理事會）

行政理事會由全權代表大會選擧的電信聯盟會員組成。

如在兩屆全權代表大會之間遇有行政理事會席位出缺時，缺額應由出缺會員所屬區域上次選舉時未當選會員中得票最多的電信聯盟會員當然塡補。

行政理事會席位在下列情況下應視爲出缺：

在理事國連續兩年不派代表出席行政理事會的年會時；

在電信聯盟會員辭去理事國資格時。

行政理事會理事國派往理事會的人員，應盡可能是在電信主管部門供職、或對該主管部門直接負責，或爲該主管部門直接負責並在電信業務方面具有資格的官員。

行政理事會在每屆年會開始時自行選舉主席和副主席，選舉時要考慮各區域輪換的原則。主席和副主席任職至下屆年會開始時爲止，不得連選連任。在主席缺席時，由副主席履行主席職務。

行政理事會每年在電信聯盟會址舉行一屆年會。

在年會期間，行政理事會可破例決定增開一屆會議。

在例會休會期間，主席可以根據多數理事國的要求召開理事會會議，或按第二六七款的規定發起並召開理事會會議；這種會議通常在電信聯盟會址舉行。

秘書長、副秘書長、國際頻率登記委員會主席和副主席以及國際諮詢委員會主任可以當然地參加行政理事會的討論，但不參加表決。然而，理事會可以召開只限於其理事參加的會議。

秘書長擔任行政理事會的秘書。

行政理事會只在開會期間作出決定。在特殊情況下，理事會也可以在會議期間商定某一具體問題應以通信方式作出決定。

行政理事會每一理事國的代表有權作爲觀察員參加第三一一、三一二和三一三款所述電信聯盟各常設機構的一切會議。

電信聯盟僅負擔行政理事會每一理事國的代表以理事身份出席理事會會議時所花費的旅費、津貼和保險費。

爲了履行公約所規定的職責，行政理事會應進行下列工作，即：

在兩屆全權代表大會之間負責與第三十九和四十條所述各國際組織進行協調，並爲此目的而代表電信聯盟同第四十條所述各國際組織締結臨時協定，以及爲實施聯合國與國際電信聯盟的協定代表電信聯盟同聯合國締結臨時協定。根據第四六款規定，這些臨時協定應提交下屆全權代表大會；

決定如何實施行政大會或國際諮詢委員會關於今後的大會或會議所作的、具有財務影響的決定。行政理事會在決定時應考慮第八十條的規定；

決定如何實施秘書長所提出的關於電信聯盟常設機構的組織機構變化的提案；

審議關於數年內電信聯盟職位和職員的計劃，並對此作出決定；

參照全權代表大會所作的總指示，決定電信聯盟總秘書處和各常設機構專門秘書處的職員人數和級別；參照第一　四款的規定，

核准專業類和專業類以上的職位表。考慮到電信技術和操作的不斷發展，此類職位應由其定期契約可能延長的職員填補，以便雇用最稱職的專家。應聘專家的申請應通過電信聯盟會員提交。職位表由秘書長會同協調委員會提出，並應經常審核；

制訂其認爲電信聯盟行政和財務活動所必需的各種規章；並參照聯合國及各專門機構在實施薪給、津貼和養老共同制度時的現行辦法，制訂各種行政規則；

監督電信聯盟的行政職能，並決定爲使這些職能合理化採取何種適當措施；

審批電信聯盟的年度預算和下一年度預算的估算，審批時須顧及全權代表大會所確定的經費開支限額，既要保證盡可能厲行節約，又要考慮電信聯盟有義務通過召開大會和執行各常設機構的工作計劃儘速獲得令人滿意的成果；行政理事會在審批時還須參考如秘書長所報告的、協調委員會對於第三　二款所述工作計劃和第三　一和三　四款所述各項費用分析結果的意見；

爲秘書長編造的電信聯盟帳目安排年度審計，並在必要時予以核准和提交下屆全權代表大會。

必要時調整：

專業類和專業類以上職員的底薪標準，以便適應聯合國爲共同制度相應類別職員所作的底薪標準的任何變更，但選任職位的薪金不在此例；

總務類職員的底薪標準，以便適應聯合國和電信聯盟所在地的各專門機構所實行的薪給標準的變更；

包括選任職位在內的專業類和專業類以上職員的職位調整津貼，此項調整應按聯合國適用於電信聯盟所在地的決定辦理；

電信聯盟全體職員的各種津貼，此項調整應按聯合國共同制度所作的任何變更辦理；

電信聯盟及其職員付給聯合國職員聯合養恤基金的認擔費，此項調整應按聯合國職員聯合養恤金委員會的決定辦理；

發給電信聯盟職員退休保險基金受益人的生活費用津貼，此項調整應按聯合國慣例辦理。

按照第五十三和五十四條規定，籌備召開電信聯盟全權代表大會和行政大會；

向電信聯盟全權代表大會提出其認爲有用的建議；

檢查和協調電信聯盟常設機構的工作計劃及其進度以驗包括召開會議的時間表在內的工作安排，特別對削減大會和一般會議的數量、會期及其經費採取其認爲適當的行動；

就籌備和組織行政大會時的技術性和其他方面的幫助問題向電信聯盟各

常設機構發出適當的指示；但此類指示如涉及世界性行政大會，則需徵得大多數電信聯盟會員同意；如涉及區域性行政大會，則需徵得該區域大多數電信聯盟會員同意；

根據第一一三款的規定，安排塡補第六九和七〇款所述情況下秘書長和（或）副秘書長職位的空缺，此項補缺可在發生出缺後九十天內所舉行的例會上進行，也可以在

第六九或七款所規定的時期內在主席召集的會議上進行；

安排塡補國際諮詢委員會主任職位的空缺，此項補缺在發生出缺後的第一次例會上進行。按照第三二三款的規定，如此選出的主任任職到下屆全權代表大會確定的日期爲止，並在下屆全權代表大會上有資格被選任該職位；

按照第三一五款的程序，安排塡補國際頻率登記委員會委員職位的空缺；

履行公約爲其規定的其他職責，並在公約和各行政規則的範圍內，履行其認爲對於妥善管理電信聯盟或其各常設機構所必需的職責；

在多數電信聯盟會員同意下，採取必要的步驟，臨時解決公約、各行政規則及其附件內未予規定而又不及等待下次相關的大會解決的各項問題；

提交關於上屆全權代表大會以來電信聯盟各機構活動的報告；

在每屆會議以後儘速將行政理事會活動的簡要紀錄以及其認爲有用的其他文件分送各電信聯盟會員。

作出決定，保證電信聯盟職員按地域公平分配，並監督這類決定的實施。

第五十六條　（秘書處）

秘書長應：

參照第九六款所述協調委員會提出的意見，協調各常設機構的活動，以確保電聯的人員、經費和其他資源得到最有效、最經濟的使用；

按照全權代表大會的指示和行政理事會制定的規則，安排秘書處的工作和任命該秘書處的職員；

爲電信聯盟各常設機構的專門秘書處作行政安排並任命其職員；雖然任免的最後決定權屬於秘書長，但各項任命應以各常設機構最高負責人的選擇和建議爲基礎；

向行政理事會報告聯合國和各專門機構所採取的，對共同制度的服務、津貼和養恤金條件有影響的任何決定；

保證行政理事會所核准的各種財政和行政規章得以貫徹；

向電信聯盟各機構提供法律性意見；

爲行政管理的目的，對電信聯盟總部職員進行監督，以保證人員的最有效使用和共同制度的雇用條件適用於電信聯盟職員。被任命爲直接協助諮詢委員會和國際頻率登記委員會最高負責人的職員應在有關高級官員的直接指令下進行工作，但須遵照行政理事會和秘書長的總的行政指示；

爲電信聯盟的整體利益，在徵得國際頻率登記委員會主席或有關諮詢委員會主任的同意後，根據需要將職員從已任命的職位臨時調任其他工作，以適應總部工作變動的需要。秘書長應將這類臨時性調任及財務影響報告行政理事會；

承擔電信聯盟各種大會會前和會後的秘書工作；

參照任何區域性徵詢的結果，爲第四五　款所述的代表團長第一次會議編寫建議；

爲電信聯盟各種大會提供秘書處，必要時可同邀請國政府進行合作；在電信聯盟各常設機構最高負責人的配合下，爲各常設機構的會議提供設施和服務；在其認爲必要時，根據第二八三款的規定抽調電信聯盟職員。秘書長還可在經要求時以訂立合同的方式爲其他電信會議提供秘書處；

隨時修改根據電信聯盟各常設機構或各主管部門提供的資料所編纂的各種正式表冊，但是，頻率登記總表及與國際頻率登記委員會職責有關的其他重要紀錄除外；

出版電信聯盟各常設機構的主要報告、建議和取材於這類建議的國際電信業務操作須知；

出版有關各方寄達的國際性和區域性電信協定，並適時修改這些協定的紀錄文件；

出版國際頻率登記委員會的技術標準和該委員會在履行職責時編寫的關於頻率的指配和使用的其他資料；

編寫，出版，隨時修改下列資料，必要時由電信聯盟其他常設機構予以協助；

關於電信聯盟的組成和結構的紀錄；

各種行政規則所規定的電信聯盟一般統計和正式公務文件；

各種大會或行政理事會指定編寫的其他文件；

收集並以適宜的形式出版各國和國際上有關世界電信的資料；

在電信聯盟其他常設機構的合作下，匯編並出版對發展中國家特別有用的技術和管理資料，以幫助其改進電信網。還應當使發展中國家注意聯合國主辦的各種國際計劃所提供的各種可能性；

收集並出版對會員有用的關於技術方法新進展的資料，以便最有效地運營電信業務，特別是盡可能好地使用無線電頻率，減少干擾；

利用其所掌握的或所收集的資料，包括從其他國際組織獲得的資料，定期出版一份登載一般電信消息和參考資料的雜誌；

會同有關國際諮詢委員會主任或在必要時會同國際頻率登記委員會主席，確定電信聯盟各種出版物的形式和外觀，在確定時需考慮出版物的性質、內容以及最適宜、最經濟的出版方式；爲及時分發所出版的文件作出安排；

經與協調委員會協商並經過精打細算後，編造並向行政理事會提交第二年的年度預算草案和概算，使電信聯盟經費開支不超過全權代表大會所規定的限額。預算和概算應包括兩種方案，一種方案適用於會費單位的增長爲零的情況，另一種方案適用於在提取儲備金以後會費單位的增長少於或等於第一號附加議定書所規定的限額的情況；預算草案及其載有費用分析的附件經理事會批准後，應寄送全體電信聯盟會員作參考；

在與協調委員會協商後，參考其意見，制定並向行政理事會提交今後工作計劃，以安排按照行政理事會的指示在電信聯盟總部所在地舉行的主要活動；

制訂並向行政理事會提交關於數年內人員招聘、職位重新分類和取消的計劃；

參照協調委員會的意見，編寫並向行政理事會提交關於在行政理事會年會召開前一年內在電信聯盟總部所在地舉行的主要活動的費用分析；編寫費用分析時應特別注意合理安排的成果；

在協調委員會幫助下，編造每年向行政理事會提交的財務管理報告和帳目，並在每屆全權代表大會開會前夕編造簡明帳，這種報告和帳目經行政理事會審批後，應寄發給全體會員並提交下屆全權代表大會審查和最後批准；

在協調委員會的幫助下，編擬電信聯盟活動年度報告，此項報告經行政理事會批准後寄送全體會員；

履行電信聯盟所有其他秘書性職責；

履行行政理事會所委託的任何其他職責。

秘書長或副秘書長應以顧問身份參加電信聯盟的全權代表大會和行政大會以及國際諮詢的委員會全會；他們參加行政理事會的會議時受第二四一和二四二款制約；秘書長或其代表可以顧問身份參加電信聯盟所有其他會議。

第五十七條　（國際頻率登記委員會）

國際頻率登記委員會委員應在無線電技術領域內有相當的造詣，並在頻率的指配和使用方面具有實際經驗。

此外，爲了更有效地了解頻登會所需處理的第七九款所述問題，每一委員須熟悉世界某一區域的地理、經濟和人口狀況。

選舉程序由全權代表大會按照第七三款的規定予以制定。

每次選舉時，頻登會的現任委員可以由其國籍所屬的國家再度提名為候選人。

頻登會委員在其當選的全權代表大會所確定的日期就職，通常一直任職到選舉接任委員的大會所確定的日期為止。

如果頻登會的當選委員在選舉該委員會委員的兩屆全權代表大會之間辭職，棄職或死亡，頻登會主席應要求秘書長請有關區域的電信聯盟會員國在行政理事會的下屆年會上為選舉一名替補委員提出候選人。但是，如果在行政理事會召開年會的九十天以前發生出缺，該委員國籍所屬國的國家應在九十天內儘早指定一名本國國民為替補委員。該替補委員任職到行政理事會所選舉的新委員就職時為止，或在必要時任職到下屆全權代表大會所選舉的頻登會全體新委員就職時為止。在這兩種情況下，替補委員的川旅費均應由其主管部門負擔。如屬適當，替補委員有資格被行政理事會或全權代表大會選為正式委員。

頻登會的工作細則載明在頻登會規則內。

頻登會委員自選主席和副主席各一名，任期為一年。

此後，每年由副主席接任主席，並另選一名新的副主席。

頻登會由一個專門秘書處協助工作。

頻登會委員不得請求或接受任何政府或政府成員、任何公眾組織、私人組織或個人關於行使其本職的指示。此外，每一會員必須尊重頻登會及其委員的職責的國際性，不得企圖影響任何頻登會委員行使其職責。

第五十八條　（國際諮詢委員會）

每一國際諮詢委員會通過以下各項進行工作：

全體會議：以每四年召開一次為宜；如需舉行相關的世界性行政大會時，全體會議在可能條件下應至少在該大會八個月以前舉行；

各研究組：由全體會議建立，處理各項有待研究的問題；

主任：由全權代表大會選舉，在兩屆全權代表大會期間任職；主任有資格在下屆全權代表大會上連選連任。如其職位發生意外出缺，則根據第二六八款的規定，由行政理事會在下屆年會上任命一名新的主任。

協助主任工作的專門秘書處；

電信聯盟設置的實驗室和技術設備。

每一國際諮詢委員會研究並為之印發建議的問題，應是由各該諮詢委員會本身的全體會議所確定的、或在其兩屆全體會議之間至少經二十個電信聯盟會員以通信方式提出或同意的問題，以及由全權代表大會、行政大會、行政理事會、另一國際諮詢委員會或國際頻率登記委員會向其提交的問題。

每一諮詢委員會還可應有關國家的要求，研究其國內的電信問題並提供諮詢意見。對這類問題的研究應按第三二六款的規定進行；如需對幾種技術方案進行比較，可以考慮經濟因素。

第五十九條　協調委員會

協調委員會在第九七款所提及的各項事宜方面協助秘書長並提供諮詢意見，並協助秘書長履行第二七六、二九八、三○一、三○二、三○五和三○六各款中所委託的職責。

協調委員會負責同第三十九和四十條所述各國際組織協調有關電信聯盟各常設機構派遣代表參加這些組織的大會問題。

協調委員會檢查電信聯盟技術合作工作的進展情況，並通過秘書長向行政理事會提交建議。協調委員會應力求取得一致結論；但是，如果主席認為不及等待行政理事會下屆年會而必須對討論中的問題作出緊急決定時，即使沒有得到大多數委員的支持，他也可破例自行作出決定。在這種情況下，他須立即將這些問題，連同他採取這一行動的理由以及委員會其他委員提出的其他書面意見，一並以書面形式報告行政理事會的其他理事。如果問題雖非緊急卻很重要，則應提交行政理事會下屆年會審議。

協調委員會每月至少由其主席召集一次會議；必要時，在兩位委員的要求下也可召集會議。應將協調委員會的工作開展情況寫成報告，此種報告可由行政理事會理事索取。

第九章　關於大會的一般條款

第六十條　（有邀請國政府時）

對於參加全權代表大會的邀請和准許邀請國政府應在取得行政理事會同意後決定大會的確切日期和地點。

邀請國政府應在該日期一年以前向電信聯盟每一會員國政府發出邀請書。

邀請書可直接發送，也可以經秘書長由或另一國政府轉發。

秘書長應按第三十九條的規定，向聯合國發出邀請書；如第三十二條所述的任何區域性電信組織提出要求，秘書長也應向其發出邀請書。

邀請國政府可以在行政理事會的贊同或倡議下，在互惠的基礎上邀請聯合國各專門機構和國際原子能機構派遣觀察員以顧問身份參加大會。

會員的答覆最遲應在距大會開會日期一個月前寄達邀請國政府，並應盡可能包括代表團組成的詳細情況。

會員的答覆可以直接寄送邀請國政府，也可以經由秘書長或另一國政府轉寄。

電信聯盟所有常設機構應派遣代表以顧問身份出席大會。

下列人員准許參加全權代表大會：

附件二所解釋的代表團；

聯合國的觀察員；

符合第三三七款規定的區域性電信組織的觀察員；

符合第三三八款規定的專門機構和國際原子能機構的觀察員。

第六十一條　（有邀請國政府時對於參加行政大會的邀請和准許）

第三三四至三四　款的規定適用於行政理事會。

電信聯盟會員可將所收到的邀請書通知其所認可的私營電信機構。

邀請國政府可在行政理事會的贊同和倡議下，通知願意派遣觀察員以顧問身份參加大會的國際組織。

有關國際組織應在通知之日起兩個月內向邀請國政府提出參加大會的申請書。

邀請國政府應將這類申請書匯總，再由大會自行決定是否准許各該有關組織參加。

下列人員准許參加行政大會：

附件二所解釋的代表團；

聯合國的觀察員；

第三二條所述區域性電信組織的觀察員；

符合第三三八款規定的專門機構和國際原子能機構的觀察員。

按照第三四九至三五一款准予參加的國際組織的觀察員；

經其所屬的會員正式授權的經認可的私營電信機構的代表；

電信聯盟常設機構以顧問身份與會的代表；電信聯盟常設機構只在討論屬其權限以內的問題時派遣代表與會，如屬必要，大會也可邀請本來認爲沒有必要派遣代表與會的常設機構。

電信聯盟會員的觀察員；電信聯盟會員可派遣此種觀察員參加其所屬區域以外的區域性行政大會，但不享有表決權。

第六十二條　（在電信聯盟會員的要求下或在行政理事會的倡議下召開世界性行政大會的程序）

任何電信聯盟會員如希望召開世界性行政大會，應將其希望通知秘書長，同時應建議大會的議程、地點和日期。

秘書長在收到至少四分之一會員的同樣要求後，應以最適當的電信手段通知所有會員，請其難六個星期內表明是否同意該建議。

如果按照第二二九款確定的多數會員同意整個建議，即如果他們接受擬議中的大會的議程、日期和地點，秘書長應以最適當的通信手段通知全體會員。

如果經接受的建議所提出的大會地點係電信聯盟所在地以外的地點時，秘書長應詢問有關國家政府是否同意擔任邀請國政府。

如果答覆是肯定的，秘書長應在徵得有關政府同意後，爲召開大會採取必要的步驟。

如果答覆是否定的，秘書長應請希望召開大會的會員另行建議大會的地點。

如果經接受的建議所提出的大會地點係電信聯盟所在地時，則適用第六十四條的規定。

如果該項建議未經按照第二二九項規定確定的多數會員全部（包括議程、日期和地點）接受時，秘書長應將所收到的答覆通知各電信聯盟會員，並要求它們在收到通知後六個星期內對於有爭議的某一點或某幾點作最後答覆。

這種有爭議之點經按照第二二九款規定確定的多數會員同意後，即應視爲被通過。

如關於召開世界性行政大會的建議是由行政理事會提出時，也應適用上述程序。

第六十三條　（在電信聯盟會員的要求下或在行政理事會的倡議下召開區域性行政大會的程序）

如屬區域性行政大會，第六十二條所述的程序只適用於有關區域的會員。

如果大會是在該區域的會員倡議下召開的，秘書長僅需收到該區域四分之一會員的一致要求即可。

第六十四條　（無邀請國政府時關於召開大會的條款）

在無邀請國政府的情況下召開大會時，應適用第六十和六十一條的規定。

秘書長應在徵得瑞士聯邦政府同意後，採取必要的步驟，在電信聯盟所在地召開並組織該大會。

第六十五條　（各種大會的共同條款）

大會日期或地點的變更，在電信聯盟會員要求或行政理事會提議變更大會日期或地點時，應比照適用第六十二和六十三條的規定。但是，只有在按照第二二九款規定確定的多數相關會員表示贊成時才能作這類變更。

建議變更大會日期或地點的會員有責任爲自己的提案從其他會員獲得必需數目的支持。

發生問題時，秘書長應在第三六二款所述的通知內說明變更日期或地點可能已經引起的財務影響，例如，在原來選定的地點籌備大會時業已支出一筆費用。

第六十六條　（向大會提出提案和報告的時限和條件）

在邀請書發出後，秘書長應立即要求各會員在四個月內向其寄送有關大會工作的提案。

有些提案在通過後必然要對公約或行政規則的原文進行修訂，所有這類提案必須援引需要修訂部分的頁邊款號，並須每次盡可能簡短地說明該提案的原由。

秘書長在收到提案後應隨即分送所有會員。

秘書長應將從各主管部門、行政理事會、國際諮詢委員會全體會議和大會的預備會議（視情況而定）收到的提案和報告進行匯總、整理，並最遲在大會開會四個月以前將其寄達各會員。電信聯盟選任官員沒有提出提案的資格。

第六十七條　（出席大會的代表團的證書）

電信聯盟會員向大會派遣的代表團須按第三八一至三八七款規定正式任命。

出席全權代表大會的代表團應以國家元首、政府首腦或外交部長簽署的證書任命。

出席行政大會的代表團應以國家元首、政府首腦、外交部長或負責該大會所涉問題的部長所簽署的證書任命。

代表團可由有關國家派駐大會所在國政府的外交使團團長臨時任命，但須由第三八一或三八二款所述當權者之一在最後法規簽署以前予以確認。如大會在電信聯盟所在國舉行時，代表團也可由有關國家駐聯合國日內瓦辦事處的常駐代表團團長臨時任命。

應予接受的證書須由第三八一或三八二款所述合適的當權者之一簽署，並須符合下列條件之一：

授予全權；

授權代表團代表本國政府而不受任何限制；

授權代表團或某些團員簽署最後法規。

凡其證書經全體會議審定爲合格的代表團，可行使相關會員的表決權並可簽署最後法規。

凡其證書經全體會議審定爲不合格的代表團，在這種情況得到改變以前不得行使相關會員的表決權或簽署最後法規。

證書應盡早送存大會秘書處，並應委託第四七一款所述的專門委員會進行審查，該委員會在全體會議所規定的時間內將其審查結果向全體會議報告。在全體會議作出決定之前，電信聯盟會員的代表團有權參加大會，並行使相關會員的表決權。

電信聯盟會員按例應盡力派遣自己的代表團出席電信聯盟大會。但是，如某一會員由於特殊原因不派遣自己的代表團時，可以授權另一會員的代表團代其行使表決權和簽署權。這種權力的轉讓須以由第三八一或三八二款所述當權者之一簽署的證書加以確認。

一個享有表決權的代表團可以委託另一享有表決權的代表團在它不能出席的一次或幾次會議上代其行使表決權。在上述情況下，該代表團應及時書面通知大會主席。

一個代表團不得行使一個以上的代理表決權。

不得接受以電報傳遞的證書和權力的轉讓。但是，在大會主席或秘書處要求對證書加以澄清時，可以接受以電報傳遞的答覆。

第十章　關於國際諮詢委員會的一般條款

第六十八條　（參加的條件）

第八七和八八款所述的國際諮詢委員會成員可以參加相關諮詢委員會的全部活動。

經認可的私營電信機構關於參加諮詢委員會工作的任何申請，必須由認可它的會員同意。其申請應由該會員轉送秘書長，再由秘書長通知全體會員和相關諮詢委員會的主任。該諮詢委員會主任應將對該項申請所採取的行動通知經認可的私營電信機構。

經認可的私營電信機構不得代表認可它的會員行事，但在該會員每次特地通知相關諮詢委員會它已授權該私營電信機構代其行事時除外。

同國際電信聯盟協調工作且其活動與之相關的國際組織以及第三十二條所述區域性電信組織，可獲准以顧問身份參加諮詢委員會的工作。

國際組織或第三十二條所述區域性電信組織應將關於參加諮詢委員會工作的第一次申請寄送秘書長，再由秘書長以最適宜的通信手段通知全體會員，並請全體會員表示是否同意該項申請；如果在一個月之內所收到會員答覆中有多數表示同意，則應批准該項申請。秘書長應將徵詢結果通知全體會員和協調委員會委員。

從事電信問題的研究、或設計或製造電信業務所用設備的科學或工業組織，可獲准以顧問身份參加諮詢委員會各研究組的會議，但需經有關國家的主管部門同意。

科學或工業組織關於參加諮詢委員會所屬研究組會議的任何申請，必須由有關國家的主管部門同意。其申請由該主管部門轉送秘書長，再由秘書長通知全體會員和相關諮委員會的主任。該諮詢委員會主任將對該項申請所採取的行動通知該科學或工業組織。

任何獲准參加國際諮詢委員會工作的經認可的私營電信機構、國際組織、區域性電信組織以及科學或工業組織有權向秘書長發出通知，聲明其退出諮詢委員會的工作。這種退出聲明應自秘書長收到通知之日起屆滿一年時生效。

第六十九條　（全體會議的職責）

全體會議應：

審議研究組的報告，並批准、修改或否決報告內所載的建議草案；

審議對原有問題是否應予繼續研究，並將符合第三二六款規定的應予研究的新問題列表，在草擬新問題時需考慮到它們原則上應在兩屆全體會議間隔期的兩倍時間內審議完畢；

批准經過第四〇五款所述的審議而制定的工作計劃，並根據應予研究的各項問題的輕重緩急確定其先後次序，同時應注意使對電信聯盟的資金需求保持在最低限度。

根據第四〇六款所述業經批准的工作計劃，決定是否應當保留或解散原有的研究組和設置新的研究組；

將應予研究的問題分配給各研究組；

審查或批准主任關於上屆全體會議以來諮詢委員會活動的報告；

必要時，批准由主任按照第四三九款規定提出的截至下屆全體會議爲止的諮詢委員會財務需要概算，以便提交行政理事會；

在通過決議和決定時，全體會議應考慮到可以預見到的財務影響，並應設法避免通過可能使開支超過全權代表大會的經費最高限額的決議和決定；

審議世界性計劃委員會的報告，以及屬於第十一條和本章各條款範圍內的任何其他必需審議的問題。

第七十條　（全體會議的召開）

全體會議通常在上屆全體會議所確定的日期和地點召開。

全體會議召開的日期和地點，或二者之一，經答覆秘書長徵詢的多數電信聯盟會員同意後可予變更。

全體會議每次開會時由會議所在國的代表團團長擔任主席，或者，如果會議係在電信聯盟所在地召開時，則由全體會議自行選舉一人擔任主席。主席由全體會議選舉的副主席協助。

秘書長應會同有關諮詢委員會的主任爲全體會議和研究組會議的召開作出必要的行政和財務安排。

第七十一條　（全體會議的語言和表決權）

全體會議使用的語言應爲第十六和七十八條所規定的語言。

研究組的預備文件、全體會議的文件和會議紀錄以及國際諮詢委員會在全體會議結束以後所出的文件，應以電信聯盟的三種工作語言印發。

在諮詢委員會的全體會議上有表決權的會員是第十款所述的會員。但是，如會員未派遣主管部門的代表出席會議時，則該國各經認可的私營電信機構的代表，不論其數目多少，應作爲一個整體享有一個表決權，但須符合第三九七款的規定。

第三九一至三九四款關於權力轉讓的規定適用於全體會議。

第七十二條　（研究組）

全體會議應按需要設置和保留各研究組以處理應予研究的問題。凡願參加研究組工作的主管部門、經認可的私營電信機構以及按照第三九八和三九九款規定獲准參加的國際組織和區域性電信組織，須在全體會議開會期間或會後向有關諮詢委員會的主任報名。

此外，科學或工業組織的專家可以按照第四二一和四二一款的規定獲准以顧問身份參加任何研究組的任何會議。

全體會議通常任命每一研究組的主席和副主席各一名。如屬研究組工作量需要，全體會議應另外任命它認爲在數量上對研究組必需的副主席。在任命主席和副主席時，應特別注意對能力和按地域公平分配的要求以及促進發展中國家更有效地參加研究組活動的必要性。如果在兩屆全體會議之間，某一研究組的主席不能履行其職責而研究組又只有一名副主席，則由該副主席接替主席的職位。如果全體會議曾爲某一研究組任命一名以上的副主席，該研究組應在下次開會時從上述副主席中另選一名主席，並在必要時從研究組成員中另選一名副主席。如果副主席之一在兩屆全體會議之間不能履行其職責，全體會議應以同樣方法另選一名副主席。

第七十三條　（研究組事務的處理）

研究組應盡可能以通信方式處理事務。

但是，全體會議可以對爲研究大量問題而必需召開的研究組會議頒發指示。研究組按例在兩屆全體會議之間不得召開兩次以上會議，包括在該全體會議前召開的末期會議在內。

此外，如果某一研究組的主席在全體會議以後認爲該研究組有必要召開一次或一次以上未經全體會議規定的會議，以便對通信方式無法解決的問題進行口頭討論時，他可以在取得本國主管部門同意並徵詢有關主任和該研究組成員意見後，建議在適當的地點召開會議，但需注意將費用縮減到最低限度。

如屬需要，諮詢委員會全體會議可以設立聯合工作組，以研究需若干研究組的專家一起參加研究的問題。

諮詢委員會主任在徵詢秘書長意見後，可會同各有關研究組的主席爲擬在同一時期、同一地點開會的各研究組擬訂舉行組際會議的總計劃。

主任應將研究組的最後報告寄送各與會的主管部門和諮詢委員會的經認可的私營電信機構；如有國際組織和區域性電信組織與會，則也應寄送。最後報告應盡早發出，無論如何最遲須在下屆全體會議開會日期的一個月以前寄送。本規定只在研究組會議緊接全體會議之前召開時方能免於遵行。凡在以上述方式寄。送的報告內未予包括的問題，不應列入全體會議的議程。

第七十四條　（主任的職責；專門秘書處）

諮詢委員會主任應協調全體會議和各研究組的工作，並負責安排諮詢委員會的工作。

主任應負責諮詢委員會的文件，並與秘書長共同籌劃以電信聯盟的工作語言予以出版。

主任由專業人員組成的秘書處協助。該秘書處在主任的領導下進行工作，並在諮詢委員會工作的安排方面協助主任。

按照第二八二款規定，諮詢委員會的專門秘書處、實驗室和技術設備的工作人員在行政上受秘書長管轄。

主任應在全權代表大會或行政理事會所核准的預算範圍內選用秘書處的技術和管理人員。這種技術和管理人員由秘書長會同主任予以任命，最後的任免權屬於秘書長。

主任享有以顧問身份參加全體會議和研究組會議的當然權利。主任應在第四一六款規定的範圍內爲全體會議和研究組會議進行一切必要的籌備工作。

主任應將本諮詢委員會自上屆全體會議以來的活動報告提交給全體會議。這項報告經批准後報送秘書長，以便轉送行政理事會。

主任應將本諮詢委員會上一年的活動報告在行政理事會年會上提交給行政理事會，供理事會和各電信聯盟會員參考。

主任應在徵詢秘書長意見後將截至下屆全體會議爲止的本諮詢委員會財務需要概算提交全體會議核准；這項財務需要概算經全體會議核准後報送秘書長，以便提交給行政理事會。

主任應根據全體會議所核准的本諮詢委員會財務需要概算，編造本諮詢委員會下一年度的經費開支預算，以便由秘書長列入電信聯盟的年度預算。

主任應根據需要在公約範圍內參加電信聯盟的技術合作活動。

第七十五條　（提交行政大會的提案）

國際諮詢委員會全體會議有權向行政大會提交從其各項建議或其所研究問題的結論直接產生的提案。

諮詢委員會全體會議也可以提出修改各種行政規則的提案。

這種提案應及時報送秘書長，以便按照第三七九款的規定進行匯總、整理和通知。

第七十六條　（各諮詢委員會之間的關係以及與其他國際組織的關係）

諮詢委員會全體會議可以設立聯合研究組對共同關心的問題進行研究並作出建議。

諮詢委員會主任可以協同研究組主席組織兩個諮詢委員會的研究組聯合會議，以對共同關心的問題進行研究並編寫建議草案。這種建議草案應提交給每一諮詢委員會的下次全體會議。

在一諮詢委員會被邀請參加另一諮詢委員會或其他國際組織的會議時，被邀請的諮詢委員會的全體會議或主任有權為派遣代表以顧問身份參加會議作出安排，但須遵照第三二九款的規定。

秘書長、副秘書長、國際頻率登記委員會主席和諮詢委員會主任或他們的代表得以顧問身份參加另一諮詢委員會的會議。如屬必要，諮詢委員會可以邀請自以為無需與會的任何電信聯盟常設機構的代表以顧問身份參加其會議。

第十一章　大會和其他會議的議事規則

第七十七條　（大會和其他會議的議事規則）

席位順序

在大會的各次會議上，各代表團按其所代表國家的法文名稱的字母順序就座。

大會的開幕

在大會的開幕式以前，應舉行一次代表團團長會議，以擬就第一次全體會議的議程，並對大會及其各委員會的組織，主席和副主席提出建議，同時應考慮到輪換原則、按地域公平分配、必需的能力和第四五四款的規定。

代表團團長會議的主席按第四五二和四五三款規定予以確定。

大會由邀請國政府指定一人主持開幕。

如無邀請國政府時，由最年長的代表團團長主持開幕。

大會主席在第一次全會上進行選舉，通常由邀請國政府提名。

如無邀請國政府時，應參照各代表團團長在第四五　款所述會議上的提議選出主席。

第一次全會還應：

選舉若干大會副主席；

設立大會的各委員會，並選舉各該委員會的主席和副主席；

組織大會秘書處，這種秘書處由電信聯盟總秘書處的工作人員組成，必要時還可由邀請國政府的主管部門所提供的人員組成。

大會主席的權力

除行使本議事規則所賦予的其他權力外，大會主席宣布每次全會的開會和閉會，主持辯論，負責議事規則的履行，允許發言人發言，將問題提付表決，以及宣布所通過的決定。

主席對大會的一切工作進行總的領導並對維護全會的秩序負責。主席對程序動議和程序問題進行裁決，特別是有權提議推遲或結束某一問題的討論，或者提議中止會議或休會。主席在認為必要時還可決定推遲全會的召開。

主席有責任保障每個代表團對於討論的問題享有自由和充分發表意見的權利。

主席負責使辯論不超出有關問題的範圍，並可在發言人離題時打斷其發言和要求其將發言限制在所討論問題的範圍以內。

委員會的設立

全會可以設立若干委員會以審議提交大會的各項問題。這種委員會可以另設分委員會。委員會和分委員會可設立工作組。

但是，只在絕對必要時才設立分委員會和工作組。

根據第四六四和四六五款規定，應設立下述委員會：

指導委員會

指導委員會通常由大會或會議的主席和副主席以及各委員會的主席和副主席所組成。大會或會議的主席任該委員會的主席。

指導委員會協調與各項工作順利進行有關的一切問題以及安排會議的順序和次數。考慮到某些代表團人數有限，應盡量避免會議的重疊。

證書審查委員會

證書審查委員會審查各與會代表團的證書，並在全體會議規定的時間內，將審查結果向全體會議報告。

編輯委員會

各委員會在研究了所發表的各種意見後，盡可能以最後確定的形式擬就文本，並將文本送交編輯委員會。編輯委員會負責潤色文字而不改變其含義，需要時應與未作更改的原來文本進行對照。

編輯委員會將編輯過的文本提交全體會議審批，或送回相關委員會作進一步的審議。

預算控制委員會

在每屆大會或大會議開始時，應由全會設立一個預算控制委員會，以確定爲代表們服務的組織機構和設施，並審查和核准整個大會或會議期間所需費用的帳目。除自願參加的代表團成員外，這個委員會應包括秘書長的代表一名；如有邀請國政府時，還應包括該政府的代表一名。

在經行政理事會核准的大會或會議預算經費用完以前，預算控制委員會應協同大會或會議的秘書處向全會提出一份臨時性的開支清單。全會應根據此清單考慮按照當時的進度是否宜於在所核准的預算經費用完之日以後延長大會或會議。

在每屆大會或會議結束時，預算控制委員會應向全會提出一項報告，盡可能精確地列明該大會或會議總支出的估計數字以及爲執行該大會或會議作出的決定所需的費用估算。

這項報告經全會審批後，應連同全會的批語報送秘書長，以便提交給行政理事會的下一屆年會。

委員會的組成

全權代表大會

各委員會由要求參加或經全會指定的會員國政府的代表和第三四四、三四五、三四六各款所述的觀察員組成。

行政大會

各委員會由要求參加或經全會指定的會員國政府的代表和第三五四款到三五八款所述的觀察員和私營電信機構的代表組成。

分委員會的主席和副主席

分委員會的主席和副主席

每一委員會的主席應向本委員會提議其所設各分委員會的主席和副主席的人選。

會議的召集

全會以及各委員會、分委員會和工作組的會議應在大會會址及時公布。

大會開幕以前提出的提案

大會開幕以前提出的提案由全會分發給按本議事規則第四節規定所設立的各有關委員會。但全會本身有權直接處理任何提案。

大會期間提出的提案或修正案

大會開幕後提出的提案或修正案必須根據情況報送大會主席或有關委員會的主席，也可送交大會秘書處作爲大會文件印發。

書面提案或修正案須經有關代表團團長或其代理人簽字後方可提出。

大會主席或委員會、分委員會或工作組的主席可以隨時提出可能加速辯論進度的提案。

每一提案或修正案應有措詞精確的文本供審議。

大會主席或有關委員會、分委員會或工作組的主席對於在會議期間提出的提案或修正案，應當逐一決定其應以口頭形式提出或以按第四八八款規定印發的書面材料的形式提出。

所有擬提付表決的主要提案文本通常應以大會的工作語言及時印發，以便在討論前進行研究。

此外，大會主席在收到第四八八款所述的提案或修正案後應根據情況提交有關的委員會或全會。

任何經授權的人員可以在全會上宣讀或要求宣讀其在大會期間提出的任何提案或修正案，並可說明其提出該案的原由。

討論和表決任何提案或修正案的必需條件

任何在大會開幕前提出的提案和修正案或任何由一個代表團在大會期間提出的提案和修正案，在提付審議時至少應由另一個代表團附議，否則不得予以討論。

每一項經正式附議的提案和修正案須經討論後方可提付表決。

遺漏的或延期審議的提案或修正案

在一項提案或修正案被遺漏或其審議延期時，提出該案的代表團應負責使該案在以後得到審議。

全會的辯論規則

法定人數

爲使全會舉行的表決有效，受權出席並享有表決權的代表團必須有半數以上出席或派代表出席該會議。

辯論程序

希望發言的人須先獲得主席許可。發言人按例應首先聲明以何種身份發言。

任何人在發言時須緩慢清晰，字句分明，並作必要的停頓，以使人人理解其意思。

程序動議和程序問題

在辯論過程中，任何代表團可在其認爲合適時提出程序動議或程序問題。主席應立即按照本議事規則對此作出裁決。任何代表團可以對主席的裁決提出申訴；但是除經出席並參加表決的多數代表團否決外，這項裁決仍應有效。

提出程序動議的代表團在發言時不得討論有關問題的實質。

程序動議和程序問題的順序

第五二五和五二六款所述的程序動議和程序問題按下列順序予以審議：

任何關於履行本議事規則，包括表決程序在內的程序問題：

中止會議；

休會；

推遲辯論正在討論的問題；

結束辯論正在討論的問題；

任何其他可能提出的程序動議或程序問題。在這種情況下，由主席酌定審議這一類程序動議或程序問題的先後順序。

關於中止會議或休會的動議

在討論問題的過程中，一個代表團可以動議中止會議或休會，並說明動議的理由。

如這項動議得到附議，則應允許兩名持反對意見的發言人專就反對中止會議或休會問題發言；其後應將這項動議提付表決。

關於推遲辯論的動議

在討論問題的過程中，一個代表團可以動議將辯論推遲至一段確定的時間以後。

如果這項動議提付討論，則發言人以三名爲限，即除動議提出者外，贊成動議者一名，反對者兩名；其後方可將這項動議提付表決。

關於結束辯論的動議

代表團可以隨時動議對正在討論的問題結束辯論。在這種情況下，最多可以給兩名反對這項動議的發言人以發言權，其後方可將這項動議提付表決。如果動議成功，會議主席應立即將討論的問題提付表決。

對發言的限制

全會在必要時可以限定任何代表團對於某一問題的發言次數和發言時間。

但是，在涉及程序問題時，主席應將每次發言時間最多限制在五分鐘以內。

如果發言人已超過准許發言的時間，主席應提請全會注意，並要求該發言人簡短地結束發言。

發言人名單的截止登記

在辯論過程中，主席可決定宣讀業已登記的發言人名單，並應將表示希望發言的其他代表團的名稱加在名單上。然後，經全會同意，他可決定截止發言人名單的登記。但是，即使在發言人名單登記截止後，主席在認爲合適時仍可破例允許對前面的任何發言作出答覆。

在名單上的發言人發言完畢後，主席宣布結束對該問題的討論。

權限問題

任何可能產生的權限問題應在對正在討論的問題的實質進行表決以前解決。

動議的撤回和重新提出

提出動議的代表團可在動議提付表決前予以撤回。任何從辯論中撤回的動議，無論經過修改與否，均可由修改的代表團或另一代表團重新提出或繼續提出。

表決權

根據第二條的規定，在大會的所有會議上，由電信聯盟會員正式授命參加大會工作的該會員的代表團享有一個表決權。

電信聯盟會員的代表團按第六十七條所規定的條件行使表決權。

表決

多數的定義

多數由出席並參加表決權的半數以上代表團構成。

計算多數時不應將棄權的代表團計在內。

提案或修正案在出現平票時應視爲被否決。

在本議事規則內，一個〈出席並參加表決的代表團〉係指投票贊成或反對某一提案的代表團。

不參加表決

出席而不參加某一項表決或明確聲明不願參加某一項表決的代表團，在計算第五款所規定的法定人數時不應視爲缺席；在執行第五四四款規定時，也不應視爲棄權。

特別多數

在接受電信聯盟新會員時，應適用第一條所規定的多數。

超過半數的棄權票

如棄權票數超過投票總數（贊成、反對、棄權）的一半時，正在討論的問題應推遲到以後的會議上審議，屆時不應將棄權票計算在內。

表決程序

表決程序如下：

除要進行唱名表決或用無記名投票方式表決外，通常採用舉手表決。

在下列情況下按各出席並享有表決權的會員國的法文名稱的字母順序進行唱名表決：

如經出席並享有表決權的至少兩個代表團在表決開始前提出此種要求而又無人提出進行無記名表決時，或

如按程序未顯示出明確多數時；

如經出席並享有表決權的五個代表團在表決開始前提出要求時，應採用無記名投票方式進行表決。

主席應在開始表決前對任何關於採用什麼表決方式的要求進行說明，然後正式宣布所採用的表決程序以及提付表決的問題。最後主席宣布表決開始；表決結束時，應宣布表決結果。

在採用無記名投票方式進行表決時，秘書處應立即對投票採取保密措施。

如具備適當的系統並經大會作出決定，可以採用電子系統進行表決。

表決開始後阻擾的禁止

表決一經開始，除對正在進行的表決方式提出程序問題外，任何代表團不得進行阻擾。程序問題不包括任何會改變正在進行的表決或提付表決問題的實質內容的提案。表決以主席宣布開始而開始，以主席宣布表決結果而結束。

投票的理由

主席應准許任何提出要求的代表團在表決結束後說明其投票的理由。

提案的分成幾部分表決

如提案人提出要求、或全會認爲合適、或主席徵得提案人同意後提出建議時，可將一項提案分成若干部分，分別提付表決，然後，再將該項提案已被通過的各部分整個提付表決。

如果一項提案的所有部分均被否決，整個提案應視爲被否決。

關於同一問題的若干提案的表決順序

除全會作出相反決定外，同一問題如有兩項或兩項以上的提案時，應按其提出的順序提付表決。

每次表決後，全會應決定下一項提案是否提付表決。

修正案

僅爲刪除、增補或更改或原提案的某一部分而提出的任何修改提案應視爲修正案。

一項提案的任何修正案，如經提出原案的代表團接受時，應立即併入原提案。

全會認爲與原提案相抵觸的任何修改提案不應視爲修正案。

修正案的表決

如果對某提案提出一項修正案，應首先表決修正案。

如對某提案提出兩項或兩項以上修正案，應首先表決與原提案內容出入最大的修正案；如該修正案未獲得多數票支持，其餘的修正案也應按與原提案內容的出入大小依次提付表決，直至隨後的一項修正案獲得多數票支持爲止；如所提出的各修正案在審議完畢時，均未獲得多數票支持，應將未修正的提案提付表決。

表決的重覆

如某一提案的一項或幾項修正案被通過，應將按其修改過的提案提付表決。

在大會或會議的委員會、分委員會或工作組內，如果提案、提案的一部分或修正案，已由一個委員會、分委員會或工作組用表決方式作出決定，則不應在同一委員會、分委員會或工作組內再次提付表決。不論採用何種表決程序，本款的規定均應適用。

在全體會議上不應對提案，提案的一部分或修正案再次提付表決，除非：

享有表決權的多數會員提出要求時，和

至少在表決後一天提出再次表決的要求時。

委員會和分委員會的辯論規則和表決程序

各委員會和分委員會的主席享有本議事規則第三節賦予大會主席的同樣權力。

本議事規則第十二節所規定的關於在全會上進行辯論的規則，除法定人數一項外，也適用於委員會和分委員會的討論。

第十四節所述的規定也適用於委員會和分委員會舉行的表決。

保留

如某一代表團的意見沒有得到其餘代表團的贊同，該代表團通常應盡可能服從多數意見。

但是，如果某一代表團認爲任何一項決定具有阻礙其政府批准公約或同意某一規則的修訂的性質時，該代表團可以就這項決定提出最後或暫時的保留。

全會的會議紀錄

全會的會議紀錄由大會秘書處整理。秘書處應力求盡早將其分發給各代表團，在任何情況下都不得晚於每次會議後的五個工作日。

會議紀錄分發後，各代表團可將其認爲理應更正之處以書面形式報送大會秘書處。這項工作須在盡可能短的時間內完成，但是，不應因此妨礙各代表團在通過會議紀錄的會議上口頭提出修正案。

會議紀錄按例只包括提案和結論以及與之有關的、措詞盡量簡明的主要論點。

但是，任何代表團均有權要求將其在辯論時所作的發言以摘要或全文形式載入會議紀錄。在這種情況下，該代表團通常應在發言開始時作出聲明，以利紀錄員工作，並須由該代表團在會議結束兩小時內將發言的原文送交大會秘書處。

第五八六款賦予的關於將發言的原文載入會議紀錄的權利，在所有情況下均應審慎地行使。

委員會和分委員會的摘要紀錄和報告

委員會和分委員會會議辯論的摘要紀錄應由大會秘書處逐次會議地進行編寫。秘書處應確保在每次會議後不晚於五個工作日的時間內分發給各代表團。摘要記錄應載明討論的要點和應予注意的各種意見，以及整個辨論所產生的任何建議或結論。

但是，任何代表團均享有第五八六款所規定的權利。

上述權利在所有情況下均應審慎地行使。

委員會和分委員會可以編寫其認爲必需的臨時報告。如屬情況需要，它們可以在工作結束時提出一項最後報告，以簡明的措詞寫出從委託其研究的項目中產生的建議和結論。

會議紀錄，摘要紀錄和報告的通過

在每次全會或委員會或分委員會的會議開始時，主席通常應當詢問對於上次全會的會議紀錄或委員會或分委員會上次會議紀錄有無意見。如既未向秘書處提交修正案又未提出口頭異議，上述文件視爲被通過。否則，應根據情況對會議紀錄或摘要記錄作適當的修改。

任何臨時報告或最後報告必須由有關的委員會或分委員會核准。

最後一次全會的會議紀錄應由主席審核。

每一委員會或分委員會最後一次會議的摘要紀錄應由各該委員會或分委員會的主席審核。

編號

文本中有待修改的各章、條、款的編號應保留至全會初讀時爲止。增補的各款均應暫按原文內最後一款編號，再加上〈A〉、〈B〉等等。

各章、條、款的最後編號通常應在初讀通過後交由編輯委員會辦理，如全會作出決定，可交秘書長辦理。

最後通過

各種最後法規的文本在全會二讀通過後應視爲最後定稿的文本。

簽署

大會所通過的最後定稿的文本應交由享有第六十七條規定的權力的代表按其國家的法文名稱的字母順序簽署。

新聞公報

大會工作的官方新聞公報須經大會主席核准後予以發布。

免費優待

代表團團員、行政理事會理事、出席大會的電信聯盟各常設機構的高級官員以及協助大會工作的電信聯盟秘書處工作人員，在大會期間享受郵政、電報、電話和用戶電報的免費優待；其範圍以大會所在國政府會同其他有關政府和經認可的私營電信機構所作出的安排爲限。

第十二章　其他條款

第七十八條　（語言）

在電信聯盟的大會以及行政理事會和國際諮詢委員會的會議上，在下列情況下可以使用第一二〇和一二七款所述語言以外的語言：

如果有會員向秘書長或有關常設機構的最高負責人提出申請，要求增加使用一種或幾種語言的口語或筆語而所需的額外費用係由提出或贊成該項申請的會員承擔；

如果某一代表團自費作出安排，將其本國語言口譯成第一二七款所述各種語言中的任何一種。

在第六〇三款所規定的情況下，秘書長或有關常設機構的最高負責人在獲得有關會員關於所需費用由其向電信聯盟如數償付的保證後，應盡可能同意該項申請。

在第六〇四款所規定的情況下，有關代表團如果願意，還可以自費作出安排，將第一二七款所述各種語言中的任何一種口譯成其本國語言。

公約第一二二至一二六各款所述各種文件的任何一種可以用各該條款所述語言以外的語言出版，但要求用各種方式出版的會員須負責支付翻譯和出版所需的全部費用。

第七十九條　（財務）

每一會員最遲應在公約生效的六個月以前將其選定的會費等級通知秘書長。

秘書長應將該項決定通知各會員。

如會員在第六　八款規定的時間內未能將其決定通知秘書長，則應維持原選的會費等級。

各會員可隨時選定一個高於其原選等級的會費等級。

每一新會員在其加入的年份所交的會費應自加入月份的第一天算起。

如某一會員宣告廢除公約，其會費應繳至廢除公約生效月份的最後一天爲止。

欠繳的金額應自電信聯盟每一財政年度開始之日起計息，前六個月爲年息三厘（百分之三），自第七個月起爲年息六厘（百分之六）。

以下各項規定適用於經認可的私營電信機構、科學或工業組織和國際組織的會費；

經認可的私營電信機構和科學或工業組織應攤付其同意參加工作的國際諮詢委員會的費用。同樣，經認可的私營電信機構應攤付其按第三五八款的規定同意參加或業已參加的行政大會的費用；

國際組織也應攤付其獲准參加的大會或會議的費用，但行政理事會根據互惠條件准予免付者除外；

根據第六一六和六一七款的規定攤付大會或會議費用的經認可的私營電信機構、科學或工業組織和國際組織可從公約第一一一款的等級表中自由選擇其攤付電信聯盟經費開支的會費等級（四分之一或八分之一單位等級專供電信聯盟會員選擇），並應將所選定的等級通知秘書長；

攤付大會或會議費用的經認可的私營電信機構、科學或工業組織和國際組織可隨時選定一個高於其原選等級的會費等級；

在公約有效期內不得減少會費單位數；

如遇有退出國際諮詢委員會工作的情況時，會費應繳至此項退出生效月份的最後一天爲止。經認可的私營電信機構、科學或工業組織和國際組織爲支付其同意參加工作的國際諮詢委員會的費用而繳付的每一單位會費金額爲電信聯盟會員會費單位金額的五分之一。此項會費應視爲電信聯盟的收入，並按六一四款的規定計息。

經認可的私營電信機構爲支付其第三三八款規定參加的行政大會的費用，以及參加行政大會的國際組織爲支付該大會費用而繳付的每一單位會費金額，應由該大會的預算總額除以各會員爲攤付電信聯盟經費開支所認擔的單位總數來確定。此項會費應視爲電信聯盟的收入，並自帳單發出之日的第六十天起按第六一四款所規定的利率計息。

電信聯盟實驗室和技術設備爲個別會員、會員集團、區域性組織或其他單位進行測量、試驗或特別研究所需的費用，應由各該會員、集團、組織或其他單位承擔。

向各主管部門、經認可的私營電信機構或個人出售的出版物的售價應由秘書長會同行政理事會予以制定，但需考慮到出版物的銷售收入通常應與複制和寄發費用相抵。

電信聯盟保留一項儲備金帳，以便爲必需的開支提供工作資金和保留足夠的現金儲備，避免借用貸款。儲備金帳的金額每年由行政理事會根據預計的開支需要予以確定。在每一財政年度結束時未開銷或支付的全部預算撥款應納入儲備金帳。此帳的其他詳細情況載明於財務規則內。

第八十條　（行政大會和國際諮詢委員會全體會議的財政責任）

在通過具有財務影響的提案前，行政大會和國際諮詢委員會全體會議應考慮電信聯盟關於預算的全部條款，旨在保證這些提案可能引起的開支不致超過行政理事會授權核准的撥款。

行政大會或國際諮詢委員會全體會議的決定如可能，直接或間地增加開支以致超過行政理事會授權核准的撥款，則不得予以實施。

第八十一條　（帳目的造送和結算）

經營國際電信業務的會員的主管部門和經認可的私營電信機構應就其應收款額與應付款額達成協議。

除有關各方訂有特別協議外，有關第六二九款所述應付款額與應收款額的帳單均應按行政規則的規定編造。

第八十二條　（仲裁、程序）

訴請仲裁的一方應將爭議提付仲裁通知書交送爭執的對方，以作爲仲裁程序的開始。

爭執各方應協商決定將仲裁委託個人、主管部門或政府進行。如在爭議提付仲裁通知書提出後一個月以內，各方對這一點仍未能取得一致時，則應委託政府進行仲裁。

仲裁人

如係委託個人進行仲裁，仲裁人既不得是爭執一方的國民，其原住寓所不得在爭執一方的國內，也不得受雇於爭執一方。

如係委託政府或其主管部門進行仲裁，仲裁人必須從並非爭執一方、但係該項在實施中引爭議的協定參加者的會員中選擇。

爭執雙方應自收到爭議提付仲裁通知書之日起的三個月以內各自指定一名仲裁人。

如爭議涉及兩方以上時，由在爭議中持相同立場的各方所構成的兩個集團應按照第六三四和六三五款規定的程序各自指定一名仲裁人。

按上述規定指定的兩名仲裁人應選擇一名第三仲裁人，如果這兩名仲裁人係由個人而非由政府或主管部門擔任，則該第三仲裁人必須符合第六三三款所述的條件，而且其國籍不得與另兩名仲裁人中任何一人相同。這兩名仲裁人如未能就第三仲裁人的人選問題達成協議，則應各自提出一名與這項爭議毫無關係的第三仲裁人的候選人，然後由秘書長抽籤選定。

爭執各方可以同意由一名共同指定的唯一仲裁人解決爭議；或者，可以由每一方提出一名仲裁人的候選人，請秘書長從所提名的候選人中抽籤決定由誰擔任唯一仲裁人。

仲裁人或各仲裁人應自由決定所遵循的程序。

唯一仲裁人的決定應是最後的裁決，對於爭執各方均有約束力。如果所委託的仲裁人不止一名，則仲裁人多數表決所作的決定應是最後的裁決，對於爭執各方均有約束力。

爭執各方應各自負擔調查和提出仲裁所需的費用。仲裁費除各方本身所耗部分外，應由爭執各方平均分擔。

電信聯盟應向仲裁人或各仲裁人提供所需的一切有關爭議的資料。

第十三章　行政規則

第八十三條　（行政規則）

本公約的條款由下列各種行政規則加以補充：

電報規則，

電話規則，

無線電規則。

各國全權代表在分別以中文、西班牙文、英文、法文和俄文書寫的本公約的一個文本上簽字，如遇爭議，以法文本為準。此文本在國際電信聯盟存檔，並由國際電信聯盟將其副本送交各簽字國一份。

附件二公約和國際電信聯盟各項規則內所用若干名詞的定義

對於本公約，下列術語具有下文所確定的定義。

主管部門：負責履行國際電信聯盟公約和各種規則內所規定的義務的任何政府部門或機關。

有害干擾：危及無線電導航業務或其他無線電安全業務的效能或嚴重損害、阻礙或不斷阻斷按照無線電規則操作的無線電通信業務的干擾。

公眾通信：各電信局和電台由於為公眾服務的性質而必須受理並傳遞的任何電信。

代表團：政府代表以及如有的話）同一國家所派遣的私營電信機構代表、顧問、隨員或譯員的總稱。

每一會員可以根據自己的意願自由組成其代表團，特別是它可以將屬於其認可的私營電信機構或與電信有關的其他私營企業的人員以政府代表、顧問或隨員的身份納入其代表團內。

代表：由電信聯盟會員的政府派遣出席國際諮詢委員會會議的人員，或代表電信聯盟會員的政府或主管部門出席行政大會或國際諮詢委員會會議的人員。

專家：經本國政府或主管部門授權出席國際諮詢委員會研究組會議的本國科學或工業組織所派遣的人員。

私營電信機構：除政府機關或機構以外，任何運用電信設備從事國際電信業務或能對國際電信業務造成有害干擾的個人或公司或企業。

經認可的私營電信機構：上文確定定義的、任何經營公眾通信或廣播業務的私營電信機構，這種私營電信機構須履行由其領土上設立該電信機構總部的會員或由授權該電信機構在其領土內建立並開放電信業務的會員責令其遵循的公約第四十四條所規定的義務。

觀員察：根據公約有關規定，下列機構所派遣的人員：

聯合國，聯合國專門機構，國際原子能機構或區域性電信組織派遣以顧問身份出席全權代表大會，行政大會或國際諮詢委員會會議的人員；

國際組織派遣以顧問身份出席行政大會或國際諮詢委員會會議的人員；

由電信聯盟會員的政府派遣出席區域性行政大會而無表決權資格的人員。

無線電通信：利用無線電波的電信。

廣播業務：為供一般公眾直接接收而傳輸的無線電通信業務。這項業務可包括聲音傳輸、電視傳輸或其他類型的傳輸。

國際業務：位於不同國家內或屬於不同國家的任何性質的電信局或電台之間所交換的電信業務。

移動業務：在移動電台和陸地電台之間或在各移動電台之間的一種無線電通信業務。

電信：利用導線、無線電、光學或其他電磁系統進行的、對於符號、信號、文字、影像、聲音或任何性質信息的傳輸、發送或接收。

電報：用電報系統傳輸並向收報人投遞的書面材料。除另有規定外，這一名詞也包括無線電在內。

公務公電：下列各機構之間交換的有關國際公眾電信的電報：

主管部門之間；

經認可的私營電信機構之間；

主管部門與經認可的私營電信機構之間；

以主管部門和經認可的私營電信機構之一方與以電信聯盟秘書長為另一方的兩方之間。

政務電報和政務電話：由下列任何一個當權者所發的電報或電話：

國家元首；
政府首腦和政府成員；
陸軍、海軍或空軍武裝部隊總司令；
外交使節或領事官；
聯合國秘書長；聯合國各主要機構的最高負責人；
國際法院。
此處所述政務電報的覆電也應視爲政務電報。
私務電報：政務或公務公電以外的各類電報。
電報技術：一種目的在於將被傳輸信息在到達時作爲書面文件而予以紀錄的電信方式，被傳輸信息有時可以以其他形式提供，也可以被存儲起來供以後使用。
電話技術：一種主要目的在於交換話音信息的電信方式。

（公約中文本）

十二、萬國郵政聯盟（UPU）憲章

Constitution of the Universal Postal Union

簽署日期：一九六四年七月日（維也納）

生效日期：一九六六年一月一日

序言

爲通過郵政業務的有效工作以發展各國人民間的聯係，並爲促進在文化、社會與經濟領域內實現國際合作之崇高目的，各締約國政府的全權代表通過本組織法，待批准後生效。

第一篇　組織條例

第一章　總則

第一條　（萬國郵政聯盟的組成與宗旨）

贊同本憲章的各國，以萬國郵政聯盟（簡稱〈郵聯〉）的名義，組成一個郵政領域，以便互相交換函件。轉運自由在整個萬國郵政聯盟領域內得到保證。

萬國郵政聯盟的宗旨在於組織和改善國際郵政業務，並在這方面便利國際合作的發展。

萬國郵政聯盟在力所能及的範圍內，參與會員國所要求給予的郵政技術援助。

第二條　（萬國郵政聯盟的會員）

下列國家爲萬國郵政聯盟會員：

本組織法生效之日即具有會員資格的國家；

符合第十一條規定而成爲會員的國家。

第三條　（萬國郵政聯盟的管轄範圍）

萬國郵政聯盟的管轄範圍包括：

各會員國的領域；

各會員國在萬國郵政聯盟領域以外所設的郵局；

本身不是萬國郵政聯盟會員，但郵務關係隸屬於會員國的地區。

第四條　（例外關係）

同萬國郵政聯盟領域以外的地區有通郵關係的各郵政，對其他郵政同該地區間郵務往來應負責居間辦理。公約及其實施細則各項規定，對於這種例外關係，均可適用。

第五條　（萬國郵政聯盟的會址）

萬國郵政聯盟和它的常設機構設在伯爾尼。

第六條　（萬國郵政聯盟的正式語文）

法文是萬國郵政聯盟的正式語文。

第七條　（標準貨幣）

萬國郵政聯盟法規內作爲貨幣單位的法郎，是相當一百生丁、重三十一分之十克的金法郎，含金率爲零・九　。

第八條　（區域性萬國郵政聯盟和特別協定）

萬國郵政聯盟各會員國，或它們的郵政，在國內法令許可的情況下，可以組織區域性萬國郵政聯盟並訂立有關國際郵政業務的特別協定，但協定的條款，不得比有關各會員國所參加的萬國郵政聯盟法規的條款較爲不利於公衆。

區域性萬國郵政聯盟可以派觀察員列席萬國郵政聯盟的大會和各種會議，執行理事會和郵政研究諮詢理事會的會議。

萬國郵政聯盟可以派觀察員列席區域性萬國郵政聯盟的大會和各種會議。

第九條　（與聯合國組織的關係）

萬國郵政聯盟同聯合國的關係，按照作爲本組織法附件的協定中的規定處理。

第十條　（與各國際組織的關係）

爲了保證在國際郵政方面的密切合作，萬國郵政聯盟可以同與它有共同利益和有關活動的國際組織進行合作。

第二章　加入或准予參加萬國郵政聯盟和退出萬國郵政聯盟

第十一條　（加入或准予參加萬國郵政聯盟的條件和手續）

聯合國組織的所有會員國，均可加入萬國郵政聯盟。

不是聯合國會員的任何主權國家，可以申請准予參加萬國郵政聯盟，取得會員國資格。

加入或申請准予參加萬國郵政聯盟，應正式聲明承認萬國郵政聯盟憲章和具有約束力的各項法規。

該項聲明應通過外交途徑向瑞士聯邦政府提出，並由該政府根據情況，通知萬國郵政聯盟各會員國，或就申請問題與它們協商。

不是聯合國會員的國家，如果它的申請得到至少三分之二萬國郵政聯盟會員國的同意，即被認爲取得會員國資格。會員國在接到申請通知後四個月內未作答覆者，當以棄權論。

加入或准予參加萬國郵政聯盟成爲會員國一事，由瑞士聯邦政府通知各會員國政府。會員資格自通知之日起生效。

第十二條　（退出萬國郵政聯盟的條件和手續）

各會員國可以通過外交途徑通知瑞士聯邦政府停止執行本組織法，退出郵聯，再由該政府轉告各會員國政府。

從瑞士聯邦政府接到第一項所規定的通知之日起，期滿一年後，退出萬國郵政聯盟開始生效。第三章萬國郵政聯盟的組織機構

第十三條　（萬國郵政聯盟的機構）

萬國郵政聯盟的機構有：大會、行政會議、執行理事會、郵政研究諮詢理事會、各專門委員會和國際局。

萬國郵政聯盟的常設機構有：執行理事會，郵政研究諮詢理事會和國際局。

第十四條　（大會）

大會是萬國郵政聯盟的最高機構。

大會由萬國郵政聯盟各會員國的代表組成。

第十五條　（非常大會）

經由至少三分之二萬國郵政聯盟會員國的要求或同意，可以召開非常大會。

第十六條　（行政會議）

經由至少三分之二會員國郵政主管部門的要求或同意，可以召開研究行政性問題的會議。

第十七條　（執行理事會）

在兩屆大會之間，執行理事會根據萬國郵政聯盟法規的規定，主持萬國郵政聯盟的工作。

執行理事會的理事，以萬國郵政聯盟的名義並爲萬國郵政聯盟的利益行使職權。

第十八條　（郵政研究諮詢理事會）

郵政研究諮詢理事會負責研究有關郵政業務的技術、經營管理和經濟方面的問題，並就此提出意見。

第十九條　（專門委員會）

專門委員會可受大會或行政會議委託，研究某個或某幾個特定的問題。

第二十條　（國際局）

萬國郵政聯盟在其所在地設立一個中央辦事處，定名爲萬國郵政聯盟國際局，由總局長領導並受瑞士聯邦政府的監督。國際局是各郵政主管部門的聯絡、情報和諮詢機構。

第四章　萬國郵政聯盟的財務

第二十一條　（萬國郵政聯盟的經費和各會員國的會費）

每屆大會規定下列經費的最高數額：

萬國郵政聯盟每年的經費；

下屆大會的會議費用。

如果情況需要，只要符合總規則有關條款，萬國郵政聯盟的經費可超過第一項所規定的最高數額。

萬國郵政聯盟的經費，包括第二項所列的經費在內，由會員國共同分擔。為此，各會員國自願選擇其會費分攤等級。分攤等級在總規則中規定。

按第十一條規定加入或准予參加萬國郵政聯盟的國家，應列入何種萬國郵政聯盟會費分攤等級以分擔萬國郵政聯盟經費，由瑞士聯邦政府取得該有關國家政府的同意後確定。

第二篇　萬國郵政聯盟的法規

第一章　總則

第二十二條　（萬國郵政聯盟的法規）

萬國郵政聯盟有憲章是萬國郵政聯盟的基本法規。它列有萬國郵政聯盟的組織條例。

總規則列有確保實施憲章和進行萬國郵政聯盟工作的各項規定。它對各會員國均有約束力。萬國郵政公約及其實施細則列有適用於國際郵政業務的共同規則和關於函件業務的各項規定。這些法規對各會員國均有約束力。

萬國郵政聯盟的各項協定及其實施細則，對參加這些協定的各會員國作出了除函件以外的其他各項業務的有關規定。這些規定僅對參加國有約束力。

實施細則包括為執行公約和各項協定所採取的必要措施，由相關會員國郵政主管部門制定。

對第三項、第四項和第五項所列各項法規的保留，列入附在各項法規後面的最後議定書內

第二十三條　（在某會員國負責國際關係的地區實施萬國郵政聯盟法規問題）

任何國家可以隨時聲明，它所接受的萬國郵政聯盟法規適用於由它負責國際關係的所有地區，或僅適用於其中的某些地區。

第一項所提到的聲明，應送交下列國家的政府：

在所涉及的萬國郵政聯盟法規簽字時發表的聲明，應送交大會東道國政府；

在其他情況下發表的聲明，應送交瑞士聯邦政府。

任何會員國，雖已按第一項規定提出過聲明，可以隨時通知瑞士聯邦政府，停止執行萬國郵政聯盟法規。此項通知，從瑞士聯邦政府接到之日起一年後生效。

第一項和第三項所列的聲明和通知，由收到聲明與通知的國家的政府轉告各會員國。

第一項至第四項不適用於享有萬國郵政聯盟會員資格而其國際關係由另一會員國負責的地區。

第二十四條　（國內法令）

萬國郵政聯盟法規的各項條款，在一切未經法規明文規定的方面，均不侵犯各會員國的國內法令。

第二章　接受和退出萬國郵政聯盟法規

第二十五條　（萬國郵政聯盟法規的簽字、批准和其他核准方式）

萬國郵政聯盟法規由各國全權代表在大會結束時簽署。

萬國郵政聯盟憲章簽字國應儘快予以批准。

萬國郵政聯盟憲章以外的其他法規的核准方式，按各簽字國的憲法規定辦理。

如果某一國家未批准憲章或未核准它已簽署的萬國郵政聯盟其他法規，這項憲章和其他法規對已批准或核准的各國仍屬有效。

第二十六條　（關於批准和以其他方式核准萬國郵政聯盟法規的通知）

萬國郵政聯盟憲章的批准書和萬國郵政聯盟其他法規的核准書，應儘快送交瑞士聯邦政府，由該政府將此情況通知各會員國。

第二十七條　（參加協定的手續）

各會員國可隨時參加第二十二條第四項所列的一項或幾項協定。

各會員國參加協定的通知，按第十一條第三項辦理。

第二十八條　（退出協定的手續）

各會員國可以按照第十二條規定的手續，退出一項或幾項協定。

第三章　萬國郵政聯盟法規的修改

第二十九條　（提案的提出）

在大會期間或兩屆大會之間，每個會員國郵政主管部門對它所參加的萬國郵政聯盟法規，有權提出提案。

但有關萬國郵政聯盟憲章或總規則的提案只能向大會提出。

第三十條　（憲章的修改）

向大會提出的有關本憲章的提案，必須經由至少三分之二萬國郵政聯盟會員國同意，才能通過。

由大會通過的各項修改構成一項附加議定書，除大會有相反的決議外，這些修改應與同屆大會重訂的各項法規同時生效。這些修改應由各會員國儘快批准，其批准書按第二十六條規定辦理。

第三十一條　（公約、總規則和各項協定的修改）

公約、總規則和各項協定規定有關其本身的提案的獲准條件。

第一項所列萬國郵政聯盟各項法規應同時實施並具有相同有效期。上屆大會的各項有關法規，應從本屆大會所規定的各項法規實施之日起廢止。

第四章　爭議的解決

第三十二條　（仲裁）

兩個或幾個會員國郵政主管部門之間，如對解釋萬國郵政聯盟法規發生爭議，或對於某一郵政主管部門認爲執行法規中應承擔的責任所作的解釋有爭議時，所爭執的問題應以仲裁方式解決。

第三篇　最後條款

第三十三條　（憲章的生效日期和有效期限）

本憲章自一九六六年一月一日起生效，無限期有效。

本憲章正本經各締約國政府全權代表簽署，並由萬國郵政聯盟所在國政府存檔，以資信守。副本由大會所在國政府送交各締約國一份。

（憲章中文本）

十三、世界智慧財產權機關（WIPO）條約

Convention Establishing the World Intellectual Property Organization (WIPO)

簽署日期：一九六七年七月十四日（斯德哥爾摩）

生效日期：一九七〇年四月二十六日

締約國基於尊重各國主權平等，爲彼此之利益、對各國間互相理解及合作有所貢獻。

爲幫助創作活動，希望促進全世界對智慧財產權之保護。

在對有關工業所有權保護、文學及美術著作物保護領域內設立之同盟獨立性給予充分尊重、希望其同盟之管理近代化且更具效率。

茲協定如下：

第一條　（機關之設立）

世界智慧財產權機關依本條約設立之。

第二條　（定義）

本條約適用上。

機關指世界智慧財產權機關（WIPO）。

國際事務局指智慧財產權國際事務局。

巴黎條約指於一八八六年三月二十日簽署之工業所有權保護條約及其修改條文。

伯恩公約，指於一八八六年九九簽署之文學及美術著作物保護公約及其修改條文。

巴黎同盟指依巴黎條約設立之國際同盟。

伯恩同盟指依伯恩公約設立之國際同盟。

各同盟指巴黎同盟及與巴黎同盟有關而設立之特別同盟及協定、伯恩同盟及以促進智慧財產權保護爲目的之其他國際協定機關，依第四條　之規定，承擔其管理者。

智慧財產權指文藝、美術及學術著作物、表演家之表演、錄音物及廣播，於人類活動全部領域內之發明、科學上之發現、專利、商標、服務標章及商號以外之商業上表示，對不當競爭之保護等有關之權利及於產業、學術、文藝或美術領域內智慧活動所產生之其他權利。

第三條　（機關之目的）

機關之目的如下：

藉由各國間之合作，及在適當時、地與其他國際機關合作，促進全世界智慧財產權之保護。

確保有關管理同盟間之合作。

第四條　（任務）

爲達成前條所定之目的，機關得以其適當之內部機關，在不超越各同盟之權限下：

改善全世界智慧財產權之保護及促進在此領域以各國國內法令調和爲目的之措施採行。

巴黎同盟及與巴黎同盟有關而設立之特別同盟及伯恩同盟管理業務之進行。

對以促進智慧財產權保護爲目的之其他國際協定、得同意承擔或參加其管理。

獎勵以促進智慧財產權保護爲目的國際協定之締結。

於智慧財產權領域內，對請求國給予關於法律之技術援助。

關於智慧財產權保護之情報收集及宣傳活動，促進及進行在此領域內之研究並發表其研究成果。

爲智慧財產權之國際保護順利進行，提供勞務。在適當時、地進行於該領

域內之登錄業務並公開其登錄之有關事款。
其他適當措施之採取。

第五條　（加盟國之資格）

一、機關加盟國之資格、對屬於第二條　中同盟之國家開放加入。
二、對不屬任何同盟之國家，符合下列條件者開放其取得機關加盟國之資格。
該國為聯合國與聯合國有合作關係之專門機關或國際核能機關之加盟國或為國際法院規程之當事國。
該國受一般總會邀請為本條約之締約國。

第六條　（一般總會）

一、設立由屬任一同盟之本條約締約國組成之一般總會。
各國政府得指派一名代表。該代表得配置代理人、顧問及專家輔佐之。
各代表團之費用由派任之政府負擔之。
二、一般總會應為下列事款：
依調整委員會指定、任命祕書長
檢討及承認祕書長對機關之報告、及對所有事款給予必要之指示。
檢討及承認調整委員會之報告及活動、及對調整委員會給予必要之指示。
同盟共同經費三年予算之通過。
關於第四條㈢規定國際協定之管理、祕書長提出措施之承認。
機關財政規則之通過。
斟酌聯合國之慣例、對祕書處、業務用語之決定。
對前條二之國家，為本條約締約國之邀請
非機關加盟國，政府間機關及國際性非政府機關、承認其以觀察員身分出席一般總會會議之決定。
其他依本條約必要任務之完成。

三、各國不論其屬一個或二個以上同盟，於一般總會均只有一投票權
一般總會成員國代表數二分之一為法定人數。
一般總會雖有之規定、於會期中代表出席國數不足一般總會成員國數一分之一，但在三分之一以上，仍得為決議。但該決議除為關於一般總會之程序性決議外，符合下列條件始生效力。即國際祕書處對代表未出席一般總會之成員國為該決議之通知，並請求自受通知之日起三個月內以書面表示贊成、反對或棄權。在該期間屆滿後、表示贊成、反對或棄權之國家數補足該當會期法定人數且有多數贊成者，該決議始生效力。
一般總會以投票數三分之二以上多數進行決議、但適用　及　時不在此限。
關於第四條　規定國際協定管理措施之承認、以投票數四分之三以上多數決議為必要。
依聯合國憲章第五十七條及第六十三條規定，與聯合國協定之承認，以投票數十分之九以上多數決議為必要。
祕書長之任命
關於國際協定之管理祕書長提出措施之承認及本部之遷移（第十條）等事款應得一般總會、同盟之總會及伯恩同盟總會必要之多數贊成。
棄權不視為投票。
代表僅得代表一國且僅得以該國名義投票。
四、一般總會由祕書長召集、每二年召開常會一次。
一般總會、有調整委員會或一般總會成員國四分之一以上請求時，由祕書長召集，召開臨時會。
會議於機關本部召開。
五、非屬任何同盟之本條約締約國得以觀察員身份出席一般總會之會議。

第七條　（締約國會議）

一、締約國會議由本條約之締約國（不論有否屬任何同盟）組成。
各國政府得指派一名代表。該代表得配置代理人、顧問及專家輔佐之。
各代表團之費用由派任之政府負擔之。

二、締約國會議應爲下列事款：
尊重同盟之權限及自主性，關於智慧財產權領域內一般事款之討論及提案之採納。
締約國會議三年預算之通過。
於締約國會議預算範圍內，對關於法律之技術援助三年計畫之訂定。
依第十七條規定，對本條約修改之通過。
非機關加盟國、政府間機關及國際性非政府機關，承認其以觀察員身分出席締約國會議之決定。
其他依本條約必要任務之完成

三、各加盟國於締約國會議均有一投票權。
以加盟國數三分之一爲法定人數。
除適用第十七條規定外，締約國會議以投票數三分之二以上多數進行決議非屬任何同盟之本條約締約國，其分擔金總額以投票決定之。該投票僅該當國家代表有投票權。
棄權不視爲投票。
代表僅得代表一國且僅得以該國名義投票。

四、締約國會議由秘書長召集，與一般總會於同一時間、地點召開常會。
締約國會議，布加盟國過半數請求時，由祕書長召集，召開臨時會。

五、締約國會議應制定其議事規則。

第八條　（調整委員會）

一、調整委員會由本條約之締約國、巴黎同盟執行委員會、伯恩同盟執行委員會或雙方執行委員會之成員國組成。但任一執行委員會其成員國數超過總會成員國數四分之一時，該執行委員會成員國，被指定爲調整委員會之成員國者，不得超過四分之一。該四分之一，計算上不包含機關本部之所在國。
調整委員會各成員國政府得指派一名代表。該代表得配置代理人、顧問及專家輔佐之。
調整委員會於審議與締約國會議之事業計畫，預算或議事日程有直接關係之事款或對非屬任何同盟之本條約締約國之權利義務有所影響之本條約修改提案時，應有非屬任何同盟之本條約締約國之四分之一以與調整委員會之成員國相同之權利出席調整委員會之會議。出席會議之國家由締約國會議於常會中指定之。
各代表團之費用由派任之政府負擔之。

二、機關爲管理業務之其他同盟，希望於調整委員會中能代表該同盟者，該代表人應由調整委員會成員國中任命之。

三、調整委員會應爲下列事款：
就二個以上同盟，或二個以上同盟與機關間有共通之利害關係管理上與財政上或其他之事款，特別係關於同盟共通經費之預算，得對同盟之內部機關，一般總會、締約國會議及秘書長提出建言。
一般總會議事日程之作成。
締約國會議之議事日程，事業計畫及預算之作成。
削除
秘書長任期屆滿或出缺時，提名繼任人由一般總會任命之。一般總會不任命該提名人時，調整委員會應另爲提名至一般總會任命繼任人時爲止。
一般總會之會期中秘書長出缺時，在新祕書長就任前得任命臨時代理祕書長。
其他依本條約所賦予之任務。

四、調整委員會由秘書長召集，每年召開一次常會。調整委員會由祕書長召集，每年召開一次常會。調整委員會通常於機關本部舉行會議。調整委員會依祕書長提議或調整委員會議長或其成員國代表四分之一以上請求時，由祕書長召集，召開臨時會。

五、各國不論爲規定執行委員會之任一方或雙方之成員國　於調整委員會均有一投票權。

以調整委員會成員國數二分之一爲法定人數。

代表僅得代表一國且僅得以該國名義投票。

六、調整委員會以投票之單純多數爲決議　意見之表示及決定之實行。棄權不視爲投票。

於得純多數贊成時，調整委員會之成員國得請求在投票後立即以下列之方式就投票爲特別再計算。即，以二個名簿，一個記載巴黎同盟執行委員會成員國之國名，另一記載伯恩同盟執行委員會成員國之國名。在名簿上，各國之票對應其國名記載，此特別再計算之結果如未顯示在各名簿上亦得到單純多數贊成時，有關該投票之提棄即不予採納。

七、非調整委員會成員國之機關加盟國得以觀察員身分出席調整委員會會議。觀察員得參加討論，但無表決權。

八、調整委員會應制定其議事規則。

第九條　（國際祕書處）

一、國際祕書處爲機關之祕書處。

二、國際祕書處由祕書長指揮之。祕書長之下配置副祕書長二人以上輔佐之。

三、祕書長之任命有一定任期，其任期不得少於六年。祕書長之任命得連續爲之。最初之任期及其後之任期及關於任命之其他條件，由一般總會定之。

四、祕書長係機關之首席行政官。

祕書長代表機關。

祕書長對關於機關內部及對外之問題，應向一般總會爲報告並遵從其指示。

五、祕書長應制作事業計畫、編列預算及關於活動之定期報告。並向關係國政府，同盟及機關中有權限之內部機關送交之。

六、祕書長及其指名之職員，得出席一般總會、締約國會議、調整委員會及其他委員會或作業部會之會議，但無表決權。祕書長及該職員當然得處理上開機關之內部祕書處之事務。

七、祕書長得任命爲有效地遂行國際祕書處任務之必要職員。祕書長得調整委員會之承認後得任命副祕書長。聘任條件依祕書長提案、訂定經祕書長調整承認之職員規則。於決定職員之採用及勤務條件時，應優先考量確保有最高之效率、能力及誠實。另採用職應儘量兼顧地理上之因素。

八、祕書長及職員之任務及責任其有完全之國際性。其於遂行任務時，不得對任何政府、機關或其他之當局請求指示或接受其指示。祕書長及其職員於有損其國際公務員之立場之虞時，應停止其行動。各加盟國對祕書長及職員之任務及責任其有完全之國際性應加以尊重，並約定不影響其任務之遂行。

第十條　（本部）

一、機關之本部設於日內瓦。

二、本部之遷移得依第六條

三、及規定決定之。

第十一條　（財政）

一、機關有同盟共同經費算及締約國會議預算二個不同預算。

二、二個以上同盟有關之經費列入同盟共同經費預算。

之預算以下列爲財源。

同盟之分擔金。各同盟之分擔額度，由同盟總會考量各同盟自共同經費之受益程度決定之。

國際祕書處與任何同盟無直接關係，而對其提供協助所收受之費用
（國際祕書處於有關法律之技術援助領域內，提供協助所收受之費用
不在此限）
與任何同盟無直接關係之國際祕書處，而該出版物之販賣收入及關於
該出版物之權利使用報酬。
機關收受之贈與、遺贈及補助金　三、規定除外
機關受領之租金，利息及其他雜收入。

三、締約國會議之會期經費及關於法律之技術援助計畫費用應列入締約
國會議預算。
之預算以下列爲財源。
非屬任何同盟之本條約締約國之分擔金。
對之預算、同盟之捐助金。各同盟之捐助金額、由同盟總會決定之，
各同盟對㈠之預算並無捐助之義務。
同盟祕書處於有關法律之技術援助領域內，提供協助所收受之費用。
爲目的，機關收受之贈與、遺贈及補助金。

四、㈠非屬任何同盟之本條約締約國，對締約國會議之預算本國分擔額之
決定，分屬下列之等級並依其所定之單位數支付年度分擔金。
等級A
等級B
等級C
規定之各國於進行第十四條一、之手續時，指定其所屬之等級。該所
屬等級得變更之。往低等級變更之國家應於常會中對締約國會議表示
其原因。該變更自會期所屬年之翌年起生效。
規定之各國年度分擔金額，該金額與所有國家對締約國會議預算之分
擔金總額之比率應與該國所屬等級之單位數與所有國家之單位總數
之比率相等。

分擔金應於每年一月一日支付。
預算於新年度開始前未能通過時，依財政規則之規定，以前年度預算
爲預算。

五、非屬任何同盟之本條約締約國依本條約之規定支付分擔金遲延時，及屬
任一同盟之本條約締約國對該所屬同盟之分擔金支付遲延時，該未支
付之分擔金額於該年度之前二年度該當國有支付義務之分擔金額爲
多時，在機關之內部機關中該當國係成員國者，不得行使表決權。但
限於該內部機關認爲支付遲延係因有例外且無可避免之情事者，該國
於內部機關中仍得繼續行使表決權。

六、國際祕書處於有關法律之技術援助領域內，提供協助所收費用之額
度，由祕書長定之。並由祕書長向調整委員會報告。

七、機關經調整委員會之承認，得直接接受自政府、公私之經★、團體或
個人之贈與、遺贈或補助金。

八、機關有由同盟及非屬任何同盟之本條約締約國之一次支付金所構成
之週轉金。週轉資金不足時得增額之。
對各同盟之一次支付金額度及週轉資金之增額部份，各同盟之分擔
額，由同盟總會決定之。
對非屬任何同盟之本條約各締約國之一次支付金額度及週轉資金之
增額部份，該國之分擔額依設立週轉資金或決定增額之年，該國之分
擔金額度比例定之。該比率及支付條件，由締約國會議依祕書長之提
案及調整委員會之建議定之。

九、在該區域內與機關本部所國之間締結本部協定，於週轉資金不足時由
該國先行墊付。墊付額及條件依機關與該國協商定之。該國有先行墊
付之義務者，當然爲調整委員會之成員。
之國家與機關各有以書面通告、廢棄該墊付約定之權利。廢棄於爲通
告之年終了後經過三年生效。

十、會計檢查依財政規則所定，由一或二個以上加盟國或會計檢查專家爲之。該加盟國或會計檢查專家，一般總會於得其同意後指定之。

第十二條　（法律上能力、特權及免除）

一、機關於各加盟國領域內，遵守該國法令，爲達成機關之目的及遂行其任務，有必要之法律上能力。

二、機關應與瑞士連邦（之後，本部移置他國者、該他國）締結本部協定。

三、爲使機關、其職員及所有加盟國代表，達成機關之目的及遂行其任務，得享有必要之特權及義務免除，機關得與二、之國以外加盟國締結雙邊或多邊協定。

四、祕書長對二、及三、規定之協定有交涉權。在得調整委員會之承認後代表機關締結簽署該當協定。

第十三條　（與他機關之關係）

一、機關於適當之場合，得與他政府機關間設立業務上之合作、互相協助。爲此得與該機關間締結一般協定，祕書長於得調整委員會承認後締結之。

二、機關於得國際性非政府機關及關係政府之同意，就關於其權限內事款，與國內之政府機關或民間團體協議及合作。該事項於祕書長得調整委員會會承認後實行之。

第十四條　（成爲本條約締約國之手續）

一、第五條規定之國，依下列之手續，得成爲本條約之締約國及機關之加盟國。

不以批准爲條件而簽署。

以批准爲條件而簽署但其後寄交批准書。

寄交加入書。

二、巴黎條約、伯恩公約或二條約之締約國，不論本條約之其他規定，同時批准或加入下列任一條約者或已批准或加入該條約者，得成爲本條約之締約國。

巴黎條約之斯德哥爾摩修改條約（其全文或第二十八條一、　定有限制）

伯恩公約之斯德哥爾摩修改條約（其全文或第二十八條一、　定有限制）

三、批准書或加入書已寄交祕書長。

第十五條　（本條約之生效）

一、本條約於巴黎同盟之十個同盟國及伯恩同盟之七個同盟國實行前條一、之手續後三個月生效。一個國家同屬二同盟時、得同時計入二同盟中之同盟國數。雖非屬該二同盟之國家於本條約生效日前三個月實行前條一、之手續，本條約仍於同日生效。

二、本條約其他國家實行前條一、手續後三個月生效。

第十六條　（保留）

對本條約之任何保留皆不予承認。

第十七條　（修改）

一、加盟國，調整委員會或祕書長得爲本條約之修改提案。該提案，至遲於締約國會議審議前六個月，祕書長應將其送交各加盟國。

二、修改應經締約國會議通過。修改對非屬任何同盟之本條約締約國之權利義務有所影響時，該國亦有表決權。其他之修改案，僅屬任一同盟之本條約締約國有表決權。修改依投票之單純多數決議通過。但，巴黎同盟總會及伯恩同盟總會對其各自條約之管理規定修正通過適用其各自之規則者，締約國會議僅得就已先行通過之修改提案進行表決。

三、修改經締約國通過後，依二、之規定對修改之提案有表決權之機關加盟國，其四分之三各依其憲法上之手續爲承諾之書面通知，祕書長於受領通知後一個月，該修改生效。經承諾之修改，對其生效時所有之機關之加盟國及其後成爲機關加盟國之國家發生效力。但增加加盟國財政上義務之修改，僅對通知承諾修改之國生效。

第十八條　（廢棄）

一、加盟國得於通知祕書長後，廢棄本條約。

二、廢棄於祕書長受領通知後六個月生效。

第十九條　（通知）

祕書長應將下列事款通知所有加盟國。

本條約之生效日。

簽署及批准書或加入書之寄交。

本條約之修改承諾及該修改之生效日。

本條約之廢棄。

第二十條　（最終規定）

一、本條約同時以英文、法文、俄文及西班牙文制作，於各國簽署後寄交瑞典政府。

本條約至一九六八年一月十三日止，於斯德哥爾摩開放簽署。

二、祕書長在與關係政府之協議上，以德文、義大利文、葡萄牙文及締約國會議所指定之語文制作公定譯本。

三、祕書長應將本條約及締約國會議通過之修改認證謄本二份送交巴黎同盟，伯恩同盟之同盟國政府，加入本條約之該國政府及提出請求之該國政府。送交以上政府之本條約簽署謄本應經瑞典政府認證。

四、祕書長應將本條約向聯合國祕書登錄。

第二十一條　（經過規定）

一、在首任祕書長就任前，本條約所稱之國際祕書處及祕書長即指爲保護各別工業、文學及美術所有權之聯合國際祕書處（或稱智慧財產權保護之聯合國際祕書處）及該祕書長。

二、屬任一同盟之成員國而非本條約之締約國者，在本條約生效之日起五年內成爲本條約之締約國時，亦得行使同一權利。希望行使該權利之國家，得以書面通知寄交祕書長，並自祕書長受領之日起生效。於該五年期間屆滿前，視爲一般總會及締約國會議之成員國。

該國於之五年期間屆滿時，於一般總會，締約國會議及調整委員會喪失表決權。

該國於成爲本條約締約國時，恢復其表決權。

三、在巴黎同盟及伯恩同盟之所有同盟國均非本條約之締約國時，國際祕書處及祕書長應實行爲保護各別工業，文學及美術所有權之聯合國際祕書處及祕書長之任務。

於本條約之生效日受　所稱之聯合國際祕書處所僱用之職員，視爲受僱於國際祕書處。

四、巴黎同盟之所有同盟國成爲機關之加盟國時，巴黎同盟祕書處之權利，義務及財產應歸屬機關之國際祕書處。

簽署人係受正當之委任在本公約上簽字以昭信守。

（鍾文岳律師譯）

十四、聯合國工業開發組織（UNIDO）憲章

聯合國工業開發組織章程

Constitution of the United Nations Industrial Development Organization (UNIDO)

通過日期：一九七九年四月八日（維也納）

簽署日期：一九八五年六月二十一日

本章程的當事國，遵照《聯合國憲章》，銘記著聯合國大會第六屆特別會議通過的關於建立新的國際經濟秩序的各項決議、工發組織第二次大會《關於工業發展與合作的利馬宣言和行動計畫》和聯合國大會第七屆特別會議關於發展和國際經濟合作的決議中的廣大目標，宣告：

有必要通過消除經濟上的不平等、建立合理和公平的國際經濟關係、實行有力的社會和經濟改革及鼓勵在世界經濟發展方面進行必要的結構改革，來建立一個正義和公平的經濟和社會秩序，工業化是實現增長的有力工具，對經濟和社會的迅速發展，尤其對發展中國家經濟和社會的迅速發展，對改善各國人民的生活水準和生活素質，以及對導致一個公平的經濟和社會秩序，都十分必要，各國都有主權實現其工業化，這種工業化的進程必須符合自能維持的社會經濟綜合發展的廣大目標，並應包括適當的改革，以保證各國人民公平、有效地參與他們國家的工業化活動，鑒於通過國際合作促進發展是所有國家的共有目標和共同義務，因此有必要在全球、區域和國家以及部門各級採取一切可能的協調的措施，包括技術的發展、轉讓和適應修改，以促進工業化，所有國家，不論其社會和經濟制度如何，爲了促進其人民的共同福利，都決心採取個別和集體行動來擴大建立在主權平等基礎上的國際經濟合作，加強發展中國家的經濟獨立，確保它們在世界工業生產總額中佔有公平的份額，並遵照《聯合國憲章》的宗旨和原則，對國際和平與安全以及所有國家的繁榮作出貢獻，銘記著這些方針，願意在《聯合國憲章》第九章規定的範圍內，設立一個專門機構，定名爲聯合國工業發展組織（工發組織）（下稱「本組織」）；本組織應遵循《聯合國憲章》爲經濟及社會理事會規定的職責以及各項適用的關係協定，爲協調聯合國系統在工業發展領域的一切活動，發揮中心作用，並負起審查和促進的責任，茲同意本章程。

第一章　目標和職能

第一條　（目標）

本組織的主要目標是促進和加速發展中國家的工業發展，以有助於建立一個新的國際經濟秩序。本組織還應在全球、區域和國家以及部門各級促進工業發展和合作。

第二條　（職能）

爲了實現上述目標，本組織應當一般地採取一切必要和適當的行動，特別應當：

一、鼓勵向發展中國家提供援助，以促進和加速它們的工業化，特別是它們工業的發展、擴大和現代化，並且適當地提供這種援助；

二、遵照《聯合國憲章》的規定，發起和協調聯合國系統的活動並檢查其進行情況，使本組織能夠在工業發展領域發揮中心協調作用；

三、在全球、區域和國家以及部門各級創造新的和發展現有的關於工業發展的概念和實施辦法，並進行各種研究和調查，以期制訂新的行動方針，使工業能夠協調和平衡地發展，但應適當地顧到社會經濟制度不同的國家用以解決工業化問題的辦法；

四、在公營、合作社營和私營部門，促進和鼓勵計畫方法的發展和運用，並幫助制訂發展方面及科學和技術方面的工業化方案和計畫；

五、鼓勵和幫助發展多學科的綜合辦法，以加速發展中國家的工業化；

六、提供一個論壇並作爲一個工具，以便發展中國家和工業化國家進行接觸、協商以及應有關國家之請，進行談判，以促進發展中國家的工業化；

七、幫助發展中國家建立和經營各種工業，包括與農業有關的工業和基礎工業，使當地的自然資源和人力得到充分利用，生產本國市場和出口市場所需的商品，並幫助這些國家實現自力更生；

八、從事工業情報交換所的工作，因此在全球、區域和國家以及部門各級，有選擇地收集和檢查並且分析和編制關於工業發展的所有方面的資料，以供傳播，包括社會和經濟制度不同的工業發達國家和發展中國家之間的經驗和技術成就的交流；

九、特別注意採取各種特別措施，以幫助最不發達的、內陸的和島嶼的發展中國家，以及那些受經濟危機和自然災害影響最嚴重的發展中國家，但不忽視其他發展中國家的利益；

十、促進、鼓勵和幫助工業技術的發展、選擇、適當修改、轉讓和利用，特別是工業化國家對發展中國家的技術轉讓和發展中國家相互之間的技術轉讓，但要適當地顧到社會經濟狀況和有關工業的具體需要；

十一、組織和支援各種工業培訓計畫，以幫助發展中國家訓練它們在工業加速發展的各個階段所需要的技術人員和其他有關類別的人員；

十二、同聯合國的有關機構、各專門機構和國際原子能機構密切合作，就自然資源的開發、保護和就地加工問題，向發展中國家提供諮詢意見並給予援助，以促進發展中國家的工業化；

十三、提供試驗工廠和示範工廠，以加速具體部門的工業化；

十四、制訂特別措施，以促進發展中國家相互之間和發達國家與發展中國家之間在工業領域的合作；

十五、同其他有關機構合作，在發展中國家的區域集團和分區域集團範圍內，幫助這些國家進行區域性的工業發展規劃；

十六、鼓勵和促進各種工業、商業和職業協會以及有助於發展中國家充分利用其國內資源以發展民族工業的類似組織的建立和加強；

十七、幫助各種基本機構的建立及其業務活動，以便向工業界提供管理、諮詢和發展服務；

十八、應發展中國家政府的請求，在公正、公平和互相能接受的條件下，幫助具體工業項目籌取外來資金。

第二章　參加

第三條　（成員）

凡贊成本組織目標和原則的國家均可成爲本組織的成員：

一、聯合國會員國或者專門機構或國際原子能機構的成員國，按照第二十四條和第二十五條第二款的規定成爲本章程的當事國後，可成爲本組織的成員；

二、非一項所指的國家，經大會根據理事會的推薦以出席並參加表決成員的三分之二多數核可其成員資格，並按照第二十四條第三款和第二十五條第二款㈢項的規定成爲本章程的當事國後，可成爲本組織的成員。

第四條　（觀察員）

一、凡在聯合國大會享有觀察員地位者，於提出請求後，可在本組織取得觀察員地位，除非大會另有決定。

二、在不妨礙第一款的情況下，大會有權邀請其他觀察員參加本組織的工作。

三、應准許觀察員按照有關的議事規則和本章程的規定參加本組織的工作。

第五條　（中止）

一、本組織任何成員若被中止行使聯合國會員國的權利和特權，它作爲本組織成員的權利和特權也應自動中止行使。

二、任何成員拖欠對本組織的繳款，其數額如果等於或超過它在前兩個財政年度應繳的會費總額，即喪失其在本組織的表決權。但如任何機構認爲拖欠確實是由於該成員無法控制的情況所致，可以允許該成員在該機構參加表決。

第六條　（退出）

一、成員將聲明本章程對其無效的文書交存保存人後，可退出本組織。

二、退出自交存此種文書後的下一財政年度的最後一天起生效。

三、退出的成員在交存此種文書後的下一財政年度所應繳的款額，應與它在交存此種文書的財政年度的會費攤額相同。此外，退出的成員應照付它在交存此種文書前無條件認捐的任何款項。

第三章　機構

第七條　（主要機構和附屬機構）

一、本組織的主要機構爲：

㈠大會；

㈡工業發展理事會（簡稱「理事會」）；

㈢秘書處。

二、應設立方案和預算委員會，協助理事會編制和審查本組織的工作方案、經常預算和業務預算以及與本組織有關的其他財務事項。

三、大會或理事會可以設立包括技術委員會在內的其他附屬機構，設立時要適當地顧到公平地理代表性原則。

第八條　（大會）

一、大會由全體成員的代表組成。

二、

㈠除非大會另有決定，大會應每兩年舉行一屆常會。總幹事應理事會或應本組織多數成員要求，應召開特別會議。

㈡除非大會另有決定，常會應在本組織所在地舉行。理事會應決定舉行特別會議的地點。

三、大會除執行本章程所規定的其他職能外，應當：

㈠決定本組織的指導原則和政策；

㈡審議理事會、總幹事和大會各附屬機構的報告；

㈢按照第十四條的規定核准本組織的工作方案、經常預算和業務預算，按照第十五條的規定制定會費分攤比額表，核准本組織的財務條例和監督本組織財政資源的有效利用；

㈣有權以出席並參加表決成員的三分之二多數通過有關本組織職權範圍內任何事項的公約或協定，並就這種公約或協定向各成員提出建議；

㈤就本組織職權範圍內的事項，向各成員和各國際組織提出建議；

㈥採取任何其他適當的行動，使本組織實現其目標和履行其職能。

四、除下列條款所規定者外，大會可將其所認爲適當的權力和職能授予理事會：第三條㈡項；第四條；第八條第三款㈠、㈡、㈢和㈣項；第九條第一款；第十條第一款；第十一條第二款；第十四條第四款和第六款；第十五條；第十八條；第二十三條第二款㈡項和第三款㈡項；附件一。

五、大會應自行制定其議事規則。

六、每一成員在大會上應有一票表決權。除非本章程或大會議事規則另有規定，各種決定應以出席並參加表決成員的多數作成。

第九條　（工業發展理事會）

一、理事會應由大會選出本組織的五十三個成員組成，選舉時應適當地顧到公平地理分配原則。大會在選舉理事會成員時，應按照下列辦法分配席位：三十三個理事會成員應從本章程附件一的A和C部分所列國家中選出，十五個成員從B部分所列國家中選出，五個成員從D部分所列國家中選出。

二、理事會成員的任期應自當選的那一屆大會常會結束時開始，至四年後的大會常會結束時爲止，但在第一屆會議當選的成員的任期應自當選時開始，其中一半成員只任職至兩年後的常會結束時爲止。理事會成員連選可連任。

三、

(一)理事會應每年至少舉行一屆常會，時間由理事會自行決定。總幹事應理事會多數成員要求，應召開特別會議。

(二)除非理事會另有決定，會議應在本組織所在地舉行。

四、理事會除執行本章程所規定的或大會所授予的其他職能外，應當：

(一)在大會授權下，審查核定的工作方案和相應的經常預算及業務預算以及大會的其他決定的執行情況；

(二)向大會建議經常預算經費的分攤比額表；

(三)向大會每屆常會提出理事會活動報告；

(四)要求本組織的成員提供它們與本組織工作有關的活動的資料；

(五)按照大會的決定並顧到理事會或大會閉會期間發生的情況，授權總幹事採取理事會認爲必要的措施，以應付未能預料的情況，但應適當地顧到本組織的職能和財力；

(六)如果總幹事一職在大會閉會期間出缺，任命一位元代理總幹事，任職至下一屆大會常會或特別會議爲止；

(七)編制大會臨時議程；

(八)執行爲實現本組織目標所需的其他職能，但須遵守本章程所規定的限制。

五、理事會應自行制定其議事規則。

六、理事會每個成員應有一票表決權。除非本章程或理事會議事規則另有規定，各種決定應以出席並參加表決成員的多數作成。

七、理事會應邀請任何非理事會成員參加審議與該成員特別有關的任何事項，但該成員無表決權。

第十條　（方案和預算委員會）

一、方案和預算委員會應由大會選出本組織的二十七個成員組成，選舉時應適當地顧到公平地理分配原則。大會在選舉委員會成員時，應按照下列辦法分配席位：十五個委員會成員應從本章程附件一的A和C部分所列國家中選出，九個成員從B部分所列國家中選出，三個成員從D部分所列國家中選出。各國在指派其代表擔任委員會工作時，應考慮到他們個人的資格和經驗。

二、委員會成員的任期應自當選的那一屆大會常會結束時開始，至兩年後的大會常會結束時爲止。委員會成員連選可連任。

三、

(一)委員會應每年至少舉行一屆會議。總幹事應理事會或委員會要求，應增開會議。

(二)除非理事會另有決議，會議應在本組織所在地舉行。

四、委員會應當：

(一)執行第十四條規定的職能；

(二)編制並向理事會提出經常預算經費的分攤比額表草案；

(三)行使大會或理事會可能分配給它的與財務事項有關的其他職能；

(四)向理事會每屆常會提出關於委員會一切活動的報告，並主動地向理事會提出有關財務事項的意見或建議。

五、委員會應自行制定其議事規則。

六、委員會每個成員應有一票表決權。各種決定應以出席並參加表決成員的三分之二多數作成。

第十一條　（秘書處）

一、秘書處由總幹事一人以及本組織可能需要的副總幹事若干人和其他工作人員組成。

二、總幹事由大會根據理事會的推薦任命，任期四年。總幹事再獲任命可連任四年，期滿不得續任。

三、總幹事爲本組織的行政首長。總幹事有指導本組織工作的全面責任和權力，但須遵守大會或理事會的一般或具體指示。總幹事應在理事會的授權和監督下，負責工作人員的任命、組織及其職責的履行。

四、總幹事和工作人員在執行職責時，不得謀求或接受任何政府或本組織以外任何當局的指示，並應避免採取任何可能影響其作爲只向本組織負責的國際官員的地位的行動。各成員承諾尊重總幹事和工作人員的責任的純屬國際性質，決不謀求在他們履行責任時對他們施加影響。

五、工作人員由總幹事按照大會根據理事會的建議制定的條例，予以任命。副總幹事一級的任命須經理事會核准。工作人員的服務條件應盡可能與聯合國共同制度的條件相一致。雇用工作人員和決定服務條件時，應以確保最高標準的效率、才能和品德爲首要考慮。對於在廣泛和公平的地理基礎上徵聘工作人員的重要性，應給予適當的注意。

六、總幹事應以總幹事的身份參加大會、理事會及方案和預算委員會的一切會議，並應執行這些機構委託給他的其他職責。總幹事應編制關於本組織活動的年度報告。此外，總幹事應視情況向大會或理事會提交它們所要求的其他報告。

第四章　工作方案和財務事項

第十二條　（代表團的費用）

各成員和觀察員應自行負擔出席大會、理事會或它們可能參加的任何其他機構的代表團的費用。

第十三條　（預算的組成）

一、本組織應按照核定的工作方案和預算進行活動。

二、本組織的經費應分類如下：

㈠從會費撥付的經費（稱爲「經常預算」）；和

㈡從對本組織的自願捐款和財務條例規定的其他收入撥付的經費（稱爲「業務預算」）。

三、經常預算應按照附件二的規定提供本組織的行政、研究和其他經常費用及其他活動的經費。

四、業務預算應提供技術援助和其他有關活動的經費。

第十四條　（方案和預算）

一、總幹事應在財務條例所規定的日期，編制下一財政期間的工作方案草案，連同由經常預算提供經費的活動的相應概算，通過方案和預算委員會提交理事會。總幹事應同時提出關於由本組織所得自願捐款提供經費的活動的提案和概算。

二、方案和預算委員會應審議總幹事的提案，並就所提議的工作方案以及相應的經常預算和業務預算概算，向理事會提出建議。委員會的這種建議須得到出席並參加表決成員三分之二多數的同意。

三、理事會應審查總幹事的提案及方案和預算委員會的任何建議，並通過工作方案、經常預算及業務預算，連同它認爲必要的修改，提交大會審議和核准。理事會須得到出席並參加表決成員的三分之二多數方能通過方案和預算。

四、

㈠大會應審議並以出席並參加表決成員的三分之二多數核准理事會提出的工作方案和相應的經常預算及業務預算。

㈡大會可按照第六款對工作方案和相應的經常預算及業務預算作出修正。

五、必要時，應按照以上第一款至第四款和按照財務條例，編制並核准經常預算或業務預算的追加概算或訂正概算。

六、除非附有總幹事編制的經費概算，大會不應核准尚未按照第二款和第三款審議的任何涉及經費的決議、決定或修正案。凡是總幹事預期有經費需要的任何決議、決定或修正案，在與大會同時開會的方案和預算委員會及理事會先後有機會按照第二款和第三款採取行動前，大會不應予以核准。理事會應將其決定提交大會。大會必須得到全體成員的三分之二多數方能核准此種決議、決定和修正案。

第十五條　（會費）

一、經常預算經費應由各成員按照分攤比額表內的比額來負擔，分攤比額表應以方案和預算委員會編制的草案為基礎，經理事會以出席並參加表決成員的三分之二多數通過提出建議，由大會以出席並參加表決成員的三分之二多數制定。

二、分攤比額表應盡可能以聯合國最近使用的比額表為基礎。任何成員的分攤額都不應超過本組織經常預算的百分之二十五。

第十六條　（對本組織的自願捐款）

在不違反本組織財務條例的條件下，總幹事可代表本組織接受對本組織的自願捐款，包括各國政府、政府間組織或非政府組織或其他非政府來源給予本組織的贈款、遺贈和補助金，但此種自願捐款所附的條件必須符合本組織的目標和政策。

第十七條　（工業發展基金）

為了增加本組織的資金並提高本組織迅速靈活地滿足發展中國家需要的能力，本組織應設立工業發展基金，通過按照第十六條向本組織提供的自願捐款和按照本組織財務條例可能得到的其他收入籌集資金。總幹事應按照大會制定的或理事會以大會名義制定的指導工業發展基金業務的一般政策方針，並按照本組織的財務條例，管理這項基金。

第五章　合作和協調

第十八條　（與聯合國的關係）

本組織應與聯合國建立關係，成為《聯合國憲章》第五十七條所述專門機構之一。按照《憲章》第六十三條締結的任何協定，須經理事會建議由大會以出席並參加表決成員的三分之二多數核准。

第十九條　（與其他組織的關係）

一、總幹事經理事會批准並遵照大會制定的方針，可以：

㈠同聯合國系統的其他組織及其他政府間組織和政府組織締結協定，建立適當的關係；

㈡同工作上與本組織有關的非政府組織和其他組織建立適當的關係。同各國的全國性組織建立這種關係時，總幹事應與有關政府協商。

二、在不妨礙這種協定和關係的條件下，總幹事可以同這類組織訂立工作協定。

第六章　法律事項

第二十條　（所在地）

一、本組織所在地是維也納。大會得以全體成員三分之二多數的決定更改所在地。

二、本組織應同東道國政府締結一項總部協定。

第二十一條　（法律地位、特權和豁免）

一、本組織在每一成員的領土內，應享有為履行其職能和實現其目標所必需的法律地位及特權和豁免。成員的代表和本組織的官員應享有為獨立行使其與本組織有關的職責所必需的特權和豁免。

二、第一款所稱的法律地位、特權和豁免：

㈠在已加入適用於本組織的《專門機構特權和豁免公約》的任何成員領土內，應按照經理事會核准附加於該公約的一個附件修正後的該公約的標準條款予以規定；

㈡在沒有加入適用於本組織的《專門機構特權和豁免公約》但已加入《聯合國特權和豁免公約》的任何成員領土內，應按照後一公約予以規定，除非該國在交存批准書、接受書、贊同書或加入書時通知保存人，它不對本組織適用該公約；《聯合國特權和豁免公約》應在該國向保存人發出上述通知三十日後停止對本組織適用；

㈢應按照本組織所締結的其他協定予以規定。

第二十二條　（解決爭端和要求提供諮詢意見）

一、

㈠如兩個或兩個以上成員對本章程及其附件的解釋或運用發生任何爭端，而未能通過談判解決，則有關各方除非同意採取別的方式解決，應將爭端提交理事會。如果爭端與某一成員特別有關，而該成員不屬理事會成員，則該成員有權根據理事會通過的規則，派遣代表出席。

㈡如果爭端未能按照第一款㈠項解決，以致爭端的任何一方感到不滿，則不滿的一方：

(a)在當事各方同意之下，可將爭端：

(i)提交國際法院；或

(ii)提交仲裁法庭；

(b)否則提交和解委員會。

關於仲裁法庭及和解委員會的程序和工作的規則見本章程附件三。

二、大會和理事會經聯合國大會授權，各自有權請國際法院對本組織活動範圍內所發生的任何法律問題發表諮詢意見。

第二十三條　（修正）

一、在大會第二屆常會以後的任何時間，任何成員均可對本章程提出修正。總幹事應將提議的修正案迅速通知全體成員，大會須在總幹事發出通知九十天後方可加以審議。

二、除第三款所指的情況外，修正案應於完成下列程序後生效，並對全體成員具有約束力：

㈠經理事會向大會提出建議；

㈡經大會以全體成員的三分之二多數核准；

㈢三分之二的成員已將修正案的批准書、接受書或贊同書交存保存人。

三、關於第六條、第九條、第十條、第十三條、第十四條或第二十三條或關於附件二的修正案，應於完成下列程序後生效，並對全體成員具有約束力：

㈠經理事會全體成員以三分之二多數向大會提出建議；

㈡經大會以全體成員的三分之二多數核准；

㈢四分之三的成員已將修正案的批准書、接受書或贊同書交存保存人。

第二十四條　（簽字、批准、接受、贊同和加入）

一、本章程在奧地利共和國聯邦外交部對第三條㈠項所指的所有國家開放簽字，至一九七九年十月七日爲止，其後可在紐約聯合國總部簽字，至本章程生效之日爲止。

二、本章程須經各簽字國批准、接受或贊同。這些國家的批准書、接受書或贊同書應交存保存人。

三、在本章程按照第二十五條第一款生效後，凡屬於第三條㈠項所指但未簽署本章程的國家，和按照該條㈡項得到核准爲成員的國家，可交存加入書而加入本章程。

第二十五條　（生效）

一、本章程在至少有八十個已交存批准書、接受書或贊同書的國家通知保存人它們經過互相協商後同意本章程應即生效時，開始生效。

二、本章程：

㈠對於參與提出第一款所述的通知的國家，應自本章程開始生效之日起生效；

㈡對於在本章程生效前已交存批准書、接受書或贊同書，但未參與提出第一款所述的通知的國家，應自它們通知保存人本章程應對它們生效之日起生效；

㈢對於在本章程生效後交存批准書、接受書、贊同書或加入書的國家，應自它們交存此種文書之日起生效。

第二十六條　（過渡性安排）

一、保存人應在本章程生效後三個月以內，召開大會第一屆會議。

二、本組織及其機構應遵循指導聯合國大會第二一五二（XXI）號決議所設立的組織的規則和條例，直到本組織及其機構通過新的規章爲止。

第二十七條　（保留）

對本章程不得作出任何保留。

第二十八條　（保存人）

一、聯合國秘書長爲本章程的保存人。

二、保存人應將對本章程有影響的一切事項通知有關各國，並應通知總幹事。

第二十九條　（有效文本）

本章程的阿拉伯文、中文、英文、法文、俄文和西班牙文文本具有同等效力。

（章程中文本）

十五、世界旅遊組織（UNWTO）憲章

Statutes of the World Tourism Organization (UNWTO)

通過日期：一九七〇年九月二十八日（墨西哥城）
生效日期：一九七五年一月一日

一九七〇年九月十七日至二八日，官方旅遊國際聯盟組織特別會員大會於墨西哥城通過。依章程三十六條於一九七五年一月一日生效。

第一條　（建立）
世界旅遊組織（以下稱組織），爲政府間國際組織，前身爲官方旅遊國際聯盟組織。

第二條　（總部）
組織總部之決定與變更應由大會決定之。

第三條　（目標）
一、組織基本目標應發展觀光、促進經濟、國際理解，和平及繁榮，並尊重人權及免於種族、性別、語言或宗教歧視之自由。組織應採取適宜行動達成以上目標。
二、爲達成以上目標，組織應特別關切發展中國家的觀光利益。
三、爲建立旅遊領域之核心地位，組織組織應與聯合國相關單位及其專門機構建立與維持有效之合作。組織應尋求以執行單位之身分參與聯合國發展計畫，並發展合作關係。

第四條　（會員）
組織之會員權有三類：
一、正會員
二、副會員
三、附屬會員

第五條　（正會員權）
一、組織之正會員權應對所有主權國家開放。
二、於官方旅遊國際聯盟組織特別會員大會通過章程時，各國旅遊組織無須表決，僅須正式宣佈簽署組織章程並接受會員義務，即可取得正會員權。
三、若於會員大會上獲得正會員三分之二的同意，其他國家得以取得正會員權。

第六條　（副會員權）
一、組織之副會員應向所有屬地或屬地團體開放，不涉及其外交關係。
二、領地或領地團體之國家旅遊組織爲參與官方旅遊國際聯盟組織特別會員大會，簽署章程之正會員，並依此取得副會員資格，無須經由表決，由國家負責其外交關係，證明其會員權並宣稱該領地及領地團體將遵循組織章程。
三、若事先得到負責及外交關係國家之許可，領地或領地團體可成爲組織副會員，但須得到大會三分之二正會員之同意。
四、組織相關成員若需單獨負責其外交關係，可向秘書長提出簽署憲章及接受正會員義務之書面要求，以轉變會籍成爲正會員。

第七條
一、組織附屬會員應向政府及具旅遊利益及與組織目標一致之商業組織、協會非政府國際組織公開。
二、副會員在官方旅遊國際聯盟組織特別會員大會簽署憲章時應有權成爲附屬會員，無須經由表決或另行宣布接受附屬會員之義務。
三、其他政府、非政府的國際組織向秘書處提出書面請求後，經大會正會員三分之二多數通過，即可成爲附屬會員。
四、第一款所定義之商業組織及協會，在其總部所在國的同意下，向秘書處提出請求，在大會完全員三分之二同意後，可取得附屬會員權。

五、附屬會員委員會可建立其規則並提交大會認可。該委員會在組織會議中可取得代表，可在會議中提出建議，並在議程中提問。
六、附屬會員可個別參與組織活動或集體參與附屬會員委員會。

第八條　（組織架構）
一、組織之組成包括：
㈠會員大會（以下稱大會）
㈡行政理事會（以下稱理事會）
㈢秘書處。
二、除非相關單位另有決定，大會及委員會之會議應舉辦於組織總部。

第九條　（會員大會）
一、大會爲組織最高機關，應由正會員代表組成。
二、每屆大會會期中，正會員與副會員應有不超過五位的代表，其中一位爲會員之主代表。
三、附屬會員可只指定三位觀察員，並可指定其中一位參與大會工作。

第十條　（大會會期）
大會應每兩年召開一般會期，若有需要，可舉行特別會期。理事會或組織正會員的多數可召集特別會期。

第十一條　（大會程序規則）
大會應同意自身的程序規則。

第十二條　（大會功能）
大會可就任何組織資格問題提出質疑與建議。在現今章程中的功能應包括：
一、選舉會長與副會長。
二、選舉委員會成員。
三、在委員會推薦下指定秘書長。
四、監督組織財政預算。
五、規定組織行政的主要方向。
六、監督用於秘書處的人事預算。
七、在委員會推薦下選舉審計人員。
八、監督組織工作的主要計畫。
九、指導主織財政政策，並評估、監督預算。
十、若有必要，可建立技術或區域組織。
十一、審查及監督組織活動報告及各單位是否採取有效且必要措施促進之。
十二、監督或代爲監督政府與國際組織協議之結論。
十三、監督或代爲監督民間組織與個體協議之結論。
十四、準備和建議符合組織資格之國際協議。
十五、決定現行憲章在會員權上的應用。

第十三條　（總裁與副總裁）
一、大會應於每一會期之始選舉總裁、副總裁。
二、總裁應主持大會並執行大會所託。
三、於會期中，總裁應對大會負責。
四、在任期中內，總裁應代表組織參與任何必要之場合。

第十四條　（行政理事會）
一、根據大會程序規則，由大會選出五分之一的正會員組成行政理事會，並須顧及區域平衡原則。
二、副會員得選出一席參與理事會的運作，惟不具投票權。
三、附屬會員委員會的一名代表可參與理事會運作，惟不具投票權。

第十五條　（理事會成員任期）
被選任之成員任期四年，第一屆理事會半數成員爲兩年。每兩年改選二分之一成員。

第十六條　（理事會之召開）
理事會一年至少召開兩回。

第十七條　（理事會主席、副主席任期）

理事會應選舉主席與副主席，任期一年。

第十八條　（理事會之程序規則）

理事會應另訂程序規則。

第十九條　（理事會功能）

理事會功能包括：

一、採取任何必要措施，在大會執行決議或建議下，諮詢秘書長意見，並向大會報告。

二、聽取秘書長對組織活動之報告。

三、向大會提出計畫。

四、查核秘書長所規劃之組織一般工作程序。

五、向大會提出收支與預算報告及建議。

六、若活動確有需求，設立補助單位。

七、執行大會所託之其他功能。

第二十條　（休會期間行政決定之追認）

大會休會期間憲章條款有所欠乏時，在組織功能及財政資源允許下，若有必要，理事會可採行行政與技術決定。但應於下個會期向大會提出報告由大會認可。

第二十一條　（秘書處）

秘書處應由秘書長及必要之組織職員組成。

第二十二條　（秘書長之產生與任期）

秘書長應由三分之二現任正會員於大會中決議指定，並由理事會推薦，任期四年，可連任。

第二十三條　（秘書長之職責）

一、秘書長對大會及理事會負責。

二、秘書長應執行大會與理事會之指示。須向大會報告組織之活動、預算、收支及活動程序。

三、秘書長須確保組織之合法代表性。

第二十四　（秘書處職員）

一、秘書長應依大會職員規章指定秘書處職員。

二、組織職員應對秘書處負責。

三、職員的甄補應考慮到效能、技術資格、及廉潔；並應盡可能考慮到地理的普遍性。

四、在工作上，祕書長及秘書處職員不應尋求或接受任何政府或組織外部權威的指示，並應拒絕任何影響其身分的行爲。

第二十五條　（預算與支出）

一、組織預算包括行政功能、及一般工作程序。根據附於憲章之財政規則，其財政來源來自於完全、相關與附屬會員及其他可能之來源。

二、預算由秘書處規畫，由理事會認可後送較大會審議通過。

第二十六條　（審計員與財政查核）

一、組織收支應由兩位理事會推薦、大會同意之審計員查核，其任期爲兩年，現任者亦具備選舉資格。

二、審計員爲查核收支，可觀察財政程序與管理、會計系統、內部財政控制、行政執行的財政結算。

第二十七條　（法定人數）

一、現有正會員之多數構成大會召開之法定人數。

二、理事會現有正會員之多數構成理事會召開之法定人數。

第二十八條　（投票權）

每一席正會員擁有一票。

第二十九條　（表決門檻）

一、現有憲章的其他條款，應於大會以簡單多數表決。

二、關於預算與會員財政義務案、組織總部所在地，須經大會正會員三分之二多數決議，其他特殊重要案件則由大會正會員簡單多數決議。

第三十條　（決議之通過）

現有正會員的簡單多數可達成理事會的決議。預算及財政建議則需三分之二現有會員的多數方可通過。

第三十一條　（法人人格）

組織應有法人人格。

第三十二條　（豁免與特權）

組織在實行其功能時，於其會員國領土內應享有特權與豁免。特權與豁免的內容由組織協議。

第三十三條　（修正）

一、任何對現有憲章及其附件的修正建議應向秘書處提出，秘書處在大會審議六個月前應送至各正會員處。

第三十四條　（停權）

一、任何成員違反憲章第三條之組織基本目標，大會可在三分之二多數決議下，停止其會員權及相關特權。

二、除大會改變組織政策外，停權決議持續有效。

第三十五條　（退出）

一、任何正會員皆可於前一年向憲章託管國政府提出退出組織之書面聲明。

二、任何副會員皆可藉由代表其外交關係之正會員向憲章託管國政府提出退出書面聲明，以退出組織。

三、任何正會員皆可於前一年向秘書長提出退出組織之書面聲明。

第三十六條　（生效）

五十二個官方旅遊國際聯盟組織正會員國之官方觀光組織在正式簽署憲章後已接受其會員義務。現有憲章應於一百二十天後生效。

第三十七條　（託管）

一、憲章及任何接受會員義務之宣言應受瑞士政府之託管。

二、瑞士政府應提醒所有有權受提醒之國家關於宣言與憲章生效事宜。

第三十八條　（官方語言）

組織官方語言應爲英文、法文、俄文、西班牙文。

第三十九條　（效力）

憲章英文本、法文本、俄文本及西班牙文本具同等效力。

（憲章中文本）

參、其他重要國際組織

一、世界貿易組織（WTO）協定

Agreement Establishing the World Trade Organization (WTO)

簽署日期：一九九四年四月十五日（馬拉喀什）

生效日期：一九九五年一月一日

本協議各成員：

承認其貿易和經濟關係的發展，應旨在提高生活水準，保證充分就業和大幅度穩步提高實際收入和有效需求，擴大貨物與服務的生產和貿易，爲持續發展之目的擴大對世界資源的充分利用，保護和維護環境，並以符合不同經濟發展水準下各自需要的方式，加強採取各種相應的措施；

進一步承認有必要作出積極的努力，以確保發展中國家，尤其是最不發達國家，在國際貿易增長中獲得與其經濟發展相適應的份額；

期望通過達成互惠互利的安排，切實降低關稅和其他貿易壁壘，在國際貿易關係中消除歧視待遇，爲實現上述目標作出貢獻；

從而決心建立一個完整的、更有活力的和持久的多邊貿易體系，以包括關稅與貿易總協定、以往貿易自由化努力的成果和烏拉圭回合多邊貿易談判的所有成果；決心保持該多邊貿易體制的基本原則和加強體制的目標；

協議如下：

第一條　（組織的建立）

建立世界貿易組織（以下簡稱世貿組織）。

第二條　（世貿組織的範圍）

一、世貿組織應爲其成員之間與本協議各附件中的協議及其法律文件有關的貿易關係，提供共同的體制框架。

二、附件一、附件二和附件三中的各協議及其法律文件（以下稱「多邊貿易協議」）均是本協議的組成部分，並約束所有成員。

三、本協議附件四中各協議及其法律文件（以下稱「諸邊貿易協議」），以接受者諸邊貿易協議的成員而言，也是本協議的部分，並約束這些成員。對未接受諸邊貿易協議的成員，諸邊貿易協議不產生任何權利義務。

四、附件一（一）中的關稅與貿易總協定（以下稱《一九九四年關貿總協定》）在法律上區別於一九四七年十月三〇日簽訂的關稅與貿易總協定，後者附著於聯合國貿易與就業預備會議第二次會議結束通過的最後文件，及其後來經核準、修正和修改的文本。

第三條　（世貿組織的職能）

一、世貿組織應促進本協議和多邊貿易協議的執行、管理、運作，以及進一步實現各協議的目標，並對諸邊貿易協議的執行、管理和運作提供框架。

二、世貿組織應爲各成員處理與本協議各附件有關的多邊貿易關係提供談判場所。如果部長會議作出決定，世貿組織還可爲各成員的多邊貿易關係的進一步談判提供場所，併爲執行該談判的結果提供框架。

三、世貿組織應管理實施本協議附件二有關爭端解決的規則與程序的諒解（以下稱「爭端解決諒解」）。

四、世貿組織管理實施附件三的貿易政策評審機制，世貿組織應和國際貨幣基金組織與國際復興開發銀行及其附屬機構進行適當的合作，以更好地協調製定全球經濟政策。

第四條　（世貿組織的機構）

一、部長會議應當包括所有成員的代表，它應至少每二年召開一次會議。部長會議應當履行世貿組織的職能，併爲此而採取必要的措施。部長會議有權對各多邊貿易協議中的任何事項作出決定，如有成員要求，部長會議的決定應按照本協議及有關多邊貿易協議中關於決策的具體規定作出。

二、設立一個包括所有成員代表的總理事會，它應在適當時候召開會議。在部長會議休會期間，總理事會應當執行部長會議的各項職能。總理事會還應當執行本協議指定的各項職能，總理事會應當制定自己的程序規則，審批本條第七款所述各委員會的程序規則。

三、總理事會應在適當時間召開會議，以行使爭端解決諒解所規定的爭端解決機構的職責。爭端解決機構應有自己的主席，並建立它認爲必要的程序規則以行使其職責。

四、總理事會應在適當時間召開會議，以行使貿易政策審議機制所規定的貿易政策審議機構的職責。貿易政策審議機構應有自己的主席，並建立它認爲必要的程序規則以行使其職責。

五、設立一個貨物貿易理事會、一個服務貿易理事會和一個與貿易有關的知識產權理事會（以下稱「知識產權理事會」）。它們應當在總理事會的指導下進行工作。貨物貿易理事會應當負責附件一㈠中的多邊貿易協議的運作，服務貿易理事會應當負責服務貿易總協定的運作，知識產權理事會應當負責與貿易有關的知識產權協定的運作。各理事會都應行使各自有關協議和總理事會賦予的職責。它們還應經總理事會批准制定各自相應的程序規則。各理事會的成員應當從所有成員代表中產生，各理事會應當在必要時召開會議，以行使其職責。

六、貨物貿易理事會、服務貿易理事會和知識產權理事會，可視需要建立各自的下屬機構，這些機構應制定各自的程序規則並由各自理事會批准。

七、部長會議應當設立一個貿易與發展委員會，一個國際收支限制委員會和一個預算、財務和行政管理委員會，它們應當行使本協議和多邊貿易協議所賦予的各種職責以及總理事會所賦予的其他職責，在部長會議認爲合適的情況下，還可以設立具有此類職責的其他委員會。作爲其職能的一部分，貿易與發展委員會應當定期審議多邊貿易協議中有利於最不發達成員的特別規定，向總理事會報告，以採取適當行動。各委員會的成員應由所有成員的代表組成。

八、諸邊貿易協議下設立的各種機構，應行使這些協議所賦予的職責，並應在世貿組織機構框架內運作，這些機構應向總理事會通知其活動。

第五條　（世貿組織與其他組織的關係）

一、總理事會應就與世貿組織職責有關的各政府間組織的有效合作作出適當安排。

二、總理事會應就與世貿組織事務有關的各種非政府組織的協商和合作作出適當安排。

第六條　（秘書處）

一、世貿組織設立一個由總幹事領導和秘書處。

二、部長會議應任命一名總幹事，並制定有關規則以確定總幹事的權力、責任、任職條件和任期。

三、總幹事應任命秘書處的職員，並根據部長會議通過的規則確定他們的責任和任職條件。

四、總幹事和秘書處的職員純屬國際性質，在履行其職責方面，總幹事和秘書處職員不應當尋求和接受世貿組織之外的任何政府或其他當局的指示，他們應避免任何有損其國際官員身份的行爲，世貿組織的成員應當尊重總幹事和秘書處職員在其職責方面的國際性質，不應對他們行使職權施加影響。

第七條　（預算與會費）

一、總幹事應向預算、財務和行政管理委員會提出世貿組織的年度預算和財務報告。預算、財務和行政管理委員會應對總幹事提出的年度預算和財務報告進行審議並對總理事會提出建議。這些年度預算應由總理事會批准。

二、預算、財務和行政管理委員會應向總理事會提出財務規則之建議。該規則應包括以下規定：

㈠世貿組織的支出費用所要求的各成員的會費；

㈡對拖延交納會費的成員應採取的措施。

財務規則應盡可能地以《一九四七年關貿總協定》的規則和實踐爲基礎。

三、總理事人採用的財務規則和年度預算應當由世貿組織過半數以上的成員以二/三的多數表決通過。

四、各成員應按照總理事會通過的財務規則，儘快向世貿組織交納世貿組織費用中所分攤的份額。

第八條　（世貿組織的地位）

一、世貿組織具有法人資格，各成員應賦予世貿組織享有執行其職責所需要的法律資格。

二、世貿組織各成員賦予世貿組織爲履行其職責所需要的特權和豁免。

三、世貿組織各成員應同樣給予世貿組織官員和各成員代表在其獨立行使世貿組織有關職責時必要的特權和豁免權。

四、每一世貿組織成員所賦予世貿組織及其官員的特權和豁免權，應當和一九四七年一一月二一日聯合國大會通過的《專門機構特權和豁免權公約》之規定相似。

五、世貿組織可以締結一個總部所在地協議。

第九條　（決策）

一、世貿組織應當繼續遵循《一九四七年關貿總協定》奉行的由一致意見作出決定的實踐。除另有規定外，若某一決定無法取得一致意見時，則由投票決定。在部長會議和總理事會上，世貿組織的每一成員有一票投票權。歐洲共同體投票時，其票數應與參加歐共體成員國數相等。除本協議和多邊貿易協議另有規定外，部長會議和總理事會的決定應以多數表決通過。

二、部長會議和決理事會對本協議和多這貿易協議具有專門的解釋權。對附件一中多邊貿易的解釋，應基於負責這此協議運作的理事會的意見。一項解釋的決定應由成員四分之三多數通過。但本款不應損害第十條關於修正的規定。

三、在例外情況下，部長會議可以決定豁免某成員方根據本協議和其他多邊貿易協議所承擔的某項義務。除本款另有規定外，這種決定應經四分之三成員的批准。

㈠有關協議的豁免的申請，應提交到部長會議，遵循由一致意見作出決定的實踐來予以考慮，部長會議應當確定一個不超過九〇天的期限，來考慮這種申請。如果在期限內不能獲得一致意見，任何予以豁免的決定應經過四分之三成員的同意。

㈡有關附件一㈠、㈡和㈢或諸邊貿易協議及其附件的豁免申請，應首先分別提交貨物貿易理事會，服務貿易理事會和知識產權理事會在不超過九〇天的期限內予以考慮，當限期屆滿時，有關理事會應當向部長會議提交報告。

四、部長會議關於給予某項義務豁免的決定，應陳述證明該決定合理的特殊情況，實施豁免的條件，以及豁免終止的日期。任何豁免的期限超過年者，應在給予豁免不晚於一年內由部長會議審議，並在豁免期滿前，每年審議一次。審議中，部長會議應審查證明豁免期滿前，每年審議一次。審議中，部長會議應審查證明豁免合理性的特殊情況是否仍然存在，以及豁免所附條件是否得以滿足。部長會議在年度審議的基礎上可以決定延長、修改和終止這項豁免。

五、一項諸邊貿易協議的決定，包括有關解釋和豁免的決定，從屬該協議的規定。

第十條　（修正）

一、世貿組織的任何成員可以向部長會議提出動議修正本協議或附件一中的多邊貿易協議。第四條第五款中的各理事會也可向部長會議提出動議修正附件一中它們所負責運作的多邊貿易協議。除非部長會議決定一個更長的時間，否則在部長會議上正式提出修正動議後九〇天內，部長會議關於就修正動議交各成員接受決定主，應由一致意見作出，除非適用本條第二款、第五款或第六款，該決定應明確是否適用本條第三款或第四款。如果獲得一致意見，部長會議應由三分之二多數成員決定是否將修正動議成員接受。除本條第二款、第五款和第六款的規定外，本條第三款的規定應當適用修正動議，除非部長會議四分之三多數成員決定應適用本條第四款。

二、對本條以及以下各條規定的修正應經所有成員接受方生效：

本協議第九條；

《一九九四年關貿總協定》第一條和第二條；

《服務貿易總協定》第二條第一款；

《與貿易有關的知識產權協議》第四條。

三、除本條第二款、第六款所列之外，對本協議各條的修改，對附件一㈠和㈢中的多邊貿易協議的修正，其性質將改變成員的權利義務者經三分之二多數成員接受後，即對接受這些修正的成員生效，根據本款生效的任何修正屬於這樣的性質，即任何成員在部長會議確定的時限內不接受修正，應退出世貿組織，或經部長會議同意仍爲成員。

四、除本條第二款和第六款所列之外，對本協議各條的修正，對附件一㈠和㈢中多邊貿易協議的修正，其性質並不改變成員權利與義務者，經三分之二多數成員接受後，即對所有成員生效。

五、除本條第二款的規定外，對《服務貿易總協定》第一、二、三部分及其各自附件的修正，經三分之二多數成員接受後，即對接受修正的成員生效，並對以後接受修正的每一成員生效。部長會議可以四分之三的多數成員同意決定，根據前述規定生效的任何修正屬於這樣的性質，即任何成員在部長會議確定的時限內不接受修正，應退出世貿組織，或經部長會議同意，仍爲成員。對《服務貿易總協定》第四、五、六部分及其各自附件的修正，經三分之二多數成員接受，即對所有成員生效。

六、儘管本條各款的規定，但對《與貿易有關的知識產權協議》的修正，只要符合了該協定第七十一條第二款的條件，就可由部長會議通過而無須進一步的接受程序。

七、任何接受修正的成員或附件生中的多邊貿易協議的成員，都應當在部長會議規定的接受期限內，將接受證件交存世貿組織的總幹事。

八、世貿組織任何成員可以向部長會議提出動議修正附件二和附件三中多邊貿易協議的規定，但對附件二中的多邊貿易協議修正決定，應由一致意見作出，經部長會議批准方對所有成員生效。對於附件三中的多邊貿易協議修正決定，應經部長會議批准方對所有成員生效。

九、經某一貿易協議成員之要求，部長會議經一致同意可決定將該貿易協議補充進附件四。經某一諸邊貿易協議成員之要求，部長會議可決定從附件四中刪除該協議。

十、對一項諸邊貿易協議的修正，從屬該協議規定。

第十一條　（創始成員）

一、凡是在本協議生效之日已是《一九四七年關貿總協定》的締約方和歐洲共同體，接受本協議和多邊貿易協議，並在《一九九四年關貿總協定》中附有承諾和減讓表以及在《服務貿易總協定》中附有承諾單者，都是世貿組織創始成員。

二、聯合國所承認的最不發達國家，只需在它們各自發燕尾服、財政和貿易需要的範圍內以及行政管理的能力內作出承諾和減讓。

第十二條　（加入）

一、任何國家或在對外貿易關係以及本協議和多邊貿易協議所規定的事務方面享有充分自治的單獨關稅地區，可以在它和世貿組織議定的條件下，加入本協議。這種加入適用於本協議及所附的多邊貿易協議。

二、加入應由部長會議作出決定，部長會議應經世貿組織成員三分之二多數同意。

三、加入某個諸邊貿易協議，從屬該協議規定。

第十三條　（特定成員之間互不適用多邊貿易協議）

一、本協議和附件一和附件二中的多邊貿易協議在有關成員之間將互不適用，如果它們中任何一方在另一方成爲成員時不同意適用。

二、《一九四七年關貿總協定》的締約方，以前曾引用過該總協定的第三十五條，並在本協議生效時仍實施第三十五條者，則這種世貿組織的成員可引用第一款。

三、本條第一款適用於一個成員和另一個按第十二條加入的成員，如果不同意適用的一方，在部長會議批准加入條件之前，通知部長會議互不適用。

四、在特殊情況下，部長會議可以根據任何一成員的要求，來審議本條的執行情況並提出適當建議。

五、諸邊貿易協議成員之間的互不適用，從屬該協議規定。

第十四條　（接受、生效和保存）

一、本協議供那些按照本協議第十一條有資格成爲世貿組織創始成員的《一九四七關貿總協定》締約方和歐洲共同體以簽字或其他方式接受。這種接受適用於本協議及所附的多邊貿易協議。本協議及所附的多邊貿易協議的生效日期，由部長們根據《烏拉圭回合多邊貿易談判結果最後文件》第三條作出決定。除部長們另有決定外，本協議及所附的多邊貿易協議生效後兩年內繼續開放供接受。本協議生效後的接受，應在該接受後三〇天生效。

二、本協議生效後接受本協議的成員方，對於那些自本協議生效時起尙需一定時期才履行的多邊貿易協議中的減讓和義務，應如同該成員在本協議生效時接受本協議一樣，履行這些減讓和義務。

三、本協議生效時，本協議及多邊貿易協議之文本，應交《一九四七年關貿總協定》締約方全體的總幹事保存，總幹事應向業已接受本協議的各政府及歐洲共同體，提供經審核無誤的本協議和多邊貿易協議副本，以及對其接受的通知書。

四、諸邊貿易協議的生效及接受，從屬這些協議的規定。這些協議應由《一九四七年關貿總協定》締約方全體的總幹事保存。本協議生效時，這些協議應由世貿組織總幹事保存。

第十五條　（退出）

一、任何成員可退出本協議。該退出適用於本協議和多邊貿易協議，並自世貿組織總幹事收到書面退出通知之日起六個月期滿時生效。

二、諸邊貿易協議的退出，從屬這些協議的規定。

第十六條　（其他規定）

一、除本協議或多邊貿易協議另有規定外，世貿組織應當接受《一九四七年關貿總協定》締約方全體以及該協議框架內各機構所遵循的決定、程序和慣例的指導。

二、從實際出發，《一九四七年關貿總協定》的秘書處應成爲世貿組織的秘書處，《一九四七年關貿總協定》締約方全體的總幹事，直到部長會議按照本協議第六條第二款的規定任命其總幹事之前，應當作爲世貿組織的總幹事。

三、當本協議的規定與多邊貿易協議的規定發生衝突時，應以本協議的規定爲準。

四、每一成員應當保證其法律、規則和行政程序，與所附各協議中的義務相一致。

五、不得對本協議的任何規定提出保留。對多邊貿易協議任何條款的保留，僅以這些協議之規定爲限。有關諸邊貿易協議的保留，從屬這些協議之規定。

六、本協議應當按照《聯合國憲章》第一百零二條的規定予以登記。

一九九四年四月一五日訂於馬拉喀什，英文、法文和西班牙文各有一文本，每個文本均有同等效力。

（聯合國條約集中文本）

二、國際原子能機構（IAEA）章程

The Statute of International Atomic Energy Agency

簽署日期：一九五六年十月二十六日（紐約）

生效日期：一九五七年七月二十九日

第一條　（機構的設立）

本章程當事國依下列規定及條件，設立國際原子能機構（以下簡稱〔機構〕）

第二條　（目的）

機構應謀求加速和擴大核能對全世界和平、健康及繁榮的貢獻。機構應盡其所能，確保由其本身、或經其請求、或在其監督或管制下提供的援助不致用於推進任何軍事目的。

第三條　（任務）

一、機構有權：

鼓勵和援助全世界和平利用核能的研究、發展和實際應用；遇有請求時，充任居間人，使機構一成員國爲另一成員國提供服務，或供給材料、設備和設施；並從事有助於和平利用核能的研究、發展、實際應用的任何工作和服務；

依本規程並適當考慮到世界不發達地區的需要，提供材料、服務、設備及設施，以滿足包括電力生產在內的和平利用核能的研究、發展及實際應用的需要；

促進核能和平利用的科學及技術情報的交換；

鼓勵核能和平利用方面的科學家、專家的交換和培訓；

制定並執行安全保障措施，以確保由機構本身，或經其請求，或在其監督和管制下提供的特種裂變材料及其他材料、服務、設備、設施和情報，不致用於推進任何軍事目的；並經當事國的請求，對任何雙邊或多邊協議，或經一國的請求對該國在核能方面的任何活動，實施安全保障措施；

與聯合國主管機關及有關專門機構協商，在適當領域與之合作，以制定或採取旨在保護健康及盡量減少對生命與財產的危險的安全標準（包括勞動條件的標準），並使此項標準適用於機構本身的工作及利用由機構本身、或經其請求、或在其管制和監督下供應的材料、服務、設備、設施和情報所進行的工作；並使此項標準，於當事國請求時，適用於依任何雙邊或多邊協議所進行的工作，或於一國請求時，適用於該國在核能方面的任何活動；

每當在有關地區，本來可向機構提供的設施、工廠及設備不充分時，或只能在機構認爲不滿意的條件下始能獲得時，取得或建立有助於履行其受權執行的職能的設施、工廠及設備。

二、機構執行職能時，應：

依照聯合國促進和平與國際合作的宗旨與原則，並遵循聯合國促成有安全保障的世界裁軍的政策及根據此項政策所訂立的任何國際協定進行工作；

對所收到的特種裂變材料的使用建立管制，以確保此項材料僅用於和平目的；

以確保有效利用及世界各地區有可能普遍獲得最大利益的方式，並顧及世界不發達地區的特別需要，支配其資源；

每年向聯合國大會提出機構的活動情況報告，並於適當時間向安全理事會提出報告。倘若在機構活動方面發生屬於安全理事會職權範圍的問題時，機構應通知對維持國際和平與安全負有主要責任的安全理事會，並應採取根據本規約，包括第十二條三款的規定，可採取的措施。就經濟及社會理事會和聯合國其他機關主管事項，向各該機關提出報告。

三、機構執行職能時，不得對提供給成員國的援助附加與本規約條款相抵觸的任何政治、經濟、軍事和其他條件。

四、在遵守規約的規定及一國或數國與機構所訂符合本規約規定的協定之條款的情況下，機構進行活動時，應適當尊重各國的自主權。

第四條　（成員）

一、聯合國成員國或任何專門機構的成員國於本規約開放供各國簽署之日起九十日內簽署本規約並交存批准書者，為國際核能機構的創始成員國。

二、任何國家不論是否為聯合國成員國或任何專門機構成員國，凡由理事會推薦並經大會核准為成員之後交存對本規約的接受書者，為機構的其他成員國。理事會與大會在推薦及核准一國加入時，應查明該國有能力並願意履行機構成員國的義務，並妥為考慮該國遵循聯合國憲章宗旨與原則的能力與願望。

三、機構以各成員國主權平等的原則為基礎，各成員國應眞誠履行其依本規約所承擔的義務，以保證全體成員國享有由於加入機構而獲得的權利和利益。

第五條　（大會）

一、大會由全體成員國代表組成，每年應舉行常會，並由總幹事應理事會或過半數成員國的請求，舉行特別會議。除大會另有決定外，各屆大會應在機構總部舉行。

二、每一成員國應派代表一人出席各屆大會，代表可隨帶副代表及顧問。代表團出席會議的費用應由各成員國自行負擔。

三、大會應於每屆會議開始時選舉主席一人及其他必要的官員若干人。主席及官員任職至該屆大會結束時為止。大會應在遵照本規約的規定的條件下，自行制定議事規則。每一成員國應有一票表決權。依第十四條八款、第十八條三款、第十九條二款作出的決議，應由出席並參加表決的成員國三分之二的多數通過。關於其他問題的決定，包括確定另有哪些和有哪幾類須由三分之二多數作出決定的問題，應由出席並參加表決的成員國過半數通過。

法定人數應由成員國過半數構成。

四、大會可討論在本程約範圍內或與本規約所規定的任何機關的職權有關的任何問題或事項；並可向機構全體成員或理事會或兼向兩者提出有關此類問題或事項的建議。

五、大會應：

依第六條，選舉理事會理國事；

依第四條，核准國家加入機構；

依第十九條，停止一成員國的成員特權與權利；

審議理事會的年度報告；

依第十四條，核准理事會建議的機構預算，或將預算連同對預算的全部或部分提出的建議，退回理事會，以備向大會重新提出；

核准依據機構與聯合國關係的協定須向聯合國提交的報告，但第十二條三款所稱的報告除外，或將報告連同大會建議退回理事會；

核准第十六條所規定的機構與聯合國及其他組織間的協定，或將此種協定連同大會的建議，退回理事會，以備向大會重新提出；

核准理事會依據第十四條七款規定行使借款權的規則與限制；核准機構接受自願捐助的規則；並依第十四條六款，核准該款所稱總基金的動用方式；

依第十八條三款核准本規程的修訂案；

依第七條一款核准秘書長的任命。

六、大會有權：

就理事會特別提交大會的任何事項，作出決定；

提出事項交理事會審議，並請理事會就有關機構職能的任何事項提出報告。

第六條　（理事會）

一、理事會應依下列方式組成：

卸任理事會應指定在核能技術方面，包括原材料的生產在內，最先進的九個成員國爲理事國，並從下列地區中未含有上述九國的每一地區，各指定一個在核能技術方面，包括原材料的生產在內，最先進的成員國爲理事國：

北美
拉丁美洲
西歐
東歐
非洲
中東及南亞
東南亞及太平洋
遠東

大會理事國的選舉

大會應選舉二十個成員國爲理事國。選舉時應適當顧及本條一款第一項所列各地區的成員國在整個理事會內的公允分配，務使在理事會本類理事國中始終有拉丁美洲地區的五名代表，西歐地區的四名代表，東歐地區的三名代表，非洲地區的四名代表，中東及南亞地區的兩名代表，東南亞及太平洋地區的一名代表，遠東地區的一名代表。任何一屆的本類理事國均不得連選連任；

在下列地區成員國中增選一個成員國爲理事國：

中東及南亞，
東南亞及太平洋，
遠東；

在下列地區成員國中增選一個成員國爲理事國：

非洲，
中東及南亞，
東南亞及太平洋。

二、本條一款第一項所規定的指定，應不遲於大會每年常會前六十天作出。本條一款第二項所規定的選舉，應於大會每年常會時進行。

三、依本條一款第一項產生的理事國應自其被指定後的一屆大會年度常會結束之日起任職，至次屆大會的年度常會結束之日爲止。

四、依本條一款第二項產生的理事國應自其當選時的大會年度常會結束之日起任職，至次屆大會的年度常會結束之日爲止。

五、理事會每一理事國應有一票表決權。關於機構預算數額的決定，應依第十四條八款的規定由出席並參加表決理事國三分之二的多數作出。關於其他問題的決定，包括確定另有哪些和有哪幾類須由三分之二多數作出決定的問題，應由出席並參加表決理事國過半數作出。法定人數應由理事會全體理事國三分之二構成。

六、在不違背本規程所規定的理事會對大會所負的責任的條件下，理事會有權依照本規約行使機構的職能。

七、理事會應自行決定開會日期。除理事會另有決定外，會議應在機構總部舉行。

八、理事會應從其理事中選舉主席一人及其他官員。應在遵守本規約的規定的條件下，自行制定議事規則。

九、理事會可酌情設立委員會。理事會可委派人員在其對其他組織的關係上代表理事會。

十、理事會應就機構的事務及機構核准的任何項目，擬定向大會提出的年度報告。理事會並應擬定機構須向或可能須向聯合國或任何其他在工作上與機構有關組織提交的報告，以備向大會提出。此類報告連同年度報告至遲應於大會年度常會前一個月送交機構各成員國。

第七條　（工作人員）

一、機構工作人員應由秘書長領導。秘書長由理事會經大會核准後任命，任期四年。

秘書長爲機構的行政首長。

二、秘書長應對工作人員的任用、組織及行使職責負責，並應接受理事會領導，受理事會管轄。秘書長應依理事會制定的條例履行職責。

三、工作人員應包括實現機構目標、履行機構職能所需的合格科學技術人員及其他人員。機構應以常任人員保持最低限度的原則爲準繩。

四、工作人員的徵聘與雇用及其服務條件的確定，應以求得在效率、技術能力及忠實方面達到最高標準的人員爲首要考慮對象。在不違背此項考慮的條件下，徵聘工作人員應適當注意成員國對機構的貢獻，以及地域上盡可能廣泛的重要性。

五、工作人員任命、報酬及免職的規定和條件應依理事會所訂的條例，但不得違背本規程規定及大會根據理事會的建議所核准的一般規則。

六、秘書長及工作人員履行職責時，不應徵求或接受機構以外任何方面的指示。他們應避免採取任何可能有損於機構官員地位的行動；在對機構負責的條件下，不得透露因其所任機構公務而得悉的任何工業秘密情報或其他機密。各成員國承諾尊重秘書長及工作人員職責的國際性質，不得設法影響履行其職責。

七、本條所稱〈工作人員〉包括警衛在內。

第八條　（情報的交換）

一、各成員國應提供該成員國認爲有助於機構的情報。

二、各成員國應向機構提供機構依第十一條規定所給予的援助而獲得的一切科學情報。

三、機構應匯集依本條一款和二款規定向其提供的情報，並以便於取用的形式提供給成員國。機構應採取積極步驟鼓勵各成員國彼此交換有關核能的性質及和平利用的情報，並爲此目的充任各成員國的居間人。

第九條　（材料的供給）

一、成員國應向機構提供該國認爲數量適宜的特種裂變材料，其供應條件應與機構商定。向機構提供的材料，可由提供此類材料的成員國酌定，或由有關成員國貯存，或經機構同意，貯存在機構倉庫內。

二、成員國還應向機構提供第二十條所規定的原材料及其他材料。理事會應決定機構依十三條所稱協定擬予接受此類材料的數量。

三、各成員國應將其準備依本國法律立即提供或於理事會指定期間提供的特種裂變材料、原材料及其他材料的數量、形態及成分通知機構。

四、經機構請求，一成員國應從其允予供應的材料中，將機構所規定的某種數量的某種材料送交另一成員國或一些成員國，不得遲延；並應將在機構設施內進行工作及科學研究所確屬必需的某種數量的某種材料送交機構本身，不得遲延。

五、經理事會核准，任何成員國所允予提供材料的數量、形態及成分可由該成員國隨時改變。六、依本條三款所作的首次通知應於本規約對有關成員國生效之日起三個月內發出。

如理事會無相反決定，首次提供的材料應用於本規約對有關成員國生效之後的那一日歷年期間。如理事會無相反行動，此後的通知，應同樣指通知後的一日歷年的期間而言，而且不得遲於每年十一月一日。

七、機構請求一成員國從該國知機構允予提供的數量中送交材料時，應指定交貨地點及方法，適當時應具體說明材料的形態及成分。機構應核查所交材料的數量，並將此數量定期報告各成員國。

八、機構應負貯存與保護其所有的材料。機構應確保此等材料均受安全保障，以免遭受：⑴天氣的危害；擅自移動或轉用；損傷或毀壞，包括暗中破壞在內；強行奪取。機構貯存其所有特種裂變材料時，應確保此等材料的地域分配，不容許大量集中在世界任何一國或任一區域。

九、機構應儘速按需要建立或取得下列各項：

收受、貯存及發出材料的工廠、設備和設施；

實物安全保障措施；

充分的健康與安全措施；

分析及核實所收材料的管制實驗室；

上述各項所需人員的房舍及辦公設備。

十、依本條規定所提供的材料應按理事會根據本規程所作決定使用。成員國無權要求將其向機構提供的材料由機構分開保管，或指定此項材料必須使用於某特定項目。

第十條　（服務、設備及設施）

成員國可向機構提供有助於實現機構目標與履行機構職能的服務、設備及設施。

第十一條　（機構的項目）

一、機構的任何成員國或一些成員國，欲在核能和平利用的研究、發展和實際應用方面進行任何項目，可請求機構援助，爲其提供所需的特種裂變材料和其它材料、服務、設備及設施。任何此種請求，均應附有關於項目目的與範圍的說明，並應由理事會審議。

二、機構遇有請求時，也應協助成員國或一些成員國作出安排，以保證從外部來源取得進行此項目所需的資金。機構給予此項援助時，無須爲此項提供任何保證或承擔任何財務責任。三、機構考慮到提出請求的一個或幾個成員的意願，可安排由一個或幾個成員國提供此項目所需的任何材料、服務、設備及設施，或由機構本身直接承擔供給其一部分或全部。

四、機構爲審議此類請求，可派合格人員一人或數人前往提出請求的成員國或一些成員國領土內考察此項目。經提出請求的成員國或一些成員國同意，機構可使用其本身工員作人員或雇用任何成員國具有適當資格的國民擔任此種工作。

五、理事會在依本條核准某一項目前，應妥善考慮：

此項目是否有用，包括在科學與技術上是否可行；

計劃、經費及技術人員是否足以確保此類項目的有效執行；

爲管理與貯存材料以及設施的運行而擬定的健康與安全標準是否適當；

提出請求的成員國或一些成員國無力獲取必要的經費、材料、設施、設備及服務的情形；機構掌握的材料及其他資源的公平分配；世界不發達地區的特別需要；及其他有關事項。

六、項目一經核准，機構應與提出項目的成員國或一些成員國簽訂協訂。此項協定應：

規定此項目所需任何特種裂變材料及其他材料的調撥；規定在確保所需運送物件的安全及符合健康與安全適用標準的條件下，將特種裂變材料，無論此種材料系由機構保管或由提供此項材料以用於機構項目的成員國保管，從當時的保管地點運至提出項目的成員國或一些成員國；載明由機構本身供給的任何材料、服務、設備及設施的規定和條件，包括費用在內。如有任何此類材料、服務、設備及設施，係由成員國供給，則應載明提出項目的成員國或一些成員國與該供給國所訂的規定和條件；列入提出項目的成員國或一些成員國所作的承諾：一、所提供的援助不得用於推進任何軍事目的；二、此項目應接受第十二條所規定的安全保障，而且協定應載明有關的安全保障；就機構及有關的一個或幾個成員國因此項目而產生的任何發明、發現和專利方面的權利和利益，作出適當規定；訂立關於解決爭端的適當規定；列入其他適當的規定。

七、本條規定在適當情況下，也應適用於現有的項目所提出的材料、服務、設施或設備方面的請求。

第十二條 （機構的安全保障）

一、對於機構的任何項目或有關當事國請求機構實施安全保障的其他安排，機構應有以下所列與該項目或安排有關的權利與責任：

審查專用設備與設施的設計，包括核反應堆的設計，並專從確保其不致推進任何軍事目的、符合健康與安全方面的適用標準、及有效實施本條所規定的安全保障的觀點，對此種設計予以核准；

要求遵守機構規定的所有健康與安全措施；

要求保有並提出工作紀錄，以確保此項目或安排中所使用的或產生的原材料及特種裂變材料的衡算計量；索取並接受進展報告；核准輻照材料的化學處理方法，其目的是專爲確保此種化學處理不致將材料轉於軍事用途，並能符合健康與安全方面的適用標準；要求將回收或作爲副產品產生的特種裂變材料在機構繼續實施安全保障的情況下用於和平目的，以供研究或用於有關的一個或幾個成員國所指定的現有或建造中的反應堆內；並要求將回收或作爲副產品產生的特種裂變材料中超過上述用途需要的部分，交機構保存，以防止此種材料的囤積，但此後如經有關的一個或幾個成員國的請求，此項交存機構的特種裂變材料應迅速退還有關的一個或幾個成員國，供其按照上述規定使用；

派遣由機構與接受國商議後指定的視察員前往該國領土，視察員應能隨時隨地取得任何資料，並與因工作關係而涉及本規約規定必須實施安全保障的材料、設備或設施的任何人接觸，以便對所供原材料與特種裂變材料及裂變產品進行衡算計量，並查明該國是否履行第十一條六款第四項所稱不用於推進任何軍事目的的承諾，是否遵循本條一款第二項所稱的健康與安全措施，以及是否履行機構與有關的一個或幾個國家在協定中規定的任何其他條件。機構所指定的視察員，遇有關國家請求時，應由該國當局的代表隨行，但不得因此拖延或以其他方式阻撓視察員行使職責；

如果一個或幾個接受國有違約行爲，又未及時採取所需要的糾正步驟，則暫停或終止援助並撤回機構或成員國爲該項目所提供的任何材料與設備。

二、機構應視需要設視察員。視察員應負責考察機構本身進行的一切活動，以查明機構是否履行所規定的對於受其核准、監督或管制的項目所適用的健康與安全措施，並查明機構是否採取適當措施以防止其本身所保管、或其本身活動所使用或生產的原材料及特種裂變材料用於推進任何軍事目的。機構應立即採取補救行動，以糾正一切不履約或未採取適當措施的事情。

三、視察員還應負責取得並核查本條一款第六項所稱的衡算計量的結果，查明第十一條六款第四項所稱的承諾、本條一款第二項所稱的措施以及機構與有關的一個或幾個國家在協定中對項目所規定的其他一切條件是否履行。遇有違約行爲，視察員應向秘書長報告，秘書長應隨即將此報告轉交理事會。理事會應促使一個或幾個接受國立即糾正理事會查悉發生的一切違約行爲。理事會應將此種違約行爲報告全體成員國、聯合國安全理事會及聯合國大會。如果一個或幾個接受國未及時採取充分的糾正行動，理事會可採取下列一項或兩項措施：直接削減或停止機構或其成員國所提供的援助，並索回向一個接受國或一些接受國提供的材料與設備。機構也可依十九條的規定，停止任何不履約成員國行使成員國的特權與權利。

第十三條 （對成員國的償付）

理事會應與向機構提供材料、服務、設備和設施的成員國簽訂協定，規定所提供物品的償付辦法，它們間另有協定者除外。

第十四條 （財務）

一、理事會應向大會提出機構經費的年度概算。為便於理事進行此項工作，秘書長應先編造概算。如果大會不予核准，則應連同其建議將概算退回理事會。理事會應另提概算，提交大會核准。

二、機構的開支分下列各類：

行政費用：此項費用包括

機構工作人員費用，但為本款下述第二項所稱材料、服務、設備及設施所雇工作人員的費用除外；會議費用；籌辦機構的項目和分送情報所需的開支；

實施第十二條所稱關於機構項目的安全保障的費用或依第三條一款第五項雙邊或多邊協議實施安全保障的費用，但下述五款所稱貯存與管理費用除外。

在本款第一項所列費用以外，機構為履行其受權執行的職能而取得或設置任何材料、設施、工廠與設備的費用及其依照與一個或幾個成員國所訂協定而提供的材料、服務、設備與設施的費用。

三、理事會在確定上述二款第一項　的開支時，應扣除依照機構與雙邊或多邊協議當事國就實施安全保障所訂協定可以收回的數額。

四、理事會應按大會所定比額，規定各成員國分擔上述二款第一項所稱費用的數額。大會確定此項比額時，應以聯合國攤派會員國繳納聯合國正常預算中的會費數額所採取的原則為準繩。

五、理事會應定期規定機構向成員國提供材料、服務、設備及設施的收費率，包括合理的統一貯存費與管理費在內。此項收費率的擬定，務使機構能獲得足夠收入，以支付上述二款第二項所稱各項開支，減去理事會可能依六款規定用於此目的的自願捐款。收費所得應單獨立為一項基金，用以支付成員國所提供的材料、服務、設備或設施及機構本身負擔的上述二款第二項所稱的其他費用。

六、五款所稱的收入超出同款所指費用的部分和給予機構的任何自願捐款，應列為一項總基金。此項基金可由理事會決定，經大會核准予以使用。

七、在遵守大會核定的規則與限制的條件下，理事會應有權代表機構行使借款權，但不得使機構成員國對依據此權所作的借貸負有任何債務。理事會有權接受給予機構的自願捐款。

八、大會對財務問題所作的決定及理事會對機構預算數額所作的決定，均應由出席並參加表決的成員國三分之二的多數作出。

第十五條　（特權與豁免）

一、機構在每個成員國的領土內，應享有為行使其職能所必需的法律行為能力以及特權與豁免。

二、成員國代表及其副代表與顧問、派任理事會的理事及副理事與顧問，及機構秘書長與工作人員，均應享受獨立行使其與機構有關的職能所必需的特權與豁免。

三、本條所稱之法律行為能力、特權與豁免，應由秘書長代表機構依理事會的指示與成員國另訂協定規定。

第十六條　（與其他組織的關係）

一、理事會經大會核准，有權簽訂一個或幾個協定，使機構與聯合國及與機構工作有關的其他任何組織建立適當的關係。

二、機構與聯合國建立關係的一個或幾個協定應規定：

由機構提交第三條二款第四項及二款第五項所規定的報告；

由機構審議聯合國大會或聯合國理事會所通過有關機構的任何決議，以及如有要求，就機構或其成員國根據此種審議結果而依本規約所採取的行動，向聯合國適當機關提交報告。

第十七條　（爭端的解決）

一、與本規約的解釋或實施有關的任何問題或爭端，未能以談判方式解決，有關各方又未商定其他解決方法，則應按國際法院規約，提交國際法院。

二、在聯合國大會授權下，機構的大會及理事會都有權請求國際法院，就機構活動範圍內的任何法律問題發表諮詢意見。

第十八條　（修訂與退出）

一、任何成員國皆可提出對本規程修訂案。秘書長應準備好所提出的修訂案原文經核證的副本，至遲於大會審議該修訂案前九十天分送各成員國。

二、在本規程生效後的第五屆年度大會上，應將對本規程各條款的總審議問題列入該屆大會議程。如經出席並參加表決的成員國過半數贊同，此種審議將於下一屆大會上進行。此後，對本規程總審查問題的提議，可提交大會依同樣程序作出決定。

三、修訂案在下列情況下對所有成員國生效：理事會就每項修訂案提出意見後，經大會審議，由出席並參加表決的成員國三分之二的多數核准，經全體成員國三分之二各依其憲法程序接受者。成員國接受修訂案應將接受書送交第二十一條三款所指的保存國政府。

四、成員國於本規約第二十一條五款開始生效之日起五年後的任何時間，或不願接受本規約修訂案時，應以書面通知第二十一條三款所指的保存國政府退出機構，保存國政府應迅速通知理事會及全體成員國。

五、成員國的退出機構不得影響其依第十一條所承擔的契約義務，或其在退出的這一年在預算方面的義務。

第十九條　（特權的終止）

一、凡拖欠機構財政款項的成員國，其拖欠數額如等於或超過該成員國前兩年所應繳納的數額時，即喪失其在機構的表決權。但如困大會認爲拖久原因係由於該成員國無法控制的事件所造成，則仍可准許該成員國參加表決。

二、成員國如一再違反本規約的條款或依據本規約所訂任何協定的條款，由大會根據理事會的建議，經出席並參加表決的成員國三分之二多數的同意，可中止其行使成員國特權及權利。第二十條定義

第二十條

在本規約中：

一、〔特種裂變材料〕一詞係指鈽二三九；鈾二三三；富同位素二三五或二三三的鈾；含有上述一種或數種材料的任何材料以及理事會隨時確定的其他裂變材料；但〔特種裂變材料〕一詞不包括原材料在內。

二、〔富同位素二三五或二三三的鈾〕一詞係指含有同位素二三五或二三三或兼含二者的鈾，而這些同位素的總豐度與同位素二三八的丰度比大於自然界中的同位素二三五與同位素二三八的豐度比。

三、〔原材料〕一詞係指含有自然界中同位素混合物的鈾；貧同位素二三五的鈾；釷；呈金屬、合金、化合物或濃縮物形態的上述各項材料；含有上述一種或數種材料的其他材料，其濃度應由理事會隨時確定；由理事會隨時確定的其他材料。

第二十一條　（簽署、接受與生效）

一、本規約自一九五六年十月二十六日起開放供聯合國各成員國或任何專門機構各成員國簽字，爲期九十天。

二、簽署國於交存批准書後成爲本規約當事國。

三、簽署國的批准書及按本規約第四條二款核准的加入國的接受書，應交存美利堅合眾國政府。該國政府爲指定的保存國政府。

四、批准或接受本規約應由各國依其本國憲法程序進行。

五、本規約，除附件外，一俟十八國依本條二款交存批准書即生效。十八國至少應包括下列國家中的三個國家：加拿大、法國、蘇維埃社會主義共和國聯盟、大不列顛及北愛爾蘭聯合王國和美利堅合眾國。此後交存的批准書及接受書應自收到日起生效。

六、保存國政府應將每一批准書的交存日期及規約生效日期迅速通知本規約全體簽署國。保存國政府應將此後成爲本規約當事國國家的加入日期迅速通知全體簽署國及成員國。

七、本規約附件自本規約開放供各國簽署之日起生效。

第二十二條　（向聯合國登記）

一、本規約應由保存國政府依照聯合國憲意第一百零二條規定予以登記。

二、機構與任何一個或幾個成員國所訂協定、機構與其他任何一個或幾個組織所訂協定，及成員國間所訂而須經機構核准的協定，均應在機構登記。此類協定如按聯合國憲章第一百零二條規定需要登記者，則應由機構向聯合國登記。

第二十三條　（作準正本及經核證的副本）

本規約有中文、英文、法文、俄文和西班牙文文本，各文本具有同等效力。此規約應交存於保存國政府的檔案館。保存國政府應將本規約經核證的副本分送其他簽署國政府及按第四條二款核准接納加入的各國政府。

下列簽字人經正式授權，簽署本規約，以昭信守。

（憲章中文本）

三、國際通信衛星組織（INTELSAT）協定

Agreement Relating to the International Telecommunication Satellite Organization

簽署日期：一九七一年八月二十日（華盛頓）

生效日期：一九七三年二月十二日

序言

本協定各締約國：

考慮到聯合國大會第一七二一（VXI）號決議所規定的、衛星通信應按實際可能盡快在全球範圍內一視同仁地供世界各國使用的原則，考慮到《各國探索和利用外層空間（包括月球其它星體）原則條約》的有關規定，特別是第一條所闡述的、外層空間應爲所有國家的利益而被利用的規定，注意到按照《關於爲全球商業通信衛星系統作臨時安排的協定》及與之有關的《特別協定》，一個全球性的商業衛星通信系統業已建立，希望繼續發展這種通信衛星系統，以建立一個單獨的全球商業通信衛星系統，作爲經過改進的全球通信網的一部分，這一通信網將把通信業務擴大到世界各地區，爲世界和平和了解做出貢獻，決心爲達到這一目的，通過可用的最先進技術，爲了人類的利益，提供可能最有效、最經濟的設施，並符合於最好、最公平地使用無線電頻譜和空間軌道的原則，認爲衛星通信事業的創辦應能使各國人民均可以使用全球通信衛星系統，並使那些願意投資的國際電信聯盟會員國在該系統內投資，並進而參加設計、研制、建造、（包括提供設備）、安裝、操作和維護，以及獲得該系統的所有權，按照《全球商業通信衛星系統臨時協定》，同意下述條款：

第一條　（定義）

在本協定中：

一、〈協定〉系指本協定，包括它的附件，但不包括各條款的標題。本協定於一九七一年在華盛頓開放供各國政府簽署，從而建立國際通信衛星組織〈INTELSAT〉（以下簡稱衛星組織譯注）：

二、《業務協定》系指按照本協定的規定，於一九七一年在華盛頓開放供各國政府或各國政府指定的電信機構簽署的協定，包括它的附件，但不包括其各條的標題：

三、《臨時協定》系指各國政府於一九六四年在華盛頓簽署的《關於爲全球商業衛星通信系統作臨時安排的協定》：

四、《特別協定》系指各國政府或各國政府指定的電信機構按《臨時協定》的規定於一九六四年簽署的協定：

五、〈臨時通信衛星委員會〉系指根據《臨時協定》第四條所建立的委員會；

六、〈締約國〉系指《協定》對其生效或臨時適用的國家；

七、〈簽署者〉系指《業務協定》對其生效或臨時適用的、在《業務協定》上簽署的締約國或締約國所指定的電信機構；

八、〈空間段〉系指通信衛星以及遙測，指令、控制、監測和爲輔助星運轉所需的有關設施和設備；

九、〈衛星組織空間段〉系指爲衛星組織所擁有的空間段；

十、〈電信〉系指任何過有線電、無線電、光學或其它電磁系統對於符號、信號、文字、圖像及聲音或任何性質的信息所進行的傳輸、發射或接收；

十一、〈公眾電信業務〉系指被批准進入衛星組織空間段的地面站之間通過衛星系統進而向公傳送的諸如電話、電報、用戶電報、傳眞、數據傳輸、廣播和電視節目傳輸等固定或移動的電信業務，以及用於

這些目的之一的租用電路，但不包括本協定提供簽署以前適用的《臨時協定》和《特別協定》中未予規定的移動並務，這一類移動業務是由那些同某些衛星進行直接通信的移動電台提供的，該等衛星系全部或部分地用於　安全、飛機飛行控制、航空或海上無線電導航等業務；

十二、〈特別電信業務〉系指除本條十一、款所規定的通信業務以外的可由衛星提供的電信業務，它包括但並不限於無線電導航業務、由公眾接收的衛星廣播業務、空間研究業務、氣象業務及地球資源探測業務；

十三、〈財產〉包括各種任何性質的帶有所有權和契約權的物品；

十四、〈設計〉和〈研制〉包括直接與衛星組織的宗旨有關的研究，

第二條　（衛星組織之建立）

一、充分考慮到本協定序言中所提出的各項原則，各締約國特此建立國際通信衛星組織〈INTELSAT〉，其主要宗旨是長久地繼續並促進根據《臨時協定》和《特別協定》的規定而建立起來的全球商業通信衛星系統空間段的設計、研制、建造、安裝以及操作和維護等項活動。

二、每個締約國或締約國所指定的公營或私營電信機構將簽署根據本協定而締結的、並與本協定同時提供簽署的《業務協定》。作爲簽字者的電信機構與指定它的締約國之間的關係，應遵循其現行國內法律。

三、各電信主管部門與電信機構可根據其現行國內法律進行談判，就按照本協定和《業務協定》所提供的電信信道的使用和向公眾提供的業務項目、設施、收入的攤分以及有關的商業安排等問題，直接訂立適當的業務協定。

第三條　（衛星組織之活動範圍）

一、在長久地繼續並促進本協定第二條一、款所述的全球商業衛星通信系統空間段的活動中，衛星組織的首要目標是提供高質量和可靠的商用國際公眾電信業務所需的空間段，以使這種電信業務一視同仁地供世界所有地區使用。

二、下列各種業務應同樣被認爲是國際公眾電信業務：

某個國家被該國管轄範圍以外的其他地區或公海所隔開的各地區之間的國內公眾電信業務；

無寬頻帶地面設施連接的地區之間的國內公眾電信業務。這些地區被特殊的自然障礙隔開，因而使在這些地區之間安裝寬頻帶設施受到阻礙。但這須事先由簽署者會議在考慮理事會的意見後予以批准。

三、爲實現首要目標而弓立起來的衛星組織空間段，在衛星組織實現其首要目標的力不受損害的情況下，也應一視同仁地供其他國內公眾電信業務使用。

四、如經要求並在適當的條件下，衛星組織空間段也可用於軍事目的以外的國際和國內特別電信業務，但是：

不得因此對公眾電信業務的提供造成不利影響；

所作的安排要從經濟和技術觀點上能夠接受。

五、如經要求並在適當的條件下，衛星組織可以爲下列業務提供與衛星組織空間段分立的其他衛星或附屬設施：

在一個或幾個締約國管轄下的領土內的國內公眾電信業務；

在兩個或兩個以上締約國領土之間的國際公眾電信業務；

軍事目的以外的特別電信業務；

但是不得因此而使衛星組織空間段的經濟和有效的運轉受到任何不利影響。

六、根據本條四項的規定，將衛星組織空間段用於特別電信業務和根據本條五項規定提供與衛星組織空間段分立的其他衛星和附屬設施，均需由衛星組織與申請者簽署合同。根據本條四、項的規定，特別電信業務使用衛星組織空間段和根據本條五、項款規定向特別電信業務提供與衛星組織空間段分立的其他衛星或附屬設施時，在制訂計劃階段，

均按本協定第七條三項款的規定，由締約國大會授權。當特別信業務對衛星組織空間段設施而需要增加費用時，或者，當特別電信業務按照五項款規定要求提供與衛星組織空間段分立的其他衛星或附屬設時，則一俟理事會將該建議的估計費用、可能獲得的利潤、所牽涉到的技術和其它問題以及對星組織原有業務和未來業務可能產生的影響詳細地通知締約國大會，即應要求締約國大會按照本協定第七條三項款的規定予以授權。授權手續應在購買所設施開始之前完成。在予以授權之前，締約國大會應以適當方式同與提供該項特別電信業務直接有關的聯合國專門機構進行協商，或應保證已一頁衛星組織進行了這種協商。

第四條　（法人身份）

一、衛星組織具有法人身份。它擁有為行使其職能和實現其宗旨所必需的完全權力，其中包括：

與一些國家或國際組織締結協定；

訂立合同；

獲得支配財產；

作為法律訴訟的當事者。

二、各締約國應在其權限內採取必要的行動，以便依照本國法律實施本條各款。

第五條　（財務原則）

一、衛星組織是衛星組織空間段和衛星組織獲得的所有其他財產的所有者。每一簽署者在衛星組織的財務利益，等於把的投股份乘以按《業務協定》第七條的規定產生的評定額新得出的金額。

二、每個簽署者所具有的投資股份應相當於它在按《業務協定》算出來的所有簽字者對衛星組織空間段的全部使用量中所占的百分比，然而，簽署者對衛星組織空間段的使用量即使為零，其投資股份也不應低於《業務協定》所規定的最低額。

三、每個簽署者應按照《業務協定》進行投資，以籌集衛星組織的資金需求額，並可獲得投資的退款和資本使用報酬金。

四、衛星組織空間段的所有使用者均應交付按照本協定和《業務協定》確定的使用費。各種用途的空間段使用費的標準，對於要求使用該種空間段有的所有申請者都應是相同的。

五、如經所有簽署者一致同意，本協定第三條五項所指的其他分立的衛星和附屬設施可以作為星組織空間段的一部分，由衛星組織出資並占有，如果未能取得一致同意，它們應與衛星組織空間段分開，並由些需要者出資和占有。在這種情況，衛星組織所制訂的財務規定和條件應能使其償付設計、制、建造和供這種衛星和附設施直接所需的全部費用以及衛星組織一般行政費用的一個適當的部分。

第六條　（衛星組織之組織結構）

一、衛星組織有下列機構：

締約國大會；

簽署者會議；

理事會；

向理事會負責的執行局。

二、除本協定和《業務協定》另有規定外，任何機構不得擅自作出決定或採取行動去改變、廢除、推遲或用其他方式干擾本協定或《業務協定》賦與另一機構的權力的行使和責任或職能的履行。

三、締約國大會、簽署者會議和理事會均應在各自遵守本條二項的條件下，注意並恰當地考慮其他機構在行使本協定或《業務協定》賦於它的責任和職能時所作出的決議，建議或所表達的意見。

第七條　（締約國大會）

一、締約國大會由全體締約國組成，是衛星組織的首要機構。

二、締約國大會應審議對於衛星組織的作爲主權國家的締約國至關重要問題。締約國大會有權審議與本協定所規定衛星組織的原則、宗旨和活動範圍相一致的衛星組織總政策和長遠目標。根據本協定第六條二和三項，締約國大會應對簽署者會議或理事會向它提出的決議、建議和意見進行應有的和適當的審議。

三、締約國大會有如下職能和權力：

在行使審議星組織的長遠目標和總政策的權力時，向衛星組織的其他機構提出其認爲適宜的意見和建議；

決定應採取何種措施以避免衛星組織的活動同符合本協定的並至少爲三分之二締約國所遵守的任何一多邊公約發生衝突；

按照本協定第十七條的規定，對本協定的修正案進行審議和作出決定，並對《業務協定》的修正案提出提案發表意見和提出建議；

根據總規則或某些具體決定，授權在本協定第三條四項和五項款規定的活動範圍內開放的特種電信業務使用衛星組織空間段，以及向這種業務提供與衛星組織空間段分立的其他衛星和附屬設施；

檢查根據本協定第八條二項五規定所制定的總規則，以確保一視同仁的原則得以貫徹；

審議由簽署者會議和理事會提出的關於總政策的貫徹、衛星組織活動和長規劃的報告，並對其發表意見；

按照本協定第十四條的規定，就與衛星組織空間段分立的其他空間段設施的擬議中的安、獲得或使用，以建議書的方式發表其審議結果；

按照本協定第十六條二項　款的規定，就某一締約國退出衛星組織作出決定；

就有關國際通信衛星組織同各國（不管是否爲締約國）或國際組織的正式關係問題作出決定；

審議締約國向其提交的申訴；

按照本協定附件C第三條的規定，選擇法律專家；

按照本協定第十一和十二條的規定，任命執行局長；

按照本協定第十二條的規定，通過執行局組織結構；

行使根據本協定的規定在其權限內的任何其它權力。

四、締約國大會第一次普通會議應在本協定生效起的一年內由秘書長召開。此後，每兩年召開一次普通會議。但是締約國大會還可在逐次會議上對下屆會議時間另作決定。

五、除本條四項規定的普通會議外，締約國大會還可召開非常會議。非常會議或是應董事會根據本協定第十四或十六條規定所提出的要，求或是應得到包括申請國在內至少三分之一締約國附議的一個或幾個締約國的要求得以召開。

要求召開非常會議時，應申述會議的目的，並應以書面形式向秘書長或執行局長提出申請，秘書長或總幹事應按照締約國大會開於召開此種會議的議事規則盡快地作出安排。

六、締約國大會任何會議的法定人數應由大多數締約國的代表組成。每個締約國有一個表決權，關於實質性問題的決定至少由出席並參加表決的三分之二締約國代表贊成方能通過。關於程序性問題的決定由出席並參加表決的締約國代表的簡單多數贊成方能通過。關於某一具體問題究竟是程序性問題還是實質性問爭議，由出席並參加表決的締約國代表的簡單多數票決定。

七、締約國戈會應採用自己的議事規則，其中包括選舉其主席和其它官員的規定。

八、每一締約國出席締約國大會會議費用自理。根據《業務協定》第八條的規定，締約國大會的會議費用應由衛星組織的行政費開支。

第八條　（簽署者會議）

一、簽署者會議應由所有簽署者組成。根據本協定第六條二和三項的規定，簽署者會議應對締約國大會或理事會提交給它的決權、建議和意見進行應有和適當的審議。

二、簽署者會議有如下職能和權力：

審議理事會向它提交年度報告和年度財政帳目，並對此向理事會發表意見；

根據本協定第十七條的規定，對本協定的修正案發表意見和提出建議。根據《業務協定》第二十二條的規定並參考締約國大會或理事會提出的意見和建議，對與本協定精神相一致的《業務協定》的修正案進行審議並作出決定；

對理事會提交的、有關今後計劃的報告，包括這種計劃的財政估算，進行審議並發表意見；

對理事會所提出的關於增加《業務協定》第五條規定的資金限額的建議進行審議並作出決定；

根據董事會的建議並作爲其指導，制訂下述總規則：

批準地面站進入衛星組織空間段；

分配衛星組織空間段的容量；

在一視同仁的基礎上，制訂和調整衛星組織空間段的使用費標準；

按照本協定第十六條的規定，就某一簽署者退出星組織作出決定；

對簽字者直接提出或經過理事會提出的申訴，或對非簽署者的衛星組織空間段使用者通過理事會提出的申訴進行審議並發表意見；

編寫有關總政策的實施、星組織活動和長遠規劃的報告，並將其提交給締約國大會和各締約國；

就本協定第三條二項款中所述的批準作出決定；

對理事會根第十二條七項向締約大會提交的、關於長久性理辦法的報告進行審議並發表意見；

根據本協定第九條的規定，每年對參加理事會的代表資格作出決定；

行使按照本協定或《業務協定》的規定，在其權限內的任何其它權力；

三、簽署者會議第一次普通會議應根據理事會的要求，在本協定生效後九個月內由秘書長召開。此後每一日歷年度舉行一次例會。

四、除本條三項規定的例會外，簽字者會議還可召開非常會議，非常會議或是應理事會的要求，或是應得到包括申請者在內至少三分之一簽署者附議的一個或幾個簽署者的要求才能召開。

要求召開非常會議時，應申述會議的目的，並應以書面形式向秘書長或執行局長提出申請，秘書長或總幹事應按照關於召開簽署者議非常會議的議事規則盡快作出安排。非常會議的議程應儘限於召開該會議的目的。

五、簽署者會議的任何會議的法定人數應由大多數簽字者的代表組成。每個簽署者有一個表決權。關於實質性問題的決定，至少由出席並參加表決的三分之二簽署者代表贊成方能通過。關於程序性問題的決定由出席並參加表決的簽署者代表的簡單多數贊成方能通過。關於某一具體問題究竟是程序性問題還是實性問題的爭議，由出席並參加表決的簽署者代表的簡單多數票決定。

六、簽署者會議應採用自己的議事規則，其中包括選舉其主席和其他官員的規定。

七、每一簽署者出席簽署者議費用自理。根據《業務協定》第八條的規定，簽署者會議的議費用應由衛星組織的行政費開支。

第九條　（理事會之組成和表決）

一、理事會應由下列理事組成：

投資股份不少於按本條二項規定算出的最低投資股份的每一簽字者的一個代表；

聯合投資股份不少於按本條二款規定算出的最低投資股份的每一簽署者集體的一個代表，這種集體由兩個或兩個以上按本項㈠款不能派代表但同意聯合派代表的簽署者組成；

由至少五個按本項㈠和款不能派代表的、同屬於一九六五年蒙特婁國際電信聯盟全權代表大會所規定的地區之一的簽署者組成的集體的一個代表，在此種情況下，則不論參加該集體的簽署者的總投資股份爲多少。但是這一類理事的名額，對於國際電信聯盟所規定的地區中的任何一個，均不得超過二名，或者，對於其所規定的所有地區不得超過五名。

二、在本協定生效之日至第一次簽署者會議期間，使一個簽署者或簽署者集體有資格派代表參加理事會的最低投資股份應當等於所有簽署者最初投資股份數額遞減順序表中簽字者投資股份的第十三位。

在本項㈠款所述時期以後，簽署者會議應每年確定使一個簽署者或簽署者集體有格派代表參加理事會的最低投資股份。爲此目，簽署者會議應考慮理事會需由約二十名理事（其中不包括按本條一項款規定所選定的理事）組成。

爲了作出本項款所述的確定，簽署者會議應根據下述規定確定最低投資股份：

在確定最低投資股份時，如理事會由二十、二十一或二十二名董事組成，則簽署者會所確定的最低投資股份應等於在當時有效的投股份順序表中，其位置與上次確定最低投資股份時所選定的簽署者在上次有效順序表中位置相同的簽署者的投資股份。

在確定最低投資股份時，如理事會由二十二名以上董事組成，則簽署者議所確定的最低投股份應等於在當時有效的投股順序表中，其位置比上次確定最低投股份時所選定的簽署者在上次有效順序表中的位置前一名的簽署者的投股份。

在確定最低投股份時，如董事會是由少於二十名事組成，則簽字者會議所確定的最低投資股份應等於在當有效的投資股份順序表中，比上次確定最低投資股份時所選定的簽署者在上次有效順序表中的位置後的一名的簽署者的投資股份。

如果不採用本項第　款所規定的排列方法時，理事名額少於二十個；或者如果在採用本項第　項所規定的排列方法，理事名額多於二十二個，則簽署者會議應確定一個能更好地保證有二十個理事的投資股份。

在實施本項第和款的規定時，按照本條一項款選定的理事不應考慮在內。

在實施本項各項規定時，按照《業務協定》第六條三項款規定所確定的投資股份，應自該投資股份確定以後所舉行的簽署者會議的普通會議開會日開始生效。

三、每當一個簽署者或簽署者集體滿足本條第一項㈠、或款所規定的派遣代表的條件時，該簽署者或簽署者集體就有資格派代表參加理事會。如係本條一項款中所述簽署者集體，其派遣代表的資格應在執行局收到該集體的書面申請時生效，但是，在收到書面申請時，此類派遣代表參加理事會的集體的名額，應在尚未達到本條一項款所規定有效限額時才有效。如困在接到書面申請時，參加理事會的代表超過本條一項款所規定的有效限額，則該簽署者集體可以根據本條四項的規定，將自己的書面申請提交給簽署者會議的下次例會作出決定。

四、當本條一項款所述的一個或幾個簽署者集體提出要求時，簽署者會議應每年決定這些集體中的哪個集體應當或繼續派代表參加理事會。如困這種集體在國際電信聯盟規定的一個地區中超過兩個或在所有該種地區中超過五個，則簽署者會議應首先選擇按照本條三項規定業已提交書面申請的各地區中聯合投資股份最高的集體。如果按上述辦法選定集體少於五個，則應在不超過本條一項款規定的有效限額的情況下，按每個集體的聯合投資股份的遞減順序，選擇可以派遣代表的剩餘集體。

五、為了保證理事會內部工作的連續性，每個根據本條一項㈠、或款派遣代表的簽署者或簽署者集體，不論其投股份由於投資股份的調整而發生什麼變化，仍應單獨地或作為集體一部分繼續派遣代表，直到根據本條二和四項作出新的決定為止。但是，如果根據本條的規定，一個或幾簽署者退出某一簽署者集體，致使這個集體沒有資格派遣代表參加理事，這個按本條一項或款規定所組成的集體則應停止派遣代表的資格。

六、根據本條七項的規定，每個理事擁有的表決權與他所代表的簽署者或簽署者集體的投資股份相等，這種投資股份是根據下列各類業務對衛星組織空間段的使用量算出的：

國際公眾電信業務；

某個國家被該國管轄範圍以外其他地區或公海所隔開的各地區之間的國內公眾電信業務；

無寬頻帶地面設備連接的地區之間的國內公眾電信業務。這些地區被特殊的自然障礙物隔開，因而使在這些地區之間安裝寬頻帶設備受到阻礙。但這須事先由簽署者會議按照本協定第三條二項款的要求予以批准。

七、在實施本條六項的規定時應實行以下辦法：

如果按照《業務協定》第六條四項的規定準許一個簽署者交付較少的投股份時，則它對各類業務的使用量都按比例減少；

如果按照《業務協定》第六條四項的規定准許一個簽署者交付較多的投股份時，它對各類業務的使用量都按比例增加；

如果一個簽署者按照《業務協定》第六條項的規定占有〇．〇五％投資股份，並且按照本條一項或一項款的規定作為派遣代表參加理事會的集體的成員，它的投資股份應視為是根據本條六項所列各類業務對衛星組織空間段的使用量算出的；

任何理事的表決權不得超過在理事會中派有代表的所有簽署者或簽署者集體總表決權的　％。如果一名理事的表決權超過總表決權的　％，則超過部分應在理事會的其它理事中均分。

八、為了組成理事會並計算理事的表決權，按照《業務協定》第六條三項款算出的投資股份，應從投資股份算出以後署者會議例會的第一天起開始生效。

九、理事會任何會議的法定人數，應由理事會的多數組成，該多數至少擁有在理事會中派有代表的所有簽署者和簽署者集體總表決權的三分之二；或者應是理會所人數減去三，在此種情況下，則不論他們所代表的表決權是多少。

十、理事會應努力作出一致同意的決定，但是，如果理事會不能取得協商一致，則可根據下述規定作出決定；

對於所有實質性問題，至少應獲得四名理事的贊成票，這些理事應至少擁有在理事會中派有代表的所有簽署者和簽署者集體總表決權的三分之二；在計算表決權時，應將本條七項款所述超過部分的分配情況考慮在內；或者至少應獲得理事會總人數減去三以後的所有人數的贊成票，在此情況下，則不論他們所代表的表決權是多少。

對於所有程序性問題，應由出席並參加表決的理事的簡單多數決定，每個理事有一個表決權。

十一、關於某一具體問題究竟是程序性問題還是實質性問題的爭議，應由理事會主席作出決定。主席的決定可以被出席並參加表決的理事的三分之二多數所廢棄（每個理事有一個表決權）。

十二、如果認為合適，理事會可以設立若干顧問委員會，以協助其履行職責。

十三、理事會應採用自己的議事規則，其中包括主席和其它官員的選舉方法等規定。縱使本條十項已有規定，只要理事會認為合適，這種規則可規定選舉官員皀何表決方法。

十四、理事會的第一次會議應按《業務協定》附件的第二項的規定召開。理事會應根需要盡可能經常召開會議，至少每年四次。

第十條（理事會之職能）

一、理事應負責衛星組織空間段的設計、研制、建造、安裝、操作和維護，並按照本協定、《業務協定》和締約國大會依照本協定第七條規定可能在這方面作出的決定，負責開展衛星組織所承的其他活動。為履行上述責任，理事會有權並在本協定和《業務協定》所規定的範圍內履行其職能，這些職能是：

通過關於衛星組織空間段的設計、研制、建造、安裝、操作和維護的政策、計劃和規劃，如屬必要，通過關於衛星組織獲准承擔的其他活動的政策、計劃和規劃；

按照本協定第十三條規定，制定採購程序、規則和條件，並批准採購合同；

通過財務政策和年度財務帳目，並批准預算；

按照《業務協定》第十七條的規定，通過關於獲得、保障和分配在發明和技術資料方面權利的政策和程序；

向簽字者會議提出本協定第八條二項款所述的關於制定總規則的建議；

按照簽署者會議可能制訂的總規則，制訂批准地面站加入衛星組織空間段，核對和監測加入空間段的地面站的性能特性以及協調地面站加入和使用衛星組織空間段的準則和程序；

按照簽署者會議可能制訂的總規則，通過關於分配衛星組織空間段容量的條款和條件；

按照簽署者會議可能制訂的總規則，定期制訂衛星組織空間段的使用費標準；

按照《業務協定》第五條的規定，在增加該條所規定最高限額方面採取適當措施；

對與衛星組織總部所在締約國就本協定第十五條三項所述的關於特權、免稅權和豁免權的《總部協定》進行的談判給予指導，並將談判結果提交締約國大會決定；

按照簽署者會議可能制訂的總規則，批準非標準地面站進入衛星組織空間段；

按照簽署者會議所制訂的總規則以及本協定第八條二項款和本協定第五條四項的規定，訂立締約管轄權以外的電信機構進入衛星組織空間段的條件；

按照《業務協定》第十條的規定，對於為透支和謀求貸款進行的按排作出決定；

向簽署者會議提交衛星組織活動年度報告和年度財務帳目；

向簽署者會議提交今後規劃報告以及該規劃的財政估算；

向簽署者會議提交關於理事會認為需要由簽署者會議審議的其他問題的和建議；

向締約或簽署者提供其所需的資料以便於它們履行本協定或《業務協定》所規定的義務；

按照本協定第十二條的規定任免秘書長；按照本協定第七、十一和十二條的規定任免執行局長；

按照本協定第十二條四項㈠款的規定，指定執行局的一名調級官員擔任代理秘書長；按照本協定第十一條一項㈠款的規定，指定執行局的一名高級官員擔任代理執行局長；

根據秘書長或執行局長的建議，決定執行局中各種職位的雇員的人數、地位和雇用條件；

二、批准由秘書長或執行局長對直屬秘書長或執行局長領導的高級官員的任命；

三、按照本協定第十一條三項款的規定，安排訂立合同；

四、對於向國際電信聯盟按照其程序規則通報衛星組織空間段所用頻率事宜制訂一般內部規則，並對每一情況作出決定；

五、向簽署者會議提供本協定第三條二項款所述的諮詢意見；

六、對於與衛星組織空間段設施分立的其他空間段設施的建立、獲得或使用，按本協定第十四條三項的規定，以建議書的形式發表審查結果，並按本協定第十四條四或五項將有關諮詢意見提交締約國大會；

七、按照本協定第十六條和《業務協定》第二十一條的規定對某個簽署者退出衛星組織採取措施；

八、按照本協定第十七條二項的規定，對本協定的修正案和按《業務協定》第二十二條一項的規定，對《業務協定》的修正的建議發表意見和提出建議，並按照《業務協定》第二十二條二項的規定對《業務協定》的修正案發表意見和提出建議；

按照本協定第六條二和三項的規定，理事會應：

對由締約國大會或簽署者會議向它提交的決權、建議和意見進行應有的和適當的審議；

在它給締約大會和簽署者會議的報中，寫進它對上述決議、建議和意見所採取的措施或所作的決定的情況及其採取這些措施或作出這些決定的理由。

第十一條　（執行局長）

一、執行局長應由執行局長領導，其組織機構須在本協定生效後六年之內建立起來。

二、執行局長是衛星組織的最高行政官員和合法代表，他在履行各項經營管理職能方面，直接向董事會負責。

執行局長應根據董事會的政策和指示行事。

執行局長由董事會任命，但需經締約國大會確認。董事會可以提出理由自行罷免總幹事。

在任命執行局長和選用行局的工作人員時，應首先考慮到必須確保道德、能力和效率的最高標準。執行局長和執行局的工作人員，均應力戒與衛星組織的責任不相容的任何行爲。

三、長久性管理辦法應與衛星組織的基本目標和宗旨、衛星組織的國際性以及在商用基礎上提供高質量和可靠的電信設施的義務相一致。

執行局長應代表衛星組織同一個或多個有能力的電信機構訂立合同，以便在可能的範圍內最大限度地委托其實施技術和操作職能同時應考慮費用以及能力、效用和率率的一致性。這種電信機構可以是屬於不同的國家的，也可以是衛星組織擁有和控制的國際性公司。這種合同由執行局長出面談判、執行和經管。

四、在執行局長缺席或不能履行其職責時，或者如果執行局長的職位出現空缺時，理事會應指定執行局的一名高級官員爲代理總幹事。代理執行局長有資格按照本協定和《業務協定》行使執行局長的一切權力。

在執行局長的職位出現空缺時，代理執行局長應以執行局長的身份任職，直至按照本條二項款的規定盡快任命並認可的新任執行局長到任時爲止。

執行局長可以把屬於他的、爲適應需要所必需的某些權力，授予執行局的其他官員。

第十二條　（過渡性管理和秘書長）

一、理事會應按以下順序在本協定生效之後；

任命秘書長並授權選用必要的助理人員；

按照本條五項的規定，擬就經理事務合同；

按照本條六項的規定，開始對長久性管理辦法進行研究。

二、在首任執行局長任職之前，秘書長是衛星組織的合法代表。按照理事會的方針和指示，秘書長應對所有經理事務的執行負責，但是根據本條五項的規定訂立經理事務合同所規定的事務及本協定附件A所述的事務除外。秘書長應把經理事務承包者經理事務合同的情況詳細並及時地報告董事會。如有可能，秘書長應以觀察員身份出席或派代表出席（而不是參加）由經理事務承包者代表衛星組織所進行的重要合同談判。爲此，董事會可以授權指派少量有資格的技術人員到執行局協助秘書長工作。秘書長不得在理事會與經理事務承包者之間進行調解，也不對經理事承包者起監督作用。

三、在任命秘書長和選用執行局的其他人員時，應首先考慮到必須確保道德、能力和效率的最高標準。秘書長和執行機構的工作人員，均應力戒與衛星組織的責任不相容的任何行爲。董事會可以提出理由罷免秘書長。一俟首任執行局長到任，秘書長的職務即告結束。

四、在秘書長缺席或不能履行其職責時，或者，如果秘書長的職位出現空缺時，理事會應指定執行局的一名高級官員爲代理秘書長。代理秘書長有權按照本協定和《業務協定》行使秘書長的一切權力。在秘書長職位出現空缺時，代理秘書長應以秘書長身份任職，直至理事會盡快地任命的新任秘書長到任時爲止。

秘書長可以把屬於他的、爲適應需要所必需的某些權力，授予執行局的其他官員。

五、本條一項款所述的合同係由在本協定中稱爲〈經理事務承包者〉的〈通信衛星公司〉和衛星組織之間簽訂的，其目的是在本協定生效後六年內按照本協定附件B的規定及其所制定的準則，替衛星組織辦理技術和經營管理事務。該合同對〈經理事務承包者〉應有如下規定：按理事會的有關政策和指示辦事；

在首任執行局長任職之前，直接對理事會負責，在首任執行局長上任後，通過執行局長對理事會負責；

向秘書長提供全部必要情報以便秘書長將經理事務合同的執行況報告理事會和以觀察員身份出席或派代表出席（而不是參加）由經理事務承包者代表衛星組織所進行的重要合同談判。

〈經理事務承包者〉在經理事務合同所規定的職責範圍內和在理事會另外授權的職責範圍內，代表衛星組織談判、制訂、修改和經管合同。根據經理事務合同的授權或理事會另外授權，〈經理事務承包者〉在其職責範圍內，代理衛星組織簽署合同。所有其他合同由秘書長簽署。

六、本條一項款所述的研究應當盡早開始，無論如何不得遲於本協定生效後一年。該項研究由理事會進行，其目的是爲了提供必要的資料，以便按照本協定第十一條的規定確定最有效的長久性管理辦法。該項研究應特別考慮到：

本協定第十一條三項㈠款所規定的原則和第十一條三項款所述的政策；

在行使《臨時協定》和本條所述的過渡性管理辦法時期所獲得的經驗；

世界各電信機構採用的組織結構和程序，特別要考慮到政策和管理的完整性及管理的效率；與本項款所述類似的、有關實施先進技術的多國性企業的情況；

委托至少三名來自世界不同地區的專業管理顧問所撰寫的報告。

七、理事會應在本協定生效後四年內，向締約國大會提交一份綜合報告，該報告須包括本條一項款所述研究結果並包括理事會關於執行局的組織結構的建議等內容。理事會一俟報告擬就，即應將其副份轉發給簽署者會議以及所有締約和簽字者。

八、締約國大會應在本協定生效後五年內，在考慮了本條七項所述理事會的報告和簽署者會議可能提出相關意見之後，確定符合於本協定第十一條規定的執行局的組織結構。

執行局長或在本條一項款款所述的經理事務合同期滿前一年，或在一九七六年　月　日就職，視何者在先而定。理事會應任命總幹事，締約國大會應就認可該項任命及時採取行動，以便執行局長得以按本項規定就職。執行局長在就職後負責全部經理事務，包括行使秘書長到當時爲止所行使的職權，並負責監督經理事務承包者的工作。

九、執行局長應按照理事會有關政策和指示採取必要措施，以保證長久性管理辦法能在本協定生效後第六六年底以前得以全部實施。

第十三條　（採購）

一、根據本條規定，衛星組織所需物品和服務項目的採購應實；行公開的國際性招標，與那些能把質量、價格和最有利的交貨時間三者最好地結合起來的投標者簽訂合同。本條所稱的服務項目係指由法人提供的服務項目。

二、如不只一個投標者能夠提供上述的結合，在訂合同時，應既考慮到衛星組織的利益，又考慮到便於鼓勵世界競爭。

三、對於《業務協定》第十六條所述的具體情況，可不採用公開的國際性招標辦法。

第十四條　（會員國之權利和義務）

一、締約國和簽署者應完全遵守並促進本協定序言和其它條款所訂定的原則，以行使其權力和履行其義務。

二、所有締約和簽署者，均可出席和參加按本協定或《業務協定》的規定而有權參加的各種大會和會議。另外，它們也可參加根據衛星組織的安排由衛星組織管開或主辦的其它會議，不管這些會議在何處舉行。執行局在與作爲每次該類大會或會議的東道主的締約國或簽署者商定會議安排時，應保證有一條款使用資格出席大會或會議的所有締約國和簽署者代表進入地主國，並在大會或會議期間在東道國居留。

三、如締約國、簽署者或締約國所管轄的法人，爲了滿足內公眾電信業務的需要，意欲建立、取得或使用與衛星組織空間段分立的其他空間段設施時，這類締約國或簽署者應在建立、取得或使用這種設施之前與理事會進行協商。理事會將以建議書的形式，發表對這些設施在技術上和在使用中同現有的或計劃中的衛星組織空間段所使用的無線電頻譜和軌道空間的兼容性的審查結果。

四、如締約國、簽署者或締約國管轄下的法人，爲了滿足其國際公眾電信業務的需要，意欲單獨地或聯合地建立、取得或使用與衛星組織空間段的的其他空間段設施時，這類締約國或簽署者，在建立、取得或使用這種設施之前，應通過理事向締約國大會提供所有有關資料並與其進行協商，以保證這些設施在技術上和在使用中同現有的或計劃中的衛星組織空間段所使用的無線電頻譜和軌道空間的兼容性，並避免使衛星組織的全球系統在經濟方面遭受重大損失。在進行協商時，締約國大會應參考理事會的意見，以建議書的形式對於本項提出皀項內容以及關於這些設施的提供或使用將保證不影響所有參加者通過衛星組織空間段建立直達通信電路等事宜發表審查意見。

五、如締約國、簽署者或在締約國管轄下的法人，爲了滿足其國內或國際特別電信業務的需要，意欲建立、取得或使用與衛星組織空間段分立的其他空間段設施時，這類締約國或簽署者應在建立、取得或使用這種設施之，前應通過理事會向締約國大會提供所有關資料。締約國大會應參考理事會的建議，以建議書的形式發表其對這些設施在技術上和在使用中與現有的或計劃中的星組織空間段所使用的無線電頻譜和軌道空間的兼容性的審查結果。

六、締約國大會或理事根據本條的規定所提出的建議，應在開始實行以上各段提出的程序之日以後六個月內提出。爲此可以召開一次締約國大會的非常會議。

七、本協定不適用於純粹爲了國家安全的目的而建立、取得或使用與衛星組織空間段設施分立的其他空間段設施的情況。

第十五條　（衛星組織之總部、特權、免稅權和豁免權）

一、衛星組織部設在華盛頓。

二、在本協定規定的活動範圍內，衛星組織及其財產在本協定所有締約國內，均應免除國家所得稅和國家直接財產稅，對於用於全球通信系統而發射通信星及其元件和部件，應免除關稅。每個締約國應考慮到衛星組織的特點，保證根據現行內稅序，盡最大努力地進一步免除衛星組織及其財產的所得稅、直接財產稅和關稅。

三、對於衛星組織、衛星組織官員、本項提及的《議定書》和《總部協定》所規定的各種雇員、締約和締約國的代表、簽署者和簽署者的代表以及參加仲裁程序的人員，每個締約國（衛星組織部所在的締約國除外），均應按照本項所述的《議定書》，給予適當的特權、免稅權和豁免權；衛星組織總部所在的締約國則應按照本項所述的《總部協定》，給予適當的特權、免稅權和豁免權。具體地說，每個締約國對於這些人員在行使其職責時和在其職務範圍內的所作所爲、所說所寫，應在本項所述的《總部協定》和《議定書》所規定的範圍內和情況下，給予法律審判豁免權。衛星組織總部所在的締約國應盡早與衛星組織締結一項關於特權、免稅權和豁免權的《總部協定》。《總部協定》應包含這樣一項規定，即除衛星組織總部所在締約國所指定的簽字者之外所有以簽字者身份行事的簽字者，在衛星組織總部所在的締約的領土上，應免繳它們從衛星組織賺得的收入的國內稅。其他締約國也應盡早締結關於特權、免稅權和豁免權的《議定書》。《總部協定》和《議定書》與本協定無關；它們可各自規定期滿的條件。

第十六條　（退出）

一、㈠任何締約國和簽署者均可自願退出衛星組織。締約國應將其退出決定書面通知文件存檔者。簽署者的退出決定則由指定它的締約國書面通知執行局，這種通知書意味著該締約國對其簽署者的退出決定的認可。

自願退出應在收到本項㈠款所述的通知書三個月後生效，如果該通知書上另有明文規定，在三個月期滿以後，則按《業務協定》第六條三項款的規定，在下一次確定投資股份之日生效。自願退出生效時，本協定和《業務協定》也同時對退出的締約國或簽署者失效。

二、㈠如果出現一個締約國未能履行本協定的任何義務的情況，締約國大會在收到關於此事的通知後，或締約國大會自行提出此事後，經過審議上述締約國提出說明，如認爲該締約國確實沒有履行義務，便可決定該締約國被視爲業已退出衛星組織。從決定之日起，本協定停止對該締約國發生效力。爲作出此類決定，締約國大會可召開非常會議。

如發現以簽署者身份行事的簽署者，未能履行本協定和《業務協定》的任何義務（《業務協定》第四條一項的義務除外）的情況，並且該未能履行義務的情況在執行局將理事會的有關決議以書面形式通知該簽署者三個月後仍未加以糾正時，理事會在審議由該簽署者或指定該簽署者的締約國所作的說明之後，可以中止該簽署者的權利並建議簽署者會議它視爲業已退出衛星組織。如果簽字者會議在審議由該簽署者或指定該簽署者的締約國提出的說明之後，批准理事會的建議，該簽署者的退出應從批准之日起開始生效，本協定和《業務協定》也同時對該簽署者失效。

三、如果簽署者在逾期後三個月內，仍未繳清按《業務協定》第四條一項規定應付的項額，則該簽署者在本協定和《業務協定》中所規定的權利應自動中止。如果在中止權利後三個月內，簽署者仍未繳清全部應付項額或指定該簽署者的締約國也未按本條六項的規定替換簽署者，董事會在審議該簽署者或指定該簽署者的締約國提出的說明之後，可以建議簽署者會議將簽署者視爲業已退出衛星組織。簽署者會議在審議簽署者提出的說明之後，可以決定該簽署者視爲業已退出衛星組織。從決定之日起，本協定和《業務協定》即對該簽署者失效。

四、以締約國身份行事的締約國的退出，味該締約國所指定的簽署者（或以簽署者身份行事的締約國）也同時退。出在本協定對指定該簽署者的締約國停止生效的同時，本協定和《業務協定》也對該簽署者失效。

五、簽署者無論在何種情況下退出衛星組織，均應由指定該簽署者的締約國充任簽署者，或者在退出之日起指定新的簽署者，或者退出衛星組織。

六、如果某締約國由於某種原因希望自行替換它所指定的簽署者或指定一個新的簽署者，它必須書面通知文件存檔者。一俟新的簽署者承擔原簽署者未履行的所有義務並在《業務協定》上簽字，本協定和《業務協定》即對新的簽署者的生效，同時停止對原簽字者生效。

七、在文件存檔者或執行局收到本條一項㈠款所規定關於退出決定的通知書後，發出通知書的締約及其所指定的簽署者或該通知書所涉及的簽署者應停止享有在衛星組織任何機構內的代表權和表決權，並且在接到通知之後也不承擔任何義務和責任，但是除非理事會根據《業務協定》第二十一條四項另有決定外，上述簽署者仍有責任繳付其投資股份，以履行其在收到通知以前明確接受的契約義務和由於在收到通知以前的行動或遺漏而產生的責任。

八、在根據本條二項款或三項的規定中止某簽署者的權利期間，該簽署者應繼續承擔本協定和《業務協定》規定的全部義務和責任。

九、如果簽署者會議按照本條二項款和三項的規定，決定不批准理事會關於將某簽署者視爲業已退出衛星組織的建議，則應從這一決定之日起取消中止，該簽署立即享有本協定和《業務協定》所規定的全部權利。但是，對於根據本條三項的規定被中止權利簽署者，直到其付清按《業務協定》第四條一項規定其應付項額爲止，方能取消中止。

十、如果簽署者會議按照本條二項款或三項的規定，批准理事會關於某簽署者被視爲業已退出衛星組織的建議，則該簽署者在該建議批準以後，不應承擔任何義務和責任。但是，除非理事會按照《業務協定》第二十一條四項另有決定，上述簽署者仍有責任繳付其投資股份，以履行其在批准前明確接受的契約義務和由於在批准以前的行動或遺漏而產生的責任。

十一、如果締約國大會按照本條二項㈠款的規定，決定某締約國被視爲業已退出星組織，以簽署者身份行事的締約國或其所指定簽署者在決定在決定作出之後，不應承擔任何義務和責任。但是，除非理事會按照《業務協定》第二十一條四項的規定另有決定，以簽署者身份行事的締約或其所指定的簽署者仍有責任繳付其投資股份，以履行其在決定以前明確接受的契約義務和由於在決定以前的行動或遺漏而產生的責任。

十二、除按本條六項的規定替換簽署者的情況外，在衛星組織同本協定和《業務協定》對之停止生效的某簽署者之間的帳務，應根據《業務協定》第二十一的規定予以結算。

十三、按本條一項㈠款的規定所發出的，關於某締約國決定退出的通知書，將由文件存檔者轉發所有締約和執行局，並由執行局轉發給所有簽署者。

如果締約大會根據本條二項㈠款的規定，決定某締約國被視爲業已退出衛星組織，執行局應將此決定通知所有簽署者和文件存檔者，並由文件存檔者將決定通知所有締約國。

按本條一項㈠款的規定所發出的關於簽署者決定退出的通知，或按本條二項款或三項或四項的規定所發出的關於簽署者決定退出的通知，應由執行局轉發所有簽署者和文件存檔者，並由文件存檔者將通佑轉發所有締約國。

根據本條二項款或三項的規定對簽署者的權利的中止，應由執行局通知所有簽署者和文件存檔者，並由文件存檔者將通知轉發所有締約國。

按照本條六項的規定對簽署者的替換，應由文件存檔者通知所有締約國和執行局，並由執行局將通知書轉發所有簽署者。

十四、不得直接由於某締約或其所指定的簽署者在國際電信聯盟中的地位發生任何變化而要求其退出衛星組織。

第十七條　（修正）

一、任何締約國可對本協定提出修正案，所提出的修正案應提交給執行局，並由執行局立即分發給所有締約國和簽署者。

二、締約國大會應在執行局分發修正案後的第一次普通會議上，或在根據本協定第七條的規定所召開的一次較早的非常會議上，對每一修正案進行審議，但是執行局必須至少在會議召開前九十天分發該修正案。締約國大會應審議從簽署者議或理事會收到的任何有關該修正案的意見和建議。

三、締約國大會應按照本協定第七條所述有關法定人數和表決的規定，對每一項修正案件出決定。它可以修改按本條二項的規定分發的任何修正案，並對不是按上述規定分發的、但與某項修正案或經過修改的修正案有直接聯繫的任何修正案作出決定。

四、締約國大會所通過的修正案，應在文件存檔者收到下述國家關於同意、接受或批准該修正案的通知後按照本條五項的規定生效：

三分之二的國家，這些國家在締約國大會通過該修正案之日已爲締約國，但是這些締約須在當時至少擁有，或其所指定的簽署者至少擁有總投資股份的三分之二。

百分之八十五或百分之八十五以上的國家，這些國家在締約國大會通過該修正案之日已爲締約國，在這種情況下，則不論這些締約國或其所指定的簽署者在當時所擁有的投資股份爲多少。

五、文件存檔者一俟收到根據本條四項的規定，爲修正案的生效所必需的關於接受、同意或批准的證書，即應通知所有締約國。在該通知發出九十天後，修正案對所有締約國生效，包括那些尚未接受、同意或批准該修正案又未退出衛星組織的締約國。

六、雖則本條四、五兩項已有規定，修正案的生效不得早於締約國大會通過之日後八個月或晚於該日後的十八個月。

第十八條　（爭議之解決）

一、各締約國之間或衛星組織與一個或幾個締約之間，在本協定所規定的權利和義務方面，或在締約國按照《業務協定》第十四條三項或第十五條三項的規定所承擔的義務方面所產生的所有法律性爭議，如不能在適當的時間內設法獲致解決，則應按照本協定附件C的規定提交仲裁。一個或幾個締約國與一個或幾個簽字者之間在本協定或《業務協定》所規定的權利和義務方面所產生的法律性爭議，如經有關締約國和簽署者同意，則可按照本協定附件C的規定提交仲裁。

二、一個締約國與已不再是締約國的國家之間，或衛星組織與已不再是締約國的國家之間，當該國已不再是締約國時，在本協定所規定的權利和義務方面，或在締約國根據《業務協定》第十四條三項或第十五條三項規定所承擔的義務方面所產生的法律性爭議，如未能在適當的時間內設法獲致解決，則應提交仲裁。這種仲裁應按本協定附件C的規定進行，但需徵得已不再是締約國的國家的同意。如果一個國家或電信機構在其作爲當事者的爭議業已按照本條一項的規定提交仲裁以後，停止成爲締約或簽署者，則該項仲裁應繼續進行並作出裁決。

三、所有由於衛星組織與任何締約國之間的協定而發生法律性爭議，應按該協定中所述的關於解決爭議的規定處理。如無此等規定，且這種爭議又未能設法獲致解決，則經爭執各方同意後，可按本協定附件C的規定提交仲裁。

第十九條　（簽署）

一、本協定自一九七一年起在華盛頓開放供下列政府簽署：

《臨時協定》締約國的政府；

國際電信聯盟其它會員國的政府；

二、任何政府在簽署本協定時，其簽名可以無需經過批準、接受或同意，或者可隨附一項聲明，表示其簽名尚待批準、接受或同意。

三、本條一項所述的任何國家在本協定停止簽署後，可以加入本協定。

四、對本協定不得提出保留。

第二十條　（生效）

一、本協定經在《協定》開放供簽署之日已爲《臨時協定》締約國的三分之二的國家簽署之日六十天以後生效，此種簽署無經批準、接受或同意；或者在上述三分之二國家批準、接受、同意或加入本協定之六十天以後生效，但是：

這三分之二的《臨時協定》的締約國，須在當時至少擁有或其所指定的《特別協定》簽署者至少擁有《特別協定》所規定投資股份的三分之二。

這些締約國或其所指定的電信機構須業已簽署《業務協定》。

爲了實現《業務協定》附件第二項所述目的，一俟這六十天開始，該項各款規定立即生效。雖則已有上述規定，本協定的生效不得早於開放供簽署之日後的八個月或晚於該日後的十八個月。

二、對於一個國家，如其批準、接受、同意或加入證書是在本協定生效日以後按照本條一項規定交存的，則本協定自交存之日起對其生效。

三、如果一個國家的政府，簽署時或在本協定生效前要求該國的簽署經其批準、接受或同意，則按照本條一項的規定而生效的本協定可臨時適用於該國。臨時適用期的終止時間爲：

該政府交存批準、接受或同意本協定的證書時；

在自本協定生效之日起屆滿二年而該政府仍未予以批準、接受或同意時；或

在未滿本項款所述二年前，該政府發出通知決定不批準I不接受或不同意本協定時。

如臨時適用係按照本項或款的規定而終止時，關於締約國及其所指定的簽署者的權利義務，應按照本協定第十六條七和十二項的規定辦理。

四、雖則本條已有規定，本協定直到有關國家的政府或其按照本協定規定所指定的電信機構業已簽署《業務協定》時方可對該國生效或臨時適用。

五、本協定一經生效，應即替代並終止《臨時協定》。

第二十一條　（其他規定）

一、衛星組織的正式語言和工作語言是英文、法文和西班牙文。

二、執行局的內部規則應訂明，衛星組織各種文件的副份應按各締約國和簽署者的要求及時地向其分發。

三、根據聯合國大會決議的規定，執行局應向聯合國秘書長和有關專門機構寄送衛星組織活動年度報告。

第二十二條　（文件存檔者）

一、美利堅合眾政府是本協定的文件存檔者。存檔的文件包括依照本協定第十九條二項的規定所提出的聲明書，關於批準、接受、同意或加入的證書，臨時適用申請書，關於批准、接受或同意修正案的通知書，退出衛星組織決定或關於本協定臨時適用期終止的通知書。

二、本協定存放在文件存檔者的檔案庫中，英文、法文和西班牙文三種文本具有同等效力。文件存檔者應驗證無誤的本協定副本分送給所有簽署本協定或交存本協定加入證書的各國政府和國際電信聯盟，並將簽

名肚二，依照本協定第十九條二項的規定所提出的聲明書，關於批准、接受、同意或加入的證書的收存情況，關於臨時適用的申請，本協定第二十條一項所述六十天時期的關始，本協定的生效，關於批准、接受或同意修正案的通知書，修正案的生效，退出衛星組織的決定，本協定臨時適用期的退出和終止等通知上述政府和國際電信聯盟。關於六十天時期開始的通知，應於該時期的第一天發出。

三、文件存檔者應在本協定生效時，按照聯合國憲章規定，在聯合國秘書處對本協定進行登記。

各全權代表在華盛頓市集會，經提交各自的全權證書並經審查合格後，在本協定上簽字，以昭信守。

（編者譯自條約英文本）

四、國際海底管理局（ISA）

聯合國海洋法公約第四節及附件四
簽署日期：一九八二年十二月十日（牙買加）
生效日期：一九九四年十一月十六日

第四節　管理局

A分節　一般規定

第一五六條　（設立管理局）

1. 茲設立國際海底管理局，按照本部分執行職務。
2. 所有締約國都是管理局的當然成員。
3. 已簽署最後文件但在第三○五條第1款(c)、(d)、(e)或(f)項中未予提及的第三次聯合國海洋法會議中的觀察員，應有權按照管理局的規則、規章和程序以觀察員資格參加管理局。
4. 管理局的所在地應在牙買加。
5. 管理局可設立其認爲在執行職務上必要的區域中心或辦事處。

第一五七條　（管理局的性質和基本原則）

1. 管理局是締約國按照本部分組織和控制「區域」內活動，特別是管理「區域」資源的組織。
2. 管理局應具有本公約明示授予的權力和職務。管理局應有爲行使「關於區域」內活動的權力和職務所包含的和必要的並符合本公約的各項附帶權力。
3. 管理局以所有成員主權平等的原則爲基礎。
4. 管理局所有成員應誠意履行按照本部分承擔的義務，以確保其全體作爲成員享有的權利和利益。

第一五八條　（管理局的機關）

1. 茲設立大會、理事會和秘書處作爲管理局的主要機關。
2. 茲設立企業部、管理局應通過這個機關執行第一七○條第1款所指的職務。
3. 經認爲必要的附屬機關可按照本部分設立。
4. 管理局各主要機關和企業部應負責行使對其授予的權力和職務。每一機關行使這種權力和職務時，應避免採取可能對授予另一機關的特定權力和職務的行使有所減損或阻礙的任何行動。

B分節　大會

第一五九條　（組成、程序和表決）

1. 大會應由管理局的全體成員組成。每一成員應有一名代表出席大會，並可由副代表及顧問隨同出席。
2. 大會應召開年度常會，經大會決定，或由秘書長應理事會的要求或管理局過半數成員的要求，可召開特別會議。
3. 除非大會另有決定，各屆會議應在管理局的所在地舉行。
4. 大會應制定其議事規則。大會應在每屆常會開始時選出其主席和其他必要的高級職員。他們的任期至下屆常會選出新主席及其他高級職員爲止。
5. 大會過半數成員構成法定人數。
6. 大會每一成員應有一票表決權。
7. 關於程序問題的決定，包括召開大會特別會議的決定，應由出席並參加表決的成員過半數作出。
8. 關於實質問題的決定，應以出席並參加表決的成員三分之二多數作出。但這種多數應包括參加該會議的過半數成員。對某一問題是否爲實質問題發生爭論時，該問題應作爲實質問題處理，除非大會以關於實質問題的決定所需的多數另作決定。
9. 將一個實質問題第一次付諸表決時，主席可將就該問題進行表決的問題推遲一段時間，如經大會至少五分之一成員提出要求，則應將表決推遲，但推遲時間不得超過五曆日。此項規則對任一問題只可適用一次，並且不應用來將問題推遲至會議結束以後。

10. 對于大會審議中關於任何事項的提案是否符合本公約的問題，在管理局至少四分之一成員以書面要求主席征求咨詢意見時，大會應請國際海洋法法庭海底爭端分庭就該提案提出咨詢意見，並應在收到分庭的咨詢意見前，推遲對該提案的表決。如果在提出要求的那期會議最後一個星期以前還沒有收到咨詢意見，大會應決定何時開會對已推遲的提案進行表決。

第一六〇條　（權力和職務）

1. 大會作爲管理局唯一由其所有成員組成的機關，應視爲管理局的最高機關，其他各主要機關均應按照本公約的具體規定向大會負責。大會應有權依照本公約各項有關規定，就管理局權限範圍內的任何問題或事項制訂一般性政策。

2. 此外，大會的權力和職務應爲：

(a) 按照第一六一條的規定，選舉理事會成員；

(b) 從理事會提出的候選人中，選舉秘書長；

(c) 根據理事會的推薦，選舉企業部董事會董事和企業部總幹事；

(d) 設立爲按照本部分執行其職務認爲有必要的附屬機關。這種機關的組成，應適當考慮到公平地區分配原則和特別利益，以及其成員必須對這種機關所處理的有關技術問題具備資格和才能；

(e) 在管理局未能從其他來源得到足夠收入應付其行政開支以前，按照以聯合國經常預算所用比額表爲基礎議定的會費分攤比額表，決定各成員國對管理局的行政預算應繳的會費；

(f) (1) 根據理事會的建議，審議和核準關於公平分享從「區域」內活動取得的財政及其他經濟利益和依據第八十二條所繳的費用和實物的規則、規章和程序，特別考慮到發展中國家和尚未取得完全獨立或其他自治地位的人民的利益和需要。如果大會對理事會的建議不予核準，大會應將這些建議送回理事會，以便參照大會表示的意見重新加以審議；

(2) 審議和核準理事會依據第一六二條第2款(o)項□目暫時制定的管理局的規則、規章和程序及其修正案。這些規則、規章和程序應涉及「區域」內的探礦、勘探和開發，管理局的財務管理和內部行政以及根據企業部董事會的建議由企業部向管理局轉移資金；

(g) 在符合本公約規定和管理局規則、規章和程序的情形下，決定公平分配從「區域」內活動取得的財政和其他經濟利益；

(h) 審議和核準理事會提出的管理局的年度概算；

(i) 審查理事會和企業部的定期報告以及要求理事會或管理局任何其他機關提出的特別報告；

(j) 爲促進有關「區域」內活動的國際合作和鼓勵與此有關的國際法的逐漸發展及其編纂的目的，發動研究和提出建議；

(k) 審議關於「區域」內活動的一般性問題，特別是對發展中國家產生的問題，以及關於「區域」內活動對某些國家，特別是內陸國和地理不利國，因其地理位置而造成的那些問題；

(l) 經理事會按照經濟規劃委員會的意見提出建議，依第一五一條第10款的規定，建立補償制度或採取其他經濟調整援助措施；

(m) 依據第一八五條暫停成員的權利和特權的行使；

(n) 討論管理局權限範圍內的任何問題或事項，並在符合管理局各個機關權力和職務的分配的情形下，決定由管理局那一機關來處理本公約條款未規定由其某一機關處理的任何這種問題或事項。

C分節　理事會

第一六一條　（組成、程序和表決）

1. 理事會應由大會按照下列次序選出的三十六個管理局成員組成：

(a)四個成員來自在有統計資料的最近五年中，對于可從「區域」取得的各類礦物所產的商品，其消費量超過世界總消費量百分之二，或其淨進口量超過世界總進口量百分之二的那些締約國，無論如何應有一個國家屬於東歐（社會主義）區域，和最大的消費國；

(b)四個成員來自直接地或通過其國民對「區域」內活動的準備和進行作出了最大投資的八個締約國，其中至少應有一個國家屬於東歐（社會主義）區域；

(c)四個成員來自締約國中因在其管轄區域內的生產而為可從「區域」取得的各類礦物的主要淨出口國，其中至少應有兩個是出口這種礦物對其經濟有重大關系的發展中國家；

(d)六個成員來自發展中國家締約國，代表特別利益。所代表的特別利益應包括人口眾多的國家、內陸國或地理不利國、可從「區域」取得的種類礦物的主要進口國、這些礦物的潛在的生產國以及最不發達國家的利益；

(e)十八個成員按照確保理事會的席位作為一個整體予以公平地區分配的原則選出，但每一地理區域至少應有根據本項規定選出的一名成員。為此目的，地理區域應為非洲、亞洲、東歐（社會主義）、拉丁美洲和西歐及其他國家。

2. 按照第1款選舉理事會成員時，大會應確保：

(a)內陸國和地理不利國有和它們在大會內的代表權成合理比例的代表；

(b)不具備第1款(a)、(b)、(c)或(d)項所列條件的沿海國，特別是發展中國家有和它們在大會內的代表權成合理比例的代表；

(c)在理事會內應有代表的每一個締約國集團，其代表應由該集團提名的任何成員擔任。

3. 選舉應在大會的常會上舉行。理事會每一成員任期四年。但在第一次選舉時，第1款所指每一集團的一半成員的任期應為兩年。

4. 理事會成員連選可連任；但應妥為顧及理事會成員輪流的相宜性。

5. 理事會應在管理局所在地執行職務，並應視管理局業務需要隨時召開會議，但每年不得少于三次。

6. 理事會過半數成員構成法定人數。

7. 理事會每一成員應有一票表決權。

8. (a)關於程序問題的決定應以出席並參加表決的過半數成員作出。

(b)關於在下列條款下產生的實質問題的決定，應以出席並參加表決的成員的三分之二多數作出，但這種多數應包括理事會的過半數成員：第一六二條第2款(f)項，(g)項，(h)項，(i)項，(n)項，(p)項和(v)項；第一九一條。

(c)關於在下列條款下產生的實質問題的決定，應以出席並參加表決的成員的四分之三多數作出，但這種多數應包括理事會的過半數成員：第一六二條第1款；第一六二條第2款(a)項；(b)項；(c)項；(d)項；(e)項；(l)項；(q)項；(r)項；(s)項；(t)項；在承包者或擔保者不遵守規定的情形下(u)項；(w)項，但根據本項發布的命令的有效期間不得超過三十天，除非以按照(d)項作出的決定加以確認；(x)項；(y)項；(z)項；第一六三條第2款；第一七四條第3款；附件四第十一條。

(d)關於在下列條款下產生的實質問題的決定應以協商一致方式作出：第一六二條第2款(m)項和(o)項；對第十一部分的修正案的通過。

(e)為了(d)項、(f)項和(g)項的目的，「協商一致」是指沒有任何正式的反對意見。在一項提案向理事會提出後十四天內，理事會主席應確定對該提案的通過是否會有正式的反對意見。如果主席確定會有這種反對意見，則主席應于作出這種確定後三天內成立並召集一個其成員不超過九人的調解委員會，由他本人擔任主席，以調解分歧並提出能夠以協商一致方式通過的提案。委員會應迅速進行工作，並于十四天內向理事會提出報告。如果委員會無法提出能以協商一致方式通過的提案，它應于其報告中說明反對該提案所根據的理由。

(f)就以上未予列出的問題，經理事會獲得管理局規則、規章和程序或其他規定授權作出的決定，應依據規則、規章和程序所指明的本款各項予以作出，如果其中未予指明，則依據理事會以協商一致方式于可能時提前確定的一項予以作出。

(g)遇有某一問題究應屬於(a)項、(b)項、(c)項或(d)項的問題，應根據情況將該問題作爲在需要較大或最大多數或協商一致的那一項內的問題加以處理，除非理事會以上述多數或協商一致另有決定。

9.理事會應制訂一項程序，使在理事會內未有代表的管理局成員可在該成員提出要求時或在審議與該成員特別有關的事項時，派出代表參加其會議，這種代表應有權參加討論，但無表決權。

第一六二條　（權力和職務）

1.理事會爲管理局的執行機關。理事會應有權依本公約和大會所制訂的一般政策，制訂管理局對于其權限範圍以內的任何問題或事項所應遵循的具體政策。

2.此外，理事會應：

(a)就管理局職權範圍內所有問題和事項監督和協調本部分規定的實施，並提請大會注意不遵守規定的情事；

(b)向大會提出選舉秘書長的候選人名單；

(c)向大會推薦企業部董事會的董事和企業部總幹事的候選人；

(d)在適當時，並在妥爲顧及節約和效率的情形下，設立其認爲按照本部分執行其職務所必要的附屬機關。附屬機關的組成，應注重其成員必須對這種機關所處理的有關技術問題具備資格和才能，但應妥爲顧及公平地區分配原則和特別利益；

(e)制定理事會議事規則，包括推選其主席的方法；

(f)代表管理局在其職權範圍內同聯合國或其他國際組織締結協定，但須經大會核準；

(g)審查企業部的報告，並將其轉交大會，同時提交其建議；

(h)向大會提出年度報告和大會要求的特別報告；

(i)按照第一七〇條向企業部發出指示；

(j)按照附件三第六條核準工作計劃。理事會應于法律和技術委員會提出每一工作計劃後六十天內在理事會的會議上按照下列程序對該工作計劃採取行動：

(1)如果委員會建議核準一項工作計劃，在十四天內理事會如無任何成員向主席書面提出具體反對意見，指稱不符合附件三第六條的規定，則該工作計劃應視爲已獲理事會核準。如有反對意見，即應適用第一六一條第 8 款(c)項所載的調解程序。如果在調解程序結束時，反對意見依然堅持，則除非理事會中將提出申請或擔保申請者的任何一國或數國排除在外的成員以協商一致方式對工作計劃不予核準，則該工作計劃應視爲已獲理事會核準；

(2)如果委員會對一項工作計劃建議不予核準，或未提出建議，理事會可以出席和參加表決的成員的四分之三的多數決定核準該工作計劃，但這一多數須包括參加該次會議的過半數成員；

(k)核準企業部按照附件四第十二條提出的工作計劃，核準時比照適用(j)項內所列的程序；

(l)按照第一五三條第 4 款和管理局的規則、規章和程序，對「區域」內活動行使控制；

(m)根據經濟規劃委員會的建議，按照第一五〇條(h)項，制定必要和適當的措施，以保護發展中國家使其不致受到該項中指明的不良經濟影響；

(n)根據經濟規劃委員會的意見，向大會建議第一五一條第 10 款所規定的補償制度或其他經濟調整援助措施；

(o)(1)向大會建議關於公平分享從「區域」內活動取得的財政及其他經濟利益以及依據第八十二條所繳費用和實物的規則、規章和程序，特別顧及發展中國家和尚未取得完全獨立或其他自治地位的人民的利益和需要；

(2)在經大會核準前，暫時制定並適用管理局的規則、規章和程序及其任何修正案，考慮到法律和技術委員會或其他有關附屬機構的建議。這種規則、規章和程序應涉及「區域」內的探礦、勘探和開發以及管理局的財務管理和內部行政。對于制定有關多金屬結核的勘探和開發的規則、規章和程序，應給予優先。有關多金屬結核以外任何資源的勘探和開發的規則、規章和程序，應于管理局任何成員向其要求制訂之日起三年內予以制定。所有規則、規章和程序應于大會核準以前或理事會參照大會表示的任何意見予以修改以前，在暫時性的基礎上生效；

(p)審核在依據本部分進行的業務方面由管理局付出或向其繳付的一切款項的收集工作；

(q)在附件三第七條有此要求的情形下，從生產許可的申請者中作出選擇；

(r)將管理局的年度概算提交大會核準；

(s)就管理局職權範圍內的任何問題或事項的政策，向大會提出建議；

(t)依據第一八五條，就暫停成員權利和特權的行使向大會提出建議；

(u)在發生不遵守規定的情形下，代表管理局向海底爭端分庭提起司法程序；

(v)經海底爭端分庭在根據(u)項提起的司法程序作出裁判後，將此通知大會，並就其認爲應採取的適當措施提出建議；

(w)遇有緊急情況，發布命令，其中可包括停止或調整作業的命令，以防止「區域」內活動對海洋環境造成嚴重損害；

(x)在有重要證據證明海洋環境有受嚴重損害之虞的情形下，不準由承包者或企業部開發某些區域；

(y)設立一個附屬機關來制訂有關下列兩項財政方面的規則、規章和程序草案：

(1)按照第一七一至第一七五條的財務管理；

(2)按照附件三第十三條和第十七條第1款(c)項的財政安排；

(z)設立適當機構來指導和監督視察工作人員，這些視察員負責視察「區域」內活動，以確定本部分的規定、管理局的規則、規章和程序、以及同管理局訂立的任何合同的條款和條件，是否得到遵守。

第一六三條　（理事會的機關）

1. 茲設立理事會的機關如下：

(a)經濟規劃委員會；

(b)法律和技術委員會。

2. 每一委員會應由理事會根據締約國提名選出的十五名委員組成。但理事會可于必要時在妥爲顧及節約和效率的情形下，決定增加任何一個委員會的委員人數。

3. 委員會委員應具備該委員會職務範圍內的適當資格。締約國應提名在有關領域內有資格的具備最高標準的能力和正直的候選人，以便確保委員會有效執行其職務。

4. 在選舉委員會委員時，應妥爲顧及席位的公平地區分配和特別利益有其代表的需要。

5. 任何締約國不得提名一人以上爲同一委員會的候選人。任何人不應當選在一個以上委員會任職。

6. 委員會委員任期五年，連選可連任一次。

7. 如委員會委員在其任期屆滿之前死亡、喪失能力或辭職，理事會應從同一地理區域或同一利益方面選出一名委員任滿所餘任期。

8. 委員會委員不應在同「區域」內的勘探和開發有關的任何活動中有財務上的利益。各委員在對其所任職的委員會所負責任限制下，不應洩露工業秘密、按照附件三第十四條轉讓給管理局的專有性資料，或因其在管理局任職而得悉的任何其他秘密情報，即使在職務終止以後，也是如此。

9. 每一委員會應按照理事會所制定的方針和指示執行其職務。

10. 每一委員會應擬訂為有效執行其職務所必要的規則和規章，並提請理事會核準。

11. 委員會作出決定的程序應由管理局的規則、規章和程序加以規定。提交理事會的建議，必要時應附送委員會內不同意見的摘要。

12. 每一委員會通常應在管理局所在地執行職務，並按有效執行其職務的需要，經常召開會議。

13. 在執行這些職務時，每一委員會可在適當時同另一委員會或聯合國任何主管機關、聯合國各專門機構、或對協商的主題事項具有有關職權的任何國際組織進行協商。

第一六四條　（經濟規劃委員會）

1. 經濟規劃委員會委員應具備諸如與採礦、管理礦物資源活動、國際貿易或國際經濟有關的適當資格。理事會應盡力確保委員會的組成反映出一切適當的資格。委員會至少應有兩個成員來自出口從「區域」取得的各類礦物對其經濟有重大關系的發展中國家。

2. 委員會應：

(a) 經理事會請求，提出措施，以實施按照本公約所採取的關於「區域」內活動的決定；

(b) 審查可從「區域」取得的礦物的供應、需求和價格的趨勢與對其造成影響的因素，同時考慮到輸入國和輸出國兩者的利益，特別是其中的發展中國家的利益；

(c) 審查有關締約國提請其注意的可能導致第一五〇條(h)項內所指不良影響的任何情況，並向大會提出適當建議；

(d) 按照第一五一條第10款所規定，向理事會建議對于因「區域」內活動而受到不良影響的發展中國家提供補償或其他經濟調整援助措施的制度以便提交大會。委員會應就大會通過的這一制度或其他措施對具體情況的適用，向理事會提出必要的建議。

第一六五條　（法律和技術委員會）

1. 法律和技術委員會委員應具備諸如有關礦物資源的勘探和開發及加工、海洋學、海洋環境的保護，或關於海洋採礦的經濟或法律問題以及其他有關的專門知識方面的適當資格。理事會應盡力確保委員會的組成反映出一切適當的資格。

2. 委員會應：

(a) 經理事會請求，就管理局職務的執行提出建議；

(b) 按照第一五三條第3款審查關於「區域」內活動的正式書面工作計劃，並向理事會提交適當的建議。委員會的建議應僅以附件三所載的要求為根據，並應就其建議向理事會提出充分報告；

(c) 經理事會請求，監督「區域」內活動，在適當情形下，同從事這種活動的任何實體或有關國家協商和合作進行，並向理事會提出報告；

(d) 就「區域」內活動對環境的影響準備評價；

(e) 向理事會提出關於保護海洋環境的建議，考慮到在這方面公認的專家的意見；

(f) 擬訂第一六二條第2款(o)項所指的規則、規章和程序，提交理事會，考慮到一切有關的因素，包括「區域」內活動對環境影響的評價；

(g) 經常審查這種規則、規章和程序，並隨時向理事會建議其認為必要或適宜的修正；

(h) 就設立一個以公認的科學方法定期觀察、測算、評價和分析「區域」內活動造成的海洋環境污染危險或影響的監測方案，向理事會提出建議，確保現行規章是足夠的而且得到遵守，並協調理事會核準的監測方案的實施；

(i) 建議理事會特別考慮到第一八七條，按照本部分和有關附件，代表管理局向海底爭端分庭提起司法程序；

(j) 經海底爭端分庭在根據(i)項提起的司法程序作出裁判後，就任何應採取的措施向理事會提出建議；

(k) 向理事會建議發布緊急命令，其中可包括停止或調整作業的命令，以防止「區域」內活動對海洋環境造成嚴重損害。理事會應優先審議這種建議；

(l) 在有充分證據證明海洋環境有受嚴重損害之虞的情形下，向理事會建議不準由承包者或企業部開發某些區域；

(m) 就視察工作人員的指導和監督事宜，向理事會提出建議，這些視察員應視察「區域」內活動，以確定本部分的規定、管理局的規則、規章和程序、以及同管理局訂立的任何合同的條款和條件是否得到遵守；

(n) 在理事會按照附件三第七條在生產許可申請者中作出任何必要選擇後，依據第一五一條第2至第7款代表管理局計算生產最高限額並發給生產許可。

3. 經任何有關締約國或任何當事一方請求，委員會委員執行其監督和檢查的職務時，應由該有關締約國或其他當事一方的代表一人陪同。

D分節　秘書處

第一六六條　（秘書處）

1. 秘書處應由秘書長一人和管理局所需要的工作人員組成。

2. 秘書長應由大會從理事會提名的候選人中選舉，任期四年，連選可連任。

3. 秘書長應爲管理局的行政首長，在大會和理事會以及任何附屬機關的一切會議上，應以這項身份執行職務，並應執行此種機關交付給秘書長的其他行政職務。

4. 秘書長應就管理局的工作向大會提出年度報告。

第一六七條　（管理局的工作人員）

1. 管理局的工作人員應由執行管理局的行政職務所必要的合格科學及技術人員和其他人員組成。

2. 工作人員的征聘和雇用，以及其服務條件的決定，應以必須取得在效率、才能和正直方面達到最高標準的工作人員爲首要考慮。在這一考慮限制下，應妥爲顧及在最廣泛的地區基礎上征聘工作人員的重要性。

3. 工作人員應由秘書長任命。工作人員的任命、薪酬和解職所根據的條款和條件，應按照管理局的規則、規章和程序。

第一六八條　（秘書處的國際性）

1. 秘書長及工作人員在執行職務時，不應尋求或接受任何政府的指示或管理局以外其他來源的指示。他們應避免足以影響其作爲只對管理局負責的國際官員的地位的任何行動。每一締約國保證尊重秘書長和工作人員所負責任的純粹國際性，不設法影響他們執行其職責。工作人員如有任何違反職責的行爲，應提交管理局的規則、規章和程序所規定的適當行政法庭。

2. 秘書長及工作人員在同「區域」內的勘探和開發有關的任何活動中，不應有任何財務上的利益。在他們對管理局所負責任限制下，他們不應洩露任何工業秘密、按照附件三第十四條轉讓給管理局的專有性資料或因在管理局任職而得悉的任何其他秘密情報，即使在其職務終止以後也是如此。

3. 管理局工作人員如有違反第2款所載義務情事，經受到這種違反行爲影響的締約國，或由締約國按照第一五三條第2款(b)項擔保並因這種違反行爲而受到影響的自然人或法人的要求，應由管理局將有關工作人員交管理局的規則、規章和程序所指定的法庭處理。受影響的一方應有權參加程序、如經法庭建議，秘書長應將有關工作人員解雇。

4.管理局的規則、規章和程序應載有爲實施本條所必要的規定。

第一六九條　（同國際組織和非政府組織的協商和合作）

1.在管理局職權範圍內的事項上，秘書長經理事會核可，應作出適當的安排，同聯合國經濟及社會理事會承認的國際組織和非政府組織進行協商和合作。

2.根據第1款與秘書長訂有安排的任何組織可指派代表，按照管理局各機關的議事規則，以觀察員的身份參加這些機關的會議。應制訂程序，以便在適當情形下征求這種組織的意見。

3.秘書長可向各締約國分發第1款所指的非政府組織就其具有特別職權並與管理局工作有關的事項提出的書面報告。

E分節　企業部

第一七〇條　（企業部）

1.企業部應爲依據第一五三條第2款(a)項直接進行「區域」內活動以及從事運輸、加工和銷售從「區域」回收的礦物的管理局機關。

2.企業部在管理局國際法律人格的範圍內，應有附件四所載章程規定的法律行爲能力。企業部應按照本公約、管理局的規則、規章和程序以及大會制訂的一般政策行事，並應受理事會的指示和控制。

3.企業部總辦事處應設在管理局所在地。

4.企業部應按照第一七三條第2款和附件四第十一條取得執行職務所需的資金，並應按照第一四四條和本公約其他有關條款規定得到技術。

F分節　管理局的財政安排

第一七一條　（管理局的資金）

管理局的資金應包括：

(a)管理局各成員按照第一六〇條第2款(e)項繳付的分攤會費；

(b)管理局按照附件三第十三條因「區域」內活動而得到的收益；

(c)企業部按照附件四第十條轉來的資金；

(d)依據第一七四條借入的款項；和

(e)成員或其他實體所提供的自願捐款；

(f)按照第一五一條第10款向補償基金繳付的款項，基金的來源由經濟規劃委員會提出建議。

第一七二條　（管理局的年度預算）

秘書長應編制管理局年度概算，向理事會提出。理事會應審議年度概算，並連同其對概算的任何建議向大會提出。大會應按照第一六〇條第2款(h)項審議並核准年度概算。

第一七三條　（管理局的開支）

1.在管理局未能從其他來源得到足夠資金以應付其行政開支以前，第一七一條(a)項所指的會費應繳入特別帳戶，以支付管理局的行政開支。

2.管理局的資金應首先支付管理局的行政開支。除了第一七一條(a)項所指分攤會費外，支付行政開支後所餘資金，除其他外，可：

(a)按照第一四〇條和第一六〇條第2款(g)項加以分配；

(b)按照第一七〇條第4款用以向企業部提供資金；

(c)按照第一五一條第10款和第一六〇條第2款(l)項用以補償發展中國家。

第一七四條　（管理局的借款權）

1.管理局應有借款的權力。

2.大會應在依據第一六〇第2款(f)項所制定的財務條例中規定對此項權力的限制。

3.理事會應行使管理局的借款權。

4.締約國對管理局的債務應不負責任。

第一七五條　（年度審計）

管理局的記錄、帳簿和帳目，包括其年度財務報表，應每年交由大會指派的一位獨立審計員審核。

G分節　法律地位、特權和豁免

第一七六條　（法律地位）

管理局應具有國際法律人格以及爲執行其職務和實現其宗旨所必要的法律行爲能力。

第一七七條　（特權和豁免）

爲使其能夠執行職務，管理局應在每一締約國的領土內享有本分節所規定的特權和豁免。同企業部有關的特權和豁免應爲附件四第十三條內所規定者。

第一七八條　（法律程序的豁免）

管理局及其財產和資產，應享有對法律程序的豁免，但管理局在特定事件中明白放棄這種豁免時，不在此限。

第一七九條　（對搜查和任何其他形式扣押的豁免）

管理局的財產和資產，不論位于何處和爲何人持有，應免受搜查、征用、沒收、公用征收或以行政或立法行動進行的任何其他形式的扣押。

第一八〇條　（限制、管制、控制和暫時凍結的免除）

管理局的財產和資產應免除任何性質的限制、管制、控制和暫時凍結。

第一八一條　（管理局的檔案和公務通訊）

1. 管理局的檔案不論位于何處，應屬不可侵犯。

2. 專有的資料、工業秘密或類似的情報和人事卷宗不應置于可供公眾查閱的檔案中。

3. 關於管理局的公務通訊，每一締約國應給予管理局不低於給予其他國際組織的待遇。

第一八二條　（若幹與管理局有關人員的特權和豁免）

締約國代表出席大會、理事會、或大會或理事會所屬機關的會議時，以及管理局的秘書長和工作人員，在每一締約國領土內：

(a) 應就他們執行職務的行爲，享有對法律程序的豁免，但在適當情形下，他們所代表的國家或管理局在特定事件中明白放棄這種豁免時，不在此限；

(b) 如果他們不是締約國國民，應比照該國應給予其他締約國職級相當的代表、官員和雇員的待遇，享有在移民限制、外僑登記規定和國民服役義務方面的同樣免除、外匯管制方面的同樣便利和旅行便利方面的同樣待遇。

第一八三條　（捐稅和關稅的免除）

1. 在其公務活動範圍內，管理局及其資產、財產和收入，以及本公約許可的管理局的業務和交易，應免除一切直接捐稅，對其因公務用途而進口或出口的貨物也應免除一切關稅。管理局不應要求免除僅因提供服務而收取的費用的稅款。

2. 爲管理局的公務活動需要，由管理局或以管理局的名義採購價值巨大的貨物或服務時，以及當這種貨物或服務的價款包括捐稅或關稅在內時，各締約國應在可行範圍內採取適當措施，準許免除這種捐稅或關稅或設法將其退還。在本條規定的免除下進口或採購的貨物，除非根據與該締約國協議的條件，不應在給予免除的締約國領土內出售或作其他處理。

3. 各締約國對于管理局付給非該國公民、國民或管轄下人員的管理局秘書長和工作人員以及爲管理局執行任務的專家的薪給和酬金或其他形式的費用，不應課稅。

H分節　成員國權利和特權的暫停行使

第一八四條　（表決權的暫停行使）

一個締約國拖欠對管理局應繳的費用，如果拖欠數額等於或超過該國前兩整年應繳費用的總額，該國應無表決權。但大會如果確定該成員國由於本國無法控制的情況而不能繳費，可準許該國參加表決。

第一八五條　（成員權利和特權的暫停行使）

1. 締約國如一再嚴重違反本部分的規定，大會可根據理事會的建議暫停該國行使成員的權利和特權。

2.在海底爭端分庭認定一個締約國一再嚴重違反本部分規定以前，不得根據第1款採取任何行動。

附件四　企業部章程

第一條　（宗旨）

1.企業部應爲依據第一五三條第2款(a)項直接進行「區域」內活動以及從事運輸、加工和銷售從「區域」回收的礦物的管理局機關。

2.企業部在實現其宗旨和執行其職務時，應按照本公約以及管理局的規則、規章和程序行事。

3.企業部在依據第1款開發「區域」的資源時，應在本公約限制下，按照健全的商業原則經營業務。

第二條　（同管理局的關係）

1.依據第一七〇條，企業部應按照大會的一般政策和理事會的指示行事。

2.在第1款限制下，企業部在進行業務時應享有自主權。

3.本公約的任何規定，均不使企業部對管理局的行爲或義務擔負任何責任，亦不使管理局對企業部的行爲或義務擔負任何責任。

第三條　（責任的限制）

在不妨害本附件第十一條第3款的情形下，管理局任何成員不應僅因其爲成員，就須對企業部的行爲或義務擔負任何責任。

第四條　（組成）

企業部應設董事會、總幹事一人和執行其任務所需的工作人員。

第五條　（董事會）

1.董事會應由大會按照第一六〇條第2款(c)項選出的十五名董事組成。在選舉董事時，應妥爲顧及公平地區分配的原則。管理局成員在提名董事會候選人時，應注意所提名的候選人必須具備最高標準的能力，並在各有關領域具備勝任的條件，以保證企業部的存在能力和成功。

2.董事會董事任期四年，連選可連任，並應妥爲顧及董事席位輪流的原則。

3.在其繼任人選出以前，董事應繼續執行職務。如果某一董事出缺，大會應根據第一六〇條第2款(c)項選出一名新的董事任滿其前任的任期。

4.董事會董事應以個人身份行事。董事在執行職責時，不應尋求或接受任何政府或任何其他方面的指示。管理局每一成員應尊重董事會各董事的獨立性，並應避免採取任何行動影響任何董事執行其職責。

5.每一董事應支領從企業部經費支付的酬金。酬金的數額應由大會根據理事會的建議確定。

6.董事會通常應在企業部總辦事處執行職務，並應按企業部業務需要經常舉行會議。

7.董事會三分之二董事構成法定人數。

8.每一董事應有一票表決權。董事會處理的一切事項應由過半數董事決定，如果某一董事與董事會處理的事項有利益衝突，他不應參加關於該事項的表決。

9.管理局的任何成員可要求董事會就特別對該成員有影響的業務提供情報。董事會應盡力提供此種情報。

第六條　（董事會的權力和職務）

董事會應指導企業部的業務。在本公約限制下，董事會應行使爲實現企業部的宗旨所必要的權力，其中包括下列權力：

(a)從其董事中選舉董事長；

(b)制定董事會的議事規則；

(c)按照第一五三條第3款和第一六二條第2款(j)項，擬訂並向理事會提出正式書面工作計劃；

(d)爲進行第一七〇條所指明的各種活動制訂工作計劃和方案；

(e)按照第一五一條第2至第7款擬具並向理事會提出生產許可的申請；

(f)授權進行關於取得技術的談判，其中包括附件三第五條第3款(a)、(c)和(d)項所規定的技術的談判，並核准這種談判的結果；

(g)訂立附件三第九和第十一條所指的聯合企業或其他形式的聯合安排的條款和條件，授權爲此進行談判，並核准這種談判的結果；

(h)按照第一六〇條第2款(f)項和本附件第十條建議大會將企業部淨收入的多大部分留作企業部的儲備金；

(i)核准企業部的年度預算；

(j)按照本附件第十二條第3款，授權採購貨物和取得服務；

(k)按照本附件第九條向理事會提出年度報告；

(l)向理事會提出關於企業部工作人員的組織、管理、任用和解職的規則草案，以便由大會核准，並制定實施這些規則的規章；

(m)按照本附件第十一條第2款借入資金並提供其所決定的附屬擔保品或其他擔保；

(n)按照本附件第十三條參加任何司法程序，簽訂任何協定，進行任何交易和採取任何其他行動；

(o)經理事會核准，將任何非斟酌決定的權力授予總幹事和授予其委員會。

第七條　（企業部總幹事和工作人員）

1. 大會應根據理事會的推薦和董事會的提名選舉企業部總幹事；總幹事不應擔任董事。總幹事的任期不應超過五年，連選可連任。

2. 總幹事應爲企業部的法定代表和行政首長，就企業部業務的進行直接向董事會負責。他應按照本附件第六條(l)項所指規則和規章，負責工作人員的組織、管理、任命和解職。他應參加董事會會議，但無表決權。大會和董事會審議有關企業部的事項時，總幹事可參加這些機關的會議，但無表決權。

3. 總幹事在任命工作人員時，應以取得最高標準的效率和技術才能爲首要考慮。在這一考慮限制下，應妥爲顧及按公平地區分配原則徵聘工作人員的重要性。

4. 總幹事和工作人員在執行職責時不應尋求或接受任何政府或企業部以外任何其他來源的指示。他們應避免足以影響其作爲只對企業部負責的企業部國際官員的地位的任何行動。每一締約國保證尊重總幹事和工作人員所負責任的純粹國際性，不設法影響他們執行其職責。工作人員如有任何違反職責的行爲，應提交管理局規則、規章和程序中所規定的適當行政法庭。

5. 第一六八條第2款所規定的責任，同樣適用於企業部工作人員。

第八條　（所在地）

企業部應將其總辦事處設於管理局的所在地。企業部經任何締約國同意可在其領土內設立其他辦事處和設施。

第九條　（報告和財務報表）

1. 企業部應於每一財政年度結束後三個月內，將載有其帳目的審計報表的年度報告提交理事會，請其審核，並應於適當間隔期間，將其財務狀況簡要報表和顯示其業務實績的損益計算表遞交理事會。

2. 企業部應發表其年度報告和它認爲適當的其他報告。

3. 本條所指的一切報告和財務報表應分發給管理局成員。

第十條　（淨收入的分配）

1. 在第3款限制下，企業部應根據附件三第十三條向管理局繳付款項或其等值物。

2. 大會應根據董事會的建議，決定應將企業部淨收入的多大部分留作企業部的儲備金。其餘部分應移交給管理局。

3. 在企業部作到自力維持所需的一段開辦期間，這一期間從其開始商業生產起不應超過十年，大會應免除企業部繳付第1款所指的款項，並應將企業部的全部淨收入留作企業部的儲備金。

第十一條　（財政）

1. 企業部資金應包括：

(a)按照第一七三條第2款(b)項從管理局收到的款項；

(b)締約國爲企業部的活動籌資而提供的自願捐款；

(c)企業部按照第2和第3款借入的款項；

(d)企業部的業務收入；

(e)爲使企業部能夠儘快開辦業務和執行職務而向企業部提供的其他資金。

2. (a)企業部應有借入資金並提供其所決定的附屬擔保品或其他擔保的權力。企業部在一個締約國的金融市場上或以該國貨幣公開出售其證券以前，應徵得該締約國的同意。理事會應根據董事會的建議核准借款的總額；

(b)締約國應盡一切合理的努力支持企業部向資本市場和國際金融機構申請貸款。

3. (a)應向企業部提供必要的資金，以勘探和開發一個礦址，運輸、加工和銷售自該礦址回收的礦物以及取得的鎳、銅、鈷和錳，並支付初期行政費用。籌備委員會應將上述資金的數額、調整這一數額的標準和因素載入管理局的規則、規章和程序草案；

(b)所有締約國應以長期無息貸款的方式，向企業部提供相當於以上(a)項所指資金的半數的款額，這項款額的提供應按照在繳款時有效的聯合國經常預算會費分攤比額表並考慮到非聯合國會員國而有所調整。企業部爲籌措其餘半數資金而承擔的債務，應由所有締約國按照同一比額表提供擔保；

(c)如果各締約國的財政貢獻總額少於根據(a)項應向企業部提供的資金，大會應於其第一屆會議上審議短缺的程度，並考慮到各締約國在(a)和(b)項下的義務以及籌備委員會的任何建議，以協商一致方式制定彌補這一短缺的措施；

(d)(1)每一締約國應在本公約生效後六十天內，或在其批准書或加入書交存之日起三十天內（以較後的日期爲準），向企業部交存不得撤回、不可轉讓、不生利息的本票，其面額應爲其依據(b)項的無息貸款份額；

(2)董事會應於本公約生效後盡可能早的日期，並於其後每年或其他的適當間隔期間，將籌措企業部行政費用和根據第一七〇條以及本附件第十二條進行活動所需經費的數額和時間編列成表；

(3)企業部應通過管理局通知各締約國按照(b)項對這種費用各自承擔的份額。企業部應將所需數額的本票兌現，以支付關於無息貸款的附表中所列的費用；

(4)各締約國應於收到通知後按照(b)項提供其對企業部債務擔保的各自份額；

(e)(1)如經企業部提出這種要求，締約國除按照(b)項所指分攤比額表提供債務擔保外，還可爲其他債務提供擔保；

(2)代替債務擔保，締約國可向企業部自願捐付一筆款項，其數額相等於它本應負責擔保的那部分債務；

(f)有息貸款的償還應較無息貸款的償還優先。無息貸款應按照大會根據理事會的建議和董事會的意見所通過的比額表來償還。董事會在執行這一職務時，應以管理局的規則、規章和程序中的有關規定爲指導。這種規則、規章和程序應考慮到保證企業部有效執行職務特別是其財政獨立的至高重要性；

(g)各締約國向企業部提供的資金，應以可自由使用貨幣或可在主要外匯市場自由取得和有效使用的貨幣支付。這些貨幣應按照通行的國際金融慣例在管理局的規則、規章和程序中予以確定。除第2款的規定外，任何締約國均不應對企業部持有、使用或交換這些資金保持或施加限制；

(h)「債務擔保」是指締約國向企業部的債權人承允，於該債權人通知該締約國企業部未能償還其債款時，該締約國將按照適當比額表的比例支付其所擔保的企業部的債款。支付這些債款的程序應依照管理局的規則、規章和程序。

4. 企業部的資金、資產和費用應與管理局的資金、資產和費用分開。本條應不妨礙企業部同管理局就設施、人員和服務作出安排，以及就任一組織爲另一組織墊付的行政費用的償還作出安排。

5. 企業部的記錄、帳簿和帳目，其中包括年度財務報表，應每年由理事會指派的一名獨立審計員加以審核。

第十二條 （業務）

1. 企業部應向理事會建議按照第一七〇條進行活動的各種規劃項目。這種建議應包括按照第一五三條第 3 款擬訂的「區域」內活動的正式的書面工作計劃，以及法律和技術委員會鑑定和理事會核准計劃隨時需要的其他情報和資料。

2. 理事會核准後，企業部應根據第 1 款所指的正式書面工作計劃執行其規劃項目。

3. (a) 企業部如不具備其業務所需的貨物和服務，可取得這種貨物和服務。企業部應爲此進行招標，將合同給予在質量、價格和交貨時間方面提供最優綜合條件的投標者，以取得所需的貨物和服務；

(b) 如果提供這種綜合條件的投標不止一個，合同的給予應按照下列原則：

(1) 無歧視的原則，即不得以與勤奮地和有效地進行作業無關的政治或

(2) 理事會所核准的指導原則，即對來自發展中國家，包括其中的內陸國和地理不利國的貨物和服務，應給予優惠待遇的原則；

(c) 董事會可制定規則，決定在何種特殊情形下，爲了企業部的最優利益可免除招標的要求。

4. 企業部應對其生產的一切礦物和加工物質有所有權。

5. 企業部應在無歧視的基礎上出售其產品。企業部不得給予非商業性的折扣。

6. 在不妨害根據本公約任何其他規定授與企業部的任何一般或特別權力的情形下，企業部應行使其在營業上所必需的附帶權力。

7. 企業部不應干預任何締約國的政治事務，它的決定也不應受有關的一個或幾個締約國的政治特性的影響，只有商業上的考慮才同其決定有關，這些考慮應不偏不倚地予以衡量，以便實現本附件第一條所列的宗旨。

第十三條 （法律地位、特權和豁免）

1. 爲使企業部能夠執行其職務，應在締約國的領土內給予企業部本條所規定的地位、特權和豁免。企業部和締約國爲實行這項原則，必要時可締訂特別協定。

2. 企業部應具有爲執行其職務和實現其宗旨所必要的法律行爲能力，特別是下列行爲能力：

(a) 訂立合同、聯合安排或其他安排，包括同各國和各國際組織的協定；

(b) 取得、租借、擁有和處置不動產和動產；

(c) 爲法律程序的一方。

3. (a) 只有在下列情形下，才可在締約國內有管轄權的法院中對企業部提起訴訟，即企業部在該國領土內：

(1) 設有辦事處或設施；

(2) 爲接受傳票或訴訟通知派有代理人；

(3) 訂有關於貨物或服務的合同；

(4) 有證券發行；或

(5) 從事任何其他商業活動；

(b) 在企業部未受不利於它的確定性判決宣告以前，企業部的財產和資產，不論位於何處和被何人持有，應免受任何形式的扣押、查封或執行。

4. (a)企業部的財產和資產，不論位於何處和被何人持有，應免受徵用、沒收、公用徵收或以行政或立法行動進行的任何其他形式的扣押；

(b)企業部的一切財產和資產，不論位於何處和被何人持有，應免受任何性質的歧視限制、管制、控制和暫時凍結；

(c)企業部及其僱員應尊重企業部或其僱員可能在其境內進行業務或從事其他活動的任何國家或領土的當地法律和規章；

(d)締約國應確保企業部享有其給予在其領土內從事商業活動的實體的一切權利、特權和豁免。給予企業部這些權利、特權和豁免，不應低於對從事類似商業活動的實體所給予的權利、特權和豁免。締約國如給予發展中國家或其商業實體特別特權，企業部應在同樣優惠的基礎上享有那些特權；

(e)締約國可給予企業部特別的鼓勵、權利、特權和豁免，但並無義務對其他商業實體給予這種鼓勵、權利、特權和豁免。

5. 企業部應與其辦事處和設施所在的東道國談判關於直接稅的免除。

6. 每一締約國應採取必要行動，以其本國法律使本附件所列的各項原則生效，並應將其所採取的具體行動的詳情通知企業部。

7. 企業部可在其能夠決定的範圍內和條件下放棄根據本條或第1款所指的特別協定所享有的任何特權和豁免。

（公約中文本）

附錄

國際勞工組織（ILO）

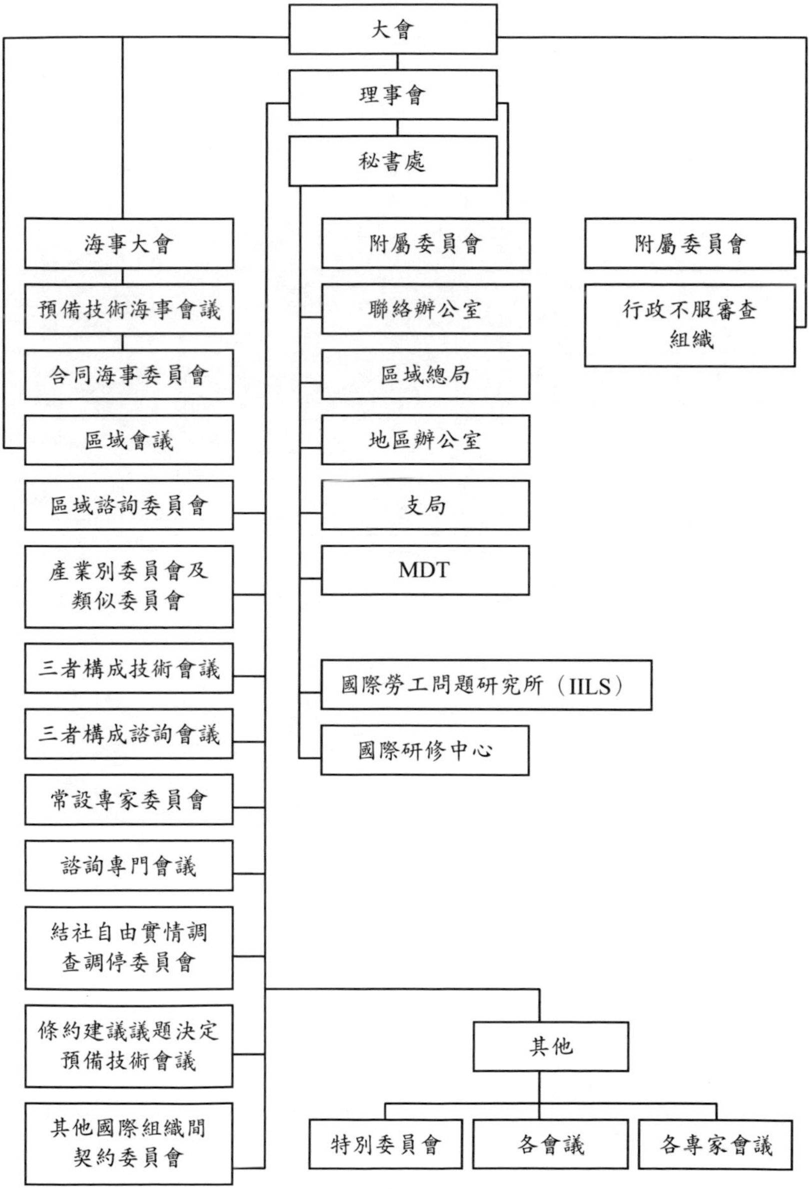
大會
理事會
秘書處
海事大會
預備技術海事會議
合同海事委員會
區域會議
區域諮詢委員會
產業別委員會及類似委員會
三者構成技術會議
三者構成諮詢會議
常設專家委員會
諮詢專門會議
結社自由實情調查調停委員會
條約建議議題決定預備技術會議
其他國際組織間契約委員會
附屬委員會
聯絡辦公室
區域總局
地區辦公室
支局
MDT
國際勞工問題研究所（IILS）
國際研修中心
附屬委員會
行政不服審查組織
其他
特別委員會
各會議
各專家會議

國際貨幣基金（IMF）

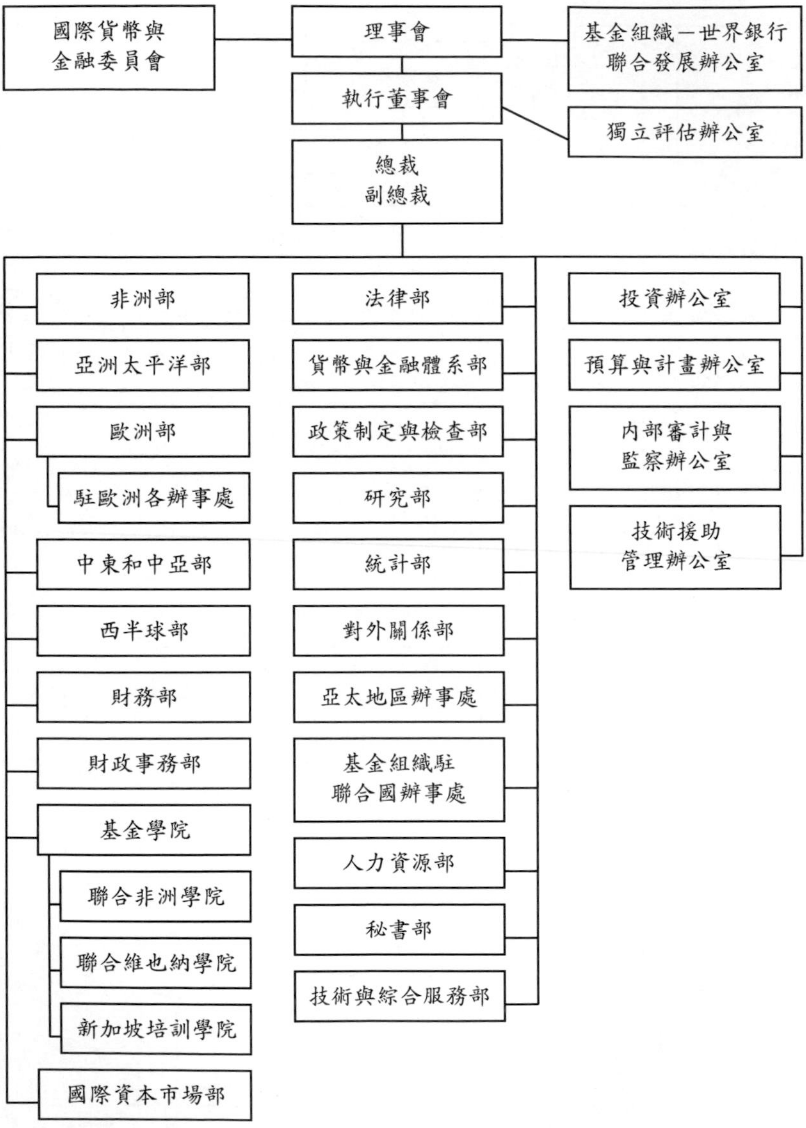
國際貨幣與金融委員會
理事會
基金組織－世界銀行聯合發展辦公室
執行董事會
獨立評估辦公室
總裁
副總裁
非洲部
亞洲太平洋部
歐洲部
駐歐洲各辦事處
中東和中亞部
西半球部
財務部
財政事務部
基金學院
聯合非洲學院
聯合維也納學院
新加坡培訓學院
國際資本市場部
法律部
貨幣與金融體系部
政策制定與檢查部
研究部
統計部
對外關係部
亞太地區辦事處
基金組織駐聯合國辦事處
人力資源部
秘書部
技術與綜合服務部
投資辦公室
預算與計畫辦公室
內部審計與監察辦公室
技術援助管理辦公室

世界銀行集團：國際復興開發銀行（IBRD）

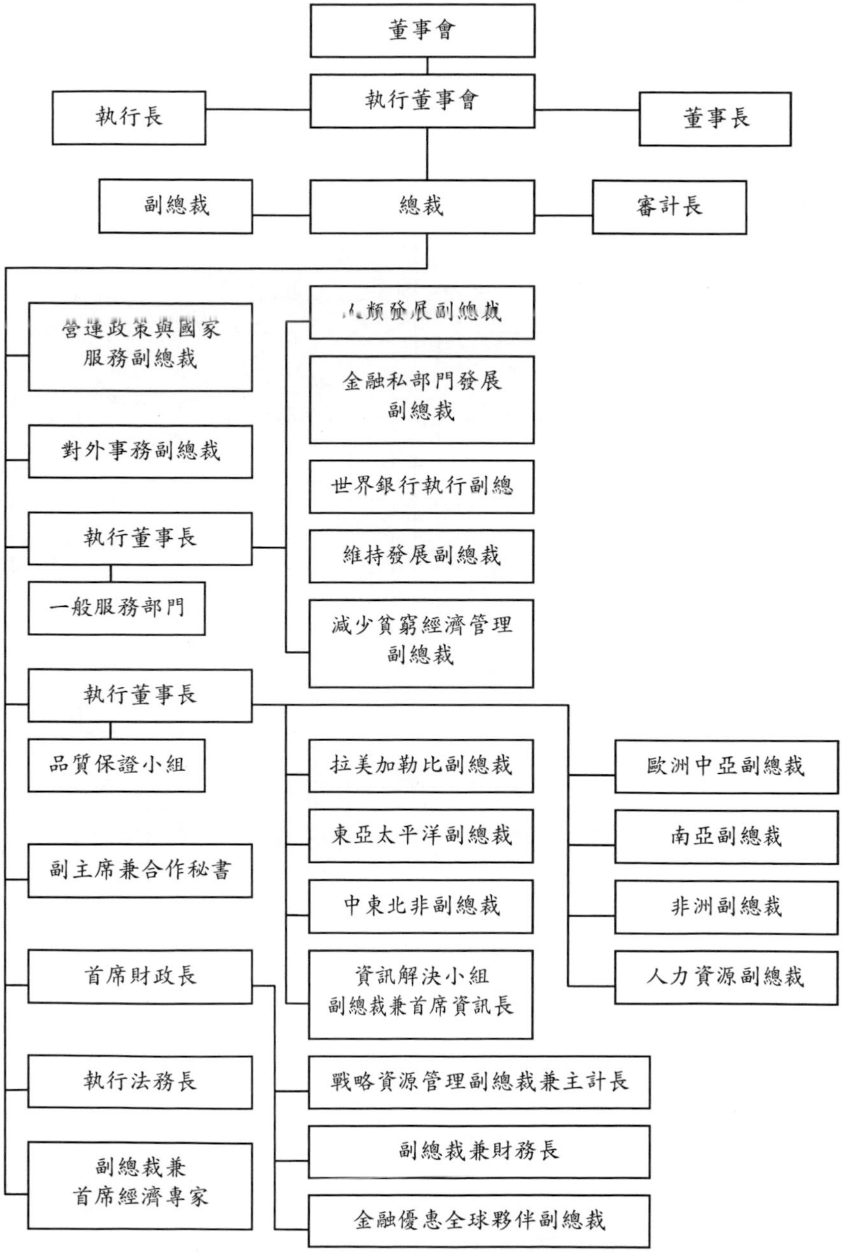
董事會
執行董事會
執行長
董事長
副總裁
總裁
審計長
營運政策與國家
服務副總裁
人類發展副總裁
金融私部門發展
副總裁
對外事務副總裁
世界銀行執行副總
執行董事長
維持發展副總裁
一般服務部門
減少貧窮經濟管理
副總裁
執行董事長
品質保證小組
拉美加勒比副總裁
歐洲中亞副總裁
東亞太平洋副總裁
南亞副總裁
副主席兼合作秘書
中東北非副總裁
非洲副總裁
首席財政長
資訊解決小組
副總裁兼首席資訊長
人力資源副總裁
執行法務長
戰略資源管理副總裁兼主計長
副總裁兼財務長
副總裁兼
首席經濟專家
金融優惠全球夥伴副總裁

聯合國教育、科學及文化組織（UNESCO）

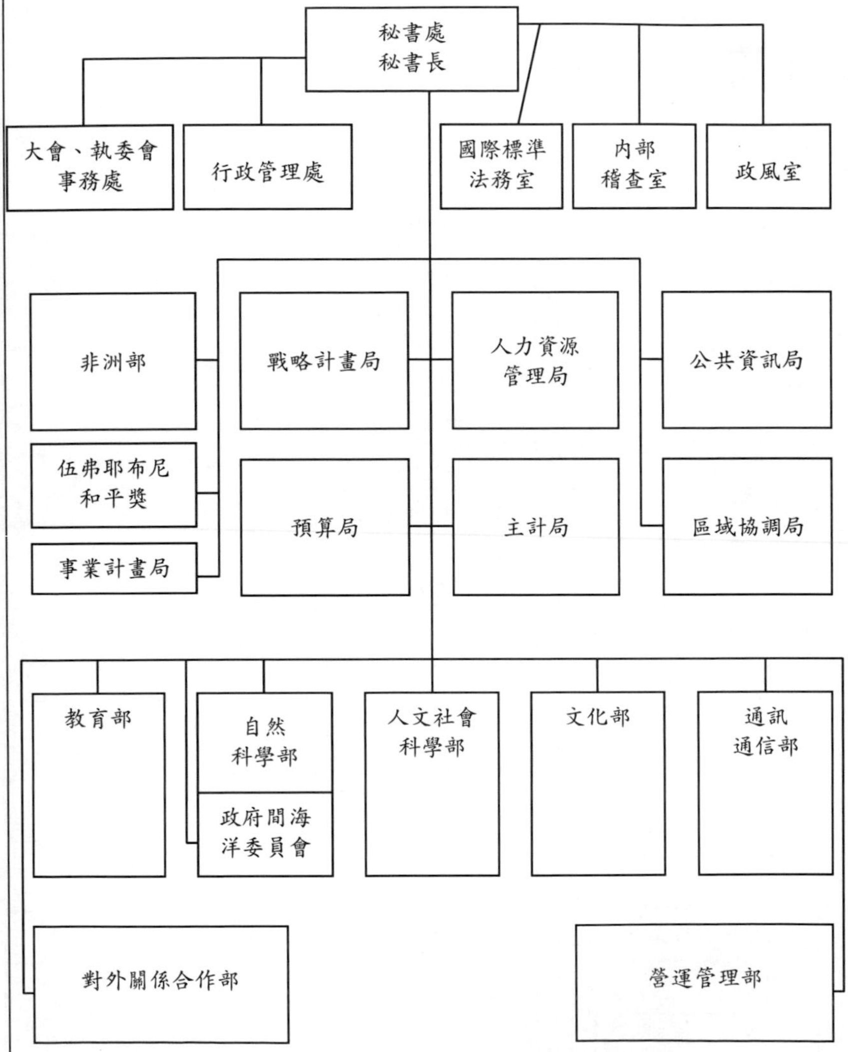

聯合國糧食及農業組織（FAO）

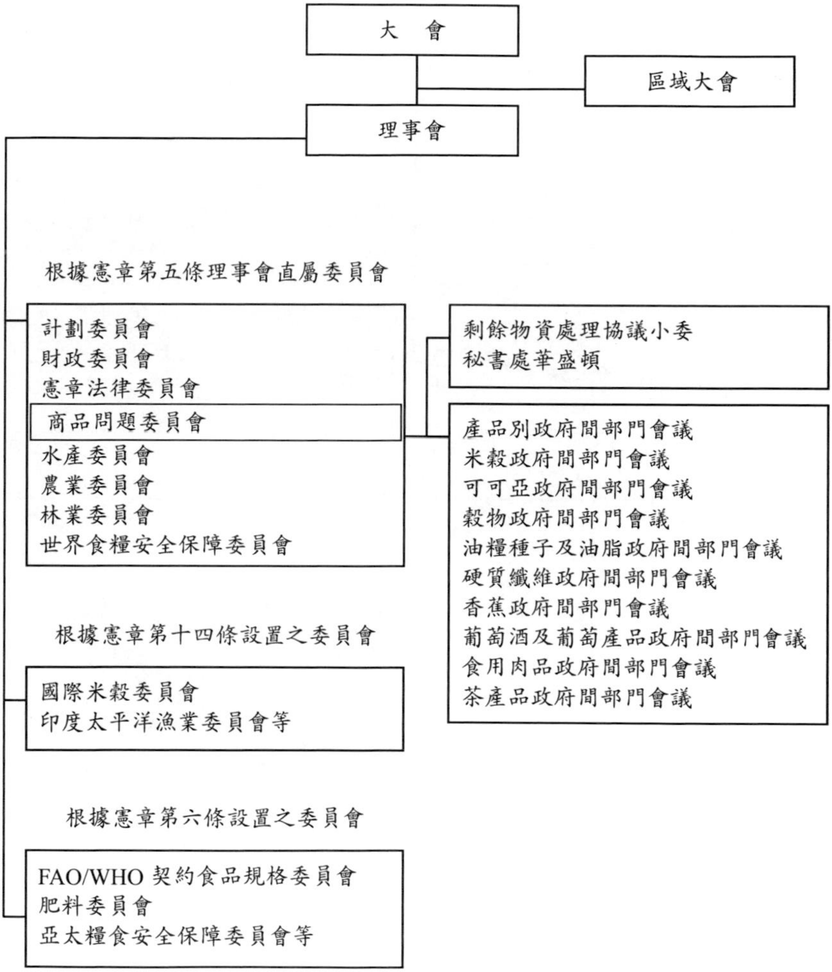
大　會
區域大會
理事會
根據憲章第五條理事會直屬委員會
計劃委員會
財政委員會
憲章法律委員會
商品問題委員會
水產委員會
農業委員會
林業委員會
世界食糧安全保障委員會
剩餘物資處理協議小委
秘書處華盛頓
產品別政府間部門會議
米穀政府間部門會議
可可亞政府間部門會議
穀物政府間部門會議
油糧種子及油脂政府間部門會議
硬質纖維政府間部門會議
香蕉政府間部門會議
葡萄酒及葡萄產品政府間部門會議
食用肉品政府間部門會議
茶產品政府間部門會議
根據憲章第十四條設置之委員會
國際米穀委員會
印度太平洋漁業委員會等
根據憲章第六條設置之委員會
FAO/WHO 契約食品規格委員會
肥料委員會
亞太糧食安全保障委員會等

國際農業開發基金（IFAD）

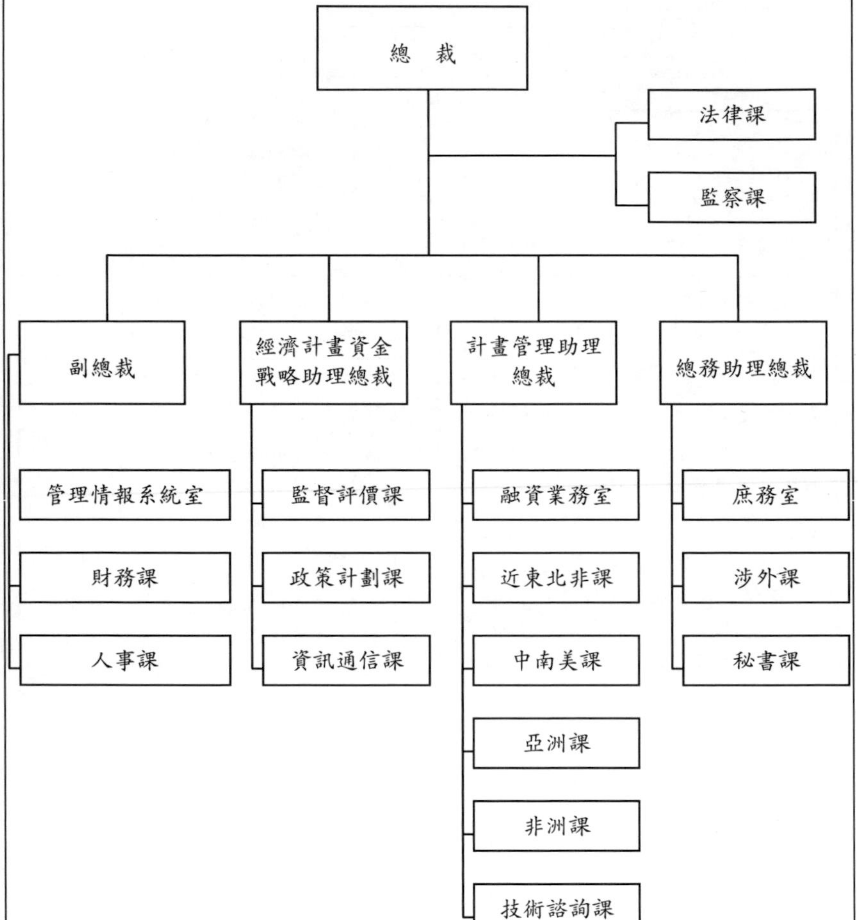

世界衛生組織（WHO）

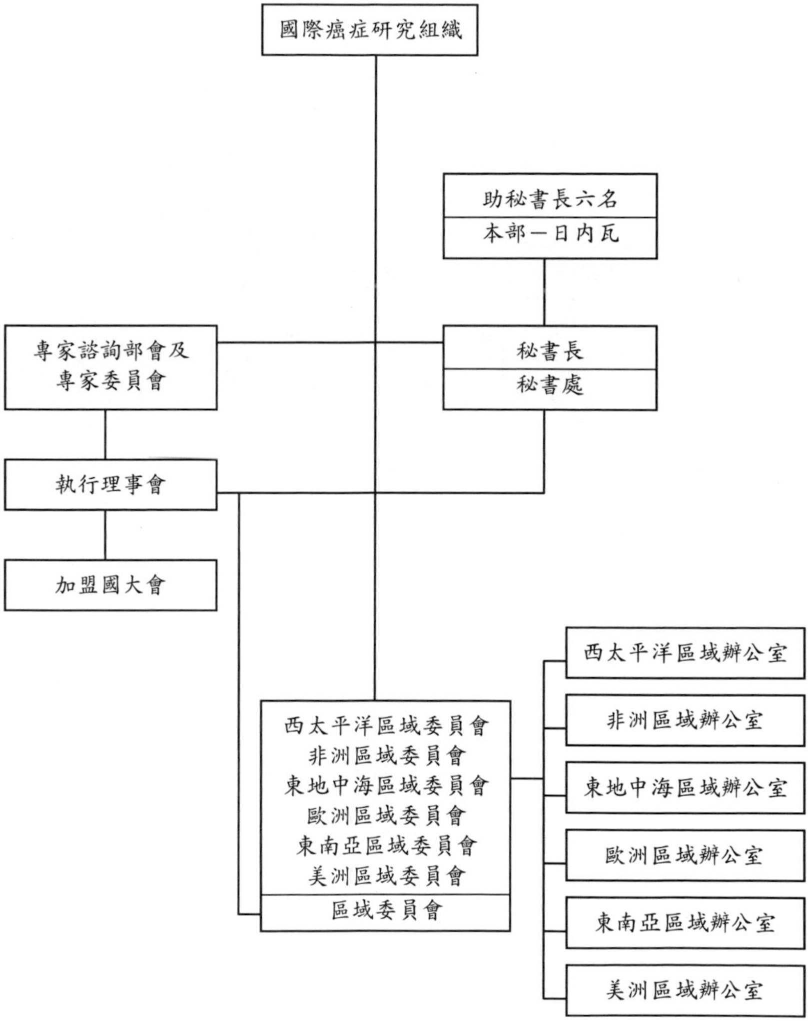
國際癌症研究組織
助秘書長六名
本部—日內瓦
專家諮詢部會及
專家委員會
秘書長
秘書處
執行理事會
加盟國大會
西太平洋區域委員會
非洲區域委員會
東地中海區域委員會
歐洲區域委員會
東南亞區域委員會
美洲區域委員會
區域委員會
西太平洋區域辦公室
非洲區域辦公室
東地中海區域辦公室
歐洲區域辦公室
東南亞區域辦公室
美洲區域辦公室

國際民用航空組織（ICAO）

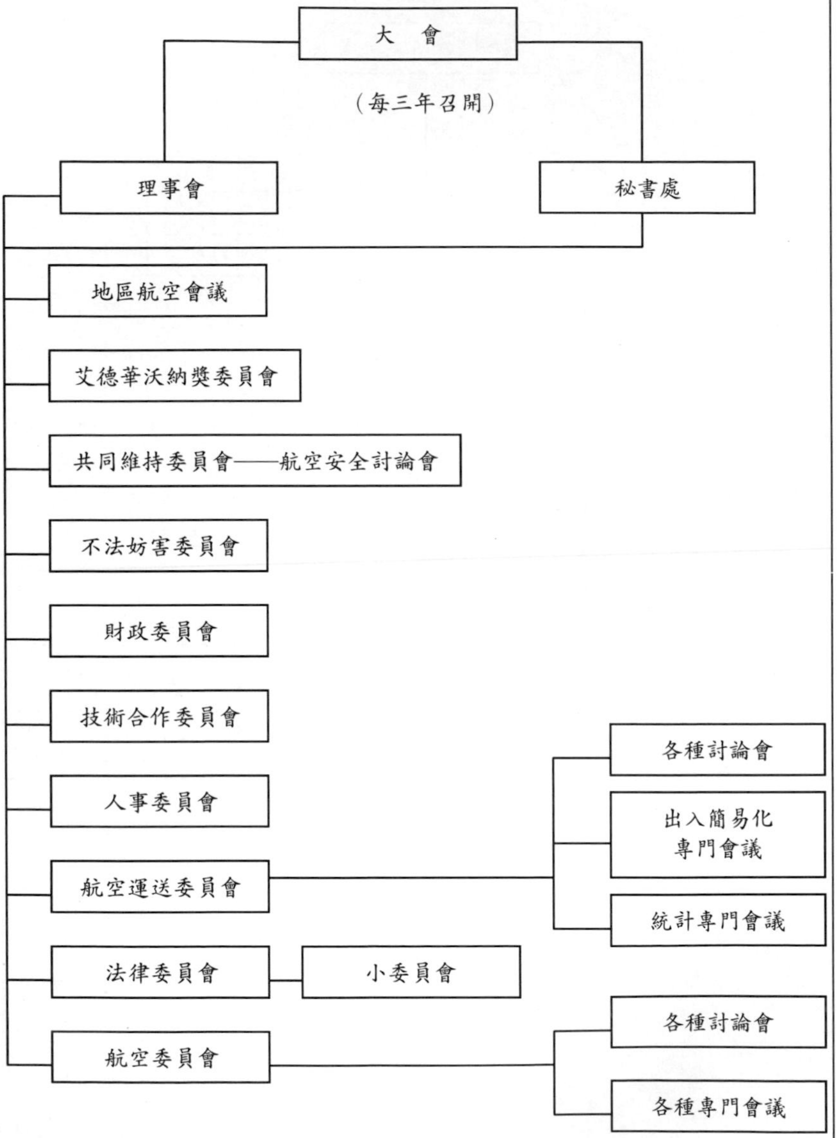
大　會
（每三年召開）
理事會
秘書處
地區航空會議
艾德華沃納獎委員會
共同維持委員會——航空安全討論會
不法妨害委員會
財政委員會
技術合作委員會
人事委員會
航空運送委員會
各種討論會
出入簡易化專門會議
統計專門會議
法律委員會
小委員會
航空委員會
各種討論會
各種專門會議

國際海事組織（IMO）

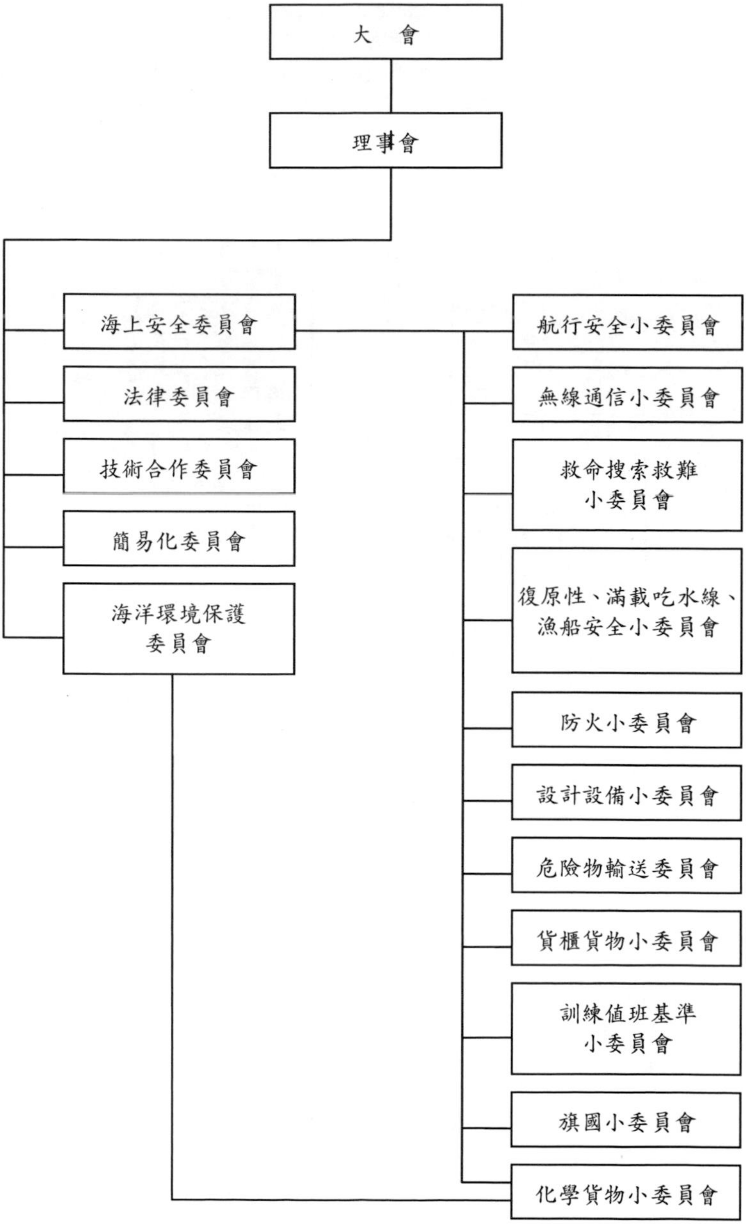
大　會
理事會
海上安全委員會
法律委員會
技術合作委員會
簡易化委員會
海洋環境保護委員會
航行安全小委員會
無線通信小委員會
救命搜索救難小委員會
復原性、滿載吃水線、漁船安全小委員會
防火小委員會
設計設備小委員會
危險物輸送委員會
貨櫃貨物小委員會
訓練值班基準小委員會
旗國小委員會
化學貨物小委員會

世界氣象組織（WMO）

世界氣象會議
四年一回

區域協會
四年一回

第一地區　非洲
第二地區　亞洲
第三地區　南美洲
第四地區　北美、中美洲
第五地區　西南太平洋
第六地區　歐洲

作業部門會議、專員

專門委員會
四年一回

基礎組織委員會
測器觀測法委員會
水文委員會
大氣科學委員會洲
航空氣象委員會
農業氣象委員會
海洋氣象委員會
氣候委員會

作業部門會議、專員

執行理事會（五至六月左右）
每年一回
總裁　1　執行理事　26
副總裁　3　地區協會會長　6
計 36 名

WMO 相關組織
聯合科學委員會
聯合科學技術委員會
颱風委員會等

執行理事會附屬設置
作業部門會議／專家專門會議

WMO 秘書處

助理秘書長

世界氣象監視部
世界氣候計劃部
WCRP 聯合企劃室
GCOS 聯合企劃室
大氣研究環境計畫部
水文水資源部

秘書長

資金管理部
支援業務部
技術合作部
地區事務所
非洲地區
亞洲西南太平洋地區
美洲地區
地區計畫調整、聯合國對口及涉外、公共宣傳
氣候變動政府間專門會議

助理秘書長

教育研修部
翻譯出版會議部
WMO 長期計畫
WMO 計畫、預算案
WMO 刊物
籌備世界氣象會議
召開執行理事會

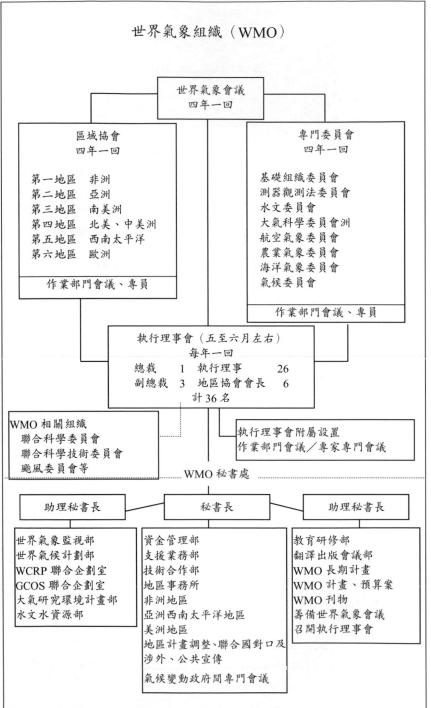

國際電信聯盟（ITU）

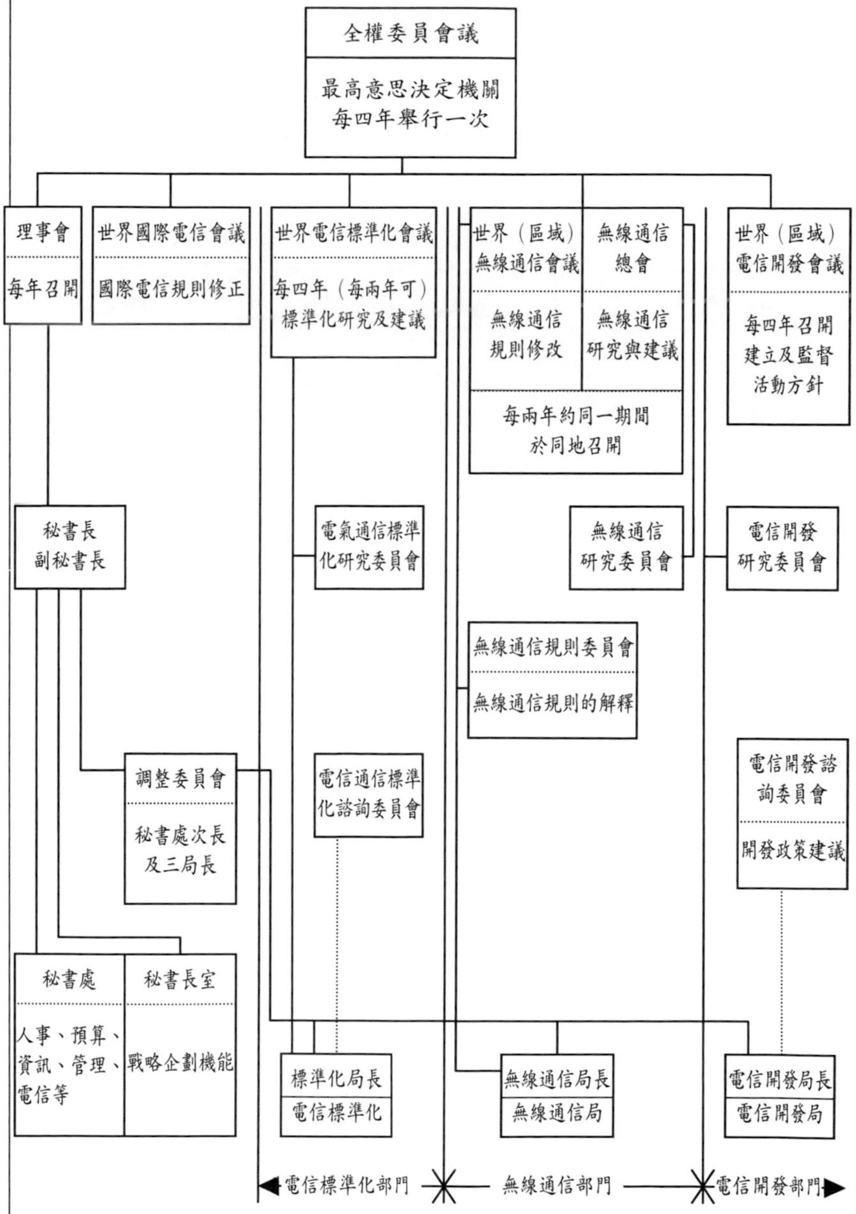
全權委員會議
最高意思決定機關
每四年舉行一次
理事會
每年召開
世界國際電信會議
國際電信規則修正
世界電信標準化會議
每四年（每兩年可）
標準化研究及建議
世界（區域）無線通信會議
無線通信規則修改
無線通信總會
無線通信研究與建議
每兩年約同一期間於同地召開
世界（區域）電信開發會議
每四年召開
建立及監督活動方針
秘書長
副秘書長
電氣通信標準化研究委員會
無線通信研究委員會
電信開發研究委員會
無線通信規則委員會
無線通信規則的解釋
調整委員會
秘書處次長及三局長
電信通信標準化諮詢委員會
電信開發諮詢委員會
開發政策建議
秘書處
人事、預算、資訊、管理、電信等
秘書長室
戰略企劃機能
標準化局長
電信標準化
無線通信局長
無線通信局
電信開發局長
電信開發局
電信標準化部門
無線通信部門
電信開發部門

萬國郵政聯盟（UPU）

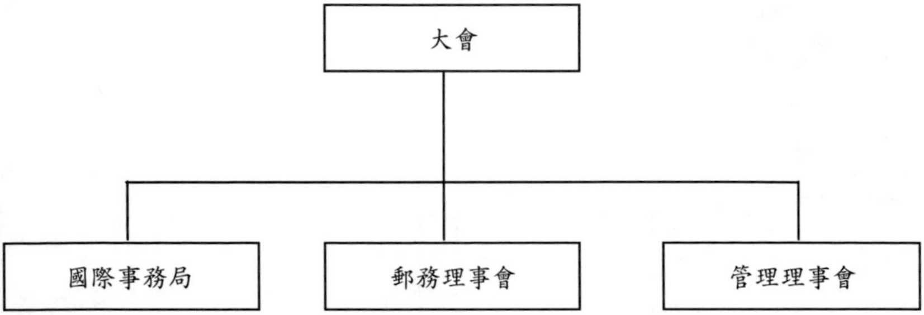

世界智慧財產權組織（WIPO）

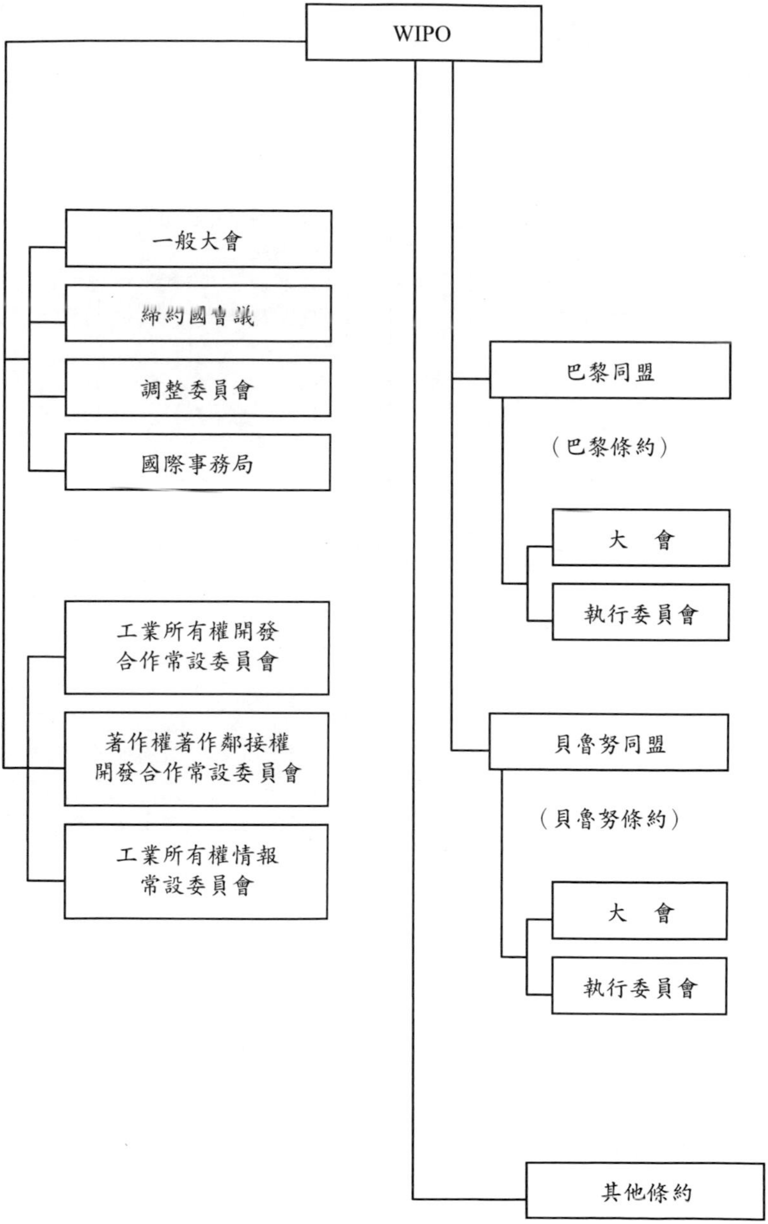

聯合國工業發展組織（UNIDO）

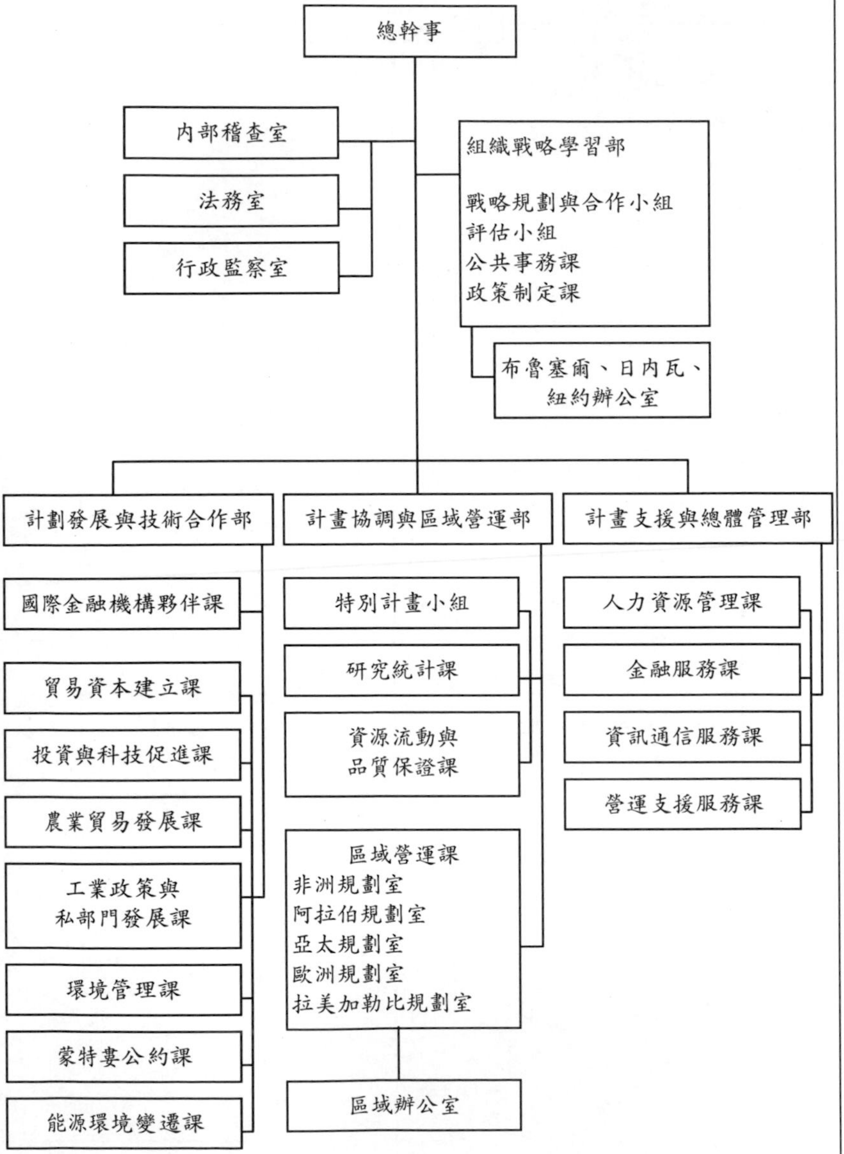
總幹事
內部稽查室
法務室
行政監察室
組織戰略學習部
戰略規劃與合作小組
評估小組
公共事務課
政策制定課
布魯塞爾、日內瓦、紐約辦公室
計劃發展與技術合作部
計畫協調與區域營運部
計畫支援與總體管理部
國際金融機構夥伴課
貿易資本建立課
投資與科技促進課
農業貿易發展課
工業政策與私部門發展課
環境管理課
蒙特婁公約課
能源環境變遷課
特別計畫小組
研究統計課
資源流動與品質保證課
區域營運課
非洲規劃室
阿拉伯規劃室
亞太規劃室
歐洲規劃室
拉美加勒比規劃室
區域辦公室
人力資源管理課
金融服務課
資訊通信服務課
營運支援服務課

世界旅遊組織（UNWTO）

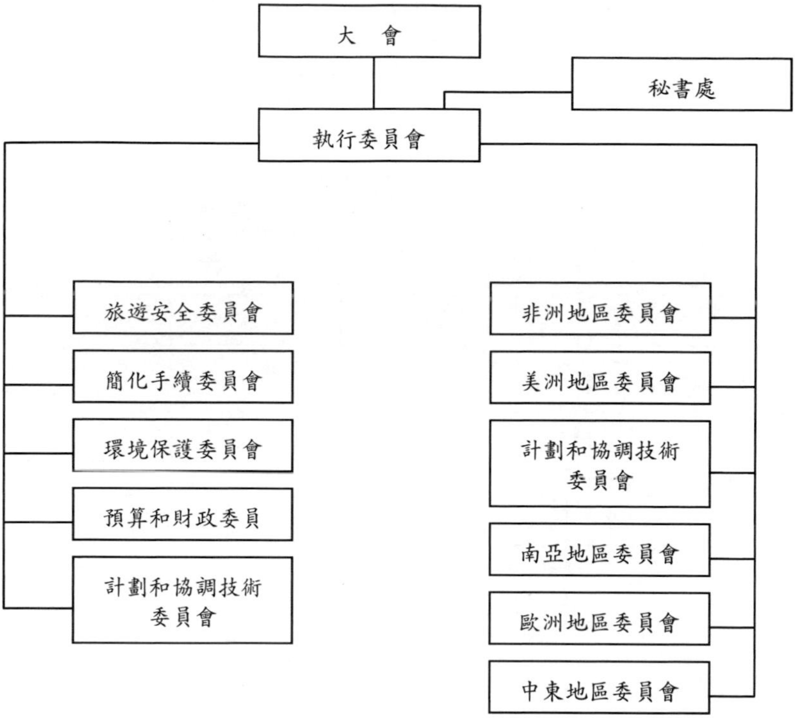

世界貿易組織（WTO）

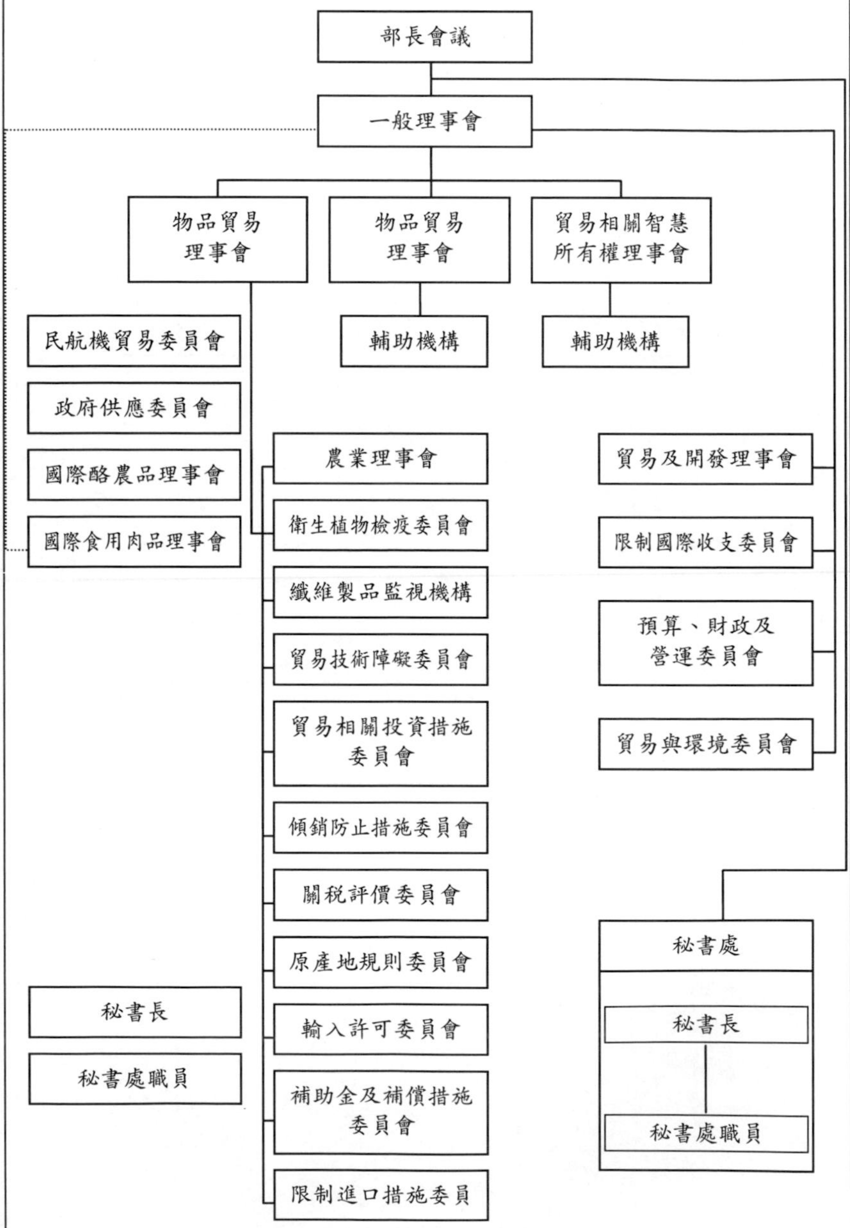
部長會議
一般理事會
物品貿易理事會
物品貿易理事會
貿易相關智慧所有權理事會
民航機貿易委員會
政府供應委員會
國際酪農品理事會
國際食用肉品理事會
輔助機構
輔助機構
農業理事會
衛生植物檢疫委員會
纖維製品監視機構
貿易技術障礙委員會
貿易相關投資措施委員會
傾銷防止措施委員會
關稅評價委員會
原產地規則委員會
輸入許可委員會
補助金及補償措施委員會
限制進口措施委員
貿易及開發理事會
限制國際收支委員會
預算、財政及營運委員會
貿易與環境委員會
秘書處
秘書長
秘書處職員
秘書長
秘書處職員

國際原子能機構（IAEA）

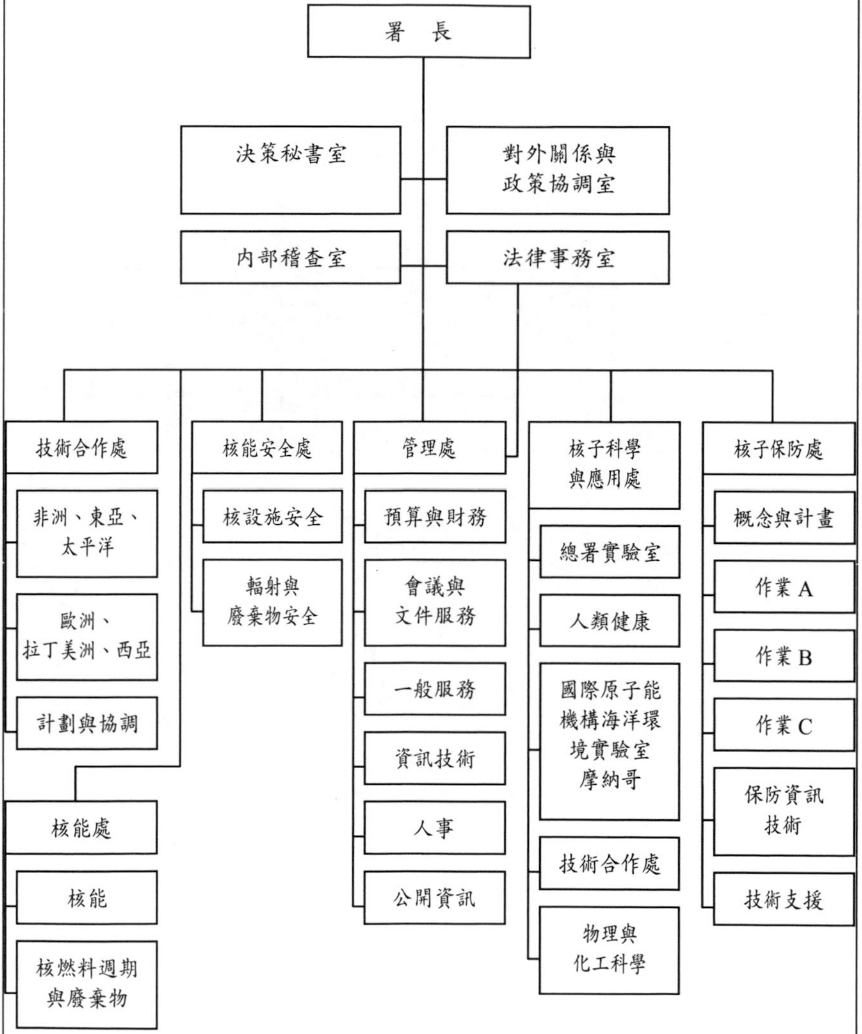
署長
決策秘書室
對外關係與政策協調室
內部稽查室
法律事務室
技術合作處
非洲、東亞、太平洋
歐洲、拉丁美洲、西亞
計劃與協調
核能處
核能
核燃料週期與廢棄物
核能安全處
核設施安全
輻射與廢棄物安全
管理處
預算與財務
會議與文件服務
一般服務
資訊技術
人事
公開資訊
核子科學與應用處
總署實驗室
人類健康
國際原子能機構海洋環境實驗室摩納哥
技術合作處
物理與化工科學
核子保防處
概念與計畫
作業 A
作業 B
作業 C
保防資訊技術
技術支援

國際通信衛星組織（INTELSAT）

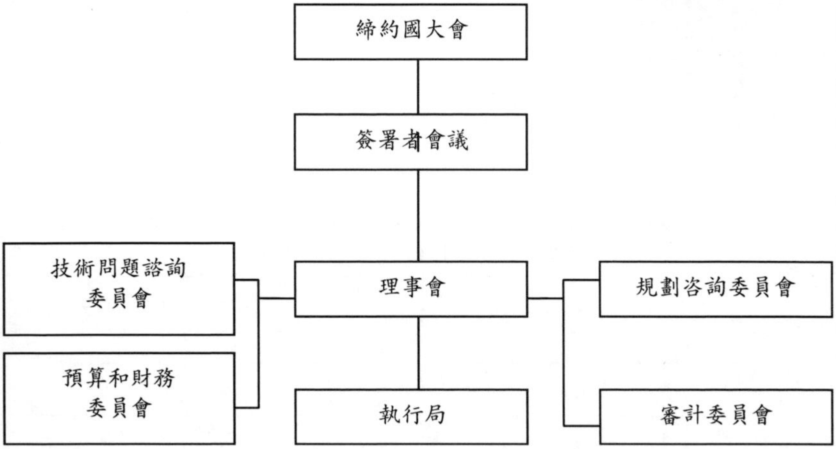

國家圖書館出版品預行編目

聯合國相關國際組織憲章選輯 / 羅致政, 李明
峻編著. -- 一版. -- 臺北市 : 東吳政治系
聯合國研究中心, 2009.04
面 ; 公分. --(社會科學類)
BOD 版
ISBN 978-986-6568-06-0(平裝)

1. 聯合國公約 2. 國際組織

578.172 98000574

社會科學類 ZF0014

聯合國相關國際組織憲章選輯

編　　者 / 羅致政　李明峻
執行編輯 / 賴敬暉
圖文排版 / 張慧雯
封面設計 / 莊芯媚
數位轉譯 / 徐真玉　沈裕閔
圖書銷售 / 林怡君
法律顧問 / 毛國樑　律師
出 版 者 / 東吳大學政治系聯合國研究中心
11102 台北市士林區臨溪路 70 號
電話：02-2881-9471#6252　傳真：02-2881-2437
http://classi.ppo.scu.edu.tw/UN/
編印發行 / 秀威資訊科技股份有限公司
台北市內湖區瑞光路 583 巷 25 號 1 樓
電話：02-2657-9211　傳真：02-2657-9106
E-mail：service@showwe.com.tw
經 銷 商 / 紅螞蟻圖書有限公司
台北市內湖區舊宗路二段 121 巷 28、32 號 4 樓
電話：02-2795-3656　傳真：02-2795-4100
http://www.e-redant.com

2009 年 4 月　BOD 一版
定價：480 元